GÜTERSLOHER
VERLAGSHAUS

Frank Crüsemann

Das Alte Testament als Wahrheitsraum des Neuen

Die neue Sicht der christlichen Bibel

Gütersloher Verlagshaus

Bibliografische Information der Deutschen Nationalbibliothek
Die Deutsche Nationalbibliothek verzeichnet diese Publikation in der
Deutschen Nationalbibliografie; detaillierte bibliografische Daten
sind im Internet über https://portal.dnb.de abrufbar.

Verlagsgruppe Random House FSC-DEU-0100
Das für dieses Buch verwendete FSC-zertifizierte Papier *Munken Premieum*
liefert Arctic Paper Munkedals AB, Schweden.

Entdecken Sie mehr auf
www.gtvh.de

2. Auflage, 2015
Copyright © 2011 by Gütersloher Verlagshaus, Gütersloh,
in der Verlagsgruppe Random House GmbH, München

Umschlagmotiv: Fra Angelico, Das mystische Rad. © akg-images, Berlin/Orsi Battaglini
Satz: SatzWeise, Föhren
Druck und Einband: Těšínská tiskárna, a.s., Český Těšín
Printed in Czech Republic
ISBN 978-3-579-08122-9

www.gtvh.de

Inhalt

IV. Teil: Der Gott der jüdischen Bibel und die Messianität Jesu

Ein Wort zuvor

»*Nicht über das hinaus, was geschrieben steht*« (1 Kor 4,6) – mit diesem Satz mahnt der Apostel Paulus die korinthische Gemeinde, im Handeln und Reden, im Denken und Glauben nicht über das hinauszugehen, was in der Schrift steht, also in der damaligen Bibel, unserem Alten Testament.[1] Sie sollen an ihm und an Apollo lernen, dass es im jungen christlichen Glauben nichts gibt, was grundsätzlich über den Raum hinausführt, der in der Schrift und durch die Schrift, also durch das Alte Testament, eröffnet wird. Die Schrift enthält die Wahrheit Gottes, auch die, um die es im Neuen Testament geht. Es gibt heute in Kirche und Theologie einen Prozess, das wieder zu lernen. Dazu soll dieses Buch beitragen.

Es stellt deshalb eine Grenzüberschreitung dar. Als Alttestamentler habe ich mich weit auf das Gebiet einer Nachbarwissenschaft begeben, der neutestamentlichen Wissenschaft, und damit mein Fachgebiet deutlich überschritten. Die fast unvermeidbaren Folgen waren in Kauf zu nehmen, denn diese Grenzüberschreitung ist von der Sache her unvermeidlich. Die Frage, welche Rolle das Alte Testament für christlichen Glauben und christliche Theologie spielt, wird eben nicht vom Alten Testament selbst her bestimmt und schon gar nicht von da allein. Es ist das Verständnis Jesu Christi, also der Person, die im Zentrum des Neuen Testamentes und dann der christlichen Dogmatik steht, das letztlich auch über die Rolle des Alten Testamentes entscheidet. Will man hier mitreden, muss man Grenzen überschreiten. Das ist die Herausforderung, vor die ich mich als christlicher Alttestamentler immer deutlicher gestellt sah.

Es sind zwei Gründe, die mich, trotz vieler und immer neuer Zweifel, letztlich genötigt haben, dieses Buch zu schreiben. Der eine war meine eigene Neugier. Ich wollte mir als christlicher Theologe endlich selbst darüber klar werden, warum ich das Alte Testament so lese, wie ich es lese, und ob es legitim ist, das zu tun. Das bedeutet, ansatzweise eine theologische Theorie für das zu gewinnen, was mir wie vielen mit mir unaufgebbar wichtig geworden ist. Der zweite liegt in der Hoffnung, anderen etwas an Argumentationshilfe für ihr theologisches Denken und ihre oft längst geübte Praxis zu liefern. Selbst wenn ich bei manchen damit offene Türen einrenne, so gibt es doch andere Türen, die noch verschlossen oder nur einen Spalt geöffnet sind, und es ist zu hoffen, dass sich auch da etwas bewegt.

---

1.   Zur Exegese von 1 Kor 4,6 s. u. S. 105 f.

*

Das Buch ist lange gewachsen. Nachdem das Verhältnis der Testamente zuerst an zentralen Themen wie Tora/Gesetz, Bund, Rechtfertigung, Auferstehung durchbuchstabiert wurde, erfolgten erste Versuche einer Gesamtdarstellung in Vorlesungen an der Universität Bielefeld (WS 2001/02), der Kirchlichen Hochschule Bethel (SS 2003) und bei einer Vorlesungsreihe in Seoul/Korea (2004). Viele Teile konnten an unterschiedlichsten Orten, etwa den ökumenischen Kirchentagen in Berlin (2003) und München (2010), vorgestellt und diskutiert werden, wofür ich sehr dankbar bin. Doch manche Dimensionen und Notwendigkeiten wurden erst beim Schreiben seit Januar 2008 wirklich deutlich.

Dank ist vielfach abzustatten. Eine erste Fassung des Manuskripts haben Hauke Christiansen, Christina Duncker, Elisabeth Hölscher und Kristian Hungar intensiv gelesen und durch Rückmeldungen und Kritik aller Art erheblich zur Verbesserung beigetragen. Zu wichtigen Fragen waren Gespräche mit Ulrike Eichler und Luise Schottroff hilfreich. Marlene Crüsemann hat die Entstehung in allen Phasen, gerade auch noch einmal in der letzten, intensiv begleitet. Was ich dabei gewonnen habe, ist aus den Verweisen auf ihre Arbeiten nur sehr teilweise zu ersehen.

Die Übersetzungen biblischer Texte erfolgen in der Regel im Anschluss an die »Bibel in gerechter Sprache«, manchmal mit kleineren Abweichungen. Ausnahmen sind angemerkt. Wo es nötig erschien, auf die hebräischen und griechischen Grundlagen zu verweisen, geschieht dies mit Hilfe einer sehr vereinfachten Umschrift, die lediglich den Kundigen eine eindeutige Wiedererkennung, den anderen vor allem eine Aussprache ermöglichen soll.

I. Teil:
Eine Einführung in drei Schritten

1. Ein bekanntes Bild und seine fragwürdige biblische Grundlage

Worum es in diesem Buch geht, soll eingangs an einem bekannten Bild und seiner biblischen Grundlage gezeigt werden. Im Lukasevangelium wird erzählt (2,41-51), dass Jesus, den seine Eltern im Alter von 12 Jahren auf eine Wallfahrt nach Jerusalem mitgenommen haben, dort unbemerkt in den Tempel entläuft, wo ihn die Eltern schließlich auch wiederfinden.

Jesus sitzt dort »*mitten zwischen den Lehrenden und hört ihnen zu und befragt sie. Alle aber, die ihm zuhörten, waren über sein Verständnis und seine Antworten erstaunt*« (V. 46 f.).

Unendlich oft ist diese Szene gemalt worden. Ein Beispiel stammt von Albrecht Dürer (Abb. 1[1]). Jesus sitzt erhöht auf einem Thron und hält ein geöffnetes Buch in der Hand, sicher *das* Buch, die jüdische Bibel. Er zeigt sie aufgeschlagen den Schriftgelehrten Israels, und sein Finger wie sein Blick deuten auf eine Stelle, die er offenkundig erläutert. Die Szene ist eindeutig: Jesus lehrt. Er belehrt die Gelehrten Israels, die vor ihm sitzen wie die Schüler vor einem Lehrer. Sie staunen, sie denken nach, sie versuchen, das Gelehrte nachzuvollziehen, vielleicht kontrollieren sie die Lehre, diskutieren, widersprechen. Aber es ist unverkennbar, wer hier der Meister ist und wer die Schüler sind.

Diese Darstellung steht in einer langen Bildtradition von der frühen Buch- und Tafelmalerei,[2] über die Großen der Kunstgeschichte wie Mazzolino,[3] Rembrandt,[4] Adolf Menzel[5] bis ins zwanzigste Jahrhundert, etwa bei Albert Paris Gütersloh.[6] Das Motiv ist verbreitet, in der großen Kunst[7] wie darüber hinaus

1. Der zwölfjährige Jesus im Tempel, Staatliche Kunstsammlungen Dresden, Gemäldegalerie Alte Meister.
2. Beispiele etwa in: P. Wandrey, Der zwölfjährige Jesus im Tempel. Zur Ikonographie eines christlichen Bildmotivs, in: M. Faass Hg., Der Jesus-Skandal. Ein Liebermann-Bild im Kreuzfeuer der Kritik, Ausstellungs-Katalog Liebermann Villa Berlin, Berlin 2009, 133-143, bes.133.
3. Der zwölfjährige Jesus im Tempel lehrend, um 1524, Staatliche Museen zu Berlin, Gemäldegalerie.
4. Der zwölfjährige Jesus im Tempel, Radierung 1652, Staatliche Museen zu Berlin. Kupferstichkabinett (InV.-Nr. 115-16); z.B. in: M. Kreutzer, Rembrandt und die Bibel. Radierungen, Zeichnungen, Kommentare, Stuttgart 2003, 102 f.
5. Der zwölfjährige Jesus im Tempel, 1851, Kunsthalle Hamburg; z.B. in: Die Bibel in 200 Meisterwerken der Malerei, Neu-Isenburg 2006, 269.
6. Der zwölfjährige Jesus lehrt im Tempel, Privatbesitz, z.B. in: H. Schwebel Hg., Die Bibel in der Kunst. Das 20. Jahrhundert, Stuttgart 1994, 74 f.
7. H. F. Schweers, Gemälde in deutschen Museen. Katalog der ausgestellten und depotgelagerten Werke, 2. Aufl. München 1994, Bd. II/5, 58 f. nennt 26 Darstellungen (dazu einmal »der zehnjährige Jesus«!).

durch eine Fülle von Holzschnitten und anderen Bibelillustrationen sowie durch Bilder in vielen Kirchen.[8] Immer ist das Grundmuster das gleiche[9]: Der kleine Jesus bildet das Zentrum, meist sitzt er in der Mitte, manchmal steht er erhöht, und immer sind es die Schriftgelehrten und Hohenpriester, die von ihm belehrt werden, die von ihm staunend oder ergrimmt, bewundernd oder zweifelnd – lernen müssen.

Jesus als Lehrer Israels – dieses Bild ist tief im kollektiven Gedächtnis verankert und es übermittelt eine eindeutige Botschaft über das Verhältnis von Neuem und Alten Testament und damit zugleich von Christen und Juden: Jesus als Verkörperung des Neuen steht in jeder Hinsicht *über* der Tradition Israels. Er deutet die jüdische Bibel neu und anders. Er erweist sich damit als in jeder Hinsicht dem Alten überlegen, schon als Kind. Was die so tief eingebürgerten Bezeichnungen der beiden Teile der christlichen Bibel so eindeutig sagen: Da ist ein »altes« Testament, das durch ein jüngeres »neues« Testament abgelöst und außer Kraft gesetzt wird, das findet sich hier zu einem eindrucksvollen Bild verfestigt und verdichtet.

Formulierungen, die dieser Rolle des kleinen Jesus entsprechen, finden sich nach wie vor auch noch in der wissenschaftlichen Literatur. »Er sitzt nicht wie ein Jünger zu den Füßen dieser Lehrer … Seine Position ist eher die des Lehrers«, heißt es da.[10] Besonders durch die Aussage von V. 47 wird er »zum Toralehrer, der als Kind schon die Alten belehrt«[11]. Ja, die Darstellung ziele auf »Göttlichkeit und Anbetungswürdigkeit«[12]. Fragt man Bibellesende aller Art, gerade auch Theologen und Theologinnen, merkt man: Das Muster, wonach es in dieser Geschichte um die Überlegenheit des Neuen über das Alte geht, wirkt nach wie vor.

Doch es lohnt sich, den Text selbst genau anzusehen:

Jesus, heißt es da, »*sitzt mitten zwischen den Lehrenden und hört ihnen zu und befragt sie. Alle aber, die ihm zuhörten, waren über sein Verständnis und seine Antworten erstaunt.*«[13] (V. 46 f.)

Jesus befindet sich mitten zwischen den Lehrenden. Dass er herausgehoben im Zentrum steht, ist keineswegs gesagt. Das Erste, was von Jesus gesagt wird, ist vielmehr, dass er diesen Lehrern *zuhört*. Er hört, nicht: er redet; er lernt,

---

8. H. Schreckenberg, Die Juden in der Kunst Europas. Ein historischer Bildatlas, Göttingen 1996, hat S. 205-219 dreißig Bilder dieses Themas zusammengestellt.

9. Zu einigen der wenigen Abweichungen etwa bei Liebermann und Nolde s. u. S. 18.

10. F. Bovon, Das Evangelium nach Lukas, 1. Teilband (Lk 1,1–9,50), Zürich u. a. 1989, 157.

11. H. Klein, Das Lukasevangelium, KEK I/3 (10. Aufl.), Göttingen 2006, 154.

12. N. Krückemeier, Der zwölfjährige Jesus im Tempel (Lk 2,40-52) und die biografische Literatur der hellenistischen Antike, NTS 50, 2004, 307-19, bes. 319.

13. Meine Übersetzung.

Abb. 1: Albrecht Dürer, Der 12-jährige Jesus im Tempel. © akg-images, Berlin

Abb. 2: Max Liebermann, Der 12-jährige Jesus. © akg-images, Berlin

Abb. 3: Darmstädter Haggada / La Pague Juive. © Süddeutsche Zeitung Photo / Rue des Archives

Abb. 4: Von Alef bis X by Samuel Bak. Image Courtesy of Pucker Gallery.
www.puckergallery.com

Abb. 5: Fra Angelico, Das mystische Rad. © akg-images/Orsi Battaglini

nicht: er lehrt. Jesus nimmt auf, was die Lehrer Israels zu sagen haben. Er lernt damit sicher vor allem Tora. Als Zweites heißt es, dass er sie befragt, ihnen Fragen stellt. Nichts zeigt an, dass es die rhetorisch-didaktischen Fragen eines Lehrers an die Schüler sind. Jesus will mehr wissen, sucht weitere Informationen, will genauer verstehen. Mit diesen beiden ersten grundlegenden Formulierungen wird von diesem Zwölfjährigem nichts anderes gesagt, als was von jedem jüdischen Jungen gilt. In der jüdischen Tradition, die sicher schon zur Zeit Jesu und der Evangelisten gegolten hat, heißt es über die Kindererziehung. »Mit fünf zur Bibel, mit zehn zur Mischna, mit dreizehn zum Gebot …« (Aboth V,21). Mit zwölf oder dreizehn wird der jüdische Junge *Bar Mizwa/Sohn des Gebots*, der selbständig in die Tradition eintritt, sich verpflichtet, die Gebote zu halten, und in Gottesdienst und Lebenspraxis zum vollgültigen Mitglied der Gemeinde wird. Lukas erzählt also, dass und wie sich Jesus im angemessenen Alter voll in die Tradition der jüdischen Bibel und ihrer jüdischen Auslegung hineinstellt. Er, der sicher schon in dieser Tradition aufgewachsen ist, übernimmt auch öffentlich und sichtbar diese Tradition. Ihre Geltung ist uneingeschränkt vorausgesetzt und wird weitergeführt.

Sicher, V. 47 hebt ihn dann aus dem Üblichen heraus. Sein Verständnis ist ungewöhnlich und staunenerregend. Doch das Wort »Verständnis« *(synesis)* sagt wiederum, dass es um Aneignung von etwas Vorausgesetztem geht, um die Tora und die gesamte jüdische Bibel sowie ihre Auslegung. Jesus versteht schneller als andere und besser als üblich. Und dann ist schließlich auch noch von Antworten die Rede, die er gibt. Aber auch dabei gibt es keinen Anlass, auf ein völlig Neues, Ungewöhnliches und mit der Tradition brechendes Reden zu schließen. Fragen wie Antworten gehören ebenso in jede Unterrichtssituation wie sie in jede Diskussion, jede Disputation, jedes Gespräch über die Überlieferung und ihre Texte gehören. Mit all dem wird Jesus somit »als der ideale Toraschüler gezeichnet«[14], der zum Erstaunen Anlass gibt. Dieses Erstaunen gilt dem überraschend schnellen Lernen und Verstehen und lässt nicht an ein Lehren denken. Bestenfalls könnte damit angedeutet werden, dass er in den Diskussionen um das Verständnis von Schrift und Tradition vom Lernenden zum »Gesprächspartner«[15] der Schriftgelehrten wird und von ihnen »gleichrangig aufgenommen«[16] wird. Von einem Rollentausch zwischen Lehrern und Schüler ist auch nicht andeutungsweise die Rede, und Gespräch mit Meinung und Gegenmeinung, gegenseitigem Befragen und Antworten gehört in den jüdischen Prozess des Lernen und Lehrens, des Studierens der Schrift.

Dass Menschen, die im späteren Leben Große sind, sich bereits in Kindheit und Jugend besonders auszeichnen, durch ungewöhnliche Aufnahmefähigkeit

---

14. Klein, Lukasevangelium 154.
15. W. Wiefel, Das Evangelium nach Lukas, ThHK III, Berlin 1988, 8.
16. Bovon, Evangelium nach Lukas I, 157.

und rasches Verständnis, ist ein Topos der schon in der Epoche des Neuen Testaments[17] sowohl von heidnisch-antiken Gestalten wie Kyros, Alexander, Augustus, Epikur erzählt wird als auch von biblischen Personen wie Mose, Salomo, Samuel (der als Zwölfjähriger zum Propheten berufen wird) und Daniel. Niemand würde wegen ihrer frühen erstaunlichen Fähigkeiten auf einen Bruch mit der Tradition, auf eine grundsätzliche Überlegenheit des durch sie repräsentierten Neuen oder gar auf eine Außerkraftsetzung des Alten schließen.

Sucht man ein Bild, das den hörenden, lernenden und mitdiskutierenden Jesus inmitten der Lehrer Israels zeigt, stößt man auf einige Beispiele, die mit dem oben beschriebenen Bildtyp und damit mit der üblichen christlichen Auslegung zumindest teilweise gebrochen haben. So kann etwa Emil Nolde ein weizenblondes Kind darstellen, das – umgeben von dunklen Gestalten – völlig versunken in die Lektüre eines Buches, *des* Buches ist.[18] Er lehrt nicht, sondern lernt, aber er tut das, indem er liest, nicht, indem er zuhört. Mit der lebendigen jüdischen Auslegung hat er nichts zu tun. Vor allem aber malt Max Liebermann ein Bild (Abb. 2),[19] das »Christus und die Schriftgelehrten gleichberechtigt um die Wahrheit ringend darstellte und die Szene als einen in der Realität möglichen Vorgang mit offenem Ausgang präsentierte«[20]. Es zeigt Jesus als selbstbewussten Judenjungen ohne Heiligenschein und Überhöhung, dem die Gelehrten nachdenklich zuhören. Das Bild löste damals einen Skandal aus.[21] Über seine angebliche Gotteslästerung wurde im Bayrischen Landtag diskutiert und Liebermann hat es daraufhin überarbeitet und entschärft: Der Knabe bekam Sandalen, ein längeres Gewand und vor allem blonde Haare.[22] Doch auch dieses Bild zeigt nicht den hörenden und fragenden Jesus des Lukasevangeliums.[23]

17. Zum Folgenden vgl. das Material bei H. de Jonge, Sonship, Wisdom, Infancy: Luke II.41-51a*, NTS 24, 1978, 317-354 sowie Bovon, Evangelium nach Lukas I, 155; Klein, Lukasevangelium, 151 f.

18. Der zwölfjährige Christus (1911), aus dem Polyptychon: Das Leben Christi, Nolde-Stiftung Seebüll; z. B. in: Emil Nolde. Legende, Vision, Ekstase. Die religiösen Bilder, Ausstellungs-Katalog Hamburg, Köln 2000, 86.

19. Der zwölfjährige Jesus im Tempel, 1879, Kunsthalle Hamburg, z. B. in: M. Faass, Hg., Der Jesus-Skandal. Ein Liebermann-Bild im Kreuzfeuer der Kritik, Ausstellungs-Katalog Liebermann Villa Berlin, Berlin 2009, 21.

20. A. Weber, Maler jüdischer Herkunft im 19. Jahrhundert – zur Programmatik ihrer Kunst, in: H. G. Golinski/S. Hiekisch-Picard Hg., Das Recht des Bildes. Jüdische Perspektiven in der modernen Kunst, Ausstellungskatalog Bochum 2004, 132.

21. Dazu bes. K. Boskamp, Studien zum Frühwerk Max Liebermanns, Hildesheim 1994, 78 ff., sowie zuletzt Faass, Hg., Jesus-Skandal.

22. S. die Gegenüberstellung der beiden Fassungen in: Faass, Hg., Jesus-Skandal, 20 f.

23. Das gilt auch unabhängig von Beobachtungen wie die von H. R. Leppien, Der zwölfjährige Jesus im Tempel von Max Liebermann, in: Kulturstiftung der Länder Hg., Hamburger Kunsthalle, Der zwölfjährige Jesus im Tempel von Max Lieber-

Hören, Lernen und Fragen als Grundlage jeden Gesprächs werden dagegen eindrucksvoll etwa auf einem Bild der so genannten Darmstädter Haggada (Abb. 3)[24] dargestellt. Hier gibt es Bilder von Gruppen von Menschen, von denen jede Gestalt ein Buch in der Hand hält, alle lernend und sich gegenseitig belehrend, alle heftig miteinander redend und diskutierend, wobei Frauen und Jugendliche gleichberechtigt beteiligt sind.

Man trifft in der christlichen Auslegung der Szene des jungen Jesus im Tempel aus dem Lukasevangelium also auf einen deutlichen Gegensatz zwischen dem *Bild* des Neuen, das die christliche Tradition beherrscht, und dem *Text* des Neuen Testamentes selbst. Die Überlegenheit des Neuen über das Alte, wie sie die christliche Tradition so tief bestimmt, vielleicht unauslöschlich, wird jedenfalls in diesem Falle durch das Neue Testament selbst nicht bestätigt und nicht getragen. Lukas lässt vielmehr umgekehrt Jesus sich bewusst mit dem Erwachsenwerden in die jüdische Bibel und ihre jüdische Auslegungstradition einfügen. Diese ist das Vorausgesetzte und das bleibend Gültige.

Mit diesem Befund sind Vorhaben und Ansatz des vorliegenden Buches grundsätzlich angesprochen: Das Verhältnis von Altem und Neuem Testament und damit auch von Christentum und Judentum soll nicht aus der Tradition oder einer theologischen Theorie, sondern soweit wie möglich allein aus der Schrift selbst bestimmt werden. Und bei dieser Verhältnisbestimmung steht auf dem Spiel, wie das Ganze der christlichen Bibel zu lesen ist.

2. Was vom Verhältnis der Testamente abhängt

Die christliche Bibel besteht aus zwei Teilen, den beiden »Testamenten«. Der erste, das so genannte »Alte Testament«, ist weitgehend mit der jüdischen Bibel, dem Tenach, identisch.[25] Der zweite, »Neues Testament« genannt, handelt von

mann, Hamburg o. J., 10: »Die Hände des Kindes sind die eines Gebenden, die Hände des Lehrers sind die von Nehmenden«.

24. Die Darmstädter Pessach-Haggadah (Codex Orientalis 8 der Hessischen Landes- und Hochschulbibliothek Darmstadt), hg. u. mit Anm. versehen von Joseph Gutmann u. a., 2 Bde., Berlin 1971/72. Es handelt sich um die Seite fol. 37V. Die Schrift enthält Ps 79,6 als Beginn des Hallel. Eine Abbildung z. B. auch in: Europas Juden im Mittelalter, Ausstellungs-Katalog Speyer 2004, 191. J. Gutmann (vgl. a. ders., Buchmalerei in hebräischen Handschriften, dt. Übers. München 1979, 96 f. mit der Abb. von fol. 48v) hält eine Herkunft der Malerei aus christlichem Kontext für wahrscheinlicher. Gerade dann aber sollen die egalitären Buchdiskussionen doch wohl speziell jüdische Vorgänge darstellen.

25. Zu der Frage, ob der Name »Altes Testament« eine sachgemäße Bezeichnung dar-

Jesus Christus, in ihm geht es damit um das spezifisch Christliche. An der Frage nach dem Verhältnis dieser beiden Bibelteile hängt nicht nur viel, sondern – alles, alles, was christlichen Glauben ausmacht oder auch nur berührt. Mit Recht ist formuliert worden: »Es ist keine Übertreibung, wenn man« die Frage nach ihrem Verhältnis »nicht als bloß ein, sondern als *das* Problem christlicher Theologie betrachtet, von dessen Lösung so oder so alle anderen theologischen Fragen berührt werden.« Diese Formulierung steht am Anfang der alttestamentlichen Hermeneutik von A. H. J. Gunneweg.[26] Und so sehr ich sonst von ihm abweiche, dieser Ausgangspunkt ist uns gemeinsam.[27] Denn »eine fundamentalere Frage lässt sich im Bereich der Theologie nicht stellen; ihre Beantwortung bestimmt selbst den Bereich, in welchem Theologie sich zu vollziehen hat!«[28]

Wenn und weil das so gilt, ist es nur begrenzt möglich, die Bedeutung dieser Verhältnisbestimmung beispielhaft im Vorhinein zu skizzieren, wie es im Folgenden versucht werden soll. Denn bereits die genaue Fragestellung selbst, die Beschreibung der Aufgabe und des Problems sowie die dabei verwendeten Begriffe sind zentraler Teil des Problems und können nicht vorgängig objektiv benannt werden. Geht es beispielsweise einfach um das Verhältnis der Schriften des Neuen zu denen des Alten Testaments (was schon komplex genug wäre: Denn ist eine historische Beziehung gemeint? Oder eine theologische? Und wie sind beide verbunden bzw. zu verbinden?), oder geht es um das Verhältnis der christlichen Bibel bestehend aus Neuem *und* Altem Testament zur (mit dem Alten Testament weitgehend identischen) jüdischen? Und wie weit kann und darf man dabei von der nachbiblischen Aneignungs- und Auslegungsgeschichte im Judentum wie im Christentum absehen? Wie weit muss, wie weit kann man zwischen historischen und sachlich-theologischen Fragen unterscheiden? Dennoch sollen im Folgenden einige grundlegende Dimensionen sowie elementare Folgen der Verhältnisbestimmung von Altem und Neuem Testament vorgängig benannt werden. Das ist schon deshalb nötig, damit sie bei allen weiteren Schritten der Untersuchung durchgängig im Blick sind.

Einzusetzen ist vielleicht am besten mit der Frage, ob bzw. inwieweit es in beiden »Testamenten« um denselben Gott geht. Marcion hat das im 2. Jh.

stellt und welche Alternativen es gibt, s. u. S. 189 ff.; zu den unterschiedlichen Gestalten des ersten Bibelteils in den christlichen Kirchen und Konfessionen mit jeweils unterschiedlichen Differenzen zur Jüdischen Bibel s. u. S. 138 ff.

26. A. H. J. Gunneweg, Vom Verstehen des Alten Testaments. Eine Hermeneutik, GAT 5, Göttingen 1977, 7.

27. Der Satz bezieht sich bei Gunneweg allerdings auf »das hermeneutische Problem des Alten Testaments«, was voraussetzt, dass dieses von einer in ihrem Sinn feststehenden und eindeutigen Größe »Neues Testament« aus anzugehen wäre.

28. Ebd. 8.

n. Chr. bestritten.[29] Doch seit die alte Kirche Marcion zum Ketzer erklärt und gegen ihn das Alte Testament als Teil der christlichen Bibel bestimmt hat, ist dies selten auf einer theologisch-grundsätzlichen Ebene in Frage gestellt worden. Populär allerdings ist etwa die Rede vom »alttestamentarischen Gott« nach wie vor, und sie feiert nicht zuletzt im deutschen Feuilleton regelmäßig fröhliche Urständ. Es ging damals im 2. Jh. n. Chr. und es geht seitdem in erster Linie darum, dass der Gott der Schöpfung identisch ist mit dem Gott der Erlösung in Jesus Christus. Soweit der eigentlich unstrittige kirchliche Konsens. Aber nahezu alle weiteren Aspekte gerade auch der Rede von Gott sind durchaus umstritten. Denn der Hauptinhalt des Alten Testaments in den meisten seiner Schriften ist die Geschichte Gottes mit dem Volk Israel. Hat diese Geschichte Bedeutung für den christlichen Glauben – und welche? Was sagt das Neue Testament dazu, und was besagt das? Im Alten Testament jedenfalls ist Gott durch diese Beziehung geradezu definiert, man denke nur daran, dass er mit Israel einen unverbrüchlichen Bund eingeht. Doch auch andere alttestamentliche Züge der Rede von Gott spielen im Neuen Testament nicht einfach die gleiche Rolle. Das gilt, um nur ein Beispiel zu nennen, für den *Namen Gottes*, für dessen Offenbarung (bes. Ex 3,14) und für das Verbot seiner (missbräuchlichen) Benutzung (etwa Ex 20,7). Wie ist also und ist überhaupt der Vater Jesu Christi vom Gott Israels zu unterscheiden? Hat sich Gott in Christus neu festgelegt oder weiterentwickelt? Damit geht es nicht zuletzt um die Frage nach dem Verhältnis von jüdischem Monotheismus und christlicher Trinitätslehre.

Aber neben derart hochtheologischen Fragen ist mit der Beziehung der Testamente ganz elementar das Verhältnis von Christentum und Judentum, von christlichem und jüdischem Glauben, von Kirche und Synagoge betroffen. Ein wichtiger und bis heute höchst aktueller Aspekt dieser Beziehung ist die Frage nach dem Land Israel, das eines der ganz großen Themen des Alten Testaments darstellt. Sicher ist das Verhältnis von Christentum und Judentum nicht einfach identisch mit dem der beiden Testamente – schon deshalb nicht, weil eben nicht nur das Neue Testament die christliche Bibel darstellt. Es kommt dazu, dass beide Religionen, das Christentum wie das Judentum, zwar auf der Bibel aufruhen, aber in ihrer heute bekannten Gestalt nachbiblisch entstanden und geprägt sind, wie in der neueren Forschung immer klarer gesehen wird.[30] Das wiederum bedeutet, dass ihre faktischen, gelebten Beziehungen bis hin zu den Fragen von Antijudaismus und Antisemitismus Rückwirkungen auf das Verständnis der Testamente und ihrer Beziehung haben.

Sodann geht es – mit der Gottes- wie der Israelfrage unlöslich verbunden – um die Grundlage der christlichen Ethik einschließlich der Beziehung zum Recht. Ist wie im Alten Testament und im Judentum die Tora diese Grundlage,

---

29. Dazu u. S. 31 ff.
30. Zu den diesbezüglichen Thesen von James Barr s. u. S. 69 ff.

oder kann und muss sich christliche Ethik allein oder vor allem auf die Lehre Jesu oder gar ausschließlich auf Kreuz und Auferstehung stützen? Ist beispielsweise die traditionelle christliche Hochschätzung des Dekalogs, der aber gleichzeitig aus seinem biblischen Zusammenhang, besonders aus der Verbindung mit der gesamten weiteren Tora, herausgelöst wird, angemessen? Natürlich geht es bei diesen Fragen immer auch um sehr konkrete Gestalten christlichen Lebens und kirchlicher Praxis – nicht zuletzt angesichts der jahrhundertelangen Ausprägung des Christentums als einer antijüdischen und in vielen Phasen der Geschichte inhumanen Religion.

Bei all dem ist natürlich die Frage nach Jesus Christus von besonderem Gewicht, also nach der Christologie. Was bedeutet es etwa, dass im Neuen Testament nahezu alle Begriffe und Bezeichnungen, mit denen die Bedeutung dieses Jesus von Nazareth bestimmt wird, aus dem Alten Testament stammen? Wie sind die alttestamentlichen, so genannten messianischen Erwartungen, wie sind aber auch die Hoffnungen auf andere Heilsbringer wie den himmlischen Menschensohn (Dan 7) in ihrem Verhältnis zur Erscheinung Jesu zu bestimmen? Was heißt hier »Erfüllung«? Haben diese Erwartungen nach wie vor auch im Christentum eine eigene bleibende Funktion und welche? Diese alte Thematik von Verheißung und Erfüllung umschließt die Frage, ob das Messianische nun allein von dem her bestimmt wird, für den der Begriff Christus/Gesalbter geradezu zu einem zweiten Namen geworden ist, oder aber ob – und wie weit – umgekehrt das Verständnis Jesu von Nazareth bleibend auf die alttestamentlichen, die »unerfüllten« Aussagen über den königlichen Messias und andere Heilsmittler angewiesen ist?

Mit einer solchen Aufzählung könnte man lange fortfahren. Denn, wie gesagt, die Beziehung zwischen den Testamenten betrifft letztlich *alle* Fragen traditioneller christlicher Lehre, genau wie *alle* Grundfragen von Praxis und Gestalt der Kirche. Zu den genannten »klassischen« Themen kommen solche, die im Neuen Testament gar nicht oder nur indirekt bzw. ganz am Rande verhandelt werden. Gegen Marcion ist zwar das Thema *Schöpfung* zentraler Teil christlicher Theologie geworden. Um aber über all das, was heute über Grenzen und Folgen menschlicher Beherrschung der Natur diskutiert wird, theologisch urteilen zu können, ist man nahezu allein auf die Exegese der einschlägigen alttestamentlichen Texte angewiesen. Kaum weniger wichtig, zumal von vielen in der Gegenwart besonders dringenden Fragen her, ist hier das Verhältnis zu anderen Religionen zu nennen. Wenn in neueren kirchlichen Stellungnahmen zu diesem Thema faktisch ganz auf die biblische Grundlage verzichtet wird,[31] liegt dies mit Sicherheit auch daran, dass Reichtum und Gewicht dessen, was sich im

---

31. Das gilt insbesondere für: Kirchenamt der EKD Hg., Christlicher Glaube und nichtchristliche Religionen. Theologische Leitlinien. Ein Beitrag der Kammer für Theologie der Evangelischen Kirche in Deutschland, EKD-Texte 77, Hannover 2003. Zur

Alten Testament dazu findet, als theologisch irrelevant oder sekundär angesehen wird.[32]

Schließlich geht es über alle noch so wichtigen Einzelthemen hinaus um die Art und Weise der Wahrnehmung der biblischen Texte selbst. Wir lesen nicht nur das Alte, sondern gerade auch das Neue Testament sehr unterschiedlich, je nachdem wie eine vorgängige, elementare Gesamteinschätzung der beiden Teile und ihre Beziehung aussieht. Das einleitende Beispiel des zwölfjährigen Jesus im Tempel hat das vielleicht ansatzweise gezeigt. Hier liegt die eigentliche hermeneutische Herausforderung, von der alle eben genannten inhaltlichen Fragen abhängen: Es geht darum, festgefahrene und eingespielte Lesemuster aus den innerbiblischen Bezügen der Texte selbst heraus zu prüfen und zu verändern.

3. Anlass und Herausforderung in persönlicher Perspektive[33]

Als jemand, der sein gesamtes akademisches Leben hindurch alttestamentliche Texte ausgelegt, und zwar immer auch theologisch ausgelegt hat, ist mir die Frage nach einer in der Schrift selbst und nicht in irgendeiner nachbiblischen Tradition oder Dogmatik begründeten Zuordnung der Testamente immer wichtiger geworden.

Meine theologischen Lehrer wie Gerhard von Rad und Hans Walter Wolff gehörten zur ersten Generation von Theologen seit langer Zeit, für die das Alte Testament eine große, und zwar eine theologische Bedeutung gewann. Vor allem auf dem Hintergrund der Auseinandersetzungen im deutschen Kirchenkampf während der NS-Zeit haben sie dafür den Grund gelegt. Und sie haben als Menschen und als akademische Lehrer sich und andere für das Alte Testament begeistert. Dennoch stand für sie das Alte letztlich immer im Schatten des Neuen Testamentes und der Offenbarung in Jesus Christus. In jeder Predigt wurde das deutlich, in ihren hermeneutischen Arbeiten wurden Theorien dafür entwickelt und in dem durch sie begründeten »Biblischen Kommentar« kam es

Kritik vgl. F. Crüsemann, Mit zwei Zungen. Die evangelische Kirche und das Judentum. Zu einem Beitrag der »Kammer für Theologie der EKD«, JK 65/3, 2004, 57-59.

32. S. etwa F. Crüsemann, Der Gott Israels und die Religionen der Umwelt, in: Chr. Danz/F. Hermanni Hg., Wahrheitsansprüche der Weltreligionen. Konturen gegenwärtiger Religionstheologie, Neukirchen-Vluyn 2006, 213-232.

33. In diesem Abschnitt geht es um eine Einschätzung der Gesamtlage und um Aspekte des persönlichen Zugangs. Es wird deshalb auf Einzelbelege verzichtet – nicht zuletzt auch deshalb, weil praktisch alle Beobachtungen und Themen an anderer Stelle im Detail zur Sprache kommen werden.

im Absatz »Ziel« im Grunde bei der Auslegung jedes einzelnen alttestamentlichen Textes zum Vorschein.

Ich habe eine solche Haltung lange Zeit wie selbstverständlich übernommen. Faktisch aber haben meine theologischen Freunde und Freundinnen und ich spätestens seit Beginn der achtziger Jahre etwas anderes praktiziert. Vor allem im Zusammenhang einer sozialgeschichtlichen Auslegung der Bibel entstand wie von selbst das Paradigma einer absoluten theologischen Gleichrangigkeit und Gleichwertigkeit beider Testamente.[34] Ging man nicht von traditionellen dogmatischen Lehren, sondern von den biblischen Grundthemen selbst aus – zumal in sozialgeschichtlicher Perspektive –, war die Einsicht unabweisbar: In beiden Testamenten geht es um die gleiche Zuwendung zu den Armen, die gleiche befreiende Wirkung der Gegenwart Gottes, die gleiche Frage nach der Gerechtigkeit, die gleiche Rede von Liebe und Barmherzigkeit, kurz: In beiden Teilen ging es um den gleichen Gott. In Theologie und Anthropologie gibt es keine essentiellen Differenzen zwischen den Testamenten. Das bestimmte die theologische Argumentation in allen denkbaren theologischen Zusammenhängen[35] bis hinein in die Predigt.

Mit all dem standen wir keineswegs allein. Diese neue Sichtweise hing eng mit einem veränderten Verhältnis der Kirche zum Judentum zusammen. Durch zahlreiche kirchliche Debatten und Beschlüsse seit den sechziger Jahren hat sich das Verhältnis zum Judentum tiefgreifend und in großer Breite verändert. Und ein anderes theologisches Verständnis des Alten Testamentes stand in enger Wechselwirkung damit. Insofern war die genannte exegetische Praxis Teil einer breiten theologischen und hermeneutischen Neubesinnung. Man stößt heute in der Bibelauslegung sowohl in der wissenschaftlichen Exegese wie in kirchlich-praktischen Anwendungen in erfreulicher Breite auf eine Auslegung alttestamentlicher Texte, die diese unmittelbar und ohne einen ausformulierten Umweg über das Neue Testament für heutigen christlichen Glauben und gegenwärtiges Handeln erschließen und in Anspruch nehmen. Und entsprechende

34. Das gilt etwa für den »Heidelberger Arbeitskreis für sozialgeschichtliche Bibelauslegung« und seine Publikationen: W. Schottroff/W. Stegemann Hg., Der Gott der kleinen Leute, 2 Bde., München 1979; W. Schottroff/W. Stegemann Hg., Traditionen der Befreiung, Bd. 1: Methodische Zugänge; Bd. 2: Frauen in der Bibel, München 1980; L. Schottroff/W. Schottroff Hg., Mitarbeiter der Schöpfung. Bibel und Arbeitswelt, München 1983; M. Crüsemann/W. Schottroff Hg., Schuld und Schulden. Biblische Traditionen in gegenwärtigen Konflikten, KT 121, München 1992; R. Kessler/E. Loos Hg., Eigentum: Freiheit und Fluch. Ökonomische und biblische Einwürfe, KT 175, Gütersloh 2000; M. Crüsemann/C. Jochum-Bortfeld Hg., Christus und seine Geschwister. Christologie im Umfeld der Bibel in gerechter Sprache, Gütersloh 2009.

35. Ich verweise beispielhaft auf die F. Crüsemann, Maßstab: Tora. Israels Weisung für christliche Ethik, 2. Aufl. Gütersloh 2004, zusammengestellten Beiträge.

Veränderungen waren und sind auch in der neutestamentlichen Wissenschaft wie in der Systematik zu beobachten. Gerade in der Sicht des Neuen Testamentes ist in den letzten Jahrzehnten viel in Bewegung geraten. Nicht zuletzt durch die Beiträge jüdischer Wissenschaftler und Wissenschaftlerinnen hat sich das Neue Testament als jüdisches Buch erwiesen. Die alten antijüdischen Muster beginnen zu verblassen. Die Perspektiven des christlich-jüdischen Dialogs mit ihrer Rezeption jüdischer Theologie prägen heute – zusammen mit der feministischen Forschung – zunehmend Kommentarreihen und Bibelübersetzungen. Und auch in der systematischen Theologie sind neben einer Fülle neuer Ansätze und Entwürfe grundlegende Gesamtdarstellungen der Dogmatik zu verzeichnen, in denen das Alte Testament wie das Judentum eine völlig neue, und zwar positive Stellung einnehmen. In all dem ist eine neue Sicht der gesamten christlichen Bibel ansatzweise Wirklichkeit geworden.

Naturgemäß haben diese Diskussionen seit ihrem zögerlichen Beginn in den 60er Jahren des vorigen Jahrhunderts, vor allem aber dann in den Phasen verdichteter Diskussion in den 80er und 90er Jahren bis zur Gegenwart eine große Fülle von einschlägigen Beiträgen aus dem Bereich der Exegese hervorgebracht, von denen manche dem Anliegen des vorliegenden Buches nahestehen. Mit nicht wenigen der ProtagonistInnen dieser Bewegung verbinden mich intensive und langjährige Arbeitszusammenhänge, nicht selten Freundschaft. Die eigene Arbeit am Thema wie in der Zeit der Vorarbeiten zu diesem Buch war und ist Teil eines intensiven Gesprächs. Das vielfältige Geben und Nehmen ist gerade in seinem Reichtum gar nicht zu dokumentieren. Nur einige besonders prägnante und weiterführende Beiträge können und müssen an ihrer Stelle beispielhaft genannt werden.[36] Aber natürlich stellte sich in dieser Lage für mich durchgängig die Frage, nach Legitimität und Notwendigkeit, ältere Ansätze wie sie in Seminaren und Vorlesungen an der Kirchlichen Hochschule Bethel und der Universität Bielefeld, aber auch bei Gastvorlesungen in Korea vorgetragen worden waren, zu dem vorliegenden Buch weiterzuführen. Dabei waren letztlich zwei Aspekte entscheidend.

Der eine ist die Tatsache, dass all das eben Genannte nur die eine Seite eines komplexen und widersprüchlichen Vorgangs ist. Es handelt sich weder um einen einheitlichen Trend, noch hat er sich überall durchgesetzt. Es gibt auch viel Gegenläufiges. Immer wieder und immer noch brechen hier heftige Konflikte auf. Beispielsweise der Streit um die »Bibel in gerechter Sprache« hat gezeigt, wie wenig selbstverständlich manche der neuen Entscheidungen nach wie vor in Kirche und Theologie sind. Die EKD hat ihre drei Denkschriften zum Verhältnis zum Judentum in neueren Äußerungen faktisch zurückgenommen und im Zusammenhang einer neuen Beschreibung der eigenen Identität das

---

36. S. u. S. 83 ff.

Judentum unter die fremden Religionen eingereiht.[37] In der römisch-katholischen Kirche, die früher und in mancher Hinsicht klarer gesprochen hat, gibt es unter dem deutschen Papst herbe Rückschläge. Im Zuge der Annäherung an die konservative Piusbruderschaft bekommt die Bekehrung der Juden in der Liturgie wieder einen Platz. Auch in der theologischen Wissenschaft gibt es neben Neuansätzen ein starkes Beharrungsvermögen und versteckten wie offenen Widerstand. Die Folge ist ein – manchmal überraschendes – Nebeneinander von alten und neuen Denkmustern. Das zeigt sich beispielhaft bei Studierenden, wenn in Prüfungen die Tora positiv beurteilt wird, solange das Fach »Altes Testament« heißt, und dann plötzlich die gleiche Größe für problematisch und durch Christus für überwunden erklärt wird, wenn es um das Fach »Neues Testament« geht. Dahinter stehen – neben dem Einfluss der Lehrer und Lehrerinnen – auch ausdrückliche oder vermutete kirchliche Erwartungen. Die Nachhaltigkeit der alten Muster wird dadurch verstärkt, dass die Orientierung an der Bibel überhaupt als Grundlage evangelischer Theologie in den letzten Jahren deutlich in den Hintergrund getreten ist. In breiten Strömungen wird vielmehr an die liberale Theologie vor dem Ersten Weltkrieg und weit darüber hinaus an Schleiermacher und dessen Verankerung der Theologie im frommen Selbstbewusstsein angeknüpft. Und wo Theologie auf dieser Grundlage betrieben wird, ist – nicht automatisch und nicht überall, aber doch vielfach – auch die alte Abwertung des Alten Testamentes wieder an der Tagesordnung – und nicht selten mit der alten Selbstverständlichkeit.

Dabei spielt mit: Eine uneingeschränkt positive Wertung des Alten Testamentes und eine Hochschätzung seines Eigenwertes für christlichen Glauben und christliche Theologie sind (ebenso wie eine entsprechende Bewertung des Judentums) wirklich neu. Keines der in Kirchen- und Theologiegeschichte entwickelten Modelle der Zuordnung der Testamente, wie sie gleich im zweiten Teil noch einmal im Einzelnen vor Augen gestellt werden sollen, stimmt damit überein. Wenn man dann, wie es heute verbreitet ist, die als bedroht angesehene christliche Identität durch Betonung traditioneller Theologie sichern will, kommen unklare, widersprüchliche und letztlich nicht durchdachte Haltungen heraus. Gerade auch für die heute so oft zu beobachtenden positive Wertungen des Alten Testamentes gilt nicht selten: Jesus und das spezifisch Christliche sind immer noch etwas positiver.

Das alles zeigt: Die Frage nach den theologischen Voraussetzungen eines veränderten Umgangs mit dem Alten Testament und nach seinen weit reichenden Folgen sind heute als nach wie vor offen zu betrachten. Ist es denn wirklich theologisch legitim oder gar notwendig, *keine* Steigerung vom Alten zum Neuen anzunehmen, *keine* Notwendigkeit der Legitimation des Alten durch das

---

37. Insbes. in der Schrift: Christlicher Glaube und nichtchristliche Religionen, Hannover 2003.

Neue, schon gar *keine* christliche Relektüre des Alten? Diese und ähnliche Fragen haben mich in den letzten Jahren zunehmend zu dem Versuch geführt, zum genannten faktisch veränderten Umgang mit dem Alten Testament auch so etwas wie eine überzeugende Begründung oder eine theologische Theorie zu entwickeln. Eine solche aber war nicht vom Alten Testament und der alttestamentlichen Wissenschaft aus allein zu erreichen. Wenn alle theologischen Fragen von der Verhältnisbestimmung der Testamente abhängen, wie oben im Anschluss an Gunneweg formuliert wurde, dann schlagen auch umgekehrt im Prinzip *alle* theologischen Fragen in eine neue Verhältnisbestimmung hinein. Genauer gesagt: Die christliche Sicht des Alten Testaments wird keineswegs nur und nicht einmal vor allem von der alttestamentlichen Wissenschaft bestimmt. Neutestamentliche, dogmatische und systematische Perspektiven spielen unabweisbar eine Rolle. Soll sich hier auf Dauer etwas ändern, muss es um eine neue theologische Gesamtsicht gehen, um die Änderung eines sehr tief liegenden, das heißt aller konkreten Wissenschaft meist vorausliegenden, alten und sehr mächtigen Musters. Das vorliegende Buch will dazu beitragen und muss sich deshalb auf die eingangs genannte Grenzüberschreitung einlassen.

Die Ausgangsbeobachtung und damit der zweite zu nennende Aspekt bestand für mich darin, dass alle bisherigen Muster der Wertung des Alten Testaments in bestimmten Verständnissen des Neuen Testaments wurzeln, und zwar in solchen, die mir persönlich zunehmend fraglich erschienen sind. Meine Versuche, als Alttestamentler neutestamentliche Texte zu lesen, führten immer wieder zu einem Verständnis, das vom Konsens in der neutestamentlichen Wissenschaft abwich. Kernpunkt dabei war der Bezug des Neuen Testamentes auf die »Schrift« und vor allem die theologische Bedeutung dieses Bezugs. Zwar ist die Frage dieser Beziehungen zu einem großen Zentrum neutestamentlicher Forschung geworden. Die Fülle der Arbeiten ist kaum mehr zu übersehen und die Ergebnisse sind teilweise überaus erhellend. Aber *theologisch* werden die Bezüge des Neuen auf das Alte Testament vielfach in alte Muster gegossen,[38] inhaltlich nicht wirklich ernst genommen, umgebogen oder geradezu übergangen. Im Kern geht es mir um eine Umkehrung der *Frage*richtung: Nicht wie neutestamentliche AutorInnen mit der Schrift umgehen, sondern die dabei theologisch vorausgesetzte Geltung der Schrift und die Bedeutung dieser Geltung für den christlichen Glauben und die christliche Theologie selbst sind ins Zentrum zu rücken. Es hat sich mir also als theologisch notwendig erwiesen, die Wurzeln der Geltung des Alten im Neuen Testament selbst zu bestimmen, also zu wildern, d. h. fachfremd und partiell gegen die Urteile der Fachleute die Texte

---

38. Das zeigt exemplarisch der Sammelband: B. Kollmann Hg., Die Verheißung des Neuen Bundes. Wie alttestamentliche Texte im Neuen Testament fortwirken, Göttingen 2010, wo die Thesen einer christologischen Deutung und des Verheißungs-Erfüllungs-Schemas wiederholt werden; dazu u. S. 294 ff. 229 ff.

selbst zu lesen. Dieser Schritt fehlt nach meinem Urteil bisher in der Theologie, und der Versuch, ihn zu unternehmen, macht für mich dieses Buch notwendig.

Die Kernthese, die begründet werden soll, lautet: Das Alte Testament muss für ChristInnen und die christliche Theologie, ja letztlich für den christlichen Glauben *denselben* theologischen Rang haben, den es im Neuen Testament hat, den es also für Jesus und für die Verfasser und Verfasserinnen der (meisten) neutestamentlichen Schriften hat.

II. Teil
Bisherige Modelle und Aporien

1. Kapitel:
Typen der Zuordnung von Neuem und Altem Testament

Sehr unterschiedliche Antworten hat es im Laufe der Theologiegeschichte auf die Frage nach dem Verhältnis der beiden Teile der christlichen Bibel gegeben. Ich denke, man kann dabei vier Grundtypen unterscheiden, vier Grundmodelle, auf die bzw. auf deren Mischungen sich alle bisherigen Versuche zurückführen lassen. Es handelt sich dabei um geronnene Kirchengeschichte. Zugleich aber begegnen uns dabei auch die eigenen Erfahrungen. Wir alle, jedenfalls die meisten von uns, sind damit aufgewachsen. Vom Kindergottesdienst an bis zu heutigen wissenschaftlichen Diskursen sind diese Weisen des Umgangs mit den beiden Teilen der Bibel uns begegnet, und wir haben sie – meist wohl eine Mischung von ihnen – im Herzen und im Kopf.

1. Ablehnung

Da ist einmal die völlige Ablehnung des Alten Testaments. Danach ist dieses Buch jüdisch und geht uns als Christen nichts an. Es gehört deshalb nicht in die christliche Bibel, die allein aus dem Neuen Testament besteht. Konsequenterweise ist zu fordern, das Alte Testament aus der Bibel zu entfernen.

a. Marcion

Diese Haltung verbindet sich bis heute mit dem Namen *Marcion*.[1] Etwa in der Mitte des 2. Jahrhunderts – das einzige gesicherte Datum ist seine Trennung von der römischen Gemeinde und die Gründung einer eigenen Kirche im Jahre

---

1.   Das wichtigste Werk dazu ist nach wie vor: A. v. Harnack, Marcion. Das Evangelium vom fremden Gott, [1920] 2. Aufl. Leipzig 1924; Nachdruck Darmstadt 1960 u. ö. Zu einem Überblick vgl. B. Aland, Art. Marcion/Marcioniten, TRE 22, 1991, 89-101; H. Bienert, Dogmengeschichte, Stuttgart 1997; ders., Markion – Christentum als Antithese zum Judentum, in: H. Frohnhofen Hg., Christlicher Antijudais-

144 n. Chr. – hat er das mit dem christlichen Glauben gegebene Neue konsequent dem Alten Testament antithetisch gegenübergestellt. »Antithesen« lautet der Titel seiner (nicht erhaltenen) Hauptschrift. Marcion spricht, das lassen die Quellen eindeutig erkennen, von zwei verschiedenen Göttern: Der Gott des Alten Testamentes steht als der Schöpfer und Gott dieser Welt dem Gott des Neuen Testamentes gegenüber, der als fremder Gott und Erlöser kommt. Zu dem ersten gehören Gesetz und Strafe, Güte und Gnade zu dem anderen. Marcion hat (nach der Darstellung durch Tertullian) als Erster von *Gesetz und Evangelium* als einem Gegensatz gesprochen – in deutlichem Abstand zu Paulus, wo beides nie gegeneinandersteht,[2] man sieht aber auch die bis heute reichende Wirkung. Es braucht kaum betont zu werden, dass das Evangelium, wie Marcion es sieht, in einem grundsätzlichen Gegensatz zu allem Jüdischen steht.[3]

Nun gab es zu dieser Zeit noch kein Neues Testament. Eine solche Sammlung urchristlicher Schriften war erst im Entstehen begriffen, und wahrscheinlich hat Marcion dabei eine wichtige Rolle gespielt. Denn die Loslösung vom Alten Testament erforderte naturgemäß einen Ersatz für das, was bisher die »Schrift« der jungen Christenheit gewesen war. Um ein »Christentum ohne jüdische Vorgeschichte« zu schaffen,[4] kreiert Marcion also eine eigene Schrift, bestehend aus zwei Teilen, dem *Evangelium* und dem *Apostolos*. Beim Ersten handelt es sich um das Lukasevangelium, beim Zweiten um eine Sammlung von Paulusbriefen. Von der Quellenlage her könnte es sich um eine erste Gestalt des neutestamentlichen Kanons handeln. Nun sind aber die neutestamentlichen Schriften, gerade auch die von Marcion bevorzugten, durchgängig auf das Alte Testament bezogen. Für Marcion war das unerträglich, und so hat er diese

mus und jüdischer Antipaganismus, HThS 3, Hamburg 1990, 139-144. In letzter Zeit hat sich die Forschung intensiv Marcion zugewandt, und damit sind auch die von Harnack gelegten Grundlagen neu in die Diskussion geraten, s. etwa U. Schmid, Marcion und sein Apostolos, ANTT 25, Berlin u. a. 1995; G. May/ K. Greschat Hg., Marcion und seine kirchengeschichtliche Wirkung, Berlin u. a. 2002; W. Kinzig, Harnack, Marcion und das Judentum, Leipzig 2004; G. May, Markion, Ges. Aufsätze, VIEG Beih. 68, Mainz 2005; S. Moll, The Arch-Heretic Marcion, WUNT 250, Tübingen 2010.

2. Dazu bes. P. v. d. Osten-Sacken, Befreiung durch das Gesetz, in: ders., Evangelium und Tora. Aufsätze zu Paulus, ThB 77, München 1987, 197-209.

3. H. Schreckenberg, Die christlichen Adversus-Judaeos-Texte und ihr literarisches und historisches Umfeld (1.-11. Jh), EHS 23/172, Frankfurt/M. u. a. 1982, 181 f.; S. G. Wilson, Marcion und the Jews, in: ders. Ed., Antijudaism in Early Christianity, Vol. 2, Waterloo 1986, 45-58; W. A. Bienert, Marcion und der Antijudaismus, in: G. May/K. Greschat Hg., Marcion und seine kirchengeschichtliche Wirkung, TU 150, 2002, 191-206.

4. Schreckenberg, Adversus-Judaeos-Texte, 181.

Schriften »gereinigt«[5], d. h. er hat alle alttestamentlichen Bezüge entfernt – vielleicht im Glauben, damit die Urgestalt dieser Schriften wiederherzustellen.
Für das *Lukasevangelium* seien folgende Beispiele angeführt[6]: Das Evangelium beginnt bei ihm mit der Verbindung von Lk 3,1a mit 4,31: »*Im 15. Jahr des Kaisers Tiberius … kam Jesus hinab nach Kapernaum …*« Es fallen also die gesamten ersten Kapitel weg mit ihren so vielfältigen und positiven Bezügen auf das Alte Testament.[7] Unerträglich sind für ihn Aussagen wie in 1,6 (»*sie wandelten in allen Geboten und Satzungen …*«), unerträglich ist der Stammbaum Jesu (3,23-38), der ihn in die Geschichte Israels einordnet, unerträglich sind messianische Aussagen wie 1,32 f. (Gott »*wird ihm den Thron Davids, seines Vorfahren geben, und er wird König sein über das Haus Jakobs*«) und unerträglich sind all die vielen Bezüge auf Israel (Gott »*hat sich Israel, ihres Kindes, angenommen*« 1,54 u. a.). Selbst die Verbindung Jesu mit der Stadt Nazareth wird vermieden; von woher Jesus nach Kapernaum kommt, bleibt offen, vielleicht vom Himmel.[8] Im Vaterunser (11,2) steht in der Fassung Marcions zu Beginn eine Bitte um das Kommen des Geistes, die Heiligung des Namens dagegen fehlt.[9] Natürlich spielt die Aussage von Lk 16,16[10] eine große Rolle: »*Die Tora und die prophetischen Schriften sind bis zu Johannes in Geltung. Von da an wird das Gottesreich verkündet.*« Der nächste Vers 17 aber lautet: »*Es ist aber leichter, dass der Himmel und die Erde vergehen, als dass ein Strichlein der Tora dahinfällt.*« Er würde die gesamte Marcionitische Lehre sprengen und muss deshalb verändert werden: »*als dass eines meiner Worte dahinfalle*«[11]. In der Sadduzäerfrage (20,27-40) fehlen die V. 27 f. mit dem Bezug auf Abraham, Isaak und Jakob.[12] Natürlich müssen auch die Bezüge auf die Schrift in den Reden des Auferstandenen fallen. So wird in den Erzählungen von den Emmausjüngern (24,13-35) sowie von der Erscheinung Jesu mitten unter seinen Jüngern (24,36-

---

5. Zu einer etwas anderen Sichtweise vgl. u. Anm. 7.
6. Nach Harnack, Marcion, 52 ff. 183*ff.
7. Die These von M. Klinghardt (Markion vs. Lukas: Plädoyer für die Wiederaufnahme eines alten Falles, NTS 52, 2006, 484-513), wonach Markion nicht das uns bekannte Lukasevangelium gekürzt, sondern ein kürzeres älteres Evangelium benutzt habe, das auch dem kanonischen Lukasevangelium zugrunde lag, von diesem aber redaktionell erweitert worden ist, steht nicht nur, wie er selbst sieht, gegen die gesamte neuere Wissenschaft, sondern stützt sich leider ausschließlich auf diesen Befund am Beginn des Evangeliums. Das Fehlen zahlreicher weiterer alttestamentlicher Zitate und Bezüge (zugegeben: nicht aller, folgt man der Harnackschen Rekonstruktion) lässt angesichts des Befundes in allen Evangelien sowie des Vorgehens bei den Paulusbriefen die These doch fraglich erscheinen.
8. So Harnack 183*.
9. Harnack 207*.
10. Zu Lk 16,16 f. vgl. u. S. 116 f.
11. Harnack 220*.
12. Harnack 229*.

49) der Bezug auf die Schrift in V. 27.32.44-46 gestrichen.[13] Und dieser Bezug fehlt bis heute in den meisten Darstellungen der Emmausszene in der Kunstgeschichte wie wohl auch in den meisten Predigten darüber.

Blickt man auf die Briefe des *Paulus*,[14] so steht bei Marcion der Galaterbrief an der Spitze der Briefsammlung, und seine Bearbeitung ist auch am besten bezeugt. Hier sind es vor allem die Bezüge auf Abraham, seinen Glauben und seinen Segen in Gal 3,6-9.14a.15-18.29[15], die getilgt werden. Im Römerbrief ist die Auslassung von 2,3-11 bezeugt,[16] wobei wohl das Gericht Gottes nach den Werken unerträglich erschien, denn der Gott Marcions zürnt nicht. Es gibt sodann größere Auslassungen in Röm 9-11, so zwischen 8,12 und 10,1 und zwischen 10,5 und 11,32, deren genauer Umfang aber nicht feststeht.[17] Im Kolosserbrief wird schließlich 1,15-16 und damit die Schöpfungsmittlerschaft Christi entfernt.[18] »Drei Themen also lassen sich nachweisen, die offensichtlich von Marcion aus den paulinischen Briefen verbannt wurden: ›Abrahamverheißung und Erwählung Israels‹ als positive Referenzpunkte, ›Schöpfungsmittlerschaft Christi‹ und (vermutlich) das ›Gericht nach den Werken‹.«[19]

Die christliche Kirche hat Marcion als Ketzer, ja Erzketzer abgelehnt und verworfen. Seitdem ist das Alte Testament unbestrittener Teil der christlichen Bibel, die mit ihren beiden Teilen in der Zeit nach Marcion ihre endgültige Gestalt annahm. Ich hebe aus diesem Prozess der Entstehung des christlichen Kanons drei Punkte hervor:

–   Die urchristlichen Schriften wurden in ihren, auch nach heutigen Erkenntnissen ältesten Formen, also mit ihren vielfältigen Bezügen auf das Alte Testament aufgenommen.
–   Das Alte Testament wurde dem Neuen vorangestellt. Damit war eine eindeutige kanonische Leserichtung festgelegt, eben vom Alten zum Neuen und nicht umgekehrt. Das Alte Testament ist nicht nur so etwas wie ein unvermeidbarer Anhang.
–   Allerdings wurde das Alte Testament dabei bereits allein als Buch der christlichen Kirche gelesen und der Bezug des Judentums darauf als illegitim angesehen.[20]

13. Harnack 229 f.*.
14. Zu Rekonstruktion des Briefkanons Marcions s. Schmid, Marcion.
15. Schmid, Marcion, 248.316.
16. Schmid, Marcion, 249.331.
17. Schmid, Marcion, 249.333 f.
18. Schmid, Marcion 250.341.
19. Schmid, Marcion, 250.
20. Beispiele sind ein bestimmtes Verständnis des Verheißungs-Erfüllungs-Schemas (dazu u. S. 230 ff.) und das Gegenüber von Altem und Neuem Bund (u. S. 165 ff.).

b. Die deutschen Christen

Seit dieser antimarcionitischen Entscheidung ist das Alte Testament nur noch selten, etwa von einzelnen Sekten wie bei Teilen der Katharer[21] im Mittelalter, radikal abgelehnt worden. Erst im 20. Jh. hat die Frage wieder eine entscheidende Rolle gespielt. Geprägt wurde diese neue Diskussion über die Forderung nach Abschaffung des Alten Testaments durch keinen Geringeren als Adolf v. Harnack, der sich in seinem Buch über Marcion diesem theologisch verwandt empfunden hat. Er schrieb dann die berühmt gewordenen Sätze: »Das Alte Testament im 2. Jahrhundert zu verwerfen, war ein Fehler, den die große Kirche mit Recht abgelehnt hat; es im 16. Jahrhundert beizubehalten, war ein Schicksal, dem sich die Reformation noch nicht zu entziehen vermochte; es aber seit dem 19. Jahrhundert als kanonische Urkunde im Protestantismus noch zu konservieren, ist die Folge einer religiösen und kirchlichen Lähmung.«[22]

Diese Forderung, die eine lange Vorgeschichte im deutschen Antisemitismus hatte, etwa bei Fichte, Richard Wagner, Paul de Lagarde etc.,[23] wurde in völkisch-antisemitischen Kreisen breit rezipiert.[24] Dies spitzte sich zu in den Forderungen der Deutschen Christen im Jahre 1933.[25] So wurde während einer Kundgebung im Berliner Sportpalast am 13. November 1933 von Reinhold Krause gefordert: »Befreiung vom Alten Testament mit seiner jüdischen Lohnmoral, von diesen Viehhändler- und Zuhältergeschichten. Mit Recht hat man dieses Buch als eines der fragwürdigsten Bücher der Weltgeschichte bezeichnet … Die Juden aber sind nicht Gottes Volk«. Konsequenterweise muss – wie bei Marcion – auch das Neue Testament gereinigt werden: Es ist notwendig, heißt es dementsprechend, »alle offenbar entstellten und abergläubischen Berichte des Neuen Testaments zu entfernen«. Dazu gehört »ein Verzicht auf die Sündenbock- und Minderwertigkeitstheologie des Rabbiners Paulus, der eine Verfälschung … dieser schlichten Frohbotschaft [begangen hat]: ›Liebe deinen

---

21. Vgl. D. Müller, Art. Katharer, TRE VIII, 1988, 21-30, wonach »die gemäßigten Dualisten unter ihnen … das gesamte Alte Testament als Werk des bösen Prinzips ablehnen« (25).
22. Harnack, Marcion, 217.
23. Vgl. K. Scholder, Die Kirchen und das Dritte Reich, Bd. 1, Berlin 1977, bes. 705. Zu Harnacks eigener Haltung vgl. bes. W. Kinzig, Harnack, Marcion und das Judentum.
24. Dazu bes. A. Dettmers, Die Interpretation der Israel-Lehre Marcions im ersten Drittel des 20. Jahrhunderts. Theologische Voraussetzungen und zeitgeschichtlicher Kontext, in: G. May/K. Greschat Hg., Marcion und seine kirchengeschichtliche Wirkung, TU 150, Berlin u. a. 2002, 274-292; vgl. a. C. Nicolaisen, Die Auseinandersetzung um das Alte Testament im Kirchenkampf 1933-1945, Diss. Hamburg 1966 (S. 12 ff.: »Die Kritik am AT in den 20er Jahren«).
25. Zum Folgenden vgl. F. Crüsemann, Tendenzen der alttestamentlichen Wissenschaft zwischen 1933 und 1945, WuD 20, 1989, 79-104.

Nächsten als dich selbst‹ … Wenn wir aus den Evangelien das herausnehmen, was zu unseren deutschen Herzen spricht, dann tritt das Wesentliche der Jesuslehre klar und leuchtend zutage, das sich – und darauf dürfen wir stolz sein – restlos deckt mit den Forderungen des Nationalsozialismus.«[26] Dass aber gerade auch das Gebot der Nächstenliebe, auf das hier das Christentum reduziert werden soll, aus Lev 19,18 stammt, also bereits im Alten Testament steht, war wohl nicht bekannt und nicht bewusst. Dieser Befund zeigt aber exemplarisch, dass bei einer Entfernung aller alttestamentlichen Bezüge aus dem Neuen Testament von diesem nicht viel übrig bleiben würde.

Der Protest gegen die Forderung nach Abschaffung des Alten Testaments war breit und massiv.[27] Sie kam nicht nur aus den Organisationen der Bekennenden Kirche, sondern aus der Gemeinde selbst. Das führte zu einer der entscheidenden Wendungen des Kirchenkampfs. Eine breite Austrittsbewegung ergriff die Bewegung der Deutschen Christen und spaltete sie. Die Zugehörigkeit des Alten Testaments zur christlichen Bibel und damit zur Grundlage der Kirche stand von da an wieder fest und wurde nur noch als Ausnahme am Rande der Kirche in Frage gestellt.[28]

2. Kontrast

Auf der Basis der Entscheidung des 2. Jh., nach der das Alte Testament Teil der christlichen Bibel ist, kommt Marcion am nächsten eine Haltung, die man als *Kontrast* bezeichnen kann. Danach steht das Neue im *Gegensatz* zum Alten, das Alte Testament wird als die Folie, als der Hintergrund verstanden, vor dem das Neue sein Profil erst deutlich zeigt. Dieses Modell wirkt bis heute als Grundmuster in vielen Predigten und prägt insbesondere vielfach eine elementarisier-

---

26. Reinhold Krause, Rede des Gauobmanns der Glaubensbewegung »Deutsche Christen« in Groß-Berlin, gehalten im Sportpalast am 1. 11. 1933. Nach doppeltem stenographischem Bericht gedruckt. Auszüge in: J. Gauger, Chronik der Kirchenwirren, 1. Teil 1934, 109; sowie bei Nicolaisen, AT im Kirchenkampf, 72 f. Ein Überblick über vergleichbare Forderungen nach Abschaffung des AT und Reinigung des NT bei H.-J. Sonne, Die politische Theologie der Deutschen Christen, Göttingen 1982, 48 ff.
27. Vgl. bes. Scholder, Die Kirchen und das Dritte Reich I, 705 ff.
28. Dazu gehörten einige Stimmen aus dem »Institut zur Erforschung [und Beseitigung] des jüdischen Einflusses auf das deutsche kirchliche Leben«; zu ihm vgl. die verschiedenen Studien in P. v. d. Osten-Sacken Hg., Das missbrauchte Evangelium. Studien zu Theologie und Praxis der Thüringer Deutschen Christen, SKI 20, Berlin 2002 (zur Geschichte seines Namens ebd. 313 ff.); zuletzt S. Heschel, Die Faszination der Theologie für die Rassentheorie. Wie Jesus im deutschen Protestantismus zum Nazi wurde, KuI 22, 2007, 120-131.

te Lehre wie in Seelsorgezusammenhängen oder im Kindergottesdienst. Stets werden bekannte Gegensätze herausgestellt: das Neue, welches das Alte über-bietet. Es stehen sich dann gegenüber: die Juden und Jesus, das Gesetz und seine Überwindung im Evangelium, aber auch die von Rache versus Gnade und Barmherzigkeit, von unfreier Bestimmtheit durch Reinheit/Unreinheit gegen deren Überwindung.

a. Emanuel Hirsch

Naturgemäß hat ein solches Modell bei den Nazichristen eine große Rolle ge-spielt. Ein Buchtitel wie »Der Gottesgedanke Jesu als Gegensatz gegen den israelitisch-jüdischen Gottesgedanken«[29] bringt den Grundgedanken auf den Begriff. Ich wähle hier die besonders deutliche Gestalt als Beispiel, die ihm *Ema-nuel Hirsch*[30] 1936 in seiner Schrift »Das Alte Testament und die Predigt des Evangeliums« gegeben hat.[31] Dass diese Schrift 1986 wieder aufgelegt worden ist,[32] zeigt die nach wie vor bestehende Aktualität solcher Gedanken.[33]

Hirsch geht aus von drei Textbeispielen: der »Opferung Isaaks« in Gen 22 (*»diese Geschichte erzählt von einer Begegnung mit einem Gott, der anders an uns handelt, als der, an den wir glauben, wenn wir an den Vater Jesu Christi glauben«*[34]), David und Goliath in 1 Sam 17 (»würden die Worte Davids an Goliath 1. Sam. 17,45-47 nur dann Gegenstand einer christlichen Predigt sein können, wenn man als deren Gegenstand wählte *den Unterschied alttestament-lich-jüdischen und rechten christlichen Gottvertrauens im Kampf und Dienst für das eigne Volk*«[35]) und der Jonageschichte (»Das erste und Nächstliegende ist leicht gesehen. Es findet sich beim Dichter des Jonabuchs keine Spur des Glau-

---

29. H. Pohlmann, Weimar 1939.
30. Zu Hirsch bes. W. Schottroff, Theologie und Politik bei Emanuel Hirsch. Zur Ein-ordnung seines Verständnisses des Alten Testaments, in: ders., Das Reich Gottes und der Menschen. Studien über das Verhältnis der christlichen Theologie zum Judentum, München 1991, 137-194; zu seiner Theologie a.: R. P. Ericksen, Theo-logen unter Hitler. Das Bündnis zwischen evangelischer Dogmatik und National-sozialismus (1985), dt. Übers. München/Wien 1986, 167-298.
31. E. Hirsch, Das Alte Testament und die Predigt des Evangeliums, Tübingen 1936. Im Original gesperrt gedruckte Passagen werden im Folgenden kursiv wiedergegeben.
32. Hg. v. H. M. Müller, Tübingen 1986.
33. Vgl. a. die die Herausarbeitung und Unterstreichung der gegenwärtigen Bedeutung der Kerngedanken durch M. Ohst, Emanuel Hirsch: Antithetische Vertiefung. Die Bedeutung des Alten Testaments für den christlichen Glauben, in: Th. Wagner u.a. Hg., Kontexte. Biografische und forschungsgeschichtliche Schnittpunkte der alttes-tamentlichen Wissenschaft, FS H. J. Boecker, Neukirchen-Vluyn 2008, 191-222.
34. Ebd. 25.
35. Ebd. 47 f.

bens an das ewige Leben ... Gottes Gnade ist irdisch Leben und Gedeihen«),[36] und gerade hier zeige die neutestamentliche Rezeption: Das Alte Testament »*ist ein Gleichnis des Neuen Testaments nicht nach dem, was es ist, sondern nach dem, dass es von dem Neuen zerbrochen wird*«[37]. Stets wird das Un- bzw. Vorchristliche von Verhalten und Gottesbild herausgearbeitet. Alles zielt auf die »klare(n) und einfache(n) *theologische(n) Erkenntnis von diesem Unterschiede*«[38]. Dass man immer wieder und überall auf diese tiefgreifenden Unterschiede treffe, »zwingt dazu, von einem *Gesamtsinn des Alten Testaments auszugehen*«[39]. Dabei ist der »am leichtesten greifbare nichtchristliche Zug« die Bindung an den *Tempel* und damit an »kultische Reinheit und kultisches Opfer«[40]. Es gehe im Alten Testament sodann durchgängig um das Volk, es fehle der Glauben an das ewige Leben, im Zentrum stehe das Gesetz und nicht das Evangelium wie im Christentum.[41] Gepredigt werden könne christlicherseits deshalb »niemals der alttestamentliche Text als solcher«, sondern bestenfalls das christliche »Urteil über den alttestamentlichen Text«[42]. Warum ist dann aber überhaupt am Alten Testament festzuhalten? Die Antwort lautet: Weil das Evangelium nur von seinem Gegensatz, also nur vom Gesetz aus zu verstehen sei. »*Gerade also weil das Alte Testament das geschichtlich mächtigste Widerspiel des neuen ist, gerade darum passt es so gut als erster Teil der christlichen Bibel.*«[43]

b. Friedrich Schleiermacher

Das Grundmuster, das sich hier abzeichnet, entstand weder mit der völkischen und massiv-antisemitischen Theologie, noch verschwand es mit ihr. Die große Verbreitung und manchmal fast selbstverständliche Geltung, die ihm in der Nachkriegszeit etwa durch die verbreiteten und einflussreichen, immer wieder aufgelegten neutestamentlichen Kommentare eines der schlimmsten Nazitheologen,[44] Walter Grundmann, zukommt,[45] die durchgängig von diesem Schema

---

36. Ebd. 54.
37. Ebd. 63.
38. Ebd. 71.
39. Ebd. 72.
40. Ebd. 72 f.
41. Ebd. 74-76.
42. Ebd. 78.
43. Ebd. 83.
44. Zur neutestamentlichen Wissenschaft in der Zeit des dritten Reiches s. jetzt a. G. Theißen, Neutestamentliche Wissenschaft vor und nach 1945. Karl Georg Kuhn und Günther Bornkamm, Schriften der Philosophisch-historischen Klasse der Heidelberger Akademie der Wissenschaften Bd. 47, Heidelberg 2009.
45. W. Grundmann, Das Evangelium nach Matthäus, ThHK 1, Leipzig 1968 (7. Aufl.

geprägt sind, ist nur erklärlich, weil es tiefere Wurzeln hat. Dabei hat Gestalt und Theologie *Friedrich Schleiermachers* eine nachhaltige Wirkung gehabt.»In der Schleiermacherschen Theologie begegnet eine offen an Marcion anschließende negative Einstellung zum AT und der jüdischen Religion als integraler Bestandteil einer dezidiert ›modern‹ und zugleich selbstbewusst ›kirchlich‹ auftretenden protestantischen Positionsbestimmung.«[46]

Schleiermacher versucht als Reaktion auf die neuzeitliche philosophische Kritik an der traditionellen christlichen Theologie und Metaphysik, wie sie insbesondere Kant formuliert hat, eine Neubegründung christlichen Glaubens und christlicher Theologie und setzt dabei beim Subjekt und seiner Innerlichkeit an. Versteht er in den frühen Reden »Über die Religion« Religion romantisierend[47] als »Sinn und Geschmack fürs Unendliche«[48] – wobei das Judentum als »merkwürdiges Beispiel von der Corruption und vom gänzlichen Verschwinden der Religion aus einer großen Masse« angesehen wird[49] –, so wird im Hauptwerk der »Glaubenslehre« das gesamte System der christliche Dogmatik aus einer Analyse der christlichen Frömmigkeit, genauer des »Gefühls der schlechthinnigen Abhängigkeit« als einer »Bestimmtheit des Gefühls oder des unmittelbaren Selbstbewusstseins« gewonnen.[50] Aus diesem Ansatz folgt für Schleiermacher, dass nicht die Bibel die Grundlage der Theologie bildet und so ihre Rolle erst nachträglich zur Sprache kommen kann. So heißt es (erst) in

1992); ders. Das Evangelium nach Markus, ThHK 2, Leipzig 1959 (9. Aufl. 1984); ders., Das Evangelium nach Lukas, ThHK 3, Leipzig 1961 (9. Aufl. 1984) Vgl. hierzu W. Schenk, Zu Werk und Wirken des völkischen Theologen Walter Grundmann und seiner Kollegen, in: P. v. d. Osten-Sacken Hg., Das mißbrauchte Evangelium. Studien zu Theologie und Praxis der Thüringer Deutschen Christen, SKI 20, Berlin 2002, 167-279 (240 ff.); jetzt a. R. Deines u. a. Hg., Walter Grundmann. Ein Neutestamentler im Dritten Reich, Leipzig 2007.

46. K. Beckmann, Die fremde Wurzel. Altes Testament und Judentum in der evangelischen Theologie des 19. Jahrhunderts, FKDG 85, Göttingen 2002, 133. Vgl. außerdem R. Smend, Schleiermachers Kritik am AT, in: ders., Epochen der Bibelkritik, Ges. Stud. Bd. 3, München 1991, 128-144; H. D. Preuß, Vom Verlust des Alten Testaments und seinen Folgen (dargestellt anhand der Theologie und Predigt F. D. Schleiermachers), in: J. Track Hg., Lebendiger Umgang mit Schrift und Bekenntnis, Stuttgart 1980, 127-160; M. Stiewe, Das Alte Testament im theologischen Denken Schleiermachers, in: Altes Testament – Forschung und Wirkung, FS Henning Graf Reventlow, Frankfurt/M. 1994, 329-336.

47. Zum Kontext in der deutschen Romantik vgl. etwa R. Safranski, Romantik. Eine deutsche Affäre, München 2007, 137 ff.

48. F. D. E. Schleiermacher, Über die Religion. Reden an die Gebildeten unter ihren Verächtern (1799), Hamburg 1958, 30.

49. Ebd. 159. Dazu bes. Beckmann, Wurzel, 34 ff.

50. F. D. E. Schleiermacher, Der christliche Glaube nach den Grundsätzen der Evangelischen Kirche im Zusammenhang dargestellt (1821, 2. Aufl. 1830), 7. Aufl. Berlin 1960, bes. §§ 3 f. sowie den ganzen Zusammenhang von § 5-10.

§ 128: »Das Ansehen der heiligen Schrift kann nicht den Glauben an Christum begründen, vielmehr muss dieser schon vorausgesetzt werden, um der Heiligen Schrift ein besonderes Ansehen einzuräumen«. Weil es dezidiert der Glaube an Christus ist, der christliche Frömmigkeit bestimmt, geht es dann auch ausschließlich um »die heiligen Schriften des Neuen Bundes«. Als das »erste Glied in der ... Reihe der Darstellungen des christlichen Glaubens« sind sie die Norm für alle folgenden Darstellungen (§ 129). Vom Alten Testament wird dann nur nachträglich als »Zusatz zu diesem Lehrstück« gehandelt (§ 132). Seine Schriften sind nicht vom gleichen heiligen Geist eingegeben wie die neutestamentlichen, und eine »gründliche Verbesserung« der christlichen Lehre ist nur zu erwarten, »wenn man die alttestamentlichen Beweise für eigentümlich christliche Lehren ganz aufgibt«[51]. Es ist deutlich: »Nicht der Befund am biblischen Text, sondern das vorausgesetzte Modell des schlechthinnigen Abhängigkeitsgefühls ... bestimmt über die Christologie auch die Sicht des Verhältnisses der beiden biblischen Religionen.«[52] Einzig und allein, weil sich Christus und die ersten Verkündiger auf diese Schriften bezogen haben, sind sie weiter beizubehalten. Doch würde »der richtige Sinn der Sache sich besser aussprechen, wenn das alte Testament als Anhang dem Neuen folgte, da die jetzige Stellung nicht undeutlich die Forderung aufstellt, dass man sich erst durch das ganze A.T. durcharbeiten müsse, um auf richtigem Wege zum Neuen zu gelangen.«[53]

Hätte er es doch getan! –, kommt einem da als Wunsch in den Sinn. Denn zweifellos: »Die Bilder, die Schleiermacher vom Alten Testament und vom damaligen Judentum gezeichnet hat, sind großenteils Karikaturen«[54], und Ähnliches gilt trotz seiner engen Beziehungen zu Juden und vor allem Jüdinnen für seine Urteile über das zeitgenössische Judentum.[55] Angesichts seiner Wirkung nicht zuletzt auf A. v. Harnack und zumal angesichts der Schleiermacher-Renaissance in der gegenwärtigen Theologie kann man die Bedeutung seiner Sichtweise kaum überschätzen. Eine Kritik seiner Theologie von der biblischen Grundlage her ist oft versucht worden[56] und bleibt sicher entscheidend. Darüber hinaus wird man aber zumindest fragen müssen, ob ein Ansatz allein beim Subjekt nicht bei jedem biblischen Thema grundsätzlich in einen Zirkel geraten muss, da jede Analyse von Selbstbewusstsein und »Gefühl« immer nur das ent-

---

51. Ebd. 307.
52. Beckmann, Wurzel, 134.
53. Ebd. 308.
54. Smend, Schleiermachers Kritik, 139. Von einer Änderung beim alten Schleiermacher berichtet J. A. Steiger, Friedrich Daniel Ernst Schleiermacher, das Alte Testament und das Alter. Zur Geschichte einer überraschenden Alterseinsicht, KuD 40, 1994, 305-327.
55. Dazu bes. M. Brumlik, Deutscher Geist und Judenhaß. Das Verhältnis des philosophischen Idealismus zum Judentum, München 2000, 132-195.
56. Vgl. etwa Beckmann, Wurzel, 91 ff.

decken wird, was dort durch Kultur und besonders in der Erziehung hineingelegt worden ist – in diesem Falle also den christlichen Antijudaismus.

c. Rudolf Bultmann

Schließlich ist als eine hoch wirksame Ausprägung des zweiten hier vorzustellenden Modells die Theologie *Rudolf Bultmanns* zu nennen. Es handelt sich um eine theologisch ungleich reflektiertere Gestalt dieses Grundmodells als etwa bei Hirsch.[57] Er lehnt die antisemitischen Voraussetzungen und Folgen bei Hirsch und Konsorten nachdrücklich ab, und seine persönlich integre und menschliche Haltung im und nach dem Dritten Reich ist unumstritten.[58] Nach wie vor heftig umstritten ist aber, ob seine *theologisch massiv negative* Sicht des Judentums und die damit verbundene scharfe Kontrastierung der Testamente, die bei ihm auf einer letzten entscheidenden Ebene zu konstatieren ist (trotz bleibender anderer Ebenen), Ausdruck eines fragwürdigen strukturellen Antijudaismus[59] ist oder aber sachgerechter Ausdruck der neutestamentlichen Theologie.

Von den vielen einschlägigen Texten[60] soll hier zunächst der Aufsatz »Die Bedeutung des Alten Testaments für den christlichen Glauben«[61] vorgestellt

57. An einschlägigen Arbeiten seien genannt: P.-G. Müller, Altes Testament, Israel und das Judentum in der Theologie Rudolf Bultmanns, in: Kontinuität und Einheit, FS F. Mußner, Freiburg 1981, 439-472; H. Hübner, Rudolf Bultmann und das Alte Testament, KuD 30, 1984, 250-272; A. H. J. Gunneweg, Altes Testament und existentiale Interpretation, in: B. Jaspert Hg., Rudolf Bultmanns Werk und Wirkung, Darmstadt 1984, 332-347; W. Stegemann, Das Verhältnis Rudolf Bultmanns zum Judentum. Ein Beitrag zur Pathologie des strukturellen theologischen Antijudaismus, KuI 5, 1990, 26-44; M. Wolter, Das Judentum in der Theologie Rudolf Bultmanns, in: B. Jaspert Hg., Erinnern – Verstehen – Versöhnen. Kirche und Judentum in Hessen 1933- 1945, Didaskalia 40, 1992, 15-32; K. De Valerio, Altes Testament und Judentum im Frühwerk Rudolf Bultmanns, BZAW 71, Berlin u. a. 1994; F.-W. Marquardt, »Der Wille als Tatwille ist von vornherein böse«. Ideologiekritik und Ideologie in einem prägnanten Satz Rudolf Bultmanns, EvTh 62, 2002, 414-430; K. Hammann, Rudolf Bultmanns Begegnung mit dem Judentum, ZThK 102, 2005, 35-72.

58. Hierzu mit reichem Material K. Hammann, Rudolf Bultmanns Begegnung; ders., Rudolf Bultmann. Eine Biographie, Tübingen 2009, bes. 275 ff. In der Sache übereinstimmend auch Stegemann, Verhältnis, 27 ff.; Marquardt, Ideologiekritik. Vgl. dazu a. A. Lindemann, Neutestamentler in der Zeit des Nationalsozialismus. Hans von Soden und Rudolf Bultmann in Marburg, WuD 20, 1989, 25-52.

59. So bes. W. Stegemann, Verhältnis Rudolf Bultmanns zum Judentum.

60. Ein Gesamtüberblick bei K. De Valerio, Altes Testament und Judentum.

61. R. Bultmann, Die Bedeutung des Alten Testaments für den christlichen Glauben (1933), Glauben und Verstehen I, Tübingen 1933, 6. Aufl. 1966 u. ö., 313-336.

werden, erschienen im Jahre 1933.[62] Mit ihm bezieht Bultmann Stellung in den heftigen aktuellen Auseinandersetzungen um das Alte Testament in dieser Zeit. Der Forderung nach Entfernung des Alten Testaments aus der christlichen Bibel hält er als Ergebnis entgegen: »Für Jemanden, der auch nur ein Minimum von geschichtlicher Besinnung vollzogen hat, ist es sinnlos, das Christentum festhalten zu wollen und das Alte Testament zu verwerfen. Er kann sicher sein, dass das Christentum, das er festhalten will, kein Christentum mehr ist.«[63]

Dieses gilt zunächst, weil das »Verständnis des Daseins [des Alten] ... das gleiche wie das des Neuen Testaments« ist.[64] Dennoch sei »für den christlichen Glauben das Alte Testament nicht mehr Offenbarung«, denn das ist allein Jesus Christus. »Sofern die Kirche es als Wort Gottes verkündet, findet sie in ihm nur wieder, was sie aus der Offenbarung in Christus schon weiß.«[65] Bultmanns Weg zu dieser Antwort führt über die entscheidende Frage: »Wenn das Daseinsverständnis des Neuen Testaments das gleiche ist wie das des Alten, wenn Glaube im Neuen Testament dasselbe bedeutet, wenn – so kann ich fortfahren – Gerechtigkeit und Gnade, Sünde und Vergebung im Neuen Testament dasselbe bedeuten wie im Alten, – wo bleibt dann überhaupt ein Unterschied? *Was ist dann überhaupt das Neue des Neuen Testaments gegenüber dem Alten?*«[66] Bultmann steht hier an genau der Stelle, stellt genau die Fragen, um die es im vorliegenden Buch gehen soll. Deswegen wird unten mit der Frage nach dem Neuen im Neuen Testament eingesetzt. Bultmann beantwortet diese Fragen nicht direkt exegetisch, wie es hier versucht werden soll, sondern von dem Verhältnis von Gesetz und Evangelium aus. Zunächst sei das Evangelium bleibend auf das Gesetz angewiesen, ja »im Alten Testament ist das Sein unter dem Gesetz schon als ein Sein unter der Gnade verstanden«[67]. »Sofern Evangelium die Verkündigung der Gnade Gottes für den Sünder bedeutet, kann man nicht sagen, dass im Alten Testament das Evangelium fehlt«[68]. Für Bultmann ist aber schließlich die Bedeutung der Person Jesu der entscheidende Differenzpunkt, insofern er die »*Erfüllung*« dessen ist, was im Alten Testament als Hoffnung erscheint. Der »Glaube an Christus ist nichts anderes als der Glaube an Gottes Tat in Christus«, er »ist die eschatologische Tat Gottes, die aller Volksgeschichte als der Sphäre des Handelns Gottes mit den Menschen ein Ende macht.«[69] Deshalb ist das Alte Testament »nicht mehr Offenbarung, wie es das für die Juden war

---

62. Nach Hammann, Bultmann, 218 f. ist der Text im Dezember 1932 an den Verlag gegangen.
63. Bultmann, Bedeutung des Alten Testaments, 325.
64. Ebd. 324.
65. Ebd. 334.
66. Ebd. 325 f.
67. Ebd. 326.
68. Ebd. 327.
69. Ebd. 331 f.

und ist« – das »ist« ist beachtens- und aller Ehren wert – weil »die Geschichte Israels für uns nicht Offenbarungsgeschichte ist«[70]. Abschließend werden zwei Bedingungen benannt, von denen allein her das Alte Testament »als Wort Gottes in die kirchliche Verkündigung aufgenommen« werden kann: »1. dass das Alte Testament in seinem ursprünglichen Sinne, wenngleich ohne seine ursprüngliche Beziehung auf das israelitische Volk und seine Geschichte verwendet wird ... 2. Dass das Alte Testament nur soweit aufgenommen wird, als es wirklich Verheißung ist, d. h. das christliche Seinsverständnis vorbereitet. Soweit, mag man sagen, redet Christus schon im Alten Testament.«[71]

Von den vielen Fragen, die sich von hier aus stellen, seien jedenfalls zwei genannt:

– Ist der Begriff der »Erfüllung«, an dem hier alles hängt, in der hier verwendeten Form biblisch bestimmt oder letztlich eine von außen herangetragene Konstruktion?[72] Ist das Neue und das »schon« als ein derart radikaler Bruch sowohl mit Gottes Gebot wie mit der biblischen Geschichte zu bestimmen, wie es hier geschieht?

– Kann man das Alte Testament »in seinem ursprünglichen Sinne«, jedoch »ohne seine ursprüngliche Beziehung auf das israelitische Volk« verwenden, wo doch, von wenigen Teilen abgesehen, nahezu das gesamte Alte Testament von der Geschichte Gottes mit Israel handelt? Muss nicht von den zwei Vorkommen des Wortes »ursprünglich« im oben zitierten Satz eines falsch bzw. unmöglich sein?

Schärfere Töne werden von Bultmann in späteren Arbeiten, besonders in dem Aufsatz »Weissagung und Erfüllung«[73] angeschlagen. Hier geht es zunächst um eine Kritik traditioneller Vorstellungen von Weissagung und Erfüllung. An den Begriffen »Bund«, »Königsherrschaft Gottes« und »Gottesvolk« soll gezeigt werden, wie das Neue Testament sie »in neuem, nämlich eschatologischem Sinne interpretiert«[74]. Das führt zu der Frage: »Inwiefern ist nun die alttestamentlich-jüdische Geschichte Weissagung, die in der Geschichte der neutestamentlichen Gemeinde erfüllt ist? Sie ist es *in ihrem inneren Widerspruch, in ihrem Scheitern.*«[75] Der Intention nach geht es im Alten Testament um Gott, aber Gott und sein Handeln werden dabei innerweltlich und »nicht im radikal jenseitig-

---

70. Ebd. 333.
71. Ebd. 336. Wie weit hier offenkundig traditionelle Muster durchschlagen, zeigt der offenbar veränderte Begriff des Seinsverständnisses, das doch zuerst als im Alten und Neuen Testament identisch bestimmt worden ist.
72. Dazu z. B. u. S. 230 ff.
73. R. Bultmann, Weissagung und Erfüllung (1948), Glauben und Verstehen II, Tübingen 1952, 3. Aufl. 1961 u. ö., 162-186.
74. Ebd. 171.
75. Ebd. 183.

eschatologischem Sinne verstanden«[76]. Das ist ein innerer Widerspruch, der scheitern muss. »Das Scheitern erweist die Unmöglichkeit und deshalb ist das Scheitern die Verheißung. Für den Menschen kann nichts Verheißung sein als das Scheitern seines Weges.«[77] Es geht nicht um den »Widerspruch zweier menschlicher Ideen ..., sondern ... den Widerspruch, der der menschlichen Existenz als solcher zu eigen ist: auf Gott hin geschaffen zu sein, zu Gott gerufen zu sein und doch der weltlichen Geschichte verhaftet zu sein.«[78] Das Neue aber soll diese Geschichte und die Welt überhaupt überwinden. Das, was das Alte Testament ausmacht und das Judentum bestimmt, wird somit als das für menschliche Existenz und menschliche Geschichte grundsätzlich Typische bestimmt, als die Haltung der Welt, die durch das eschatologisch Neue im Neuen Testament angeblich gerade überwunden wird.

Dieser Gedanke prägt eine ganze Reihe von Bultmanns späteren Arbeiten,[79] nicht zuletzt werden so die Juden und ihre Feindschaft im Kommentar zum Johannesevangelium bestimmt, bis hin zum Gedanken der Teufelskindschaft (Joh 8,44): Die Juden sind »Vertreter des Unglaubens (und damit ... der ungläubigen Welt überhaupt)«. Dargestellt werde von Johannes somit das jüdische Volk »nicht in seinem empirischen Bestand, sondern in seinem Wesen«[80]. Zwar wird man in Rechnung stellen müssen, dass für Bultmann das Gegenteil des alttestamentlich-jüdischen, das, was für ihn das Neue im Neuen Testament ausmacht, ein im strengen Sinne eschatologisches Geschehen ist. Und das versteht er offenbar als etwas außerhalb von Welt und Geschichte Stehendes. Das steht in seltsamem Widerspruch dazu, dass es dann dennoch das ist, was christlichen Glauben und dann eben auch den Anspruch der christlichen Kirche, Vertreter und Repräsentant dieses Neuen zu sein, prägt. Gerade weil dieser Gegensatz immer wieder entscheidend am Verhältnis von Gesetz und Evangelium durchgespielt wird, wird eine Fülle negativer Aussagen als »Phänomene des Jüdisch-Menschlichen« angesehen: »Selbstsicherheit, Geltungsbedürfnis, Lieblosigkeit, Hass und Angst, Moralismus ohne Ethos.«[81] Es wird dem Judentum ein falscher Heilsweg zugeschrieben, »der ein Streben zu Gott und seinem Heil ist und nicht ein Gehen im Heil, zu dem Gott das jüdische Volk aus dem Sklavenhaus befreit hat.«[82]

Ich denke, man kann bei Bultmanns Sicht des Alten Testamentes und des Judentums eine innere Spannung beobachten, deren positive Seite in der Entste-

76. Ebd. 184.
77. Ebd. 184.
78. Ebd. 185.
79. Etwa: Christus des Gesetzes Ende (1940), Glauben und Verstehen II, Tübingen 1952, 3. Aufl. 1961 u. ö., 32-58. Dazu die Kritik von Marquardt, Ideologiekritik.
80. R. Bultmann, Das Evangelium des Johannes, KEK 2, 1941, 15. Aufl. 1957, 59.
81. So die Zusammenfassung durch Marquardt, Ideologiekritik, 428.
82. Ebd. 428.

hungszeit eher die Ausnahme war, die aber heute – wohl nicht ohne seinen großen Einfluss – vielfach zu beobachten ist: eine faire, ja positive und wertschät-
zende Sicht des Alten Testaments und des Judentums einschließlich des Gesetzes
als Gnade, solange nicht das (jeweils) entscheidend Neue und Andere des Neuen
Testamentes in Sicht kommt. Von dessen (angeblicher) Perspektive her aber erweist sich all das vorher so positiv Bewertete als letztlich negativ und überholt. Es
stellt sich die Frage: Ist das wirklich die Perspektive des Neuen Testamentes? Wie
wird hier das Verhältnis des Neuen zum Alten (Testament) gesehen?

3. Christuszeugnis

Während das Kontrastmodell vor allem in der Neuzeit entwickelt wurde und
gewirkt hat, kann man das wichtigste Modell der vorneuzeitlichen Theologie
als *Christuszeugnis* bezeichnen. Danach bezeugt das Alte Testament Christus.
Es tut das in Form von Verheißungen, die auf Christus hinweisen. Aber da hier
derselbe Gott wie im Neuen Testament spricht, spricht darüber hinaus auch
hier letztlich Christus selbst, wie es sich im Rahmen der christlichen Trinitätslehre fast unausweichlich nahelegt. Dieses Modell findet sich mit vielen Differenzierungen von den Apologeten des 2. Jh.s über alle Kirchenväter bis zu den
Reformatoren. Als Beispiel soll hier zunächst *Martin Luther* dienen.

a. Martin Luther

Martin Luther war Bibelwissenschaftler und hat seine reformatorische Erkenntnis an biblischen Texten gewonnen, und zwar an Texten beider Testamente. Was
zunächst seine Haltung zum Alten Testament[83] angeht, so wird sie ganz grundsätzlich in den Vorreden zum Alten Testament formuliert. Und so beginnt die
»Vorrede auf das Alte Testament« von 1523: »Das Alte Testament halten etliche
geringe, als das, was dem jüdischen Volk allein gegeben und nun fort aus sei
und nur von vergangenen Geschichten schreibe; meinen, sie haben genug am
Neuen Testament«[84]. Aber das Neue Testament selbst urteilt ganz anders. Dazu

83. H. Bornkamm, Luther und das Alte Testament, Tübingen 1948; J. P. Boendermaker,
    Martin Luther – ein ›semi-judaeus‹? Der Einfluß des Alten Testaments und des
    jüdischen Glaubens auf Luther und seine Theologie, in: H. Kremers Hg., Die Juden
    und Martin Luther – Martin Luther und die Juden. Geschichte – Wirkungs-
    geschichte – Herausforderung, Neukirchen-Vluyn 1985, 45-57.
84. M. Luther, Vorrede auf das Alte Testament (1523), WA DB VIII, 11-23 = Aus-

wird auf Joh 5,39 verwiesen (*»Forschet in der Schrift, denn diese gibt Zeugnis von mir«*) und auf Stellen wie Röm 1,2; 1 Kor 15,3 f. usw. »So wenig nun des Neuen Testaments Grund und Beweisung zu verachten ist, so teuer ist auch das Alte Testament zu achten. Und was ist das Neue Testament anderes als eine öffentliche Predigt und Verkündigung von Christo, durch die Sprüche im Alten Testament gesetzt und durch Christum erfüllet?«[85] »Darum laß dein Dünkel und Fühlen fahren und halte von dieser Schrift als von dem allerhöchsten, edelsten Heiligtum, als von der allerreichsten Fundgrube, die nimmermehr genug ausgegründet werden kann … Hier wirst du die Windeln und die Krippe finden, da Christus innen liegt.«[86] Schon diese Formulierungen zeigen, dass Luther das Evangelium im Alten genau wie im Neuen Testament findet.[87] Das ist letztlich entscheidend, denn für Luther ist die Unterscheidung und sachgemäße Zuordnung von Gesetz und Evangelium der Schlüssel zur Bibel wie zu jeder rechten Theologie. Zwar ist das Alte Testament dem Schwerpunkt nach ein Gesetzbuch, doch »sind auch im Alten Testament neben den Gesetzen etliche Verheißungen und Gnadensprüche, damit die heiligen Väter und Propheten unter dem Gesetz im Glauben Christi, wie wir, erhalten sind.« Dasselbe gilt umgekehrt für das Neue Testament, das »ein Gnadenbuch« ist, aber auch »viel andere Lehren« enthält, »die da Gesetz und Gebot sind«[88].

Es sind vor allem die Psalmen, aus denen nach Luther Christus direkt spricht[89] und die in der Auslegung Luthers das Evangelium uneingeschränkt und in vollem Sinne erklingen lassen. Vom Psalter gilt, »daß er von Christi Sterben und Auferstehen so klärlich verheißet und sein Reich und der ganzen Christenheit Stand und Wesen vorbildet. Daß es wohl möchte eine kleine Biblia heißen, darin alles aufs schönste und kürzeste, wie in der ganzen Biblia stehet, gefasset«[90]. Eines von vielen Beispielen ist Luthers berühmte Auslegung des 118. Psalms, wo es zu V. 1 heißt: »nämlich dass Gott freundlich ist, nicht wie ein Mensch, sondern (wie einer) der von Grund seines Herzens geneigt und günstig ist immer zu helfen und wohlzutun und nicht gerne zürnet noch strafet

---

gewählte Werke (Münchner Ausgabe) Bd. 6, 1934, 21 ff. Die »Vorreden« werden im Folgenden zitiert nach der überarbeiteten Sprachform bei: H. Bornkamm, Luthers Vorreden zur Bibel, KVR 1550, 3. Aufl. Göttingen 1989, hier: 41.

85. Ebd. 41 f.
86. Ebd. 42.
87. Dazu vgl. B. Lohse, Luthers Theologie in ihrer historischen Entwicklung und in ihrem systematischen Zusammenhang, Göttingen 1995, 209 ff.; O. Bayer, Martin Luthers Theologie, Tübingen 2003, 81 f.
88. Vorreden 42 f.
89. Hierzu bes. Chr. Helmer, Luther's trinitarian hermeneutic and the Old Testament, MoTh 18, 2002, 49-73.
90. Zweite Vorrede auf den Psalter 1528, WA DB 10/1, 98-105; Bornkamm, Vorreden 65.

... Und solche freundliche und gnädige Gunst beweist er über alle Maße reichlich und gewaltiglich mit seiner täglichen und ewigen Güte«[91]. In Luthers Schriftauslegungen, Vorlesungen und Predigten[92] findet sich eine Fülle von Beispielen, wie für ihn das reine Evangelium aus dem Alten Testament spricht. Dass es um den gleichen Glauben geht, zeigt nicht zuletzt Abraham, der etwa in Gen 22, der Geschichte von der so genannten »Opferung Isaaks«, geradezu als das Musterbeispiel eines Glaubenden erscheint.[93]

Die Bedeutung des Alten Testaments für Luther zeigt sich besonders deutlich darin, dass mit großer Wahrscheinlichkeit der Durchbruch der reformatorischen Erkenntnis an alttestamentlichen Texten zuerst gewonnen worden ist. Dieser Durchbruch war sicher nicht ein einmaliges Erlebnis, sondern ein längerer Prozess[94] – »Ich hab mein theologiam nit auff ein mal gelernt, sonder hab ymmer tieffer und tieffer grubeln mussen«[95]. Dabei treten die ersten klaren Formulierungen der lutherischen Rechtfertigungslehre im Verlauf der ersten Psalmenvorlesung 1513/14[96] auf,[97] die entsprechende Auslegung des Römerbriefs in der Vorlesung von 1515/16 ist dann erst der zweite Schritt. Der entscheidende theologische Gedanke in der Psalmenvorlesung ist dabei das Verständnis von Ps 72,1 f. (in der Zählung der hebräischen Bibel, 71,2 in der der griechischen und lateinischen Fassung) und seine Aussage über die rettende Gerechtigkeit. Es ist also die Entdeckung, dass *zädäq/zedaqa* in den Psalmen Gottes Heilstat bezeichnet, woran Luther sein neues Verständnis von Gerechtigkeit Gottes und damit von Rechtfertigung gewinnt. Die Erkenntnis, dass es die Gerechtigkeit Gottes ist, »durch die er uns ... gerecht macht«[98] und sie damit »eine schenkende Barmherzigkeit ist«, steht am Beginn der reformatorischen Wende.[99]

91. Das schöne Confitemini, an der Zahl der 118. Psalm, WA 31, 68-182 = Ausgewählte Werke (Münchner Ausgabe) Bd. 6, 1934, 150-223, hier 152.
92. Dazu vgl. etwa J. P. Boendermaker, Der rechte Glaube ist allda gewesen. Luthers Zeitbegriff in seinen alttestamentlichen Predigten, in: Wendung nach Jerusalem, FS F.-W. Marquardt, Gütersloh 1999, 110-117.
93. So bes. in der großen Genesis-Vorlesung von 1535-1545 (WA 43). Hierzu etwa D. Lerch, Isaaks Opferung christlich gedeutet. Eine auslegungsgeschichtliche Untersuchung, BHTh 12, Tübingen 1950, 156-202.
94. Zur Diskussions- und Quellenlage s. Lohse, Luthers Theologie, 97 ff.
95. Tischreden WA TR 1, Nr. 352.
96. Neuedition: Glossen WA 55/1, Weimar 1993; Scholien WA 55/2, Weimar 2000.
97. Vgl. etwa Lohse, Luthers Theologie, 61 ff. 107 f.
98. So die grundsätzliche Formulierung Luthers (WA 55/2, 440), auf die Lohse, Luthers Theologie, 107, seine Datierung der reformatorischen Wende vor allem stützt.
99. So die Formulierung von R. Prenter, Der barmherzige Richter. Iustitia dei passiva in Luthers Dictata super Psalterium 1513-1515, Kopenhagen 1961 (zu Ps 70,2, S. 94 ff.); vgl. ders., Die Auslegung von Ps 70,2 in den Dictata, in: B. Lohse Hg., Der Durchbruch der reformatorischen Erkenntnis bei Luther, WdF CXXIII, Darm-

Spricht für Luther das Gesetz als die Forderung Gottes mit ihrer in erster
Linie Sünden aufdeckenden Kraft aus dem Alten wie dem Neuen Testament,
so ist diese – notwendige und durchaus positive gesehene[100] – Größe keineswegs
identisch mit dem konkreten Gesetz des Mose, dem Sinaigesetz, der alttestamentlichen Tora. In dem so positiven Bild, das Luther vom Alten Testament
entwirft, bildet dieses vielmehr die eine große Ausnahme. Besonders in der
Schrift »Eine Unterrichtung, wie sich die Christen in Mosen sollen schicken«
(1526)[101] weist Luther, der genaue Exeget, mit Nachdruck auf den Anfang des
Sinaigesetzes im Dekalog hin und sagt: »Daß aber Mose die Heiden nicht binde,
kann man aus dem Text im zweiten Buch Mose beweisen, wo Gott selber
spricht: ›Ich bin der Herr, dein Gott, der ich dich aus Ägyptenland, aus dem
Diensthaus geführt habe‹ (2 Mose 20,2). Aus diesem Text ersehen wir klar, daß
selbst die zehn Gebote uns nicht angehen. Denn er hat ja nicht uns aus Ägypten
geführt, sondern allein die Juden.«[102] Wie das ganze Gesetz des Mose, so betrifft
uns auch der Dekalog nicht, »denn dieses Gesetz ist allein dem Volk Israel gegeben; Israel hat es für sich und seine Nachkommen angenommen, und die
Heiden sind hie ausgeschlossen«. Aber wie kommen die Gebote dann in Luthers
Katechismus und in unseren Konfirmandenunterricht? Luther begründet das
so: »Wiewohl die Heiden auch etliche Gesetze mit den Juden gemeinsam haben,
wie etwa dass es einen Gott gebe, daß man niemand ein Leid antue, daß man
nicht ehebreche oder stehle und dergleichen andere mehr. Das alles ist ihnen
von Natur ins Herz geschrieben, und sie haben's nicht vom Himmel herab gehört wie die Juden.«[103] Es ist also eine naturrechtliche Begründung, durch die

stadt 1968, 203-241, Zitat 216. Prenter rechnet dabei die entscheidenden Formulierungen der Auslegung von Ps 71 (70) zu, während sie heute zu Ps 72 (71) gerechnet
werden. Zur Rolle eines losen Einzelblattes und seiner Einordnung, an der diese
Differenz hängt s. WA 55/2, 2000, XXXVIII f. 440. Zu dem im Einzelnen umstrittenen Verständnis der Luther-Texte, auf das hier nicht eingegangen werden muss, vgl.
a.: H. Bornkamm, Zur Frage der Iustitia Dei beim jungen Luther, ARG 52, 1961, 16-
29; 53, 1962, 1-60, sowie B. Lohse, Luthers Auslegung von Ps 71 (72), 1 und 2 in der
ersten Psalmenvorlesung, in: ders. Hg., Der Durchbruch der reformatorischen Erkenntnis bei Luther. Neuere Untersuchungen, VIEG Beih. 25, 1988, 1-13. Für ihn ist
»die Gleichsetzung von Iustitia Dei und fides Christi« entscheidend (ebd. 10). Zur
Debatte um die reformatorische Wende und den Argumenten für eine Spätdatierung vgl. etwa V. Leppin, Martin Luther, Darmstadt 2006, 107 ff.

100. Dazu etwa M. J. Suda, Die Ethik des Gesetzes bei Luther, in: Vielseitigkeit des AT, FS
G. Sauer, Frankfurt/M. 1999, 345-354; Chr. Schulken, Lex efficax. Studien zur
Sprachwerdung des Gesetzes bei Luther, Tübingen 2005.
101. WA 24, 2-16 = Ausgewählte Werke (Münchner Ausgabe) Bd. 6, 1934 135-149, hier
nach: M. Luther, Werke II, hg. v. K. Bornkamm u. G. Ebeling, 3. Aufl., Frankfurt/M.
1983, 207-224.
102. Ebd. 212.
103. Ebd. 211.

Luther die Gebote faktisch wieder als Gottes Gebot gewinnt und mit ihnen große Teile der Tora. Mit den entsprechenden Regelungen hat Luther bekanntlich
sein Leben lang z. B. für das alttestamentliche Zinsverbot gekämpft.[104] Andererseits kann er dann den Bibeltext auch verändern und an das Naturgesetz anpas-
sen, wie er es z. B. mit dem Dekalog für die Katechismusfassung getan hat, wo
vor allem die für das Verständnis grundlegende Präambel mit dem Verweis auf
den Exodus wegfällt.

Dass Luther das Alte Testament so weitgehend als Christuszeugnis lesen
kann, basiert auf der faktischen Voraussetzung, dass es vom Neuen Testament,
von Jesus Christus her gelesen wird.[105] Und es hat damit eng verbunden eine
andere – eine schreckliche – Seite, das ist Luthers Sicht der Juden als Gottes-
leugner.[106] Trotz anderer Ansätze beim frühen Luther[107] wird besonders in der
Schrift »Von den Juden und ihren Lügen« von 1543[108] aus der »Leugnung
Christi die Leugnung Gottes« gefolgert[109]: »Wer nu den Jhesum von Nazaret,
Marien der Jungfrawen Son, leugnet, lestert, flucht, der leugnet, lestert, flucht
auch Gott den Vater selbs, der Himel und Erden geschaffen hat. Solches thun
aber die Juden.«[110] Weil sie so gerade auch das erste Gebot verfehlen, dürften sie
nicht geduldet und geschützt werden, sollten ihre Synagogen und Schriften ver-
brannt und sie selbst am besten vertrieben werden.[111]

104. (Kleiner) Sermon vom Wucher (1519), WA 6, 3-8; (Großer) Sermon vom Wucher
     (1520), WA 6, 36-60; Von Kaufshandel und Wucher (1524), WA 15, 293-322; An die
     Pfarrherren wider den Wucher zu predigen (1540), WA 51, 331-424.
105. Hierzu etwa: V. Stolle, Israel als Gegenüber Martin Luthers – im Horizont seiner
     biblischen Hermeneutik, in: F. Siegert Hg., Israel als Gegenüber. Vom Alten Orient
     bis in die Gegenwart. Studien zur Geschichte eines wechselvollen Zusammenlebens,
     Göttingen 2000, 322-359.
106. Hierzu die Beiträge in: H. Kremers Hg., Die Juden und Martin Luther – Martin
     Luther und die Juden. Geschichte – Wirkungsgeschichte – Herausforderung, Neu-
     kirchen-Vluyn 1985; H. A. Oberman, Wurzeln des Antisemitismus. Christenangst
     und Judenplage im Zeitalter von Humanismus und Reformation, Berlin 1981, bes.
     125 ff.; Th. Kaufmann, Luthers Judenschriften in ihren historischen Kontexten,
     Göttingen 2005.
107. Etwa in der Schrift »Daß Jesus Christus ein geborner Jude sei« von 1523, WA 11,
     307-336.
108. WA 53, 417-552 = Ausgewählte Werke (Münchner Ausgabe) Erg.-Reihe Bd. 3:
     Schriften wider Juden und Türken, München 1938, 61-228.
109. Zur hier waltenden theologischen Logik s. K. Wengst, Perspektiven für eine nicht-
     antijüdische Christologie. Beobachtungen und Überlegungen zu neutestament-
     lichen Texten, EvTh 59, 1999, 240-251 (240-242).
110. Ebd. 531.
111. Ebd.

b. Wilhelm Vischer

Das Alte Testament direkt als Christuszeugnis zu lesen, wie es Luther getan hat, ist an hermeneutische Voraussetzungen gebunden, wie sie seit dem Aufkommen des historischen Denkens in der Neuzeit nicht mehr bestanden. Dieses Grundmodell für das Verhältnis der Testamente ist deshalb in den letzten Jahrhunderten in der wissenschaftlichen Diskussion nur noch selten aufgenommen worden. Einer dieser Versuche, auf den hier noch hingewiesen sei, ist von *Wilhelm Vischer*, einem meiner Vorgänger an der Kirchlichen Hochschule Bethel, mit seinem Buch »Das Christuszeugnis des Alten Testaments« (1934/1942)[112] unternommen worden. Er ordnet zu Beginn – unter ausdrücklichem Bezug auf Luther – die beiden Teile der christlichen Bibel den beiden Teilen des Namens *Jesus Christus* zu: »Das Alte Testament sagt, *was* der Christus ist, das Neue *wer* er ist, und zwar so, daß deutlich wird: Nur der kennt Jesus, der ihn als den Christus erkennt, und nur der weiß, was der Christus ist, der weiß, daß er Jesus ist. So deuten die beiden Testamente, von Einem Geiste durchhaucht, gegenseitig aufeinander«[113]. Deshalb gilt grundsätzlich: »Die christliche Kirche steht und fällt mit der Anerkennung der Einheit der Testamente«[114]. Entscheidend für Vischers Verständnis dieser Einheit ist das Verhältnis von Verheißung und Erfüllung. Er fragt: »Ist das wirklich so gemeint, dass das Alte Testament jetzt erledigt ist und wir am Ziel sind, während die Menschen des Alten Bunds noch unterwegs waren?«[115] Mit einem Zitat von Karl Barth heißt es dann: »Von einer Ablösung und Auflösung der Verheißung durch die Erfüllung, von einem dem Menschen in Christus widerfahrenden ... Heil, das nicht selber wesentlich Verheißung, Zeichen und Unterpfand der Hoffnung wäre, ... wird man gerade im Neuen Testament keine Spur finden ... ›Die Verheißung ist erfüllt‹ heißt nicht: die Verheißung hört auf und an ihre Stelle tritt nun das Verheißene selbst, sondern: eben die Verheißung selbst wird nun ganz, vollständig, unzweideutig und damit kräftig.«[116]

---

112. W. Vischer, Das Christuszeugnis des Alten Testaments, 2 Bde., Bd. I. Das Gesetz, München 1934, 2. Aufl. 1935; Bd. II. Die früheren Propheten, Zürich 1942, 2. Aufl. 1946. Hierzu vgl. a. B. Schroven, Theologie des Alten Testaments zwischen Anpassung und Widerstand. Christologische Auslegung zwischen den Weltkriegen, Neukirchen-Vluyn 1995, 169-234; S. Felber, Wilhelm Vischer als Ausleger der Heiligen Schrift. Eine Untersuchung zum Christuszeugnis des Alten Testaments, Göttingen 1999; M. Büttner, Das Alte Testament als erster Teil der christlichen Bibel. Zur Frage nach theologischer Auslegung und »Mitte« im Kontext der Theologie Karl Barths, BEvTh 120, Gütersloh 2002, 61-92.
113. Christuszeugnis, 7.
114. Ebd. 32.
115. Ebd. 26.
116. Ebd. 27 f. als Zitat von K. Barth, Verheißung, Zeit – Erfüllung (1930), jetzt in: ders., Predigten 1921-1935, hg. v. H. Finze, Zürich 1998, 591-598, Zitat 594 f.

Für das Verhältnis zu den Menschen des alten Bundes bedeutet das: Wir, die christliche Kirche,»wandern mit ihnen als Genossen Einer Verheißung, im Glauben, noch nicht im Schauen«[117]. Auch für das gegenwärtige, nachbiblische Israel, das Judentum gilt Entsprechendes. Die seit der alten Kirche dominierende Vorstellung,»wir, die wir glauben, Jesus sei der Sohn Gottes …, wir und nicht die Synagoge, die seinen Messiasanspruch abgelehnt hat, sind die legitimen Erben des göttlichen Testaments«, steht nach Vischer im Gegensatz zur Sicht des Neuen Testamentes, wonach Israel Israel bleibt (Röm 9,4 f.).[118] Allerdings bleiben die Juden auf diesen Jesus als den Christus verwiesen:»Sie müssen nur das eine anerkennen, dass Jesus, den sie verworfen haben, von Gott zum Herrn und Christus gemacht ist; diese Metanoia, dieses Umsinnen ist die einzige Bedingung«[119] – ja zu was eigentlich, möchte man fragen. Die Juden als erwähltes Gottesvolk trotz fehlenden Glaubens an Jesus als Messias, das war mit der Orientierung an Röm 9-11[120] in den Jahren 1933 ff. wohl die klarste biblische Stimme im kirchlichen Kontext. Trotzdem ist auch für Vischer die Kirche»das nicht mehr völkisch beschränkte geistliche Israel«[121], und Mission an den Juden und deren Bekehrung bleiben, zumindest tendenziell, notwendig,[122] damit sie sich (wieder) legitimerweise auf ihre eigene Bibel berufen können. Von der nach und durch Auschwitz in den christlichen Kirchen schrittweise gewonnenen neuen Sicht Israels aus gesehen,[123] bleibt hier wohl unvermeidbar vieles ambivalent.[124]

Vischers Buch war im Kirchenkampf eine wichtige Stimme, und es fand eine entsprechende Resonanz.[125] Die Kritik, auf die es stieß, zielte weniger auf den

117. Ebd. 29.
118. Ebd. 31.
119. Ebd. 31 f.
120. Dazu v. a. W. Vischer, Zur Judenfrage, Pastoral-Theologie 1933, 185-190 = ders., Das Christuszeugnis des Propheten Jeremia, Bethel 30, 1985, 62-69.
121. Ebd. 63.
122. Dazu vgl. die Formulierung im Entwurf zum so genannten Betheler Bekenntnis, die von W. Vischer stammt:»Die Kirche hat von ihrem Herrn den Auftrag empfangen, die Juden zur Umkehr zu rufen« (zit. in: W. Vischer, Zur Judenfrage, 83). Dabei ist für die NS-Zeit immer der Hintergrund der rassischen Wendung gegen Judenchristen zu beachten, die eine christliche Judenmission aus rassischen Gründen ausschließen soll.
123. Dazu u. S. 79 ff.
124. Vgl. dazu bes. E. W. Stegemann, Vom Unverständnis eines Wohlmeinenden. Der reformierte Theologe Wilhelm Vischer und sein Verhältnis zum Judentum während der Zeit des Nationalsozialismus, in: A. Mattioli Hg., Antisemitismus in der Schweiz 1848-1960, Zürich 1998, 501-519.
125. Dazu etwa R. Rendtorff, Christologische Auslegung als »Rettung« des Alten Testaments. Wilhelm Vischer und Gerhard von Rad, in: ders., Kanon und Theologie. Vorarbeiten zu einer Theologie des Alten Testaments, Neukirchen-Vluyn 1991, 81-93, bes. 82 f.

hier vorgestellten Ansatz als solchen, als auf die Art und Weise der Durchführung. Diese ist gekennzeichnet durch den Versuch, die alttestamentlichen Texte durchgängig und im Detail auf Christus und das Neue Testament zu beziehen und das auf eine Weise, die mit einem neuzeitlichen, historisch-kritischen Bewusstsein nicht zu vereinbaren war. So wird etwa, um nur wenige Beispiele zu geben, das Licht des ersten Schöpfungstages in Gen 1,3 unmittelbar mit der »Klarheit Gottes im Angesicht Jesu Christi« (2 Kor 4,6) identifiziert.[126] Die Erzählung von der Flucht des Mose nach Midian und der dortigen Begegnung am Brunnen in Ex 2,11-22 wird mit »Die Schmach Christi« überschrieben.[127] Hier wie in vielen anderen Fällen werden ausschließlich Luther- und Calvinzitate zur Begründung angeführt. Solche Verfahren mit ihrem Mangel an wirklich exegetischen Argumenten und ihrem Verzicht auf eine historische Sichtweise haben sehr früh zu Kritik geführt, nicht zuletzt durch Gerhard v. Rad,[128] der seine eigene Theologie nur in deutlicher Distanz zu Wilhelm Vischer entwickeln konnte.

4. Relativierung und Selektion

Das Alte Testament direkt als Zeugnis für Christus anzusehen, wie es das dritte vorgestellte Modell tut, welches die christliche Theologie vor der Neuzeit prägte, wurde mit dem Aufkommen des historischen Denkens in der Neuzeit problematisch. Vor dem Hintergrund des Historismus und mit dem Aufkommen der historisch-kritischen Exegese entstand ein viertes Modell, das sich mit vielen Varianten in der Neuzeit als das wichtigste herausgestellt hat. *Relativierung und Selektion* – so kann dieses Modell benannt werden, von dem Varianten heute offen oder versteckt fast überall begegnen. Stets geht es dabei um eine Entwicklung, eine sich im historischen Nacheinander vollziehende Entfaltung, ein Vorwärtsschreiten, wobei dann das jüngere Neue dem Älteren, die spätere Form den Vorformen überlegen ist. Dabei kann das Alte Testament durchaus positiv beurteilt werden; Jesus und das spezifisch Christliche ist dann immer noch zumindest etwas positiver.

---

126. Christuszeugnis I, 56.
127. Christuszeugnis I, 206 f.
128. G. v. Rad, Das Christuszeugnis des Alten Testaments. Eine Auseinandersetzung mit Wilhelm Vischers gleichnamigem Buch, ThBl 14, 1935, 249-254; vgl. a. Rendtorff, Christologische Auslegung.

a. Gotthold Ephraim Lessing

Die erste und prägende Grundform dieses Modells stammt von *Gotthold Ephraim Lessing* (1729-1781)[129] und seiner Schrift »Die Erziehung des Menschengeschlechts« (1780).[130] Alles Entscheidende ist bereits mit dem ersten Paragraphen gesagt: »Was die Erziehung bei dem einzelnen Menschen ist, ist die Offenbarung bei dem ganzen Menschengeschlechte« (§ 1). Dabei gilt: »Erziehung giebt dem Menschen nichts, was er nicht auch aus sich selbst haben könnte; sie giebt ihm das, was er aus sich selbst haben könnte, nur geschwinder und leichter. Also giebt auch die Offenbarung dem Menschengeschlechte nichts, worauf die menschliche Vernunft, sich selbst überlassen, nicht auch kommen würde« (§ 4). Gott wählte sich zu diesem Zweck »*ein einzelnes Volk* zu seiner besonderen Erziehung, und eben das ungeschliffenste, das verwildertste, um mit ihm ganz von vorne anfangen zu können« (§ 8). »Dies war das israelitische Volk« (§ 9). Die meisten Völker blieben hinter ihm zurück, einige aber »bilden sich bis zum Erstaunen selbst« (§ 20). Man darf an die Griechen denken. Das Alte Testament ist also so etwas wie ein erstes Lesebuch, eine Fibel, es hat »alle guten Eigenschaften eines Elementarbuchs« (§ 50). Freilich gilt: »Ein besserer Pädagog muß kommen, und dem Kinde das erschöpfte Elementarbuch aus den Händen reißen. – Christus kam« (§ 53), er ist »der erste *zuverlässige, praktische* Lehrer der Unsterblichkeit der Seele« (§ 58). Das Neue Testament ist dementsprechend »das zweite bessre Elementarbuch für das Menschengeschlecht« (§ 64). Eine Fibel muss abgelöst werden durch darauf aufbauende andere Bücher, sie wird aber dadurch nicht unwahr. Eine Erziehung hört nicht mit dem zweiten Lehrbuch, eine geschichtliche Entwicklung nicht bei der zweiten Stufe auf. Wo mit geschichtlicher Entwicklung, mit so etwas wie Fortschritt gerechnet wird, beginnt ein Prozess, dessen Ende nicht abzusehen ist. Lessing ist an diesem Punkt konsequenter als die meisten, die ihm folgten und für die mit dem Neuen Testament das historisch Fortschrittlichere und zugleich das unüberholbar Letzte gegeben ist. Aus dem Modell selbst folgt aber zwingend, dass auch das Neue Testament nicht das Letzte sein kann, sondern überholt werden wird: »Sie wird gewiss kommen, die Zeit eines *neuen, ewigen Evangeliums*« (§ 86). Judentum und Christentum erfahren »eine positive Würdigung und doch zugleich eine erhebliche Relativierung. Denn beide erscheinen nur als Durchgangsstadium einer geschichtlichen Entwicklung, die von der Angewiesenheit der Vernunft auf das mitgeteilte Offenbarungswissen zur selbständigen

---

129. Hierzu R. Smend, Lessing und die Bibelwissenschaft (1978), in: ders., Epochen der Bibelkritik, Ges. Studien Bd. 3, BEvTh 109, München 1991, 74-92.
130. Sämtliche Werke, hg. v. K. Lachmann/F. Muncker, Bd. 13 (1897), Nachdruck Berlin/New York 1979, 413-436.

menschlichen Vernunfterkenntnis führt.«[131] Und obwohl Lessing wie kein anderer in seiner Zeit für Toleranz gegenüber dem Judentum eingetreten ist, konnte sein »Modell einer moralischen Erziehung des Menschengeschlechts auch der Boden sein …, auf dem ein neuer, modernisierter Antisemitismus gedeiht, ein kultureller Antisemitismus, der in den Kern des idealistischen Aufklärungsprojekts eingeschrieben ist und sich mit den anderen Formen des Antisemitismus verbinden ließ … Wenn die ›Juden‹ schon nicht die christliche Moral annehmen, so taugen sie anschließend nicht für die humanistische Moral«[132].

b. Julius Wellhausen

Steht Lessing am Beginn des Historismus, so der Alttestamentler *Julius Wellhausen* (1844-1918) auf seinem Höhepunkt.[133] Er fasst die Arbeit eines ganzen Jahrhunderts der alttestamentlichen Wissenschaft zu den Quellen des Pentateuch und damit zur literarischen Entstehung des Alten Testaments zusammen. Neben der endgültigen Herausarbeitung dieser Quellen[134] besteht sein Beitrag vor allem in der Datierung dieser Quellen, wobei die überzeugende und bis heute nahezu uneingeschränkt gültige Spätdatierung der priesterlichen Texte entscheidend ist.[135] Auf der Grundlage dieser Sicht der Quellen entwirft er dann ein neues Bild der Geschichte Israels von den Anfängen bis zur Zeit des Neuen Testamentes.[136] Mit beidem prägt er das historische Bild des Alten Testaments und der Geschichte Israels für nahezu ein Jahrhundert. Wellhausen darf der deutschen historischen Schule des 19. Jahrhunderts zugerechnet werden,[137] deren Anspruch eine möglichst objektive Rekonstruktion der historischen Entwicklung auf der Grundlage der kritisch geprüften Quellen war. Viele

131. G. Hornig, Art. Lessing, Gotthold Ephraim (1729-1781), TRE XXI, 1991, 20-33, Zitat 26.
132. So M. Reiter, Von der christlichen zur humanistischen Heilsgeschichte. Über G. E. Lessings *Erziehung des Menschengeschlechts*, in: Abenländische Eschatologie, FS J. Taubes, Würzburg u. a. 2001, 165-180 (179 f.).
133. Hierzu: R. Smend, Julius Wellhausen (1844-1918), in: ders., Deutsche Alttestamentler in drei Jahrhunderten, Göttingen 1989, 99-113.
134. Insbesondere in dem Werk: Die Composition des Hexateuchs und der historischen Bücher das Alten Testaments (1876/77), 3. Aufl. Berlin 1899, Nachdrucke.
135. Prolegomena zur Geschichte Israels, Berlin 1883, 6. Aufl. 1927, zuerst als Geschichte Israels I, Berlin 1878.
136. In Fortführung mehrerer Vorarbeiten (1880; 1884) als: Israelitische und jüdische Geschichte, Berlin 1894, 9. Aufl. Berlin 1958; dazu: Israelitisch-jüdische Religion, in: Die Kultur der Gegenwart I/4, Berlin/Leipzig 1905, 1-38, a. in: ders., Grundrisse zum Alten Testament, ThB 27, München 1965, 65-109.
137. Dazu bes. L. Perlitt, Vatke und Wellhausen. Geschichtsphilosophische Vorausset-

seiner Darstellung zugrunde liegenden Wertungen, etwa die Hochschätzung der Nation, sind freilich von außen an die geschichtlichen Daten herangetragen. Besonders deutlich gilt das für das negative, geradezu karikaturhafte Bild des Judentums in der Spätzeit des Alten Testamentes und der neutestamentlichen Zeit,[138] von dem sich Jesus und das Neue Testament ebenso positiv abhebt, wie es oben im zweiten Modell vorgestellt wurde.

Bereits der Titel von Wellhausens klassischer historischer Darstellung lässt Entscheidendes erkennen: »Israelitische und jüdische Geschichte«. Israel und das Judentum werden voneinander getrennt, ja einander entgegengestellt. Am Anfang der historisch rekonstruierbaren Geschichte steht die lebendige alte Religion Israels, wie sie beispielhaft im Lied von Ri 5 hervortritt: »Das Deboralied lehrt den ursprünglichen Charakter der israelitischen Religion kennen, nicht der Dekalog«[139]. Für diese Frühzeit gilt: »Jahve der Gott Israels, Israel das Volk Jahves: das ist der Anfang und das bleibende Prinzip der folgenden politisch-religiösen Geschichte ... Israels Leben war Jahves Leben.«[140]. Das religiöse Gemeingefühl erwuchs nach Wellhausen im Krieg, und es erschuf den Staat. »Die Religion war die treibende Kraft der Geschichte«[141]. Diese lebendige Einheit erstarrte angeblich nach dem Exil unter dem Einfluss der Priester und ihrer Theologie. Vor allem der Priestercodex, aber auch Esra und Nehemia als die Gründer des Judentums zeigen: An die Stelle des Volkes trat die Gemeinde, an die Stelle einer lebendigen Religion die rituelle Erstarrung, an die Stelle der Freiheit das Gesetz.[142] Aus »ursprünglich heidnischem Material wurde ein Panzer für den Monotheismus der Moral geschmiedet«, so dass »der Gott der Propheten sich jetzt in einer kleinlichen Heils- und Zuchtanstalt verpuppte und statt einer für alle Welt gültigen Norm der Gerechtigkeit ein streng jüdisches Ritualgesetz aufstellte«[143].

Dieses negativ gezeichnete Judentum ist der dunkle Hintergrund, von dem sich Jesus abhebt: »Er setzt sich von Anfang an in Gegensatz gegen die Schriftgelehrten und gegen ihre Partei, die Pharisäer. Er steht zwar wie sie auf dem Boden des Alten Testamentes und verleugnet das Judentum nicht. Auch darin ist er mit ihnen einverstanden, dass das Bekenntnis zu Gott abgelegt wird nicht

---

138. Vgl. R. Smend, Wellhausen und das Judentum, ZThK 79, 1982, 249-282 = ders., Epochen der Bibelkritik, Ges. Studien Bd. 3, BEvTh 109, München 1991, 186-215; U. Krusche, Die unterlegene Religion. Das Judentum im Urteil deutscher Alttestamentler. Zur Kritik theologischer Geschichtsschreibung, SKI 12, Berlin 1991, 30-74.
139. Israelitische und jüdische Geschichte, 31.
140. Ebd. 23.
141. Ebd. 33.
142. Ebd. 165.168 u. ö.
143. Religion, 101.

durch das Sagen, sondern durch das Tun, das Tun seines Willens. Aber ihren toten Werken stellt er die Gesinnung entgegen, ihrer vielgeschäftigen Gesetzlichkeit den höchsten sittlichen Idealismus.«[144] Das Ergebnis ist eine theologisch traditionelle Entgegensetzung:»Jesus wollte nicht auflösen, sondern erfüllen, d. h. den Intentionen zum vollen Ausdruck verhelfen. In Wahrheit hat er damit sowohl das Gesetz als auch die Hoffnung der Juden aufgehoben«[145]. Immerhin lassen diese Formulierungen noch ansatzweise erkennen, dass das Neue Testament genau wie Jesus selbst deutlich etwas durchaus anderes sagen, als es diese theologisch-historische Wertung behauptet.

Das Neue bei Wellhausen wie bei vielen anderen Alttestamentlern dieser Epoche[146] ist, dass die Abwertung des Alten Testamentes und des Judentums als Teil einer historischen Darstellung auftritt und damit Anspruch auf wissenschaftlich-historische Objektivität und Gültigkeit erhebt. In Wellhausens historischer Rekonstruktion gewinnen alte Motive des christlichen Antijudaismus in der Gestalt, die sie seit der Aufklärung angenommen hatten, als angeblich objektive historische Tatsachen neue Macht, die dann in die völkische und nazistische Kritik des Alten Testaments Eingang finden. Zugleich wird aber das alte Israel als religiös-national-militärische Größe positiv gesehen. Hieran soll eine christliche Frömmigkeit zumindest potentialiter anknüpfen können. Und diese Anknüpfung geschieht über das nachexilisch durch angebliche Degeneration entstandene Judentum hinweg. Dass Wellhausens Darstellung mit ihrer großen Wirkung[147] in der protestantischen Theologie unabhängig von seiner persönlichen Haltung gegenüber dem Judentum ein erheblicher Beitrag zum Anwachsen des Antisemitismus unter den Gebildeten bedeutete, ist kaum zu bezweifeln.

c. Dietrich Bonhoeffer

Auch und gerade die Autoren, die während des Kampfes gegen den Nationalsozialismus eine ganz neue, eine theologisch-positive Wertung des Alten Testamentes gewonnen und damit die kirchliche und theologische Entwicklung der Nachkriegszeit geprägt haben, stehen im Banne einer aufwärtsstrebenden Linie, bei der das Neue Testament Zielpunkt des Alten bleibt. Hier ist zunächst der systematische Theologe *Dietrich Bonhoeffer* zu nennen.

---

144. Israelitische und jüdische Geschichte, 360.
145. Ebd. 365 f.
146. Dazu Krusche, Die unterlegene Religion.
147. Zur jüdischen Rezeption Wellhausens vgl. D. Weidner, ›Geschichte gegen den Strich bürsten‹. Julius Wellhausen und die jüdische ›Gegengeschichte‹, ZRGG 54, 2002, 32-61.

Es sind nur wenige Sätze, die eine im Kern veränderte theologische Wahrnehmung des Alten Testaments ausgelöst haben. Dietrich Bonhoeffer hat sie in den Jahren 1943/44 während seiner Haft in seinem Briefwechsel mit dem Freund Eberhard Bethge formuliert. Dieser hat sie 1951 unter dem Titel »Widerstand und Ergebung. Briefe und Aufzeichnungen aus der Haft« veröffentlicht.[148] Dieses Buch prägte wie kaum ein anderes die theologischen Debatten der Nachkriegszeit in Deutschland wie in der Ökumene.[149] In der bedrohlichen Situation des Gefängnisses las Bonhoeffer das Alte Testament – »ich habe 2 ½ mal das Alte Testament gelesen«[150] heißt es nach einem halben Jahr Haft –, und er las es neu und anders als bisher. Für Bonhoeffer hatte das Alte Testament auch schon vorher eine bedeutende Rolle gespielt. Vor allem in dem Buch »Schöpfung und Fall« (1934)[151] hatte er die ersten Kapitel der Genesis als Systematiker theologisch ausgelegt. Das Buch war vor Wilhelm Vischers »Christuszeugnis des Alten Testaments«[152] erschienen, stand ihm aber sachlich durchaus nahe.[153] Er las wie dieser das Alte Testament als Buch von Christus.[154]

Jetzt in der Haft kommt ein neuer Ton auf. Es geht nicht mehr um Christus im Alten Testament, sondern darum, dass erst das Alte Testament in seinem Eigensinn erkennen lässt, was Christus ist.[155] »Ich spüre übrigens immer mehr, wie alttestamentlich ich denke und empfinde«, schreibt er.[156] Und das bedeutet

148. München 1951, Neuausgabe München 1977, zitiert nach der kommentierten Ausgabe, hg. v. Chr. Gremmels u. a.: Dietrich Bonhoeffer Werke Bd. 8, Gütersloh 1998.
149. Zu Editionsgeschichte, Übersetzungen etc. s. DBW 8, 9 ff.
150. DBW 8, 188.
151. DBW 3, München 1989.
152. Dazu o. S. 50 ff.
153. Und so ergab sich auch eine intensive Zusammenarbeit zwischen Vischer und Bonhoeffer im Kirchenkampf, etwa im Rahmen des sog. Betheler Bekenntnisses und auch sonst; vgl. dazu E. Bethge, Dietrich Bonhoeffer. Eine Biographie, 3. Aufl. München 1967, 353 ff. 598. 619 u. ö.
154. Weitere Beispiele sind Bibelarbeiten über David (1935 = DBW 14, Gütersloh 1996, 878-904) oder zu Esra und Nehemia (1936 = DBW 14, Gütersloh 1996, 930-945).
155. Zu dieser Wende in Bonhoeffers Sicht des AT vgl. M. Kuske, Das Alte Testament als Buch von Christus. Dietrich Bonhoeffers Wertung und Auslegung des Alten Testaments, Göttingen 1963. Er stellt die zweite Phase unter die Überschrift »Das Verstehen des Neuen Testaments vom Alten her« (83 ff.). Kritisch daran anknüpfend und die Wende deutlicher heraushebend: B. Klappert, Weg und Wende Dietrich Bonhoeffers in der Israelfrage – Bonhoeffer und die theologischen Grundentscheidungen des Rheinischen Synodalbeschlusses, in: W. Huber/I. Tödt Hg., Ethik im Ernstfall. Dietrich Bonhoeffers Stellung zu den Juden und ihre Aktualität, München 1982, 77-135; E. Feil, Die Theologie Dietrich Bonhoeffers. Hermeneutik – Christologie – Weltverständnis, 4. Aufl. München 1991, 219 ff. Zuletzt bes. B. Klappert, Dietrich Bonhoeffer, Israel und die Juden, erscheint in: Chr. Tietz Hg., Dietrich Bonhoeffer, Handbuch 4, Tübingen 2011.
156. DBW 8, 226.

nicht weniger, als dass seine eigene Theologie zunehmend von der neuen Wahrnehmung und Wertung des Alten Testaments geprägt wird. Der entscheidende Satz lautet dann: »Wer zu schnell und zu direkt neutestamentlich sein und empfinden will, ist m. E. kein Christ.«[157] Christsein ist wie christliches Denken bleibend auf das spezifisch Alttestamentliche angewiesen und kann nur so sachgerecht christlich sein. Bonhoeffer ist sich der Neuheit, der Anstößigkeit und der weitreichenden Folgen – »u. a. für das katholische Problem, für den Amtsbegriff, für den Gebrauch der Bibel etc., aber vor allem eben für die Ethik«[158] – sehr bewusst.

Es ist die Diesseitigkeit des Alten Testaments, die für ihn eine neue und für seine gesamte Theologie entscheidende Funktion gewinnt. Gott nicht im Jenseits, sondern im Diesseits zu entdecken, mitten in den Konflikten der Welt und des Lebens, darum kreist jetzt sein gesamtes theologisches Denken, und dafür spielt das Alte Testament die entscheidende Rolle. Unmittelbar vor dem zitierten Satz und als seine Begründung heißt es: »Nur wenn man die Unaussprechlichkeit des Namens Gottes kennt, darf man auch einmal den Namen Jesus Christus aussprechen; nur wenn man das Leben und die Erde so liebt, daß mit ihr alles verloren und zu Ende zu sein scheint, darf man an die Auferstehung der Toten und eine neue Welt glauben; nur wenn man das Gesetz Gottes über sich gelten läßt, darf man wohl auch einmal von Gnade sprechen, und nur wenn der Zorn und die Rache Gottes über seine Feinde als gültige Wirklichkeit stehen bleiben, kann von Vergebung und von Feindesliebe etwas unser Herz berühren.«[159]

Dieser theologisch notwendige und nur durch das Alte Testament erreichbare Realitätsbezug wird dann im gleichen Zusammenhang mit der folgenden Begrifflichkeit beschrieben: »Man kann und darf das letzte Wort nicht vor dem vorletzten sprechen. Wir leben im Vorletzten und glauben das Letzte.«[160] Die bekannte Unterscheidung von Letztem und Vorletztem ist hier mit dem Unterschied zwischen Altem und Neuem Testament verknüpft, und sie wird in der Bonhoeffer-Deutung auch nicht selten als Ausdruck dieses Verhältnisses verstanden. Dann wäre das Alte Testament als das Vorletzte zu verstehen.[161] Doch zum Verständnis sind die Ausführungen in späteren Briefen der Haftzeit wichtig. Da heißt es etwa: »Was über diese Welt hinaus ist, will im Evangelium *für* diese Welt da sein.«[162] Selbst »die Christliche Auferstehungshoffnung« weise den Menschen im Unterschied zu den Mythen der Erlösungsreligionen in der

---

157. DBW 8, 226.
158. Ebd. 226 f.
159. Ebd. 226.
160. Ebd. 226.
161. Etwa Kuske, Das Alte Testament, 105 ff.
162. DBW 8, 415.

Umwelt »an sein Leben auf der Erde« zurück. Zwar geschehe das im Neuen Testament »in ganz neuer und gegenüber dem A.T. noch verschärfter Weise«; dennoch bleiben dabei Neues und Altes Testament »verbunden«, wie es ausdrücklich heißt.[163] Das Schema der Steigerung vom Alten zum Neuen Testament wird hier also so gewendet, dass etwas typisch Alttestamentliches im Neuen noch verschärft wird. Dann aber kann auch die Differenz von Vorletztem und Letztem nicht eindeutig auf die Testamente verteilt werden, sie durchzieht beide. Mit Recht hat man hier von einer »Verschränkung beider Testamente« gesprochen.[164] Erst durch diese Verschränkung wird der Mensch durch Christus »in der Mitte seines Lebens erfasst«[165]. Es ist vor allem Bonhoeffers in »Widerstand und Ergebung« entwickelte Vision eines religionslosen, eines weltlichen Christentums, eines Christentums der mündigen Welt, das eng mit dem Alten Testament zusammenhängt und sich entscheidend darauf gründet. Für das Hohe Lied, und das ist ein typisches Beispiel für dieses neue Denken, sei gerade ein Verständnis als irdisches Liebeslied »die beste christologische Auslegung«[166].

Zweifellos ist hier ein für christliche Theologie neues und wichtiges Verständnis des Alten Testaments gewonnen worden. Zusammen mit den Neuansätzen in der alttestamentlichen Wissenschaft, wofür vor allem der Name Gerhard von Rad steht,[167] haben die Bonhoefferschen Formulierungen große Wirkungen in der Nachkriegstheologie gehabt, nicht zuletzt in der systematischen Theologie.[168] Doch trotz der neuen positiven Sicht ist hier die »Relativierung« des Alten Testamentes nicht überwunden, sondern mit einer neuen suggestiven Terminologie, eben der von den letzten und den vorletzten Dingen noch einmal neu gefasst und damit verstärkt worden. Dazu ist die ausführliche Entfaltung dieses Schemas, in der »Ethik«,[169] also bereits vor den Gefängnisbriefen, wo es nur gelegentlich und mehr nebenbei vorkommt, zu beachten. Hier ist die Unterscheidung von Letztem und Vorletztem nicht (explizit) mit dem Verhältnis der Testamente verbunden. Hier ist »das Letzte« ausdrücklich als die Rechtfertigung des Sünders beschrieben, die von der Tradition eben ausdrücklich neutestamentlich verstanden wird, und es gibt keinen Gegenakzent. Zudem wird hier selbst die Nächstenliebe zu etwas Vorletztem: »Der Hungernde braucht Brot, der Obdachlose Wohnung, der Entrechtete Recht ... Es wäre eine Lästerung Gottes und des Nächsten, den Hungernden hungrig zu las-

---

163. Ebd. 500 f.
164. Feil, Theologie Bonhoeffers, 211.
165. DBW 8, 501.
166. DBW 8, 460.
167. Dazu u. S. 61 ff.
168. Es mag genügen, hier an Namen wie Pannenberg, Moltmann, Kraus, Link, Marquardt, Klappert, Welker, Magdalene Frettlöh zu erinnern.
169. D. Bonhoeffer, Ethik (1949), DBW 6, München 1992, 137-162.

sen …«. Und dennoch soll gelten: »Es ist etwas Vorletztes, was hier geschieht.« Ob eine solche Entgegensetzung, die kaum anders denn als Variante des Gegensatzes von Gesetz und Evangelium verstanden werden kann, wirklich biblisch begründet ist, wird man zutiefst bezweifeln müssen. Kann die Liebe etwas Vorletztes, also zu Überwindendes sein? In zu vielen Texten des Alten wie des Neuen Testaments geht es dabei um eine Begegnung und Verfehlung Gottes selbst (Ps 82; Mt 25), um einen Teil, den wichtigsten, dessen, was »bleibt« (1 Kor 13,13), also des Letzten. Aus einer sinnvollen und theologisch nötigen Unterscheidung wird durch die gewählte Terminologie von Letztem und Vorletztem unausweichlich – und wohl gegen die eigene Absicht und sicher gegen die biblische Tradition – ein Gegensatz. Wird dieser Gegensatz dann verbunden mit der Frage nach den beiden Testamenten, gewinnen trotz des Neuansatzes und mitten in ihm alte Muster von Niedrigerem und Höherem, Vorläufigem und Eigentlichem unvermeidlich neue Kraft. Wie sehr selbst und gerade in der Formulierung eines neuen Zugangs alte Muster durchschlagen, zeigen, sieht man genauer hin, gerade auch die oben zitierten Sätze, mit denen Bonhoeffer die Notwendigkeit alttestamentlichen Denkens für den christlichen Glauben begründet hat.[170] Sind doch die Gegensätze zu den angeblich spezifisch alttestamentlichen Zügen – alttestamentlich. Dass nicht erst nach dem Neuen, sondern bereits nach dem Alten Testament Tote aufstehen werden (Jes 26,19; 25,8; Dan 12,2) und Gott eine neue Welt, einen neuen Himmel und eine neue Erde (Jes 65,17) schaffen wird, dass die Übertreter des Gesetzes auf Gottes Gnade und Vergebung hoffen können (Ps 130; 103,3 f.; Lev 4 f.; 16 usw.), dass nichts Gottes Wesen so prägt wie Barmherzigkeit (Ex 34,6 f. par.), dass die gebotene Nächstenliebe eigentlich immer eine Feindesliebe ist (Lev 19,17 f.) – das alles hat Bonhoeffer genauso gewusst und manches davon auch ausdrücklich selbst formuliert,[171] genau wie so manche Theologen, die solche Vorurteile von Vorläufigem und Endgültigem bis heute nachsprechen. Gerade auch beim ersten der genannten Themen, der Unaussprechlichkeit des göttlichen Namens, genau wie bei dem, was das Letzte ist, die Rechtfertigung des Sünders, geht es um zentrale Themen des Alten *wie* des Neuen Testamentes. Sie hängen mit der Sache zusammen, von der die Texte reden, nämlich mit dem Gott der Bibel. Es gibt keinen Grund, dieses Letzte und Vorletzte, worin immer man es finden will, auf die beiden Testamente zu verteilen.

---

170. DBW 8, 226; s. o. bei Anm. 159.
171. So heißt es, um ein einziges Beispiel zu nennen, bereits in der »Nachfolge« (1937): Im Alten Testament (und eben nicht erst im Neuen) »besteht das Gebot der Feindesliebe (2. Mose 23,4 f.; Sprüche 25,21 f.; 1. Mose 45,1 ff.; 1. Sam. 24,7; 2. Kön. 6,22 u. ö.)« (DBW 4, München 1989, 141). Dazu Klappert, Weg und Wende, 102.

d. Gerhard von Rad

Schließlich ist hier der Alttestamentler *Gerhard von Rad* (1901-1971)[172] zu nennen. Das Grundproblem wird sehr schnell an einer seiner Predigten über einen alttestamentlichen Text deutlich. Da wird in einer Predigt über Ruth 1 – im Jahre 1952 – ein in der protestantischen Theologie völlig neuer Ton angeschlagen. Es heißt geradezu programmatisch:»Das Alte Testament ist das Buch.eines Volkes, das hineingerissen worden ist in eine besondere Gottesgeschichte, das Buch eines Volkes, das Gott sich gegriffen hat, in dem er die Nebel der Unwissenheit über Gott, in dem er den Qualm der religiösen Mythen zerrissen und sich selbst als Herrn geoffenbart hat. Es ist für uns also das Buch eines Volkes, das unablässig mit dem Wort Gottes beschäftigt ist; gewiss ungeheuerlich daran versagend, aber dann doch langsam in ein Wissen über Gott und die Menschen hineinwachsend, das wir in der ganzen Welt vergebens suchen ... Es ist das Buch prophetischer Erleuchtungen über ungeheure Welt- und Geschichtsgedanken Gottes, die doch im Letzten Gedanken des Friedens und nicht des Leides sind.«[173] Aber so positiv diese Wertungen klingen, sie werden durch eine positivere übertroffen:»Ja, es ist das Buch eines Volkes, das für den Herrn Christus und sein Kommen zubereitet wird. Denn all dieses: diese Gottesgeschichte, dieses Beschäftigtsein mit dem Wort Gottes, diese chronische Götzendämmerung, dieses Gericht über die mythologischen Götteroffenbarungen – das sind ja nur Hinführungen und Einübungen in das Kommen Jesu Christi, auf sein Gericht und Heil«.[174]

Das Muster, das an diesem kleinen Beispiel erkennbar wird, hält sich aufs Ganze gesehen durch. Gerhard v. Rad hat viele Menschen auf völlig neue Weise für das Alte Testament begeistert. Er selbst vor allem, aber auch andere in seinem Umkreis, haben die Früchte der heftigen Kämpfe um das Alte Testament während des Kirchenkampfes eingebracht und einen neuen, durch und durch positiven Zugang zum ersten Teil der christlichen Bibel eröffnet und damit ganze Generationen geprägt. Seine Auslegung trat mit dem Anspruch auf, dem historischen Sinn der Texte gerecht zu werden – im Gegensatz zu W. Vischer. Auf der Basis der historischen Arbeiten von A. Alt und M. Noth war sie Teil eines recht geschlossenen Bildes der Geschichte Israels. In den fünfziger und sechziger Jahren wurde die alttestamentliche Wissenschaft zu so etwas wie der

---

172. Vgl. R. Smend, Gerhard von Rad (901-1971), in: ders., Deutsche Alttestamentler in drei Jahrhunderten Göttingen 1989, 226-254; ders., G. v. Rad, in: M. Oeming/ M. Sæbø Hg., Das Alte Testament und die Kultur der Moderne, Münster 2004, 13-24. Zum Folgenden vgl. a. Büttner, Das Alte Testament, 93-122.

173. G. v. Rad, Ruth 1, EvTh 12, 1952/53, 1-6 (1) = ders. Predigten, hg. v. U. v. Rad, München 1972, 45-51 (45 f.).

174. Ebd. 46.

theologischen Leitdisziplin, mit Wirkungen gerade auch in der systematischen Theologie, mit Anstößen, die bis heute nachklingen und keineswegs an ein Ende gelangt sind. Gerhard von Rads Exegesen, und das war seine große Kunst, erschließen die Theologie der Texte und formulieren Erkenntnisse für ein theologisches Denken und Handeln in der Gegenwart. Ein frühes Beispiel ist die an Texten Deuterojesajas gewonnene Zuordnung von Schöpfungs- und Heilstheologie aus dem Jahre 1936, die im Zusammenhang der damaligen Konflikte um so genannte Schöpfungsordnungen von hoher Aktualität war.[175] Von großer nachhaltiger Wirkung war seine Auslegung der Genesis, besonders die der anthropologischen Texte der Urgeschichte.[176] Seine Darstellung der immer neuen Geschichtsentwürfe, seine Nachzeichnung der Propheten und ihres Denkens in der »Theologie des Alten Testamentes«[177] und nicht zuletzt die große Entdeckung der Weisheit und ihrer theologischen Relevanz im Alterswerk[178] – dies und vieles andere war historisch reflektierte Theologie aus der Gegenwart und für die Gegenwart.

Und doch: im Hintergrund – und im Prozess der Auslegung alttestamentlicher Texte oft gänzlich unsichtbar – war da der Vorbehalt: Eigentlich ist das alles nur vorläufig, das Wahre kommt erst. Vielleicht nur als Zugeständnis an unverrückbar vorgegeben erscheinende Grundtatsachen des christlichen Glaubens und des Neuen Testaments, vielleicht auch nur als eine Art *reservatio mentalis*, eine Rückversicherung gegen allzu heftige Ketzereivorwürfe, aber doch wohl eher als Ergebnis eines lebenslangen Ringens. Die Haltung, die oben aus einer Predigt zitiert wurde, findet in den hermeneutischen Überlegungen v. Rads ihre reflektierte Gestalt. Entscheidend für die Zuordnung der Testamente wird dabei der Begriff einer »Typologischen Auslegung des Alten Testaments«[179]. Es gehe, heißt es, nicht darum, dass wir im Alten Testament »eine Gedankenwelt erkennen, die ›schon fast neutestamentlich‹ ist. Wir sehen vielmehr in der von Gottes Wort gewirkten Geschichte ... allenthalben schon das neutestamentliche Christusgeschehen präfiguriert«. Es geht um den »Glauben, dass derselbe Gott, der sich in Christus offenbart hat, auch in die Geschichte des alttestamentlichen Gottesvolkes seine Spuren eingegraben hat, dass wir es mit *einem* Reden Gottes

175. G. v. Rad, Das theologische Problem des alttestamentlichen Schöpfungsglaubens (1936), in: ders., Gesammelte Studien zum AT, ThB 8, München 1958 (u. ö.), 136-147.

176. G. v. Rad, Das erste Buch Mose. Genesis 1–12,9, ATD II/1, Göttingen 1949, 12. Aufl. 1987.

177. G. v. Rad, Theologie des Alten Testaments, Bd. I (1957), 6. Aufl. München 1969; Bd. II (1960), 4. Aufl. München 1965; unveränderte Nachdrucke.

178. G. v. Rad, Weisheit in Israel, Neukirchen-Vluyn 1970.

179. G. v. Rad, Typologische Auslegung des Alten Testaments, EvTh 12, 1952/3, 17-33 = ders., Gesammelte Studien zum Alten Testament II, ThB 48, München 1973, 272-288.

zu tun haben«[180]. Nach v. Rad geht es also einerseits um die Identität Gottes in beiden Testamenten, andererseits um »Abschattungen« und »Vorausdarstellungen«[181] des Neuen im Alten.

Auch noch im großen Entwurf der »Theologie des Alten Testaments« liegen die Dinge ähnlich. Trotz aller positiven Wirkung des Alten und seiner Theologie stellt das Neue Testament alles Vorangehende in den Schatten. Einerseits gilt: »Beide Testamente legitimieren einander«[182]; andererseits gilt ebenso: »Auch da, wo das alttestamentliche Geschehen zu sehr gewaltigen Vorausdarstellungen des Christusgeschehens auslädt (Jeremia!), können wir von nicht mehr als eben von ›Schatten‹ des Eigentlichen reden.«[183] Dies zeigt sich vor allem im Blick auf Israel. Wenn und weil es eben Christus ist, der uns »im Doppelzeugnis des Chors der Erwartenden und Erinnernden« bezeugt ist, ist für ihn auch das Alte Testament letztlich Christuszeugnis. Durch Christus wird »die Innerweltlichkeit der Heilsgüter aufgehoben«[184]. Und weil Israel bzw. das Judentum das nicht mitvollzieht – wobei nicht untypisch ist, »dass die Frage des christlichen Gebrauchs des Alten Testaments erörtert wird, ohne dass dabei von Juden die Rede ist«[185] – gilt: »Tiefer als durch dieses sein Nein zu Jesus Christus hat sich Israel in seiner ganzen Geschichte nicht von dem Heilsgeschehen in seiner eigenen Mitte getrennt.«[186]

5. Gemeinsamkeiten und Grenzen der bisherigen Positionen

Dietrich Bonhoeffer und Gerhard von Rad haben für die christliche Theologie einen neuen Zugang zum Alten Testament eröffnet, dessen Bedeutung gar nicht hoch genug veranschlagt werden kann. Damit ist eine Grundlage geschaffen, auf der auch dieses Buch steht und die es deshalb auszubauen gilt, damit ein Rückfall, wie er seitdem so oft erfolgt ist, unmöglich oder doch erschwert wird.

Denn bei aller Verschiedenheit der vorgestellten Grundtypen und Beispiele lassen sich auch hier Züge beobachten, die allen Grundtypen gemeinsam sind. Ob sie nun das Alte Testament für überholt ansehen oder gar abschaffen wollen, ob sie es als weiter geltendes Gotteswort, als Verheißung z. B., ansehen, oder ob

---

180. Ebd. 286.
181. Ebd. 287.
182. Theologie, Bd. II ⁴1965, 411.
183. Ebd. 409.
184. Ebd. 435.
185. Büttner, Das Alte Testament, 120.
186. V. Rad, Theologie II, 433.

sie das Neue Testament positiv an das Alte anknüpfen sehen, um es zu übertreffen und zu vollenden – in folgenden drei Punkten waren und sind sich alle einig:

– Das Neue Testament übertrifft in irgendeiner Weise das Alte. Und zwar in einer grundsätzlichen, theologisch entscheidenden Perspektive. In jedem Falle ist der kleine Jesus im Tempel aus Lk 2 der Lehrer Israels. Und dieses Mehr wird anders gewichtet, als es bei Rangfragen im jeweiligen Bibelteil der Fall ist. Zwar ist für manche etwa Paulus theologisch wichtiger als Matthäus, hat Johannes mehr Gewicht als der Jakobusbrief, entsprechend gibt es eine Abstufung zwischen den Psalmen und der Chronik. Doch das Neue Testament bringt etwas grundsätzlich, weil kategorial Höheres.

– Dieser höhere Rang hat letztlich darin seinen Grund und seine Voraussetzung, dass das Neue Testament aus sich heraus zu lesen sei, und als solches dann verglichen werden kann. Bibeln, die nur aus dem Neuen Testament bestehen (manchmal mit den Psalmen als Anhang) bringen das zum Ausdruck. Stets gilt: Das Neue Testament steht auf eigenen Beinen und enthält das spezifisch Christliche. Deutlich bringen das die Formulierungen zum Ausdruck, mit denen Brevard S. Childs seine »Theologie der einen Bibel«[187] gliedert: »Theologie des für sich allein genommenen Alten Testaments« – »Theologie des für sich allein genommenen Neuen Testaments«. Ob das aber überhaupt möglich ist und dem Selbstverständnis der neutestamentlichen Texte entspricht, ist im Folgenden im Detail zu erfragen.

– Auch in einem dritten Punkt sind sich alle einig: Die Juden sind in jedem Falle theologisch nicht mehr im Spiel. Jede positive Linie vom Alten zum Neuen Testament geht an den Juden vorbei. Kurz: Das Alte Testament ist seit Christus das Buch der Kirche geworden, die Juden können sich nicht mehr legitimerweise darauf berufen. Der alte Bund gilt als überwunden, der Neue ist in Christus und nur in Christus vollzogen. Das ist die Voraussetzung, die Lektüre und Verständnis des Alten Testamentes bestimmt, vor allem aber hat sie die Lektüre des Neuen Testamentes bestimmt – und zwar erstaunlicherweise viel tiefgreifender als die des Alten! Und sie tut es noch.

187. B. S. Childs, Die Theologie der einen Bibel, 2 Bde., dt. Übers. Freiburg u. a. 1994.

2. Kapitel:
Biblische Theologie? – oder:
Wie viel Systematik erlaubt die Schrift?[1]

Die neue, positive Rolle, die das Alte Testament in der Zeit nach dem Zweiten Weltkrieg für die christliche Theologie zu spielen begann, wofür in erster Linie die Namen Dietrich Bonhoeffer und Gerhard von Rad stehen, führte zu einer Fülle von neuen Versuchen, die Bedeutung des Alten Testaments für den christlichen Glauben zu bestimmen. Es lag nahe, dass dabei der Begriff einer »Biblischen Theologie« ins Zentrum rückte, also der Versuch, die »Theologie der einen Bibel« und darin das Mit- und Gegeneinander der beiden Teile der christlichen Bibel zu erfassen. Gerhard von Rad spricht am Ende seiner Theologie des Alten Testamentes als Fernziel von einer solchen Biblischen Theologie, »in der der Dualismus je einer sich eigensinnig abgrenzenden Theologie des Alten und des Neuen Testaments überwunden wäre«. Für ihn galt: »Wie sich eine solche biblische Theologie dann darzustellen hätte, ist noch schwer vorstellbar. Es ist aber ermutigend, dass sie heute immer lauter gefordert wird.«[2] Zugleich spricht er allerdings von einem notwendigen »Misstrauen allen solchen Einheitskonzeptionen gegenüber, die sich an den Stoffen nicht oder nicht genügend bewähren.«[3]

Das Projekt einer biblischen im Unterschied zu einer dogmatischen Theologie gibt es grundsätzlich seit dem Jahr 1787, als es J. P. Gabler in seiner Vorlesung »Von der richtigen Unterscheidung der biblischen und der dogmatischen Theologie und der rechten Bestimmung ihrer beiden Ziele«[4] zuerst formulierte. Obwohl seitdem immer wieder gefordert und jedenfalls in Ansätzen versucht[5], erwuchsen unter den Bedingungen der Neuzeit immer neue Schwierigkeiten aus den Ergebnissen der historisch-kritischen Forschung. Bib-

---

1. So der gleichnamige Titel eines Sammelbandes: F.-L. Hossfeld Hg., Wieviel Systematik erlaubt die Schrift? Auf der Suche nach einer gesamtbiblischen Theologie, QD 185, Freiburg 2001.
2. Theologie des Alten Testaments, Bd. II (1960), 4. Aufl. München 1965; unveränderte Nachdrucke, 447.
3. Ebd. 447.
4. J. P. Gabler, Von der richtigen Unterscheidung der biblischen und der dogmatischen Theologie und der rechten Bestimmung ihrer beiden Ziele (1787), dt. in: G. Strecker Hg., Das Problem der Theologie des Neuen Testaments, WdF 367, Darmstadt 1975, 32-44.
5. Ein Überblick bei H.-J. Kraus, Die Biblische Theologie. Ihre Geschichte und Problematik, Neukirchen-Vluyn 1970; vgl. a. H. Graf Reventlow, Hauptprobleme der Biblischen Theologie im 20. Jahrhundert, EdF 203, Darmstadt 1983.

lische Theologie konnte im Zeitalter des Historismus nur eine historische Disziplin sein und da galt: »Problematisch geworden ist die theologische Einheit der Bibel … Problematisch geworden ist aber auch die theologische Einheit je des Alten und des Neuen Testaments.« Das formulierte der systematische Theologe Gerhard Ebeling 1955 und erinnerte zudem an die Unmöglichkeit einer Beschränkung auf das kanonische Schrifttum sowie an die sehr grundsätzliche Frage, ob es in der Bibel überhaupt um so etwas wie »Theologie« gehe.[6] Erst die beginnende Neubewertung des Alten Testamentes nach dem Zweiten Weltkrieg verlieh den alten Forderungen nach einer biblischen Theologie neue Dringlichkeit.

1. Gese und Stuhlmacher – das Tübinger Modell

Es war vor allem die so genannte Tübinger Biblische Theologie, die diesen Begriff programmatisch aufgriff. Gemeinsam mit dem Neutestamentler *Peter Stuhlmacher* hat der Alttestamentler *Hartmut Gese* dieses Konzept bestimmt. Der Intention nach ging es um eine Fortschreibung von Gerhard von Rads Theologie, doch gewannen dabei die historische Relativierung des Alten Testamentes und das traditionelle Muster der Überwindung des Judentums eine neue Kontur.

Die wichtigsten Züge zeigen sich schon in einem programmatischen Aufsatz von Gese aus dem Jahre 1970 mit dem Titel »Erwägungen zur Einheit der biblischen Theologie«[7]. Entscheidend für den Ansatz ist, dass die gesuchte »Einheit« sofort mit der ersten Zwischenüberschrift auf »Die Einheit des biblischen Traditionsprozesses«[8] zurückgeführt wird. Es sei ein einziger Traditionsprozess, der beide Testamente umfasse und hervorgebracht habe, lautet die grundlegende These. Allerdings gehe dieser Prozess in der für die christliche Theologie entscheidenden Hauptlinie vor allem über die griechische Fassung des Alten Testaments, die Septuaginta (LXX).[9] Dafür seien sowohl die nur in ihr überlieferten zwischentestamentlichen Schriften, die die Kontinuität des Prozesses belegen, als auch die deutlichere Anknüpfung des Neuen Testamentes entscheidend. In diesem Prozess sei das Neue Testament die »Vollendung« des Alten.[10]

6. G. Ebeling, Was heißt »Biblische Theologie«? (engl. 1955), in: ders., Wort und Glaube, 3. Aufl. Tübingen 1967, 69-89 (82 ff.).
7. ZThK 67, 1970, 417-436 = in: H. Gese, Vom Sinai zum Zion. Alttestamentliche Beiträge zur biblischen Theologie, BevTh 64, München 1974, 11-30.
8. Ebd. 11.
9. Dazu grundsätzlich u. S. 138 ff.
10. Ebd. 16.

Genauer gelte sogar: »Das Alte Testament entsteht durch das Neue Testament«[11]. Gemeint ist, dass der Abschluss der Sammlung des alttestamentlichen Kanons erst als Reaktion auf die Entstehung des Christentums erfolgt sein soll. Vor allem sei der Tenach, die jüdische Bibel, eine *gegen* das Neue Testament entstandene Verengung, eine »pharisäische Kanonreduktion«, mit der »der Kontinuität zum Neuen Testament ... in bedeutendem Maße Abbruch getan wird«[12]. Deshalb gelte in aller Schärfe: »Ein christlicher Theologe darf den masoretischen Kanon niemals gutheißen«[13]. Mit der Erkenntnis eines solchen einheitlichen Traditionsprozesses erledige sich, so heißt es, »die prekäre Frage nach der christlichen Theologie des Alten Testaments«[14]. Es kann nur *eine* solche Theologie geben, denn: »Es kann sich eben nur vom Neuen Testament aus herausstellen, ob diese Theologie des Alten Testaments sozusagen eine christliche ist, d. h. ob sie vom Neuen Testament weiter und zu Ende geführt wird.«[15] Diese Traditionsbildung sei als das eigentliche Wesen der Geschichte Israels anzusehen, das mit der Offenbarung gleichzusetzen sei. In einem knappen Überblick über die Theologiegeschichte in biblischer Zeit wird beschrieben, dass es dabei um »ein reales Geschehen der Seinsaufweitung«[16] gehe. Inhaltlich bezieht sich der Begriff vor allem auf eine in der Apokalyptik gipfelnde, sich steigernde »futurische(n) Erwartung des Anderen«[17]. Eine Erwartung, der Jesus mit seiner Verkündigung, ja darüber hinaus mit dem Vollzug des Heils entspreche. Alle theologischen Linien liefen deshalb in der Christologie zusammen. »Die neutestamentliche Theologie, d. h. die Christologie, ist die Theologie des Alten Testaments, die das neutestamentliche Geschehen, d. i. das Einbrechen des Heils, die Realisierung des Eschaton, die Gegenwart Gottes beschreibt.« Und so gilt: »Das Neue Testament an sich ist unverständlich, das Alte Testament an sich ist missverständlich.«[18]

Das in diesem Aufsatz kurz skizzierte Grundmuster wird dann bei der inhaltlichen Ausfüllung des Programms durchgehalten und in späten Arbeiten ausdrücklich und in starker Kontinuität zur anfänglichen Programmatik bestätigt:
– Es gehe um einen einzigen Prozess, dabei ist der »biblische Traditionsprozess am besten als Innenseite des kanonischen Prozesses« zu begreifen.[19]
– Dieser Prozess gipfele im Neuen Testament: »Welchen Begriff, welche Sache,

---

11. Ebd. 14.
12. Ebd. 17.
13. Ebd. 16 f.
14. Ebd. 17.
15. Ebd. 17.
16. Ebd. 25.
17. Ebd. 28,
18. Ebd. 30.
19. P. Stuhlmacher, Der Kanon und seine Auslegung, in: Jesus Christus als die Mitte der

welche Tradition könnten wir denn an die Stelle der Erscheinung Jesu setzen, um das Ganze des Alten Testaments vollendet zu sehen? ... Nicht ein paar messianische Weissagungen verbinden Altes und Neues Testament, sondern die Einheit des entfalteten Offenbarungsinhaltes selbst.«[20]

– Dabei sei die masoretische Bibel als eine rein jüdische, antichristliche Verkürzung zu betrachten: »Im masoretischen Kanon dienen Propheten und Schriften vor allem zur Interpretation der Tora und das Neue Testament wirkt wie eine Traditionsbildung, die von der Hebräischen Bibel unabhängig ist. Von der Septuaginta her entsteht dagegen das Bild eines Weges, den die Offenbarung des einen Gottes genommen hat«[21]. Dieser Weg geht offenkundig an den Juden vorbei.

Zusammengefasst gilt nach Gese und Stuhlmacher:

»Wenn man den kanonischen Prozess vor Augen hat, kann das *Alte Testament nicht unabhängig vom Neuen*, sondern nur im Blick auf das Neue Testament und von ihm her ausgelegt werden.«

»Wenn man den kanonischen Prozess vor Augen hat, kann und darf auch *das Neue Testament nicht unabhängig und losgelöst vom Alten*, sondern nur im Blick auf das Alte Testament und von ihm her ausgelegt werden.«[22]

Kein Zweifel: Das Muster des oben mit »Relativierung und Selektion« beschriebenen Grundtyps der Zuordnung der Testamente zeigt sich hier in besonders deutlicher Weise. Wie bei allen anderen der oben vorgestellten Modelle wird auch hier das Judentum negativ gesehen und als überholt ausgeschaltet. Darüber hinaus gibt dieses Konzept zu mindestens folgenden kritischen Fragen Anlass:

– Gegen die ausdrückliche genannte Intention der Autoren drängt sich die Frage auf: Macht nicht die Basierung des Verhältnisses der Testamente auf die Konstruktion einer (in diesem Falle traditionsgeschichtlich verstandenen) *Entwicklung* vom Niederen zum Höheren die dem Höhe- und Zielpunkt vorangehenden Schritte und Stufen nur noch historisch interessant, theologisch aber letztlich überflüssig? Wenn das Alte Testament im Neuen enthalten ist – wozu ist es dann nach wie vor notwendig, zumal da, wo es dem Neuen Testament widerspricht? So fehlt, um nur ein Beispiel zu nennen, nach der üblichen Sichtweise im Alten Testament weithin die Vorstellung einer Auferstehung der Toten bzw. sie tauche erst in sehr späten Texten wie Jes 24-27 und dem Danielbuch auf. Haben die Texte, die (angeblich)

Schrift. Studien zur Hermeneutik des Evangeliums, FS O. Hofius, BZNW 86, Berlin u. a. 1997, 263-296 (273).

20. H. Gese, Alttestamentliche Hermeneutik und christliche Theologie, in: Theologie als gegenwärtige Schriftauslegung, ZThK Beih. 9, 1995, 65-81 (79).
21. Stuhlmacher, Kanon, 268.
22. Ebd. 276.

keine Auferstehung der Toten kennen, für uns nach wie vor theologische Bedeutung und welche?[23]

– Vermag die Tatsache der weitgehenden Benutzung der Septuaginta durch das Neue Testament die theologische Last zu tragen, die Entscheidung der Reformation rückgängig zu machen, dass der hebräische Text und damit die jüdische Bibel als biblischer Ursprungstext anzusehen ist?[24]

– Der gravierendste Einwand aber lautet: Ist diese Zuordnung wirklich von den biblischen Texten und ihrer Vielfalt und Widersprüchlichkeit her entworfen, oder eben doch von einer nachbiblischen dogmatischen Setzung aus?

2. Bibel und Dogmatik – die kritische Frage von James Barr

a. An kritischen Einwänden, wie den soeben vorgetragenen, setzen die Beobachtungen und kritischen Thesen des englischen Alttestamentlers *James Barr* (1924-2006) an. Er hat in seinem monumentalen Werk »The Concept of Biblical Theology«[25] von 1999 die Fülle der Ansätze, Fragen und Probleme, die sich um das Projekt einer Biblischen Theologie ranken, vorgestellt und diskutiert. Er hat damit zugleich eine Fülle von eigenen Arbeiten zusammengefasst, in denen er sich wie kein anderer seit den fünfziger Jahren um die Möglichkeit und die Probleme einer Biblischen Theologie bemüht hat. Und so ist als Erstes auf Barrs eindringliche Warnung vor allen Vereinfachungen zu verweisen. Er hat mit Nachdruck und Beharrlichkeit die Vielfalt der Aspekte und Methoden, der Probleme und Schwierigkeiten, der Ansätze und Aporien herausgearbeitet, die bei einem solchen Unternehmen auftreten und im Blick sein müssen. Man kann und muss sich von ihm auch die eigenen Entwürfe kritisch befragen lassen. Barr stellt keinen eigenen Entwurf einer Biblischen Theologie vor, wohl aber so etwas wie den *Entwurf eines Systems von Fragen* an das Konzept einer Biblischen Theologie. Am Anfang und am Ende seines Buches steht der Hinweis, dass ein solches Vorhaben »contested«/umstritten ist. Dem stellt er sich.

Aus dieser breiten und differenzierten Entfaltung der Probleme hat Barr dann im Jahre 2001 unter dem Titel »Some Problems in the Search for a Pan-Biblical Theology«[26] knappe, aber weitreichende Folgerungen gezogen. Seine

23. Hierzu u. S. 275 ff.
24. Hierzu u. S. 144 ff.
25. J. Barr, The Concept of Biblical Theology. An Old Testament Perspective, Minneapolis 1999.
26. J. Barr, Some Problems in the Search for a Pan-Biblical Theology, in: P. Hanson u. a.

Zusammenfassung der Gesprächslage endet mit der Frage: »Biblical Theology or Post-biblical Theology?«[27] Und Barrs Ergebnis lautet: »Those who seek to establish a clear and consistant application of the Old Testament, taken together with the New, for Christianity thus probably cannot meet their goal on the basis of the biblical documents themselves. What they are seeking requires not only Old Testament and New, but the additions of post-biblical doctrinal formulations as well«[28]. Zu konstatieren ist also seiner Meinung nach *die Unmöglichkeit einer rein biblischen Theologie*. Ausgehend von dem Neben- und Nacheinander der vielfältigen, widersprüchlichen und fremden biblischen Texte einerseits und der kurzen, klaren und theologisch in sich konsistenten Bekenntnisse und Glaubensformeln der Alten Kirche andererseits kommt er zu seiner Kernthese: Eine »Biblische *Theologie*« ist ohne diese nachbiblische dogmatische Konzentration nicht möglich, mit ihnen ist sie aber keine »*Biblische* Theologie« mehr. Anders gesagt: eine Biblische Theologie, die drei Dinge miteinander verbinden will:

– Theologie im Sinne einer einigermaßen konsistenten Lehre zu sein,
– am Ziel einer wissenschaftlich ausgewiesenen Zusammenfassung der gesamten Bibel festzuhalten,
– und das von einer dezidiert christlichen Perspektive aus, d.h. in Übereinstimmung mit zentralen kirchlichen Lehren der nachbiblischen Zeit –

eine solche Theologie gibt es nur von den Entscheidungen der frühen Kirche her, jedenfalls nicht ohne sie.

Interessanterweise hängt diese Einsicht bei Barr mit einem intensiven Blick auf das Judentum zusammen, genauer, auf die Rolle von Bibel, biblischer Tradition und biblischer Wissenschaft im traditionellen wie im gegenwärtigen Judentum. In Deutschland ist der Begriff der Biblischen Theologie bisher eher mit einer Entgegensetzung zum Judentum in biblischer Zeit und einer Leugnung jeglicher theologischen Relevanz des gegenwärtigen Judentums für die christliche Theologie verbunden.[29] Nun kommt das Verhältnis zum Judentum bei Barr, soweit ich sehe, auch nicht als zentraler Teil einer auf die Bibel gegründeten Theologie vor, sondern unter zwei anderen Aspekten. Das eine ist die Rezeption der Bemühungen um eine biblische Theologie auf jüdischer

Hg., Biblische Theologie. Beiträge des Symposiums »Das Alte Testament und die Kultur der Moderne« anlässlich des 100. Geburtstags G. v. Rads Heidelberg Oktober 2001, Altes Testament und Moderne 14, Münster 2005, 31-42. Zur folgenden Auseinandersetzung mit Barr vgl. F. Crüsemann, Über die Schrift hinaus? Response auf James Barr, ebd. 43-51.

27. Ebd. 40-42.
28. Ebd. 42.
29. Das gilt nicht nur für die sog. Tübinger Biblische Theologie, die sich mit den Namen H. Gese und P. Stuhlmacher verbindet (dazu vgl. o. S. 66 ff), sondern ebenso für eine Reihe neuerer Versuche, dazu u. 72 ff.

Seite.[30] Diese Wahrnehmung jüdischer Wissenschaft lässt eine gerade in der angelsächsischen Welt viel selbstverständlichere Kooperation zwischen jüdischen und christlichen WissenschaftlerInnen im akademischen Bereich erkennen. Das andere hängt direkt mit Barrs Kernthese zusammen und ist so etwas wie ein Aufruf zu einer Art christlicher Nachfolge des Judentums.[31] Ausgangspunkt ist die Tatsache, dass für jüdische Wissenschaft eine isolierte biblische Theologie, eine Theologie also, die unter Absehung von der nachbiblischen jüdischen Tradition formuliert wäre, wenig Sinn macht, jedenfalls nicht jüdisch wäre. Die Wissenschaft entspricht darin der traditionellen jüdischen Sicht, nach der die biblische Grundlage nie ohne oder gar gegen die spätere Auslegung der Texte in Mischna, Talmud, Midrasch etc. ins Auge gefasst wird. Ähnliches, so Barrs These, sollte nun auch für christliche Wissenschaft zu gelten haben. Eine auf die beiden Testamente *allein* gegründete biblische Theologie ist kaum möglich, jedenfalls wäre sie im traditionellen Sinne nicht christlich. Wie im Judentum sollte die Bibel nicht von der auf sie folgenden Tradition getrennt werden.

Ist eine biblische Theologie als christliche Theologie nicht ohne die dogmatischen Entscheidungen der alten Kirche möglich, wie Barr meint, dann ist auch das Verhältnis der Testamente grundsätzlich nicht aus der Bibel allein, sondern eben nur von der nachbiblischen theologischen Entwicklung aus zu bestimmen. Denn das Verhältnis der beiden Teile der christlichen Bibel ist zwar nicht mit der Frage nach einer biblischen Theologie in ihrer ganzen Breite identisch, es ist aber doch zweifellos der Kernpunkt eines solchen Projektes, an dem jedes einzelne Thema letztlich hängt. Für das Projekt, um das es in diesem Buch gehen soll, ist mit dieser Beziehung von Bibel und Dogmatik zweifellos eine entscheidende Frage aufgeworfen.

b. *Zunächst ist Barr in seiner Beschreibung der faktischen Situation weitgehend zuzustimmen.* Dabei ist wichtig, dass Barr diese Konsequenzen als *Bibelwissenschaftler* und aus seinem langjährigen Bemühen um eine zusammenhängende Erfassung des biblischen Befundes zieht. Denn vor allem im Bereich der Systematik haben andere entsprechende Konsequenzen längst gezogen. Friedrich Mildenberger[32] und David Brown[33] lässt Barr in seiner Darstellung dafür bei-

---

30. Dazu Concept, 286-311. In »Some Problems« hebt er besonders die Position von M. Tsevat hervor: M. Tsevat, Theologie des Alten Testaments – eine jüdische Sicht, in: M. Klopfenstein Hg., Mitte der Schrift? Ein jüdisch-christliches Gespräch, Bern 1987, 329-341.
31. Some Problems, 33 f.
32. Vgl. insbes. F. Mildenberger, Biblische Dogmatik. Eine biblische Theologie in dogmatischer Perspektive, 3 Bde., Stuttgart 1991/1992/1993. Dazu Barr, Concept, 513 ff.
33. D. Brown, Tradition and Imagination. Revelation and Change, Oxford 2000. Dazu Barr, Concept, 586 ff.

spielhaft und breit zu Wort kommen. Darüber hinaus hat aber vor allem *Dietrich Ritschl* unter ausdrücklichem Bezug auf James Barr bereits 1984 angesichts der verwirrenden Vielfalt und Widersprüchlichkeit exegetischer Ergebnisse von der »Fiktion einer biblischen Theologie« gesprochen und hat deshalb grundsätzlich die offenbarungstheologische Sonderstellung biblischer Texte und Zeiten in Frage gestellt. Stattdessen hält er die Entwicklungen in der Alten Kirche trotz des »historisch gesehen irrige(n) Gedanke(ns) des consensus quinquesaecularis« für »theologisch wesentlich und vielleicht sogar normativ«[34].

Unabhängig davon, ob diese Sicht vom biblischen *Befund* bestätigt wird, ist festzustellen, dass sie von weiten Teilen der gegenwärtigen Bibel*wissenschaft* durchaus bestätigt wird. Auch und gerade im Blick auf die bisherigen Entwürfe einer biblischen Theologie wird man Barrs Analyse im Blick auf den faktischen Befund zustimmen müssen. Er selbst verweist darauf, wie stark etwa die alttestamentliche Theologie Gerhard von Rads von dessen eigenen Wurzeln, das heißt von einem in lutherischer Tradition gelesenen Neuen Testament her geprägt ist. Er nennt als Beispiel dafür das Verständnis von Gen 15,6. Hier folge v. Rad auf der theologischen Ebene dem Passiv der Septuaginta – Abrahams Glaube »*wurde* ihm als Gerechtigkeit angerechnet« –, wie es die Rezeption durch Röm 4 und Gal 3,6ff. und dann auch Luthers Theologie bestimmt.[35]

Eine solche Abhängigkeit von traditionell christlichen Grundpositionen gilt aber ebenso und noch stärker als für G. v. Rad für die wenigen ausgeführten Versuche einer Biblischen Theologie. Neben dem großen Werk von Brevard S. Childs[36] sind es vor allem kleinere, eher skizzenartige Versuche wie die von Horst Seebass[37], Gisela Kittel[38], Hans Klein[39] und Klaus Grünwaldt[40], die hier zu nennen sind. Dazu kommen Arbeiten mit dem programmatischen Titel »Biblische Theologie des Alten«[41]/»Biblische Theologie des Neuen Testamentes«[42].

---

34. D. Ritschl, Zur Logik der Theologie, München 1984, 2. Aufl. 1988, 98ff., Zitat 105.
35. J. Barr, Some Problems, 32, unter Verweis auf G. v. Rad, Theologie I, 391 im Zusammenhang der Darstellung von »Jahwes und Israels Gerechtigkeit« (382-395).
36. B. S. Childs, Die Theologie der einen Bibel, 2 Bde., engl. 1992, dt. Übersetzung Freiburg u. a. 1994/1996.
37. H. Seebass, Der Gott der ganzen Bibel. Biblische Theologie zur Orientierung im Glauben, Freiburg u. a. 1982.
38. G. Kittel, Der Name über alle Namen. Biblische Theologie, 2 Bde., Göttingen 1989/1990.
39. H. Klein, Leben neu entdecken. Entwurf einer biblischen Theologie, Stuttgart 1991.
40. K. Grünwaldt, Gott und sein Volk. Die Theologie der Bibel, Darmstadt 2006.
41. A. H. J. Gunneweg, Biblische Theologie« des Alten Testaments. Eine Religionsgeschichte Israels in biblisch-theologischer Sicht, Stuttgart 1993.
42. P. Stuhlmacher, Biblische Theologie des Neuen Testaments, Göttingen 1992/1999; H. Hübner, Biblische Theologie des Neuen Testaments, 3 Bde., Göttingen 1990/1993/1999.

Für all diese Werke gilt, dass Auswahl[43] und Anordnung des Materials sicher nicht ohne oder gar gegen bestimmte Grundentscheidungen der Alten Kirche erfolgt ist. Dabei sind es nicht so sehr explizite kirchliche Dogmen und Bekenntnisse, die den Blick prägen, denn dabei wäre sich eine historisch arbeitende Wissenschaft der Differenzen natürlich bewusst. Es sind vielmehr so etwas wie prägende Tiefenstrukturen, unter ihnen vor allem die Notwendigkeit, eher die Kontinuität als die Diskontinuität zwischen Bibel und kirchlicher Lehre zu unterstellen. Gerade in der protestantischen Wissenschaft werden insbesondere in der neutestamentlichen Christologie Ansätze betont, die auf die altkirchlichen Dogmen zulaufen oder sie ermöglichen. Und im Blick auf die Rechtfertigungslehre sieht man die Nähe zur Reformation im Neuen Testament nahezu allerorten durchschimmern. Was das Alte Testament betrifft, so fällt zunächst das weitgehende Fehlen großer biblischer Themen auf, die zwar für das Alte Testament, nicht aber für die christliche Tradition von großer Bedeutung sind, beispielhaft sei das Thema »Land« genannt. Was theologisch relevant ist, wird vom nachbiblisch Christlichen her bestimmt.

Dazu kommt, dass in all diesen Versuchen jeweils die Differenz einer christlichen Auslegung zum jüdischen Verständnis stark betont wird. Nicht untypisch ist eine Formulierung wie: »ob das Alte Testament wirklich *zuerst* – nicht nur zeitlich, sondern vor allem der Sache nach – die Bibel der Juden ist,[44] ist meines Erachtens mindestens eine offene Frage.«[45] Zudem wird regelmäßig zwischen dem biblischen Israel und dem nachbiblischen Judentum eine auf der theologischen Ebene angeblich relevante Diskontinuität herausgestellt, während die analogen Differenzen im Christlichen wie etwa zwischen den urchristlichen Gemeinden und der Alten Kirche nicht im Sinne der Diskontinuität gesehen werden. In voller Übereinstimmung mit den Entscheidungen der Alten Kirche wird also versucht, das Alte Testament den Juden zu entwinden, obwohl das heute höflicher als früher formuliert wird. Doch an einer grundsätzlichen Überlegenheit des Neuen Testaments über das Alte wird in keinem dieser Entwürfe einer Biblischen Theologie gerüttelt. Dem entspricht es, dass in keinem von ihnen ein grundsätzlich anderes Modell des Verhältnisses der Testamente entwickelt worden ist, als es die oben vorgestellten und ihre gemeinsamen Grundlagen enthalten.

Aber auch über den faktischen Befund im Blick auf die bisherigen Versuche

43. Man sieht schon an manchen der programmatischen Titel, dass jeweils *ein* wichtiges biblisches Thema ins Zentrum gerückt und im Alten und Neuen Testament in Hauptlinien verfolgt wird – und zwar ein für die *christliche* Theologie zentrales Thema.

44. Wie es, so der Verweis in einer Anmerkung, Zenger und Rendtorff sehen, dazu u. S. 82 f. 88 ff.

45. Grünwaldt, Gott und sein Volk, 17

hinaus hat Barr zweifellos den Finger in aller Deutlichkeit auf einen *hermeneutisch* entscheidenden Punkt gelegt. Biblische Theologie und Exegese werden christlicherseits von einem durch christliche und kirchliche Traditionen geprägten Standpunkt betrieben. Die historisch-kritische Wissenschaft hat dies immer einmal wieder vor allem im methodischen Bereich zu leugnen versucht und geglaubt, zu einer »objektiven« Sichtweise kommen zu können. Doch vom gegebenen eigenem Standpunkt abzusehen geht schon nicht im Historischen, es geht gar nicht im Theologischen. Die von Barr vorgetragene These stellt deshalb sozusagen die Bedingung der Möglichkeit dar, solche hermeneutischen Vorgegebenheiten samt ihren Gefangenschaften stärker als bisher überhaupt wahrzunehmen, sie zuzugeben statt zu leugnen, sie zu explizieren, um sie bearbeiten zu können.

c. *Nachdrücklich zu widersprechen ist Barr aber, wenn und soweit aus der Beschreibung eines faktischen Ist-Zustandes ein Sollen wird.* Wird aus der konkreten Situation eines unhintergehbaren hermeneutischen Standpunktes einschließlich seiner Begrenztheit ein theologisches Programm, dann hat das verheerende Konsequenzen. Wenn die Gefängnisgitter zum stützenden Stab erklärt werden, wird dieser durch die Hand dringen – um es mit einem biblischen Bild zu sagen (Jes 36,6). Ich verweise dazu auf einige bekannte und auf der Hand liegende Zusammenhänge.

Wenn biblische Theologie nur (noch) von den Entwicklungen der Alten Kirche aus möglich sein soll, würden ebenso unaufgebbare Grundlagen in Frage gestellt, wie es die sind, die durch eine solche Entscheidung gesichert werden sollen:

– Die Integration kirchlich-dogmatischer Entwicklungen in die Biblische Theologie ist zunächst das Ende dessen, was mit dem Projekt einer Biblischen Theologie durch alle Wandlungen hindurch intendiert worden ist. »Dass die heiligen Bücher ... jene einzige und leuchtende Quelle sind, aus der jede wahre und sichere Erkenntnis der christlichen Religion zu schöpfen ist« – so lautet der erste Satz des Textes, mit dem Johann Philipp Gabler 1787 die Unterscheidung von biblischer und dogmatischer Theologie begründet hat.[46] Sollte am Ende zu konstatieren sein, dass diese Unterscheidung in keiner Form zu halten ist?

– Eine solche Integration ist sodann nicht mit der Grundentscheidung der Reformation zu vereinbaren, die Schrift über die Tradition und erst recht über jede gegenwärtige kirchliche Autorität zu stellen. Sicher hat die neuzeitliche Forschung an der Bibel die damals vorausgesetzte Klarheit und Einheit der Schrift zunehmend in Frage gestellt. Kann man dennoch auf die Bibel als kritisches Gegenüber zur Kirche verzichten?

---

46. J. P. Gabler, Von der richtigen Unterscheidung.

– Schließlich wäre damit auch Sinn und die Funktion des biblischen Kanons selbst, gerade auch des neutestamentlichen Kanons problematisch geworden. Der Prozess der Kanonisierung läuft ja darauf hinaus, bestimmte, zeitlich wie sachlich ausgegrenzte Schriften zur Grundlage von Kirche und Theologie zu machen. Dabei war es wohl die Reaktion auf Marcions Kanon mit seinen starken Textsäuberungen, die dazu geführt hat, auf die Ursprünge und die Anfänge der Kirche bei den Aposteln zu bauen. »Dass auf diese Weise das älteste christliche Schrifttum kanonisiert wurde ..., entspricht ... dem Bemühen der frühen Kirche um Sicherung der ursprünglichen Botschaft in einem bewussten Rückgriff auf die Geschichte«, kann man bei Patristikern lesen.[47] Die älteste Überlieferung wird zum Maßstab für die Orthodoxie. Sicher ist dabei auch eine bestimmte Interpretation der Schrift leitend, welche die Texte im Sinne der herrschenden Lehre versteht. Dennoch wird damit ein potentiell kritisches Gegenüber installiert, um dessen Berechtigung es heute erneut geht.

Das Mindeste also, was man zu einer solchen Infragestellung des Schriftprinzips sagen muss, ist, dass dabei Dogmatik gegen Dogmatik zu stehen kommt, dass, um Grundzüge des bisherigen Basiskonsenses christlicher Theologie festzuhalten, andere Essentials aufgegeben werden müssen. Doch wenn im nicht zu leugnenden Dilemma zwischen historischer Vielfalt sowie interpretatorischer Relativierung einerseits und einem traditionellen kirchlichen Konsens andererseits zugunsten von letzterem entschieden wird, wird offenkundig die – letztlich dogmatische – Einheit zum entscheidenden Maßstab gemacht. *Was auf der Strecke bleibt,* ist, so meine Gegenthese, *vor allem die Erneuerungsfähigkeit von christlicher Theologie und christlicher Kirche.* Sie ist immer wieder aus der Spannung zwischen Schrift und Tradition erwachsen und zieht daraus ihre Kraft. Offenbar ist diese Spannung geradezu ein Einfallstor für den Geist. Es braucht hier nur weniges angedeutet zu werden:

– Die Möglichkeit, Schuld und Versagen der Kirche aufzudecken und auf ihre Fähigkeit zur Umkehr zu setzen, wird mit der These einer Gleichwertigkeit der nachbiblischen theologischen Entwicklung und damit faktisch eines Weitergehens der Offenbarung zumindest massiv in Frage gestellt. Schon für die frühe Kirche gilt und muss im Gegenüber zur Schrift gelten: »Auch Konzilien können irren!«

– Ein Bereich, wo sich solche Fragen heute besonders deutlich stellen, ist der Aufbruch der Frauen. Die feministische Exegese hat, statt aus der Bibel auszuwandern, in ganz erstaunlichem Maße gerade in ihr Ansätze für ein Verständnis von Freiheit und Gerechtigkeit gefunden, dem in der Kirchen-

---

47. H. Bienert, Dogmengeschichte, Stuttgart 1997, 108; vgl. etwa A. M. Ritter, Zur Kanonbildung in der alten Kirche, in: ders., Charisma und Caritas. Aufsätze zur Geschichte der Alten Kirche, Göttingen 1993, 265 ff.

geschichte nur selten etwas an die Seite zu setzen ist. Die protestantischen Kirchen haben von ihrer biblischen Grundlage her etwa die Frauenordination akzeptiert. Die altkirchlich geprägte Orthodoxie jedenfalls ist wie keine andere Kirche geradezu dogmatisch frauenfeindlich ausgerichtet. Hier zeigt sich exemplarisch, dass die nachbiblische theologische Entwicklung auch eine Engführung und einen Verlust gegenüber der Weite der biblischen Freiheit darstellt. Es ist kein Zufall, dass bei diesen beiden Themen die römisch-katholische Kirche, in der die Bibel nicht in gleicher Grundsätzlichkeit wie in der protestantischen den Vorrang gegenüber der Kirche und ihrer Tradition behauptet, an unbiblische Momente ihrer Geschichte so gebunden ist, dass an der Bibel orientierte Reformen nicht in Sicht sind.

– Ob sich der in einer enger werdenden Welt unausweichliche Dialog mit anderen Religionen insbesondere mit dem Islam eher vom kirchlichen Konsens als von biblischer Freiheit und Fremdheit her gewinnen lassen, ist überaus zweifelhaft. Gerade hier enthält die traditionelle dogmatische Lehre eine deutliche Engführung gegenüber der Bibel.[48]

– Last but not least ist hier auf *das* Verhältnis hinzuweisen, das mit der Verhältnisbestimmung beider Testamente auf das engste zusammenhängt: das von »Christen und Juden«. Eine biblisch begründete Umkehr und Erneuerung mit starker Revision dogmatischer Festlegungen vollzieht sich heute bekanntlich nicht zuletzt auf diesem Gebiet. Eine Gründung Biblischer Theologie auf die Grundentscheidungen der Alten Kirche würde die Auslegung der Bibel an die antijüdische Ausrichtung der Theologie und die mit der Enterbung Israels einhergehende problematische Wahrnehmung der biblischen Grundlagen binden. Faktisch geschieht das ja auch, wenn gerade in den bisherigen Ansätzen zu einer biblischen Theologie jedwede positive Bewertung des nachbiblischen Judentums in Frage gestellt wird. Eine analog zum Judentum vollzogene uneingeschränkt positive Wertung der nachbiblischen christlichen Tradition, wie sie Barr ins Auge fasst und wie sie so viele christliche Ansätze bestimmt, würde unausweichlich auch den traditionellen christlichen Antijudaismus wieder in Kraft setzen. Die asymmetrische Beziehung von Synagoge und Kirche zeigt sich an dieser Stelle besonders deutlich. Eine Kirchen- und Dogmengeschichte, die mit einem solchen Maß an Schuld und Blut insbesondere gegenüber dem Judentum auf das engste verbunden ist, darf nicht ihrerseits beanspruchen, die Wahrnehmung der Bibel grundsätzlich zu bestimmen.

Dem Faktischen »über die Schrift hinaus« ist deshalb im Theologischen immer wieder der paulinische Grundsatz »*nicht über das hinaus, was geschrieben steht*«

---

48. Dazu etwa F. Crüsemann, Der Gott Israels und die Religionen der Umwelt, in: Chr. Danz/F. Hermanni Hg., Wahrheitsanprüche der Welreligionen. Konturen gegenwärtiger Religionstheologie, Neukirchen-Vluyn 2006, 213-232

(1 Kor 4,6)[49] und damit das reformatorische *Prae* der Schrift vor jeder kirchlichen Lehre entgegenzuhalten. Die Bibel und speziell das Neue Testament ohne oder gar gegen theologische Sichtweisen zu lesen, die von der Alten Kirche an christlicher Konsens waren, betont Fremdheiten, löst Ängste aus und kann als Infragestellung *der* Kontinuität wirken, die die Kirche trägt. Aber das ist nicht wahr, denn nicht diese Kontinuität und die auf ihr basierende Konservativität trägt die Kirche, sondern der lebendige Gott, der in der lebendigen Bibel als lebendig bezeugt ist. Es ist nicht zuletzt das Scheitern der europäischen Theologie und Kirche, für das das Stichwort Auschwitz und der damit angezeigte Zivilisationsbruch als Höhepunkt steht, der einen Traditions- und Theologiebruch einschließt, das diesen Rückgriff unabdingbar notwendig macht.

Und was allgemein gilt, gilt für die zentrale Frage nach dem Verhältnis der beiden Teile der christlichen Bibel erst recht. Bei Barr heißt es dazu: »These credal utterances [also die theologischen Grundsätze der Alten Kirche] become the guide that controls matters such as the way in which the Old Testament is related to the New«[50]. Zweifellos gilt diese Aussage für die vorherrschende kirchliche Tradition, ebenso zweifellos setzt das aber gerade auch die *neutestamentliche Sicht* selbst grundsätzlich außer Kraft. So sollen in diesem Buch für die Frage nach dem Zusammenhang von Neuem und Altem Testament nicht die kirchliche Tradition, sondern allein die neutestamentlichen Texte selbst als Maßstab genommen werden. Es geht also nicht zuletzt darum, die These Barrs zu überprüfen, dass allein die späteren kirchlichen Zuordnungen »perform a task that the New Testament in itself is not sufficient to carry out«[51]. Zu fragen ist, ob nicht das Neue Testament dazu durchaus klare Leseanweisungen gibt, die, befolgt man sie, zu einer das Bisherige sehr verändernden Lektüre der christlichen Bibel führen können.

Allerdings ist in diesem Zusammenhang der Hinweis wichtig, dass es nicht um einen in sich konsistenten Entwurf einer biblischen Theologie geht, mit deren Möglichkeit bzw. Unmöglichkeit sich Barr auseinandergesetzt hat, damit auch nicht um den – versteckten oder offenen – Entwurf von so etwas wie einer biblischen Dogmatik. Die Frage, um die es geht, ist die nach der Bedeutung der »Schrift« und insbesondere nach ihrer theologischen Geltung in der Perspektive des Neuen Testamentes. Die Vielfalt der biblischen Schriften in beiden Testamenten, ihre Unterschiedlichkeit, ja Widersprüchlichkeit spielt also nur in dieser einen Hinsicht eine Rolle. Und auch dabei sind die unterschiedlichen Methoden von Rückgriff und Zitierweisen auf die Schrift nicht entscheidend, nicht einmal die so divergente inhaltliche Art des Bezugs, sondern allein die Frage

---

49. Dazu u. S. 105 f.
50. Barr, Some Problems, 37.
51. Ebd. 37.

nach theologischer Rolle und Bedeutung.[52] Ähnliches gilt für das Verhältnis zur Dogmatik. Es geht um die Veränderung eines Elementarmusters, das praktisch allen christlichen Theologien seit dem 2. Jh. n. Chr. zugrunde gelegen hat, als selbstverständliche, stets nur zu bestätigende Voraussetzung. Entsprechend offen muss und wird auch das hier zu suchende veränderte Muster sein, mit Raum für viele Entwürfe veränderter christlicher Theologie, wie zu hoffen steht und wie bereits zu beobachten ist.[53]

52. Vgl. dazu u. S. 93 ff.
53. Es mag hier genügen, an die dogmatischen Entwürfe von Friedrich-Wilhelm Marquardt zu erinnern: Von Elend und Heimsuchung der Theologie. Prolegomena zur Dogmatik, München 1988; Das christliche Bekenntnis zu Jesus, dem Juden. Eine Christologie, 2 Bde., München 1990/91; Was dürfen wir hoffen, wenn wir hoffen dürften? Eine Eschatologie, 3 Bde., Gütersloh 1993-96; Eia, wären wir da – eine theologische Utopie, Gütersloh 1997.

3. Kapitel:
Die Anerkennung Israels durch die christlichen Kirchen und die Notwendigkeit eines neuen Ansatzes

1. Der Anstoß und die Frage

»In den vergangenen Jahren hat sich ein dramatischer und beispielloser Wandel in den christlich-jüdischen Beziehungen vollzogen. Während des fast zwei Jahrtausende andauernden jüdischen Exils haben Christen das Judentum zumeist als eine gescheiterte Religion oder bestenfalls als eine Vorläuferreligion charakterisiert, die dem Christentum den Weg bereitete und in ihm zur Erfüllung gekommen sei. In den Jahrzehnten nach dem Holocaust hat sich die Christenheit jedoch dramatisch verändert. Eine wachsende Zahl kirchlicher Gremien, unter ihnen sowohl römisch-katholische als auch protestantische, haben in öffentlichen Stellungnahmen ihre Reue über die christliche Mißhandlung von Juden und Judentum ausgedrückt. Diese Stellungnahmen haben zudem erklärt, daß christliche Lehre und Predigt reformiert werden können und müssen, um den unverändert gültigen Bund Gottes mit dem jüdischen Volk anzuerkennen und den Beitrag des Judentums zur Weltkultur und zum christlichen Glauben selbst zu würdigen.«

Das sind die ersten Sätze des Dokuments *Dabru emet*, mit dem eine Gruppe amerikanischer Jüdinnen und Juden im Jahre 2000 auf die Wandlungen im Christentum reagiert und eine jüdische Antwort formuliert hat.[1] Darüber hat es seitdem eine breite und intensive Diskussion gegeben.[2] Im jetzigen Zusammenhang interessiert vor allem die Beispiellosigkeit dieses Wandels im Christentum. Eine neue, in der Geschichte des Christentums einmalige und in nachneutestamentlicher Zeit erstmalige Neubewertung des Judentums hat sich vollzogen. Es geht um eine positive Sicht der bisher durchgängig negativ gesehenen Religion, es geht um *die volle theologische Anerkennung des Judentums*.

Man hat diese »Entdeckung des Judentums für die christliche Theologie«

1. Dabru Emet. Eine jüdische Stellungnahme zu Christen und Christentum vom 11. September 2000, dt. Übers. in: H. H. Henrix/W. Kraus Hg., Die Kirchen und das Judentum (II). Dokumente von 1986-2000, Paderborn/Gütersloh 2001, 974-976. Engl. Wortlaut: www.jcrelations.com.
2. Zur deutschsprachigen Diskussion s. bes.: R. Kampling/M. Weinrich Hg., Dabru emet – redet Wahrheit. Eine jüdische Herausforderung zum Dialog mit den Christen, Gütersloh 2003; H. Frankemölle Hg., Juden und Christen im Gespräch über »Dabru emet – Redet Wahrheit«, Paderborn/Frankfurt/M. 2005.

mit Recht als das »wichtigste theologische Ereignis der zweiten Hälfte« des 20. Jahrhunderts bezeichnet.[3] Dieses neue Verhältnis erwuchs aus der Besinnung auf die christliche Mitschuld an den Wurzeln und auch an der Realisierung der Schoa und führte zu einer Neuentdeckung der eigenen Grundlagen und Wurzeln. Diese neue öffentliche Debatte um das Verhältnis zum Judentum begann auf der Grundlage älterer Ansätze[4] am Beginn der 60er Jahre des vorigen Jahrhunderts. Das 2. Vatikanische Konzil (1962-1965) für den Katholizismus[5] und die Entstehung der »Arbeitsgemeinschaft Christen und Juden beim Deutschen Evangelischen Kirchentag« mit ihrem ersten Auftritt 1961[6] für den deutschen Protestantismus markieren einen Einschnitt. Was sich in Rom gewissermaßen von oben vollzog, begann in der evangelischen Kirche von unten, das heißt zuerst als ausgesprochene Minderheitenposition. Erst 1980 hat die Synode der Rheinischen Kirche als erste deutsche Landeskirche mit ihrem Rheinischen Synodalbeschluss eine kirchenoffizielle Stellungnahme formuliert.[7] Damit begann ein Prozess, der seitdem immer weitere Kreise zieht.[8] Während es mancherorts bei Erklärungen oder Denkschriften unterschiedlicher Art geblieben ist, hat eine Reihe von Kirchen weit über solche Erklärungen hinaus ihre Grundartikel ergänzt und damit ihr eigenes Selbstverständnis ein Stück weit neu formuliert.[9]

Der Kern der neuen christlichen *Anerkennung Israels* gilt dem unein-

3. R. Rendtorff, Die Bibel Israels als Buch der Christen, in: Chr. Dohmen/Th. Söding Hg., Eine Bibel – zwei Testamente. Positionen biblischer Theologie, utb 1893, Paderborn u. a. 1995, 97-113 (97) = ders., Der Text in seiner Endgestalt. Schritte auf dem Weg zu einer Theologie des Alten Testaments, Neukirchen-Vluyn 2001, 30-46 (30).

4. Dazu etwa M. Stöhr, Ökumene, Christlich-Jüdische Gesellschaften, Akademien und Kirchentag. Zu den Anfängen des jüdisch-christlichen Dialogs, EvTh 61, 2001, 290-301.

5. Die wichtigsten Formulierungen in: R. Rendtorff/H. H. Henrix Hg., Die Kirchen und das Judentum (I). Dokumente von 1945 bis 1985, Paderborn/München 1988, 34-45. Zu nennen ist insbesondere die Erklärung über das Verhältnis der Kirche zu den nichtchristlichen Religionen »*Nostra aetate*« vom 28. Oktober 1965 (ebd. 39-44).

6. Dokumentiert in: D. Goldschmidt/H.-J. Kraus Hg., Der ungekündigte Bund. Neue Begegnung von Juden und Christlicher Gemeinde, Stuttgart/Berlin 1962. Zur Geschichte der AG: G. Kammerer, In die Haare, in die Arme. 40 Jahre Arbeitsgemeinschaft »Juden und Christen« beim Deutschen Evangelischen Kirchentag, Gütersloh 2001.

7. Die Kirchen und das Judentum I, 593-596.

8. Die wichtigsten Dokumente sind zugänglich in den Bänden: Rendtorff/Henrix Hg., Die Kirchen und das Judentum (I); Henrix /Kraus Hg., Die Kirchen und das Judentum (II).

9. Zuerst die Evangelische Kirche in Hessen und Nassau im Dezember 1991 (Henrix/Kraus Hg., Die Kirchen und das Judentum II, 668 f.).

geschränkten Weiterbestehen des Bundes Gottes mit Israel und der bleibenden Erwählung des jüdischen Volkes. Diese Aussagen kommen in jeder der kirchlichen Formulierungen vor. Hinweise auf Gemeinsamkeiten im Blick auf Bibel, Gottesbild, Eschatologie und auch auf die Gebote und damit die grundlegenden Normen des Handelns treten in vielen Erklärungen dazu. *Inhaltlich ist diese Anerkennung Israels also zugleich die Anerkennung der Hauptinhalte des Alten Testaments und zwar genau der Inhalte, die in allen bisher vertretenen Modellen des Verhältnisses der Testamente für ungültig oder nicht letztlich gültig erklärt und durch ein angeblich neues Handeln Gottes in Christus als abgelöst angesehen wurden.* Ein neues Modell, das die bisherigen Grundtypen ablöst, war damit theologisch unabweisbar geworden. Und seitdem gibt es auch eine neue intensive Debatte um die Bedeutung des Alten Testamentes.

Das Verhältnis der beiden Testamente ist zwar nicht identisch mit dem Verhältnis von Christen und Juden, aber doch so etwas wie das entscheidende theologische Scharnier dafür. Das zeigt sich deutlich an dem Punkt, an dem sich das Verhältnis zum Judentum allemal zuspitzt – für jüdisches Selbstverständnis ebenso wie für eine christlich-theologische Theorie: In der Frage der Judenmission,[10] daran also, ob in christlicher Sicht der Glaube an Christus Momente des Heils enthält und vermittelt, für die der jüdische Glaube und damit das Alte Testament nicht ausreicht. Hier, bei der Frage, wie der Glaube an Jesus Christus sich zum Glauben an den Gott Israels verhält, ist es nicht möglich, in die verbreiteten üblichen Unverbindlichkeiten oder in bloße *political correctness* auszuweichen. Nur wenige Kirchen haben bisher zu einer eindeutigen Stellungnahme, zu einem »Nein ohne jedes Ja« gefunden, wie es etwa die Evangelische Kirche von Westfalen 1999 getan hat: Die neuen Einsichten »lassen nicht zu, dass Christen Juden auf den christlichen Glauben verpflichten wollen. Deshalb distanziert sich die Landessynode der EKvW von jeglicher Judenmission.«[11] In anderen Fällen haben selbst im Grunde eindeutige und unmissverständliche

---

10. Einen Überblick über die Positionen und die theologische Problematik gibt R. Brandau, Innerbiblischer Dialog und dialogische Mission. Die Judenmission als theologisches Problem, Neukirchen-Vluyn 2006. Seine eigene, im Anschluss an Karl Barth, Bertold Klappert u. a. formulierte, christologisch begründete Position (bes. 425 ff.; zusf. 477 ff.) muss hier nicht diskutiert werden. Nur ein Punkt sei genannt: Seine Kritik an der Erklärung der »AG Juden und Christen beim Deutschen Evangelischen Kirchentag« von 1999 (»Ja zu Partnerschaft und zum innerbiblischen Dialog – Nein zur Judenmission«), die ein »christologisches Defizit« konstatiert (397 ff.), übersieht, dass es sich nicht um eine christlich-theologisch begründete, sondern um eine gemeinsam von Juden/Jüdinnen und Christen/Christinnen verantworte Argumentation handelt. Ob ein solcher gemeinsamer Bezug auf die jüdische Bibel für Christen irgendein Defizit enthält – das ist die Frage, um die es in dem vorliegenden Buch geht.

11. Die Kirchen und das Judentum II, 861.

Formulierungen, wie sie in der Studie »Christen und Juden III« der EKD zu finden sind,[12] kirchliche Gremien und Leitungen nicht davon abgehalten, wenige Jahre später völlig anders zu sprechen und das Judentum einfach in die Fülle anderer Religionen einzuordnen, denen gegenüber, wie es dann heißt, eine klare Profilbildung zu vollziehen sei, also erneute Abgrenzung einschließlich des Anspruchs auf alleiniges Heil und grundsätzlich damit auch auf Mission.[13] Ähnlich liegen die Dinge bekanntlich in der römisch-katholischen Kirche. Hier hat die Wiedereinführung der lateinischen Messe mit ihrer deutlichen Bitte um Bekehrung der Juden in der Karfreitagsliturgie auch noch im daraufhin vom Papst persönlich geänderten Wortlaut deutlich gezeigt,[14] wie leicht hier erhebliche Rückschläge passieren können. Seit 1970 und in der deutschen Fassung seit 1976 hieß es in der Folge des 2. Vatikanischen Konzils: »Lasset uns auch beten für die Juden, zu denen Gott … zuerst gesprochen hat. Er bewahre sie in der Treue zu seinem Bund und in der Liebe zu seinem Namen, damit sie das Ziel erreichen, zu dem sein Ratschluss sie führen will.« Als im Zusammenhang der Wiederzulassung der lateinischen Messe als Zugeständnis an die Piusbruderschaft die Wiedereinführung der alten Bitte für bzw. gegen die »perfiden Juden« drohte, hat Benedikt XVI. *motu proprio*, also ganz persönlich als neue Fassung formuliert: »dass Gott ihre Herzen erleuchte, damit sie Jesus Christus als den Heiland aller Menschen erkennen«. Es geht also in der Frage der Judenmission darum, was die Gabe von Bund und Tora an Israel, was also die alttestamentlichen Kerninhalte für die christliche Theologie bedeuten.

Ein deutliches Zeichen dafür, dass es um ein in der bisherigen Kirchen- und Theologiegeschichte neues Modell für die Zuordnung der Testamente gehen muss, ist der Streit um eine neue Bezeichnung des ersten Teils der christlichen Bibel. Als einer der ersten Alttestamentler hat *Erich Zenger* (1939-2010) mit seinem Buch »Das Erste Testament. Die jüdische Bibel und die Christen« von 1991[15] die neue Sicht des Alten Testamentes beschrieben. Es hat die Vielfalt der

---

12. Die Kirchen und das Judentum II, 862-932, zur Judenmission ebd. 889-900.
13. Für die EKD gilt das insbesondere für den »Beitrag der Kammer für Theologie« von 2003: »Christlicher Glaube und nichtchristliche Religionen. Theologische Leitlinien«, EKD Texte 77; dazu: F. Crüsemann, Mit zwei Zungen. Die evangelische Kirche und das Judentum, JK 65/3, 2004, 57-59.
14. Eine Dokumentation des Konflikts und der Texte bieten: W. Homolka/E. Zenger Hg., »… damit sie Jesus Christus erkennen«. Die neue Karfreitagsbitte für die Juden, Freiburg u. a. 2008. Ursprünglich hieß es auf lateinisch: *oremus et pro perfidis Judaeis*, wir beten auch für die ungläubigen/treulosen/eben »perfiden« Juden, »dass Gott den Schleier von ihrem Herzen hinwegnehme, auf dass auch sie unseren Herrn Jesus Christus erkennen«. Nach dem 2. Vaticanum ergaben sich die im Folgenden genannten Änderungen.
15. E. Zenger, Das Erste Testament. Die jüdische Bibel und die Christen, Düsseldorf 1991, 2. Aufl. 1992.

Fragen dabei vor allem auf das Problem einer sachgemäßen Bezeichnung fokussiert, was sich bereits im Titel spiegelt: Das »Erste« statt das »Alte« Testament. Die anschließende Diskussion hat sich immer wieder gerade an dieser Titelfrage abgearbeitet.[16] Das mag auch eine Verengung gewesen sein, es zeigte aber auch unübersehbar, wie sehr sich die Frage selbst gegenüber den neuen Ansätzen bei Dietrich Bonhoeffer und Gerhard v. Rad verändert hatte.

2. Neue Ansätze

Bei den Arbeiten, die sich in den letzten Jahren und Jahrzehnten den Folgen einer solchen theologisch uneingeschränkten Anerkennung des Judentums im Blick auf eine christliche Sicht der jüdischen Bibel gestellt haben[17] und meistens im engen Gespräch mit jüdischer Auslegung[18], kann man m. E. *drei Grundmuster* unterscheiden.

a. Das Neue Testament als Filter?

Da ist zunächst die Sicht von *Hans Hübner,* für den nicht das Alte Testament als solches eine für Christen heilige Schrift ist, sondern ausschließlich *das im Neuen Testament rezipierte Alte*: »Vetus testamentum in novo receptum«[19]. Ausgehend

16. Vgl. dazu u. S. 189 ff.
17. Aus den Fülle der Beiträge sei hier nur beispielhaft auf die von R. Rendtorff (z. B.: Wege zu einem gemeinsamen jüdisch-christlichen Umgang mit dem Alten Testament, [engl. 1989], in: ders., Kanon und Theologie. Vorarbeiten zu einer Theologie des Alten Testaments, Neukirchen-Vluyn 1991, 40-43; Die Bibel Israels als Buch der Christen; Christliche Identität in Israels Gegenwart, EvTh 55, 1995, 3-12 = ders., Der Text in seiner Endgestalt. Schritte auf dem Weg zu einer Theologie des Alten Testaments, Neukirchen-Vluyn 2001, 20-29) und Erich Zenger hingewiesen (z. B.: Das Erste Testament 1991; Thesen zu einer Hermeneutik des Ersten Testaments nach Auschwitz, in: Chr. Dohmen/Th. Söding Hg., Eine Bibel – zwei Testamente. Positionen biblischer Theologie, utb 1893, Paderborn u. a. 1995, 143-158; sowie die letzten Arbeiten von 2009, dazu u. Anm. 29. 33).
18. Für die Fragen des Umgangs mit jüdischer Hermeneutik sei beispielhaft hingewiesen auf: M. Grohmann. Aneignung der Schrift. Wege einer christlichen Rezeption jüdischer Hermeneutik, Neukirchen- Vluyn 2000.
19. Die Position ist in einer Fülle von Arbeiten entwickelt und entfaltet worden. Hier mag neben dem Verweis auf die Bände von H. Hübner, Biblische Theologie des Neuen Testaments, 3 Bde., Göttingen 1993/1993/1999, einer auf: ders., Vetus Testamentum und Vetus Testamentum in Novo receptum. Die Frage nach dem Kanon

von der »im Neuen Testament zum Ausdruck kommenden neuen Offenbarung Gottes in Jesus Christus«[20] sei nur *der* Teil des Alten Testaments für Christen theologisch relevant, der, und nur so, *wie* er im Neuen rezipiert worden ist. Dass dieses Verständnis sich ganz im Rahmen des vierten Grundmodells »Relativierung und Selektion« bewegt, liegt auf der Hand. Die Selektion, d.h. die Ausschaltung großer Teile des Alten Testaments als fremd und theologisch irrelevant, ist hier besonders radikal.

Diese Sichtweise gehört nur deshalb hierher, weil Hübner sie in einer Auseinandersetzung mit Thesen Rolf Rendtorffs[21] dahingehend zugespitzt hat, dass das Alte Testament Israels Schrift ist und bleibt.[22] Es sei Ausdruck der an Israel ergangenen Offenbarung, es gelte, »das für Israel gerade *nicht* Alte Testament« als Israels Schrift zu respektieren. Der entscheidende Satz lautet dann: »In ihrer Eigenschaft als Heilige Schrift *Israels* ist und bleibt sie das religiöse und theologische Eigentum dieses Volkes! Wer diese Schrift *als* die Israel geltende Schrift einfach für die Kirche usurpiert, begeht Diebstahl am jüdischen Volk.« Die faktisch vollzogene Usurpation, das heißt die christliche Rezeption des Alten Testaments, war »bitteres Unrecht an Israel. Und die Ecclesia sollte bekennen, dass sie hier geistliches Unrecht begangen hat.«[23]

Mit Hilfe einer neuen positiven Wertung Israels wird faktisch die Abwertung, ja Ausgrenzung des Alten Testaments, soweit es als Schrift Israels zu werten ist, für die christliche Theologie neu begründet. Was sonst immer auf einer theologischen Ausschaltung Israels beruht hat, wird hier nun umgekehrt durch eine besondere Hochachtung begründet. Jede ernsthafte theologische Bezugnahme auf das Alte Testament und die jüdische Tradition von christlicher Seite wird als Enteignung bewertet. In der Sicht Hübners gibt es zwischen der bisherigen Enteignung des Judentums einerseits, einem völligen Verzicht auf die fremde, weil jüdische Schrift andererseits nur den Weg einer Beschränkung auf die nach seiner Sicht im Neuen Testament rezipierten Teile des Alten.

Eine derartige Neubegründung traditioneller antijüdischer Haltungen auf der Grundlage von Bedenken gegen eine Enteignung oder gegen eine problematische Umarmung des Judentums findet sich heute nicht selten. Die Anerkennung Israels schlägt dabei um in eine neue Begründung für alte Abwehr-

des Alten Testaments aus neutestamentlicher Sicht, JBTh 3, Neunkirchen-Vluyn 1988, 147-162, genügen.
20. Ders., Ein neuer *textus receptus* und sein Problem. Synchronie als Abwertung der Geschichte?, in: Jesus Christus als die Mitte der Schrift. Studien zur Hermeneutik des Evangeliums, FS O. Hofius, BZNW 86, Berlin u.a. 1997, 235-247 (245).
21. Die Bibel Israels als Buch der Christen.
22. Ein neuer *textus receptus*. Von der Frage, ob das ja sehr viel ältere Grundkonzept Hübners hier nur nachträglich mit Verweis auf den Schutz des Judentums vor angeblicher Enteignung begründet wird, sei hier abgesehen.
23. Ein neuer *textus receptus*, 245.

haltungen. Soweit solches im Bereich von Kirche und Theologie geschieht, wirft es ganz grundsätzlich die Frage nach der Wahrheit auf. Wenn das Alte Testament für Israel wahr ist, weil es Gottes Wort ist – und was sollen Begriffe wie »Heilige Schrift« oder »Offenbarung« sonst bedeuten? –, wieso sollte Christen und Christinnen diese Wahrheit nichts angehen? Die Anerkennung Israels stellt unausweichlich, wie sich hier zeigt, auch die christliche Theologie auf neue Weise vor die Wahrheitsfrage. Ob Hübners These mit dem Neuen Testament und der den neutestamentlichen Bezügen zugrunde liegenden theologischen Sicht des Alten Testaments in Übereinstimmung zu bringen ist, muss geprüft werden. Aber man braucht bloß an bekannte, weitreichende Formulierungen zu denken wie in Mt 5,17 (*»Denkt nicht, ich sei gekommen, die Tora oder die prophetischen Schriften außer Kraft zu setzen!«*), um sofort erhebliche Zweifel anzumelden.

b. Eine doppelte Hermeneutik?

Als Zweites ist hier das »Konzept einer doppelten Hermeneutik« zu nennen. Es wird vor allem im katholischen Raum vertreten und hat hier offizielle kirchenamtliche Anerkennung gefunden. Auf der Grundlage älterer Arbeiten hat es zuerst und besonders breit *Christoph Dohmen* in seinem zusammen mit *Günter Stemberger* verfassten Buch mit dem programmatischen Titel: »Hermeneutik der jüdischen Bibel und des Alten Testaments«[24] entfaltet. Der Tatsache, dass Israels Tenach die Heiligen Schriften *zweier* Religionsgemeinschaften sind, soll eine grundsätzlich doppelte Zugangsweise entsprechen. Es gehe darum, dass wir das Alte Testament zuerst »rein und unvermischt ohne christologische Bezüge als Bibel Israels lesen«, und zwar in der normalen Leserichtung vom Alten zum Neuen Testament und damit das Neue im Licht des Alten, und »erst *danach*, wenn wir beim Neuen Testament angelangt sind und durch seine Rückverweise und Zitate – die christologische Interpretationen eröffnen – bildlich gesprochen zum Anfang des Alten Testamentes umkehren« und das Alte nunmehr im Licht des Neuen lesen.[25] Es geht um eine doppelte Leseweise, die sich aus der Anlage der heiligen Schrift im Christentum ableiten soll. Insofern sei Hermeneutik des Alten Testaments »Israelerinnerung«. Dieses »Konzept der doppelten Hermeneutik von Jüdischer Bibel und Altem Testament [könne] innerhalb der christlichen Theologie und in der Kirche zu einem Zeugnis werden, das das Judentum in seinem Erstrecht anerkennt und bestätigt und gleichzeitig von der Schrift her dem Judentum Rechenschaft über den eigenen Glauben gibt.«[26]

24. Kohlhammer Studienbücher Theologie Bd. 1,2, Stuttgart u.a. 1996.
25. Ebd. 204.
26. Ebd. 213.

Breit wirksam geworden ist dieses Konzept dann vor allem durch seine Aufnahme in dem Dokument, das die päpstliche Bibelkommission unter Leitung des damaligen Kardinal Ratzinger unter dem Titel »Das jüdische Volk und seine Heilige Schrift in der christlichen Bibel« im Jahre 2001 veröffentlicht hat.[27] Da wird auf neutestamentliche Vorstellungen von »Typologie und von Lesung im Lichte des Geistes (2 Kor 3,14-17)« verwiesen. Sie legen, heißt es, »den Gedanken einer doppelten Lesung nahe, derjenigen eines ursprünglichen Sinnes, der sich auf den ersten Blick erschließt und derjenigen eines vertieften Verständnisses, das im Lichte Christi erschlossen wird.«[28]

Neben vielen anderen hat auch Erich Zenger dieses Konzept noch in seinen letzten Beiträgen auf eindrucksvolle und einflussreiche Weise vertreten. So etwa in dem Text »Die Bibel Israels – Grundlage des christlich-jüdischen Dialogs«[29], in dem er auf wenigen Seiten so etwas wie eine Summe des bisher Erreichten gezogen hat, wobei er vor allem die beiden oft getrennten Diskussionsstränge über die Beziehung von Christentum und Judentum einerseits, das Verhältnis der Testamente andererseits miteinander verbunden und aufeinander bezogen hat.[30] Neben vielen Fragen, in denen es volle Übereinstimmung gibt, vertritt er hier auch das Konzept einer doppelten Hermeneutik: »Wenn Christen die Bibel Israels als Teil ihrer Bibel lesen, müssen sie dies mit einer *zweifachen Brille* tun. Sie sollen diese Texte *zuerst* so lesen, dass sie darin den Juden als Erstadressaten der Bibel Israels und als ihren älteren Geschwistern begegnen … Wenn Christen *sodann* diese Texte als ersten Teil ihrer eigenen Bibel, also als Altes bzw. Erstes Testament, lesen und wenn sie dieses dabei transparent werden lassen auf die neutestamentliche Botschaft vom endgültigen Handeln des Gottes in Jesus dem Christus hin, tragen sie in diese Texte *nachträglich* eine Sinnperspektive ein, die diese Texte ursprünglich nicht haben.«[31]

Das Imponierende und Verlockende an dieser Theorie ist zweifellos, dass sie die neue mit der alten Wertung des Alten Testamentes verbindet, eine auf der Basis der Anerkennung des Judentums erfolgende mit einer Variante des Modells des Christuszeugnisses. Eine Überprüfung kann nur in der Exegese selbst, und zwar besonders anhand der einschlägigen neutestamentlichen Texte vollzogen werden. Hier soll zunächst nur auf einige der damit aufgeworfenen grundsätzlichen Fragen hingewiesen werden:
– Das eine ist die Frage nach Wirkung und Folgen. Führt eine derart doppelte

27. 24. Mai 2001, Verlautbarungen des Apostolischen Stuhls 152, 38 ff.
28. Ebd. 38.
29. KuI 24, 2009, 25-38.
30. Dazu vgl. a. J. M. Schmidt, *Gemeinsame Schrift?* Zur Bedeutung des *Alten Testaments* für ein Gespräch zwischen Christen und Juden, in: Th. Wagner u. a. Hg., Kontexte. Biografische und forschungsgeschichtliche Schnittpunkte der alttestamentlichen Wissenschaft, FS H. J. Boecker, Neukirchen-Vluyn 2008, 393-410.
31. Ebd. 35.

Hermeneutik nicht notwendig auf eine doppelte Wahrheit? Droht nicht gegen die Intention der Verfasser das Konzept in eine doppeldeutige und potentiell doppelzüngige Haltung gegenüber dem Judentum zu münden, wie sie derzeit an vielen Stellen in Kirche und Theologie zu beobachten ist, exemplarisch in der doppelten Karfreitagsbitte für die Juden?[32]
Erich Zenger hat sich deutlich und glaubhaft gegen jegliche Überlegenheit der christlichen Lektüre und ebenso eindeutig gegen jede Form von Judenmission und damit gegen die päpstliche Formel gewandt. Aber es geht nicht nur um persönliche Haltungen, sondern um kirchliche Lehre und um dabei auch von Zenger verwendete Formulierungen, die kaum anders denn als Verweis auf christliche Überlegenheit verstanden werden können. Was heißt denn »endgültiges Handeln Gottes« – war es das vorher in Israel nicht? Wieso ist die neutestamentliche Aufnahme eine Sinnvertiefung? Warum soll man Juden nicht für den doch tieferen Sinn gewinnen und auf die doch endgültigere Offenbarung verpflichten dürfen?

Immer wieder wird zur Legitimation auf die jüdische Auslegungspraxis mit ihrem mehrfachen Sinn der Texte verwiesen. Allerdings ist das ein offener Prozess mit einem potentiell vielfachen Sinn. Das mit einer grundsätzlich doppelten Hermeneutik und einer geradezu verordneten zweifachen Lektüre gleichzusetzen, wirft viele kritische Fragen auf.

– Das Zweite ist die Frage, ob ein solches doppeltes Konzept wirklich im Neuen Testament und seiner Christologie selbst verankert ist? In der Szene von Lk 2 gesagt: Wie kann der kleine Jesus zugleich als Lernender und Lehrender erscheinen?

Was etwa nötigt eigentlich zu der Umkehr der Lektürerichtung? Dohmen hat eindrucksvoll die kanonische Anordnung der christlichen Bibel und die damit gegebene Leserichtig betont, bei der das Neue Testament immer und grundsätzlich vom Alten her in Sicht kommt. Die Rede davon, dass die neutestamentlichen Texte erst von den alttestamentlichen her ihre »Tiefendimension erhalten«[33], entspricht dem. Und dann plötzlich alles rückwärts? Zweifellos spielt dabei die Christologie die entscheidende Rolle – »diese Hermeneutik setzt vor die Schrift das christologische Vorzeichen und verwandelt somit Israels Heilige Schrift in das Alte Testament«[34]. Aber sind es wirklich die neutestamentlichen Texte selbst, oder ist es ein im Sinne späterer Theologie gelesenes Neues Testa-

---

32. Dazu o. Anm. 13.14.
33. So E. Zenger, »Eines hat Gott geredet, zweierlei habe ich gehört« (Ps 62,12). Von der Suche nach neuen Wegen christlicher Bibelauslegung, in: G. M. Hoff Hg., Welt-Ordnungen. Vorträge der Salzburger Hochschulwochen 2009, Innsbruck 2009, 51-68, Zitat 57.
34. Wie es einmal bei H. Hübner heißt (Was ist biblische Theologie?, in: Chr. Dohmen/ Th. Söding Hg., Eine Bibel – zwei Testamente. Positionen biblischer Theologie, utb 1893, Paderborn u. a. 1995, 209-223, Zitat 217).

ment, das dem Konzept zugrunde liege? Hier liegt zweifellos eine für das Thema dieses Buches entscheidende Frage.[35]

c. Eine veränderte christliche Identität?

Bei dem dritten Typ eines Neuansatzes liegt der Akzent auf einer veränderten christlichen Identität. Dafür ist daran zu erinnern, dass die Überwindung des traditionellen Antijudaismus, wie sie sich in der Anerkennung Israels vollzieht, eine Veränderung tief im traditionell Christlichen bedeutet. Eine neue Wertung des Alten Testamentes allein, wie sie durch Bonhoeffer und v. Rad erfolgt ist, reicht dafür nicht aus. Es geht vielmehr unausweichlich um die Frage, was eigentlich das Christliche ausmacht. Wenn die theologische Anerkennung Israels mit all ihren Folgen in der Bibel gründet, und nur dann ist sie legitim, musste sie gerade auch im Neuen Testament begründet sein. Die traditionelle Sichtweise aber schloss das aus. In Frage stand somit eine veränderte Interpretation des Neuen Testamentes. Während die beiden eben genannten neuen Ansätze von einer (relativ) gesicherten Auffassung des Neuen aus nach einer angemessenen Wertung des Alten Testamentes fragten, soll es jetzt um die Ansätze gehen, die das Neue Testament im Zusammenhang des christlich-jüdischen Dialogs neu interpretiert haben. Da ist in der Tat viel in Bewegung geraten, nicht zuletzt durch die herausfordernden Arbeiten jüdischer Neutestamentler wie David Flusser.[36] Für den deutschsprachigen Raum braucht nur an Namen wie Peter v. d. Osten-Sacken[37], Ekkehard und Wolfgang Stegemann, Klaus Wengst, Luise Schottroff u. a. erinnert zu werden. Die Fülle der auf einzelne Texte und Themen bezogenen Beiträge muss an je ihrem Ort zur Sprache kommen. Hier soll nur an zwei Beispiele erinnert werden, die neue Perspektiven für die Bestimmung christlicher Identität eröffnet haben.

Statt sich entweder mit Israel zu identifizieren oder aber Israel als enteignet und verworfen anzusehen, kann der nötige Perspektivenwechsel bereits innerhalb des Alten Testamentes vollzogen werden. Das geschieht exemplarisch in

---

35. Hier liegt der Grund, warum unten im IV. Hauptteil ausdrücklich die Frage Christologie und Altes Testament angegangen werden soll. Dazu u. S. 227 ff.

36. Vgl. etwa: »Thesen zur Entstehung des Christentums aus dem Judentum«, Freiburger Rundbrief 1975, 181-184 = ders., Bemerkungen eines Juden zur christlichen Theologie, München 1984, 94-102 = KuI 1, 1986, 62-70; sowie die in den Bänden »Entdeckungen im Neuen Testament«. Bd. 1: Jesusworte und ihre Überlieferung, Neukirchen-Vluyn 1987; Bd. 2: Jesus – Qumran – Urchristentum, Neukirchen-Vluyn 1999 zusammengestellten Aufsätze.

37. Vgl. etwa die seit 1973 entstandenen Aufsätze in dem Band: P. v. d. Osten-Sacken, Evangelium und Tora. Aufsätze zu Paulus, ThB 77, München 1987; sowie: ders., Grundzüge einer Theologie im christlich-jüdischen Gespräch, München 1982.

dem Versuch von *Jürgen Ebach*, den Ansatz einer »Theologie des Alten Testaments« aus dem Blickwinkel der Völker und ihrer Beziehung zum biblischen Gottesvolk zu gewinnen, wie sie der Kanon selbst vorzeichnet.[38] Nur ein solcher Versuch, zu »hören auf das, was Israel gesagt ist – hören auf das, was in Israel gesagt ist«, könne der Alternative entgehen, entweder die an Israel gerichteten Worte an die christliche Kirche umzuadressieren und sich mit Israel zu identifizieren oder aber die Texte letztlich nur noch historisch als Teil der damaligen Welt wahrzunehmen, ohne den inhaltlich-theologischen Anspruch der Texte wirklich ins Zentrum zu rücken und anzuerkennen. Entscheidend ist dabei der Wechsel der hermeneutischen Perspektive. Es geht nicht um den »Ort, der dem Judentum in der Perspektive christlicher Theologie zukommt. Vielmehr möchte ich umgekehrt nach dem Ort fragen, der Menschen außerhalb Israels in der Perspektive der hebräischen Bibel selbst und in ihrer jüdischen Lektüregeschichte eingeräumt wird.«[39] Im Raum des Alten Testaments wird ein anderer Standort eingenommen, damit dieses allererst in seine Wahrheit kommt. Für das Neue Testament ist damit die Frage aufgeworfen, wie es sich selbst im Blick auf diese Möglichkeiten verortet.

Dass die angebliche Überlegenheit des Neuen über das Alte Testament im Neuen Testament selbst begründet sei, bestreitet programmatisch der Neutestamentler *Gerd Theißen*, insbesondere in dem knappen Text »Neutestamentliche Überlegungen zu einer jüdisch-christlichen Lektüre des Alten Testaments«[40]. Sein Ausgangspunkt sind neben Hinweisen zur Kanongeschichte[41] vor allem die »intertextuellen Bezugnahmen im NT auf das AT«, aus denen hier programmatisch der »Leitfaden einer christlichen Lektüre des AT«[42] entwickelt wird, eine Lektüre, »die es als kanonische Schrift des Judentums respektiert«[43]. Er geht dabei von einer doppelten Alternative aus, durch die eine Matrix gebildet wird (das AT als Text oder als Geschichte; mit oder ohne Reflexion des Zeitabstands), wodurch sich vier Typen der Bezugnahme ergeben: Verheißung/Erfüllung; typologische Entsprechungen; das Alte Testament als Sprache urchristlichen Glaubens; als Buch mit exempla fidei.[44] Nach einem Blick auf diese vier Typen wird als zentrales Ergebnis formuliert: »Keine der vier Formen einer intertextuellen Bezugnahme des NT auf das AT und deren Weiterentwicklungen zu modernen hermeneutischen Programmen … können den grundsätzlichen Vor-

---

38. J. Ebach, Hören auf das, was Israel gesagt ist – hören auf das, was in Israel gesagt ist. Perspektiven einer »Theologie des Alten Testaments« im Angesicht Israels, EvTh 62, 2002, 37-53.
39. Ebd. 43 f.
40. KuI 10, 1995, 115-136.
41. Ebd. 119 ff.
42. Ebd. 121.
43. Ebd. 132.
44. Ebd. 121 ff.

rang des NT vor dem AT begründen«[45]. Das klingt vielleicht harmlos, ist aber ein Bruch mit der bisherigen Exegese. Theißens methodischer Ansatz beim Umgang des Neuen mit dem Alten Testament sowie sein grundsätzliches Ergebnis stehen dem, was in diesem Buch versucht werden soll, trotz einer Reihe von Differenzpunkten ausgesprochen nahe. Die Grundsätzlichkeit seiner These ist nun am Neuen Testament zu überprüfen.[46]

---

45. Ebd. 130.

46. Jedenfalls hingewiesen sei an dieser Stelle darauf, wie stark sich die Forschungslage für die Frage der Entstehung der später »Christentum« und »Judentum« genannten Größen und ihres Gegenüber verschoben hat. Setzte man früher diese Differenzen schon im Neuen Testament voraus (und las sie so dann auch hinein), sprach man dann von »Trennungsprozessen«/»parting of the ways« (etwa: B. Wander, Trennungsprozesse zwischen Frühem Christentum und Judentum im 1. Jahrhundert n. Chr., TANZ 16, Tübingen 1994), so heute eher von »ways that never parted« (A. H. Becker/A. Y. Reed Hg., The ways that never parted. Jews and Christians in late Antiquity and the middle Ages, Tübingen 2003). Prägend für die veränderte Sicht sind bes. die Arbeiten von D. Boyarin geworden (bes. wirksam: ders., Border lines: The partition of Judeo-Christianity, Philadelphia 2004; dt. Übers. Berlin u. a. 2009; zur deutschen Diskussion: J. Gühne, »Kreuz und quer verlaufende Linien der Geschichte«. Ein kritischer Blick auf Daniel Boyarins Thesen zur Entstehung von Judentum und Christentum, Pontes 31, Berlin 2006; U. Luz, Grenzziehungen. Daniel Boyarins neues Buch ›Border lines. The Partition of Judaeo-Christianity‹, EvTh 68, 2008, 71-77) sowie von I. Yuval (Zwei Völker in deinem Leib. Gegenseitige Wahrnehmung von Juden und Christen [2006], dt. Übers. Göttingen 2007). Für das Judentum tritt dabei immer deutlicher die Herausbildung des klassischen rabbinischen Judentums in diesen Prozessen hervor (dazu a.: S. J. D. Cohen, The Beginnings of Jewishness, Berkeley 1999; P. Schäfer, Die Geburt des Judentums aus dem Geist des Christentums. Fünf Vorlesungen zur Entstehung des rabbinischen Judentums, Tübingen 2010). Für das Christentum mag hier der Verweis auf die lange und große Rolle von »Jewish Believers in Jesus« genügen (O. Skarsaune/ R. Hvalvik Hg., Jewish Believers in Jesus. The Early Centuries, Peabody 2007). Einen Gesamtüberblick über die geschichtlichen Abläufe gibt etwa: H. Frankemölle, Frühjudentum und Urchristentum. Vorgeschichte – Verlauf – Auswirkungen (4. Jahrhundert v. Chr. bis 4. Jahrhundert n. Chr.), Stuttgart 2006.

III. Teil:
Die jüdische Bibel als
»Schrift« des Neuen Testaments

4. Kapitel:
Was bedeutet das Alte für das
Neue Testament?

Wie also sieht das Neue Testament das Alte? Was bedeutet der erste Teil der christlichen Bibel und damit nicht zuletzt die Tora für den zweiten? Die wichtigste Antwort, mit der im Kern alles gesagt ist, lautet: Für das Neue ist das Alte Testament »die Schrift«.

Terminologisch wird im Singular von »der Schrift« *(he graphé)*[1], häufiger aber im Plural von »den Schriften« *(hai graphái)*[2] gesprochen, nicht selten auch in Wendungen wie »es steht geschrieben/wie geschrieben steht«[3]. Dazu kommen Bezeichnungen, wie sie ähnlich bis heute im Judentum üblich sind: »*Gesetz/Tora (nómos),* Propheten und (die anderen) Schriften«[4]; »Gesetz/Tora, Propheten und Psalmen«[5], oft einfach »Gesetz/Tora und Propheten«[6]. Der spätere erste Teil der zweigeteilten christlichen Bibel war also zur Zeit der Entstehung des Neuen Testamentes und ist damit für die neutestamentlichen Schriften *die Bibel,* also im vollen Sinne »heilige Schrift«, vorgegebene und gültige Autorität und Tradition, das, was von Gott her gilt.

Da dieser Bezug das Neue Testament durchgängig bestimmt, ist es schon von der Fülle der Belege her weder möglich noch sinnvoll, eine Gesamtdarstellung zu versuchen. Das würde einen Durchgang durch das gesamte Neue Testament bedeuten. Es kann nur darum gehen, einen Überblick zu geben sowie wenige herausragende Einzelformulierungen beispielhaft näher zu betrachten. Nun steht außer Frage, dass die einzelnen Schriften und Schriftengruppen inhaltlich und methodisch auf sehr unterschiedliche Weise an die vorgegebene biblische Tradition anschließen. Diese Differenzierungen sollen hier weder in formaler Hinsicht, etwa im Blick auf Zitationsformeln und -weisen, noch in inhaltlich-theologischer Hinsicht, etwa im Blick auf das Alte Testament als Verheißung

1. Lk 4,21; Joh 2,22; 7,38; 19,24.28.36.37; Apg 1,16; Röm 4,3; 11,2; Gal 3,3; 1 Petr 2,6 u. v. a.
2. Mt 21,42; 22,29; Mk 12,24; Lk 24,27.32.45; Joh 5,39; Apg 8,32.35; 17,2; Röm 1,2; 15,4; 16,26; 1 Kor 15,3.4.
3. Mt 2,5; 4.4.6.7.10; Mk 1,2; 7,6; Lk 2,23; 4.4.5.10; Röm 1,17; 4,17.23 u. v. a.
4. Vgl. Lk 24,27.
5. Lk 24,44.
6. Z. B. Mt 5,17; 7,12: 11,13; Lk 16,16; Joh 1,45; Apg 13,13; Röm 3,21.

und als Typos, als Sprachmuster und als exemplum fidei[7] dargestellt werden. Diese Fragen sind ein Schwerpunkt der neueren neutestamentlichen Forschung, entsprechend liegt eine nicht mehr übersehbare Zahl von Untersuchungen dazu vor.[8] Die überwältigende Fülle des Befundes und seine – bei aller nötigen Differenzierung – ebenso überwältigende Eindeutigkeit ist durch diese Forschungen immer klarer herausgearbeitet worden. Dieser Befund fordert theologische Folgerungen, die bisher nur teilweise gezogen worden sind. Es ist zu fragen, ob er nicht nötigt, die immer noch weithin selbstverständliche Überlegenheit des Neuen Testamentes zu revidieren. Allein auf diese Folgerung hin kann und soll der folgende Überblick ausgerichtet sein.

Sachlich soll deshalb die Frage nach Geltung und Autorität die Leitlinie bilden. Das heißt, es sollen die vielfältigen Bezüge des Neuen auf das Alte Testament auf die Frage hin untersucht werden, ob sich hier gegenüber den traditionellen Mustern der Kirchengeschichte ein anderes Muster des Umgangs mit dem Alten Testament abzeichnet. Es sollen Beobachtungen zusammengetragen werden, die für ein solches Gesamturteil von strategischer Bedeutung sind. Neben einem ersten Gesamtüberblick (1) sollen im Folgenden einige Formulierungen untersucht werden, die offenkundig von grundsätzlicher Bedeutung für eine positive Sicht sein wollen, die also für die hier anstehende Frage direkt theologisch relevant sind (2). Im Gegensatz dazu sollen dann Texte angespro-

---

7. So die Differenzierungen von G. Theißen, Neutestamentliche Überlegungen zu einer jüdisch-christlichen Lektüre des Alten Testaments, KuI 10, 1995, 121 ff.

8. An dieser Stelle seien lediglich einige Arbeiten genannt, die das Neue Testament im Ganzen betreffen, während die Fülle der (Detail-)Studien zu einzelnen Schriften(gruppen), Texten, Themen, alttestamentlichen Texten etc. jeweils an ihrem Ort zu nennen sind: A. T. Hanson, The living utterances of God: The New Testament Exegesis of the Old, London 1983; E. E. Ellis, The Old Testament in Early Christianity. Canon and Interpretation in the Light of Modern Research, Tübingen 1991; H. Hübner, New Testament Interpretation of the Old Testament, in: M. Sæbø Hg., Hebrew Bible/Old Testament. The History of its Interpretation, Vol. I/1, Göttingen 1996, 332-372; C. A. Evans/J. A. Sanders Hg., Early Christian Interpretation of the Scriptures of Israel, JSNT.S 148, Sheffield 1997; darin bes.: S. E. Porter, The Use of the Old Testament in the New Testament: A Brief Comment on Method and Terminology, 79-96; N. Walter, Urchristliche Autoren als Leser der »Schrift« Israels, BThZ 14, 1997, 159-177; S. Moyise Hg., The Old Testament in the New Testament, FS J. L. North, JSNT.S 189, Sheffield 2000; ders., The Old Testament in the New. An Introduction, London/New York 2001; D. Sänger, Das AT im NT. Eine Problemskizze aus westlicher Sicht, in: Das Alte Testament als christliche Bibel in östlicher und westlicher Sicht, WUNT 174, Tübingen 2004, 155-204. Einen Gesamtüberblick geben G. K. Beale/D. A. Carson Hg., Commentary of the New Testament Use of the Old Testament, Grand Rapids 2007. Hingewiesen sei auch auf das wichtige Projekt, alle Text-Textbezüge des Neuen auf das Alte Testament synopsenartig zu dokumentieren. Erschienen sind bis jetzt: H. Hübner, Vetus Testamentum in Novo, Vol. 1,2: Evangelium secundum Iohannem, Göttingen 2003; Vol. 2: Corpus Paulinum, Göttingen 1997.

chen werden, die üblicherweise für die Begründung einer höheren Rangordnung des Neuen Testaments eine wichtige Rolle spielen (3). In beiden Fällen ist Vollständigkeit nicht intendiert und wohl auch nicht möglich. Ausgeklammert bleiben in diesem ersten Durchgang zunächst:

– Die Frage der Geltung bzw. Weitergeltung speziell der Tora. Da hier üblicherweise ein Sonderproblem gegenüber anderen Teilen des Alten Testaments gesehen wird, ist eine eigene Untersuchung notwendig (Kap. 6.4).

– Die Frage, auf welche Gestalt der jüdischen Bibel sich das Neue Testament bezieht. Hier steht die Frage im Raum, ob nicht eigentlich die griechische Übersetzung, die Septuaginta (LXX), die eigentliche Bibel für die neutestamentlichen Gemeinden war und dann auch als die christliche Bibel gelten muss (Kap. 4.5).

– Ein in der neutestamentlichen Wissenschaft verbreitetes Muster, wonach einerseits Rang und Bedeutung des Alten Testaments als »Schrift« für das Urchristentum anzuerkennen ist, andererseits aber eine hermeneutisch stark veränderte Wahrnehmung und Interpretation dieser Texte behauptet wird, die von neuen Gotteserfahrungen her geprägt sei, sodass das Neue neben und im Zweifel über der Schrift steht. Inhaltlich geht es dabei um die Christologie, methodisch um die Frage, ob diese der Bibel Israels vor- und übergeordnet ist. Diese Fragen sollen im Zusammenhang der Beziehung von Christologie und Schrift verhandelt werden (Teil IV).

1. Durchgängig positiver Bezug – ein Überblick

Das Neue Testament ist durchgängig, von Anfang bis Ende, vom ersten bis zum letzten Vers auf das Alte bezogen. Man braucht bloß den Beginn des Neuen Testamentes aufzuschlagen: »*Das Buch vom Ursprung Jesu, des Messias, des Nachkommen Davids, des Nachkommen Abrahams*« – so fängt es in Mt 1,1 an. Wer nicht weiß, wer David ist und was es mit Abraham auf sich hat, muss zurückblättern und es nachschlagen, sonst versteht man schon die ersten Worte nicht – ganz zu schweigen davon, dass auch die Formulierung des Anfangssatzes ein indirektes Zitat ist (Gen 5,1) und dass die Bedeutung des Wortes *Christus/Messias/Gesalbter* nur von der Schrift her zu füllen ist. Was so beginnt, steht nicht auf eigenen Füßen, ist nicht aus sich selbst zu verstehen und will es nicht. Es ist eine Fortsetzung, deren Anfang man kennen muss.[9] Und das geht weiter

9. Vgl. etwa S. Alkier, Zeichen der Erinnerung – die Genealogie in Mt 1 als intertextuelle Disposition, in: K.-M. Bull Hg., Bekenntnis und Erinnerung, FS H.-F. Weiß, Münster 2004, 108-128. An Hand dieses Anfangs macht R. Kampling auf die »nicht

bis zum Ende des Neuen Testaments in der Offenbarung des Johannes: »*Die von den Worten dieses prophetischen Buches etwas wegnehmen, werden von Gott ihren Anteil am Baum des Lebens und an der heiligen Stadt weggenommen bekommen*« (Offb 22,19). Vom Baum des Lebens und dem Zugang zu ihm wird in Gen 2 f. erzählt. Und bei der heiligen Stadt geht es um Jerusalem, sie wird mit den Farben alttestamentlicher Texte geschildert, und ihre Bedeutung ist von ihrer in der Schrift erzählten Geschichte nicht zu trennen.

Zwischen diesem Anfang und diesem Ende reißt die Kette der Bezüge nicht ab. Man sehe sich nur die ersten Kapitel bei *Matthäus*[10] an: Der Stammbaum Jesu fasst die biblische Geschichte seit Abraham knapp zusammen und ordnet Jesus so darin ein. Die Geburtsgeschichte Jesu in Mt 1,18 ff. zitiert wörtlich Jes 7,14 (Mt 1,22 f.)[11]; die Erzählung von den Magiern aus dem Morgenland (Mt 2,1 ff.) zitiert Mi 5,2 ff. (Mt 2,5 f.); die Flucht nach Ägypten (Mt 2,13 ff.) zitiert Hos 11,1 (Mt 2,15); der Kindermord in Bethlehem (Mt 2,16 ff.) stützt sich auf Jer 31,15 (Mt 2,17 f.) usw. usw. Die Versuchungsgeschichte (Mt 4,1 ff.) ist besonders dicht mit Zitaten belegt; das Auftreten Johannes des Täufers (Mt 3,1) wie das Jesu selbst (4,14 ff.) werden mit alttestamentlichen Worten geschildert. Jesus predigt »*Umkehr*« (4,17), seine Botschaft fordert also auf, zu etwas zurückzukehren, was dem Auftreten Jesu lange vorausliegt. Und das geht so durch das gesamte Evangelium mit Höhepunkten in Grundsatzaussagen wie Mt 5,17 ff.; 23,2[12]; 13,52[13].

Und was in der kanonischen Anordnung des Neuen Testamentes mit Matthäus beginnt, setzt sich kaum minder dicht zunächst durch die synoptischen Evangelien fort.[14] Kaum eine »Perikope«, die nicht direkte Zitate oder indirekte Anspielungen enthält. *Markus* beginnt nach der Nennung von Namen und – alttestamentlichem – Titel (Mk 1,1) mit einem explizitem Zitat aus dem Propheten Jesaja (1,2 f.), in das Formulierungen aus Ex 23,20 und Mal 3,1 eingeflossen sind. Jesus rechtfertigt sein Verhalten am Sabbat mit Schriftzitaten, die auf David Bezug nehmen (Mk 2,25 ff.) und baut wiederum darauf grundsätzliche Formulierungen auf (2,27). Eine besondere Dichte erlangen diese Bezüge

stattgefundene Rezeption« eines von seinem Anfang her verstandenen Matthäusevangelium aufmerksam: »... Buch der Geschichte Jesu Christi, des Sohnes Davids ...«. Reflexionen zu einer nicht stattgefundenen Rezeption, in: ders. Hg., »Dies ist das Buch ...«: Das Matthäusevangelium. Interpretation – Rezeption – Rezeptionsgeschichte, FS H. Frankemölle, Paderborn u. a. 2004, 157-176.

10. Zu Matthäus insgesamt: M. J. J. Menken, Matthew's Bible. The Old Testament Text of the Evangelist, BEThL 173, Leuven 2004.

11. Zum Verständnis dieses und der folgenden so genannten Erfüllungszitate s. u. S. 242 ff.

12. Dazu u. S. 101. 215 ff.

13. Dazu u. S. 101 f. 156.

14. Vgl. etwa C. M. Tuckett Hg., The Scripture in the Gospels, BEThL CXXXI, Leuven 1997.

in der Passionsgeschichte.[15] Hier ist es vor allem eine Fülle von Psalmzitaten, insbesondere aus Ps 22[16], aus denen die Geschichte in ihren einzelnen Zügen geradezu entfaltet wird. Am bekanntesten sind das Teilen der Kleider (Mk 15,24; Ps 22,19), das Kopfschütteln der Vorübergehenden (15,29; Ps 22,8), die Verspottung des Gerechten (15,30 f.; Ps 22,2), der Schrei »mein Gott, mein Gott« (15,34; Ps 22,2), das Tränken mit Essig (15,36; Ps 69,22). Eine Fülle weiterer Zitate und Anspielungen kommen dazu. Die ganze Geschichte bezeugt mit jedem Detail die »Leben-Jesu-zeugende Kraft der Schriften«[17]. Diese Eigenart der Markus-Passion, der literaturgeschichtlich gesehen ältesten, ist von den Passionsgeschichten bei Matthäus und Lukas übernommen und weiter ausgebaut worden.

Im *Lukasevangelium*[18] sind es weniger die expliziten, vom Erzähler eingeführten so genannten »Erfüllungszitate« wie bei Matthäus, die das Bild prägen. Hier »geschieht solche Interpretation nicht von ›außen‹, sondern innerhalb der Erzählung: Der Zusammenhang zur Schrift wird von den Akteurinnen und Akteuren selbst hergestellt.«[19] Und es ist insbesondere Jesus, der das tut. Nach den dichten Bezügen in der lukanischen Vorgeschichte ist es programmatisch der erste öffentliche Auftritt Jesu selbst, in dem das geschieht (Lk 4,16 ff.).[20] Jesus wird im sabbatlichen Synagogengottesdienst in Nazaret das Buch des Propheten Jesaja gebracht. Was er dann nach 4,18 f. vorliest, ist ein Mischzitat aus Jes 61,1 f. und 58,6. Sachlich werden mit den Prophetenworten zugleich Kerninhalte der Tora in Erinnerung gerufen, die vom Propheten in ein »Heute« umgesetzt wer-

---

15. S. E. Flessemann-van Leer, Die Interpretation der Passionsgeschichte vom Alten Testament her, in: F. Viering Hg., Zur Bedeutung des Todes Jesu. Exegetische Beiträge, Gütersloh 1967, 79-96; K. Löning, Die Memoria des Todes Jesu als Zugang zur Schrift im Urchristentum, in: K. Richter/B. Kranemann Hg., Christologie der Liturgie. Der Gottesdienst der Kirche – Christusbekenntnis und Sinaibund, QD 159, Freiburg u. a. 1995, 138-149; B. Janowski, Die jüdischen Psalmen in der christlichen Passionsgeschichte. Eine rezeptionsgeschichtliche Skizze, in: Freiheit und Recht, FS F. Crüsemann, Gütersloh 2003, 397-413.
16. D. Sänger Hg., Psalm 22 und die Passionsgeschichte der Evangelien, BThSt 88, Neukirchen-Vlyn 2007.
17. F.-W. Marquardt, Das christliche Bekenntnis zu Jesus, dem Juden. Eine Christologie, München 1990, 162(ff).
18. Vgl. D. Rusam, Das Alte Testament bei Lukas, BZNW 112, Berlin u. a. 2003; K. Schiffner, Lukas liest Exodus. Eine Untersuchung zur Aufnahme ersttestamentlicher Befreiungsgeschichte im lukanischen Werk als Schrift-Lektüre, BWANT 172, Stuttgart 2008; P. Mallen, The reading and transformation of Isaiah in Luke-Acts, London 2008.
19. Schiffner, Lukas 61.
20. Zum Folgenden: M. Crüsemann/F. Crüsemann, Das Jahr, das Gott gefällt. Die Traditionen von Erlass- und Jobeljahr in Tora und Propheten, Altem und Neuem Testament (Dtn 15; Lev 25; Jes 61; Lk 4), in: Deutsche Bibelgesellschaft und Katholisches Bibelwerk Hg., Bibelsonntag 1999: Das Jahr, das Gott gefällt. Materialheft, Stuttgart 1998, 3-10 = BiKi 55, 2000, 19-25.

den. Die damit angesagte Befreiung, genauer: die so angesprochene öffentliche Predigt und Ansage der Befreiung wird von Jesus beansprucht: »*Heute hat sich diese Schrift vor euren Ohren erfüllt*« – das heißt: Heute erklingt aufs Neue die prophetische Verkündigung der Tora und der Befreiung. Als Antwort auf die sich dann erhebende Kritik (Lk 4,22 f.) setzt er sich mit erneutem Bezug auf die Schrift, diesmal aus der Geschichte von Elia (1 Kön 17) und Elischa (2 Kön 5), auseinander (Lk 4,25 ff.). Wie bei Matthäus stellen Grundsatzaussagen zur Tora (bes. 16,16.29 ff.) einen Höhepunkt in der Kette der durchgängigen alttestamentlichen Bezüge dar.

Für ein Gesamtbild des Lukas[21] muss man die Apostelgeschichte dazunehmen. Hier ist vor allem daran zu erinnern, dass die grundlegenden Predigten, die den Weg des Evangeliums von Jerusalem bis Rom auslösen und begleiten, zum großen Teil aus alttestamentlichen Zitaten bestehen. Das gilt für die ersten Predigten des Petrus. So legt die Pfingstpredigt in Apg 2,14 ff. vor allem Joel 3 aus,[22] enthält aber auch zahlreiche Psalmenzitate. Die Predigt des Stephanus in Apg 7 erzählt geradezu die biblische Geschichte seit Abraham in weiten Teilen nach, mit einem großen Schwerpunkt auf dem Exodus. Ähnliches gilt für die erste öffentliche Rede des Paulus in Apg 13: Exodus, Wüste, Landnahme, Richter, Samuel, Könige werden erinnert – erst danach und nur in diesem Zusammenhang ist dann auch von Jesus zu reden. So heißt es denn auch ganz am Ende der Apostelgeschichte, dass Paulus während seines Aufenthaltes in Rom das Reich Gottes bezeugt, indem er sie »*von der Tora des Mose und den prophetischen Schriften her*« von Jesus zu überzeugen suchte (Apg 29,23). Damit ist das Programm umschrieben, das die gesamte Apostelgeschichte prägt.

Aber es ist nicht nur eine Fülle von Einzelbezügen samt einigen sehr grundsätzlichen Aussagen, bei Lukas ist mehr zu beobachten: Der Bezug auf das Alte Testament, und zwar auf die grundlegende Gottestat, den Exodus, prägt die lukanischen Schriften auf der Oberfläche wie in der Tiefenstruktur.[23] Es lässt sich zeigen, »dass sich die Gesamtstruktur des lukanischen Werkes als eine lesen lässt, die sich am Aufbau der Exoduserzählung der Schrift (Ex 1 – Jos 24) orientiert.«[24] In all dem ist eindeutig, dass Lukas, »keine Ersetzungs- oder gar Überbietungsgeschichte schreiben will, sondern Leben und Lehre Jesu wie auch seiner Schülerinnen und Schüler als Zeugnis für die Wahrheit und Gültigkeit der Schrift … verstanden wissen will.«[25]

Der Briefteil des Neuen Testamentes beginnt in Röm 1,1 f. so: »*Paulus, Sklave des Messias, Christus Jesus, zum Apostel gerufen, ausgesondert, die Freuden-*

---

21. Zum Johannesevangelium s. u. 117 ff.
22. Dazu u. S. 330 ff.
23. Dazu Schiffner, Lukas, 395-410.
24. Ebd. 395.
25. Ebd. 413,

botschaft Gottes zu bringen, die bereits früher durch die Propheten und Prophetinnen in den heiligen Schriften verkündet wurde« (Röm 1,1 f.). Im Römerbrief wie in den weiteren paulinischen Schriften[26] gibt es praktisch keinen einzigen Argumentationsgang, in dem nicht mit der Schrift und von der Schrift her argumentiert wird.[27] Neben Grundsatzaussagen zur Schrift[28] und gerade auch zur Tora[29] sei nur an die Schriftbelege für so grundlegende Züge der paulinischen Theologie wie die Macht der Sünde (Röm 2), die Rolle Abrahams (Röm 4), das Heil für die Völker (Röm 15,9 ff.) etc. erinnert. Von besonderer Dichte sind die Schriftbezüge in Röm 9-11, wo es um den Weg Israels und um seine Zukunft geht. Die am Ende stehende Ziel- und Kernaussage *»Ganz Israel wird gerettet werden«* (11,26) wird auf Schriftaussagen, und zwar auf eine Zitatkombination von Jes 59,20 f.; 27,9 und Ps 14,7 gegründet: *»Aus Zion wird die Rettung kommen, sie wird Jakobs Trennung von Gott aufheben. Und dieses ist mein Bund mit ihnen, dass ich das von ihnen begangene Unrecht wegnehme«* (Röm 11,26 f.).

Von besonderer Dichte der Bezüge auf die Schrift sind sodann Texte wie der Hebräerbrief[30] und die Johannesapokalypse[31] geprägt, die passagenweise geradezu als alttestamentliche Zitatkollagen erscheinen.[32]

---

26. Zum 1. Thessalonicherbrief und seiner Ausnahmestellung vgl. jetzt: M. Crüsemann, Die pseudepigraphen Briefe an die Gemeinde in Thessaloniki. Studien zu ihrer Abfassung und zur jüdisch-christlichen Sozialgeschichte, BWANT X/1 (191), Stuttgart 2010.
27. Vgl. etwa I. Dugandzic, Das »Ja« Gottes in Christus. Eine Studie zur Bedeutung des Alten Testaments für das Christusverständnis des Paulus, fzb 26, Würzburg 1977; D.-A. Koch, Die Schrift als Zeuge des Evangeliums. Untersuchungen zur Verwendung und zum Verständnis der Schrift bei Paulus, BHTh 69, Tübingen 1986; Chr. D. Stanley, Paul and the language of Scripture. Citations technique in the Pauline Epistles and contemporary literature, MSSNTS 74, Cambride 1992; A. Lindemann, Die biblische Hermeneutik des Paulus, WuD 23, 1995, 125-151; F. Hahn, Die Interpretatio Christiana des AT bei Paulus, in: Ja und Nein: Christliche Theologie im Angesicht Israels, FS W. Schrage, Neukirchen-Vluyn 1998, 65-75; G. Dautzenberg, Paulus und das Alte Testament, in: D. Sänger/ders. Hg., Studien zur paulinischen Theologie und zur frühchristlichen Rezeption des AT, Gießen 1999, 58-68; R. B. Hays, Schriftverständnis und Intertextualität bei Paulus, ZNT 7, 2004, 55-64; F. R. Prostmeier, Was bedeutet die Autorität der Schrift bei Paulus?; in: H. Busse Hg., Die Bedeutung der Exegese für Theologie und Kirche, QD 215, Freiburg u. a. 2005, 97-130; S. E. Porter/Chr. D. Stanley Hg., As it is written. Studying Paul's Use of Scripture, SBL Symposium Series 50, Atlanta 2008.
28. Dazu u. S. 102 ff.
29. Dazu u. S. 219 ff.
30. Dazu u. S. 107 ff.
31. Dazu etwa S. Moyise, The Old Testament in the Book of Relevation, JSNT.S 115, Sheffield 1995; G. K. Beale, John's Use of the Old Testament in Revelation, JSNT.S 166, Sheffield 1998.
32. Dazu jetzt K. Wengst, »Wie lange noch?« Schreien nach Recht und Gerechtigkeit –

2. Grundsatzaussagen von großer Reichweite

Die vielen und vielgestaltigen, hier nur beispielhaft angesprochenen Bezüge des Neuen auf das Alte Testament betreffen naturgemäß zumeist einzelne Texte, Züge und Aspekte. Selbst wenn es dabei um wichtige und zentrale Fragen geht, ist ihre Reichweite begrenzt. Im Ganzen gilt zweifellos, dass das, was sich mit Jesus von Nazareth ereignet, allein durch diese Bezüge von der (damaligen) Bibel, von der Schrift her gesehen und allererst wahrgenommen und allein von ihr her gestaltet und legitimiert wird und werden kann. Nur in diesem Rahmen der Schrift bekommt das neue Geschehen seine Geltung und Wertigkeit. Damit ist aber nicht grundsätzlich ausgeschlossen, dass die Schrift und ihre Texte von einer bestimmten vorgegebenen Wertung Jesu her gelesen und auf sie hin interpretiert werden. Vor allem aber ist damit nicht ausgeschlossen, dass diese Schriften überhaupt nur soweit und nur dann weiter Geltung beanspruchen können, wenn und sofern und vor allem soweit sie diesen Jesus Christus bestätigen. Auf solchen Thesen bauen ja eine Reihe nach wie vor vertretener christlicher Sichtweisen auf. Das ist ja etwa der Sinn der Sichtweise des Alten Testaments als Christuszeugnis, wovon oben die Rede war und die in so weiten Teilen der Kirchengeschichte vorherrschte. Und das ist in der neueren Diskussion in der These aufgenommen worden, das Alte Testament habe für den christlichen Glauben nur soweit theologische Geltung, als es im Neuen Testament rezipiert und eben seinerseits durch diese Rezeption bestätigt und legitimiert würde.

Einzelbezüge, vom welchem Gewicht auch immer, können derartige Theorien wohl nicht grundsätzlich in Frage stellen. Wohl aber ergibt sich ein deutlich anderes Bild von einigen *Grundsatzaussagen* her, die im Folgenden zur Sprache kommen sollen und die weit über einen solchen Rahmen hinausgehen. Wichtig ist, dass sie den üblichen nachbiblischen christlichen Sichtweisen direkt und deutlich widersprechen, so dass sie ihrerseits für die Fülle der so verschiedenen Einzelbezüge einen soliden hermeneutischen Rahmen liefern können.

a. Matthäus

Einige Formulierungen im ersten Evangelium gehören zu den klarsten und weitreichendsten einschlägigen Aussagen des Neuen Testaments. Sie haben außerdem auch von der kanonischen Stellung her zweifellos eigentlich eine

eine Deutung der Apokalypse des Johannes, Stuttgart 2010, passim. Ein Beispiel ist Offb 4,1 ff., dazu ebd. 17 ff. Vgl. zu Offb 21,1-7 a. die Hinweise von J. Ebach, Apokalypse. Zum Ursprung einer Stimmung, in: Einwürfe 2, München 1985, 5-61, bes. 18.

Schlüsselfunktion, denn sie stehen wie ein Vorzeichen vor dem gesamten Neuen Testament und könn(t)en seine Lektüre steuern. Es ist erstaunlich, wie stark sie im christlichen Bewusstsein und selbst in einer kritischen Exegese verdrängt oder geradezu in ihr Gegenteil verkehrt wurden. Die wichtigsten sollen hier zunächst nur genannt und in Erinnerung gerufen werden. Um ihre große Bedeutung für das Verhältnis der Testamente wirklich zur Sprache zu bringen, sollen sie in jeweiligen thematischen Zusammenhängen im Detail behandelt werden.[33]

Die erste große Rede Jesu im Neuen Testament, die den Rang einer Grundsatzerklärung hat, die so genannte Bergpredigt, sagt mit aller wünschenswerten Klarheit:

> *Denkt nicht, ich sei gekommen, die Tora und die prophetischen Schriften außer Kraft zu setzen! Ich bin nicht gekommen, sie außer Kraft zu setzen, sondern sie zu erfüllen. Wahrhaftig ich sage euch: Bevor Himmel und Erde vergehen, wird von der Tora nicht der kleinste Buchstabe und kein einziges Häkchen vergehen, bis alles getan wird. Wer nur ein einziges dieser Gebote außer Kraft setzt, und sei es das kleinste, und die Menschen entsprechend lehrt, wird in Gottes Welt als klein gelten. Aber wer sie befolgt und lehrt, wird in Gottes Welt groß genannt werden* (5,17-19).

Eigentlich ist damit alles gesagt. Und man beginnt vielleicht zu ahnen, welcher ungeheuren, jahrhundertelangen Anstrengung vieler Theologengenerationen es bedurfte, um die Distanz zu und die Abwertung von Tora und prophetischen Schriften zu erreichen, die uns häufig immer noch selbstverständlich erscheint.

Um auch die letzten Zweifel zu beseitigen, heißt es in Mt 23,2 f.:

> *Auf dem Stuhl Moses' sitzen toragelehrte und pharisäische Leute. Alles, was sie euch lehren, das tut und daran haltet euch.*

Alles! Alles, was die pharisäischen Toragelehrten lehren, ist von den AnhängerInnen Jesu zu halten! Das geht weit über die Schrift selbst hinaus und tief in die jüdische, pharisäische, die sich anbahnende rabbinische Auslegung, Aktualisierung und Weiterschreibung der Tora hinein, kurz in die mündliche Tora. Man sieht, was doch die Hauptlinie der Kirchengeschichte für eine ungeheure verpasste Gelegenheit war! Dass diese PharisäerInnen nach der Meinung des Matthäus selbst das nicht immer praktizieren, was sie lehren, und dass das ganze weitere Kapitel dann eine heftige Auseinandersetzung mit deren Praxis ist, ist die andere Seite. Sie nimmt aber der grundsätzlichen Aussage nichts von ihrer Bedeutung.

Nur eine weitere Sentenz sei hier im Vorgriff genannt. In Mt 13,52 ist von

---

33. Zu Mt 5; 23; 13 u. S. 215 ff.; zu 13,52 u. S. 156.

Menschen die Rede, die die Tora studieren und (zugleich) vom Kommen des Himmelreichs lernen. Sie sind offenkundig in dieser Doppelung das Ideal des Evangeliums und eine Beschreibung für die Schriftgelehrten unter den Anhängern Jesu. Von ihnen wird gesagt, dass sie Menschen gleichen,

> *die einen Haushalt führen und aus ihrer Schatzkiste Neues und Altes hervorholen.*

Aus dem Schatz der Schrift werden durch sie also sowohl das Alte wie gerade auch das Neue hervorgeholt. Beides kommt aus der Schrift und beides steht damit nicht in Opposition zueinander.[34]

b. Paulus

Bei Paulus kann man zwei Gruppen von Grundsatzaussagen unterscheiden. Das eine sind Formulierungen, die in Christus eine Bestätigung *aller*, also gerade nicht nur der jeweils zitierten oder thematisch im Blick befindlichen Verheißungen sehen. Besonders deutlich spricht hier 2 Kor 1,19 f.:

> *19 Denn Gottes Sohn, Jesus Christus ... existierte nicht als Ja und Nein zugleich, sondern in ihm wurde das Ja Wirklichkeit. 20 Denn wie viele Verheißungen Gottes es auch gibt – in ihm sind sie bejaht. Darum sagen wir auch durch ihn das Amen: Es werde wahr, auf dass Gott aufstrahle.*

Anlass sind offenkundig Vorwürfe aus der Gemeinde in Korinth, die Paulus – und anderen mit ihm – Zwiespältigkeit im Reden und im Handeln vorwerfen (V. 16 f.), so dass »*mein Ja gleichzeitig ein Nein*« wäre (V. 17). Dagegen beruft er sich auf die Zuverlässigkeit Gottes, die auch sein eigenes Reden bestimmt (V. 18): »*Deshalb ist unser Wort an euch kein Ja und Nein zugleich.*« Die Verlässlichkeit Gottes, in der seine eigene Verlässlichkeit gründet, ist nicht Ja und Nein zugleich. Christus ist vielmehr das Realität gewordene Ja Gottes. Und zwar, und das ist nun entscheidend, Christus ist das Ja zu *allen* Verheißungen Gottes. Alle, »*so viele es auch gibt*«, sind mit ihm eindeutig bestätigt. Zunächst wird man sagen müssen: Als Verheißungen sind sie bestätigt. Sie bleiben Verheißungen, was sie immer waren, und sie bleiben wahr, was sie ebenfalls immer waren. Entscheidend ist aber nun die Wendung »*so viele es auch gibt*« (*hósai*). Die gesamte Argumentation – und damit auch sein eigener guter Ruf und sein Ansehen als Apostel – hängt daran, dass dieses Ja eindeutig und uneingeschränkt gilt. Es würde seine eigene Stellung unterminieren, würde das gelten, was faktisch die christliche Rezeption nahezu uneingeschränkt voraussetzt, dass mit

---

34. Dazu u. S. 156.

Christus eben nur *einem Teil* der alttestamentlichen Verheißungen und eschatologischen Erwartungen Geltung verschafft würde, eben die, die in den jeweiligen christlichen Theologierahmen passen. Wie wenig der Bezug der neutestamentlichen Aussagen auf die Schrift ernst genommen bzw. auch nur ernsthaft diskutiert wird, zeigen die wissenschaftlichen Kommentare, die all diese Fragen einfach übergehen und gar nicht erst behandeln.[35]

Man mache die Probe aufs Exempel: Das sachliche »alle, *so viele es gibt*« muss zum Beispiel auch die alttestamentlichen Landverheißungen betreffen, die einen nicht geringen Raum in der Schrift einnehmen, sowie all die Worte, die von einem sicheren Wohnen Israels im Land sprechen. Auch andere speziell das jüdische Volk betreffende Zusagen Gottes sind grundsätzlich hier im Spiel. Dabei spielt es keine Rolle, woran Paulus konkret denkt, welche Texte und Inhalte für ihn bewusst im Blick waren, sondern es geht um die innere Logik der Argumentation als solcher. Paulus würde seine eigene Grundlage in Frage stellen, wenn hier ein – im Christentum faktisch meist vorausgesetzter – Zirkelschluss vorläge: Die Art und Weise der Bestätigung durch Christus soll allererst sichtbar machen, was wahre Verheißungen Gottes sind und was nicht. Dass sie in der Schrift stehen, reicht im Rahmen solchen Denkens gerade nicht aus, denn nur so kann die Zweitrangigkeit der Schrift gegenüber Christus bzw. dem Neuen Testament begründet werden. So zu denken ist Teil der üblichen Abwertung des Alten Testaments, ein Muster, mit dem seine Zweitrangigkeit immer neu bekräftigt wird. Ein entsprechender Gedankengang würde aber in der paulinischen Situation notwendigerweise die eigene Zuverlässigkeit unterminieren, um die Paulus hier ringt. Denn in der beanspruchten Analogie zwischen seinem eigenen und dem göttlichen Handeln könnte das ja nur heißen, dass allein die von Paulus später bestätigten und nachträglich anerkannten Zusagen und nicht die faktisch von ihm im Voraus gegebenen Zusagen gelten würden. Es läge damit genau *die* Widersprüchlichkeit vor, die ihm vorgeworfen wird und gegen die er hier angeht. Nein, soweit das Alte Testament als Schrift Verheißung ist – und es ist für Paulus im Wesentlichen zweierlei: Tora/Gesetz einerseits und Verheißung andererseits – sieht Paulus es im Ganzen mit allen seinen Teilen durch Christus bestätigt und in Kraft gesetzt.

Dass hier ein Stück der Grundlagen paulinischer Theologie erkennbar wird,

---

35. So H. Windisch, Der zweite Korintherbrief, KEK 6, Göttingen 1924; R. Bultmann, Der zweite Brief an die Korinther, KEK.S, Göttingen 1976; E. Gräßer, Der zweite Brief an die Korinther, ÖTK 8/1, Gütersloh 2002; auch V. P. Furnish, II Corinthians, AncB 32A, New York 1984, der nur eschatologische Aussagen für gemeint hält, immerhin aber S. 146 in Klammern (!) darauf verweist, dass nach E. P. Sanders (Paul and Palestinian Judaism, Philadelphia 1977, 102-105) in entsprechenden rabbinischen Aussagen auch der Bund mit Israel in die »promises« einbezogen sei.

bestätigt sich in den Formulierungen von Röm 15. Da heißt es in V. 4, in einer »grundsätzliche(n) hermeneutische(n) Bemerkung«[36]:

> *Alles, was einst aufgeschrieben wurde, wurde verfasst, damit wir daraus lernen und durch die heiligen Schriften in unserer Widerstandskraft bestärkt und ermutigt Hoffnung haben.*

Da ist wieder dieses »Alles«, das so weit und so grundsätzlich formuliert ist und damit über noch so viele Einzelbezüge hinausgeht. Es ist die *Gesamtheit* der heiligen Schriften, die von der angesprochenen Gemeinde benutzt wird. Aus der *ganzen* Schrift ist zu lernen, aus ihr kommt die Widerstandskraft, aus ihr die Ermutigung und die Hoffnung. Die Schrift wird hier als Reservoir angesprochen, als Quelle, deren Bedeutung und Möglichkeiten weit über die jeweils faktische Benutzung hinausreicht, also viel mehr umfasst, als Paulus selbst jeweils interpretierend aufgreift oder aus der Tradition übernimmt.

Man könnte hier, jedenfalls von der weiteren Geschichte der christlichen Kirche aus geurteilt, an eine nicht unproblematische Vereinnahmung der jüdischen Bibel, durch die heidenchristliche Kirche denken – was an Israel gerichtet war, wird jetzt als an »uns« gerichtet gelesen, an eine Kirche, die sich als Erbin des Gottesvolkes sieht. Doch ein weiterer Gedanke, den Paulus im gleichen Zusammenhang vorträgt, macht eine solche Deutung unmöglich. Wenige Verse weiter in V. 8 heißt es:

> *Ich meine nämlich, dass der Messias ein Diener der Beschneidung geworden ist, um zu zeigen, dass Gott verlässlich ist. Dadurch haben sich die Verheißungen, die den Erzeltern gegeben wurden, als gültig erwiesen.*

Geht es dann im nächsten Vers um »*die anderen Völker*«, die *éthne*, so hier in V. 8 zunächst ausdrücklich um die Bedeutung des Messias für die Beschneidung,[37] also für das jüdische Volk. Hier geht es, wie in 2 Kor 1, um die Verlässlichkeit Gottes. Im Messias Christus sieht Paulus die Verheißungen an die »Väter/Erzeltern« bestätigt, genauer: stark gemacht/befestigt *(bebaiósai)*. Sie sind also gerade nicht im traditionellen »erfüllt«.[38] Es geht dabei schon von der Fort-

---

36. K. Wengst, »Freut euch, ihr Völker, mit Gottes Volk!« Israel und die Völker als Thema des Paulus – ein Gang durch den Römerbrief, Stuttgart 2008, 418.
37. Christus als *Diener der Beschneidung* »klingt ärgerlich für alle, die den Galaterbrief als die Summe der Theologie des Paulus lesen«, so mit Recht K. Haacker (Der Brief des Paulus an die Römer, ThHNT 6, Leipzig 1999, 296).
38. So mit Nachdruck Wengst, Freut euch, 421. Er weist auch darauf hin, dass in der neutestamentlichen Exegese »die präzisen Formulierungen des Paulus ... in der Regel nicht wahrgenommen werden« (ebd. Anm. 815). Und er verweist als Beispiele auf die Kommentare von E. Lohse (Der Brief an die Römer, KEK 4, Göttingen 2003, 387) und P. Stuhlmacher (Der Brief an die Römer, NTD 6, Göttingen 1989, 206). Zum paulinischen Erfüllungsbegriff u. S. 238 ff.

setzung her ausdrücklich um die spezifischen Verheißungen für das jüdische Volk. Und zwar in der Form, wie sie an Abraham, Isaak und Jakob gegeben worden sind. Und da kann man sie denn auch nachlesen: Segen, Land, Volk, Mitsein Gottes – das sind die großen Inhalte. Durch die Bundesschlüsse mit Abraham als Repräsentant all seiner Nachfahren in Gen 15 und 17 werden sie bekräftigt und dann bei Isaak, vor allem aber bei Jakob bestätigt und konkretisiert. Wie die Schrift für Paulus Heilsverheißungen gerade auch für die Fülle der nichtjüdischen Völker enthält – sie werden hier in Röm 15,9ff. ausdrücklich aufgezählt und sie liegen seinem Selbstverständnis als Völkerapostel zugrunde – so enthält sie eben auch, und zwar in ihrer Hauptlinie, die großen Zusagen an Israel. Und diese bleiben als solche in Geltung und werden ausdrücklich bestätigt. In der Theologie des Paulus gibt es in diesem Zusammenhang keinerlei Einschränkung oder gar Aufhebung der Geltung der Schrift. Was er in Röm 9,4ff. als Grundlage für den Gedankengang von Röm 9-11 über Israel und seine bleibenden Prärogativen sagt, ist ja so etwas wie eine Zusammenfassung zentraler Inhalte der Schrift als Ganzes:

> *4 Sie sind Israelitinnen und Israeliten, denen die Gotteskindschaft zu Eigen ist, die göttliche Gegenwart, die Bundesschlüsse und die Gabe der Tora, der Gottesdienst und die göttlichen Verheißungen. 5 Ihnen gehören die Väter und Mütter an, aus ihrer Mitte stammt der Messias.*

Für die Frage nach dem Umgang mit der Schrift bestätigt sich hier, was sich in 2 Kor 1 und Röm 15 gezeigt hat: Die Schrift und ihre Geltung ist keineswegs in irgendeiner Weise allein auf Christus bezogen, sie enthält keineswegs nur das, was diesen Jesus als den Christus erscheinen lässt, wird nicht auf das reduziert, was daraus für die nichtjüdischen Völker gilt, sondern enthält als Wahrheit auch das, was Israel zu Israel gemacht hat und weiter macht. Die Schrift wird gerade nicht auf Christus hin enggeführt, sondern Christus wird als die Bestätigung der *ganzen* Schrift, also gerade auch von den Teilen und Aspekten gesehen, die von seinem Wirken gar nicht (direkt) tangiert werden. Das ist die theologisch so weitreichende Funktion des kleinen Wörtchens *alle*, »so viele es gibt«.

Ebenso grundsätzlich – und weithin ebenso verkannt in ihrer theologischen Bedeutung – ist zum anderen eine Aussage des Paulus über einen anderen fundamentalen Aspekt des Schriftbezuges. In 1 Kor 4,6f. geht es um die Reichweite, ja geradezu um den Raum der Schrift. Die Korinther und Korintherinnen sollen an ihm und Apollos lernen:»*nicht über das hinaus, was geschrieben steht*«, so die nahezu wörtliche Formulierung *(me hyper ha gégraptai)*. Der Gegensatz zu Apollos ist Teil der Konflikte in der korinthischen Gemeinde (1,12; 3,4ff.), um die es in den ganzen ersten Kapiteln des Briefes geht, und die für ihn von großer grundsätzlicher, aber auch persönlicher Bedeutung sind. Wie in allen Konflikten argumentiert er ausschließlich von der Basis der Schrift aus. Das sind hier

etwa die Hinweise auf Jer 9,22 f. in 1 Kor 1,31. Aber hier in 4,6 wird das faktische Vorgehen verallgemeinert und in einen theologischen Grundsatz verwandelt: Alles, was von den urchristlichen MissionarInnen verkündet wird, alles,
was von Gott her gilt, bewegt sich im Rahmen der Schriften, nichts geht über
diesen von der Schrift vorgegeben Rahmen hinaus. Auch und gerade für Konflikte etwa zwischen unterschiedlichen Gruppierungen, wie die, die sich hier
auf ihn oder auf Apollos berufen (3,3 ff.), gilt die Schrift als oberstes Prinzip.
Die neutestamentliche Exegese kann der Schrift eine solche Rolle in der Regel
nicht zugestehen und sieht hier keinen hermeneutischen Grundsatz von großer
Reichweite, sondern eher »eine der schwierigsten Stellen des ganzen Briefes«[39].
Doch die Aussage entspricht ganz dem, was bei Paulus durchgängig zu finden
ist und wonach er Konflikte zu regeln versucht.[40] Und dies wird hier unterstrichen durch die Frage: »*Was hast du, das du nicht empfangen hast?*« (4,7). Und
weil das so ist, gibt es keinen Grund zum Ruhm – und schon gar nicht gegenüber der Schrift. Für manche der heute heftig diskutierten Fragen beim Schriftverständnis des Paulus ist diese Formulierung hilfreich, ja entscheidend. Was
die paulinische Christusverkündigung und damit seine Theologie betrifft, so
versteht er sie durchgängig als *Schrifttheologie*. Hier gibt es nichts, *wirklich
nichts*, was über die Schrift, sprich über das Alte Testament, hinausgeht. Das
widerspricht verbreiteten Thesen, wonach es ein zunächst vor, außerhalb und
unabhängig von der Schrift erfassbares Christusereignis gäbe, dass dann, nachträglich und sekundär, mit der Schrift zusammengebracht würde, sozusagen in
ihr wiederentdeckt und damit ihre Interpretation bestimmen würde. Doch für
Paulus bleibt *alles*, gerade auch, was und wie über Christus zu reden ist, innerhalb des von der Schrift gesetzten Rahmens.

Die hier herangezogenen Grundsatzaussagen des Paulus in 2 Kor 1 und
1 Kor 4 haben nicht zuletzt deshalb so großes Gewicht, weil sie im jeweiligen
Argumentationszusammenhang begründenden Charakter haben. Sie stehen
nicht im Zentrum der Argumentation, sondern sie werden wie nebenbei, vor
allem aber wie selbstverständlich formuliert, und das ist nur möglich, wenn ihre
Wahrheit unumstritten vorausgesetzt wird. Gerade diese Argumentationsstruktur zeigt, dass hier etwas vom Hintergrund seiner so häufigen und so gewichtigen Berufungen auf die Schrift zu Tage tritt. Hier wird gewissermaßen die theo-

---

39. So W. Schrage, Der erste Brief an die Korinther, EKK VII/1, Neukirchen-Vluyn u. a.
    1991, 334. Er verweist dann auf eine ganze Reihe seltsamer und ausweichender The-
    sen bis hin zur häufigen Annahme einer Glosse. Er selbst will zwar grundsätzlich an
    das Alte Testament denken, doch da Paulus »kein biblizistischer Schriftexeget (sei),
    der sich allein an das gebunden weiß, was innerhalb des Kanons geschrieben steht«
    – würde man Luther oder einen anderen christlichen Theologen derart charakteri-
    sieren!? – kommt er zu keinem klaren Verständnis, sondern »es bleibt eine gewisse
    Ratlosigkeit« (336).
40. Vgl. zum. Galaterbrief u. S. 124 ff.

retische Basis der konkreten paulinischen Berufung auf die Schrift sichtbar. Sie lautet: Die Schrift im Ganzen mit allen ihren Verheißungen (und mit der ganzen Tora[41]) wird von Christus bestätigt. Und in der gesamten Christusverkündigung gibt es nichts, was unabhängig oder gar außerhalb der Schrift und ihrer Geltung anzusetzen wäre. Diese Grundsätze werden gerade bei der so genannten christologischen Interpretation der Schrift im Auge zu behalten sein.[42]

c. Hebräerbrief

Eine andere sehr grundsätzlich gemeinte Formulierung steht am Beginn des Schreibens an die hebräischen Gemeinden (Hebr 1,1 f.):

> *1 Vor Zeiten hat Gott vielgestaltig und vielfältig durch Prophetinnen und Propheten zu unseren Vorfahren gesprochen. 2 Am Ende dieser Zeiten hat Gott zu uns gesprochen durch ihr Kind, das sie zum Erben aller Dinge eingesetzt hat. Durch ihn hat sie auch die Weltzeiten gemacht.*

»Vielgestaltig und vielfältig« (*polymerós kai polytrópos*) habe Gott früher zu den Vorfahren gesprochen, häufig also und auf vielerlei Weise, jetzt aber in den letzten Tagen zu uns durch den Sohn. Sind die angeführten paulinischen Grundsatzformulierungen, die allen späteren christlichen Mustern des Umgangs mit dem Alten Testament widersprechen, einfach an den Rand geschoben und faktisch übersehen worden, so hat man diese hier am Anfang des Hebräerbriefes zu einem Kronzeugen für die Überlegenheit des Neuen Testamentes über das Alte gemacht. Üblicherweise wird die Tatsache eines letzten Wortes in christlicher Auslegung als »eschatologische Überbietung«[43], als »(relative!) Abwertung von Gottes einstiger Rede«[44] verstanden, die »im doppelten Sinne des Wortes auf-gehoben wird«[45]. Diese endgültige Überbietung könne »als Grundmodell einer impliziten Kanonhermeneutik der neutestamentlichen Schriften insgesamt gelten.«[46] So lauten Formulierungen aus neueren wissenschaftlichen Auslegungen, mit denen traditionelle Lektüremuster fortgeschrieben werden.

41. Dazu u. S. 219 ff.
42. Dazu u. bes. S. 294 ff.
43. H.-F. Weiß, Der Brief an die Hebräer, KEK 13, Göttingen 1991, 137.
44. Ebd. 138.
45. E. Gräßer, An die Hebräer, EKK XVII/1, Zürich u. a. 1990. 54.
46. So H.-J. Eckstein, Die implizite Kanonhermeneutik des Neuen Testaments, in: B. Janowski Hg., Kanonhermeneutik. Vom Lesen und Verstehen der christlichen Bibel, Neukirchen-Vluyn 2007, 47- 68, Zitat (54). Vom Alten Testament her gelte nichts grundsätzlich anderes (B. Janowski, Die kontrastive Einheit der Schrift. Zur Hermeneutik des biblischen Kanons, ebd. 27-46).

Wird das aber der Formulierung und ihrer Intention gerecht?[47] Zweifellos ist dieses Reden durch den Gottessohn am Ende der Zeiten etwas Besonderes. Das zeigt formal schon der Gegensatz von Vielheit und Einheit, von früher und jetzt, von den vielen Propheten und dem einen Kind. Vor allem aber sind es natürlich die weit ausgreifenden Formulierungen in V. 2b mit der Rede von Schöpfungsmittlerschaft und Erbe des Alls, erst recht sind es dann die folgenden hymnischen Charakterisierungen in V. 3 ff. mit ihrer großen Nähe zu Gott selbst, wo der Sohn als »*Abglanz der Herrlichkeit und Abbild des göttlichen Wesens*« bezeichnet wird, die das Besondere hervortreten lassen.

Dennoch fragt man sich, wie das Verhältnis des letzten zu den vorangehenden Worten in V. 1 genau gemeint ist. Ist dieses letzte Wort, welches das Zentrum und das Spezifische des christlichen Glaubens ausmacht, das einzige, das letztlich gilt? Hängen von ihm dann sogar Geltung und Sinn der vielfältigen früheren Reden Gottes ab? So die üblichen Interpretationen, und entsprechend wird die Frage nach dem Verhältnis der beiden Teile der christlichen Bibel, von Neuem und Altem Testament, entschieden. Dabei wird offenkundig direkt aus der so überragenden Stellung des messianischen Sohnes auf Geltung und Wert der vorangehenden Worte geschlossen. Sie scheinen Abwertung, ja Aufhebung zu fordern, so dass in einem endgültigen Sinne nur das letzte entscheidende Wort gilt. Nicht das unwichtigste Beispiel dafür ist, dass und wie nach verbreiteter Sicht der neue Bund den alten aufhebt bzw. an sein Ende bringt (Hebr 8,13 u. a.).[48]

Die so begründete Sichtweise steht beispielhaft für die üblichen christlichen Bewertungen des Alten Testamentes. Die allen traditionellen Mustern zugrunde liegende Überlegenheit des Neuen über das Alte gründet sich auf die hohe Christologie, wie sie in bestimmten neutestamentlichen Texten formuliert ist, und auf ein bestimmtes Verständnis dieser Wendungen. Sie gründet sich *nicht* darauf, wie die neutestamentlichen Schriften selbst das Verhältnis und damit gerade auch die (hohe) Christologie sehen. Die hier in Hebr 1,1 f. so betonte Vielgestaltigkeit und Vielfalt der früheren Worte Gottes wird faktisch zugunsten des einen Wortes ausgehebelt. Was immer man ihnen dann noch für einen relativen Wert zuschreibt, es gibt eine letzte Ebene, auf der sie nicht notwendig sind. Das Neue ist so groß, dass es das kleinere Alte letztlich nicht braucht.

Doch schon von der Logik des Sprechvorgangs her, die der Formulierung in V. 1 zugrunde liegt, ist es ja keineswegs so, dass ein abschließendes letztes Wort all die vorangehenden in Frage stellt. Das gilt weder für die Ebene eines Satzes,

---

47. Andere Akzente jetzt bei K. Backhaus, Der Hebräerbrief, RNT, Regensburg 2009, 82: »Gott wird nicht größer im Heute, wenn man sein Handeln im Gestern kleiner macht; seine Treue zu »uns« wird nicht glaubwürdiger, wenn man seine Treue zum ersten Heilsvolk als vergänglich abtut.« Ähnlich M. Karrer, Der Brief an die Hebräer. Kapitel 1,1–5,10, ÖTK 20/1, Gütersloh u. a. 2002, 112 ff.
48. Dazu u. S. 174 ff.

wo die alleinige Geltung des letzten Wortes, das alle vorangehenden umdeuten soll, geradezu Unsinn wäre, noch gilt es für die Ebene eines Textes. In beiden Fällen müsste man sich schon sehr spezifische Konstellationen ausdenken, bei denen ein ironischer Gag (etwa ein »Nein«) am Ende alles Vorangehende als Täuschung oder jedenfalls als unwichtig erweisen würde. Die Regel ist aber doch, dass der Schluss eines Sprechaktes auf den vorangehenden Äußerungen aufbaut und überhaupt nur Sinn macht und verständlich ist, wenn die vorangehenden Worte gelten und in Geltung bleiben.

Man braucht also ein zusätzliches Kriterium und kann gerade nicht vom Bild des Sprechens und vom Inhalt des letzten Wortes allein ausgehen. Und ein solches Kriterium ist im Falle des Hebräerbriefes ja auch gegeben. *Wie das Verhältnis der vielen zu dem einen Wort gemeint ist, muss sich im Text des gesamten Hebräerbriefes zeigen.* Alles, was dort über Christus und seine Bedeutung zu sagen ist, wird mit Worten und Texten des Alten Testamentes geschildert. Der Hebräerbrief selbst also beschreibt dieses letzte Wort durchgängig mit den vielfältigen Worten, die vorher gesprochen wurden.[49] Es ist nicht anders ausdrückbar und nicht anders sagbar. Da gibt es nichts Neues, das nicht mit und in den alten Worten zur Sprache kommt.[50] Sind die vorangehenden Worte Gottes wahr, weil und wenn das letzte gilt und nur dann? So die übliche christliche Sichtweise.[51] Oder ist das letzte Wort wahr, verständlich und gültig, weil und wenn, und zwar nur weil und nur wenn die vorangehenden gelten und nur dann? Wenn das so ist, hängt alles, gerade auch die Wahrheit des letzten, daran, dass die früheren Worte gültig sind, und zwar dass sie unabhängig vom letzten gelten. Die Art, wie in dieser Schrift, die so beginnt, mit diesen vielfältigen Worten umgegangen wird, zeigt, dass nur die zweite Möglichkeit gemeint sein kann. Die vorangegangenen Worte Gottes werden nicht aufgehoben oder auch nur relativiert, festzustellen ist vielmehr durchgehend »the author's apparent

49. Ein knapper Überblick über den Schriftgebrauch bei M. Karrer, Der Hebräerbrief, in: M. Ebner/S. Schreiber Hg., Einleitung in das Neue Testament, Studienbücher Theologie Bd. 6, Stuttgart 2008, 474-495, bes. 488 f. Vgl. die Liste bei: M. Theobald, Vom Text zum »lebendigen Wort« (Hebr 4,12). Beobachtungen zur Schrifthermeneutik des Hebräerbriefs, in: Chr. Landmesser u. a. Hg., Jesus Christus als die Mitte der Schrift. Studien zur Hermeneutik des Evangeliums, FS O. Hofius, BZNW 86, Berlin u. a. 1997, 754.

50. So etwa die Formulierungen von T. Lewicki, »Weist nicht ab den Sprechenden!« Wort Gottes und Paraklese im Hebräerbrief, PaThSt 41, Paderborn u. a. 2004, 141 f.: »Der ›lebendige Gott‹ des Hebr ist in der *Schrift* sprechender Gott ... Sowohl die Christologie als auch die Soteriologie des Hebr *stützen* sich nicht nur auf das Zeugnis der Schrift, sondern sie werden durch die Schrift ... gleichsam konstituiert.«

51. Ein Beispiel ist die Meinung von Theobald, Schrifthermeneutik des Hebräerbriefs, 779, wonach die Worte der Schrift »ihre *erste und eigentliche* Wirklichkeit in Christus besitzen,« unabhängig davon aber »nur eine abgeleitete, uneigentliche Aussage« darstellen.

belief in truth and significance of every word in scripture«[52]. Deshalb gilt trotz oder gerade wegen der überragenden Herrlichkeit des Sohnes faktisch der Grundsatz, den Paulus so formuliert hat: »*nicht über das hinaus, was geschrieben steht*«.

3. Aber die negativen Aussagen?

Jahrtausendelang ist das Alte Testament als vom Neuen überholt, übertroffen oder gar abgelöst gelesen worden. Für diese bei aller Differenzierung immer eindeutige Rangfolge hat es natürlich biblische und das heißt vor allem neutestamentliche Begründungen gegeben sowie in bestimmter Weise gelesene Texte, die diese Begründungen geliefert haben. Sie sind bekannter und sie sind sehr viel stärker im Bewusstsein und vor allem im Unterbewusstsein präsent als die eben genannten, die auf ein bisher nicht wirklich realisiertes Muster hindeuten. Einige der Schlüsseltexte, die eine überragende Rolle bei der verbreiteten Konstruktion einer Überlegenheit des Neuen Testamentes gespielt haben und weiter spielen, sollen im Folgenden genannt werden.

a. Gnade statt Tora (Joh 7,53 – 8,11)?

Fragt man, wo und wie die übliche theologische Abwertung des Alten Testaments denn im biblischen Text selbst in Erscheinung tritt, so gibt es vor allem einen Text, der diesem Muster genau entspricht. Es handelt sich um die eindrucksvolle Erzählung von Jesus und der Ehebrecherin in Joh 8. Als Jesus im Tempel lehrte, da brachten

> *3 die Schriftgelehrten, Pharisäerinnen und Pharisäer eine Frau, die beim Ehebruch ergriffen worden war, und stellten sie in die Mitte, 4 und sie sagten ihm: »Lehrer, diese Frau ist ergriffen worden, wie sie gerade dabei war, Ehebruch zu begehen. 5 In der Tora hat uns Mose geboten, solche Frauen zu steinigen. Was meinst du nun dazu?« 6 Dies sagten sie aber, um ihn auf die Probe zu stellen, damit sie etwas hätten, um ihn anzuklagen. Jesus aber beugte sich nieder und schrieb mit dem Finger in den Sand. 7 Als sie dabei blieben, ihn zu fragen, richtete er sich auf und sagte ihnen: »Welche unter euch ohne Unrecht sind, mögen als erste einen Stein auf sie werfen.« 8 Und er beugte sich wieder hinunter und*

---

52. So S. E. Docherty, The Use of the Old Testament in Hebrews, WUNT II/260, Tübingen 2009, 199.

schrieb in den Sand. 9 Als sie dies hörten, gingen sie alle nacheinander weg, angefangen bei den Ältesten, und ließen ihn allein mit der Frau, die in der Mitte war. 10 Jesus richtete sich auf und sagte ihr: »*Frau, wo sind sie? Hat dich niemand gerichtet?*« *11 Sie sagte:* »*Niemand, Rabbi.*« *Jesus sagte ihr:* »*Auch ich richte dich nicht; geh und tue von jetzt an kein Unrecht mehr.*«

Hier stehen zentrale Bestandteile der Abwertung und Überholung des Alten Testaments im Zentrum, es sind die üblichen: Jesus gegen die Pharisäer und Schriftgelehrten, christliche Gnade gegen das grausame jüdische Gesetz. Die traditionelle negative Bewertung der Tora mit ihrem konstruierten Gegensatz von Gesetz und Gnade hat hier an einem besonders krassem Beispiel, der Steinigung einer Frau wegen Ehebruch, eine eindrucksvolle Gestalt gewonnen. Die hoch wirkungsvolle Geschichte, die viele der Anti-AT-Muster versammelt, ist bis heute ein beliebter Predigttext und nach wie vor Bestandteil der Perikopenreihe. Zur Beurteilung ist entscheidend, dass es sich um einen nach-neutestamentlichen Text handelt, der das alttestamentliche Gesetz wie die jüdisch-rabbinische Auslegung bis zur Karikatur verzerrt.

– *Die Perikope ist kein Bestandteil des Johannesevangeliums.* Sie »*fehlt* in allen älteren griechischen Handschriften« des Johannesevangeliums, einschließlich der großen des 4. Jh. n. Chr.[53] Sie findet sich auch nicht in vielen alten Übersetzungen sowie bei den griechischen Kirchenvätern wie Origines etc. Belegt ist sie erst ab 5. Jh. n. Chr.[54] Andere spätere Handschriften haben den Text an anderen Stellen eingeordnet, etwa hinter Joh 7,36; Joh 21,25; oder gar nach Lk 21,38 oder Lk 24,53.

53. S. H. Thyen, Jesus und die Ehebrecherin, in: Religionsgeschichte des NT, FS K. Berger, Tübingen 2000, 433-446 (433) = ders., Studien zum Corpus Johanneum, WUNT 214, Tübingen 2007, 306-322. Zum Befund auch K. Wengst, Das Johannesevangelium, Bd. 1, ThKNT 4/1, Stuttgart u. a. 2000, 301 ff., sowie neben den größeren Kommentaren U. Becker, Jesus und die Ehebrecherin. Untersuchungen zu Text- und Überlieferungsgeschichte von Joh 7,53–8,11, BZNW 28, Berlin 1963, und: M. A. Robinson, Preliminary Observations regarding the *pericope adulterae* upon fresh collations of nearly all continuous Manuscripts and all lectionary Manuscripts containing the Passage, Filologi a neotestamentaria 13, 2000, 35-59.

54. Zur Diskussion über mögliche ältere Spuren der Überlieferung s. Thyen, Jesus und die Ehebrecherin, 435 ff. Zuletzt will sie F. Siegert (Die *pericopa adulterae* (Joh 8,1-11): Ende einer Irrfahrt, in: D. C. Bienert u. a. Hg., Paulus und die antike Welt, FS D.-A. Koch, Göttingen 2008, 175-186) wieder als ursprünglichen Bestandteil des Johannesevangeliums erweisen, wo sie (mit wilder Text- und Literarkritik) nach 2,20 eingeordnet werden soll. Er stützt sich für ihr Alter auf das angebliche Zeugnis des Papias. Doch dessen Fragment II,17 (nach Euseb) spricht von einer Frau, »die wegen ihrer vielen Sünden« *(epí polláis hamartíais)* angeklagt wurde (A. Lindemann/H. Paulsen Hg., Die apostolischen Väter, Tübingen 1992, 295; vgl. etwa J. Kürzinger, Papias von Hierapolis und die Evangelien des Neuen Testaments, EichM 4, Regensburg 1983, 103), was einen Bezug auf Joh 8 ausschließt.

Auch aus sprachlichen und sachlichen Gründen gehört der Abschnitt eindeutig nicht zum Johannesevangelium.[55] Das machen schon zwei Aussagen des Evangeliums zum jüdischen Gesetz deutlich, die diesen Fall nicht möglich machen würden. Unmittelbar voran geht in Joh 7,51 das Wort des Nikodemus *»Verurteilt etwa unsere Tora einen Menschen, ohne ihn zuvor gehört zu haben und zu wissen, was er tut?«* Doch von Anhörung und Verhandlung ist nicht die Rede. Und in 18,1 stellen die Leiter des jüdischen Volks vor Pilatus fest: *»Es ist uns nicht erlaubt, einen Menschen hinzurichten.«* So sieht das Johannesevangelium die Lage unter der römischen Besatzung und das entspricht, nach allem was wir wissen, wohl der historischen Realität.[56] Die Szene von Joh 8 fällt von diesem Befund her schon aus klassisch-literarkritischen Gründen aus dem Evangelium völlig heraus. Trotz aller Konflikte mit dem Judentum, eine solche Diffamierung der Tora ist gerade auch im Johannesevangelium nicht denkbar.[57] Die Behauptung, sie sei Teil des neutestamentlichen Kanons und gehöre deshalb zur biblischen Grundlage der Kirche und ihrer Theologie,[58] ist von diesem Befund her zutiefst fraglich, und die Kriterien einer solchen These müssten zumindest eigens diskutiert werden.

– *Das Erzählte entspricht nicht alttestamentlich-jüdischer Tradition.* Die Geschichte kann deshalb keinesfalls in einem jüdischen geprägten Kontext entstanden sein.[59] Dabei geht es nicht nur um Unkenntnis des jüdischen Gesetzes und seiner Auslegung,[60] sondern es muss der Wille dazu kommen, dieses bewusst negativ zu zeichnen. Es handelt sich um eine Karikatur, eine diffamierende Verzerrung der Tora und des jüdischen Rechts. Insofern liegt hier ein wichtiger Baustein für den üblichen christlichen Antijudaismus vor. Das betrifft zunächst die Behauptung in V. 4, dass nach der Tora eine beim Ehebruch ertappte Frau zu steinigen sei. Doch beim Ehebruch einer verheirateten Frau ist nicht nur sie, sondern auch der beteilige Mann zum Tode zu verurteilen (Dtn 22,22). Zudem ist von Steinigung als Hinrichtungsart nur im Fall

55. Dazu Becker, Jesus und die Ehebrecherin, 43 ff.; Thyen, Jesus und die Ehebrecherin, 434. Ein neuerer Versuch, »internal evidence« für eine Zugehörigkeit zum Evangelium zu finden (J. P. Heil, The Story of Jesus and the Adulteress [John 7,53–8,11] Reconsidered, Bibl. 72, 1991, 182-191) ist deutlich widerlegt worden (D. B. Wallace, Reconsidering »the Story of Jesus and the Adulteress reconsidered«, NTS 39, 1993, 290-296).
56. So K. Wengst, Das Johannesevangelium, Bd. II: Kapitel 11-21, ThKNT 4,2, Stuttgart 2001, 221-223.
57. Dazu u. S. 117 ff.
58. So zuletzt etwa M. Theobald, Das Evangelium nach Johannes. Kapitel 1-12, RNT, Regensburg 2009, 548 f.
59. Das betont K. Wengst, Das Johannesevangelium, Bd. 1, 302 ff.
60. Zu den Details vgl. v. a. J. Blinzler, Die Strafe für Ehebruch in Bibel und Halacha. Zur Auslegung von Joh. VIII,5, NTS 4, 1957/8, 32-47. Vgl. a. Wengst, Johannesevangelium, 304 ff.; Siegert, pericopa, 182.

einer verlobten Frau die Rede, die ihren Verlobten bei der Eheschließung über ihr sexuelles Vorleben getäuscht hat (22,20), oder sich gegen eine Vergewaltigung nicht gewehrt hat, obwohl das möglich gewesen wäre (22,24).

Für die neutestamentliche oder für noch spätere Zeiten kann zudem keinesfalls angenommen werden, diese und andere biblischen Gesetze wären ohne ihren Kontext gelesen und dann einfach angewendet worden. Was den möglichen Vollzug von Todesstrafen betrifft, sind grundsätzlich zwei Dinge zu bedenken. Zum einen liegt das Recht zur Verurteilung von Kapitaldelikten ausschließlich bei der römischen Besatzungsmacht. Von daher ist nach jüdischer Tradition schon lange vor der Zerstörung des Tempels keine Todesstrafe mehr vollzogen worden (pSanh I 18a; bSchab 15a; bAZ 8b). Ob und welche Ausnahmen es gegeben hat, ist unklar und umstritten.[61] Aber selbst wenn man mit anderen Möglichkeiten rechnet, wäre gerade bei innerjüdischer Gerichtsbarkeit das Prozessrecht zu beachten. Die wichtigsten Regeln sind schon biblisch bezeugt und insbesondere im Falle von möglichen Todesstrafen von Gewicht.[62] So sind für ein Urteil zwei unabhängige Zeugen vonnöten (Dtn 17,6; 19,15). In der Exegese von Joh 8 wird deswegen gelegentlich an eine Falle gedacht, die der Frau gestellt worden sei.[63] Doch es kommt etwas Entscheidendes hinzu. Die Tat muss, um derart bestraft werden zu können, absichtlich und bewusst begangen worden sein,[64] das heißt in Kenntnis der Gesetze und der drohenden Folgen. Das ist nach jüdischer Auslegung nur dann der Fall, wenn unmittelbar vor der Tat eine Warnung erfolgt ist. Das bedeutet aber auch die Möglichkeit, die Tat dann nicht zu tun. So ist es ausdrücklich bereits in der Mischna vorgesehen (mSanh V 1 ff.). Und diese Regel wird gerade auch auf Ehebruch durch Frauen angewendet:»Wenn sie sie nicht gewarnt haben, kann sie ja auch nicht hingerichtet werden« (bSanh 41a). Gerade ein Ertapptwerden auf frischer Tat schließt eine solche Warnung und damit aber auch ein Todesurteil geradezu aus. Zudem wäre in jedem Fall eine ordentliche Gerichtsverhandlung vor dem zuständigen Gericht nötig. Dabei geht es um ein kleines Synhedrium aus 23 Richtern, zumal in Jerusalem, wo die Geschichte spielt.

Es sind diese Regeln, warum nach dem Zeugnis der Mischna ein Gerichts-

61. Vgl. einerseits S. Safrai, Jewish Self-government, in: S. Safrai u. a. Hg., The Jewish People in the First Century Bd. I, Assen 1974, 377-419 (398 f.); andererseits Wengst, Das Johannesevangelium Bd. II, 221 ff.
62. Dazu R. Reichmann, Art. Todesstrafe III. Judentum, RGG⁴ Bd. 8, 2005, 450 f. Einzelne Aspekte diskutiert z. B.: G. J. Blijdstein, Capital Punishment – The Classical Jewish Discussion, Jdm 14, 1965, 159-171; H.-H. Cohn, The penology of the Talmud, ILR 5, 1970, 53-74.
63. So J. D. M. Derrett, Law in the New Testament, London 1970, 161 f.
64. Zu den zuerst an Tötungsdelikten entwickelten Begriffen und Differenzierungen im biblischen Recht s. F. Crüsemann, Maßstab: Tora. Israels Weisung für christliche Ethik, 2. Aufl. 2004 Gütersloh, 370 ff.

hof, der in sieben Jahren ein Todesurteil erlässt, als blutig gilt, nach anderen sogar, wenn es in siebzig Jahren einmal geschieht (mMakk I 10). Nach allem, was wir wissen, müsste man also annehmen, die Schriftgelehrten und Pharisäer würden entweder unter römischer Duldung eine Art Lynchjustiz planen oder aber es würde ihnen eher um eine theoretische Frage gehen, die Jesus vorgelegt wird. Natürlich ist denkbar, dass die Römer bei bestimmten Delikten, etwa wenn es um Sexualvorwürfe gegen Frauen ging, nicht so genau hinschauten und dem »Volkswillen« nachgaben. Es ist auch denkbar, dass die rabbinische Auslegung noch nicht überall faktisch praktiziert wurde[65] oder es nicht alle aus der Führungsschicht mit der Tora und ihrer offiziellen Auslegung so genau nahmen. Dass ein solcher Fall also irgendwo im jüdischen Bereich faktisch passieren konnte, ist nicht völlig auszuschließen. Um all das aber geht es nicht. Sondern es geht ausschließlich darum, dass diese Erzählung ausdrücklich unterstellt, die Tora würde eine solche Reaktion, die Steinigung einer bei einem Ehebruch ertappten Frau ohne jede Gerichtsverhandlung fordern. So stehe es in der Tora, sagen die Schriftgelehrten und Pharisäer, und weder die Geschichte selbst auf der Erzählebene noch Jesus in ihr widersprechen dem. Das die Spannung der Geschichte lösende Wort, das ja geradezu zum Sprichwort geworden ist, suggeriert, Jesus habe die grausame Tora wie ihre jüdische Auslegung ausgehebelt.

So hat die Geschichte gewirkt und so wirkt sie bis heute.[66] Sie entstand offenbar in einer kirchengeschichtlichen Phase, in der das Alte Testament bereits antijüdisch gelesen wird, und hat erheblich zu dieser Tendenz beigetragen. Die gegenläufigen Bestimmungen schon in der Tora selbst wie dann im nachbiblischen Judentum sind weitgehend nicht zur Kenntnis genommen worden. Bis heute wird behauptet und gelehrt, dass sie »inhaltlich … deutlich dem Grundanliegen der Verkündigung Jesu entspricht«[67], was nur unter der Voraussetzung behauptet werden kann, dass die Lehre Jesu wie das gesamte Neue Testament »essentiell« antijüdisch ist. Dass es im Neuen Testament weder im Johannesevangelium noch sonst weitere Texte gibt, die das Alte Testament in der Weise abwerten und für überwunden erklären, wie das die nachbiblische Perikope von der Ehebrecherin in Joh 8 tut, soll im Folgenden überprüft werden.

Wegen ihres inhaltlichen Anliegens ist allerdings vorher eine andere Überlegung angebracht. In einer Zeit, wo es die grausame Hinrichtungsform der

---

65. Darauf vor allem baut D. Daube, Origen and the Punishment of Adultery in Jewish Law, StPatr II, Berlin 1957, 109-113 (bes.113) seine These auf, Joh 8 würde weitgehend jüdischem Recht vor 120 n.Chr. entsprechen. Auf die Frage der Warnung geht er gar nicht ein.

66. Zur antijüdischen Interpretationsgeschichte der Perikope s. J. W. Knust, Early Christian Rewriting and the History of the Pericope Adulterae, Journal of Early Christian Studies 14, 2006, 485-536.

67. So U. Wilckens, Das Evangelium nach Johannes, NTD 4, Göttingen 1998, 140.

Steinigung nach wie vor gibt und sie nicht selten genau wie hier an Frauen, denen Ehebruch vorgeworfen wird, praktiziert wird, und fast immer ohne dass der beteiligte Mann dabei eine Rolle spielt,[68] ist das positive Anliegen der Geschichte nach wie vor hochaktuell und wichtig.[69] Man hat mit Gründen vermutet, dass hinter ihr ein innerkirchlicher Konflikt um den Umgang mit entsprechenden sexuellen Verfehlungen stehe[70] und der Text also innerhalb der Kirche um größere Liberalität wirbt. Jedenfalls ist er »nicht »aus der Interessenlage herrschender Kreise der Alten Kirche« zu erklären.[71] Leider verfolgt er sein Ziel mit Hilfe antijüdischer und antialttestamentlicher Diffamierungen. Es ist eine bis heute gelegentlich zu beobachtende Tendenz, dass befreiende Anliegen mit einer Distanzierung gegenüber Altem Testament und Judentum verbunden werden. Joh 8 ist damit so etwas wie das Vorbild für bestimmte Erscheinungen innerhalb der Befreiungstheologie oder auch der frühen feministischen Exegese. Dadurch hat sich christliche Befreiungstheologie oft genug des wichtigsten biblischen Bundespartners beraubt. Zum heutigen Umgang damit könnte es sich nahelegen, genau wie es für frauenfeindliche Texte vorgeschlagen wurde,[72] die Perikope von der Ehebrecherin in Bibelübersetzungen mit einer aufklärenden kritischen Anmerkung zu versehen. Nur so sollte sie ihren kanonischen Rang, den sie faktisch einnimmt, behalten können.

b. Ablösung der Tora?

Es sind vor allem zwei Formulierungen im Neuen Testament, die das Muster von Joh 8 in eine Grundsatzformel zu bringen scheinen, Lk 16,16 und Joh 1,17. Beide sind in diesem Sinne bis heute hoch wirksam.

68. Aktuelle Beispiele etwa bei www.amnesty-todesstrafe.de.
69. Dazu bes L. Schottroff, Lydias ungeduldige Schwestern. Feministische Sozialgeschichte des frühen Christentums, Gütersloh 1994, 258-271.286-289.294-296
70. So H. v. Campenhausen, Zur Perikope von der Ehebrecherin (Joh 7,53–8,11), ZNW 68, 1977, 164-175, der sie aus innerkirchlichen Konflikten des 2. Jh.s zu verstehen sucht. Dem schließen sich letztlich K. Wengst (Johannesevangelium, 306-308) und H. Thyen (Jesus und die Ehebrecherin, 446) an.
71. So mit Recht Schottroff, Lydias ungeduldige Schwestern, 263 Anm. 12.
72. M. Crüsemann, Unrettbar frauenfeindlich: Der Kampf um das Wort von Frauen in 1 Kor 14,(33b)34-35 im Spiegel antijudaistischer Elemente der Auslegung, in: L. Schottroff/M.-Th. Wacker Hg., Von der Wurzel getragen. Christlich-feministische Exegese in Auseinandersetzung mit Antijudaismus, BIS 17, Leiden u. a. 1996, 199-223 (216 f.).

α. »... bis zu Johannes«? Lk 16,16

Da ist einmal Lk 16,16:

>»Die Tora und die Propheten – bis zu Johannes; von da an wird das Evangelium
>vom Reich Gottes verkündet, und jeder und jede wird hineingenötigt«.

Der Anfang klingt eindeutig und wird vielfach und von vielen, nachprüfbar
gerade von Theologen und Theologinnen, als Beleg für einen Gegensatz Ge-
setz/Propheten versus Evangelium empfunden, und zwar im Sinne eines zeitlichen Nacheinander, das heißt als Ablösung des Alten durch das Neue Testament. Aber es folgt nicht nur im gleichen Kapitel das Gleichnis vom reichen
Mann und armen Lazarus mit seiner kaum überbietbaren Hochschätzung der
Tora (bes. Lk 16,29.31: »*Wenn sie nicht auf Mose und die prophetischen Schriften
hören, werden sie sich auch nicht überzeugen lassen, wenn einer von den Toten sich
erhebt!*«), es folgt zunächst einfach V. 17: »*Es ist leichter, dass Himmel und Erde
vergehen, als dass ein Strichlein der Tora fällt.*« Was immer V. 16a bedeutet, gemeint ist *nicht* die Ablösung oder Überwindung der Tora. Nun steht ja auch das
gerade in protestantischen Übersetzungen vielfach hineingebrachte »gelten; in
Geltung sein o. ä.«[73] nicht da. Daran, wie das im Griechischen nicht vorhande-
ne Verb im Deutschen ergänzt wird, zeigt sich das jeweilige Verständnis des
Verses recht deutlich. Luther hatte »weissagen«, bis es in der Revision von 1984
zu »reichen bis« verändert wurde.[74] Die Einheitsübersetzung sagt »bis zu Johannes hatte man nur«, was jedenfalls die erfundene Nicht-mehr-Geltung der
Tora ausschließt. Wie stark die Fixierung auf eine bestimmte (neu-)protestan-
tische Paulusdeutung mit der Überwindung des Gesetzes die Deutungen bestimmt, zeigt die Tatsache, dass die Frage der Geltung *der Propheten* dabei meist
einfach vergessen und übersehen wird. Gelten sie etwa auch nicht mehr? Und
was ist mit all ihren eschatologischen Verheißungen? Doch was für sie gilt, muss
auch für das Gesetz gelten und umgekehrt. Von der »Fortführung des Satzes mit
dem Verbum *euangelizesthai* (= frohe Botschaft verkündigen)« liegt die Ergänzung mit einem Begriff für »verkündigen« nahe.[75]

Wie ist dann diese »*Ergänzung* der Verkündigung von Tora und Propheten«[76] genau zu verstehen? Trotz der Schwierigkeiten, die der so wenig eindeu-

---

73. Etwa F. Bovon, Das Evangelium nach Lukas, 1. Teilband (Lk 1,1–9,50), Zürich u. a.
    89; U. Wilckens, Das Neue Testament übersetzt von U. W., Hamburg 1972; Bibel in
    gerechter Sprache (L. Sutter-Rehmann).

74. Und damit wie in vielen anderen Fällen das angeblich antijüdische Profil des Neuen
    Testaments verstärkend.

75. So W. Stegemann, Jesus und seine Zeit, Biblische Enzyklopädie 10, Stuttgart 2010,
    271.

76. Stegemann, Jesus« und seine Zeit, ebd. Man kann auch (vgl. etwa Ps 93[92], 2 LXX)
    statt »von da an« übersetzen »von jeher«; so die Bibel in gerechter Sprache, 4. Aufl.
    Gütersloh 2011.

tige V. 16b bereitet[77] – wobei Fassung und Zusammenhang bei Lukas doch wohl am ehesten an so etwas wie »hineinnötigen« o. ä. denken lassen[78] – legt sich wohl für diese »Ergänzung« ein Verständnis von Lk 4 her nahe, der so genannten Antrittspredigt Jesu.[79] Hier werden grundlegende Sozialgebote der Tora zu Schulden und Schuldenerlass in Gestalt prophetischer Stimmen zu Gehör gebracht,[80] und dann wird von Erfüllung gesprochen, das heißt, dass mit der Predigt des Reiches Gottes die alten Traditionen von Gebot Gottes einerseits und Verheißung Gottes andererseits zu einer gegenwärtigen wirkenden Kraft zusammenkommen. Dass dabei in Lk 16,17 ausdrücklich an die Gültigkeit der Tora erinnert wird, lässt erkennen – genau wie auch das matthäische »*meint nicht*« in Mt 5,17 –, dass es die Meinung, die Tora werde durch die Verkündigung des Gottesreiches aufgehoben oder jedenfalls eingeschränkt, wohl auch schon in neutestamentlicher Zeit gab. Die neutestamentlichen Texte allerdings widersprechen ihr hier wie auch sonst[81] nachdrücklich.

β. Christus statt Mose? Das Johannesevangelium

Ein vergleichbares Muster und eine vergleichbare Wirkung ist dann vor allem mit der Formulierung von Joh 1,17 verbunden:

> »*Die Tora ist durch Mose gegeben, und die Gnade und die Wahrheit sind durch Jesus, den Messias, entstanden.*«

Es ist für ein sachgemäßes Verständnis unumgänglich, den engeren und den weiteren Kontext und damit faktisch die ganze Frage, wie das Vierte Evangelium mit dem Alten Testament umgeht, einzubeziehen. Das ist auch deshalb angebracht, weil die Theologie gerade dieses Evangeliums als Grundbeleg sowohl für den christlichen Antijudaismus als auch für Zweitrangigkeit des Alten Testaments gilt.

> *15 Johannes zeugte für Jesus, rief aus und sagte:* »*Dieser war es, von dem ich sagte:* ›*Der nach mir kommt, ist vor mir entstanden, denn er war früher als*

---

77. Die Diskussion kreist vor allem um die Frage der Gewalt gegen das Himmelreich in der Fassung des Mt-Evangeliums (Mt 11,12 f.), die für älter und für einen Teil von Q gehalten wird. Dazu bes. G. Theißen, Jünger als Gewalttäter (Mt 11,12 f.; Lk 16,16). Der Stürmerspruch als Selbststigmatisierung einer Minorität, StTh 49, 1995, 183-200.

78. Zuletzt bes. I. L. E. Ramelli, Luke 16:16: The Good News of God's Kingdom is Proclaimed and Everyone Is Forced into It, JBL 127, 2008, 737-758.

79. Zum Folgenden: M. Crüsemann/F. Crüsemann, Das Jahr, das Gott gefällt.

80. Dieser betonte Zusammenhang von Tora und Propheten, d. h. von Tora in prophetischer Interpretation, schließt aus, dass die Tora nur noch in der »Interpretation durch die Lehre Jesu« gelte, wie J. Schröter behauptet (Erwägungen zum Gesetzesverständnis in Q anhand von Q 16,16-18, in: C. M. Tuckett Hg., The Scripture in the Gospels, BEThL 131, Leuven 1997, 441-458, 446).

81. Dazu u. S. 217 ff.

ich.‹« *16 Aus seiner Fülle haben wir alle Gnade anstelle von Gnade erhalten.*
17 Denn die Tora ist durch Mose gegeben, und die Gnade und die Wahrheit sind
durch Jesus, den Messias, entstanden. 18 Niemand hat Gott jemals gesehen. Der
Einziggeborene, der im Mutterschoß des Vaters ist, jener ist uns vorangegangen.

Es handelt sich um die Schlusspassage des berühmten Prologs zum Evangelium.
Dass in der Formulierung von V. 17 ein Gegensatz von Gesetz und Gnade, von
Mose und Jesus gemeint sein soll, wie es üblicherweise verstanden wird, macht
schon die Gestaltung in Form von Parallelaussagen fraglich.[82] In beiden Hälften
von V. 17 liegen passivische Formulierungen vor, die als *passivum divinum* zu
deuten sind. Beides, Tora wie Gnade und Wahrheit, geht auf *Gottes* Handeln
zurück. In beiden Fällen wird mit »durch«/*dia* ein Mittler eingeführt. Eine Differenz liegt im Verb: Die Tora ist durch Mose »gegeben«, Gnade und Wahrheit
sind dagegen durch Jesus »entstanden, geworden«. Diese Entstehung kann, wie
auch V. 14 zeigt, nicht erst mit der Lehre des Irdischen erfolgt sein. Dass für
Johannes kein absoluter Gegensatz und schon gar keine Ablösung von Tora/
nómos durch Christus bzw. die Gnade gegeben sein kann, zeigt sich dann im
gleichen 1. Kapitel eindeutig in V. 45:

> *45 Philippus findet den Natanaël und sagt ihm:* »*Wir haben den gefunden, von*
> *dem Mose in der Tora schrieb und die Propheten: Jesus, das Kind von Josef, den*
> *aus Nazaret.*«

Wenn Jesus bereits in der Tora bezeugt ist, und davon zeugt seinerseits das gesamte Evangelium, dann müssen auch Gnade und Wahrheit, wie sie sich mit
Jesus Christus verbinden, in irgendeiner Form bereits in der Tora zu finden sein.
    Wahrscheinlich sagt dasselbe auch bereits die Formulierung von V. 16. Denn
die seit Luther gerade auch im wissenschaftlichen Diskurs verbreitete Übersetzung »Gnade um Gnade« ist philologisch für den griechischen Ausdruck *charin
anti charitos* in keiner Weise gerechtfertigt[83] und unhaltbar. Schon bei Bultmann kann man lesen: »*anti* heißt ›anstatt‹. Doch kann der Sinn weder für die
Quelle noch für den Evangelisten (V. 17!) der sein, dass die vom Offenbarer
geschenkte *charis* anstelle einer früheren, der at.lichen tritt«[84]. Es wäre gut,
wenn der Grundsatz »weil nicht sein kann, was nicht sein darf« zur Begründung
der Überlegenheit der Dogmatik über die Philologie (und des Neuen Testaments über das Alte) immer so offen ausgesprochen würde. Hier ist es das vorher feststehende Verständnis von V. 17 im Sinne eines Gegensatzes, das den Aus-
schlag gibt. Hartwig Thyen hat jetzt die in der Alten Kirche und sonst verbreitete
Deutung erneuert, dass die Formulierung nur heißen kann »Gnade anstelle von

---

82. Dazu bes. Wengst, Johannesevangelium I, 71 f.
83. Zur Wendung vgl. bes. R. B. Edwards, XARIN ANTI XARITOΣ (John 1,16). Grace
    and the Law in the Johannine Prologue, JSNT 32, 1988, 3-15.
84. Das Evangelium des Johannes (1941), 15. Aufl. Göttingen 1957, 53 Anm. 1.

Gnade«[85]. Die Gnade, die sich mit dem Logos und dessen Inkarnation verbindet (V. 14), ist bereits von Mose in der Tora bezeugt und mit Christus neu in Erscheinung getreten.[86] Ist gemeint »*Gnadengabe anstelle von Gnadengabe*«, »so erscheint bei Johannes das ›Gesetz‹ gut jüdisch als göttliche Gnadengabe.«[87]

Dahinter steht die Theologie des Johannesevangeliums insgesamt. Die positive Rolle des Alten Testaments für dieses Evangelium ist lange Zeit verdrängt und bestritten worden. Die heftigen Konflikte mit »den Juden«, die bis zu den schlimmsten Vorwürfen[88] gehen, sind vielfach als gleichzeitige Verwerfung der jüdischen Bibel verstanden worden. In der älteren Forschung sind auf der Basis einer Interpretation von 1,17 als Gegensatz die positiven Schriftzitate und Beziehungen zum Alten Testament, die diesem Gegensatz zu widersprechen scheinen, nicht selten als sekundär angesehen und einer kirchlichen Redaktion zugewiesen worden. In der breiten neueren Diskussion zur Rolle der Schrift im Johannesevangelium[89] hat sich dagegen unwiderlegbar gezeigt, dass und wie

---

85. Das Johannesevangelium, HNT 6, Tübingen 2005, 103 f.
86. Theobald, Evangelium nach Johannes, 133, widerspricht Thyen und übersetzt wieder »Gnade um Gnade«. Er will sich für den Sinn von *anti* auf einen Text von Philo berufen: Gott spende zuerst jene Gnaden *(charites)*, dann »statt *(anti)* ihrer andere und dritte« (Post C 145).
87. Thyen, ebd. 104.
88. Zur (angeblichen) antijüdischen Haltung des 4. Evangeliums vgl. etwa die Beiträge in: R. Bieringer u. a. Hg., Anti-Judaism and the Fourth Gospel. Papers of the Leuven Colloquium 2000, Jewish and Christian Heritage Series 1, Assen 2001; R. Pesch, Antisemitismus in der Bibel? Das Johannesevangelium auf dem Prüfstand, Augsburg 2005;
89. C. K. Barrett, The OT in the Fourth Gospel, JThS 48, 1947, 155-169: E. D. Freed, Old Testament Quotations in the Gospel of John, NT.S 11, Leiden 1965; G. Reim, Studien zum alttestamentlichen Hintergrund des Johannesevangeliums, MSSNTS 22, Cambridge 1974; M. Hengel, Die Schriftauslegung des 4. Evangeliums auf dem Hintergrund der urchristlichen Exegese, JBTh 4, Neukirchen-Vluyn 1989, 249-288; A. T. Hanson, The Prophetic Gospel. A Study of John and the OT, Edinburgh 1991; B. G. Schuchard, Scripture within Scripture. The Interrelationship of Form and Function in the Explicit Old Testament Citations in the Gospel of John, SBL.DS 133, Atlanta/GA 1992; G. Reim, Jochanan. Erweiterte Studien zum alttestamentlichen Hintergrund des Johannesevangeliums, Erlangen 1995; A. Obermann, Die christologische Erfüllung der Schrift im Johannesevangelium. Eine Untersuchung zur johanneischen Hermeneutik anhand der Schriftzitate, WUNT II/83, Tübingen 1996; M. J. J. Menken, Old Testament Quotations in the Fourth Gospel. Studies in Textual Form, Contributions to Biblical Exegesis and Theology 15, Kampen 1996; Chr. Dietzfelbinger, Aspekte des Alten Testaments im Johannesevangeliums, in: H. Lichtenberger Hg., Geschichte – Tradition – Reflexion. FS M. Hengel Bd. 3: Frühes Christentum, Tübingen 1996, 203-218; W. Kraus, Johannes und das Alte Testament. Überlegungen zum Umgang mit der Schrift im Johannesevangelium im Horizont biblischer Theologie, ZNW 88, 1997, 1-23; M. J. J. Menken, Observations on the significance of the OT in the Fourth Gospel, Neotest. 33, 1999, 125-143; J. Lieu, Narrative Analysis and Scrip-

intensiv das Johannesevangelium auf der Schrift basiert ist und sie voraussetzt. Weit über die expliziten Zitate und die wenigen, aber weitreichenden Grundsatzaussagen hinaus, ist das Evangelium in einem erstaunlichen Maße nahezu durchgängig an die Schrift angelehnt, ja *mit der Schrift formuliert* worden; »it is scripture that makes the Gospel ›work‹.«[90] So nimmt der Nachweis der AT-Bezüge des Johannesevangeliums einen ganzen Band ein.[91] Gerade der so gewichtige Prolog, um nur ein Beispiel zu nennen, besteht praktisch durchgängig aus AT-Paraphrasen.[92] Was in 1,1 mit deutlicher Aufnahme des Anfangs der Tora in

ture in John, in: S. Moyise Hg., The Old Testament in the New Testament, FS J. L. North, JSNT.SS 189, Sheffield 2000, 144-163; J. J. Müller, Les citations de l'Écriture dans le Quatrième Évangile, FV 100, 2001, 41-57; K. Scholtissek, »Die unauflösbare Schrift« (Joh 10,35). Zur Auslegung und Theologie der Schrift Israels im Johannesevangelium, in: Th. Söding Hg., Johannesevangelium – Mitte oder Rand des Kanons?, QD 203, Freiburg 2003, 146-177; M. Labahn u. a. Hg., Israel und seine Heilstraditionen im Johannesevangelium, FS J. Beutler, Paderborn u. a. 2004; darin u. a.: M. Labahn, Jesus und die Autorität der Schrift im Johannesevangelium – Überlegungen zu einem spannungsreichen Verhältnis, ebd. 185-206; M. Müller, Schriftbeweis oder Vollendung? Das Johannesevangelium und das AT, in: K.-M. Bull u. a. Hg., Bekenntnis und Erinnerung, FS H.-F. Weiß, Münster 2004, 151-171. Dazu kommen viele Arbeiten zu einzelnen Aspekten (S. Pancaro, The Law in the Fourth Gospel: The Torah and the Gospel, Moses and Jesus, Judaism and Christianity according to John, NT.S 42, Leiden 1975; S. Harstine, Moses as a Character in the Fourth Gospel. A Study of Ancient Reading Techniques, JSNT.SS 229, Sheffield 2003; M. Daly-Denton, David in the Fourth Gospel. The Johannine Reception of the Psalms, AGAJU 47, Leiden 2000; M. Theobald, Abraham – (Isaak) – Jakob. Israels Väter im Johannesevangelium, in: M. Labahn u. a. Hg., Israel und seine Heilstraditionen im Johannesevangelium, FS J. Beutler, Paderborn u. a. 2004, 158-184; M. J. J. Menken, Interpretation of the OT and the resurrection of Jesus in John's Gospel, in: Resurrection in the New Testament, FS J. Lambrecht, BEThL 165, Leuven 2002, 189-205; U. Busse, Die Tempelmetaphorik als Beispiel von implizitem Rekurs auf die biblische Tradition im Johannesevangelium, in: C. M. Tuckett Hg., The Scripture in the Gospels, BEThL 131, Leuven 1997, 395-428) oder Texten (z. B.: J. Zumstein, Die Schriftrezeption in der Brotrede (Joh 6), in: M. Labahn u. a. Hg., Israel und seine Heilstraditionen im Johannesevangelium, FS J. Beutler, Paderborn u. a. 2004, 123-139).

90. J. Lieu, Narrative Analysis, 144.

91. H. Hübner, Vetus Testamentum in Novo, Vol. 1,2: Evangelium secundum Iohannem, Göttingen 2003 (581 Seiten!).

92. Dazu u. a. H. Lausberg, Der Johannes-Prolog. Rhetorische Befunde zu Form und Sinn des Textes, NAWG.PH, Göttingen 1984, 189-279; H. Gese, Der Johannesprolog, in: ders., Zur biblischen Theologie. Alttestamentliche Vorträge (1977), 3. Aufl. Tübingen 1989, 152-201; W. Kurz, Intertextual Permutations of the Genesis Word in the Johannine Prologues, in: C. A. Evans, Early Christian Interpretation of the Scriptures of Israel, JSNT.SS 148, Sheffield 1997, 179-190; M. Dominik, Spielen Joh 1,1; 20,30 f.; 21,24 f. auf den Rahmen des Pentateuch an?, in: Führe mein Volk heraus. Zur innerbiblischen Rezeption der Exodusthematik, FS G. Fischer, Frankfurt/ M. 2004, 107-119.

Gen 1,1 beginnt und dann das »Kommen Jesu in die Welt als relecture der Tora« darstellt,[93] kann das wenige Verse später in 1,17 auf eine Ablösung der Tora hinauslaufen?

Allerdings stehen diesen grundlegenden und positiven Bezügen[94] eine Reihe anderer Aspekte entgegen, die in der Forschung unterschiedlich beurteilt und vor allem theologisch verschieden bewertet werden.[95] Dabei geht es in erster Linie um die Frage, ob und in welchem Ausmaß das Alte Testament für die johanneische Gemeinde auch in der Zeit nach Jesus *neben* dem Evangelium und *neben* der Autorität Jesu eine bleibende positive Rolle spielt. Weithin unbestritten ist, dass ein in bestimmter Weise gelesenes viertes Evangelium erheblich dazu beigetragen hat, dass es zu »Beschlagnahme und Domestikation« des Alten Testaments[96] in der Kirche kam. Weil schon hier gelte: »die heiligen Schriften des Judentums hatten nicht mehr ihre eigene Stimme«[97], habe sich das in der Zeit danach verstärkt.[98]

Auf die beiden wichtigsten Argumente in diesem Zusammenhang soll hier kurz eingegangen werden, weil sie auch sonst bei der Debatte um die Wertung des Alten Testaments im Neuen eine bedeutende Rolle spielen:
– Nicht nur die Rede von »*diesem Buch*« (Joh 20,30), bezogen auf das Evangelium selbst, zeige, dass im Johannesevangelium mindestens ansatzweise ein geradezu kanonisches Bewusstsein und damit bereits ein eigenes Verständnis als »Schrift« vorliege.[99] Auf der Grundlage der als Antithese verstandenen Formulierung von 1,17 wird das Evangelium selbst gelegentlich geradezu als neue heilige Schrift angesehen, die an die Stelle der alten trete. Dabei wird insbesondere die Tatsache einer Aufnahme von Gen 1,1 am Beginn des Evangeliums in Joh 1,1 als neue Schrift[100] und damit zumindest als

---

93. D. Böhler, Abraham und seine Kinder im Johannesprolog. Zur Vielgestaltigkeit des alttestamentlichen Textes bei Johannes, in: L'Écrit et l'Esprit, FS A. Schenker, OBO 214, Fribourg/Göttingen 2005, 15-29.(28); vgl. a. A. Wucherpfennig, Tora und Evangelium. Beobachtungen zum Johannesprolog, StZ 221, 2003, 486-494.
94. Eine eindrucksvolle innerjüdische Interpretation gibt D. Boyarin, Border lines/Abgrenzungen, 130 ff.
95. Unterschiedliche Positionen werden etwa bei Dietzfelbinger, Aspekte des Alten Testaments, 203 f., angeführt; vgl. a. Müller, Schriftbeweis oder Vollendung.
96. So M. Müller, Schriftbeweis oder Vollendung, 171.
97. Ebd.
98. Eine Darstellung der »Aufspaltung« anhand der unterschiedlichen Logos-Theologien bei Boyarin, Border lines/Abgrenzungen, bes. 188 ff.
99. Zum Befund bes. K. Scholtissek, »Geschrieben in diesem Buch« (Joh 20,30). Beobachtungen zum kanonischen Anspruch des Johannesevangeliums, in: M. Labahn u. a. Hg., Israel und seine Heilstraditionen im Johannesevangelium, FS J. Beutler, Paderborn u. a. 2004, 207-226.
100. So etwa Hengel, Schriftauslegung, 283.

entscheidender Schritt zur bewussten Ablösung der jüdischen Bibel durch das Evangelium verstanden.[101]

Hier scheint mir eine problematische Verzeichnung des Befundes und insbesondere eine Rückprojektion der späteren Rolle des Neuen Testaments als Teil der christlichen Bibel, die mit einer höheren Wertigkeit als das Alte Testament ausgestattet sei, in den neutestamentlichen Text selbst vorzuliegen. Vieles spricht dagegen, dass Derartiges intendiert oder auch nur in Kauf genommen wurde. Nicht nur gibt es neben den indirekten Aufnahmen und Anspielungen eben auch zahlreiche explizite Zitate, die das Alte Testament als vorgegebene Autorität ausdrücklich nennen und damit anerkennen. Dazu kommt die gewichtige und grundsätzliche Feststellung, dass die Schrift nicht aufgelöst werden kann in Joh 10,35. Damit ist das, was sie sagt, auf jeden Fall wahr und uneingeschränkt gültig. Das zeigt beispielhaft die geradezu unverständliche Bezeichnung der Angeredeten als »Götter/Göttliche« in Joh 10,35. Es geht um die Aussage von Ps 82,6, wo Gott sagt: »*Ich selbst erkläre: Ihr seid Götter*«, die offenbar auf die Juden bezogen wird. Entscheidend ist: Sie ist ein Gotteswort und muss und kann als Gotteswort interpretiert werden. Diese absolute Unauflöslichkeit der Schrift im Johannesevangelium steht in einer Reihe mit den oben angeführten grundsätzlichen Sätzen zur Schrift bei Matthäus, Paulus und im Hebräerbrief.[102] Die positive und identifizierende Zitierung einer vorgegebenen Größe ist darüber hinaus immer auch eine Anerkennung dieser als eine Autorität, an der man Anteil haben will. Eine Ablösung ist damit nicht gegeben, ja definitiv ausgeschlossen. Auch und gerade die Rede von »Erfüllung« und darüber hinaus von »Vollendung« der Schrift,[103] setzt ihre Gültigkeit voraus und setzt sie neu in Kraft.[104]

– Vor allem aber wird die christologische Deutung der Schrift in diesem Zusammenhang angeführt. Das Johannesevangelium ist sicher in gewisser Weise der Höhepunkt einer christologischen Schriftrezeption. Unstrittig ist, dass die Schrift den Christus bezeugt: »*Ihr erforscht die Schriften, weil ihr meint, in ihnen ewiges Leben zu haben. Dabei sind sie es gerade, die über mich Zeugnis ablegen*« (5,39). Die Frage ist aber: Steht er derart über der Schrift, dass sie nur noch in christologischer Perspektive in Sicht kommt? Wird die Schrift dabei christologisch derart »enggeführt«, dass es außer dieser Wahr-

---

101. So in der Sicht von Kraus, Johannes und das AT, 18 ff.

102. Vgl. o. S. 100 f. 102 ff. 107 ff.

103. Zu dieser Terminologie vgl. etwa H. J. Klauck, Geschrieben, erfüllt, vollendet. Die Schriftzitate in der Johannespassion, in: M. Labahn u. a. Hg., Israel und seine Heilstraditionen im Johannesevangelium, FS J. Beutler, Paderborn u. a. 2004, 140-157; M. Labahn, »Verlassen« oder »vollendet«. Ps 22 in der »Johannespassion« zwischen Intratextualität und Intertextualität, in: D. Sänger Hg., Psalm 22 und die Passionsgeschichte der Evangelien, BThSt 88, Neukirchen-Vluyn 2007, 111-153.

104. Zum grundsätzlichen Problem der Erfüllungsthematik bei Joh u. S. 250 ff.

nehmung keine andere geben kann, schon gar keine legitime? Hier – wie schon beim ersten Punkt – lohnt ein genauerer Blick auf das Verhältnis der Autorität Jesu zu der der Schrift.

Bei Jesus wie bei der Schrift geht es um den Logos bzw. das Wort Gottes. Die Identität von Schrift und Logos belegt 10,35,[105] wonach die Schrift der Logos Gottes ist, gerichtet an das jüdische Volk. Und sie ist nicht auflösbar. Dieser Logos ist letztlich identisch mit dem Logos/Wort, das am Anfang war (1,1) und das in Jesus eine menschliche Person geworden ist (1,14)[106]. Diese Identität des Logos in den verschiedenen Gestalten zeigt sich im Evangelium auch in anderen Zusammenhängen. Wenn Jesus im Tempel lehrt, so wundern sich die jüdischen Menschen, also die, die die Schrift kennen: »*Wie kann dieser die Schriften kennen, da er doch nicht gelernt hat?*« Dabei ist das Erste und Wichtigste, was manchmal heruntergespielt wird,[107] die offenkundige Übereinstimmung: Nur wenn das, was Jesus im Tempel lehrt, mit den Schriften übereinstimmt, macht die Frage, woher das denn ohne deren Studium[108] komme, Sinn. Man denke auch an 5,46: »*Wenn ihr nämlich Mose glauben würdet, würdet ihr auch mir glauben; denn über mich hat er geschrieben.*« Wie er vor Abraham war (8,58), war er vor Mose, und die Schrift bezeugt ihn (5,39), da sie als Wort Gottes mit dem Logos identisch ist. Insofern geht es immer darum, an die Schrift *und* an das Wort Jesu zu glauben, wie 2,22 sagt, und zwar als sachlich völlig übereinstimmend (5,47). Für Johannes kann die Schrift schon wegen dieser Identität mit dem Logos nicht aufgelöst werden (10,35), sie bleibt gültig und sie bleibt uneingeschränkt gültig.

Sicher deutet das Evangelium die Schrift in einem bestimmten Sinne, aber dieser wie jeder Deutung und jedem positiven Zitat liegt die Geltung voraus. Grundsätzlich sollte die Frage nach Autorität und Herkunft mit der nach der Deutung im aktuellen Zusammenhang nicht gleichgesetzt werden. Für Johannes ist die Schrift zunächst vor allem die gemeinsame, wenn auch partiell verschieden verstandene Basis von Dialog und Konflikt mit »den Juden«: »Jede Berufung auf die Schrift würde ja buchstäblich bodenlos, wenn er deren unauf-

---

105. Zum Kontext vgl. etwa J. Beutler, »Ich habe gesagt, Ihr seid Götter«. Zur Argumentation mit Ps 82,6 in Joh 10,34-36, in: G. Gäde Hg., Hören – Glauben – Denken, FS Peter Knauer, Münster 2005, 101-114.

106. Zu diesem Zusammenhang vgl. etwa Hengel, Schriftauslegung, 261 ff.; Obermann, Christologische Erfüllung, 380 ff.; M. Labahn, Jesus und die Autorität der Schrift.

107. So wenn u.a. Theobald, Evangelium nach Johannes, 515 ff., einen literarischen Bruch zwischen V. 14 und V. 15 annimmt und V. 15-24 für einen Einschub hält. Gegenstand der Lehre Jesu können nicht die Schriften sein, sondern nur »die Kunde vom Vater« (520).

108. Thyen, Johannesevangelium, 391, vergleicht die Aussage mit Lk 2,42 ff., dem zwölfjährigen Jesus im Tempel. Doch das dort grundlegende Hören und also Lernen stehen bei Johannes nicht.

hebbare Verbindlichkeit für *beide* Partner des Dialogs in irgendeiner Weise in Frage stellen wollte.«[109] Die Inhalte der Schrift sind »für Jesus wie für seine Antagonisten in gleicher Weise verbindlich«[110]. Gerade der Dialog mit der Samaritanerin über die Juden in Joh 4 zeigt das. »*Das Heil kommt von den Juden*« (4,22). Dieser Satz kann nur auf der Basis der Schrift, das heißt der jüdischen Bibel, gesagt werden, und diese Formulierung fasst den Inhalt der gesamten Schrift wie keine andere in einem einzigen Satz zusammen. Hier zeigt sich, dass die heilsgeschichtlichen Inhalte der Schrift bei aller christologischen Konzentration nicht verloren gehen oder verleugnet werden. Und es zeigt sich bei allen Konflikten mit »den Juden« die eindeutige Zugehörigkeit Jesu zum Judentum.[111] Denn, so lautet eine sachgemäße Paraphrase von Joh 4,22: »*Ihr (Samaritaner) betet an, was ihr nicht kennt, wir (Juden) beten an, was wir kennen, denn das Heil kommt von den Juden.*«[112] Wenn Jesus als der persongewordene Logos und die Schrift als Logos an Israel identisch sind, wenn es sich um zwei Ausdrucksformen, um zwei Gestalten des gleichen Logos handelt, dann ist die Möglichkeit, die Schrift von Jesus her und auf ihn hin zu lesen, wie es das Johannesevangelium in seiner Zeit und in seinen Konflikten macht, nur die *eine* Möglichkeit – es kann und muss auch umgekehrt Jesus von der Schrift her und auf die Schrift hin gelesen werden. Was christologische Lektüre heißt, liegt am Verständnis der Christologie.[113]

c. Paulinische Antithesen? Der Galaterbrief

In einer Reihe von Passagen bei Paulus werden massive Antithesen entwickelt: Neu statt Alt, Leben statt Tod, Freiheit statt Knechtschaft, Gnade statt Gesetz, Glaube statt Werke ... Es handelt sich um eine »Antithetik von beklemmender historischer Tragweite. Auf der ›rechten‹ Seite stehen das Evangelium, vertreten von Paulus als Rechtfertigungslehre (Stichwort: Gnade ...) samt den (protestantischen) Christen. Auf der Gegenseite und im Zeichen des Fluches erscheinen Werkgerechtigkeit, Gesetz und Juden als Prototyp des christlich-abendländischen ›anderen‹«[114]. Faktisch sind diese grundlegenden theologischen Gegensätze häufig so gelesen worden, dass damit auch das Alte Testament betroffen

---

109. Thyen, Johannesevangelium, 502, zu Joh 10,35.
110. Ebd.
111. Wie wenig es hier um einen Konflikt zwischen »Juden« und »Chisten« im späteren Sinne der Begriffe geht, zeigt eindrucksvoll etwa D. Boyarin, The Ioudaioi in John and the Prehistory of ›Judaism‹, in: J. C. Anderson Hg., Pauline conversations in Context. FS. C. J. Roetzel, London u. a. 2002, 216-239.
112. Thyen, Johannesevangelium, 258.
113. Dazu s. Teil IV.
114. B. Kahl, Der Brief an die Gemeinden in Galatien, in: L. Schottroff/M.-Th. Wacker

war, das heißt auf der jeweils negativen Seite zu stehen kam. Die zitierten Sätze beziehen sich auf die entsprechenden Passagen im Galaterbrief, und es ist vor allem diese Schrift, in der die »antithetische Dynamik«[115] und Polemik ihre schärfste Ausprägung erhalten. Zwei Beispiele aus dem Galaterbrief sollen hier exemplarisch ins Auge gefasst werden. Dazu kommt die Spannung von neuem und altem Bund und damit verbunden die von Leben und Tod in 2 Kor 3, die in anderem Zusammenhang behandelt werden soll,[116] für die aber im Grundsatz Ähnliches gilt.

Dabei ist ein kurzer Blick auf den Sachverhalt ausreichend, denn so strittig auch viele Fragen in der Auslegung des Briefes sind, in der Grundfrage, um die allein es hier gehen muss, kann kein Zweifel bestehen. Der Streit im Galaterbrief geht um bestimmte Aspekte der Geltung der Tora. Aktueller Anlass ist die Forderung nach Beschneidung der nichtjüdischen Männer. Paulus bestreitet nicht nur deren Notwendigkeit, sondern sieht darin eine Aufhebung und Infragestellung des Evangeliums. Was auch immer genau hinter dem galatischen Konflikt für Fronten stehen, und wie die theologischen Folgen auch beurteilt werden sollen, eines ist ganz unbestreitbar: Paulus sucht und findet gerade auch für seine eigene Sichtweise die tragende Grundlage nirgends anders als – in der Schrift. Die Schrift, sprich das Alte Testament, ist hier wie sonst nicht nur Zeugin für das Evangelium und die damit verbundenen Folgen, sondern das Evangelium ist in der Schrift zu finden, ist mit der Schrift gegeben und ist unlöslich mit ihr verbunden. Konflikte um dieses Evangelium sind von der Schrift und nur von ihr aus zu entscheiden und zu lösen.

Das gilt zunächst für den Gegensatz »Werke des Gesetzes« und »Predigt vom Glauben«, wie es in traditioneller Übersetzung heißt. Sachlich geht es dabei um die Frage, woher der Geist kommt, und Paulus nennt als Alternative »den Gesetzesordnungen Folge leisten« versus »Vertrauen auf die Botschaft«, so in 3,2. In der ersten Möglichkeit sieht Paulus die Dummheit der Galater (3,1), die er polemisch attackiert und theologisch widerlegen will. Ausgangspunkt für seine Argumentation ist in dieser Passage (3,2 ff.) wie im gesamten Brief die Tatsache, dass die galatischen Christusgläubigen den heiligen Geist empfangen haben. Sollen und müssen die männlichen Galater nun trotzdem noch nachträglich beschnitten werden, wie es in Galatien geschieht und offenkundig gefordert wird, um damit dem Gesetz Folge zu leisten? Was immer im damaligen Zusammenhang Anlass für eine solche Forderung war, Paulus sieht damit eine Aufhebung des Evangeliums gegeben, sodass Christus umsonst gestorben wäre. Der Glaube, also das das Leben bestimmende Vertrauen auf die Botschaft, hat

---

Hg., Kompendium Feministische Bibelauslegung, 3. Aufl. Gütersloh 2007, 603-611, Zitat 605.
115. Ebd. 603
116. Vgl. u. S. 175 ff.

den Geist als effektiven Ausdruck der Gottesnähe gebracht. Dafür, dass dies der entscheidende Schritt ist, der keiner Ergänzung bedarf, führt er nun in 3,6 ff. Abraham als das entscheidende biblische Beispiel an: Unter Zitierung von Gen 15,6 in der Fassung der Septuaginta wird Abraham als Musterbeispiel des Glaubens eingeführt, welches zeigt: »*Die aus Vertrauen leben, sind Kinder Abrahams*« (Gal 3,7). Für ihn ist es das ihm aufgetragene Evangelium für die Völker, durch welches die in Gen 12,3 formulierte Verheißung vom Weg des Abrahamsegens zu den Völkern erfüllt wird. »*Also werden die aus Vertrauen Lebenden gesegnet … in Gemeinschaft mit Abraham, dem Vertrauenden*« (3,9). Zur Verstärkung wird dann noch Hab 2,4 herangezogen: »*Gerecht ist, wer Vertrauen lebt*« (3,11). Die Vorordnung des Glaubens vor die Tora ist für ihn also tief in der Bibel verankert, sie prägt den Anfang des Weges Gottes mit seinem Volk bei Abraham, und sie bleibt gültig, wie Propheten und Psalmen bezeugen.

Mit dem Gegensatz »Werke«/Glaube verbindet sich für Paulus im galatischen Konflikt der andere von Freiheit und Unfreiheit, der sich nach 5,1 f. ebenfalls an der Frage der Beschneidung der nichtjüdischen Männer zuspitzt. In Gal 4 wird dieser Gegensatz zu Beginn im Bild des Gegensatzes von erbberechtigten Kindern zu Sklaven/Sklavinnen in den Blick genommen. Das Evangelium hat die aus den Völkern stammenden Galater zu voll erbberechtigten Kindern Gottes gemacht (3,26.29). Freiheit und Unfreiheit entsprechen, so Paulus in der Passage Gal 4,21 ff., den beiden Frauen Abrahams und deren Söhnen. Dabei steht, merkwürdig verdreht, Hagar für den Sinai und damit für Gesetz und Knechtschaft (4,24 f.). Diese ausdrücklich als »Allegorie« (4,24) bezeichnete Auslegung bleibt schwierig und umstritten. Vieles spricht dafür, dass es gerade nicht um eine Opposition, sondern um eine Aufbrechung der Opposition, eine Überwindung der Gegensätze geht, etwa durch die Austreibung, sprich Entlassung der Hagar in die Freiheit.[117] Aber wie immer der Gedankengang auch im Einzelnen zu verstehen ist, am Ende steht als Ergebnis der Schriftauslegung: »*Das bedeutet … wir sind nicht Kinder der Sklavin, sondern der Freien*« (4,31).

Es ist in diesen wie in vielen anderen Beispielen eindeutig zu erkennen: Für Paulus ist vor allem seine eigene Position in der Schrift begründet. Sie entspricht dem eigentlichen Sinn der Schrift. Von einer irgendwie gearteten Abwertung der Schrift durch das Evangelium kann nicht die Rede sein. Im Gegenteil, in einem heftigen und sehr grundsätzlichen Konflikt der frühen christlichen Gemeinden, in umstrittenen theologischen Grundsatzfragen und Grundentscheidungen über die Verkündigung und den Weg der neuen Gemeinden argumentiert er mit der Schrift und – auf der entscheidenden theologischen Ebene – mit nichts anderem. Es gibt letztlich keine andere Autorität. Zwar geht es im Galaterbrief um den Auftrag des Evangeliums für die Völker,

---

117. So bes. A. Standhartinger, »Zur Freiheit … befreit«? Hagar im Galaterbrief, EvTh 62, 2002, 288-303.

den er vom auferstandenen Christus bekommen hat (bes. 1,15 f.). Und dieser Auftrag ist völlig unabhängig von den Jerusalemer Autoritäten und damit von der apostolischen Autorität. Aber in den in Galatien auftretenden Gegensätzen ist es offenkundig gerade nicht diese schriftunabhängige Autorität, die für ihn im Konflikt entscheidet, sondern eben die Schrift. »Wenn Christus ›zur Freiheit … befreit‹, vollbringt er nichts anderes als das, was die Schrift schon vor ihm verwirklicht hat.«[118]

Die argumentative Rolle der Schrift ist also durch den Streit um die Rolle der Tora nicht tangiert. Sie ist es vielmehr, die allein in diesem Streit entscheiden kann. Deswegen gilt das Umgekehrte: Die grundlegende Rolle der Schrift muss nun auch für die Frage, um was es beim galatischen Konflikt letztlich geht, von entscheidender Bedeutung sein. Die traditionelle Sicht, dass es um »die« Geltung »des« jüdischen »Gesetzes« für »die Christen« gehe, führt gerade im Blick auf die Rolle der Schrift in Probleme und Aporien. Sieht man die Tora pauschal durch das Evangelium in Frage gestellt und außer Geltung gesetzt, müsste das zu der merkwürdigen These führen, dass die Schrift gegen die Tora steht oder sie gar abgelöst habe. Es ginge um eine Position, wie sie etwa Martin Luther gehabt hat, wonach das Gesetz so etwas wie der für Christen nicht mehr gültige Teil der Schrift sei.[119] Aber Paulus argumentiert ja nun nicht nur mit der Tora, nämlich mit Texten der Genesis, sondern sein eigener Sprachgebrauch widerspricht sehr deutlich jeder solchen Trennung. In 4,21 führt er gegen die, die (in falscher Weise) unter der Tora sein wollen, ausgerechnet eben diese Tora an: *»Habt ihr die Tora denn nicht gehört?«* Und umgekehrt kann er in 3,10 gerade die für ihn entscheidenden Gesetzespassagen als Wort der Schrift bezeichnen: *»denn es steht geschrieben«.* Es ist deshalb auch fraglich, ob man dabei eine aggadische Funktion der Tora einer halachischen gegenüberstellen, also Erzählung von Gebot trennen kann. Zwar unterscheidet er deutlich mit der Schrift in der Schrift. Er sieht seine Position, das heißt den zeitlichen und sachlichen Vorrang des Glaubens vor dem Toragehorsam durch das Beispiel Abrahams bestätigt und nimmt dafür die Hauptlinie der Schrift in Anspruch. Die Schrift selbst zeige, dass die Tora später dazugekommen ist, wie er in Gal 3,17 ff. im Detail ausführt. Dennoch ist die Tora Teil der Schrift und damit bleibender Ausdruck des Willens Gottes. Es geht in diesem Konflikt deutlich um Fragen, die sich mit dem Hinzukommen von Menschen aus den Völkern zum Gott Israels unausweichlich stellen mussten: um ihr Verhältnis zum Gottesvolk, um dessen Geschichte und dessen Prärogativen und damit auch um Israels Verhältnis zum neuen Glauben. Es ist offenkundig, dass Paulus diese Fragen im später geschriebenen Römerbrief außerhalb der aktuellen Polemik klarer fasst und zu Ende denkt. Für die Grundsatzfrage nach der Geltung der Tora für die frühen christ-

---

118. Standhartinger, ebd. 301, Anm. 67.
119. Dazu o. S. 48 f.

lichen Gemeinden ist jedenfalls neben dem 1. Korintherbrief, wo es um dafür relevante inhaltliche Beispiele geht, der Römerbrief das entscheidende Dokument.[120] Eine nähere Untersuchung der Positionen im Galaterbrief ist deshalb an dieser Stelle nicht nötig. Entscheidend ist, dass die Schrift und ihre Geltung von diesen Konflikten nicht tangiert sind. Sie ist es vielmehr, die im Zweifel auch über die Detailfragen der Geltung der Tora entscheidet.

d. »Mehr als«?

Traditionellerweise ist für Beziehung und Vergleich zwischen alt- und neutestamentlichen Texten und Motiven neben dem Grundmuster von »Verheißung und Erfüllung«[121] das der so genannten »Typologie« prägend und bis in die Gegenwart wirksam. »Jede Typologie wird durch typologische Entsprechung und Steigerung konstituiert«[122]. G. v. Rad spricht etwa von »Abschattungen« und »Vorausdarstellungen« des Alten im Verhältnis zum Neuen Testament,[123] H. W. Wolff von »Analogie …, die nicht ohne ein entscheidendes Moment der Steigerung bis hin zum Eschaton ist«[124]. Fragt man, wo denn im Neuen Testament eine solche Kombination von Entsprechung und Steigerung im Verhältnis zum Tenach deutlich belegt ist, stößt man auf eine kleine Gruppe von Texten, die von einem »Mehr« Jesu reden und offenbar das Muster entscheidend beeinflusst haben. Vielleicht aber es ist eher umgekehrt: Auf der Suche nach Belegen für die vorausgesetzte, für selbstverständlich gehaltene Überlegenheit des Neuen Testamentes wird diese kleine Gruppe wichtig und zum Beleg für ein angeblich grundlegendes Muster.

Eine ausdrückliche Feststellung, dass es bei Jesus um ein »Mehr als« gegenüber alttestamenlichen Figuren gehe, findet sich in Mt 12,41//Lk 11,30: »*Hier ist mehr als Jona!*« sowie, damit direkt verbunden, im nächsten Vers (Mt 12,42//Lk 11,31): »*Hier ist mehr als Salomo!*« Es lohnt zunächst ein Blick auf die (Nicht-)Argumentation, mit der noch in neueren Arbeiten aus diesen wenigen synoptischen Belegen[125] eine »Mehr-als-Christologie« bei den Synoptikern ge-

---

120. Dazu u. S. 219 ff.
121. Dazu u. S. 229 ff.
122. L. Goppelt, Typos. Die typologische Deutung des Alten Testaments im Neuen, Gütersloh 1939, Nachdruck Darmstadt 1966 u. ö., 244.
123. Typologische Auslegung des Alten Testaments (1952/53), in: ders., Gesammelte Studien zum Alten Testament II, ThB 48, München 1973, 272-288, Zitat 287; vgl. dazu o. S. 62 f.
124. Zur Hermeneutik des Alten Testaments (1956), in: ders., Ges. Studien zu AT, ThB 22, 2. Aufl. München 1973, 251-288, 270 f.
125. Zu den johannäischen s. u. S. 132 ff.

macht werden kann.[126] Da kann die nötige Grundsätzlichkeit so erreicht werden: Das »Mehr« bringe »eine Verhältnisaussage zur in den Schriften enthaltenen Heilsgeschichte Israels zum Ausdruck, vor allem dann, wenn mit der Nennung Jonas und Salomos paradigmatisch Prophetie und Weisheitslehre insgesamt angesprochen sind.«[127] Dass es um ein »Mehr« im Gegenüber zur gesamten »Heilsgeschichte Israels« gehen soll, ist schon erstaunlich, werden doch nur wenige und eher Randfiguren genannt. Selbst wenn man die – ganz unwahrscheinlichen – grundsätzlichen Ausweitungen auf *die* Prophetie und *die* Weisheit zugesteht, fehlt alles, was mit Größen wie Abraham, Jakob, Mose, David, Jesaja etc. verbunden ist. Man merkt: Weil es nicht nur um einzelne Figuren, sondern um alles gehen soll, was mit Judentum und Altem Testament zu tun hat, ist das Schema der Argumentation deutlich vorgegeben. Und selbst wenn man beim Vergleich von Figuren bleibt, ist eine Ausweitung, wie sie etwa Kieffer vornimmt, problematisch. Nach ihm ist Jesus »*more* than all the figures with which he can be compared«[128]. Auch hier ist das »Mehr« jedem denkbaren Vergleich bereits vorgegeben: »all … with which he can be compared«. Konkret verbindet er dann die Aussagen über Jona und Salomo mit denen über Johannes den Täufer, über David (Mk 12,35-37 par; vgl. Apg 2,29 ff.; 13,32 ff.) und – über den Sabbat und den Tempel (Mk 2,23-28 par).[129] Beim genannten Text über David geht es auf der Grundlage eines David zugeschriebenen Schriftzitats aus Ps 110 um die Frage der Davidsohnschaft, die in Opposition zum Kyriossein des Erhöhten gesetzt wird. Bekanntlich bleibt die Davidsohnschaft im Neuen Testament von großer Bedeutung und wird durch den Verweis auf die Existenz zur Rechten Gottes[130] keineswegs entwertet.[131] Ein eventuell hier intendiertes »Mehr« wäre also bestenfalls eine Teilwahrheit.

Die Zusammenstellung des Vergleichs Jesu mit Jona und Salomo mit der

---

126. So ausdrücklich R. Kieffer, »Mer-än«-kristologin hos synoptikerna, SEÅ 44, 1979, 134-177.
127. K. Huber, »Zeichen des Jona« und »Mehr als Jona«. Die Gestalt des Jona im Neuen Testament und ihr Beitrag zur bibeltheologischen Fragestellung, Protokolle zur Bibel 7, 1998, 77-94 (93), wobei in der Entschränkung des Vergleichs der »bibeltheologische Ertrag« (92-94) bestehen soll.
128. AaO 147.
129. Diese Aussagen müssen hier nicht näher betrachtet werden, schon weil die Argumentation mit der Schrift (Mt 12,5.6) zeigt, dass an so etwas wie »größer als die Schrift« nicht gedacht sein kann. Zum Hintergrund des Tempelwortes etwa B. Repschinski SJ, »Denn hier ist Größeres als der Tempel« (Mt 12,6) – Neudeutung des Tempels als zentraler Ort der Gottesbegegnung im Matthäusevangelium, in: A. Vonach u. a. Hg., Volk Gottes als Tempel, Synagoge und Kirche Bd. 1, Wien/Berlin 2008, 163-180.
130. Dazu u. S. 288 ff.
131. P. Dschulnigg, Das Markusevangelium, ThKNT 2, Stuttgart 2007, 328, denkt etwa an »verschiedene Stadien« im Leben des Christus.

Beziehung zu Johannes dem Täufer dürfte für die Argumentation zentral sein. Denn dass der Täufer auf Jesus als den Größeren hinweist, wird in allen Evangelien gesagt (Mt 3,11; Mk 1,7; Lk 3,16 f.). Allerdings, und das ist nun entscheidend, ist Johannes keine Gestalt der Schrift, und so geht es beim Verhältnis zu ihm auch überhaupt nicht um das zur Schrift oder zu einer ihrer Gestalten. Man muss schon die Aussagen über den Täufer in Mt 11,7-15; Lk 7,24-29 hinzunehmen und dann noch deren vielfältige, dialektische und widersprüchliche Argumentation vereinfachen und isolieren, um zu entsprechend weitreichenden Folgerungen und Grundsatzaussagen zu kommen. Da heißt es einerseits, Johannes sei mehr als ein Prophet (Mt 11,9; Lk 7,26), er wird dann aber ausdrücklich mit Elia gleichgesetzt (Mt 11,14), also der wichtigsten Prophetengestalt. Dann wird er als der bezeichnet, auf den Ex 23,20; Mal 3,1 zielen: »*Siehe, ich sende meinen Engel vor dir her*« (Mt 11,10; Lk 7,27), also mit einem Wort der Schrift identifiziert. Und dann heißt es spannungsvoll, dass er der größte (Prophet?) aller von Frauen geborenen Menschen sei, allerdings sei der Kleinste im Himmelreich größer als er. Wie immer man diese und andere Aussagen über den Täufer auf der Ebene des gegebenen Textes zusammenfassen will,[132] eine grundsätzliche Überlegenheit Jesu über (alle!?) alttestamentlichen Gestalten oder gar die Schrift selbst wird man von hier nicht ableiten können. Das immer wieder anklingende Spiel mit Größeren und Kleineren im Himmelreich (s. a. Mt 5,19; 18,1; 11,11) liegt offenkundig auf einer anderen Ebene als die grundsätzlichen typologischen Annahmen. Man wird deshalb die Aussagen über Jona und Salomo zunächst aus sich selbst verstehen müssen.

Worum geht es also? Zunächst ist festzustellen, dass der Vergleich sich keineswegs auf die Figuren als solche bezieht, sondern auf die Frage der Wirkung der Botschaft angesichts des bevorstehenden Gerichts. Bei Jona haben sich die Menschen in Ninive, Menschen aus den Völkern, die nicht an den Gott Israels glauben, bekehrt und stehen im Gericht gegen »*diese Sippschaft*«[133] – und hier bei Jesus ist mehr. Ähnlich bei der Königin von Saba, einer Nichtisraelitin, die zu Salomo, dem König Israels, und seiner Weisheit kam und »*diese Sippschaft*« verurteilen wird – und hier bei Jesus ist mehr. Für dieses »Mehr« kann aber doch nicht davon abgesehen werden, dass Jona und Salomo im Alten Testament höchst zwiespältige Figuren sind, die dort selbst massiv kritisiert werden und keineswegs große Vorbilder sind. Salomo ist nicht nur Weiser und Erbauer des Tempels, sondern ebenso Mörder und mit seinen vielen Frauen Übertreter der

132. Üblich ist eine historische Auflösung; so denkt P. Fiedler, Das Matthäusevangelium, ThKNT 1, Stuttgart 2006, 238 f., daran, dass Aussagen über Johannes aus einer Täufergemeinde, die ihn messianisch sehe, durch die jesuanische Christologie korrigiert und überlagert worden seien.

133. Damit ist nicht das Volk Israel gemeint, sondern nur »die Clique ›einiger‹ pharisäischer Widersacher des Mt«, so Fiedler, Matthäusevangelium, 257.

Tora und Götzenanbeter.[134] Jona ist ein Prophet, der vor seinem Auftrag flieht, der die aufgetragene Botschaft nicht überbringen will, der sich dann nicht ohne Anlass als so etwas wie ein falscher Prophet empfindet, denn seine Ankündigung tritt ja nicht ein, der darüber schmollt und die Güte Gottes vergisst. Wie auch immer – es sind hoch ambivalente Figuren, bei denen es leicht ist, »mehr« zu sein.

Eine Verallgemeinerung auf andere, gar auf alle Gestalten legt sich nicht nahe, schon gar nicht auf solche wie Abraham, Mose, Elia. Ein simples »Mehr« in dieser Form ist da kaum denkbar. Was etwa Mose betrifft, so ist für die neutestamentliche Rezeption der Text Dtn 18,5, der »einen Propheten wie mich« ankündigt, was in Apg 3,22; 7,37 im Wortlaut zitiert wird, besonders wichtig: »Mose hat gerade nicht eine Figur angekündigt, die ihn übertreffen würde (wie etwa Johannes in Lk 3,16), sondern eben ›einen Propheten wie mich‹!«[135] »Wie Mose« heißt gerade nicht »mehr als Mose«.[136] Und bei Elia besteht in der Tat so etwas wie eine gewisse Konkurrenz oder aber die Möglichkeit zur Identifikation,[137] ist er doch ebenso zum Himmel gefahren, wird also im Zusammenhang des Gerichts wiederkommen und kann auch sonst jederzeit gegenwärtig sein. Auch hier bleibt das Nebeneinander zu Elia, und ein Ranking findet nicht statt. In beiden Fällen wird das Verhältnis besonders deutlich in der Verklärungsgeschichte, wo Jesus auf dem Berg neben Mose und Elia steht (Mk 9,2ff. par). Dieses Nebeneinander, wie es nicht selten geschieht, in eine Art olympisches Siegertreppchen zu verwandeln mit dem Größten in der Mitte, geht doch wohl an Text und Sache vorbei.[138] Worum es bei Jesus geht, wird durch dieses Miteinander erhellt. Die Repräsentanten von Prophetie und Tora machen den Rang deutlich, den Jesus hat. Besonders der Satz »sie reden mit ihm« (und nicht etwa sie beten ihn an o. ä.) zeigt die Gleichrangigkeit, er mit ihnen, sie mit ihm – auf Augenhöhe. Und die Gottesstimme setzt dem Hinweis auf die messianische Sohnschaft die Formulierung aus Dtn 18,15 hinzu: »Hört auf ihn!« Das ist ge-

---

134. Hierzu jetzt Chr. Duncker, Der andere Salomo. Eine synchrone Untersuchung zur Ironie in der Salomo-Komposition 1 Könige 1-11, Frankfurt/M. u. a. 2010.
135. Schiffner, Lukas, 370.
136. Ebd.
137. Vgl. J. Majoros-Danowski, Elija im Markusevangelium. Ein Buch im Kontext des Judentums, BWANT 180, 2008, bes. 215 ff.; s. a. M. Öhler, Elia im Neuen Testament, BZNW 88, Berlin u. a. 1997, 111 ff.
138. Nach A. D. A. Moses, Matthew's Transfiguration Story and Jewish-Christian Controversy, JSNT.S 122, Sheffield 1996, 157 gehe es um Jesus als »the new and greater Moses«. Dabei aber ist »Mt gründlich missverstanden« (Fiedler, Matthäuevangelium, 295, Anm. 99). Luz weist daraufhin, dass die Meinung, man solle nur auf »ihn«, aber nicht mehr auf Mose und Elia hören, von Marcion ausgeprägt wurde (Matthäus Bd. 2, 510, Anm. 36, mit Belegen), bei seiner eigenen Auslegung (ebd. 510) bleibt aber für die Repräsentanten der Schrift eigentlich auch nicht viel übrig.

rade keine Ablösung des Mose, sondern wiederum die Gleichrangigkeit: Der Satz gilt ja dem Propheten »wie Mose«. Und noch einmal ist daran zu erinnern: Ein Ranking von Figuren, an welchem Maßstab sie auch immer gemessen werden, würde die Frage von Rang und Geltung der *Schrift* als solcher überhaupt nicht tangieren.

Und das gilt selbst noch für das Johannesevangelium, wo die Dinge wie immer etwas anders liegen. Hier kann ja kein Zweifel bestehen, dass Jesus so sehr auf die Seite Gottes gehört, dass er wie Gott selbst im Konfliktfall allen anderen Gestalten überlegen ist. Er »überragt ihn unendlich« heißt es im Verhältnis zu Jakob, und dasselbe gelte für das zu Abraham.[139] Ist es aber angemessen, das gesamte Verhältnis des Johannesevangeliums zur Schrift nach dem Muster der Beziehung zu einzelnen ihrer Gestalten verstehen zu wollen? In der so konstruierten Typologie kommen dann das Zeugnis der Schrift und das des Täufers völlig auf eine Linie zu stehen – beides sei Hinweis auf etwas Größeres.[140] Die oben genannten positiven Aussagen über die Schrift im Johannesevangelium lassen sich damit aber kaum vereinbaren. An dieser Frage muss sich die oben formulierte These bewähren, die Schrift und der inkarnierte Gottessohn seien zwei Gestalten des gleichen göttlichen Logos,[141] untrennbar und gleichrangig und demgemäß nicht in einem »Mehr als«-Schema unterzubringen.

Blickt man also auf die expliziten »größer als«-Aussagen des Johannesevangeliums, so geht es um zwei ungleich zentralere Gestalten als Jona und Salomo bei den Synoptikern, nämlich um Jakob und um Abraham. Diese Beziehungen führen nun in der Tat auf Grundsätzliches, und es kommt im Detail darauf an, was mit diesem Vergleich und dem Ranking eigentlich intendiert ist und ausgesagt werden soll.

In dem Gespräch, dass sich in *Joh 4* zwischen Jesus und der samaritanischen Frau am Jakobsbrunnen (V. 6) um die Frage des Wassers, bald des Lebenswassers entfaltet, fragt sie ihn – auf Grund seiner großen Worte offenkundig ironisch –, ob er denn größer sei als Jakob, der den Brunnen gab und der samt Kindern und Vieh davon trank (V. 12). Jesus antwortet auf einer anderen Ebene: Wer sein Wasser trinkt, wird nie wieder Durst bekommen, sondern wird selbst in eine sprudelnde Quelle verwandelt und ewiges Leben bewirken (V. 14). Das Wasser, das er gibt – das er aber auch selbst braucht –, ist anders als das Wasser aus dem Brunnen. Ein Vermittler ewigen Lebens nun ist der Stammvater Jakob in der Tat nicht und hat auch nie beansprucht, es zu sein. Und das weiß auch die Samaritanerin. Sie weiß ja vom kommenden Messias, der auch ihr anderes geben wird als Jakob (V. 25). Die Relation beider Größen ist also

---

139. M. Theobald, Israels Väter im Johannesevangelium, 172.
140. M. J. J. Menken, Significance of the Old Testament, bes. 134 ff.; zur Auseinandersetzung s. K. Scholtissek, »Die unauflösbare Schrift«, bes. 154 ff.
141. S. o. S. 122 f.

nicht sinnvollerweise durch ein Ranking zu beschreiben. Was sollte der Vergleichspunkt dafür sein? Wird Jesus so beschrieben, dass eine Gestalt wie Jakob als Stammvater Israels daneben völlig verblasst und jede Funktion verliert? Macht das Lebenswasser Jesu das reale Brunnenwasser, das Jakob gab, überflüssig? Übernimmt Jesus etwa die Funktion eines (besseren) Stammvaters und einer (besseren) Identifikationsfigur für alle Nachkommen? Jesus jedenfalls bezieht sich in diesem Gespräch mit der Samaritanerin wenig später in das »wir« der Juden, also der Nachfahren Jakobs, ein, und das mit ihm gegebene Heil schließt gerade nicht aus, sondern bestätigt und bekräftigt, dass das Heil von den Juden kommt (V. 22).

In Joh 8 berufen sich die »Juden«, »die ihm glaubten« (V. 31), wobei es vielleicht um abgefallene Apostaten geht,[142] auf Abraham, dem sie ihre Freiheit verdanken (V. 33). Jesus verweist auf die Sünde, die Freiheit verhindert (V. 34ff.), und darauf, dass sie nicht Abrahams Werke tun (V. 39), gesteht ihnen ihre Abrahamskindschaft aber grundsätzlich zu (V. 37). Die Zugespitztheit dieses Konflikts zeigt sich an ihrem Tötungswunsch (V. 40), dem sie am Ende auch nachkommen (V. 59). Die Praxis als Kriterium auch der Abrahamsabstammung ist auch sonst im Judentum belegt.[143] Das Abrahamsthema wird dann mit der Frage von V. 53 noch einmal aufgenommen: »Du bist doch wohl nicht größer als unser Vorfahr Abraham?« Jesus antwortet wiederum nicht direkt, sondern verweist darauf, dass seine Ehre von Gott, »unserem Gott«, dem gemeinsamen Gott kommt (V. 54f.). Bevor es dann um die Zeitfrage geht mit dem Höhepunkt in der Aussage »Bevor Abraham geboren wurde, bin ich« (V. 58), womit seine Präexistenz ins Spiel kommt (1,1 u.a.), stehen die hier entscheidenden Sätze über Abraham: »Euer Vater Abraham jubelte, dass er meinen Tag sehen würde; und er sah ihn und freute sich« (V. 56). Er jubelte schon über die Verheißung, aber er sah auch ihre Einlösung und freute sich. Da keine Schriftstelle wörtlich zitiert wird, bleibt letztlich offen, worauf hier angespielt und was genau gemeint ist. Deutlich aber ist: Der Beitrag Abrahams zum Tag des Erlösers ist – die Freude und der Jubel. Das macht das Spezifische aus. Ein Zusammenhang von Abraham mit Freude und Jubel findet sich mit dem gleichen Verb für Jubel (agalliáo) in Jes 41,4.17; 51,2.13; Ps 105,42f. Dazu kommt, dass mit einem etwas anderen, aber verwandtem Verb (geláo) von Abrahams wie Saras »Jauchzen« bei der Verheißung (Gen 17,17; 18,12ff.), von Freude (chairein) dann bei der Geburt (21,6) des Sohnes die Rede ist. Wie kein anderer wartet Abraham fast ein ganzes Leben auf die Verheißung, den zugesagten Sohn, und erlebte ihr Eintreffen, was von Freude und Jubel geprägt ist. Offen-

---

142. So Thyen, Johannesevangelium, 435f. Mit einem Adressatenwechsel ab V. 37 rechnet Theobald, Evangelium nach Johannes, 590.597ff.

143. Dazu Wengst, Johannesevangelium I, 333f.

kundig ist das der Hintergrund auf den hier angespielt wird. Man kann in der Tat von »einer *gegenseitigen* Bezeugung Jesu und Abrahams« sprechen.[144]

Joh 8 ist bekanntlich eines der schrecklichsten Kapitel beginnenden »christlichen« Judenhasses. Wahrscheinlich auf dem Hintergrund heftiger, aber letztlich noch innerjüdischer Auseinandersetzungen[145] werden »die Juden«, und zwar solche, die Jesu AnhängerInnen waren, hier als potentielle Mörder und vor allem als Teufels- statt Gotteskinder bezeichnet. Und was Abraham angeht, so liegt hier ein erster deutlicher Schritt in die Richtung vor, die dann bis zu Augustin führt, bei dem den Juden von Seiten der christlichen Theologie jeglicher legitimer Zusammenhang mit Abraham abgesprochen wird.[146] Die Gestalt, die zu Beginn bei Paulus die Möglichkeit der Nichtjuden eröffnet, an den Gott Israels zu glauben, indem sie den Glauben Abrahams übernehmen (bes. Röm 4), wird bei Augustin exklusiv beansprucht und so zum trennenden Faktor. Rechte Abrahamskindschaft könne schon nach Joh 8 nur im Glauben an Christus bestehen.

Obwohl also das Johannesevangelium nicht sehr weit von dem späteren Bild christlicher Typologie entfernt ist, wonach Christus »mehr« ist als die Schrift, er sie bestimmt und nicht umgekehrt, liegt im Blick auf das »Mehr« bzw. »Größer als« ein deutlich differenzierterer Befund vor. Dass eine solche Aussage über Große der Schrift nicht einfach ein Element des Evangeliums und seiner Theologie ist, zeigt sich deutlich schon daran, dass, anders als bei Mt und Lk, wo es um Aussagen auf der Erzählebene geht, ein solches mögliches Ranking hier als Frage und nicht als Aussage auftaucht, und zwar als eine, die von den jeweiligen GesprächspartnerInnen Jesu in längeren Gesprächen und im Zusammenhang anderer »Missverständnisse« geäußert werden. »*Bist du etwa größer als unser Vater Jakob?*«, fragt die Samaritanerin am Brunnen (4,12). »*Du bist doch wohl nicht größer als unser Vorfahr Abraham?*«, fragen die »Juden«, die »anderen jüdischen Menschen«, in 8,53. Die Reaktion Jesu erfolgt jedes Mal auf einer anderen Ebene. Er antwortet nicht einfach bejahend oder verneinend, sondern redet deutlich von etwas anderem. Es überzeugt nicht, dass diese Antwort im Sinne einer einfachen Bejahung der Frage nach einer Rangordnung verstanden werden müsse.[147] Die Aussage »größer« ist sicher im Sinne des Evangeliums

144. So F.-W. Marquardt, Das christliche Bekenntnis zu Jesus, dem Juden. Eine Christologie, Bd. 2, München 1991, 301.

145. Boyarin, Border lines/Abgrenzungen, 147 f., Anm. 70 verweist darauf, dass »frühe rabbinische Juden andere rabbinische Juden, die mit ihnen nicht übereinstimmten, als die ›Erstgeborenen des Satan‹ bezeichneten!« (bJeb 16a; jJeb 3a).

146. Zu dieser Entwicklung s. insbes. J. S. Siker, Desinheriting the Jews. Abraham in early Christian Controversy, Louisville/Ky 1991; K.-J. Kuschel, Streit um Abraham. Was Juden, Christen und Muslime trennt – und was sie eint, München 1994. 148 ff.

147. So auch Klaus Wengst, Johannesevangelium I, 159.344; Hartwig Thyen, Johannesevangelium, 250.

möglich, aber sie ist im Grunde nicht sinnvoll, jedenfalls ist sie nicht intendiert. Was Jesus bietet, ist etwas anderes. Seine besondere Rolle, die ganz unbestreitbar ist, ist offenbar gerade nicht im Sinne eines solchen Rankings, jedenfalls nicht im Sinne der traditionellen Typologie zu verstehen. Fragt man etwa, welche Funktion denn für diese biblischen Gestalten auf Dauer und trotz Jesus und seiner Botschaft bleibt, ja sogar durch Jesus verstärkt wird, dann zeigt sich: Weder die Rolle Jakobs als Stammvater noch als Identifikationsfigur Israels wird ersetzt, noch die Abrahams als desjenigen, der die Verheißung bekommt, auf sie erwartet und ihre Einlösung erfährt. Man hat den Bezug auf Abraham verglichen mit Aussagen über Mose und Jesaja:[148] Mose schreibt die Tora (5,46f.) und Jesaja spricht von Verstockung (12,38ff.). Dass Jesus größer sei als die Großen der Schrift, ist als Frage, wo sie im Evangelium auftaucht, ein Ausdruck des Unverständnisses. Als Behauptung wäre sie so selbstverständlich und so überflüssig wie die Aussage, dass die Schrift, das Wort Gottes, größer sei als die Gestalten, von denen sie erzählt.

4. Folgerungen

Das Neue Testament ist also durchgängig durch dichte Bezüge auf das Alte Testament geprägt. Es setzt diese Texte voraus; es setzt ihre Kenntnis voraus; es setzt voraus, dass sie in Kraft sind und in Geltung. Dabei ist der Bezug durchgehend positiv, von Abschaffen, Außer-Kraft-Setzen, Überwinden, Überbieten ist nicht die Rede – nur bei wenigen Stellen kann man überhaupt diskutieren, ob und in welchem Sinne eine Kritik vorliegt. Der Systematiker Friedrich-Wilhelm Marquardt hat von der »Leben-Jesu-zeugenden Kraft der Schriften« gesprochen[149] und damit nicht nur die Evangelienerzählung, sondern auch die übrigen neutestamentlichen Schriften gekennzeichnet. In der Tat: Neben den expliziten Zitaten stehen derartig viele Anspielungen und übernommene Sprachmuster, Bilder und Wendungen etc. Neben diesen konkreten Verwendungen stehen Aussagen von weitreichender und grundsätzlicher Bedeutung. Sie lassen erkennen, dass keineswegs nur die jeweils konkret herangezogenen Texte, sondern die Schrift im Ganzen vorausgesetzt und neu bestätigt wird.

Von diesem Befund her kann kein Zweifel sein: Der Sprachgebrauch entspricht der Sache. Für das Neue Testament ist die Bibel Israels »die Schrift«. Sie gilt als uneingeschränkte göttliche Wahrheit. Wenn sich christlicher Glaube,

---

148. Thyen, Johannesevangelium, 450.
149. Das christliche Bekenntnis zu Jesus, dem Juden. Eine Christologie, Bd. 1, München 1990, 162(ff.).

christliche Theologie und christliche Kirche auf das Neue Testament gründen, muss das auch für sie im gleichen Maße gelten. Der Bezug auf das Neue Testament impliziert: Die Bibel Israels ist *die Schrift*, sie ist gültig und in Kraft, sie ist vorgegeben und wird bestätigt. Von einer Herabstufung, einer minderen Wahrheit, einem zweiten Rang kann nicht die Rede sein.

In der neutestamentlichen Wissenschaft ist dieses Verhältnis in den letzten Jahren und Jahrzehnten durch eine große Fülle von Untersuchungen herausgearbeitet und immer weiter präzisiert worden. Nur einiges davon konnte im jeweiligen Zusammenhang genannt werden. Und mit Sicherheit ist davon auszugehen, dass die Fülle der Bezüge keineswegs schon entdeckt und beschrieben worden ist. Dennoch wird dem Alten Testament die Rolle der Schrift, die theologisch mit diesem Begriff gemeint ist, allermeist vorenthalten. Weithin, implizit oder explizit, unbewusst oder bewusst ist das zu konstatieren. Ist die Schrift im Protestantismus theologisch bei allen Differenzierungen im Detail die Grundlage, der Maßstab für jede Wahrheit und jede theologische Erkenntnis, so wird genau dieser Status »der Schrift der Schrift«, dem, was für das Neue Testament die »Schrift« ist, verwehrt. Darin zeigt sich eine neue Form der Zweitrangigkeit des Alten Testaments. Während für das Neue Testament selbst die Bibel Israels die Schrift ist, wird die nachbiblische christliche Lehre von der Überlegenheit des Neuen in das Neue Testament selbst zurückprojiziert und dessen eigene Haltung zur Schrift theologisch nicht ernst genommen, sondern letztlich ausgehebelt.

Dabei spielt neben der traditionellen christlichen Abwertung der Tora, also des Herzstücks der Bibel Israels, im Kern eine hermeneutische Behauptung eine zentrale Rolle. Es handelt sich um die These, dass dieser Rezeption eine »interpretatio christiana« zugrunde liege, die Integration »in ein neues religiöses Überzeugungs- und Wertesystem«. Dabei werde das »Wahrheitszeugnis der Schriften Israels … im Lichte des im Neuen Testament bekundeten Glaubens an Jesus Christus« wahrgenommen.[150] Diese – wie viele ähnliche – Formulierungen, die einen gegenwärtig sehr breit vertretenen Konsens beschreiben, lassen das Problem deutlich erkennen. Alle Varianten dieser These setzen jeweils voraus, und das ist geradezu ihr Kern, dass schon feststehe, was denn spezifisch christlich sei, worin denn das »neue religiöse Überzeugungs- und Wertesystem« bestehe, bevor die Schrift ins Spiel kommt. Es gebe also eine Bekundung des neuen Glaubens, vor der Schrift und ohne die Schrift. Damit sei der neue Glaube entgegen der durchgängigen Bekundung des Neuen Testaments letztlich unabhängig von der Schrift Israels. Das heißt: Der Kern dessen, was als das Neue im Neuen Testament behauptet wird, wird vorausgesetzt und zugleich behauptet, dies würde nun seinerseits der Interpretation der alttestamentlichen Schriften zugrunde gelegt, ja sie bestimmen. Die gleichen Schriften erschienen so in

---

150. So die überaus typischen Formulierungen von Sänger, Problemskizze, 162.165.

einem völlig neuen Licht. Hierbei wird aber ein späteres System von dogmatischen Sätzen den neutestamentlichen Sachverhalten und Texten übergestülpt und damit deren alttestamentliche Sprachmuster für eine bloße Hülle erklärt, hinter denen man die unabhängig von ihnen bestehende neutestamentliche Wahrheit erkennen, beschreiben und fassen könne.

Das geht aber am vorliegenden Sachverhalt vollkommen vorbei. Es gibt im Neuen Testament kein Substrat, keinen Kern, keine christliche Wahrheit, die nicht – alttestamentlich gewonnen wäre. Würde man den zugrunde liegenden Gedankengang auf spätere Äußerungen christlicher Theologie in gleicher Weise anwenden, dann hätte Luther mit dem Neuen Testament wie mit der gesamten Bibel letztlich nichts zu tun, er würde seine zunächst völlig unabhängige gewonnene Wahrheit nur mit Hilfe biblischer Texte und Sprache ausdrücken. Der Kern des protestantischen wie des allgemein christlichen Wahrheitsbewusstseins würde auf den Kopf gestellt. Es sind nicht nur – aber eben auch – die oben genannten Formulierungen, die ausdrücklich die Wahrheit der gesamten Tora und wie der Propheten und aller Verheißungen behaupten – und keineswegs nur der jeweils christlich herangezogenen Passagen oder Aussagen. Weit darüber hinaus wird der theologischen Logik des Sich-auf-die-Schrift-Gründens widersprochen, und das heißt doch auf Geltung und Wahrheit der Schrift gerade vor und unabhängig von allen in der Auslegung beobachtbaren Differenzierungen. Die Art und Weise, wie die Schrift speziell in der neutestamentlichen Christologie verwendet wird, soll unten noch eigens in den Blick genommen werden. Und damit zugleich auch die Frage, ob in und mit Christus ein Anspruch verbunden ist, der Schrift, sprich dem Alten Testament, grundsätzlich, das heißt im Blick auf die theologische Wahrheit überlegen zu sein und ihm vorgeordnet werden zu müssen, insbesondere, ob die hohe Christologie mit ihrer Annäherung des Messias an Gott etwa in der Präexistenztheologie eine grundsätzliche Überlegenheit von Christus über die Schrift begründen will oder kann. Schon hier aber muss festgestellt werden: Die immer wieder beschriebene »Leben-Jesu-erzeugende Kraft der Schrift« wird theologisch nicht ernst genommen, sondern von der Fiktion einer unabhängig von der Bibel Israels gegebenen Bedeutung Jesu, die so im Neuen Testament nicht auffindbar ist, eine, das heißt die traditionelle Überlegenheit des Neuen Testaments erneut behauptet und vor allem in die neutestamentlichen Texte selbst zurückprojiziert. Das Neue Testament selbst spricht und denkt anders.

5. Hebräische oder griechische Bibel – was ist das christliche Alte Testament?

a. Das Problem

Die Frage, wie die Bezüge des Neuen Testamentes auf das Alte, denen hier in theologischer Perspektive nachgegangen werden soll, im Detail aussehen, was genau eigentlich jeweils zitiert oder sonst vorausgesetzt wird, führt in komplexe und umstrittene, und zwar seit alters umstrittene Problemkreise hinein. Das beginnt mit der Sprache: Das Neue Testament ist griechisch überliefert und zitiert die alttestamentlichen Texte, die doch ursprünglich hebräisch oder aramäisch formuliert sind, auf griechisch. Damit sind sofort Fragen nach der zitierten Übersetzung und deren Verhältnis zum hebräischen Text aufgeworfen. Wie steht es um Rang, Zuverlässigkeit und theologische Bewertung der jeweiligen Übersetzung? Hinter all diesen historischen Details und mit ihnen verbunden geht es dabei letztlich um die Kernfrage: Was ist das christliche Alte Testament? Die hebräische Bibel, wie sie im Judentum überliefert ist, faktisch damit der so genannte masoretische Text?[151] Oder aber die griechische Bibel, also die so genannte »Septuaginta« (LXX),[152] die in Einzelpunkten deutlich vom hebräischen Text abweicht und die dazu eine andere Anordnung der Bücher sowie zusätzliche Schriften besitzt?[153] In einer ersten Annäherung kann man zwei Grundpositionen unterscheiden, eine Alternative, die sich durch die ganze Geschichte der christlichen Kirche hinzieht und die heute wieder aktuell zugespitzt auftritt.

151. Während in neutestamentlicher Zeit noch unterschiedliche hebräische Textformen in Benutzung waren, hat sich das nachbiblische Judentum auf eine Textform festgelegt, sie außerordentlich zuverlässig durch die Jahrhunderte tradiert, ab der Spätantike und dann im Mittelalter auch die Aussprache des Textes schriftlich fixiert. Dieser »masoretische Text« liegt den üblichen wissenschaftlichen Ausgaben, etwa der *Biblia Hebraica Stuttgartensia* zu Grunde.
152. Benutzt wird im wissenschaftlichen Raum üblicherweise die zweibändige Handausgabe hg. von A. Rahlfs, zuerst Stuttgart 1935, zuletzt bearbeitet von R. Hanhart, Stuttgart 2006. Diese Ausgabe beruht auf drei maßgeblichen Handschriften des 4. Jh.s n. Chr., während die – bisher nicht abgeschlossenen – großen Editionsprojekte, insbes. die Göttinger Septuaginta, die außerordentlich große Fülle (abweichender) Handschriften präsentieren. Die Septuaginta ist mit ihren Eigenheiten jetzt im Deutschen zugänglich durch: Septuaginta Deutsch. Das griechische Alte Testament in deutscher Übersetzung, hg. v. W. Kraus u. M. Karrer, Stuttgart 2009.
153. Wie beim Text gibt es auch bei Zahl und Anordnung der Schriften nicht *die* Septuaginta, sondern eine Fülle differierender Handschriften. »Eine Festlegung des Umfangs der Septuaginta fand de facto im 19. Jh. statt, als die kritische Editionsarbeit« auf die großen Codices des 4. u. 5. Jh.s n. Chr. zurückgriff (Septuaginta Deutsch X).

Für die einen besteht die christliche Bibel aus dem hebräisch-aramäischen Alten Testament, wie es im Judentum entstanden ist und überliefert wird, und dem griechischen Neuen Testament. Es waren vor allem Martin Luther und die Reformation, die diese Position neu ins Zentrum rückten. Luther übersetzte das Alte Testament aus dem Hebräischen.[154] Die Lutherbibel wie dann die anderen Übersetzungen der Reformation, etwa die Zürcher Bibel, blieben zwar in der Anordnung der Schriften der Tradition der griechisch-lateinischen Bibel verhaftet – erst die »Bibel in gerechter Sprache« hat damit gebrochen und sich auch in der Reihenfolge an das Judentum angeschlossen[155] –, sortierte aber die Schriften aus, die es nur in der Septuaginta und ihren Tochterübersetzungen gab, nicht aber in der Hebräischen Bibel, und setzte sie gelegentlich als »Apokryphen« neben die eigentlichen Schriften der Bibel. Was in der Zuwendung zu den Original-Quellen am Beginn der Neuzeit historisch erarbeitet wurde,[156] wird so theologisch umgesetzt. Dass der eigentliche, der ursprüngliche Text des Alten Testamentes der hebräische ist, ist dann vor allem in der modernen Bibelwissenschaft durchgehend und wie selbstverständlich anerkannt worden. Die christlich-jüdische Annäherung nach der Schoa hat sodann der Tatsache, dass die jüdische Bibel zu einem Teil der christlichen wurde, noch einmal ganz neue theologische Dimensionen verliehen.

Für die anderen ist die Septuaginta die eigentliche christliche Bibel. Aus ihr vor allem werde im Neuen Testament zitiert, sie gilt als göttlich inspiriert und damit der hebräischen Ausgangsgestalt (mindestens) gleichwertig. Sie ist die Bibel der Alten Kirche, und in der verwandten Gestalt der Vulgata, einer lateinischen Übersetzung, wurde sie – einen solchen offiziellen Beschluss gab es vorher noch gar nicht – durch das Konzil zu Trient im 16. Jahrhundert zur offiziell anerkannten Bibel der römisch-katholischen Kirche.[157] In der Bibelwissenschaft hat in den letzten Jahrzehnten die Frage nach der biblischen Theologie und ihrer Einheit verstärkt die Frage nach der Schriftbenutzung in den neutestamentlichen Texten aufgeworfen[158] und dabei den Rang der Septuaginta

---

154. Obwohl die Vulgata, mit der Luther groß geworden war, immer noch eine wichtige Rolle spielt, schließt er sich damit den Grundsätzen der Humanisten an. Zu Details vgl. S. Raeder, The Exegetical and Hermeneutical Work of Martin Luther, in: M. Sæbø Hg., Hebrew Bible/Old Testament. The History of Its Interpretation, Vol. II, Göttingen 2008, 363-406 (Lit.), zu Luthers Übers. bes. 395 ff.
155. Vorangeht die sog. französische Schriftstellerbibel (la bible. Nouvelle Traduction, Paris/Montreal 2001), eine dezidiert nichtkirchliche Übersetzung.
156. Vgl. etwa Raeder, Luther, 368 ff.
157. Dazu J. Wicks, Catholic Old Testament Interpretation in the Reformation and Early Confessional Eras, in: M. Sæbø Hg., Hebrew Bible/Old Testament. The History of Its Interpretation, Vol. II, Göttingen 2008, 617-648, zum Konzil von Trient ebd. 624 ff.
158. Vgl. o. S. 66 ff.

neu entdeckt. Dies alles hat ein verstärktes Forschungsinteresse an der Septuaginta mit initiiert.[159] In diesem Zusammenhang wurde und wird auch im Protestantismus heute deutlich die These vertreten: *Die Septuaginta ist die neutestamentliche und damit auch die christliche Bibel.*[160] Es wird deswegen etwa gefordert, die Bedeutung der hebräischen Sprache und des hebräischen Alten Testaments in der theologischen Ausbildung zu verringern.[161]

Gerade die neueren Auseinandersetzungen lassen erkennen: Es geht bei der Frage nach der christlichen Gestalt des Alten Testaments immer auch – allerdings eher versteckt – um das Verhältnis zum Judentum. Es ist deshalb unumgänglich, im Folgenden die wichtigsten Argumente für ein Prae der Septuaginta zu prüfen. Dabei soll versucht werden, ohne dass die vielfältigen und komplexen historischen Beziehungen alle ausgebreitet werden können, die theologisch entscheidenden Punkte herauszuarbeiten, die immer einmal wieder zur Forderung nach Rücknahme eines zentralen Schrittes der Reformation angeführt werden.

---

159. Dabei hat jedenfalls in Deutschland das Übersetzungsprojekt der *Septuaginta Deutsch* eine wichtige Rolle gespielt, vgl. etwa: H.-J. Fabry/U. Offerhaus Hg., Im Brennpunkt: Die Septuaginta. Studien zur Entstehung und Bedeutung der Griechischen Bibel, BWANT 153, Stuttgart 2001; S. Kreuzer/ J. P. Lesch Hg., Im Brennpunkt: Die Septuaginta. Studien zur Entstehung und Bedeutung der Griechischen Bibel. Bd. 2, BWANT 161, Stuttgart 2004; W. Kraus/R. G. Wooden Hg., Septuagint Research. Issues and Challenges in the Study of the Greek Jewish Scriptures, Atlanta 2006; H.-J. Fabry/D. Böhler Hg., Im Brennpunkt: Die Septuaginta. Bd. 3: Studien zur Theologie, Anthropologie, Ekklesiologie, Eschatologie und Liturgie der Griechischen Bibel, BWANT 174, Stuttgart 2007; M. Karrer/W. Kraus Hg., Die Septuaginta – Texte, Kontexte, Lebenswelten, WUNT 219, Tübingen 2008.

160. Bes. deutlich M. Müller, Die Septuaginta als Teil des christlichen Kanons, in: M. Karrer/W. Kraus Hg., Die Septuaginta – Texte, Kontexte, Lebenswelten, WUNT 219, Tübingen 2008, 708-727; ders., Die Septuaginta als die Bibel der neutestamentlichen Kirche. Einige Überlegungen, KuD 42, 1996, 75-78; ders., The First Bible of the Church, JSOT.S 206, Sheffield 1996. Bes. einflussreich: M. Hengel, Die Septuaginta als »christliche Schriftensammlung«, ihre Vorgeschichte und das Problem ihres Kanons, in: ders./A. M. Schwemer, Die Septuaginta zwischen Judentum und Christentum, WUNT 72, Tübingen 1994, 182-284 (bes. 283 f.), der sich seinerseits zustimmend auf H. Gese beruft (Einheit der biblischen Theologie, 1970 u. ö.; dazu o. S. 66 ff. sowie u. 150). Mit jeweils etwas anderen Akzenten bzw. Begründungen: H. Hübner, New Testament Interpretation (u. a.); A. Schenker, Septuaginta und christliche Bibel, ThRv 91, 1995, 459-464; ders., Das Neue am neuen Bund und das Alte am alten. Jer 31 in der hebräischen und griechischen Bibel, FRLANT 212, Göttingen 2006, 65.94 (dazu u. 142 ff.) u. v. a.

161. So K. Hübner, New Testament Interpretation, 339.

b. Die Bibel der (alten) Kirche?

In der griechischsprachigen alten Kirche war neben dem griechischen Neuen immer schon und wie selbstverständlich das griechische Alte Testament, die Septuaginta (LXX), in Benutzung. Eine derartige Anerkennung einer Übersetzung durch den faktischen kirchlichen Gebrauch ist in ähnlicher Form auch sonst in weiten Teilen der Kirchengeschichte zu beobachten, wo jeweils große und lang eingebürgerte Übersetzungen wie selbstverständlich die Vorherrschaft hatten und haben. Dass aber die Septuaginta für mehr als eine – noch so gewichtige – Übersetzung gehalten wurde, zeigt in besonderer Deutlichkeit der Streit zwischen den Kirchenvätern Hieronymus und Augustinus.[162] Er brach aus, als *Hieronymus* für seine Übersetzung der Bibel ins Lateinische über die Septuaginta hinaus auf das hebräische Alte Testament zurückgriff. Für ihn war die griechische Bibel eine Übersetzung mit all den Problemen, die er als Übersetzer nur zu gut kannte. Zwar bezweifelte er nicht die Würde der Septuaginta, aber die hebräisch-jüdische Bibel sei die Bibel Jesu und der Apostel gewesen und nur diese könne letztlich die Lehre der Kirche begründen. Dass seine so mit jüdischer Hilfe gewonnene Übersetzung, die dann als Vulgata zur Standardübersetzung der lateinischen Kirche und des Mittelalters wurde, im Trienter Konzil statt der hebräischen Bibel dogmatisch zur Grundlage der römisch-katholischen Kirche erklärt wurde, entbehrt nicht der Ironie. Für seinen Gegenspieler, *Augustinus*, ist die Septuaginta die christliche Bibel, die er in vollem Sinne für von Gott inspiriert hält. Jede Abweichung von ihr stecke voller Gefahren, nicht zuletzt durch eine mögliche Annäherung an das Judentum. Die göttliche Inspiration der Septuaginta, die allein ja die Gleichrangigkeit oder gar Überlegenheit über die hebräische Bibel sichert, ist für ihn durch eine verbreitete Erzählung von der Wunderhaftigkeit des Übersetzungsvorgangs bestä-

---

162. Überblick bei: E. Schulz-Flügel, The Latin Old Testament Tradition, in: M. Sæbø Hg., Hebrew Bible/Old Testament. The History of Its Interpretation, Vol. I/1, Göttingen 1996, 642-662; zum Streit zwischen Hieronymus und Augustin ebd. 657-662; R. Kieffer, Jerome: His Exegesis and Hermeneutics, ebd. 663-681; D. F. Wright, Augustine: His Exegesis and Hermeneutics, ebd. 701-730. Zum Konflikt und seinen Aspekten: R. Hennings, Der Briefwechsel zwischen Augustinus und Hieronymus und ihr Streit um den Kanon des Alten Testaments und die Auslegung von Gal. 2,11-14, SVigChr XXI, Leiden u.a. 1994; Chr. Markschies, Hieronymus und die »Hebraica Veritas« – ein Beitrag zur Archäologie des protestantischen Schriftprinzips?, in: M. Hengel/A. M. Schwemer, Die Septuaginta zwischen Judentum und Christentum, WUNT 72, Tübingen 1994, 131-181; A. Fürst, Augustins Briefwechsel mit Hieronymus, JAC.E 29, Münster 1999. Die wichtigsten kontroversen Aussagen über die Septuaginta bzw. die Hebraica Veritas (sowie über die Geschichte der Septuaginta überhaupt) sind gut zugänglich in: Aristeas. Der König und die Bibel, hg. u. übers. v. K. Brodersen, Reclam 18576, Stuttgart 2008; in Kurzform in: Zur Legende von der Übersetzung der Septuaginta. In: Septuaginta Deutsch, 1503-1507.

tigt.[163] Anders als im älteren Aristeasbrief (zwischen 145 und 100 v.Chr.),[164] wonach die 72 Übersetzer den Endtext durch Vergleich und Abgleichung ihrer jeweiligen Übersetzungsentwürfe hergestellt haben, also durch das übliche Verfahren bei Übersetzungen, sind nach späteren Fassungen der Tradition die 72 unabhängig hergestellten Übersetzungen überraschend alle miteinander identisch, ein Wunder, das nur durch göttliche Eingebung denkbar ist, ein Vorgang also, durch den Gott selbst die Übersetzung gleichberechtigt neben den Ausgangstext gestellt habe. Diese Tradition ist zunächst für die Tora durch Philo und dann bei Josephus belegt, im Christlichen ist sie dann über die Tora hinaus auf alle alttestamentlichen Bücher übertragen und so in der Kirche wirksam geworden.[165]

Die unmittelbare Relevanz von Verhältnissen und Entwicklungen in der alten Kirche für heutige biblisch-theologische Grundfragen ist zuletzt vor allem durch Adrian Schenker mit Nachdruck behauptet worden.[166] Im Anschluss an Formulierungen des Kirchenvaters Origenes will er die unaufgebbare Rolle der Septuaginta als heilige Schrift der christlichen Kirche aus der faktischen Rolle dieser Übersetzung in der Kirche ableiten. »Die Inspiration der LXX ist … eine notwendige theologische Folgerung, die sich aus der Würde als Heiliger Schrift ergibt, die der LXX zukommt. Diese Würde aber beruht auf der ekklesiologischen Begründung, dass die griechisch-sprachigen Kirchen der ersten drei Jahrhunderte eine echte heilige Schrift besitzen mussten, aber nur die LXX als heilige Schrift lasen und hörten.«[167] »Weil die Kirche, deren Existenz durch zweihundert Jahre hindurch seit Christus eine Tatsache ist, ohne das Wort Gottes in den heiligen Schriften gar nicht Kirche sein konnte, muss ihre Form der heiligen Schrift, nämlich die griechische LXX als echte Form von Gottes Wort gelten.«[168]

Zwar wird hier, wie heute vielfach insbesondere in der katholischen Theologie, nicht mehr eine einzige, allen anderen überlegene Form der Schrift be-

---

163. Vgl. die verschiedenen Fassungen in: Aristeas. Der König und die Bibel, hg. u. übers. v. K. Brodersen, Reclam 18576, Stuttgart 2008; s.a. Zur Legende von der Übersetzung der Septuaginta. Septuaginta Deutsch, 1503-1507.
164. Einführung und Übersetzung etwa bei: N. Meissner, Aristeasbrief, JSHRZ II/1, Gütersloh 1973, 35-85. Zur neueren Diskussion: A. van der Kooij, The Promulgation of the Pentateuch in Greek according to the Letter of Aristeas, in: A. Voitila u.a. Hg., Scripture in Transition. Essays on Septuagint, Hebrew Bible and Dead Sea Scrolls, FS Raija Sollamo, Leiden u.a. 2008, 179-192; B. G. Wright III, Transcribing, Translating, and Interpreting in the *Letter of Aristeas* on the Nature of the Septuagint, ebd. 147-162.
165. Überblick mit wichtigsten Textausschnitten: M. Tilly, Einführung in die Septuaginta, Darmstadt 2005, 27 ff.108 ff.
166. A. Schenker, Das Neue am neuen Bund. In den Grundzügen findet sich diese Theorie bereits bei: ders., Septuaginta und christliche Bibel.
167. Ebd. 94.
168. Ebd. 65.

hauptet, sondern eine mehrfache, denn die hebräische Bibel soll nach Schenker
neben der Septuaginta in Geltung bleiben, sodass sie erst gemeinsam den vollen
Sinn des Alten Testaments erkennen lassen.[169] Dennoch ist beides, die so begründete Zwiespältigkeit und die Form der Begründung, mit großen theologischen Problemen behaftet:

– Da ist einmal die Grundsatzfrage nach dem Verhältnis von Kirche und
  Schrift. Zwar sei, so das Argument, die Kirche auf die Schrift angewiesen,
  faktisch aber soll dann die Benutzung einer Übersetzung in und durch die
  Kirche deren göttlichen Rang als Schrift begründen. Letztlich steht damit die
  Kirche über der Schrift.

– Es ist dann aber nicht einzusehen, warum das Argument nur für die Septuaginta gelten soll und nicht vielmehr für jede in der Kirche mehr als nur ok-
  kasionell verwendete Übersetzung. Schenker selbst muss zugeben: »Das gleiche würde übrigens auch auf die syrische Gestalt der Bibel in den syrisch
  sprechenden Kirchen des Orients zutreffen.«[170] Aber wieso »würde« und
  wieso ist das Argument auf die Zeit der Alten Kirche zu beschränken? Wieso
  gilt nicht das Gleiche für eine jahrhundertelange Benutzung etwa der Lutherbibel oder der King-James-Version? Faktisch hat es ja in den entsprechenden Kirchen immer wieder zumindest indirekte Versuche gegeben, die
  jeweils eingebürgerte Übersetzung für sakrosankt bzw. inspiriert auszugeben
  und jede Kritik an ihr zu sanktionieren. Eine Kirche müsste also nur lang
  und hartnäckig genug an einer Übersetzung festhalten und könnte damit
  gewissermaßen den heiligen Geist zwingen … Interessant dürften in diesem
  Zusammenhang Versuche der lutherischen Orthodoxie sein, die Heilswirk-
  samkeit der Bibel auch den Übersetzungen zuzuschreiben. So macht sich
  nach Musaeus (1679) die »Kraft, die Gemüter der Menschen zu erleuchten
  und ihnen die Zustimmung des göttlichen Glaubens zu verursachen …
  gleich wirksam durch jede Übersetzung der Schrift wie durch die ursprüngliche Schrift in den Herzen der Menschen kund, wenn die Übersetzung nur
  deutlich und mit dem ursprünglichen Texte übereinstimmend ist.«[171] Obwohl also die »Kraft« der Schrift ihrem Sinn und nicht den Worten eignet,
  sei die für die »Lehre des Glaubens und der Sitte notwendige absolute Ge-
  wißheit und Unfehlbarkeit – allein beim ursprünglichen Texte der heiligen
  Schrift« zu finden.[172] Wichtig dabei ist nicht zuletzt die mit dem Wort »jede« gegebene Sicht, wonach jede nur einigermaßen sachgemäße Übersetzung Glaube und Heil vermitteln kann. Der darüber hinausgehende An-

---

169. Das wird hier am Beispiel der Frage des »neuen Bundes« entwickelt; dazu u. 171 ff.
170. Ebd. 65.
171. Musaeus, Introductio 1679, 539 f., zit. nach: E. Hirsch, Hilfsbuch zum Studium der
     Dogmatik, 3. Aufl. Berlin 1958, 315 f.
172. Ebd.

spruch der Septuaginta, selbst heilige Schrift und in jeder Hinsicht der hebräischen Grundlage gleichwertig zu sein, kann nur durch ein hoch proble-
matisches Kirchenverständnis begründet werden.

c. Die Bibel des Neuen Testaments?

Kann also die große Rolle der Septuaginta in der Alten Kirche die ihr zuge-
schriebene Rolle als die eigentliche christliche Bibel für Gegenwart und Zukunft
nicht begründen, so entspricht das der Tatsache, dass als Hauptargument heute
zumeist ihre Rolle für die neutestamentlichen Schriften ausreichen muss: »Die
Septuaginta als die Bibel der neutestamentlichen Kirche«[173].

Nun zitiert in der Tat das Neue Testament das Alte in vielen Fällen in Gestalt
der Septuagintafassung – und das gerade auch in Fällen, wo der griechische Text
deutlich vom hebräischen abweicht.[174] Der bekannteste dieser Fälle ist der Bezug auf eine »Jungfrau« in Jes 7,14 im griechischen Text, wo der hebräische Text
allein von einer »jungen Frau« spricht. Im Zusammenhang der Geburt Jesu
spielt das bekanntlich eine bedeutende Rolle (Mt 1,23; Lk 1,27). Aber auch der
theologisch so wichtige Verweis des Paulus in mehreren Zusammenhängen darauf, dass Abraham in Gen 15,6 der Glaube »als Gerechtigkeit angerechnet
wird« (Röm 4,3.9; Gal 3,6), ist so nur in der griechischen Übersetzung möglich,
weil sich das Passiv, an dem alles hängt, nur hier findet. Ganz offensichtlich
können manche neutestamentliche Texte der von ihnen herangezogenen griechischen Fassung eine beachtliche theologische Last aufladen, ihr theologisch
also sehr weitgehend trauen.

Und doch ist das nur ein Teil der Wahrheit. Die These, dass »die« Septuaginta »die« Bibel der neutestamentlichen Schriften ist, vereinfacht einen hoch
komplexen Sachverhalt in eine nicht unproblematische Richtung. Zunächst ist
zu sehen, dass die Bevorzugung des LXX-Textes zwar statistisch überwiegt, aber
keineswegs eindeutig und schon gar nicht theologisch-grundsätzlicher Natur
ist. Ein darauf basiertes theologisches Urteil wäre also bestenfalls eine Mehr-
heits- oder Wahrscheinlichkeitsaussage. Die behauptete theologische Sonderstellung der Septuaginta ist schon aus statistischen Gründen nicht gegeben:
»Die neutestamentlichen Schriftzitate weichen dementsprechend in 212 Fällen
vom MT ab, während sie sich in 185 Fällen von der LXX unterscheiden.«[175]

---

173. So der Titel von Müller, KuD 1996, 65. Vgl.: »The Septuagint as (the) Holy Scripture of the New Testament Authors« (Hübner, New Testament Interpretation, 338).
174. Überblick und abgewogene Beurteilung etwa bei: R. Hanhart, Die Bedeutung der
Septuaginta in neutestamentlicher Zeit, in: ders., Studien zur Septuaginta und zum
hellenistischen Judentum, FAT 24, Tübingen 1999, 194-213.
175. Tilly, Einführung, 100.

Dazu kommen beachtliche Ausnahmen von der grundsätzlichen Neigung, sich der Septuaginta anzuschließen. Gerade im 1. Evangelium sind die »Erfüllungszitate«, die den Text des Evangeliums geradezu konstituieren,[176] nicht nach der Septuaginta, sondern eher nach dem hebräischen Text gestaltet.[177] Auch Paulus, der sich in den meisten Fällen an die LXX anlehnt, zitiert in bestimmten Fällen gerade nicht die LXX. In manchen Fällen wie den Zitaten aus dem Hiobbuch entspricht er dem wie immer vermittelten hebräischen Text (1 Kor 3,19; Röm 11,25).[178] Und nicht selten weicht sein Text von den uns bekannten Septuaginta-Varianten ab, und es ist ein Zirkelschluss, dann mit einer frühen, sonst nicht überlieferten Septuagintafassung zu rechnen.[179]

Vor allem aber muss bei derart weittragenden theologischen Urteilen der gesamte Kontext beachtet werden und nicht nur das Faktum einer überwiegenden Septuaginta-Benutzung. Für die neutestamentliche Zeit ist typisch, dass ganz offenbar ein gegenüber späteren Zeiten ausgesprochen freier und kreativer Umgang mit dem biblischen Text zu beobachten ist.[180] Wichtig ist immer wieder zuerst und zuletzt die Sache, nicht der Wortlaut. Das zeigt sich beispielhaft an den vielen und gewichtigen Fällen, wo Mischzitate auftreten, wo die Zitate also Kombinationen ganz unterschiedlicher Schriftworte sind. Eine solche Kombination von Jes 61,1 f. mit 58,6 legt Lukas etwa in Lk 4,18 f. Jesus in den Mund,[181] oder es benutzt Paulus in Röm 9,33 eine Verbindung von Jes 8,14 mit 28,16.[182] In 2 Kor 6,18 fügt er den »Söhnen« aus dem alttestamentlichen Zitat von 2 Sam 7,14 die »Töchter« hinzu. Ein derart freier Umgang mit dem Wortlaut ist auch sonst im Judentum vor 70 n.Chr. vielfach üblich. Zu dieser Zeit existieren ja auch noch mehrere Fassungen des hebräischen Textes nebeneinander, sogar mehrere vormasoretische Fassungen sind im Umlauf. Die im Judentum erfolgte Festlegung auf einen einzigen Wortlaut, den masoretischen Text, ist ein Produkt späterer Zeiten. Und was für den Umgang mit dem hebräischen Text gilt, gilt auch für den mit Übersetzungen. Zu denken ist auch an die über-

---

176. Dazu u. S. 242 ff.
177. Dazu etwa U. Luz, Das Evangelium nach Matthäus. 1. Teilband Mt 1-7, EKK/1, Zürich u. a. 1985, 137; sowie u. S. 245.
178. So Tilly, Einführung, 102.
179. So prinzipiell Koch, Schrift als Zeuge, 48 ff.57 ff. Zur Vielfalt der Phänomene und den damit gestellten Problemen (gerade auch der Forschungsgeschichte) s. R. T. McLay, The Use of the Septuagint in New Testament Research, Grand Rapids 2003; G. J. Steyn, Which »LXX« are we talking about in NT Scholarship?, in: M. Karrer/ W. Kraus Hg., Die Septuaginta – Texte, Kontexte, Lebenswelten, WUNT 219, Tübingen 2008, 697-707.
180. Dazu etwa O. Skarsaune, The Question of Old Testament Canon and Text in the Early Church, in: M. Sæbø Hg., Hebrew Bible/Old Testament. The History of Its Interpretation, Vol. I/1, Göttingen 1996, 443-450, hier 444.
181. M. Crüsemann/F. Crüsemann, Das Jahr, das Gott gefällt.
182. Koch, Schrift als Zeuge, 161; sowie eine Fülle weiterer Beispiele, ebd. 161 ff.

aus große Variationsbreite des griechischen Textes in den Handschriften. All das zeigt: Die große Vielfalt, ja Widersprüchlichkeit der Textvarianten stand der grundsätzlichen Autorität nicht im Wege.

Aber welche war dies? Aus der faktisch mehrheitlichen Bevorzugung der Septuaginta zu schließen, diese sei die eigentliche und gar die einzige Bibel für die neutestamentlichen Autoren und Gemeinden gewesen, ist überaus fragwürdig. Das würde ja voraussetzen, dass ihr Charakter als Übersetzung gar nicht mehr im Blick war, und dass – wie immer vorgestellt – die Herkunft der Texte aus biblischen Zeiten, etwa von dem immer wieder angeführten Mose, keinerlei Rolle mehr spielte. Der Hintergrund der hebräischen bzw. aramäischen Sprache gerade auch Jesu und seiner Zeit ist dagegen in den Evangelien in einer ganzen Reihe von Stellen festgehalten, immer wieder werden entsprechende Worte verwendet und erläutert. Beispiele sind: Golgata (Mt 27,33; Mk 15,22; Joh 19,17); Gabbata (Joh 19,13); Maranatha (1 Kor 16,22), Abba (Mk 14,36; Röm 8,15) u. a. Was bedeutet es, wenn nach Apg 26,14 der auferstandene Christus ausdrücklich hebräisch spricht und in dieser Sprache den Apostel Paulus beruft? Paulus selbst redet ebenfalls ausdrücklich in hebräischer Sprache (Apg 21,40). Jedenfalls im Lande Israel, aber doch wohl auch in weiten Teilen der Diaspora, wird die Tora im Gottesdienst in der hebräischen Fassung gelesen, und erst danach wird die Auslegung in der jeweiligen Alltagssprache vorgenommen. Die für Lukas so zentralen Vorgänge wie das erste öffentliche Auftreten Jesu Lk 4,16 ff. und das des Paulus in Apg 13,14 ff. finden in synagogalen Gottesdiensten statt, und man wird sie sich entsprechend zu denken haben.

Theologisch geht es bei den durchgängigen und so gewichtigen Bezügen der neutestamentlichen Texte auf die Schrift um den Anschluss an die Geschichte Gottes mit seinem Volk, um den Zusammenhang des mit Christus Geschehenen mit Gebot und Verheißung Gottes, wie sie seit Abraham und Mose ergangen sind. Um das darzustellen, reichte offenkundig für manche Autoren der in Teilen des Judentums eingebürgerte griechische Text aus. Aber daraus den Schluss zu ziehen, die Herkunft dieser Übersetzung von älteren Texten und Traditionen sei damit vergessen und theologisch irrelevant geworden, stellt die Dinge auf den Kopf. Da, wo die Rolle Israels ausdrücklich formuliert wird, ist die sprachliche Seite voll präsent. Wenn etwa Paulus bei der Aufzählung dessen, was Israel ausmacht und damit dessen Bedeutung für die neuen Gemeinden in Röm 9,4 unter anderem die Bundesschlüsse nennt, die Tora, den Gottesdienst und die Verheißungen, so ist bei keiner dieser Größen auch nur für einen Moment von ihrer sprachlichen Gestalt abzusehen, so wenig wie bei seiner Selbstbezeichnung als Hebräer (2 Kor 11,22; Phil 3,5). Die Annahme, weil Paulus griechisch schreibt und das alles griechisch überliefert ist und er offenbar ohne Probleme in vielen Fällen die eingebürgerte griechische Übersetzung zitiert, hätte er und sollten wir die Herkunft dieser Grundlagen aus dem Hebräischen und ihre Weiterüberlieferung im Judentum in hebräischer Sprache als theologisch irrelevant vergessen, ist im Wortlaut kurzschlüssig,[183] verdrängt andere Interessen und schneidet sich letztlich von den biblischen Zusammenhängen ab.

d. Die Septuaginta und das Judentum

Kritischen Rückfragen an die These von der Septuaginta als dem christlichen Alten Testament, die auf die Überwindung der jüdischen Grundlage hinweisen, wird vielfach mit dem Hinweis begegnet, die Septuaginta sei doch eine jüdische Übersetzung und der Bezug auf sie sei ein im hellenistischen Judentum üblicher Vorgang. Es ginge bei dieser These also um nichts Geringeres als die im damaligen Judentum entstandene sachgemäße Gestalt der Beziehung zum Alten Testament im Christentum. Es ist deshalb ein Blick auf die Rolle der Septuaginta im Judentum zu werfen.

Da ist zunächst die Behauptung, die Septuaginta sei eine jüdische Übersetzung. Das trifft für die Anfänge zweifellos zu, und ihre Bedeutung für das Judentum[184] wie das jahrhundertelange Mit- und Gegeneinander jüdischer und christlicher Einflüsse[185] sind spannende und heute vieldiskutierte Fragen. Doch es kann kein Zweifel sein: Die übliche Textgestalt, mit der die Septuaginta in der Kirche wirkte und bis heute wirkt, wie sie aber auch die wissenschaftlichen Ausgaben prägt, ist ein bereits jahrhundertelang ausschließlich christlich überlieferter Text. Das gilt vor allem für die maßgeblichen Handschriften, die der Zeit ab dem 4. Jh. n. Chr. entstammen.[186] Zwar sind in sie sicher ältere Textformen eingegangen und so bewahrt worden, aber im Detail ist das zumeist nur hypothetisch zu rekonstruieren. Denn aus der Zeit davor, also aus dem halben Jahrtausend zwischen dem Beginn der Übersetzung der Tora im 3. Jh. v. Chr. und der Zeit der großen erhaltenen Handschriften, sind nur wenige Manuskripte und Textfragmente erhalten. Wie die Texte bei ihrer Entstehung und

---

183. Nach derselben Logik müsste man annehmen, Theologen der Neuzeit, ob nun Schleiermacher, Barth oder wer auch immer, die die Luther- oder die Zürcher-Übersetzung zitieren, würden diese für die entscheidende heilige Schrift des Christentums halten.

184. Dazu etwa L. Greenspoon, ›Reclaiming‹ the Septuagint for Jews and Judaism, in: A. Voitila u. a. Hg., Scripture in Transition. Essays on Septuagint, Hebrew Bible and Dead Sea Scrolls, FS Raija Sollamo, Leiden u. a. 2008, 661-670.

185. Vgl. etwa: A. Wasserstein/D. Wasserstein, The Legend of the Septuagint, Cambridge 2006; G. Veltri, Libraries, Translations, and ›Canonic‹ Texts. The Septuagint, Aquila and Ben Sira in the Jewish and Christian Traditions, JSJ.S 109, Leiden u. a. 2006.

186. Überblick über den Handschriftenbestand etwa bei E. Tov, Der Text der hebräischen Bibel, Handbuch der Textkritik, dt. Übers. Stuttgart 1997, 115 f.; Tilly, Einführung, 13 ff.

in der Zeit ihrer jüdischen Benutzung aussahen, ist also nur punktuell bekannt und ansonsten nur von da aus hypothetisch zu erschließen. Ein zentraler Aspekt dieser Frage betrifft die bereits äußerlich erkennbare Form. Es geht um ein zuletzt vielfach diskutiertes Phänomen: In allen erhaltenen, eindeutig jüdischen Septuaginta-Fragmenten ist der Gottesname, das Tetragramm, im griechischen Text mit hebräischen Buchstaben oder aber mit – unterschiedlichen – Sonderzeichen wiedergegeben, nicht dagegen mit der in den christlichen Handschriften üblichen »Übersetzung« durch *kyrios*.[187] Von Kirchenvätern wie Origenes und Hieronymus wird dieser archäologisch belegte Befund ausdrücklich bestätigt. Es ist sogar zu vermuten, dass die Texte, die die neutestamentlichen Autoren kannten, ähnlich ausgesehen haben.[188]

Die Anfänge der Septuaginta liegen im alexandrinischen Judentum des 3. Jh. v. Chr.[189] Nach dem Aristeasbrief ist der Anstoß zur Übersetzung von außen gekommen, nach heute verbreiteten Theorien dürfte er eher von innen gekommen sein, von den Notwendigkeiten des zeitgenössischen Judentums und seiner Gemeinden her.[190] Vieles spricht dafür, dass die Kenntnis des Hebräischen im ägyptischen Judentum fast ganz aufgehört hatte, selbst das verwandte Aramäische war in Ägypten im 3. Jh. v. Chr. wohl keine gesprochene Sprache mehr.[191] So dürfte eine Lage entstanden sein, bei der das Festhalten an der grundlegenden jüdischen Überlieferung und damit an der jüdischen Identität nur mit Hilfe einer zuverlässigen Übersetzung möglich war. Jedenfalls genoss die Septua-

187. Zum Befund R. Hanhart, Textgeschichtliche Probleme der LXX, in: M. Hengel/ A. M. Schwemer Hg., Die Septuaginta zwischen Judentum und Christentum, WUNT 72, Tübingen 1994, 1-19, bes. 8 f.; zuletzt etwa M. Rösel, Die Übersetzbarkeit des Gottesnamens. Die Septuaginta und ihre Theologie, in: Chr. Gerber u. a. Hg., Gott heißt nicht nur Vater. Zur Rede über Gott in den Übersetzungen der »Bibel in gerechter Sprache«, Göttingen 2008, 87-103, hier: 89-91 (Lit.).
188. Dazu G. Howard, The Tetragram and the New Testament, JBL 96, 1977, 63-83.
189. Zur Situation der Juden im hell. Ägypten: A. Kasher, The Jews in Hellenistic and Roman Egypt. The Struggle for Equal Rights, TSAJ 7, Tübingen 1985; J. Mélèze-Modrzejewski, How to be a Jew in Hellenistic Egypt?, in: S. J. D. Cohen u. a. Hg., Disapora in Antiquity, Atlanta 1993, 65-92; J. M. S. Cowey, Das ägyptische Judentum in hellenistischer Zeit – neue Erkenntnisse aus jüngst veröffentlichten Papyri, in: S. Kreuzer u. a. Hg., Im Brennpunkt: Die Septuaginta, Bd. 2, BWANT 161, Stuttgart 2004, 24-43; H.-J. Gehrke, Das sozial- und religionsgeschichtliche Umfeld der Septuaginta, ebd. 44-60.
190. Darstellung und Abwägung beider Theorien: S. Kreuzer, Entstehung und Publikation der Septuaginta im Horizont frühptolemäischer Bildungs- und Kulturpolitik, in: ders. u. a. Hg., im Brennpunkt: Die Septuaginta, Bd. 2, BWANT 161, Stuttgart 2004, 61-75.
191. Zum Verschwinden der hebräischen (u. aramäischen) Sprache in den gefundenen Papyri und Inschriften: V. A. Tcherikover, Corpus Papyrorum Judaicarum Vol. I, Cambridge/Mass. 1957, 30 f.; zur gegenwärtigen Einschätzung z. B. Mélèze-Modrzejewski, How to be a Jew; Gehrke, Umfeld, bes. 54.

ginta – und das war im Judentum zunächst und für lange Zeit allein die Übersetzung der Tora, und nur auf sie bezieht sich die Erzählung des Aristeasbriefes – hohes Ansehen. Ihre Entstehung wurde in den ägyptischen Gemeinden mit einem jährlichen Fest begangen.[192] Einzelheiten von Entstehung und Benutzung bleiben aber für uns im Dunkel. Ob etwa in den Gottesdiensten[193] wirklich die Übersetzung völlig an die Stelle des Originals trat und keine Verlesung der hebräischen Tora mehr erfolgte, wie es Philo zu bezeugen scheint, oder ob nicht zumindest, wie es spätere rabbinische Regeln für den Fall vorsehen, dass nicht genügend sprachkundige Teilnehmer vorhanden sind, Anfang und Ende der Lesung in Hebräisch, der Hauptteil der Passage dagegen in der Landessprache getätigt werden konnte,[194] kann man nur fragen. Wahrscheinlich stand das Judentum zum ersten Mal in seiner Geschichte vor zugespitzten Fragen dieser Art, und es wird kaum eine einheitliche Lösung gegeben haben. Auch die spätere klassische rabbinische Sichtweise ist eine Art, die hier gemachten Erfahrungen zu verarbeiten. Wie weit auch immer die Grundentscheidung des Judentums, am Hebräischen als der Gottesdienstsprache festzuhalten, bereits ausgebildet war, dass sie völlig wirkungslos und beiseitegeschoben worden wäre, ist doch fraglich und wäre in jedem Falle nur eine zeitlich und räumlich begrenzte Entscheidung gewesen.

Dass für das Judentum auch in seiner hellenistischen Gestalt die Bibel in ihrer hebräischen Sprachform immer Norm blieb, zeigt sich nicht zuletzt daran, dass es immer wieder Korrekturen der griechischen Übersetzung auf der Grundlage des Hebräischen gegeben hat, schon in vorchristlicher Zeit. Der hebräische Text blieb maßgebend. Selbst die Tatsache, dass es offenkundig Kreise gab, und Philo spricht für sie, für die faktisch die Septuaginta alle religiösen und rechtlichen Funktionen erfüllte, kann das nicht aufheben.

Last but not least ist hier der Prozess der Distanzierung des Judentums von der Septuaginta zu nennen. Am Ende steht ein Diktum wie das aus dem Traktat Soferim (1,7): »Einst schrieben fünf Älteste die Tora für den König Ptolemäus in griechisch, und dies war ein Unglückstag für Israel wie der Tag, an dem das goldene Kalb angefertigt wurde, denn die Tora konnte nicht angemessen übersetzt werden.« Dieser Distanzierungsvorgang[195] gehört in den langen Prozess

---

192. Philo, VitMos II 41 f.; dazu Gehrke, Umfeld, 44 u. passim.
193. Dazu etwa Ch. Perrot, The Reading of the Bible in the Ancient Synagogue, in: M. J. Mulder Hg., Mikra. Text, Translation, Reading and Interpretation of the Hebrew Bible in Ancient Judaísm and Early Christianism, Assen u. a. 1988, 137-160, bes. 151 f.155.
194. tMeg 4,13.
195. Zu den rabbinischen Texten s. bes. G. Veltri, Eine Tora für den König Talmai, TSAJ 41, Tübingen 1994. Seine These, die jüdische Kritik an der Septuaginta habe mit der Benutzung durch das Christentum nichts zu tun, sieht er selbst inzwischen etwas differenzierter, vgl. Veltri, Libraries, X.

der Trennung der Wege von Judentum und Christentum, der, wie heute immer deutlicher wird, sich über Jahrhunderte hinzog. Die Hochschätzung der Septuaginta durch das immer judenfeindlicher werdende Christentum, spielte dabei eine nicht unwichtige Rolle. Auch die Frage, ob und wie weit die christologische Auslegung den Text selbst beeinflusste, ob und was an den gegenseitigen Vorwürfen berechtigt war, braucht hier nicht zu interessieren. Die Rolle der Septuaginta im Christentum ist vom rabbinischen Judentum aus gesehen geradezu ein Symbol des Scheiterns einer positiven Beziehung und gehört in den Beginn der offenen oder versteckten vom Christentum ausgehenden Gewaltgeschichte.

e. Die theologische Frage nach der Septuaginta
als Frage nach der Beziehung zum Judentum

Die Septuaginta hat eine lange und komplexe Geschichte im Judentum wie im Christentum gehabt. Bereits die neutestamentliche Verwendung zeigt ein kompliziertes und widersprüchliches Muster. Zudem ist diese Geschichte hineinverwickelt in die Trennungsgeschichte von Judentum und Christentum. All dies rechtfertigt zweifellos das verstärkte Forschungsinteresse, das zu beobachten ist. Aus diesem ganzen, hier nur anzudeutenden, historischen Geflecht von Bezügen ergibt sich aber keineswegs automatisch der behauptete theologische Schluss, dass diese Übersetzung und gar sie allein die christliche Gestalt des Alten Testamentes sei. Er ist nicht einmal naheliegend.

Insbesondere die Wiederaufnahme dieser These im Protestantismus, wo die Geltung des hebräischen Textes kirchlich, theologisch und wissenschaftlich nahezu unbestritten war, ist von antijüdischen Ressentiments nicht frei. Selten freilich werden sie heute so deutlich ausgesprochen, wie das im Zusammenhang des Beginns einer neuen Form biblischer Theologie geschah, der in etwa zeitlich parallel zur beginnenden christlich-jüdischen Annäherung mit dem Ziel einer tendenziellen Rücknahme alter Verwerfungen verlief. Da heißt es: »Ein christlicher Theologe darf den masoretischen Kanon niemals gutheißen« und der »pharisäischen Kanonreduktion« nicht folgen[196] – wie es Luther und der Protestantismus und manche andere wie selbstverständlich getan haben und tun. Solche deutlichen Voten sind heute selten geworden. Stattdessen wird der Verzicht auf jede Annäherung an die *hebraica veritas* damit begründet, den Juden ihre Bibel zu lassen und auf jede ›Vereinnahmung‹ zu verzichten.[197]

Nun soll hier keineswegs auch nur indirekt behauptet werden, dass alle Ver-

196. So beispielhaft Gese, Einheit des biblischen Traditionsprozesses, 1970, 16 f.; dazu o. S. 66 ff.
197. Etwa in den Beiträgen von H. Hübner; z. B. ders., New Testament Interpretation.

treterInnen der These von der Septuaginta als der christlichen Form des Alten Testaments von antijüdischen Haltungen bestimmt seien. Dennoch ist kaum zu übersehen, dass Varianten dieser These die traditionelle Abwertung des Alten Testaments heute mitbegründen. Eine Hochschätzung des fremden ersten Teils der christlichen Bibel scheint leichter zu ertragen, wenn es sich dabei um eine eigene, vom offiziellen Judentum abgelehnte Form handelt, in der zudem eine Kontinuität zum altkirchlichen Antijudaismus neu theologiefähig werden könnte.

Die Frage, welche Textform die einzelnen neutestamentlichen Texte voraussetzen und zitieren, führt in ein buntes Feld von Beobachtungen und Forschungsaufgaben. Eine einheitliche Lösung gibt es dafür nicht. Der masoretische Text, so wie er in der Synagoge entstand und zu Hause ist, ist in manchen Details nachneutestamentlich – der der Septuaginta, wie wir sie aus den großen dominanten Handschriften kennen, ist es ebenso. Nichts zeigt deutlicher als dieser Befund, dass es nicht um eine historische, sondern um eine theologische Frage geht. Die Schrift, auf die sich die neutestamentlichen Texte beziehen, lag damals in verschiedenen Formen vor. Ihnen allen gemeinsam ist, dass es in ihnen um die (bzw. um damalige Gestalten der) Bibel Israels geht. Mit dem Bezug zu dieser Schrift werden die neutestamentlichen Gemeinden zugleich zum lebendigen Judentum ihrer Zeit in Beziehung gesetzt. Theologisch ist das der entscheidende Punkt: Es geht um das, was gilt, weil Gott mit Israel gehandelt und in Israel geredet hat, einem Israel, das weiter mit Gott lebt. Die Kirche hat die Schrift als ihre Grundlage aus der Hand Israels erhalten. Sie wird sie deshalb – ungeachtet aller Detailfragen nach damaligen historischen Bezügen und Textformen – zuerst und zuletzt in der Gestalt anzuerkennen haben, die sie in Israel angenommen hat.

5. Kapitel:
Was ist das Neue im Neuen Testament?

Die eingebürgerte Terminologie mit der Rede von *Neuem und Altem Testament* scheint eindeutig. Das »Neue« ist dem Alten überlegen, löst das Alte ab. Zumal in der Moderne, die sich selbst als *Neuzeit* versteht, ist klar: Das Neue ist der Feind des Alten; das Neue überholt das Alte und setzt es außer Kraft. Und das gilt erst recht in Verbindung mit einem Begriff wie »Testament«. In der Welt des Rechts wird ein erstes Testament ungültig, wenn ein zweites, ein neues geschrieben wird. Und veraltet nicht auch ein Bund und wird überholt, wenn ein neuer geschlossen wird? Man denke an einen Ehe-Bund oder an politische Bündnisse. Das Alte Testament kann noch so konkret und aktuell, noch so realitätsgesättigt und wirklichkeitsnah sein, alles, was es zu sagen hat, ist längst von etwas Neuem überholt und also als veraltet erwiesen. Stets gilt: »*Das Alte ist vergangen, siehe Neues ist geworden*«, wie es bei Paulus heißt (2 Kor 5,17).

Was aber ist, worin liegt das Neue des Neuen Testamentes? Genauer: Worin sieht das Neue Testament selbst das Neue, von dem es Zeugnis gibt? Für eine biblisch begründete Zuordnung der Testamente wird die Orientierung an Hand der Vorstellungen über das Neue und das Alte im Neuen und dann auch im Alten Testament zentral sein. Dabei geht es zunächst um die *explizite Begrifflichkeit*, erst später und in diesem Rahmen soll gefragt werden, ob und wovon so etwas wie dem Neuen gesprochen wird, ohne dass die entsprechenden Begriffe verwendet werden.

1. Neu und Alt im Neuen und im Alten Testament

a. Der Befund

Einzusetzen ist mit der unstrittigen Feststellung, dass das Neue Testament ein ausgesprochenes *Bewusstsein der Neuheit* dessen besitzt, worum es in ihm geht – es scheint insofern seinen Namen zu Recht zu tragen.[1] Wenige Beispiele reichen aus, dies zu demonstrieren.[2]

---

1. Außer den u. genannten Arbeiten vgl. R. A. Harrisville, The Concept of Newness in the NT, JBL 74, 1955, 19-79.
2. Für einen Überblick über die 38 Belege des Adjektivs *kainós* sowie die wenigen Belege der zwei Nomina (*anakaínosis*/Erneuerung in Röm 12,2; Tit 3,5; *kainótes*/Neu-

Da ist das Wort Jesu vom neuen Wein, der alte Schläuche zu zerreißen droht, so wie neuer Stoff nicht auf alte Gewänder gesetzt werden soll, das in den drei ersten Evangelien überliefert wird (Mt 9,16 f.; Mk 2,21 f.; Lk 5,36 ff.). Das Markusevangelium redet gleich im 1. Kapitel davon, dass Jesus eine »neue Lehre« *(didaché kainé)* verkündet, und zwar *kat' exousían,* »mit Macht/Vollmacht« (Mk 1,27). Johannes lässt Jesus »*ein neues Gebot*« verkündigen (Joh 13,34). Und für Paulus ist das, was sich in seinen Gemeinden ereignet, gleich »*neue Schöpfung*«, der Beginn einer völlig neuen Welt (2 Kor 5,17; Gal 6,15), neues Leben aus dem Tod (Röm 6,4). Epheser- und Kolosserbrief reden von einem neuen Menschen (Eph 2,15; 4,24; Kol 3,10). Die Apokalypse des Johannes spricht von einem neuen Namen, der vergeben wird (Offb 2,17; 3,12), dem neuen Lied, das erklingt (5,9; 14,3), dem neuen Jerusalem (3,12; 21,2), dem neuen Himmel und der neuen Erde (21,1; so auch 2 Petr 3,13) und lässt Gott geradezu als Grundsatz formulieren: »*Siehe, ich mache alles neu*« (21,5). Vor allem ist da natürlich alles überragend die Rede von einem »*neuen Bund*«, die das Kelchwort der Abendmahlsüberlieferung bei Lukas und Paulus (Lk 22,20; 1 Kor 11,25) prägt, die dann im Zentrum des Hebräerbriefes steht (8,8 ff.; 9,15 ff.). Nach Paulus überstrahlt dieser neue den alten Bund bei weitem (2 Kor 3). Aus dieser Rede vom alten und neuen Bund mit ihrer so eindeutigen Gewichtung ist letztlich die übliche Bezeichnung der beiden Teile der christlichen Bibel als Altes und Neues Testament erwachsen.

Der Befund scheint auf den ersten Blick eindeutig zu sein und den mainstream christlicher Einschätzung von Alt und Neu in der Bibel zu bestätigen. Nach wie vor findet man Aussagen, die diesen Befund stark betonen und ihm explizit oder implizit den Rang eines Schlüssels für das Verhältnis der Testamente zuweisen. Typisch sind etwa Formulierungen wie die folgenden zum Befund bei Paulus: »Für Paulus besteht ein radikaler Bruch zwischen Vergangenheit und Gegenwart, eine Diskontinuität im Fluss der Zeiten.«[3] Und in einer Interpretation des Wortes vom neuen Wein und vom neuen Stoffflicken heißt es: »Wo das Neue kommt, da erweist sich das Alt- und Überholtsein des Alten … Das Neue ist mit dem Alten nicht vereinbar.« »Das Neue knüpft

---

heit in Röm 6,4; 7.6) und der zwei Verben (*anakainízein*/erneuern in Hebr 6,6; *anakainóo*/erneuern in 2 Kor 4,16; Kol 3,10) s. J. Baumgarten, Art. ϰαινός neu* ϰτλ, EWNT II, 1981, 563-571. Nur wenige Vorkommen weisen einen alltagssprachlichen Gebrauch von »neu« auf, so wenn es um das gerade ausgehauene, neue Grab geht (Mt 27,60; Joh 19,41) und wohl auch um die für die Athener »neue« Lehre des Paulus (Apg 17,19). Sonst beziehen sich die Worte immer um etwas im theologisch-emphatischen Sinne »Neues«.

3. E. Stegemann, Alt und Neu bei Paulus und in den Deuteropaulinen (Kol – Eph), EvTh 37, 1977, 508-536, Zit. 512.

nicht an das Alte an, setzt dieses nicht fort, sondern bleibt gegenläufig zu diesem.«[4]

Doch wird, wertet man den Befund derart aus, das heißt so, wie er *prima vista* erscheint, etwas Wesentliches übersehen oder ganz an den Rand geschoben. Dieses Wesentliche ist die *Tatsache, dass ein großer Teil der neutestamentlichen Aussagen über das Neue aus dem Alten Testament stammt.* Es handelt sich um direkte Zitate aus dem Alten Testament oder um Anspielungen auf alttestamentliche Formulierungen. Vieles von dem, was mit dem Bewusstsein des Neuen auftritt, stammt also bis in den Wortlaut aus dem Alten. Bei diesen wie bei den wenigen darüber hinausgehenden Stellen lohnt es sich zudem, genauer hinzusehen, *wie* von diesem Neuen die Rede ist und *was* eigentlich genau als das Neue bezeichnet wird.

Um direkte Zitate alttestamentlicher Hoffnungsaussagen handelt es sich bei den Aussagen in der Johannes-Apokalypse über das neue Lied (Jes 42,10 u.a.), den neuen Namen (62,2), den neuen Himmel und die neue Erde (65,17); letzteres auch in 2 Petr 3,13. Der Satz der Apokalypse in 21,5 »siehe, ich mache alles neu« ist ein Zitat aus Jes 43,18 f. Die Schilderung des neuen Jerusalem folgt den Bildern von Jes 54,11 f. u. a. Überhaupt stellt dieses Buch über das kommende Neue auf weite Strecken geradezu eine alttestamentliche Zitatencollage dar.[5]

Aber auch die theologisch so gewichtigen Formulierungen von der neuen Schöpfung bei Paulus (2 Kor 5,17; Gal 6,15) basieren auf Texten des 2. Jesaja (43,19; 48,6 u.a.) und des Jeremiabuches (31,21 f. bzw. 38,21 f.[LXX]), die davon reden, dass Gott Neues schaffen wird und bereits dabei ist, solches zu tun, sodass man das Neue schon sprießen sehen kann.[6] *»Siehe, nun wirke ich Neues; schon sprosst es, seht ihr es nicht?«* heißt es in Jes 43,19. Und in Jer 31,22 wird das Neue, das Jhwh schaffen wird, wie mit dem Schöpfungsbegriff *(bara')* gesagt wird, die bisherigen Verhältnisse zwischen Mann und Frau auf den Kopf stellen: *»Jhwh schafft Neues im Land. Das Weibliche umringt den Mann.«*[7] Paulus sieht derartige Erwartungen in seiner Gegenwart ansatzweise realisiert.

Wenn Jesus nach Johannes ein neues Gebot gibt (Joh 13,34), so stellt der 1. Johannesbrief richtig, dass es dabei um *»ein altes Gebot geht, das ihr von An-*

---

4. F. Hahn, Die Bildworte vom neuen Flicken und vom jungen Wein (Mk 2,21 f.), EvTh 31, 1971, 357-375; Zitate 370.372.
5. Dazu J. Ebach, Apokalypse. Zum Ursprung einer Stimmung, in: Einwürfe 2, München 1985, 5-61; jetzt bes. K. Wengst, »Wie lange noch? Schreien nach Recht und Gerechtigkeit – eine Deutung der Apokalypse des Johannes, Stuttgart 2010, passim.
6. Zu Paulus findet sich das Material gut zugänglich bei H. Hübner, Vetus Testamentum in Novo, Bd. 2: Corpus Paulinum, Göttingen 1997.
7. Zu den Möglichkeiten des Verstehens: F. Crüsemann, »… er aber soll dein Herr sein« (Gen 3,16). Die Frau in der patriarchalen Welt des Alten Testamentes, in: ders./H. Thyen, Als Mann und Frau geschaffen. Exegetische Studien zur Rolle der Frau, kennzeichen 2, Gelnhausen u.a. 1978, 94-97.

fang an hattet« (1 Joh 2,7 f.; vgl. 2 Joh 5). Man kann dabei – jedenfalls als Alt-testamentler und ohne den gesunden Menschenverstand abzuschalten – doch wohl sinnvollerweise nicht davon absehen, dass es um das alte Gebot der Nächs-tenliebe aus Lev 19,18 gehen muss, also wohl um die »eschatologische Inkraft-setzung des alten Gebots«[8]. Andere Formulierungen wie die vom neuen Men-schen im Epheser- (2,15; 4,24) und Kolosserbrief (3,10) sind offenkundig eine Neuformulierung der alttestamentlichen Erwartung eines neuen Herzens und eines neuen Geistes bei Ezechiel (Ez 11,19; 36,26; vgl. 18,31 u. a.).

Und darf man bei den Aussagen über den neuen Bund in der Abendmahlstra-dition, im Hebräerbrief sowie in 2 Kor 3 davon absehen, dass hier eine Aufnahme von Jer 31 (bzw. 38[LXX]) vorliegt, wonach das Neue im neuen Bund darin be-steht, dass die alte Tora in die Herzen eingeschrieben und so endlich erfüllbar wird, weil auf diese Weise göttlicher und menschlicher Wille identisch werden?[9]

Neutestamentliche Aussagen über das Neue von theologischem Gewicht, die *nicht* Zitatcharakter haben oder aus Anspielungen auf alttestamentliche Texte bestehen, gibt es nicht viele. Es handelt sich vor allem um das Bildwort vom neuen Wein und den neuen Flicken (Mt 9,16 f.; Mk 2,21 f.; Lk 5,36 ff.), um die neue Lehre Jesu in Mk 1[10] sowie die Grundsatzaussage in Mt 13,52. Dazu kom-men einige paulinische Sätze, die die angeführten schriftgestützten Formulie-rungen ergänzen und weiterführen (Röm 6,4; 7,6; 12,2; 2 Kor 4,16).

b. Die Verschränkung

Was das Neue Testament als das Neue bezeichnet, ist also weithin genau das, was in der Schrift als das Neue bezeichnet bzw. erwartet wird. Vor allem in der Beachtung und Bewertung dieses Befundes sehe ich eine entscheidende Diffe-renz zu vielen gängigen exegetischen und theologischen Urteilen. Nicht selten werden diese Bezüge und Zitate übersehen oder für die theologische Urteils-bildung heruntergespielt. Nimmt man diese Bezüge auf das Alte Testament für Verständnis und Interpretation der neutestamentlichen Argumentationsgänge

---

8. Thyen, Johannesevangelium, 611; ähnlich Wengst, Johannesevangelium, 113. Gera-de das Liebesgebot ist ein besonders typisches Beispiel für die Neigung der christ-lichen Theologie, gerade auch der biblischen Exegese, unbedingt etwas Neues, im Sinne des Nicht- und Antijüdischen zu finden, damit sich »das Neue Testament … von der Umwelt und ihrer Sittlichkeit abhebt«, was bis zum Karikaturhaften gehen kann, wie bei G. Schneider, Die Neuheit der christlichen Nächstenliebe, TTZ 82, 1973, 257-275 (Zitat 259).

9. Dazu u. S. 174 ff.

10. Die Texte, die von Christus als neuem Menschen (Eph 2) sowie – ohne die übliche Begrifflichkeit von Alt und Neu – als zweiten Adam (Röm 5) reden, klammere ich hier aus, sie gehören in den Umkreis der Christologie.

dagegen ernst, wird fraglich, ob man von einem bloßen Gegensatz des Neuen zum Alten, von einem antithetischen Verhältnis o. ä. sprechen kann. Eindeutig falsch sind Aussagen, dass nicht an das Alte angeknüpft wird, es keine Kontinuität gibt o. ä. Neben dem Alten, das nach den Aussagen des Neuen Testamentes weiterwirkt und weitergilt, und das betrifft vor allem die Tora, stammen aus der Schrift vielmehr auch und gerade die Vorstellungen und Erwartungen dessen, was als das Neue erlebt und geglaubt wird.

Dieser doppelte Bezug wird besonders klar in dem Wort Jesu formuliert: *»Deshalb: Alle, die die Tora studieren und von der gerechten Welt Gottes lernen«* – also die Theologen und Theologinnen unter den Anhängern Jesu – *»gleichen Menschen, die einen Haushalt führen und aus ihrer Schatzkiste Neues und Altes hervorholen«.* Beides, das Alte wie das Neue, stammt aus dem Schatz, den das Alte Testament darstellt. Diese Formulierung in Mt 13,52 ist ein Schlüssel für das innerbiblische Verständnis der Testamente.[11]

Versucht man diesen Befund in seiner fundamentaltheologischen Bedeutung für das Verhältnis der Testamente zu erschließen, muss es zunächst um eine differenziertere Betrachtung der alttestamentlichen Grundlagen gehen. Ausgangspunkt dafür ist die Tatsache, dass der Begriff des »Neuen« bereits in seiner alttestamentlichen Verwendung weit über die Alltagsbedeutung hinausgewachsen und zu einer Bezeichnung für das erwartete *eschatologisch* Neue geworden ist, das Gott in der Zukunft bereiten wird. Man muss geradezu von einem Fachterminus reden, der dann auch die neutestamentliche Rezeption und Fortführung prägt. Das wird exemplarisch an der Wendung des Ausdrucks »Neues Lied« sichtbar. Sie findet sich bei Deuterojesaja in Jes 42,10 als Aufforderung: *»Singt Jhwh ein neues Lied.«* Sie findet sich dann, davon wohl abhängig, weitgehend wörtlich am Beginn einer ganzen Reihe von Psalmen aufgenommen (Ps 96,1; 98,1; 149,1; vgl. 33,3; 144,9). Vor allem bei den Ps 96 und 98 geht es ebenfalls wie in Jes 42 um die bevorstehende Königsherrschaft Gottes. Hier ist deutlich: »›Neu‹ ist das Lied, das zu singen hier aufgefordert wird, nicht deshalb, weil an die Stelle des alten ein neuer Text oder der alten eine neue Melodie treten sollte; das liegt bei diesen Psalmen völlig fern. ›Neu‹ ist das Lied, weil etwas Neues von Gott her geschehen ist und das Lied diesem neuen Tun Gottes antworten ... soll.«[12] Insbesondere bei Deuterojesaja, Ezechiel und Jeremia, also in der prophetischen Tradition der Exilszeit, wurzeln die großen und vielfältigen Erwartungen eines *Neuen.* Typisch und vieles zusammenfassend ist die

---

11. Dazu bes. M. Crüsemann, Unrettbar frauenfeindlich: Der Kampf um das Wort von Frauen in 1 Kor 14,34-35 im Spiegel antijudaistischer Elemente der Auslegung, in: Von der Wurzel getragen. Christlich-feministische Exegese in Auseinandersetzung mit dem Antijudaismus, hg. v. L. Schottroff/M.-Th. Wacker, Leiden 1996, 199-223 (bes. 221 f.) = engl. Übers. in JSNT 79, 2000, 19-36 (34 f.).

12. C. Westermann, Art. חדש neu, THAT I, 1971, 524-530, Zitat 529.

Erwartung eines neuen Himmels und einer neuen Erde, die zuerst in Jes 65,17 formuliert und dann in 2 Petr 3,13 und Offb 21,1 aufgenommen wird. Nimmt man diese Erwartung von etwas Neuem und ihren Sprachgebrauch als Ausgangspunkt, so ergibt sich zunächst, dass eine große und wichtige Gruppe von neutestamentlichen Texten diese Worte rezipieren, um mit den Worten des Alten die *weitergehende,* also *identische* Hoffnung auf das kommende Neue auszudrücken, d. h. sie haben den gleichen Zukunftsbezug wie im Alten Testament. Das gilt vor allem für die eschatologisch-apokalyptischen Aussagen der Johannes-Apokalypse vom neuen Himmel und der neuen Erde, dem neuen Jerusalem, dem neuen Namen und der umfassenden Erwartung, dass alles neu wird, sowie für verwandte Aussagen. Das Neue ist hier in beiden Testamenten im Kern das gemeinsam in der Zukunft Erwartete. Diese und verwandte Vorstellungen machen auch eindeutig, dass es *nicht* ausreicht, hinter diesen Bezügen und Zusammenhängen das bekannte Schema von Verheißung und Erfüllung zu sehen,[13] also anzunehmen, das Alte Testament sage voraus und das Neue konstatiere das Eintreffen, wie man es bis heute nicht nur für den Messiasbegriff lesen und hören kann. Vielmehr wird die alttestamentliche Hoffnung vom Neuen Testament als Hoffnung bestätigt und bekräftigt, die Verheißungen an die Väter und Mütter werden als Verheißungen bestätigt, ein Vorgang, der vor allem in Röm 15,8 explizit formuliert wird: Durch den Messias »*haben sich die Versprechen, die den Erzeltern gegeben wurden, als gültig erwiesen*«[14].

Bei diesem Befund bekommen naturgemäß *diejenigen* neutestamentlichen Aussagen über das Neue ein besonderes Gewicht, die *nicht* von Zukunft, sondern von Gegenwart reden, also das alterwartete Neue bereits in der Gegenwart wirksam sehen.

2. Die wirksame Gegenwart des Neuen und ihre Ambivalenz

Klammert man die Rede von einem neuen Bund zunächst aus, kann man drei Gruppen von Texten unterscheiden, die von einer Gegenwart des Neuen reden.

a. Lehre und Gegenwart Jesu

Dass es im Auftreten Jesu um etwas »Neues« geht, wird am Anfang des Markusevangeliums mit der Aussage über die »*neue Lehre*« Jesu in Mk 1,27 formuliert.

---

13. Dazu im Detail u. S. 230 ff.
14. Vgl. dazu o. S. 104 f.

Das ist, wie gesagt, einer der wenigen Fälle, wo es nicht um ein direktes oder indirektes alttestamentliches Zitat geht. Dass Jesus in der Synagoge lehrt *hos exousían échon* (1,22), *»wie jemand der Macht/Vollmacht hat«* und nicht wie die Schriftgelehrten, das wird sofort im Anschluss daran an seiner Macht über einen unreinen Geist demonstriert (V. 23 ff.), der in einen Menschen gefahren war. Nachdem der Geist ausgefahren ist, staunen alle und sagen: *»Was ist das? Eine neue Lehre kat' exousían. Sogar unreinen Geistern gebietet er«* (V. 27). Die Macht bzw. Vollmacht ist nach dem erzählten Zusammenhang eindeutig eine exorzistische Macht. An ihr zeigt sich das Neue der neuen Lehre.

Stellt man diesen Text in den Zusammenhang des Beginns des ältesten Evangeliums, so ist unübersehbar: Neu ist nicht der *Inhalt* der Lehre Jesu als solcher, über ihn wird ja gar nichts gesagt. Jesus wird eingeführt mit Worten des Alten Testaments (Mk 1,2 f.) und damit von den ersten Zeilen an eingeordnet in die Welt und Botschaft der Schrift. Was er zu sagen hat, lautet: *»Die Zeit ist erfüllt und das Reich Gottes ist nahe herbeigekommen: Kehrt um und vertraut dem Evangelium«* (Mk 1,15). *Metanoeíte*, »ändert euren Sinn«, traditionell oft mit »tut Buße« übersetzt, ist das entscheidende Wort. Das ist das alttestamentliche »Kehrt um«, hebr. *schúvu*. Die Nähe der Gottesherrschaft, einer Größe, die das Alte Testament und das Judentum seit Jahrhunderten erwarten, immer wieder auch als nahe bevorstehend angesehen haben, steht im Zentrum. Die Folge ist gerade *nicht* ein völlig neues Verhalten, nicht die Praxis von etwas Noch-nie-Dagewesenem, nicht eine »Revolution der Werte«[15], sondern das genaue Gegenteil, nämlich Umkehr, Rückkehr, wie das hebräische bzw. aramäische Wort besagt. Umkehr – wohin? Rückkehr – zu was? Natürlich zur Tora, zur alten Lehre des Mose, die nun endlich getan werden soll – und getan werden kann. In diesem Können besteht das Neue. Jesus hat Macht über die bösen und unreinen Geister, insofern ist das erwartete und angesagte Neue, eben das Reich Gottes, bereits wirksam. Mit »neu« ist hier das eschatologisch neue Gotteshandeln gemeint,[16] genau wie schon im Alten Testament. Und obwohl sich das Neue in der Lehre Jesu manifestiert, liegt das Neue nicht im Inhalt dieser Lehre, neu ist die Kraft, in der die alte Lehre jetzt ergeht, und das entspricht dem Ausgangspunkt, der Ansage, dass das alterwartetete Neue des Gottesreiches endlich nahe herbeigekommen ist.

Zeigt sich das Neue bei Markus insbesondere in der exorzistischen Macht Jesu, so wird wenig später ausdrücklich die Tatsache reflektiert, dass derart Neues auf Dauer gerade nicht wirksam geblieben ist. Das geschieht in den Bild-

---

15. So der – höchst missverständliche – Untertitel von G. Theißen, Die Jesusbewegung. Sozialgeschichte einer Revolution der Werte, Gütersloh 2004. Theißen meint damit nicht das Verhältnis zur alttestamentlich-jüdischen Tradition, die Formulierung bestätigt aber alte Vorurteile.
16. Dschulnigg, Markusevangelium, 82.

worten vom neuen Wein, der nicht in alte Schläuche gefüllt, und vom neuen Flicken, der nicht auf ein altes Gewand gesetzt werden soll, die dreimal als Begründung für Jesu Antwort auf die so genannte Fastenfrage überliefert worden sind (Mt 9,16f.; Mk 2,21f.; Lk 5,36ff.). In Mk 2,21f. heißt es:

> 21 Kein Mensch näht einen Flicken ungewalkten Tuches auf einen alten Mantel. Sonst reißt das Füllstück von ihm ab, das neue vom alten, und der Riss wird schlimmer.
> 22 Und kein Mensch füllt neuen Wein in alte Schläuche. Sonst zerreißt der Wein die Schläuche, und der Wein und die Schläuche gehen verloren. Sondern: neuen Wein in neue Schläuche.

Dieses Bildwort gehört zu den Fällen, wo die christliche Auslegungstradition praktisch gegen die deutliche Intention neutestamentlicher Texte sich jahrhundertelang gehalten und damit das Bewusstsein der Christen wie das allgemeine Sprachgefühl okkupiert hat, und das noch bis in die gegenwärtige Exegese hinein. Insbesondere Martin Leutzsch hat zuletzt nachdrücklich auf diese Auslegungsgeschichte und ihre Wirkung bis in die Gegenwart hingewiesen.[17] »In der christlichen Auslegung dominieren seit dem zweiten Jahrhundert Auslegungen, die insbesondere das (zum Sprichwort gewordene …) Wein-Schlauch-Wort als Kontrast zwischen Christentum und Judentum umdeuten … Abgekoppelt von der Fastenfrage, wird seit dem 19. Jahrhundert unter Rückgriff auf Mk 2,21f. das Christentum mit dem Neuen identifiziert und dem Judentum als dem Alten gegenübergestellt.«[18] Leutzsch zeigt, wie wenig solche »bis heute dominierenden Auslegungsrichtungen«[19] mit Aussage und Intention des biblischen Textes zu vereinbaren sind.[20]

Ob die Formulierungen, als isolierte Bildworte genommen, vielleicht einmal

17. Was passt und was nicht (Vom alten Mantel und vom neuen Wein). Mk 2,21f. (Mt 9,16f./Lk 5,36-39/EvThom 47,3-5), in: R. Zimmermann Hg., Kompendium der Gleichnisse Jesu, Gütersloh 2007, 273-277.

18. Leutzsch, Was passt, 227, mit Belegen für solchen Gebrauch etwa bei Fichte, Hegel u.a. Zur Auslegungsgeschichte s. F. G. Cremer, Die Fastenansage Jesu. Mk 2,20 und Parallelen in der Sicht der patristischen und scholastischen Exegese, BBB 23, Bonn 1965.

19. Was passt, 275. Beispiele solcher problematischen, meist ausdrücklich anti-jüdisch und anti-tora-orientierten Auslegung: F. Hahn, Die Bildworte vom neuen Flicken und vom neuen Wein; M. Waibel, Die Auseinandersetzung mit der Fasten- und Sabbatpraxis Jesu in urchristlichen Gemeinden, in: G. Dautzenberg Hg., Zur Geschichte des Urchristentums, FS R. Schnackenburg, QD 87, Freiburg 1979, 63-96; U. Mell, »Neuer Wein (gehört) in neue Schläuche« (Mk 2,22c), ThZ 52, 1996, 1-31.

20. Leutzsch setzt damit fort, was D. Flusser (Mögen Sie etwa lieber neuen Wein? [1979], in: ders. Entdeckungen im Neuen Testament. Bd. 1: Jesusworte und ihre Überlieferung, Neukirchen-Vluyn 1987, 108-114) und D. Schellong (Was heißt: »Neuer Wein in neue Schläuche«?, Einwürfe 2, München 1985, 112-125) begonnen haben.

den Sinn gehabt haben, uneingeschränkt die Überlegenheit des Neuen auszusagen, kann offen bleiben. Es ist aber ganz unwahrscheinlich, denn in beiden Bildworten geht es darum, Verluste zu vermeiden und alt und neu nicht auf falsche Weise zu verbinden. Die Logik der Bilder will alt *und* neu erhalten wissen, was durch ein fragwürdiges Vermischen in Frage steht. Alte Mäntel und alte Schläuche sind wertvoll und dürfen nicht gefährdet werden. Das gilt erst recht und wird eindeutig durch die durchgängige Verbindung dieser Bildworte mit der Fastenfrage.[21] Sie sollen in diesem Zusammenhang begründen, warum die Jünger und Jüngerinnen Jesu anders als die des Johannes nicht fasten. Die Antwort: *»Kann etwa die Hochzeitsgesellschaft fasten, während der Bräutigam bei ihnen ist? ... Es werden aber Tage kommen, da wird ihnen der Bräutigam entrissen, und an jenem Tag werden sie fasten«* (Mk 2,19 f. par). Das, was das neue, verändertete Verhalten auslöst, bleibt nicht. Der Bräutigam ist nicht immer da, und dann, wenn er fehlt, muss wieder gefastet werden. Ganz offenkundig ist die Lage zu der Zeit, in der und für die das Evangelium formuliert wurde, durch dieses Fehlen bestimmt. Insbesondere im Markusevangelium ist damit das fundamentale Thema der Abwesenheit Jesu angeschnitten, mit dem das Evangelium endet (16,8) und das seine gesamte Theologie mitbestimmt.[22] Was soll das anderes heißen, als dass die alten Regeln für das Fasten dann wieder gelten? Und die Konsequenzen werden deutlich gezogen: Mit dem Neuem ist vorsichtig umzugehen, es ist zeitlich begrenzt und darf das wertvolle Alte nicht gefährden.

Die beiden anderen Evangelien verstärken diese Akzente. Bei Matthäus läuft das Ganze ausdrücklich darauf hinaus, dass beide miteinander erhalten bleiben sollen (9,17): *»Man füllt vielmehr neuen Wein in neue Schläuche, so bleiben beide miteinander erhalten.«* Das Ziel ist es, neue wie alte Schläuche zu bewahren. Da in diesem Evangelium die ganze Tora einschließlich der pharisäischen Auslegung von den AnhängerInnen Jesu zu halten ist (Mt 5,17 ff.; 23,2), kann auch kaum strittig sein, dass Entsprechendes auch für das Fasten gilt: Die jüdischen Fastenregeln stehen auf Dauer nicht in Frage, sie sind vielmehr von den Jesus Nachfolgenden einzuhalten.[23]

Und bei Lukas (5,36) geht es gar darum, dass nicht »nur ein Mantel, sondern zwei ... zerstört (werden), wenn aus einem Kleidungsstück ein Flicken erst herausgeschnitten wird.[24] Es heißt dann ausdrücklich: *»Niemand, der alten (Wein) getrunken hat, will neuen«* (Lk 5,39), denn der alte schmeckt einfach

21. Dazu a. G. Kern, Fasten oder feiern? – Eine Frage der Zeit (Vom Bräutigam / Die Fastenfrage). Mk 2,18-20 (Mt 9,14 f./Lk 5,33-35/EvThom 104), in: R. Zimmermann Hg., Kompendium der Gleichnisse Jesu, Gütersloh 2007, 273-277.
22. D. S. du Toit, Der abwesende Herr. Strategien im Markusevangelium zur Bewältigung der Abwesenheit des Auferstandenen, WMANT 111, Neukirchen-Vluyn 2006. Zur Fastenfrage und den Bildworten ebd. 25 ff. 130 ff.
23. So etwa Fiedler, Matthäusevangelium, 219.
24. Leutzsch, ebd. 276.

besser. Wie man das als Warnung vor dem Alten verstehen kann, weil eine »Rechtfertigung des Alten ... nicht in das Evangelium passen« würde,[25] bleibt mir ein Rätsel. Jesus ist hier in der Tat eindeutig der »Protagonist of the Old.«[26] Erstaunlich eindeutig ist die Reflexion über die Grenzen, in gewisser Weise sogar über das Ende des Neuen. Das gilt besonders für die Fastenfrage, wo als Antwort deutlich gesagt wird: Die Zeit des Bräutigams, der Hochzeit, des Nichtfastens geht vorüber, und in der Zeit danach, in der Zeit der Abwesenheit des Bräutigams, also Jesu, gelten die alten Regeln. Die Bildworte warnen vor einer falschen Verbindung von Neu und Alt; grundlegende Voraussetzung ist, dass das Alte wertvoll und erhaltenswert ist. Da es Bildworte sind, ist allerdings bei einer konkreten Ausdeutung über den Kontext, also die Fastenfrage, hinaus Vorsicht geboten.

b. Die paulinischen Gemeinden als »neue Schöpfung« und das »noch nicht«

Für Paulus ist das, was »in Christus« passiert, »neue Schöpfung« (2 Kor 5,17; Gal 6,15). Er formuliert das auf dem Hintergrund der großen alttestamentlichen Erwartungstradition. Dieses Neue prägt seine Gemeinden. Es zeichnet sie aus, dass das Neue die alten Differenzen verändert, ja in gewisser Perspektive aufhebt, so die zwischen Israel und Nicht-Israel (Gal 6,15), aber auch zwischen männlich und weiblich sowie zwischen frei und unfrei als den grundlegenden sozialen Kategorien (3,28). Diesem Kerngeschehen einer neuen Schöpfung ordnen sich andere Aussagen über das Neue zu, vom neuen Leben aus dem Tod (Röm 6,4; 2 Kor 4,16), vom neuen Bund (1 Kor 11,25; 2 Kor 3,6), was einer eigenen Betrachtung bedarf.[27] Zu einem sachgemäßen Verstehen gehört nicht nur die Herkunft aller dieser Aussagen im Wortlaut oder in der Sache aus der Schrift, die damit nicht einfach zum Alten gehört,[28] es gehört dazu vor allem

---

25. So Hahn, aaO 374, Anm. 59, mit zustimmendem Zitat von: J. Schmid, Das Evangelium nach Lukas, RNT 3, 4. Aufl. Regensburg 1960, 126. Dass ich mir immer wieder bei solchen Äußerungen der neutestamentlichen Wissenschaft wie das Kind im Märchen vor den neuen Kleidern des Kaisers vorgekommen bin und einfach nicht sehen konnte, was da angeblich steht oder was manche da sehen, gehört zu den Erfahrungen, aus denen heraus dieses Buch entstanden ist. Umso erfreulicher ist es, wenn man zunehmend auf Änderungen in der Wissenschaft stößt.
26. R. S. Good, Jesus, Protagonist of the Old, NT 25, 1983, 19-36.
27. S. u. S. 179 ff.
28. T. R. Jackson, New Creation in Paul's Letters. A Study of the Historical and Social Setting of a Pauline Concept, WUNT II/272, Tübingen 2010, sieht genau, in welchem Ausmaß Paulus auf die deuterojesajanische Rede von neuer Schöpfung zurückgreift und angewiesen ist (etwa ebd. 119 ff.), formuliert aber dann das von Pau-

auch die Tatsache, dass hart neben der Betonung des Neuen, neben dem Reden von neuer Schöpfung, das Weiterbestehen der bisherigen, der ersten Schöpfung steht. Tod und Sünde sind weiter wirksam, das universale Leiden macht das unübersehbar. Auch »die Christen [stehen] als Avantgarde des Neuen noch unter den Bedingungen der alten Zeit und Geschichte«[29]. Ein Schlüsselwort dafür ist *Hoffnung*. So kann Paulus – und ich denke, er muss – mitten im Reden über den Glanz des neuen Bundes, der den alten so sehr übertrifft, in 2 Kor 3,12 sagen: »*Weil wir nun solche Hoffnung haben ...*«. Also selbst der Geist und damit das wirksam Neue am neuen Bund existiert allein im Modus der Hoffnung. Nur in dieser Perspektive ist das Neue des Neuen real, ist das Strahlen überhaupt sichtbar. Und im Kontext der Rede von der neuen Schöpfung, von der gilt: »*Neues ist geworden*« (2 Kor 5,17), kann nicht nur, sondern *muss* gesagt werden, dass der Geist nur das Angeld ist (2 Kor 5,5), eine erste Anzahlung, dass die himmlische Wohnung keineswegs bereits bezogen ist (5,1 ff.) und dass selbst das Gericht Christi erst bevorsteht (5,10). Kurz: Ohne die ständige Einbeziehung dessen, was man die Spannung von »Schon und noch nicht« nennt, kann das Reden vom Neuen zur bloßen Behauptung, zur puren Ideologie werden. Ist diese Spannung aber im Blick, dann nimmt sich das Reden von Neu und Alt, und damit auch von Neuem und Altem Testament erheblich anders aus als in der üblichen kirchlichen Tradition.

Will man das Verhältnis der Testamente aus der Bibel selbst bestimmen, ist hier ein entscheidender Punkt erreicht. Wo im Neuen Testament das erwartete Neue bereits wirksam ist, wo es nicht nur die Zukunft, sondern schon die Gegenwart bestimmt, *liegt das Neue in der Kraft, im Modus, in der effektiven Wirksamkeit*, es ist die neue Lehre *kat' exousían*, es ist der Geist, der die Menschen treibt, kurz, es ist der Beweis des Geistes und der Kraft, um eine Formulierung von Lessing aufzunehmen, was das Neue ausmacht. Das Neue ist nicht, jedenfalls nicht in diesen Traditionen des Neuen, etwas inhaltlich Neues, ist gerade *keine inhaltlich neue Lehre*, kein neues Gottesbild, auch nicht eine Lehre über Christus, sondern es ist – natürlich durch Christus vermittelt – die lang erwartete, endliche Wirksamkeit dessen, was seit langem als Neues erwartet und als dieses Neue inhaltlich auch bekannt war.

Dass aber dieses Neue nun nicht so uneingeschränkt, keineswegs derart ungebrochen so wirkt, wie es die alttestamentlichen Erwartungen erhofft und verheißen haben, wird in den neutestamentlichen Texten selbst mit erstaunlicher Klarheit reflektiert. Es steht dieses Neue wie schon in der Schrift selbst stets

---

lus vertretene Neue so, als ob damit auch die Schrift überholt sei, vgl. z. B. ebd. 148: »If Isaianic influence stands behind 2 Cor 5:17, Paul could well be taking up the idea that all previous acts of deliverance and works of God are completely outdone by his latest and most significant revelation in the person and work of Christ.«

29. E. Stegemann, Alt und Neu, 522.

neben dem, was bisher in der Welt wirksam war, mitten in der Welt des Todes und der Sünde. Und so bleibt das Neue Verheißung. Selbst in der umstrittenen und von außen so wenig eindeutigen Form, wie es bei Jesus und in den paulinischen Gemeinden wirksam war, ist das Neue nicht wirksam geblieben. Das unübersehbare Strahlen des Neuen war bald nicht nur für die Mehrheit des jüdischen Volkes so eindeutig nicht. Nur an einem Punkt hatte sich wirklich etwas verändert: Die alte Erwartung, dass sich die Völker der Welt einst zum Gott Israels bekehren würden, hatte sich in der Tat zu realisieren begonnen. Sonst war das Neue durchaus bestreitbar. Der Geist wirkte keineswegs immer so eindeutig, wie es die aufgenommenen Traditionen des Neuen besagen. Das Neue Testament ist voll von Konflikten um Fragen, die an der Bruchstelle entstehen, wo das Neue nicht eindeutig und nicht ungebrochen wirksam und in Kraft ist. Deshalb, denke ich, fällt der *Sozialgeschichte* eine Schlüsselfunktion für die Beschreibung der effektiven Wirksamkeit des Neuen und ihrer Grenzen zu und damit auch für die Bestimmung des Verhältnisses der alten Schrift und der neuen Bewegung.

Die Gegenwart des Neuen bereits mitten im Alten – auch diese Verschränkung ist nichts Neues im Neuen Testament. Das für die Zukunft erwartete Neue schlägt auch im Alten Testament bereits in die Gegenwart durch. Das in Zukunft erwartete neue Lied, der Jubel über die neue Tat Gottes (Jes 42,10), kann bereits im Gottesdienst erklingen, und Israel kann die erwartete Tat jetzt schon besingen: »*Singt Adonaj (schon jetzt) das neue Lied*« (Ps 98,1 u. a.). Von besonderem Gewicht ist dabei die Formulierung in Ps 51: »*Ein reines Herz schaffe mir, Gott, und einen beständigen Geist mache neu in mir*« (51,15). Der schuldig gewordene Beter bzw. die Beterin bittet um Erneuerung des Geistes, und zwar durch einen Schöpfungsakt *(bara')*. Deutlich ist, dass hier die großen Verheißungen der Exilszeit individuell gewendet und ebenso individuell als Bitte an Gott vorausgenommen werden.[30] Wo Sünde vergeben wird, ist dieses Neue bereits wirksam, mitten in allem Alten; das bezeugt dieser alttestamentliche Text. Der »*erneuerte Geist*« (V. 12) steht dabei parallel zum »*heiligen Geist*« Gottes (V. 13) und zum »*willigen Geist*« (V. 14). Der erneuerte Geist ist also der, der willig Gottes Gebote tut und damit die Verheißung des Neuen Bundes, in dem Gott die Gebote ins menschliche Herz schreiben wird (Jer 31,33 f.), vorausnimmt.[31] In diesem Sinne kann man dann sagen: »Mit dieser Bitte bittet der

30. Dazu H. Groß, Der Mensch als neues Geschöpf (Jer 31; Ez 36; Ps 51), in: Der Weg zum Menschen, FS A. Deissler, Freiburg u. a. 1989, 98-109; W. H. Schmidt, Individuelle Eschatologie im Gebet. Psalm 51, in: ders., Vielfalt und Einheit alttestamentlichen Glaubens, Bd. 2, Neukirchen-Vluyn 1995, 47-62.

31. Auch sonst wird Jer 31 in der Psalmenfömmigkeit aufgenommen, vgl. B. Ego, »In meinem Herzen berge ich deine Worte«. Zur Rezeption von Jer 31,33 in der Torafrömmigkeit der Psalmen, JBTh 12, Neukirchen-Vluyn 1997, 277-289.

Beter letztlich um die Gabe eines Neuen Bundes.«[32] Es ist gerade die Überwindung und Aufhebung der Macht der Sünde, die das Neue bereits in der Gegenwart wirksam macht. Es bleibt damit aber im Vergleich mit der Verheißung auch zweideutig und strittig.

c. Das Neue als ethischer Impuls

Bereits bei Paulus kann es im Zusammenhang mit dem Neuen um einen ethischen Impuls gehen, nämlich darum, dem Neuen zu entsprechen, es in den eigenen Handlungen zu realisieren, genauer: es durch dieses Handeln Wirklichkeit werden zu lassen. So heißt es in Röm 12,2: »*Verwandelt euch durch Erneuerung des Denkens.*« Ähnliches findet sich dann in den Aussagen des Epheser- und Kolosserbriefes (Eph 2,15; 4,24; Kol 3,10). Der neue Mensch ist im Grunde nur Christus (Eph 2,15), für seine Anhänger und Anhängerinnen aber wird das Neue jetzt zur ethischen Aufgabe: »*Ihr sollt den alten Menschen ablegen ... und den neuen Menschen anziehen*« (4,23 f.; vgl. Kol 3,10). Die alte Verheißung von der Verwandlung des Menschen, vom Neuwerden von Herz und Geist im Zusammenhang der Neugestaltung von Himmel und Erde wird als gegenwärtige Möglichkeit geglaubt und erfahren und damit aber auch zur Notwendigkeit ethischen Verhaltens.

Das freilich ist nun wahrhaft nichts Neues im Neuen Testament. Man lese dazu nur bei Ezechiel nach, dem Propheten mit den großen Zusagen von der Gabe des neuen Herzens und des neuen Geistes (Ez 11,19; 36,26), wo im Blick auf diese zukünftige Verwandlung bereits jetzt gefordert werden kann: »*Schafft euch [wörtlich: macht euch] ein neues Herz und einen neuen Geist*« (Ez 18,31). Die Zukunftszusage löst die Zumutung aus, das Neue bereits jetzt zu praktizieren – in genauer struktureller wie inhaltlicher Entsprechung zu den Aussagen im Neuen Testament.

d. Zusammenfassung

Das Neue ist mit wenigen Ausnahmen ein emphatischer Begriff für das erwartete eschatologisch Neue, das Gott herbeiführen wird. Neben dieser gemeinsamen Erwartung gibt es in beiden Testamenten ebenfalls bereits eine partielle und bereits wirksame Vorausnahme des Kommenden in der Gegenwart: Die Hoffnung erweist sich als entscheidender Trost, der als Erfahrung die Gegenwart verändert. Hier gibt es in Teilen des Neuen Testamentes, insbesondere in

---

32. E. Zenger in: F.-L. Hossfeld/E. Zenger, Psalmen 51-100, HThKAT, Freiburg 2000, 53.

den paulinischen Gemeinden (und in der Abendmahlstradition) ein deutliches und starkes Bewusstsein, dass das Neue schon wirksam ist. Entscheidend ist dabei: das effektive Wirksamsein einer neuen Kraft, die alte Tora zu tun, die auf die Kraft des Geistes zurückgeführt wird. Es ist jedoch gerade in den paulinischen Schriften mit ihren Konflikten unübersehbar, wie zweideutig und umstritten, wie verletzlich und verletzt dieses Neue ist. Kommt man von diesen neutestamentlichen Anfängen her, ist es zutiefst problematisch, wenn nachbiblisch im Zusammenhang mit dem Zurücktreten dieser Aufbrüche die Behauptung aufkommt, das Neue liege nicht in einer erfahrbaren und unübersehbar spürbaren Wirksamkeit Gottes, orientiert an den Gerechtigkeitsforderungen der Tora, sondern in einer neuen Lehre, damit in neuen Inhalten und einem neuem Wissen über Gott. Wo das geschieht, wird mit der Behauptung einer inhaltlichen Überlegenheit des Neuen über das Alte, der neuen Schriften über die Schrift, der Christen über die Juden zugleich der Kern des kirchlichen Antijudaismus sichtbar. Danach ist Israel inhaltlich überholt und will das Neue nicht annehmen. Doch eine solche neue Lehre hat im Neuen Testament – jedenfalls im Zusammenhang der Begrifflichkeit von Neu und Alt – keinen Ort und also auch nicht in einer darauf gegründeten Theologie und Kirche.

3. Der Neue und der Alte Bund

a. Zur Bezeichnung der beiden Teile der christlichen Bibel

Die gängige Bezeichnung der beiden Teile der christlichen Bibel als »Altes und Neues Testament« entstammt letztlich der biblischen Bundessprache, ist aber zugleich auch geronnene Kirchengeschichte. Die beiden lateinischen bzw. deutschen Begriffe *testamentum*/Testament und *foedus*/Bund sind die Wiedergabe des einen hebräischen Wortes *berit* bzw. des einen griechischen Wortes *diatheke*. Dass daraus eine Bezeichnung der beiden Bibelteile wurde, ist Ergebnis einer längeren Entwicklung in nachbiblischer Zeit. Zwar knüpft diese Sprache an bestimmte neutestamentliche Texte, besonders an 2 Kor 3 an, doch hat sich auf diesem Weg bis zu den endgültigen Bezeichnungen der Bibelteile eine deutliche Entfernung von den biblischen Begriffen, vor allem aber von deren Sinn vollzogen.

Am Beginn dieses Weges stehen im 2. Jh. n. Chr. Formulierungen, die – anders als im Neuen Testament selbst – den Neuen und den Alten Bund gegeneinanderstellen und den einen mit dem Christentum, den anderen mit dem Judentum verbinden. So geschieht es etwa im Barnabasbrief (130-140 n. Chr.), wo anhand der Geschichte von den zerbrochenen Tafeln aus Ex 32 erzählt wird, dass Gott den Bund den Juden wegen deren Unwürdigkeit genommen und durch Christus »uns« gegeben habe. »Das Testament jener ist auch das unsrige ... Und ihr Testament zerbrach, damit das des Geliebten, Jesu, in unser Herz eingesiegelt werde, durch die Hoffnung, die der Glaube an ihn gibt« (Barn 4,6.8).[33] Der Gesamtzusammenhang von Ex 32-34, also vor allem die endliche Vergebung, Erneuerung des Bundes und das Bleiben Gottes bei seinem Volk, wird ebenso großzügig wie bösartig übergangen. Begrifflich findet sich dasselbe noch deutlicher um 150-160 n. Chr. bei Justin in seinem Dialog mit dem Juden Tryphon: »Das auf dem Horeb gegebene Gesetz ist bereits veraltet und gehört euch allein, das unsere aber ist für alle Menschen überhaupt. Ist aber ein Gesetz gegen ein anderes gestellt, so abrogiert es das frühere, und ein späteres Bündnis hebt in gleicher Weise das frühere auf ... Wenn nun Gott die Einrichtung eines Neuen Bundes angesagt hat, und zwar zur Erleuchtung der Heiden, wir aber sehen ..., dass es Menschen gibt, welche gerade durch den Namen des gekreuzigten Jesus Christus sich von den Götzen trennen und ... Gott zuwenden, ... dann kann jedermann ... erkennen, dass hier das neue Gesetz und der neue Bund« ist (Justin, Dial. XI,2-4).[34] Dieser Gegensatz wird dann etwa bei Irenäus (ca. 135-202 n. Chr.) und Klemens von Alexandrien (ca. 150-215 n. Chr.) grundlegend für die christliche Theologie. Doch noch bei diesen Kirchenvätern ist »die Urkunde des Bundes ... nicht selbst der Bund«[35]. Es war vor allem Melito von Sardes († 180 n. Chr.), bei dem sich »die ersten Spuren« eines veränderten Sprachgebrauchs finden. Er nennt zwar noch nicht »das Buch als solches ›Neues Testament‹, sondern spricht nur von dem Worte des neuen evangelischen Bundes, das ihm schriftlich vorliegt.«[36] Daraus entstehen dann die Bezeichnungen der beiden Kanonteile des sich herausbildenden christlichen Doppelkanons. Eindeutig belegt ist der neue Sprachgebrauch erst im Lateinischen bei dem Kirchenvater Tertullian (150-230 n. Chr.). Aber auch für ihn ist damit noch nicht die wichtigste Bezeichnung der beiden Kanonteile gegeben, das ist für Tertullian vielmehr die Rede von »vetus et novum instrumentum«, also von den beiden Instrumenten Gottes, womit er sich aber nicht durchgesetzt hat.[37]

Eine feste Bezeichnung und damit Deutung der beiden »Testamente« liegt

---

33. Übers. K. Wengst, Didache (Apostellehre) u.a., Schriften des Urchristentums II, Darmstadt 1984, 145.147.
34. Übers. Ph. Häuser, Justinus. Dialog, BKV, München 1917, 16 f.
35. H. v. Campenhausen, Die Entstehung der christlichen Bibel, BHTh 39, Tübingen 1968, 309; ebd. 304 ff. zur Entwicklung der Begriffe.
36. So v. Campenhausen, ebd. 307.
37. Vgl. v. Campenhausen, ebd. 309, sowie insbes. R. Braun, »Deus Christianorum«. Recherches sur la Vocabulaire doctrinal de Tertullian, PFLA XLI, Paris 1962, 463-473. Neben instrumentum findet sich danach auch patatura (Zubereitung, später: kirchliche Gewänder).

also erst ab dem 3. Jh. n. Chr. vor. »Beide Teile der ›Schrift‹ haben einen neuen, zugleich verbindenden wie unterscheidenden Namen erhalten. Es ist nicht mehr möglich, das Neue Testament markionitisch vom Alten zu lösen, und es ist noch weniger möglich, es vereinerleiend mit ihm einfach auf eine Stufe zu stellen.«[38] Die Begriffe erinnern, so wird es bis heute gesehen, »an die große geschichtliche Bewegung, in der die Urkunden des göttlichen Heilswillens entstanden sind, an ihre bleibende Gegebenheit und an die ewige Neuheit der Person und des Geistes Jesu, der sie vollendet.«[39] Hinter diesen Namen und ihrem Programm stehe die Theologie des Irenäus und anderer Kirchenväter, eine Theologie, »die ihrerseits auf die alten Propheten und auf Paulus« zurückweise.[40]

Aber genau das ist die Frage. Ob die Terminologie, die sich in der Kirchengeschichte herausgebildet und durchgesetzt hat, den biblischen Sinn der Begriffe bewahrt hat, ist durchaus in Frage zu stellen. Die neue Terminologie greift zwar äußerlich biblische Sprache auf, und sie beansprucht und suggeriert, dass sie biblische Kernwahrheiten transportiert. Nun wird jede theologische Sprache, die Jahrhunderte von den biblischen Texten entfernt und in völlig anderen sprachlichen und kulturellen Milieus entsteht, immer und notwendigerweise auch ein beträchtliches Maß an Fremdheit und Differenz zu den biblischen Texten enthalten müssen. Dennoch ist stets die kritische Frage zu stellen, ob trotz dieser unvermeidlichen Differenz die Kernwahrheiten der biblischen Grundlagen bewahrt und unter neuen Umständen zur Geltung gebracht, oder aber, ob diese verzerrt und ihre Wahrheiten in das Gegenteil verkehrt werden. Fragt man so, wird man zwei miteinander verbundene Aspekte unterscheiden können. Das eine ist der Befund, dass die oben angedeutete Entstehung der Benennung der christlichen Bibel im 2. und 3. Jh. und ihre theologische Deutung zugleich die Entstehung des so tiefsitzenden antijüdischen Denkmusters und Sprachgebrauchs ist. Die ganze Entwicklung ist von Anfang an und durchgehend von einem antijüdischen Impuls begleitet. Schon der Ausgangspunkt, die Gegenüberstellung von Neuem und Altem Bund im 2. Jh. n. Chr., hatte das Ziel, anhand und mit Hilfe des Bundesbegriffs den Juden die Legitimität ihres Glaubens, ihres Bundes, ihrer Erwählung zu bestreiten. Dazu wiederum war es offenbar nötig – und das hat noch lange nach der Schoa als unbestreitbare und gute Wahrheit gegolten –, die damaligen Angriffe heute zu wiederholen: »Die ausgesprochen feindselige Stimmung, die die Kirche jener Zeit gegenüber den sie bekämpfenden und denunzierenden Juden durchweg empfindet, bildet den Hintergrund seiner [d. h. Justins] erstaunlichen Auslegung und macht sie möglich«, heißt es noch in einem theologischen Klassiker der 60er Jahre.[41] Und

38. V. Campenhausen, ebd. 310.
39. Ebd.
40. Ebd.
41. V. Campenhausen, ebd. 113.

diese »ausgesprochen feindselige Stimmung«, die die Bezeichnung der Kanonteile mitprägt, hat sich dann bekanntlich durch die meisten Phasen der Kirchengeschichte hindurch erhalten – neue Ansätze gab es erst mit dem beginnenden christlich-jüdischen Dialog. Dass dementsprechend alle klassischen Modelle der Bewertung des Alten Testaments antijüdisch waren, wie oben gezeigt wurde,[42] war die unvermeidliche Folge.

Man wird aber davon einen anderen, wenn auch damit eng verbundenen Aspekt unterscheiden können. Das ist die Frage nach der sachgemäßen oder eben unsachgemäßen Deutung der Texte selbst, die die christliche Bibel bilden. Auf dem Spiel steht, ob sich die biblischen Texte gerade auch im Zusammenhang einer solchen Kernfrage selbst aussprechen können oder aber wieweit das spätere Bild die Wahrnehmung gerade auch der neutestamentlichen Texte steuert. Wieweit ist das in der Kirchengeschichte entstandene Bild der christlichen Bibel von ihr selbst aus korrigierbar?

b. Der alte Bund – ein vergangener Bund?

In der so wirksamen Bezeichnung der Bibelteile steht ein neuer gegen einen alten Bund, und suggeriert wird, der alte, der Bund Gottes mit Israel, sei eben damit überholt und unwirksam geworden. Hier kann und braucht nur an einige Grundzüge des biblischen Bundesbegriffs erinnert zu werden.[43]

– Zu erinnern ist zunächst daran, dass es im Alten Testament nicht einen, sondern eine ganze Reihe unterschiedlicher Bundesschlüsse gibt, die einander keineswegs ablösen und ungültig machen, sondern ganz offensichtlich ergänzen. Da gibt es in Gestalt des Noahbundes (Gen 9), eine Selbstverpflichtung Gottes zur Erhaltung des Lebens auf der Erde. Er gilt, was die Menschen betrifft, den Nachfahren Noahs und damit allen Menschen und allen Völkern. Ansonsten ist Bund in der Gottesbeziehung ein Vorgang zwi-

---

42. S. o. zusf. S. 64.
43. Überblick zuletzt: F. Crüsemann/M. Crüsemann, Art. Bund, SWB, Gütersloh 2009, 76-79. In der lang anhaltenden Debatte um den alttestamentlichen Bundesbegriff haben auf der semantischen Ebene die Arbeiten von E. Kutsch (Verheißung und Gesetz. Untersuchungen zum sogenannten »Bund« im Alten Testament, BZAW, 131, Berlin 1973; ders. Art. *berit* Verpflichtung, THAT I, 1971, 339-352), auf der historischen die von L. Perlitt (Bundestheologie im Alten Testament, WMANT 36, Neukirchen-Vluyn 1969) eine tragfähige Grundlage geschaffen. Zu Aspekten der neueren Forschungsgeschichte s. M. Otte, Der Begriff »berit« in der jüngeren alttestamentlichen Forschung, EHS 23/803, Frankfurt/M. 2005. Zur Rolle des Begriffs im Verhältnis der Testamente sowie zwischen Christen und Juden s. bes. die EKD-Studie: Kirchenamt der EKD Hg., Christen und Juden III. Schritte der Erneuerung im Verhältnis zum Judentum, Gütersloh 2000, 19-46.

schen Gott und Israel, allerdings auch hier in sehr verschiedener Gestalt. Da ist der – zweifach und durchaus verschieden erzählte – Bund mit Abraham (Gen 15; 17), in dem sich Gott verpflichtet, Abraham Nachkommen zu schenken und ihnen das Land zu geben. Im Sinaibund verpflichtet sich Israel, die Tora »*zu tun und zu hören*« (Ex 24,7), und auf dieser Basis wird der Bund geschlossen (24,8). Dieser Bund wird vom Volk gebrochen (Ex 32), dann aber als neuer Bund, der auf Vergebung dieser Schuld beruht, erneuert (Ex 34,10). Dann ist da der Bund mit Israel, der im Land Moab geschlossen wird (Dtn 28,69), eine Erneuerung und Aktualisierung des Bundes vom Sinai/Horeb. Weiter ist da der Bund Gottes mit David (2 Sam 23,5; Ps 89,4.29) und der mit Levi (Num 25,12 f.). Jesus Sirach kennt im 2. Jh. v. Chr. sie alle und damit eine Kette von sieben Bundesschlüssen (Sir 44-50) – und keiner davon hebt die älteren und vorangehenden auf oder setzt sie außer Kraft.

– Bei einer *berit*/Bundes-Verpflichtung geht es sodann um die festeste Form einer Zusage, die die Bindungskraft eines Eides, mit dem das Wort oft parallel steht,[44] noch übertrifft. Das ist besonders deutlich bei den profanen Verwendungen des Begriffs. Da geht es um Bündnisse zwischen Einzelnen, etwa zwischen Abraham und Abimelech (Gen 21,27.32; vgl. 26,28) bzw. David und Jonathan (1 Sam 18,3; 23,18), zwischen Königen und ihrem Volk (2 Sam 5,3; 2 Kön 11,17), vor allem aber zwischen Staaten (1 Kön 5,26; 15,19; 20,34), jedoch auch zwischen Mann und Frau in der Ehe (Ez 16,8; Mal 2,14; Prov 2,17). Dabei dürfte der deutsche Begriff »Bund« eher verdecken, dass es nur selten und als Ausnahme um ein »Bündnis« zweier halbwegs gleichberechtigter Partner bzw. Partnerinnen geht (1 Kön 5,26). In der Regel geht entweder die überlegene Seite von zwei Partnern eine Selbstverpflichtung gegenüber der unterlegenen ein (z. B. Jos 9,15), oder die unterlegene Seite wird auf ein bestimmtes Tun verpflichtet (Jer 34,8 f.).

In den Rang eines theologischen Zentralbegriffs steigt – theologiegeschichtlich gesehen – der Begriff *berit* frühestens auf,[45] als mit der Katastrophe des Nordreichs und deren prophetischer Deutung die Zukunft Israels unausweichlich bedroht erscheint. Und sie wird gerade dafür eingesetzt, die unaufhebbare Bindung Gottes an sein Volk trotz Schuld und Gericht auszusagen. Wenn, wie beim Noah- oder beim Abrahambund, Gott eine feierliche Selbstverpflichtung eingeht, kommt dies einer uneingeschränkten Heilszusage gleich. In beiden Fällen führt auch die parallel laufende Verpflichtung des menschlichen Partners im Falle einer Verletzung nicht dazu, dass Gott seinerseits den Bund kündigt. Es

---

44. Gen 21,22 ff.; 26,26 ff.; Dtn 29,9 ff. u. a.
45. Chr. Koch, Vertrag, Treueid und Bund. Studien zur Rezeption des altorientalischen Vertragsrechts im Deuteronomium und zur Ausbildung der Bundestheologie im Alten Testament, BZAW 393, Berlin u. a. 2008, rechnet erst mit einer »nachstaatlichen«, also frühestens exilischen Entstehung des Konzepts.

liegt gerade in diesen Texten (Gen 9; 17) keine »Wenn … dann«-Bindung vor. Und die mehrfachen Hinweise auf einen »ewigen« Bund (Gen 9,16; 17,7.13.19) unterstreichen dies.

Zwar kann beim Sinaibund, der Israel verpflichtet, die Tora zu halten, durchaus von einem Bundesbruch gesprochen werden. Analog einer Bundes-Verpflichtung der unterworfenen Völker durch die assyrischen Großkönige steht nach diesem Konzept Israel mit Gott statt mit einem Großkönig im Bund. Das war wahrscheinlich ein prägender historischer Hintergrund dieser Gestalt der Bundestheologie.[46] Dabei ist prinzipiell eine Verletzung der Verpflichtung und damit ein Bundesbruch möglich, und dafür sind Strafbestimmungen als Sanktionen vorgesehen. Und so wird denn auch von einem solchen Bruch in Ex 32, der Erzählung vom goldenen Kalb, berichtet, sofort und damit verbunden aber auch von der Fürbitte des Mose, von einer Erneuerung des Bundes trotz Sünde und Versagen, wodurch eine Zukunft eröffnet wird, die realistisch mit Sünde und Versagen rechnet (Ex 32-34). Die Rede von einem alten im Sinne eines überholten Bundes, der durch das Fehlverhalten des menschlichen Partners gebrochen und also erledigt sei, entspricht dagegen nicht biblischer Sprache und biblischem Denken und würde ja auch die Rede von einem neuen Bund wiederum einer bewussten oder unbewussten Bedrohung durch Versagen aussetzen, was alles dem biblischen Bundesbegriff genau entgegensteht.

– Zu erinnern ist schließlich daran, dass in mehreren Zusammenhängen im Neuen Testament der alte Bund Gottes mit Israel wie selbstverständlich als bestehend und gültig erwähnt und damit bekräftigt wird. Hält man sich nur an die expliziten Verwendungen des Begriffs, gilt das zunächst für Lk 1,72 f. und damit die Vorgeschichte Jesu im Lk-Evangelium. Hier heißt es im Gesang des Zacharias, über die Bedeutung des Kindes: Gott »*handelt barmherzig an unseren Vätern und Müttern und erinnert sich an ihren heiligen Bund. Sie hat Abraham, unserem Vater, einen Eid geschworen …*«. Es geht beim erzählten Geschehen um eine Erinnerung und Bekräftigung an den Bund mit Abraham und damit mit Israel. Vor allem gilt das sodann für den Römerbrief, die Summe der paulinischen Theologie. Hier werden in 9,4 »*die Bundesschlüsse*« unter den bleibenden Prärogativen Israels aufgezählt. Wie sonst in der alttestamentlich-jüdischen Tradition ist davon im Plural die Rede. Neben der Gotteskindschaft, der Gegenwart des göttlichen Glanzes, der Gabe der Tora und den Verheißungen machen sie das aus, was Israel bleibend auszeichnet, und zwar auch und gerade angesichts dessen, was mit Christus geschehen ist. Dieser Formulierung am Beginn entspricht eine andere am Ende der Kapitel Röm 9-11. Der Rekurs auf Gottes Bund mit seinem Volk

---

46. Zur neueren Debatte vgl. E. Otto, Das Deuteronomium. Politische Theologie und Rechtsrefom in Juda und Assyrien, BZAW 284, Berlin u.a. 1999 sowie Chr. Koch, Vertrag.

umrahmt also diese dem Thema Israel gewidmeten Kapitel. In 11,27 wird in einer Zitatkombination von Jes 59,21 und 27,9 gesagt: »*Und dieses ist mein Bund mit ihnen, wenn ich das von ihnen begangene Unrecht wegnehme.*« Deutlich ist, dass Gott an dem Bund mit seinem Volk selbst auch und gerade dann festhält, wenn das Volk in seiner Mehrheit sich nicht dem Glauben an den Messias Jesus zuwendet. Es ist deshalb diesem Bund und seiner Gültigkeit zu verdanken, dass »*ganz Israel gerettet wird*« (11,26). Der Begriff Bund wird damit hier im Römerbrief, wo Paulus seine Theologie am stärksten systematisch entfaltet, ausschließlich für die Beziehung Gottes zu Israel verwendet, nicht aber – in welcher Gestalt und Variante auch immer – für die durch die urchristliche Mission entstandenen Gemeinden aus Juden und Heiden.

c. Der Neue Bund – im Christentum verwirklicht?

Von einem »neuen Bund« ist im Neuen Testament in drei Zusammenhängen die Rede:[47] In einem Teil der Abendmahlstradition, bei Paulus in 2 Kor 3 sowie im Hebräerbrief. Das Verständnis dieser Passagen (und damit ein Urteil darüber, ob und inwiefern dieser »neue« dem »alten« Bund entgegensteht oder ihn gar ersetzt), hängt davon ab, wie ihr Verhältnis zur Verheißung eines »neuen Bundes« in Jer 31 gesehen wird.[48] Und nur um diese Frage kann und soll es im Folgenden gehen.

α. Die Verheißung eines neuen Bundes in Jer 31,31-34

Von einer Verletzung der Bundesverpflichtungen durch Israel ausgehend, wird in diesem Text dem alten ein neuer zukünftiger Bund entgegensetzt, der nicht mehr gebrochen werden kann:

> *Jer 31,31 Gebt Acht, die Zeit wird kommen, – so Jhwhs Spruch – da will ich mit dem Haus Israel und mit dem Haus Juda einen neuen Bund schließen. 32 Dieser Bund gleicht nicht dem Bund, den ich mit ihren Eltern geschlossen habe an dem Tag, als ich sie an ihrer Hand nahm, um sie aus dem Land Ägypten herauszuführen: Diesen meinen Bund konnten sie brechen, obwohl ich über sie geboten*

---

47. Dazu F. Crüsemann, Der neue Bund im Neuen Testament. Erwägungen zum Verständnis des Christusbundes in der Abendmahlstradition und im Hebräerbrief, in: ders., Kanon und Sozialgeschichte. Beiträge zum Alten Testament, Gütersloh 2003, 295-305.

48. Eine knappe Darstellung der traditionellen Sichtweise, die letztlich nur eine Diskontinuität von altem und neuem Bund feststellen kann, gibt zuletzt F. W. Horn, Die Verheißung des neuen Bundes (Jer 31,31-34), in: B. Kollmann, Hg., Die Verheißung des Neuen Bundes. Wie alttestamentliche Texte im Neuen Testament fortwirken, Göttingen 2010, 187-199.

habe – so Jhwhs Spruch. 33 Sondern so wird der Bund aussehen, den ich mit dem Haus Israel nach jener Zeit schließen will: – so Jhwhs Spruch – Ich werde meine Tora in ihr Inneres legen, in ihr Herz werde ich sie schreiben. Ich werde ihnen Gott und sie werden mir Volk sein. 34 Sie werden einander nicht mehr belehren und weder zu den Mitmenschen noch unter den Geschwistern sagen: Lerne Jhwh kennen! Denn sie alle werden mich kennen, alle von Klein bis Groß – so Jhwhs Spruch. – Denn ich werde ihre Vergehen verzeihen und an ihre Unrechtstaten nicht mehr denken.

Dieser Neue Bund hat offenkundig keinen anderen Inhalt als der Alte, es geht um dieselbe Tora. Sie wurde nicht gehalten und wird aufs Neue in Kraft gesetzt. Er hat auch keine anderen Adressaten als der alte, sondern gilt wiederum Israel und Juda (V. 31.33). Was sich ändert, ist allein der Modus der Geltung. Wenn die Tora ins Innere der Menschen geschrieben wird, werden sie von innen heraus, von selbst, das tun, was Gottes Wille ist. Deshalb können alle Institutionen der Belehrung entfallen (V. 34). Was ein strenges Naturrecht mit der Schöpfung verbindet, dass nämlich die Menschen den Willen Gottes in sich vorfinden und von innen heraus kennen, was aber so biblischem Denken nicht entspricht, weil Gott den Menschen seine Gebote mitteilt, das wird hier als Verheißung für die Zukunft ausgesprochen: die Identität des Gotteswillens mit dem Inneren der Menschen. So hat es die jüdische Auslegung auch immer gesehen.[49] Wie bei anderen Verwendungen des Terminus »neu« geht es also auch hier um eine eschatologische Erwartung. Dieser neue Bund sprengt die realen Möglichkeiten dieser Welt. Zwar gibt es Vorausnahmen, Verinnerlichungen der Tora, sowohl im Alten wie im Neuen Testament.[50] Aber kein »Schon« kann hier auf ein deutliches »Noch nicht« verzichten. Insbesondere im Weitergehen der Notwendigkeit von Lehre und Traditionsweitergabe ist ein klares Kriterium gegeben, das unübersehbar das »Noch nicht« markiert – im Christentum ebenso wie im Judentum.

Zwar hat Israel den »alten« Bund (der Begriff fällt so nicht) gebrochen. Doch von einer auch nur zeitweiligen Verwerfung Israels auf Grund des Bundesbruchs ist keine Rede. Entscheidend ist dafür die Formulierung am Ende von V. 32: *waʾanî baʿaltí bam*. Es geht um einen Hinweis auf das Besitzverhältnis; also darauf, dass Jhwh Herr/Eigentümer/Besitzer von ihnen ist. Aber in welchem Sinne, mit welcher Tendenz wird darauf verwiesen? Geht es um einen Hinweis auf das Herrsein, gegen das bzw. trotz dessen der Bruch erfolgte (»wo ich doch Herr über sie bin«),[51] um eine strafende Reaktion (»und ich sie zwin-

---

49. H. Lichtenberger/S. Schreiner, Der neue Bund in jüdischer Überlieferung, ThQ 176, 1996, 272-290.
50. Dazu o. 163 f.
51. So die Übers. von G. Fischer, Jeremia 26-52, HThK, Freiburg u.a 2005, 143. Ähnlich Luther 1984 und die Zürcher Bibel 2007.

gen musste«)[52] oder gar um ein Verwerfungsurteil (»Ich aber habe sie verworfen«)[53]? Entscheidend für das Verständnis ist die nahezu wörtliche Parallelaussage in Jer 3,14. Dort steht diese Wendung zwischen einer Umkehrforderung: »*Kehrt zurück, ihr Söhne, die ihr zurückgebracht werden sollt*« und der Heilszusage: »*Holen werde ich euch … ich werde euch nach Zion bringen.*« Ein Verweis auf Zwang macht hier keinen Sinn, noch weniger auf Verwerfung. Es kann nur um einen auf das bleibende Besitzverhältnis gehen, das der Ermöglichungsgrund für die geforderte Umkehr ist. Es geht um einen Verweis auf die trotz des Treuebruchs des menschlichen Partners bleibende Herrschaft Gottes über sein Volk. Vielleicht also ist am besten zu übersetzen: »*Denn ich bin über euch Herr geblieben.*« So muss der Sinn der Formel auch in 31,32 sein: Es geht um das bleibende, das durch den Bruch nicht tangierte Besitzverhältnis.

In der griechischen Fassung (Jer 38,31 ff. [LXX]) steht an dieser Stelle *emélesa*/»ich habe sie vernachlässigt« bzw. »ich habe mich nicht um sie gekümmert«[54] (38,32 [LXX]). So wird es auch im Neuen Testament zitiert (Hebr 8,10). Auch das besagt für sich genommen keineswegs eine Verwerfung Israels und einen Abbruch des Bundes von Seiten Gottes. Dass Gott sein Volk wegen dessen Bundesbruchs »vernachlässigt« hat, dürfte eine Interpretation des hebräischen *ba'álti* sein. Dass sich Gott als Herr/Eigentümer erwiesen hat, wird hier als negativer Aspekt des Herrseins im Sinne einer zeitweiligen, etwa im Exil wirksamen Vernachlässigung formuliert. Der neue Bund, der den gleichen alten AdressatInnen gilt, zeigt unwiderlegbar, dass es nicht um Verwerfung, nicht um Kündigung des Bundes, nicht um Abbruch der Beziehung o. ä. geht. Allerdings will A. Schenker aus dieser griechischen Fassung das alte Verwerfungsurteil über Israel im Sinne der traditionellen christlichen Lehre neu begründen.[55] Er muss dazu annehmen, dass ein ausgesprochen negatives hebräisches Verb, ein »Verb der Verwerfung« hinter dem recht harmlosen griechischen Wort steht,[56] also entweder *ma'ás/verwerfen* oder *schalách/wegschicken*, welches insbesondere als rechtlicher Begriff für die Scheidung einer Ehe fungiert. Nur mit einer solchen freien Hypothese kann eine Tradition der Kündigung des Bundes von Seiten Gottes konstruiert werden, für die es weder im Befund an dieser Stelle noch sonst in der Bibel einen Anlass gibt. Das gilt auch für die griechische Bibel, denn auch dort sind die vielen Aussagen von der Ewigkeit des Bundes, von Gottes uneingeschränkter Zusage u. ä. überliefert. Anlass, die Annahme einer Verwer-

---

52. So Luther 1545/1912.
53. So die Zürcher Bibel von 1931, die sich hier wie oft wohl eher auf die LXX stützen will, dazu u. S. 173 f.
54. So die Übersetzung von *Septuaginta Deutsch*.
55. A. Schenker, Das Neue am neuen Bund und das Alte am alten. Jer 31 in der hebräischen und griechischen Bibel, FRLANT 212, Göttingen 2006, bes. 20-23.
56. Ebd. 23.

fung Israels durch Gott von einem einzigen griechischen Wort aus zu konstruieren, ist denn auch offenkundig allein die spätere christliche Tradition, nach der das Judentum von Gott verworfen ist und an die Stelle des alten ein neuer Bund im Sinne des Christusbundes tritt. Nur wenn man die Wahrheit dieser Lehre bereits voraussetzt, weil Kirchenväter und ganze Epochen nicht irren können,[57] was immer sie mit welchen Folgen lehren, kann man nicht nur die Septuaginta als christliche Bibel behaupten und sie an Stellen wie dieser von der späteren Interpretation aus interpretieren. Im Übrigen hält Schenker dann sogar den Text, den er hinter der griechischen Übersetzung vermutet, für den ältesten Text überhaupt.[58] Wohin eine doppelte Lektüre des Alten Testaments, von sich selbst aus und dann von einer vorausgesetzten dogmatischen Wahrheit her,[59] führen kann, zeigt dieses Beispiel. Sie bringt unvermeidlich mit sich, worauf sie bei manchen sogar zu zielen scheint: die Wiedereinsetzung des traditionellen christlichen Antijudaismus in sein (wenn auch etwas relativiertes) Recht.

Das Verständnis der Rede vom neuen Bund im Neuen Testament hängt davon ab, ob und wie in den neutestamentlichen Texten dabei auf die Verheißung von Jer 31 Bezug genommen wird. Wenn und wo das geschieht, kann es nicht grundsätzlich um Ablösung und Ersatz eines alten durch einen neuen Bund gehen, nicht um einen anderen Inhalt als die Tora und nicht um einen anderen Adressaten, also nicht einfach um die Kirche anstelle des Volkes Israel.

β. Der neue Bund im Hebräerbrief

Besonders im Hebräerbrief findet sich nun wirklich eine scharfe Antithese zwischen dem alten und dem neuen Bund, wie sie kirchliches Selbstverständnis so weitgehend geprägt hat. In Hebr 8,13 wird überdeutlich formuliert, dass durch den neuen Bund der erste für veraltet erklärt wird: »*Was aber veraltet ist und greisenhaft, droht zu verschwinden.*«

Der Teil des Briefes, der von diesem neuen Bund handelt, wird durch zwei Zitate aus Jer 31 resp. 38 [LXX] in der Übersetzung der Septuaginta in Hebr 8,9 ff. und 10,16 f. geradezu eingerahmt. Somit ist alles dazu Gesagte auf diesen alttestamentlichen Text zu beziehen und als seine Interpretation zu verstehen. Gerade auch das, was ihn zu einem neuen und besseren Bund macht, ist diesem zitierten Text zu entnehmen. Dabei wird die jeremianische Verheißung in Hebr 8,8-12 umfangreich, ja vollständig im griechischen Wortlaut angeführt. Dazu gehört natürlich der mehrfache und ausdrückliche Bezug gerade auch des neuen Bundes auf Israel und Juda (Jer 31,31.33 = 38,31.33 [LXX] in Hebr 8,8.10). Der Bund, um den es dem Hebräerbrief geht, ist also Gottes Bund mit Israel und kein anderer. Es ist methodisch nicht legitim zu behaupten, die Aussagen,

---

57. Dazu ebd. 65.94, sowie o. S. 142 f.
58. Ebd. 45 f. u. ö.
59. Dazu grundsätzlich o. S. 85 ff.

die Hebr zwar zitiert, dann aber »ungedeutet liegen« lässt,[60] seien irrelevant und könnten somit einfach als ungesagt übergangen werden. Nur wenn man so argumentiert, kann aber aus der Tatsache, dass der Partner des alten wie des neuen Bundes außerhalb des Zitats nicht thematisiert wird – schon gar nicht im Sinne einer Veränderung der Adressaten gegenüber dem zugrunde liegenden biblischen Text –, geschlossen werden, diese eindeutigen Aussagen des Zitats spielten keine Rolle.

Nun entspricht dieser Bezug auf Israel/Juda ja der Tatsache, dass der Brief eben »An die Hebräer« gerichtet ist. Was in ihm gesagt wird, wird Juden und Jüdinnen gesagt, einen anderen Sinn kann man dem Begriff der »Hebräer« kaum unterlegen. Diese Überschrift und diese Adressierung spielen allerdings in der üblichen wissenschaftlichen Exegese praktisch keine Rolle. Doch die Überschrift ist von den ältesten Handschriften an[61] und durchgängig durch die Tradition belegt. »Jede Spur einer anderen Adressierung fehlt in der Tradition«.[62] Es spricht deshalb »von der Überlieferung her nichts gegen die Gleichursprünglichkeit von Brief und Überschrift«[63]. Methodisch ist also die heute übliche und alle neueren Kommentare und die allermeisten Monographien beherrschende Vorentscheidung[64], sie bei der Interpretation außer Betracht zu lassen, eindeutig eine *literarkritische* Entscheidung. Die Überschrift wird zuerst für sekundär erklärt, und daraus wird dann gefolgert, sie sei für ein wissenschaftliches Verständnis »faktisch wertlos«[65]. Sie sei »nicht Schlüssel zum geschichtlichen Verständnis, sondern Ausdruck der Ratlosigkeit gegenüber dem Brief«[66]. Weil die Überschrift aber zum überlieferten kanonischen Text gehört,

---

60. So M. Theobald, Zwei Bünde und ein Gottesvolk. Die Bundestheologie des Hebräerbriefs im Horizont des christlich-jüdischen Gesprächs, ThQ 176, 1996, 309-325 (Zitat 316).

61. So z.B. im Papyrus 46, der als eine der ältesten Handschriften für das Neue Testament gilt und um 200 n.Chr. datiert wird; s. F. G. Kenyon, The Chester Beatty Biblical Papyri Bd. III/1. Text, London 1936, 21; Bd. III/2. Plates, London 1937, f. 21.v. Dagegen findet sich in der wissenschaftlichen Standardausgabe des Neuen Testaments (Nestle-Aland, 27. rev. Auflage 2001) kein Hinweis auf die handschriftliche Bezeugung der Überschrift (anders als in älteren Auflagen, etwa 23. Aufl. 1957). Soll kritisches Nachfragen erschwert werden?

62. E. Gräßer, An die Hebräer I, EKK XVII/1, Neukirchen/Zürich 1990, 41. Ebenso K. Backhaus, Der Hebräerbrief, RNT, Regensburg 2009, 23.

63. Gräßer, Hebräer I, 41.

64. Auch M. Karrer, Der Brief an die Hebräer. Kapitel 1,1–5,10, ÖTK 20/1, Gütersloh u.a. 2002, 53f.105. Anders v.a. B. Klappert, Hoffender Glaube, Kommender Christus und die neue Welt Gottes (Hebräer 11,1–12,3), in: V. A. Lehnert u.a. Hg., Logos – Logik – Lyrik, FS K. Haacker, Leipzig 2007, 219–266.

65. H.-F. Weiß, Der Brief an die Hebräer, KEK 13, Göttingen 1991, 67; ebenso Gräßer, Hebräer I, 45.

66. Gräßer, Hebräer I, 41.

muss sie – zumindest im Sinne einer kanonischen Lektüre – beim Prozess des Verstehens und Auslegens mit in Anschlag gebracht werden. Das übliche Verfahren, bei dem ein konstruierter, vorkanonischer Text ausgelegt wird, darf jedenfalls nicht das Einzige sein und nicht allein als legitim gelten. Zumal in diesem Falle der Sinn einer solchen Hinzufügung vollkommen undeutlich, unklar und umstritten bleibt und andererseits das gesamte Verständnis des Briefes wie ein Vorzeichen vor der Klammer bestimmt.

Für die These, dass von der Überschrift als hermeneutischem Schlüssel für den Gesamttext aus ein überaus konzises Bild des Briefes entsteht, können hier nur einige Gründe angeführt werden. Da ist vor allem die unstrittige Tatsache, dass der Brief unter völliger Ausklammerung der gesamten Israelfrage argumentiert.[67] Ob es angesichts der für die neuere Forschung immer enger werdenden Verflechtung[68] mit gegenseitigen Bezugnahmen der entstehenden Größen Judentum und Christentum[69] und zumal angesichts seiner spezifisch kultischen Argumentation wirklich wahrscheinlich zu machen ist, ihn nicht an Gemeinden mit jüdischem Hintergrund gerichtet zu sehen, sondern an »Christen als Christen«[70], bedarf dringend einer erneuten Überprüfung. Die meisten Argumente jedenfalls, die heute für eine Adressierung an nichtjüdische Kreise angeführt werden, sind zumindest ambivalent. Der Text sieht aber in 2,16 das Heilshandeln Gottes, um das es ihm geht, eindeutig auf die Nachfahren Abrahams bezogen. Diese stehen zudem parallel zum Volk Gottes (V. 17). Beides ist nur sehr gezwungen mit einer heidenchristlichen Adressierung zu verbinden. Für ein entsprechendes Verständnis Abrahams gibt es anders als bei Paulus auch nicht die Spur einer Andeutung. Vor allem kann ja die Alternative zu einem Bezug der Abrahamnachfahren auf Israel im Grunde nicht der verbreitete und teilweise völlig unkommentierte Bezug auf die Christen[71] sein, sondern nach der Logik des Verses 2,16, der von einem Gegensatz zu Engeln spricht, nur ein Bezug auf alle Menschen, also einschließlich aller Heiden bzw. aller Ungläubigen.[72] Ist das aber ernsthaft vorstellbar? Als Hauptgrund für heidenchristliche

---

67. Etwa Karrer, Hebräer I, 53.
68. Zur Forschungslage s. o. S. 90, Anm. 46.
69. Die alte Sichtweise A. v. Harnacks, »dass der Unterschied von Juden- und Heidenchristen überhaupt nicht mehr existiert, ja dass man durch keine Wendung und keine Remiscenz mehr an ihn erinnert wird« (Propabilia über die Adresse und den Verfasser des Hebräerbriefes, ZNW 1, 1900, 16-41; Zitat 19), ist heute für den in Frage kommenden Zeitraum völlig unwahrscheinlich geworden.
70. Weiß, Hebräer, 71.
71. Etwa Weiß, Hebräer, 221: »Daß der Terminus ›Same Abrahams‹ dabei die christliche Gemeinde bezeichnet, wird hier offensichtlich für die Adressaten als selbstverständlich vorausgesetzt.«
72. So mit Recht Gräßer, Hebräer I, 151. Er will deshalb mit H. Braun (An die Hebräer, HNT 14, Tübingen 1984, 68) an »Menschen als potentielle Christen« denken.

AdressatInnen wird sodann in der Regel die Charakterisierung der grundlegenden christlichen Botschaft in 6,1 f. angeführt, welche die Angesprochenen bereits kennen. Vor allem die Tatsache, dass der Glaube an Gott dazu gehört, wird als mit einer Anrede an Judenchristen für unvereinbar gehalten. Wie aber soll man sich die urchristliche Mission vorstellen, die doch zunächst gerade im Umkreis der Synagoge erfolgt ist und die ja gerade auch auf Juden zielte, wenn nicht so? Was dabei theologisch mit Glauben an Gott gemeint ist, sagt der Brief in Kapitel 11 sehr ausführlich. Es ist eine Haltung, die es in der Tat längst vor Christus im Judentum gab, die aber keineswegs automatisch von jedem Juden gelebt wird. Und für die Abkehr von den bisherigen Werken, die auch nur bei Heidenchristen denkbar sei, braucht man nur an die prophetische Kritik Johannes des Täufers oder Jesu selbst zu denken. Man müsste schon von der sozialen Botschaft der Jesustradition völlig absehen, um diese beiden Grundaussagen nicht auch für eine Verkündigung im Rahmen der Synagoge gelten zu lassen. Jedenfalls wird der in den Versen 6,4 ff. angesprochene Abfall vom eschatologischen Wirken des Geistes als ethisches Versagen charakterisiert, genau wie es die entsprechende Evangelientradition tut, keineswegs aber als ein bei Heidenchristen zu erwartender Rückfall zu heidnischen Göttern. Dieses und manches andere zeigen, dass ein Verständnis des Hebräerbriefes als ein innerjüdisches Gespräch über Christus auch literarisch und historisch die bei weitem größere Wahrscheinlichkeit für sich hat.[73]

Das Verständnis und die Funktion all dieser Aussagen mussten sich naturgemäß fundamental ändern, wenn der Text von Heidenchristen gelesen und auf sich selbst bzw. auf die Kirche aus Juden und Heiden – faktisch bald nur noch aus HeidenchristInnen – bezogen wird und dann deren theologisches Selbstverständnis prägt. Dadurch konnte der neue Bund entgegen dem klaren Text des Hebräerbriefs wie entgegen seiner Vorlage in Jer 31/38 mit der christlichen Kirche geradezu gleichgesetzt und dem Judentum, dem er doch gilt, entgegengesetzt werden.

Folgt man dagegen seiner Überschrift, wird im Hebräerbrief zu Juden und Jüdinnen geredet. Es geht um ein innerjüdisches Gespräch über Christus. Unter dieser Prämisse ist das Neue nicht einfach dem Alten entgegengesetzt. Das gilt für die Adressatenfrage, aber das gilt auch für das, was den neuen Bund insgesamt inhaltlich ausmacht. Das Neue besteht ja in der Einsetzung des Sohnes zum himmlischen Hohenpriester, und dessen Wirken übertrifft in mehrfacher Hinsicht die alte kultische Sühne vor allem im Blick auf die Sündenvergebung.

---

73. Karrer, Hebräer I, 55, sieht »seine Theologie als ganz und gar ›hebräische‹« und will »die Differenzen zu … jüdischer Theologie unter innerjüdische Differenzen buchen« – ohne dass damit die Adressatenfrage tangiert sei. Ähnlich offen die Widersprüchlichkeit bei ders., Der Hebräerbrief, in: M. Ebner/S. Schreiber Hg., Einleitung in das Neue Testament, Studienbücher Theologie Bd. 6, Stuttgart 2008, 474 ff.

Der neue Bund, durch den der alte eben veraltet (8,13), besteht in einer viel weitergehenden Realisierung der Sündenvergebung. Darin liegt für die Argumentation des Hebräerbriefes die Einlösung der alten Verheißung eines neuen Bundes, deren Text ja auf die Sündenvergebung zielt (Jer 31,34/38,34). Der alte Bund ist damit für den Hebräerbrief in keinem anderen Sinne alt und abgetan bzw. *»droht zu verschwinden«*, als es in der inneren Logik des zitierten Jeremiatextes selbst liegt. Und dass der neue Bund die gleiche Tora enthält wie der alte, sie nur andersartig in Kraft setzt, wird durch den expliziten Bezug auf die Vergebungs- und Sühneriten der Tora bestätigt.[74] Ganz und gar unangemessen ist es, bei einer so weitgehenden Identität des neuen Bundes mit dem alten von einer »Dualität von zwei Bünden«[75] o. ä. zu sprechen. Dass der alte Bund dem Verschwinden nahe ist, bezieht sich auf die Elemente in ihm, die überholt werden. Der Vorgang ist als eine eschatologische Qualität des Neuen anzusehen, genau wie in anderen Textbereichen das Nahen des Reiches Gottes oder der neuen Schöpfung das jeweils Alte vergangen sein lässt. Christus ist der Mittler des seit langem erwarteten neuen Bundes Gottes mit seinem Volk. Er übertrifft als das himmlische Urbild des Priesters, der im Kult Gottes Vergebung bewirkt, seine irdischen Abbilder. In der Zeit nach 70 n. Chr., als »die Tempelzerstörung die bedrängende Frage mit sich gebracht (hatte), wie denn überhaupt noch effektiv Sühne erwirkt werden kann, nachdem die mit dem Tempel verbundenen Opfer- und Blutsprengungsriten nicht mehr vorgenommen werden konnten«[76], traf diese Theologie auf ein aktuelles Grundproblem des Judentums.[77] Für den Hebräerbrief sind Jesu Tod und mit ihm sein Blut der Beginn der Realisierung des neuen Bundes, also der Realisierung der auf Israel bezogenen Zusagen Gottes aus Jer 31/38. Diese Vergebung verhindert aber keineswegs, dass die Sünde nicht mehr begangen werden kann. »Während die Einsetzung des neuen Bundes als bereits (ein für alle Mal) erfüllt angesehen werden kann, steht der Bunds*erhalt* – Gottes Gnädigsein im Bezug auf die Sünden, welches sich als Vergebung der Übertretung manifestiert – bis zum zweiten Erscheinen des Sohnes in der Gefahr, durch den göttlichen Zorn aufgehoben zu werden.«[78] Das zeigt deutlich das Beispiel der Wüstengeneration (Hebr 3,7–4,11), und hier

---

74. Vgl. etwa K. Backhaus, Der neue Bund und das Werden der Kirche. Die Diatheke-Deutung des Hebräerbriefs im Rahmen der frühchristlichen Theologiegeschichte. NTA NF 29, Münster 1996, 146 ff.
75. Etwa Theobald, Zwei Bünde, 316.
76. J. Maier, Sühne und Vergebung in der jüdischen Liturgie, JBTh 9, Neukirchen-Vluyn 1994, 145-171; Zitat 149.
77. Dazu a. S. Safrai, Der Versöhnungstag in Tempel und Synagoge, in: Versöhnung in der jüdischen und christlichen Liturgie, hg. v. H. Heinz u. a. QD 124, Freiburg 1990, 32-55.
78. So die Interpretation von S. Fuhrmann, Vergeben und Vergessen. Christologie und Neuer Bund im Hebräerbrief, WMANT 113, Neukirchen-Vluyn 2007, 135 f.

wird sichtbar, wie sehr – wie auch sonst durchgehend im Hebräerbrief – das Alte Testament notwendig bleibt und keineswegs – im Sinne einer Gleichsetzung mit dem alten Bund – als überholt anzusehen ist. Die Realisierung des neuen Bundes im Sinne des Hebräerbriefes verstärkt die Hoffnung der Sündenvergebung, aber sie sieht die Menschen nicht in der Situation der vollen Einlösung dieser Verheißung, die auf eine Identität des menschlichen Willens mit dem Gottes zielt.

γ. Neuer und alter Bund in 2 Kor 3

Das Bild eines neuen Bundes, der im absoluten Gegensatz zum Alten steht, gründet sich vor allem auf eine bestimmte Lektüre von 2 Kor 3. Buchstabe und Geist, Tod und Leben, Verdammnis und Herrlichkeit, Verstockung und Freiheit – das sind nur einige der vor allem durch die kirchliche Tradition[79] und die Lutherübersetzung wirksamen Stichworte, die den Gegensatz beschreiben. Insbesondere wenn man das Neue einfach mit Christus und dem Neuen Testament, das Alte mit der Schrift und dem Judentum identifiziert, scheinen alle alten Muster und Vorurteile hier ihre neutestamentliche Basis zu haben. Die wichtigsten Momente dieses antijüdischen Musters sind: tötender Buchstabe gegen lebendigmachenden Geist; Mose als Diener des Todes und der Verurteilung; verschwindender Glanz des Alten Bundes; Täuschungsabsicht des Mose; ein Israel, das bis heute weiter mit dieser Täuschung lebt.[80] Das Bild ändert sich allerdings erheblich, wenn man sieht, wie und wie intensiv Paulus hier alttestamentliche Texte zitiert, deutet und ausschreibt. Nicht nur das Alte, Vergängliche und Verblassende, sondern gerade auch das Neue, Bleibende, Strahlende wird mit Worten der Schrift benannt. Eine Reihe neuerer Arbeiten haben diese Bezüge und die ihnen zugrunde liegende Hermeneutik intensiv untersucht.[81]

79. Th. Schmeller, 2 Kor 3,1–4,6 bei Markion und Tertullian, in: ders. Hg., Grenzüberschreitungen. Neutestamentliche Exegese im 21. Jahrhundert, FS J. Gnilka, Freiburg u. a. 2008, 154-169, zeigt, wie bei Tertullian als Gegenschlag zu Marcion noch an einer gewissen Kontinuität mit dem Alten Bund festgehalten wurde, während dann bei Origenes und Augustin nur noch Diskontinuität und Abwertung des Alten zu finden sind, was sich dann bis Luther und darüber hinaus fortsetzt.
80. So die Zusammenfassung von G. Dautzenberg, Alter und neuer Bund nach 2 Kor 3, in: R. Kampling Hg., »Nun steht aber diese Sache im Evangelium …«. Zur Frage nach den Anfängen des christlichen Antijudaismus, Paderborn u. a. 1999, 229-249, bes. 247.
81. Zur neueren Diskussion vgl. etwa P. von der Osten-Sacken, Die Decke des Mose. Zur Exegese und Hermeneutik von Geist und Buchstabe in 2 Korinther 3, in: ders., Die Heiligkeit der Tora. Studien zum Gesetz bei Paulus, München 1989, 87-115; E. Stegemann, Der Neue Bund im Alten. Zum Schriftverständnis des Paulus in II Kor 3*, ThZ 42, 1986, 97-114; O. Hofius, Gesetz und Evangelium nach 2 Kor 3, JbTh 4, Neukirchen-Vluyn 1989, 195-149; A. Lindemann, Die biblische Hermeneutik des Paulus. Beobachtungen zu 2 Kor 3, WuD 23,1995, 125-151; S. Hafemann,

Allerdings ist die Frage, was das im Detail und insbesondere theologisch bedeutet, nicht nur heftig umstritten, vor allem ist der Text angesichts der Aussagen in V. 14 f. nach wie vor die Basis für die breit vertretene Annahme, dass das Alte Testament im Sinne christlicher Theologie »heute und ständig gültiges Wort Gottes an die Menschen« nur sein kann, wenn und soweit »es vom Neuen Testament her verstanden« wird.[82]

Der folgende Durchgang durch den Text und seine komplexen Aussagen muss sich auf zwei Fragen konzentrieren: Wie bezieht sich Paulus auf die Schrift, und was folgt daraus? Wie sind von diesem Befund her dann die Aussagen über die bleibende Decke über der Lesung des »alten Bundes« und über den Herzen der Menschen zu verstehen und mit welchen Folgen? Schon ein erster Blick auf den gesamten Zusammenhang zeigt, dass jede Übersetzung des außergewöhnlich dicht formulierten Textes noch stärker als sonst immer schon Deutung, bzw. überhaupt nur von einer solchen Deutung her möglich ist. Die folgende Übersetzung[83] macht zunächst einmal stärker als üblich die meisten der vielen Bezüge auf die Schrift kenntlich:

Paul, Mose and the History of Israel. The Letter/Spirit Contrast and the Argument from Scripture in 2 Corinthians 3, WUNT 81, Tübingen 1995; ders., Paul's Use of he Old Testament in 2 Corinthians, Interp. 52, 1998, 246-257; K. Kertelge, Buchstabe und Geist nach 2 Kor 3*, in: J. D. G. Dunn Hg., Paul and the Mosaic Law, WUNT 89, Tübingen 1996, 117-130; J. Schröter, Schriftauslegung und Hermeneutik in 2 Korinther 3. Ein Beitrag zur Frage der Schriftbenutzung des Paulus, NT 40, 1998, 231-275; M. M. Gruber, Herrlichkeit in Schwachheit, fzb 89, Würzburg 1998; G. Sass, Der alte und der neue Bund bei Paulus, in: K. Wengst Hg., Ja und Nein: Christliche Theologie im Angesicht Israels, FS W. Schrage, Neukirchen-Vluyn 1998, 223-234; D. Starnitzke, Der Dienst des Paulus. Zur Interpretation von Ex 34 in 2 Kor 3, WuD 25, 1999, 193-207; G. Dautzenberg, Alter und neuer Bund nach 2 Kor 3, 1999; Chr.-B. Julius, Die ausgeführten Schrifttypologien bei Paulus, EHS 23/668, Frankfurt/M. u. a. 1999, 233-274; W. J. Dumbrell, The Newness of the New Covenant: The Logic of the Argument in 2 Corinthians 3, RTR 61, 2002, 61-84; D. Mathias, Beobachtungen zur Auslegung von Ex 34,29-35 in 2 Kor 3,7-18, Leqach 2004, 4, 109-143; J. M. McDermott, II Cor.3: the Old and the New Covenants, Gregorianum 87, 2006, 25-63; J. Maschmeier, Zur Bedeutung des »neuen Bundes« bei Paulus, in: K. Schiffner u. a. Hg., Fragmentarisches Wörterbuch. Beiträge zur biblischen Exegese und christlichen Theologie, FS H. Balz, Stuttgart 2007, 72-81; Th. R. Blanton, IV, Constructing a New Covenant. Discursive Strategies in the Damascus Document and Second Corinthians, WUNT 2/233, Tübingen 2007.

82. So fasst R. Bultmann, Der zweite Brief an die Korinther, KEK.S, Göttingen 1976, 91, die Essenz des Kapitels zusammen. Zustimmend zitiert von A. Lindemann, Die biblische Hermeneutik des Paulus, 150 f.; ganz ähnlich etwa Schröter, Schriftauslegung und Hermeneutik, 273 f.

83. Von Marlene Crüsemann in: Bibel in gerechter Sprache. Die wichtigsten alttestamentlichen Zitate sind durch Unterstreichung hervorgehoben. Einige Probleme und Entscheidungen finden sich dargestellt in: M. Crüsemann, Der Gottesname im Neuen Testament, JK 68, 2007, 16-18.

3 Ihr zeigt, dass ihr ein Brief des Messias seid, der von uns übermittelt wurde: nicht mit Tinte geschrieben, sondern mit der Geistkraft Gottes, der Lebendigen, nicht auf <u>Tafeln aus Stein</u> (Ex 34,1.4), sondern auf Tafeln, die <u>menschliche Herzen</u> (Ez 11,19) sind. 4 Ein solches Zutrauen haben wir zu Gott mit Hilfe des Messias. 5 Doch sind wir dazu nicht von uns selbst aus geeignet, als ob wir selbst uns etwas zuschreiben könnten. Unsere Eignung wird vielmehr von Gott bestimmt. 6 Gott hat uns fähig gemacht, den erwarteten <u>neuen Bund</u> (Jer 31,31) zu übermitteln, der nicht nur geschrieben steht, sondern von der Geistkraft bewirkt wird. Denn das, was nur geschrieben steht, kann tödlich wirken, die Geistkraft aber gibt Leben. 7 Selbst die Übermittlung der in Stein geschlagenen Buchstaben, die tödliche Folgen hatte (Ex 32,27ff.), ließ die Gegenwart Gottes aufstrahlen, so dass die Töchter und Söhne Israels das Angesicht des Mose nicht fest anschauen konnten, als es vorübergehend leuchtete (Ex 34,30). 8 Um wieviel mehr sollte nicht die Übermittlung der Geistkraft die Gegenwart Gottes aufleuchten lassen? 9 Denn wenn schon die Übermittlung der Tafeln, die zur Verurteilung des Volkes führte, Gottes Gegenwart aufleuchten ließ, um wieviel mehr und alles überstrahlend wird es die Übermittlung der Gerechtigkeit? 10 In jenem Fall leuchtet das göttliche Licht gegenüber dem alles und alle überstrahlenden Glanz Gottes noch nicht in seiner ganzen Fülle. 11 Doch wenn schon im Vergehenden Gottes Gegenwart aufleuchtet, um wie viel mehr erstrahlt sie im Bleibenden! 12 Da wir nun solche Hoffnung haben, treten wir in aller Offenheit auf, 13 und nicht wie <u>Mose, wenn er eine Decke über sein Angesicht legte</u> (Ex 34,33.35), damit die Töchter und Söhne Israels nicht ständig hinschauen mussten, ob das Leuchten schon vollständig vergangen sei. 14 Aber das Denken vieler wurde verhärtet. Ja, bis zum heutigen Tag verhüllt die Decke beim Lesen das Leuchten des alten Bundes. Es wird nicht aufgedeckt, denn erst in der Gegenwart des Messias verschwindet sie. 15 Bis zum heutigen Tag liegt, wenn Mose so gelesen wird, eine Decke auf dem Herzen der Menschen. 16 Von Mose heißt es in der Schrift: Wann immer er sich wieder an den Ewigen wendet, wird die <u>Decke abgenommen</u> (Ex 34,34). 17 Der Ewige ist die Geistkraft, und wo die Geistkraft des Ewigen ist, da ist Freiheit. 18 Wir alle spiegeln mit unverdecktem Angesicht das Strahlen der Gegenwart Gottes (Ex 34,34.35) wider, und wir werden in dasselbe Ebenbild verwandelt von einem Aufleuchten zum anderen, wie es von der Geistkraft des Ewigen kommt.

»Ihr seid ein Brief des Messias« schreibt Paulus an die korinthische Gemeinde, »geschrieben nicht mit Tinte, sondern mit der Geistkraft des lebendigen Gottes, nicht auf steinerne Tafeln, sondern auf fleischerne Tafeln des Herzens.« (2 Kor 3,3). Von Anfang an ist also mit den steinernen Tafeln ein Motiv aus Ex 32-34 und zugleich Jer 31 (resp. 38[LXX]) mit der Verheißung eines neuen Bundes samt den verwandten Ezechieltexten über die Verwandlung der steinernen Herzen in fleischerne (Ez 11,19f.; 36,26f.) im Spiel. Es ist diese Kombination, die den Text bestimmt. Für ein Verständnis der paulinischen Argumentation ist mit dem Schreiben von Gottes Willen in die Herzen und das Innere der Menschen der Bezug auf Jer 31 entscheidend. Denn es geht ja genau um das, was im Zentrum des Wortes von einem neuen Bund steht. Und weil Paulus solches Schreiben auf die Herzen durch seine Verkündigung bewirkt, bezeichnet er sich als »*Übermittler des neuen Bundes*« (V. 6), eben des Bundes, von dem Jer 31/38 redet. Für den Alttestamentler ist es kaum nachvollziehbar, dass beim neutestamentlichen Reden vom neuen Bund nicht die entsprechende Verheißung von Jer 31/38 samt den verwandten Ezechieltexten (Ez 11,19 f.; 36,26 f.) im Hintergrund stehen sollte. Ein solcher Verweis fehlt aber in der Textausgabe von Nestle-Aland und wird auch in vielen Auslegungen für eher marginal gehalten. Aber auch wo man ihn heute anerkennt,[84] wird der *Inhalt* der alttestamentlichen Vorlage für die Interpretation des Paulus letztlich für irrelevant gehalten.[85] Dem wird hier nicht gefolgt. Neuere Arbeiten haben gezeigt, wie gründlich und wie genau Paulus gerade auch hier als Exeget arbeitet.[86] Es geht also in diesem Kapitel nicht zuletzt um Aspekte der Realisierung von Jer 31 in der Perspektive des Paulus.

Paulus – und wohl das Urchristentum überhaupt – sieht im Wirken des Geistes, von dem er hier sofort und durchgängig spricht (V. 3.6.8.17), sich das ereignen, wovon Jer 31 redet: Aus dem Inneren, dem Herzen der Menschen heraus wirkt Gott. Menschlicher und göttlicher Wille werden so identisch. Das gilt von der Tora, die im Zentrum der jeremianischen Verheißung steht, sodass Paulus, ohne die Begriffe »neu« und »Bund« zu benutzen, etwa in Röm 8,4 sagen kann, der Sohn sei gesandt worden, damit der Geist die Menschen zum Tun der *dikaíoma tou nómou*, der »*Gerechtigkeitsforderung der Tora*« befähige. In 2 Kor 3 bleibt die Frage der Tora im Hintergrund.

Dagegen verbindet er hier die Tradition vom neuen Bund mit einem Midrasch über Ex 32-34, wie insbesondere Dierk Starnitzke gezeigt hat.[87] In Ex 32-34 geht es um den Bundesbruch durch die Verehrung des Goldenen Stierbildes, um Gottes strafende und todbringende Reaktion, dann aber um die Bitte um und die Gewährung von Vergebung und damit verbunden um die Erneuerung des Bundes, also der Sache nach ebenfalls um so etwas wie einen neuen Bund. Diese Erzählung wird damit abgeschlossen, dass das Gesicht des Mose als Mittler dieses neuen Bundes so strahlend wird, widerspiegelnd den Glanz Gottes selbst, dass dieser Glanz verhüllt werden muss (Ex 34,29-34).[88] Für Paulus ist der alterwartete neue Bund im Wirken des Geistes bereits effektiv wirksam. Deshalb kann er sagen, dass dieser neue Bund den alten übertrifft und überstrahlt. Gerade auch die harten Worte aus 2 Kor 3 von der Verstockung,

---

84. Zuletzt etwa Mathias, Beobachtungen, bes. 115 f.; Maschmeier, Bedeutung.
85. Wie es Schröter, Schriftauslegung (bes. in den Anmerkungen 42.66.81 u. passim), in seiner Kritik der Arbeiten von Hafemann (bes. ders., Paul) betontermaßen sieht.
86. Etwa Hafemann, Paul, und bes. Starnitzke, Dienst.
87. D. Starnitzke, Dienst des Paulus.
88. Hierzu zuletzt bes. Chr. Dohmen, Exodus 19-40, HThK, Freiburg u. a. 2004, 373 ff.

von der Decke, die über der Verlesung des alten Bundes, also der Gebote und des »Alten Testamentes«[89] liegt, erschließen sich, wenn man davon ausgeht, dass Paulus eine Auslegung von Jer 31/38 in Verbindung mit der Geschichte vom Zerbrechen der Steintafeln und der Erneuerung des Bundes in Ex 32-34 vornimmt. Für ihn ist in der Schrift keineswegs nur das Alte zu finden, das vergeht, sondern in der Schrift ist auch das Neue zu finden, das jetzt wirksam ist. Das Neue, das Paulus am Werk sieht und das sich in seiner Verkündigung vollzieht, ist das, was seit langem im Alten Testament zu lesen ist. Und zwar nicht nur als Verheißung, sondern wie die Vergebung der Sünde des Volkes und das göttliche Wirken an Mose zeigen, bereits damals wirksam und kräftig. Wie in Mt 13,52 formuliert,[90] ist also das Alte wie das Neue Teil des Schatzes der Schrift. Und wenn das so ist, ist ein Gegensatz zum »Alten Testament« im Sinne der Schrift Israels das Letzte, was hier intendiert wird. Gerade auch Rolle und Bedeutung des Neuen wird von der Schrift her erschlossen.

Ein weiterer Aspekt des Schriftbezugs in diesem Kapitel ist die Wende, von der V. 16 die Rede ist.[91] Meist als notwendige Bekehrung Israels zu Christus verstanden – die gegenwärtige Lutherrevision hat gar »Israel« in den Vers hinein übersetzt, was bei Luther nicht geschieht, dort steht vielmehr in einer deutenden Randglosse »Herz« –, liegt ein weiteres, meist nicht realisiertes Schriftzitat aus Ex 34,34 vor. Moses Zuwendung zu Gott, hier steht der alttestamentliche Gottesname, und das damit gegebene direkte Gegenüber führen zur Entfernung der Decke. Das Ziel ist die jederzeit mögliche Begegnung mit Gott, sie war Mose möglich und sie ist Israel möglich.

Natürlich verbindet sich für Paulus das Neue, das diesen neuen Bund ausmacht, mit Christus und dem Glauben an ihn. *Aber was das Neue zum Neuen macht, wird gerade nicht in diesem Bezug auf Christus als solchem gesehen, sondern liegt ganz entsprechend der Verheißung von Jer 31 im Modus.* Weil im neuen Bund die Tora entsprechend der Erwartung in die Herzen geschrieben wird und nicht auf das äußerliche Lesen und Befolgen der Gebote angewiesen bleibt, darum ist die Gottesnähe größer, und das so zu beschreibende Neue überstrahlt das Alte. Aber es ist inhaltlich dieselbe Tora, und sie hat denselben Adressaten. Die Decke, die auf dem Verlesen der Tora liegt, verhindert, bleibt man im Bild, dass ihr Glanz wahrgenommen werden kann, dass ihre effektive Wirksamkeit durch den Geist so erkennbar wird, wie er jetzt, wo der Geist wirkt, erkennbar sein könnte. Ohne Christus springt gewissermaßen der Funke nicht über, wird der Geist nicht wirksam, bleibt die Tora äußerlich und damit der Bund der Alte.

Die Überlegenheit, die Paulus hier sieht, liegt also wiederum – wie bei den

89. Dieser Begriff taucht nur hier in der gesamten Bibel auf, offenkundig gebildet als Analogie zum »Neuen Bund«.
90. Dazu o. S. 101 f; 156.
91. Zum Folgenden vgl. bes. M. Crüsemann, Gottesname.

oben genannten Traditionen des Neuen[92] – in der Wirksamkeit. Da bleibt er in der Sache ganz bei der alttestamentlichen Erwartung eines neuen Bundes. Das aber gilt es nun auch durchzuhalten bei der Frage nach dem Umgang mit und nach der Geltung der Schrift wie der Wahrheit Israels. Immer wieder wird gerade auch von hier aus behauptet, dass die Schrift »einzig und allein von Christus her« zu lesen sei und dass das grundsätzlich etwa für »alttestamentliche Texte als Predigttexte« gelte.[93] Das, was verdeckt ist, ist aber gerade nicht der Inhalt, sondern die Wirksamkeit, die in der Verheißung des neuen Bundes liegt, das Geschriebensein auf und in die Herzen. Der alte Bund, das, was Israel in der Tora liest, ist und bleibt so wahr, wie es immer war. Erst in ihrem Licht wird ja überhaupt das Neue erkennbar, sie enthält ja selbst das Neue. Sie gilt und sie ist Gottes Wort, nach wie vor und uneingeschränkt. Erkennbar aber ist allein aus ihr nicht, dass der neue Modus in der Sicht des Paulus bereits in Wirksamkeit ist.

Für die Frage der effektiven Wirksamkeit, für den »Beweis des Geistes und der Kraft« muss man, wie oben schon angedeutet, hinzunehmen, dass das Neue, der Glanz, das Strahlen und – in der Sprache von Jer 31 – die Wirksamkeit des in die Herzen geschriebenen Gotteswillens höchst ambivalent bleiben und keineswegs die Eindeutigkeit besitzen, die die Verheißung verheißt. Das Ganze ereignet sich überhaupt und grundsätzlich nur im Status der Hoffnung, wie 2 Kor 3,12 eindeutig sagt: *Da wir nun solche Hoffnung haben ...* Hat Israel etwa eine andere? Nicht zuletzt die Konflikte, um die die nächsten Kapitel kreisen, zeigen, wie wenig die Verheißung von Jer 31 einfach »erfüllt« und in Kraft ist. Es muss weiter Belehrung geben, wie niemand anders als Paulus überdeutlich an vielen Stellen voraussetzt und vor allem: praktiziert – zum Beispiel indem er derartige Briefe schreibt und offenkundig schreiben muss. Wo Lehre/ *didaskalía* zu den Gaben des Geistes gehört (Röm 12,7), hat der Geist diese nicht unnötig gemacht, wie es Jer 31 verheißt. Und das Wirken des Geistes, wie es Paulus und das Urchristentum als Realisierung der Verheißung erfahren haben, hat offenkundig nicht die Kirchengeschichte einfach bestimmt. Wenn es aber nicht mehr um den Streit darum geht, ob und inwieweit die alten Verheißungen in Christus effektiv und wirksam und erfahrbar sind und inwieweit nicht, sondern wenn sie überhaupt nur noch von Christus aus in den Blick kommen und gelten sollen, die »Erfüllung« also inhaltlich feststeht, nämlich von Christus und nicht von der Schrift aus bestimmt wird, und die Schrift dann von da aus allererst ihre Wahrheit empfangen soll, dann können, wie die antijüdischen und andere Exzesse der Kirchengeschichte zeigen, tödliche Folgen wie

---

92. S. o. 161 ff.
93. Lindemann, Biblische Hermeneutik, 150 f. Schröter, Schriftauslegung, 273 f., bestreitet sogar jegliche »Entsprechung zwischen Schrift und Evangelium«, wenn die Schrift in ihrem ursprünglichen Zusammenhang gelesen wird.

die, von denen in 2 Kor 3 die Rede ist, gerade auch aus einem bestimmten Missverständnis des »neuen Bundes« erwachsen.

δ. »Der neue Bund in meinem Blut« – die Abendmahlsworte

Der Bundesbegriff ist fest mit dem Becherwort der Abendmahlstradition verbunden,[94] wobei es deutlich zwei verschiedene Fassungen der Tradition gibt.

Da ist einmal die Fassung des Becherwortes bei Markus und Matthäus. Hier
findet sich die Formulierung: »*Das ist mein Bundesblut, das für Viele vergossen
wird*« (Mk 14,24; vgl. Mt 26,28). Deutlich ist das eine Aufnahme von Ex 24,8,
und damit liegt ein Bezug auf den Sinaibund vor. Strittig ist hier die Frage, wer
mit den »Vielen« gemeint ist. Dabei wird, und das ist unstrittig, eine Wendung
aus Jes 53 aufgenommen und mit der Sprache dieses Kapitels die sühnende
Wirkung des Todes Jesu erfasst. Aber wem gilt sie? Einmal könnte ein Bezug
auf Jes 53,12 (»*er trug die Verfehlung der Vielen*«) vorliegen und damit Israel
einschließlich der Ränder Israels und der Feinde in Israel gemeint sein. Zumal
wenn hier die gegenüber Paulus und Lukas ältere und dann vielleicht jesuanische Tradition vorliegt, wäre das möglich.[95] Doch dürfte zum anderen wohl
eher Jes 52,14 im Blick sein, wo mit den »Vielen« parallel zu V. 15 die Völker
gemeint sind. Es wäre dann hier von einem Bund durch den Tod Jesu die Rede,
der in seiner sühnenden Wirkung[96] über Israel hinausgreift. Im Tod Jesu läge
dann eine weitere Bundsetzung neben den anderen, die die jüdische Tradition
kennt (vgl. Sir 44 ff.). So wenig wie der Davidbund oder der mit Levi den Sinaibund in Frage stellen oder einschränken, so wenig kann das hier angenommen
werden. Was der Sinaibund für Israel bedeutet, wird damit in seiner Wirkung
auf »die Vielen« ausgedehnt, also universalisiert. Doch wie ist dieser Bund, was
ist als Bund genau zu denken? Trotz der Aufnahme von Ex 24 liegt ja eine ausdrückliche Verpflichtung der »Vielen«, entsprechend der dort berichteten
Selbstverpflichtung Israels (Ex 24,7), offenkundig nicht in der Intention der

---

94. Zur Diskussion in der neutestamentlichen Wissenschaft vgl. H. Lichtenberger,
»Bund« in der Abendmahlsüberlieferung, in: F. Avemarie/H. Lichtenberger Hg.,
Bund und Tora. Zur theologischen Begriffsgeschichte in alttestamentlicher, frühjüdischer und urchristlicher Tradition, WUNT 92, Tübingen 1996, 217-228; M. Vogel, Das Heil des Bundes. Bundestheologie im Frühjudentum und im frühen Christentum, TANZ 18, Tübingen u. a. 1996, bes. 79 ff.

95. So – anders als gegenwärtig meist üblich – etwa G. Dalman, Jesus – Jeschua, Leipzig
1929, 155 f.; R. Pesch, Das Abendmahl und Jesu Todesverständnis, QD 80, Freiburg
1978, 93 f.

96. Vgl. hierzu a. J. Wohlmuth, Eucharistie als Feier des Bundes. Ein Versuch, das markinische Kelchwort zu verstehen, in: »Für alle Zeiten zur Erinnerung« (Jos 4,7).
Beiträge zu einer biblischen Gedächtniskultur, FS F. Mußner, SBS 209, Stuttgart
2006, 115-131, der mit Recht betont, dass hier der Tod Jesu vom Sinaibund aus
gedeutet wird – und nicht umgekehrt.

Formulierung. Zudem ist keinesfalls zu übersehen, dass zwar der Tod Jesu und mit ihm dessen Sühnewirkung ein einmaliges Geschehen darstellen, die Wirkung bzw. Vermittlung aber an ein wiederholbares und zu wiederholendes Mahl und die dadurch gegebene Gemeinschaft gebunden wird. Ein – vielfach wiederholter – Bund mit den (jeweiligen) Mahlteilnehmenden, der dem Bund zwischen Gott und Israel analog wäre, ist also deutlich nicht intendiert. Soweit die knappe Formel erkennen lässt, wird in ihr der Tod Jesu vielmehr als ein dem Sinaibund analoges Bundesgeschehen bezeichnet, dessen sühnende Wirkung auf die Vielen auch außerhalb Israels zielt und in der Mahlgemeinschaft angeeignet bzw. vermittelt wird. Im Tod Jesu wäre damit nach dieser Deutung das realisiert, was einige alttestamentliche Texte als eschatologische Hoffnung formulieren (Jes 55,3 ff.; 42,7; 49,9; vgl. Ex 19,3 ff.), dass aus dem Bund mit Israel schließlich das Heil für die Völker erwächst, ohne dass diese einen eigenen Bund bekommen oder einfach in den Israelbund einbezogen werden.

Vom *neuen Bund ist* dagegen in der Fassung des Becherwortes bei Paulus und Lukas die Rede, »*Dieser Becher ist der neue Bund durch mein Blut*« heißt es in 1 Kor 11,25, ähnlich Lk 22,20. Die paulinische Fassung ist nicht nur der literarisch älteste neutestamentliche Beleg für die Abendmahlsworte, sondern Paulus weist darüber hinaus ausdrücklich darauf hin, dass er damit eine von ihm schon übernommene ältere Tradition zitiert (V. 23). Sie geht somit auf die älteste Phase des Urchristentums zurück,[97] wobei die Frage nach dem Alter wie dem Ursprung der Tradition für die folgenden Überlegungen offenbleiben kann.[98] Für ein hohes Alter spricht auch die Tatsache, dass eine Einbeziehung der Völker offenkundig nicht im Blick ist. Weder vom Wirken des historischen Jesus aus, bei dem die Völker ganz am Rand stehen, noch für die erste Zeit nach Tod und Auferstehung ist etwas anderes zu erwarten. Und das entspricht nun auch dem Inhalt des biblischen Textes, auf den die Wendung von einem neuen Bund Bezug nimmt. Denn die Verheißung von Jer 31/38[LXX] ist ja mehrfach ausdrücklich und eindeutig auf Israel (V. 33) bzw. auf Israel und Juda (V. 31) bezogen. Für ein sachgemäßes Verständnis des Becherwortes geht es aber nun vor allem um den Inhalt dieser Verheißung. Es ist davon auszugehen, dass sein Wortlaut allen Beteiligten durchaus vor Augen stand. Es geht beim Tod Jesu dann aber darum, dass sich die eschatologische Perspektive von Jer 31 realisiert hat bzw. sich zu realisieren beginnt. Dazu gehört neben der Sündenvergebung vor allem die erneuerte Inkraftsetzung der Tora: »*Ich lege meine Tora in ihr Inneres …*«, sodass alle äußerlichen Mahnungen und Belehrungen fortfallen können. Wenn man fragt, worin denn die Erfüllung dieser Verheißung besteht,

---

97. Vgl. etwa W. Schrage, Der erste Brief an die Korinther (I Kor 11,17–14,40), EKK VII/3, Neukirchen-Vluyn/Düsseldorf 1999, 5 ff. (Lit.).
98. Zur Diskussionslage vgl. etwa J. Becker, Jesus von Nazaret, Berlin/New York 1996 418 ff.; G. Theißen/A. Merz, Der historische Jesus, Göttingen 1996 359 ff.

wie denn die Realisierung des Gotteswillens aus dem Innersten des Menschen heraus erfolgt, wird man die für das frühe Christentum entscheidende Erfahrung des Geistes der Sache nach in Erinnerung bringen müssen. Wie in manchen Formulierungen des Paulus (Röm 8,2 ff. u. a.) geht es dann auch hier darum, dass der Geist aus dem Inneren der Menschen heraus die Tora erfüllt und damit dem entspricht, was für den neuen Bund erwartet wird.

Die Verwendung dieser Formel in 1 Kor 11 zeigt, dass sie in der korinthischen Gemeinde benutzt worden ist. Naturgemäß ist die gemeinsame Mahlzeit ein besonders wichtiger Ausdruck der neuen Gemeinschaft,[99] so dass sich sicher auch Glaubende aus den Völkern bei der Beteiligung am Abendmahl mit der Benutzung der Formulierung von einem neuen Bund im Blut Christi faktisch in ihn einbezogen gesehen haben. Weder aber wird damit die Kirche aus Juden und Heiden als neuer Bund bezeichnet, noch wird damit überhaupt das Neue im neuen Bund anders akzentuiert, als es Jer 31 tut. Vielmehr wird, wie bei so vielen anderen Verheißungen der Schrift, das Christusgeschehen als Realisierung der Verheißung gesehen, das heißt in diesem Falle als neuartige Inkraftsetzung des in der Tora formulierten Gotteswillens durch seine Internalisierung und die sich darin vollziehende Erneuerung des Bundes mit seinem Volk.[100]

Die Zueignung, wie sie sich im Abendmahl gemäß dem Becherwort vollzieht, realisiert die Wirkung des Todes Jesu, also Sündenvergebung in Gestalt Tora-orientierter Herzenserneuerung bzw. als Sühne für die Vielen auch außerhalb Israels. Sie realisiert sie für die Mahlteilnehmenden in ihrer Gemeinschaft untereinander und mit Jesus bzw. mit Gott. Das kann aber in keiner Weise als Eintritt in einen Bund bezeichnet werden. Kontext, verwendete Traditionen und der Vorgang selbst lassen dabei den Bundesbegriff in keiner Weise zu einem unmittelbar ekklesiologischen Begriff werden. Zum Verständnis ist entscheidend, dass ein menschlicher Partner zu einem Bund und seine Zustimmung fehlen. Weder ist ein Bundesschluss mit einer kollektiven Größe Kirche irgendwo im Neuen Testament erzählerisch dargestellt, noch werden die individuelle Zueignung des Heils und der Eintritt in die neue Gemeinschaft, wie er sich besonders in der Taufe vollzieht, je mit dem Bundesbegriff in Verbindung gebracht. Die Taufe ist insofern keine Analogie zur *brit mila*, bzw. sie ist höchstens religionsphänomenologisch, nicht aber theologisch dazu gemacht worden. Of-

---

99. Dazu bes. M. Klinghardt, Gemeinschaftsmahl und Mahlgemeinschaft. Soziologie und Liturgie frühchristlicher Mahlfeiern, TANZ 14, Tübingen u. a. 1996.

100. Dass der Bundesbegriff bereits für die Gemeinden in paulinischer Zeit zum trennenden »Identity Marker« gegenüber dem Judentum geworden ist (etwa E. J. Christiansen, The Covenant in Judaism and Paul. A Study of Ritual Boundaries as Identity Markers, AGJU 27, Leiden u. a. 1995), scheint mir vom neutestamentlichen Befund her ganz unwahrscheinlich.

fenkundig ist Jesus bzw. der Tod Jesu so etwas wie die Verkörperung des Bundes, um den es geht.

ε. Zusammenfassung und Folgerungen

Angesichts der weitreichenden Folgen der Rede von einem neuen Bund für das Verhältnis der beiden Teile der christlichen Bibel sollen die Ergebnisse und einige Folgerungen thesenartig zusammengefasst werden.

– Dass der »alte« Bund Gottes mit Israel nicht »gekündigt« ist, wie es seit dem 2. Jh. n. Chr. Grundlage christlicher Theologie war, sondern weiter besteht und seine Anerkennung Teil des christlichen Glaubens ist, stellt den Kern der neuen christlichen Israel-Theologie nach der Schoa dar. Sie ist uneingeschränkt schriftgemäß.

– Für die Fragen, die sich von da aus nach dem christlichen Selbstverständnis stellen, wird die Vorstellung einer Hineinnahme in den Israel-Bund dem biblischen Befund nicht gerecht. »Es gibt in der Geschichte Gottes mit der Menschheit nur einen Bund, den mit Israel unkündbar geschlossenen, aber unterschiedliche Heilswege, die auf unterschiedliche Weise mit dem einen Bund verknüpft« sind.[101]

– Eine biblisch begründete Zuordnung wird sich nicht zuletzt an der Rede von einem »neuen Bund« entscheiden. Aus der hochkomplexen Diskussionslage um alle drei betroffenen neutestamentlichen Textbereiche brauchte und konnte es hier nur um die Beziehung zur alttestamentlichen Tradition und besonders zur Verheißung eines neuen Bundes in Jer 31/38[LXX] gehen.

– Deutlich und exegetisch wohl nicht ernsthaft zu bestreiten ist, dass alle drei Textkomplexe (Hebr, 2 Kor 3, Becherwort bei Lk und in 1 Kor 11) Auslegungen von Jer 31/38 sind und sein wollen. Damit geht es, wie die Art der Interpretation und der Kontext jeweils bestätigen, nicht um einen Gegensatz des neuen zum alten Bund, sondern um eine – jeweils verschieden gesehene – neue Gestalt des einen Bundes mit prinzipiell gleichem Adressaten und gleichem Inhalt.

---

101. So H. Vorgrimler, Der ungekündigte Bund. Systematische Aspekte, in: ders., Wegsuche. Kleine Schriften zur Theologie Bd. I, MThA 49/1, Altenberge 1997, 533-551, Zitat 550. Dem hat sich zuletzt auch E. Zenger angeschlossen: ders., Gottes ewiger Bund mit Israel. Christliche Würdigung des Judentums im Anschluss an Herbert Vorgrimler, in: R. Miggelbrink Hg., Gotteswege. FS H. Vorgrimler, Paderborn 2009, 37-61, bes. 60 f. Damit sind ältere Differenzen überwunden (F. Crüsemann, »Ihnen gehören … die Bundesschlüsse« (Röm 9,4). Die alttestamentliche Bundestheologie und der christlich-jüdische Dialog, KuI 9, 1994, 21-38 = ders., Kanon und Sozialgeschichte. Beiträge zum Alten Testament, Gütersloh 2003, 279-294; E. Zenger, Juden und Christen doch nicht im gemeinsamen Gottesbund? Antwort auf Frank Crüsemann, KuI 9, 1994, 39-52).

- Ist schon Jer 31 eine eschatologische Verheißung, wie das erwartete – durch die Verinnerlichung der Tora bewirkte – Aufhören jeglicher Lehre und Traditionsweitergabe zeigt, so gilt das für die neutestamentlichen Aufnahmen erst recht. Vor allem durch das Wirken des Geistes sieht das Urchristentum den Ansatz zur Realisierung dieser Verheißung gegeben. Allerdings steht dem »schon« jeweils ein deutliches »Noch nicht« entgegen, das Weitergehen von Sünde und Versagen, das Nichtbefolgen der Tora, die Notwendigkeit der Lehre.

- Trotz der wirksamen Erfahrung des Neuen wird die Verheißung im Wesentlichen als Verheißung rezipiert, denn das Neue steht stets im Widerspruch. Die Erfahrung des Neuen ist Angeld und hat die Gestalt der Hoffnung. Deshalb ist die Rezeption im Neuen Testament nicht von der alttestamentlichen Verheißung zu trennen oder gar gegen sie auszuspielen. Nur wenn die Verheißung gilt, kann das neutestamentliche Geschehen positiv und in seinen Grenzen sachgemäß wahrgenommen werden.

- Wie bei anderen Aufnahmen eschatologischer Verheißungen, insbesondere messianischer Art, wird der Ansatz, wie er in den Erfahrungen des Urchristentums vorliegt und in den Texten des Neuen Testamentes formuliert wird, verraten und ins Gegenteil verkehrt, wenn aus der eschatologischen Erwartung die Behauptung wird, das Neue sei in der Kirche bereits realisiert. Es ist nahezu unvermeidlich, dass das derart bestimmte Neue dann gegen das Alte gewendet wird. Wenn der neue Bund gegen die Texte des Neuen Testamentes ekklesiologisch, also als Bund mit der christlichen Kirche verstanden wird, muss diese Kirche antijüdisch werden und damit ihre eigene Grundlage verleugnen.

d. Die Frage nach neuen Bezeichnungen für die Bibelteile

Die traditionelle Bezeichnung der Bibelteile mit Altem und Neuem Testament ist Ausdruck dieser antijüdischen Haltung und befördert dieses Missverständnis immer aufs Neue. Es ist von daher naheliegend, dass relativ bald nach einer neuen Bestimmung des Verhältnisses von Christentum und Judentum auch Vorschläge aufkamen, diese Bezeichnungen zu ändern. Dabei hat der Versuch von Erich Zenger statt von »Altem« vom »Ersten Testament« zu reden, besondere Bekanntheit und Verbreitung erlangt. Allerdings dürfte er auf Dauer kaum geeignet sein, das Dilemma aufzulösen. Wird doch ein erstes durch ein zweites Testament ebenso überholt wie ein altes durch ein neues. Beim Alten Testament stehen aber andere Bezeichnungen zur Verfügung. Da ist die jüdische Aufzählung und Benennung der Teile, wie sie auch im Neuen Testament gebräuchlich ist: Tora/Mose, Propheten und Schriften. Da ist die Abkürzung für diese Teile TNK, Tenach. Da ist der Begriff Mikra und nicht zuletzt die von der fraglosen

Autorität dieser Bücher in neutestamentlicher Zeit gespeiste Bezeichnung als »Schrift« resp. »die Schriften«. Will man das Neue Testament auch in das einbeziehen, was für Christen und Christinnen die Schrift ist, müsste man beim Alten Testament von der »Schrift der Schrift« sprechen.

Die Diskussion ist seit den ersten entsprechenden Vorschlägen – und das zeigt das Dilemma und auch die Lage, in der wir nach wie vor sind – nahezu ausschließlich um die Bezeichnung des Alten Testaments gekreist. Dabei steckt das Problem vor allem im Begriff »Neues Testament«. Denn nach wie vor gilt der Bund Gottes mit Abraham und mit Israel am Sinai, und die Kirche hat endlich eingesehen, dass er gilt. Nach wie vor ist der neue Bund, wie ihn Jer 31 formuliert, eine Hoffnung – und er bleibt auch im Neuen Testament und auch für die christlichen Gemeinden im Kern eine Hoffnung. Nach wie vor muss gelehrt und gelernt werden, nach wie vor leben Judentum wie Christentum von der lehrhaften Weitergabe der Tora und der gesamten biblischen Tradition an die nächste Generation und an andere Menschen. Zu dieser Lehre gehört nach wie vor die Erwartung eines neuen Bundes, in dem es solche Lehre nicht mehr geben wird. Eine Diskussion um eine andere, eine sachgemäßere Bezeichnung der Sammlung urchristlicher Schriften, die seit dem 3. Jh. n. Chr. das »Neue Testament« heißen, gibt es aber nicht, soweit ich sehe.

Für mich zeigt diese Aporie, zeigen die Schwierigkeiten, zu einer sachgemäßen Benennung der beiden Teile der christlichen Bibel zu gelangen, exemplarisch die Lage. Die Anerkennung Israels, seines ungekündigten Bundes, also der bleibenden ersten Liebe Gottes, war nach dem Bankrott christlicher Theologie, wie ihn die Schoa unübersehbar gemacht hatte, unvermeidlich. Aber sie war und ist und kann nur ein Einstieg sein in einen weitreichenden Umbau der christlichen Theologie, dessen Ende nicht abzusehen ist. Was dabei am Ende stehen wird, ist offen, und auch die weitreichendsten Entwürfe, die bisher vorliegen, sind Anfänge. Immer mehr Menschen haben sich in den letzten Jahrzehnten diesen Fragen geöffnet und damit große Hoffnungen auf eine Erneuerung des Christentums verbunden. Freilich gibt es auch Ängste, insbesondere vor Identitätsverlust, und beachtliche Widerstände. Es geht aber darum, ob das Christentum auf Dauer »eine humane Religion werden« will und kann.[102]

Was die konkreten Bezeichnungen der Bibelteile betrifft, so legt sich für das Alte Testament eine promiscue Benennung nahe, etwa als »jüdische Bibel«, als »Schrift«, als »Tora, Propheten und Schriften«, als Tenach. Und die Weiterbenutzung der Bezeichnung »Altes Testament«, die ich für unvermeidlich halte, sollte wieder neu den tieferen und angemessenen Sinn dieser Bezeichnung hervorheben: als *das* Testament, als *der* Bund, der nach wie vor und weiter gilt. Für

---

102. So die Sicht von D. Flusser, Thesen zur Entstehung des Christentums aus dem Judentum, FrRu 1975, 181-184 = in: ders., Bemerkungen eines Juden zur christlichen Theologie, München 1984, 94-102 (Zitat 101).

das Neue Testament ist zunächst überhaupt ein breiterer Konsens über das Problem notwendig. Dazu könnte eine konsequente Rede etwa von dem »so genannten Neuen Testament« beitragen. Und der ernsthafte Beginn eine Suche nach Alternativen steht an. Eine Spur, der nachzugehen wäre, ist die Frage nach liegen gebliebenen, vergessenen Bezeichnungen im Neuen Testament selbst und in der Zeit danach. Dass etwa die Rede von den »beiden Instrumenten Gottes« einst eine so große Rolle spielte,[103] könnte ein Anstoß zu Überlegungen sein. Das Alte Testament als »Gottes Instrument« und das Neue Testament als das für Nichtjuden nötige Zusatzinstrument? Andere sprechen zunächst nüchtern und inhaltlich von den »Jesusschriften« u. ä. Man gehe auf die Suche.

103. Dazu o. S. 166 f.

6. Kapitel:
Der Gott Israels, die Völker und die Kirche

Die Begegnung mit dem auferstandenen Jesus, also der entscheidende Anstoß zum Spezifischen des christlichen Glaubens,[1] läuft in den neutestamentlichen Texten, die davon erzählen, auf den Auftrag hinaus, die nichtjüdischen Völker für den Gott Israels zu gewinnen. Das sagt Paulus von seiner Begegnung mit dem Auferstanden in Gal 1,15 f.: Er wird berufen, um Gott bzw. Christus unter den Völkern zu verkündigen. Das ist der Auftrag des Auferstandenen am Ende des Matthäusevangeliums: Alle Völker sollen zu Schülern und Schülerinnen gemacht werden (Mt 28,19[2]). Darauf läuft die Erscheinung unter den Jüngern in Lk 24 hinaus: Er belehrt sie über die Schrift, damit allen Völkern in seinem Namen Buße zur Vergebung der Sünden gepredigt werde (V. 46 f.). Die Auferstehung wirkt als das Signal, dass die großen Verheißungen sich zu realisieren beginnen. Sie aktualisiert deshalb vor allem das, was zu beginnen Israel offensichtlich vorher und nachher kein Mandat hatte, nämlich alle Völker für ihren Schöpfer, den Gott Israels, zu gewinnen. Die Auferstehung Jesu *aktualisiert die Verheißungen für die Völker*. Hier beginnt sich das zu realisieren, dessen Ziel etwa in Jes 45,23 so formuliert wird: *»Mir werden sich beugen alle Knie.«*

Was faktisch entstand, waren zunächst Gemeinden aus jüdischen und nichtjüdischen Menschen. Daraus wurde später die weitgehend rein heidenchristliche Kirche. Mit all dem stellten sich ganz neue Fragen. Was sind diese Neuhinzugekommenen im Verhältnis zu Israel? Was sind diese neu entstehenden gemischten Gemeinden? Die historischen und exegetischen Fragen sind von den aktuellen und heutigen nicht zu trennen: *Wer sind wir als Kirche Jesu Christi angesichts Israels?* Dieser Frage soll im Folgenden nachgegangen werden. Ich nehme dazu als Leitlinie den Begriff »Volk Gottes«. Ist die Kirche das neue Volk Gottes? Und was ist mit Israel, dem biblischen Volk Gottes? Die Frage ist für den christlichen Umgang mit dem Alten Testament von zentraler und weitreichender Bedeutung. Denn der erste Teil der christlichen Bibel handelt ja weithin von der Geschichte des Volkes Israel. Was bedeutet das für uns resp. für eine christliche Theologie?

---

1. Dazu, insbesondere zum Verhältnis von Auferstehung und Schrift, u. S. 258 ff.
2. Dass die Einbeziehung der Völker *nicht* mit einer Ablehnung des Messias und der darauf folgenden Verwerfung Israels zusammenhängt, sondern im Evangelium von Anfang an mit der Nennung Abrahams (Mt 1,1) im Blick ist, zeigt M. Konradt, Israel, Kirche und die Völker im Matthäusevangelium WUNT 215, Tübingen 2007, zusf. 398.

1. Wer sind wir als Kirche Jesu Christi angesichts Israels? – Zur Bedeutung der Frage

Dem Versuch, die biblische Sicht in beiden Testamenten darzustellen, schicke ich zwei Vorbemerkungen voraus, die die Bedeutung der Frage beleuchten sollen. Zum einen möchte ich an einigen repräsentativen bzw. offiziellen Texten zeigen, welchen Weg jedenfalls in Deutschland Kirche und Theologie bei diesem und verwandten Themen in den letzten Jahren und Jahrzehnten zurückgelegt haben (a.). Zum anderen soll die eben angesprochene Frage nach der Bedeutung für die Perspektive alttestamentlicher und biblischer Theologie an einem Beispiel entfaltet werden (b.).

a. Der bisherige Weg

Der Hintergrund, vor dem die folgenden Überlegungen stehen, wird vielleicht etwas deutlicher, wenn man sieht, wie weit der Weg ist, den wir in den letzten Jahren und Jahrzehnten zurückgelegt haben, wie sehr sich dabei das Verständnis der Bibel und die Wahrnehmung ihrer einschlägigen Texte bei diesem Thema verändert haben.

Liest man zu dieser Frage etwa einen Artikel zum Stichwort »Kirche«, der in dem großen theologischen Lexikon »Religion in Geschichte und Gegenwart« 1959 erschienen ist, so heißt es da: »Im Urchristentum hat sich die Kirche als das neue Gottesvolk verstanden, das in Jesus Christus zum ewigen Heil erwählt und darum durch ihn aller Verheißungen, die dem Gottesvolk des alten Bundes gegeben waren, teilhaftig geworden ist.«[3] »Alle Verheißungen«, aber auch alle Namen und Ehrentitel des biblischen Israel gelten also, so die These, nach den Texten des Neuen Testamentes und von da an der christlichen Kirche – und eine solche Entehrung und Enteignung des Judentums hat dann natürlich, wovon aber nicht die Rede ist, seine sozialen und politischen Folgen gehabt. Die zentralen Begriffe, um die es dabei geht, sind die Übernahme des Namens »Israel« für die Kirche sowie die Bezeichnung der Kirche als »Volk Gottes«. Die Kirche und niemand anders ist danach, mit dem Hebräerbrief zu sprechen, das wandernde Gottesvolk.[4]

---

3. A. Adam, Art. Kirche III. dogmengeschichtlich, RGG³ Bd. III, 1959, 1304-1312, Zitat 1305.
4. Vgl. E. Käsemann, Das wandernde Gottesvolk. Eine Untersuchung zum Hebräerbrief, FRLANT NF 37 (55), Göttingen 1939. Für ihn zeigt dieses Bild »der christlichen Gemeinde die Größe der ihr gegebenen Verheißung und den Ernst der sie bedrohenden Versuchung« (5).

Diese Vorstellungen waren lange Zeit nahezu unbestritten und sind es manchmal und für viele noch heute. Mit dieser Sicht bin ich aufgewachsen und wohl alle meiner Generation, so habe ich es im Studium gelernt, und es hat jahrzehntelanger Arbeit vieler Menschen und vieler Begegnungen mit Juden und Jüdinnen bedurft, auch vieler eigener Anstrengungen, damit dieses eindrucksvolle und geschlossene Bild als fragwürdig erschien und besonders seine biblischen Fundamente, seine *angeblichen* biblischen Fundamente ins Wanken gerieten. Der Begriff »neues Gottesvolk« jedenfalls ist im Neuen Testament überhaupt nicht belegt und findet sich zuerst in christlichen Schriften des 2. Jahrhunderts (Barnabasbrief 5,7; 7,5; 13,1 u. a.). Erst in dieser nachbiblischen Zeit finden sich auch Vorstellungen wie die, dass die Kirche das Judentum abgelöst hat, dass Gottes Bund und Gottes Erwählung jetzt ihr gelten.

Vergleicht man mit diesem Text von 1959 einen entsprechenden Artikel, der 1988, also etwa dreißig Jahre später und vor nunmehr über 20 Jahren erschienen ist, nämlich den Artikel »Kirche« in dem großen Lexikonwerk »Theologische Realenzyklopädie«, so bringt der Abschnitt, der dem Neuen Testament gilt und den Stand der neutestamentliche Exegese referiert, eine Fülle von Einsichten zur Differenzierung.[5] Es wird gezeigt: Es gibt keinen einheitlichen Begriff von Kirche im Neuen Testament, sondern die einzelnen Schriften und Schriftengruppen haben im Blick auf die Begrifflichkeit, aber auch im Blick auf das Verhältnis zu Israel ganz unterschiedliche Ansätze. Die Rede vom »Volk Gottes« für die christlichen Gemeinden ist schon rein zahlenmäßig nicht besonders umfangreich. Dass das Verhältnis zu Israel bei der Frage, was die Kirche ist, grundsätzlich und durchgängig betroffen ist, macht der Artikel bewusst, bewusst werden damit auch die gegenwärtigen und die historischen Schwierigkeiten. Soweit der neutestamentliche Artikel, der dem damaligen Stand der Bibelwissenschaften entspricht. Dagegen hat der dogmatische Artikel in demselben Lexikon[6] nach wie vor keine Probleme, trotz einer gegenüber 1959 etwas veränderten Sprache letztlich immer noch die Kirche an die Stelle Israels zu setzen: »Wie Israel weiß sich die Kirche durch Gottes souverän erwählendes Wort berufen und konstituiert als Volk Gottes, aber im Unterschied zu Israel weiß sie sich durch Gottes … letztgültiges Wort Jesus Christus berufen und konstituiert als Volk Gottes aus Juden und Heiden.«[7] Die Kirche ist danach also wiederum das endgültige Gottesvolk, das Israel ablöst – die biblische Grundlage dafür ist aber inzwischen fragwürdig geworden. Eine der unabweisbaren Fragen muss lauten: Was macht Gottes Wort eigentlich jetzt »letztgültig«? Wieso ist es »endgültiger« als es vorher war? Ist das wirklich die Sicht des Neuen Testamentes?

---

5. K. Berger, Art. Kirche II. Neues Testament, TRE XVIII, 1989, 201-218 (Lieferung 1.2, 1988).
6. W. Härle, Art. Kirche VII. Dogmatisch, TRE XVIII, 1989, 277-317.
7. Ebd. 281.

Die Studie der Evangelischen Kirche in Deutschland zur Beziehung von »Christen und Juden II« aus dem Jahr 1991, also ein offizielles Dokument der Kirche, ist im Unterschied zu den soeben genannten Arbeiten dezidiert aus einer Reflexion auf ein erneuertes Verhältnis zum Judentum nach der Schoa entstanden. In ihrem Zentrum steht die Frage nach dem Volk Gottes. Das Ergebnis sind – im Anschluss an einige vorangehende Arbeiten zum neutestamentlichen Befund[8] – Feststellungen wie die folgenden:
– Der Begriff »Volk Gottes« taucht als Bezeichnung für die christliche Kirche im Neuen Testament nur an ganz wenigen, allerdings durchaus gewichtigen Stellen auf.
– Weder die Evangelien noch vor allem Paulus bezeichnen die neue christliche Gemeinschaft mit diesem Begriff.
– Bei Paulus kommt der Begriff überhaupt nur in Zitaten aus dem Alten Testament vor.

Aus diesen Erkenntnissen erwächst dann die weitreichende Entscheidung, dass angesichts eines so differenzierten Befundes für die Bestimmung des Verhältnisses zum Judentum in erster Linie die Passage Röm 9-11 ausschlaggebend sein sollte, weil nur und allein hier im Neuen Testament über die Fragen ausdrücklich nachgedacht wird, die sich angesichts der Tatsache stellen, dass der größte Teil Israels dem neuen messianischen Glauben nicht folgt. Am Ende der Studie steht die Feststellung, dass der Begriff »Volk Gottes« die Kirche Jesu Christi theologisch *nicht* zureichend kennzeichnen kann, dass schon im Neuen Testament andere Begriffe wichtiger sind, dass gerade dieser Begriff aber die heilsgeschichtliche Kontinuität zum alttestamentlichen Gottesvolk festhält, sofern keine Alternative zu Israel gemeint ist. Die Kirche kann also in und wegen dieser Kontinuität gelegentlich auch einmal als Volk Gottes bezeichnet werden, wenn und sofern mit Röm 11,2 außer Frage steht, dass Gott »sein Volk« nicht verworfen hat.

Wie selbstverständlich wurde die Kirche an die Stelle Israels gesetzt und das jüdische Volk als enterbt und verstoßen angesehen, noch lange nach der Schoa und von renommierten Theologen! Schrittweise wurde dann entdeckt, dass eine solche Sicht keineswegs der Sprache des Neuen Testamentes entspricht, sondern dass diese Vorstellung eine in die Bibel eingetragene Sicht der nach-

8. G. Eichholz, Der Begriff »Volk« im Neuen Testament, in: ders., Tradition und Interpretation. Studien zum Neuen Testament und zur Hermeneutik, ThB 29, München 1965, 78-84; Th. C. de Kruijf, Das Volk Gottes im Neuen Testament, in: Judentum und Kirche: Volk Gottes, Theologische Berichte 3, Zürich u. a. 1974, 119-133; dagegen bringt die große Arbeit von W. Kraus, Das Volk Gottes. Zur Ekklesiologie des Paulus, WUNT 85, Tübingen 1996, zwar eine Fülle von Material (z. B. einen Überblick über die Semantik, d. h. die verschiedenen Bezeichnungen der Gemeinde S. 111-119), ist aber gerade nicht am Begriff »Volk« orientiert.

neutestamentlichen Zeit und ihrer Theologie ist. Man sieht zugleich, und das ist mir noch wichtiger, wie sehr das Verhältnis zum Judentum zusammenhängt mit dem jeweiligen Verständnis der christlichen Bibel, und zwar besonders des Verhältnisses der Testamente. Die Anerkennung Israels, eine positive Neubestimmung des Verhältnisses von »Christen und Juden« eröffnen zugleich eine neue Sicht der Bibel und basieren andererseits auf einer solchen. Kurz, beides hängt aufs engste miteinander zusammen und bedingt und beeinflusst sich gegenseitig. Deshalb ist die Wiederentdeckung Israels durch die christliche Theologie nicht nur das vielleicht wichtigste theologische Ereignis der 2. Hälfte des 20. Jh.s,[9] sondern es hat durchaus etwas Reformatorisches an sich: Es geht um eine Neuentdeckung der biblischen Fundamente und eine Neuorientierung daran.

Es war und ist ein weiter Weg, und er ist keineswegs zu Ende gegangen. Das zeigen beispielhaft die entsprechenden Artikel aus der Neuauflage des Lexikons »Religion in Geschichte und Gegenwart« aus dem Jahr 2001. Der Bezug auf die alttestamentlich-jüdischen Grundlagen und die Fragen, die sich von da aus ergeben, sind an den Rand gerückt. Im neutestamentlichen Artikel[10] dominiert die Darstellung der »impliziten Ekklesiologie« in den Synoptikern und bei Jesus. Die systematische Darstellung[11] ist gar nicht erst biblisch orientiert, sondern geht von den reformatorischen Bekenntnisschriften, inbesondere von Confessio Augustana 7 aus. Über das Verhältnis zu Israel heißt es in enigmatischer Kürze: Die Kirche sei »Gottes Volk des neuen Bundes in der Nachfolge Israels«. Nun ist »Nachfolge« an sich ein positiv besetzter christlicher Begriff, etwa im Sinne der »Nachfolge Jesu«. Doch ist das gemeint? Zumal ohne jede Erläuterung liegt doch viel näher, es im Sinn einer Nachfolge zu verstehen, die den Tod oder die Absetzung des Vorgängers voraussetzt. Die alten Spitzen werden in Watte gepackt, sie sind aber weiter vorhanden und in ihrer gewollten Undeutlichkeit nicht ungefährlicher.

b. Gen 12,1-3 und der christliche Umgang mit dem Alten Testament

In einem zweiten Schritt soll an einem kleinen Beispiel gezeigt werden, was der angesprochene Perspektivwechsel in der Beziehung zu Israel für das Verständnis biblischer Texte wie für das Selbstverständnis von Kirche konkret bedeutet. Es geht um den Anfang der Abrahamgeschichte. Die ersten Verse von Gen 12 ent-

---

9. So R. Rendtorff, Die Bibel Israels als Buch der Christen, in: C. Dohmen/Th. Söding Hg., Eine Bibel – zwei Testamente, UTB 1893, Paderborn u. a. 1995, 97.
10. Chr. Grappe, Art. Kirche III. Urchristentum, RGG⁴ Bd. 4, 2001, 1000-1004.
11. G. Wenz, Art. Kirche VIII. Systematisch-theologisch, RGG⁴ Bd. 4, 2001, 1015-1021.

halten so etwas wie den Urknall des Gottesprojektes, von dem die Bibel von Anfang bis zum Ende erzählt, den *big bang,* aus dem sich Judentum, Christentum und sogar noch der Islam entwickelt haben. Diese ungeheure Bedeutung ergibt sich zunächst aus dem Ort, an dem die Geschichte steht. Voran gehen ihr die ersten elf Kapitel der Bibel, die von einem missglückten, einem schiefgelaufenen ersten Projekt Gottes erzählen. Da geht es um die Schöpfung der Welt und der Menschen, wird erzählt vom Entstehen einer Welt, die von Gott die Note »sehr gut« bekommt (Gen 1,31), in die dann aber sehr rasch die Sünde in Gestalt von Gewalt eindringt, die alle Beziehungen zwischen den Menschen und zu den Tieren vergiftet. »*Die Erde ist voll von Gewalt*«, stellt Gott fest (6,13) und versucht, in der Sintflut das Böse wieder zu beseitigen. Er muss dabei lernen, dass Gewalt selbst von Gott nicht mit Gewalt zu überwinden ist, denn nach der Sintflut ist alles wie vorher, nichts hat sich durch diese Strafe verändert. Um dieser von wachsender Gewalt geprägten Welt etwas entgegenzusetzen, muss Gott einen anderen Weg einschlagen, ein völlig neues Experiment mit seinen Geschöpfen beginnen. An dessen Anfang steht einerseits das Recht (Gen 9), andererseits Abraham, mit dem eine Geschichte des *Segens* beginnt. Abraham stellt so etwas wie die Verkörperung von Gottes Segen für die Welt dar:

1 Da sprach Adonaj zu Abram: »Geh los! Weg aus deinem Land, aus deiner Verwandtschaft, aus deinem Elternhaus in das Land, das ich dich sehen lasse. 2 Ich werde dich zu einem großen Volk machen und dich segnen und deinen Namen groß machen. Werde so selbst ein Segen! 3 Ich will segnen, die dich segnen; wer dich erniedrigt, den verfluche ich. In dir sollen sich segnen lassen alle Völker der Erde« (Gen 12,1-3).

Zum ersten Mal ist hier – allerdings in einer Zukunftsperspektive – vom *Volk* (Gottes) die Rede, zu dem Abraham werden soll. Vor allem aber geht es um Segen, fünfmal wird das Stichwort wiederholt. Abraham wird gesegnet und wird selbst zum Segen; am Verhalten zu ihm entscheidet sich zukünftig, wen Gott segnet und wem Gott flucht; an diesem Segen werden alle Geschlechter der Erde partizipieren. Zwar ist der spezielle Sinn der letzten Aussage nicht völlig eindeutig zu bestimmen, weil die verwendete Form von *brk*/segnen (ni.) nur noch in den Parallelen Gen 18,18; 28,14 belegt ist. Aber die anzunehmende Differenz zu den verwandten Formen in 22,18; 26,4 (hitp.) und zum Passiv (pu.) lässt weder an »gesegnet werden« noch an »sich mit ihm/mit seinem Namen segnen« nach dem Muster von Gen 48,20[12] denken, sondern vielleicht am ehesten an ein »sich segnen lassen«[13]. Aber nahezu unabhängig von dieser Frage

---

12. So wohl das Hitp. auch in Ps 72,17.
13. Zur Diskussion etwa H. Seebass, Genesis II. Vätergeschichte I (11,27 – 22,24), Neukirchen-Vluyn 1997, 15 f.; M. L. Frettlöh, Theologie des Segens. Biblische und dogmatische Wahrnehmungen (1998), 5. Aufl. Gütersloh 2005, 273 ff.

ist eindeutig, dass der Segen, mit dem Abraham gesegnet wird, eine positive Wirkung für die gesamte Menschheit haben soll. Segen soll von Abraham ausgehend alle Völker, also alle Menschen erfassen und das von Bosheit und Gewalt geprägte Leben verändern. Mit der Feststellung, dass Jesus ein Nachfahre Abrahams ist, beginnt deshalb im ersten Vers des Matthäusevangeliums das Neue Testament (Mt 1,1). Und bei Paulus wird der Anschluss der nicht jüdischen Menschen an den Gott Israels mehrfach speziell mit Abraham begründet. Im Galaterbrief bezieht sich Paulus ausdrücklich auf unseren Text: Christus ist dazu gekommen, »*damit der Segen Abrahams unter die Völker käme*« (Gal 3,14).

Der entscheidende Gedanke aber, von dem theologisch alles abhängt, ist der, dass Gott seinen eigenen Segen an diesen Abraham und seine Nachkommen bindet. »*Segnen will ich, die dich segnen; wer dich erniedrigt, den verfluche ich*« (V. 3). Am Verhältnis zu Abraham und Sara und zu ihren Nachkommen, die diesen Segen weitertragen, entscheidet sich, wen Gott segnet und wen nicht. An ihnen vorbei ergeht Gottes Segen nicht. Für eine Hermeneutik des Alten Testamentes geht es an dieser Stelle um eine entscheidende Weichenstellung. Es geht um den Ort, an den wir uns als Christen aus den Völkern gestellt sehen, es geht um die Rolle, die wir in diesem biblischen Gottesprojekt einnehmen. Die traditionelle christliche Sicht und damit die Grundlage für den Umgang mit dem Alten Testament beruht auf einer Identifikation mit Abraham. Aus der Einbeziehung der Völker durch ihren Glauben in die Geschichte Abrahams, wie das Neue Testament es sieht, wurde eine Identifikation, eine Gleichsetzung mit Abraham. Dann sind wir, die Christen, die Gesegneten Gottes, dann hängt Gottes Segen an der Haltung der Menschen zu *uns*, den Christen und der Kirche. »Gott verspricht, ich will dich segnen und du sollst ein Segen sein« – heißt es in einem deutschen Kirchenlied (EG 348). Gottes Wort an Abraham und dessen Aufbruch werden bei uns in allen Schulklassen und in vielen Kindergottesdiensten als Urbild unseres Glaubens gelehrt und gefeiert. »*Du sollst ein Segen sein*« war etwas abgewandelt das Motto des Ökumenischen Kirchentages 2003: »*Ihr sollt ein Segen sein*«.

Doch biblisch gesehen wird bei einer solchen ungebrochenen Identifikation Entscheidendes vergessen. Wir sind ja nicht dieser von Gott angeredete Abraham, wir gehören nicht zu seinen direkten Nachfahren, wie sie etwa in der Genesis entfaltet werden. Wir kommen vielmehr an anderer Stelle vor: »*Ich will segnen, die dich segnen*«. Nicht an uns bindet Gott seinen Segen, sondern an das Verhalten gegen Abraham und Sara und ihre Nachfahren. Und genau das hat in der Christenheit nicht nur nicht gegolten, sondern es ist grundsätzlich geleugnet worden. Anhand der Festlegung Gottes »*die dich erniedrigen, verfluche ich*« könnte man eine sehr realistische Geschichte der christlichen Kirche schreiben. Was haben wir das jüdische Volk, Abrahams Nachfahren, erniedrigt – in Gedanken, Worten und Taten, so lange und so intensiv, dass wir diese Haltung gar nicht schnell und leicht wieder loswerden können. Noch heute meinen viele Christen, dass die Nachfahren Abrahams nicht in Abrahams Schoß gehören. Wie mühsam war es, die Vorstellung, dass am deutschen Wesen die Welt genesen soll, loszuwerden. Die Vorstellung, dass am christlichen Wesen die Welt genesen soll, ist nach wie vor überaus stark; wir haben kaum damit begonnen, sie loszuwerden. Und doch werden wir, so sieht es unser Text, zum Segen in der Welt nur dann einen wirksamen Beitrag leisten können, wenn wir uns an unseren eigenen Ort stellen. Dass man sich nicht selbst segnen kann, sondern von Gott segnen lassen muss, haben die Christen immer gewusst; dass aber Gott seinen Segen an Abraham und seine Nachfahren bindet, ist meist übersehen worden. Das große Gottesprojekt des Segens für alle Menschen wird dabei jedoch im Ansatz zerstört. Warum die Christenmenschen für sich und andere so selten ein Segen waren, warum die Kirchengeschichte statt einer Segensgeschichte auf weite Strecken eher einer Fluchgeschichte gleicht, hat hier seinen Anfang.

Was heißt das zunächst für eine christliche »Theologie des Alten Testaments«? Nimmt man als Beispiel den großen Entwurf einer solchen Theologie von Horst Dietrich Preuß,[14] so entfaltet sie auf weite Strecken, ausgehend von den Erwählungsaussage das Verhältnis, die Beziehung von Gott und Israel. Zweifellos ist dies das inhaltliche Hauptthema des Alten Testaments. Aber die hermeneutische Frage, an der die theologische Bewertung einer solchen »Theologie« hängt, kann ja nicht davon absehen, ob und was diese Beziehung zwischen Gott und Israel denn für uns als NichtisraelitInnen bedeutet. Nun kommen bei Preuß nur in einem abschließenden § 15 die anderen Völker und Gottes Beziehung zu ihnen überhaupt vor. Mit den eigentlichen theologischen Fragen haben diese Aussagen offenbar nichts zu tun. Man kann diesen Entwurf kaum anders verstehen, als dass die großen und gewichtigen Aussagen über Gott und Israel – man denke an die Erwählung, an den Bund, an das *Schmaʿ Jisrael*, an den Dekalog etc. – eben auch für uns die theologisch entscheidende Perspektive markieren. Doch es sind ja die biblischen Texte selbst – und nicht eine von außen angelegte Perspektive –, die uns an einen anderen Ort stellen. Es ist die Perspektive der nicht-israelitischen Völker, die für jeden christlichen Umgang mit dem Alten Testament die angemessene Perspektive eröffnet. Eine zukünftige »Theologie des Alten Testaments« muss aus dieser Perspektive geschrieben werden.[15]

Im Folgenden soll es also um den Versuch gehen, die biblische Vorstellung und Rede vom Volk Gottes nachzuzeichnen und mit der biblischen Vorstellung und Rede von der Kirche in Beziehung zu setzen.

14. Theologie des Alten Testaments, 2 Bde., Stuttgart u. a. 1991/92.
15. So bes. J. Ebach, Hören auf das, was Israel gesagt ist – hören auf das, was in Israel gesagt ist. Perspektiven einer »Theologie des Alten Testaments« im Angesicht Israels, EvTh 62, 2002, 37-53.

2. Gott, Israel und die Völker im Alten Testament

a. Israel – das Volk Gottes

Israel ist das Volk Gottes. Das ist die biblische Hauptlinie von Anfang bis zu Ende. Sie beginnt mit dem Wort an Abraham: »*Ich werde dich zu einem großen Volk machen*« (Gen 12,2). Die Bibel erzählt dann die Einlösung dieser Zusage: Israel wächst in Ägypten zu einem großen Volk heran (Ex 1,7), dem Gott sich dann zuwendet: »*Ich habe das Elend meines Volkes sehr wohl bemerkt*« (Ex 3,7). Gott beauftragt Mose mit der Herausführung aus Ägypten. In diesem Zusammenhang kommt zum ersten Mal in vollem Umfang das vor, was man die »Bundesformel«[16] genannt hat. »*Ich mache euch zu meinem Volk. Und ich werde euer Gott sein*« (6,7), eine Formel, die Gegenwart und Zukunft umgreift. Dieser Beziehung zwischen Gott und Volk gelten dann die großen theologischen Begriffe, wie sie vor allem die Theologie des Deuteronomiums entfaltet: Gott liebt dieses Volk, deshalb hat Gott es erwählt, hat mit ihm einen unverbrüchlichen Bund geschlossen, hat ihm die Tora gegeben und das Land verheißen (Dtn 6). Im *Schma' Jisrael* rufen sich die Mitglieder dieses Volkes gegenseitig die Einheit Gottes zu und ermahnen sich, Gott ihrerseits mit ganzem Herzen zu lieben (Dtn 6,4 ff.).

Vor allem bei den Propheten gibt es dann massive Kritik an Israel und seinem Verhalten. Das kann soweit gehen wie bei einem der Symbolnamen für die Kinder Hoseas, wo es heißt: »*Nenne ihn Lo-Ammî – ›Nicht mein Volk‹, denn ihr seid nicht mein Volk, und ich bin nicht ›Ich bin da‹ für euch*« (Hos 1,9). Aber hier wie auch sonst, auch und gerade bei Amos mit seinem Wort vom Ende des Volkes Israel (8,2), ist das Nein niemals Gottes letztes Wort. Stattdessen heißt es bei Hosea: »*Statt dass ihnen gesagt wird: ›ihr seid nicht mein Volk‹, wird ihnen gesagt: ›Kinder des lebendigen Gottes … Sprecht zu euren Brüdern: Ammî – ›mein Volk‹*« (2,1.3). Nicht zuletzt das Wort, das einen neuen Bund ankündigt, der ebenfalls allein mit Israel und Juda geschlossen wird, sagt ausdrücklich: »*Ich werde ihnen Gott und sie werden mir Volk sein*« (Jer 31,33).

Nur nebenbei kann hier zur Sprache kommen, was mit dem Begriff »Volk« (hebr. *'am*) genau gemeint ist.[17] Man muss den neuzeitlichen Nationalismus dabei ganz fernhalten. *'Am* ist zunächst die Verwandtschaft, vor allem die in

---

16. Bes. R. Smend, Die Bundesformel, ThSt 68, 1963 = ders., Die Mitte des Alten Testaments, Gesammelte Studien I, BEvTh 99, München 1986, 11-39; R. Rendtorff, Die »Bundesformel«. Eine exegetisch-theologische Untersuchung, SBS 160, Stuttgart 1995.

17. Ein knapper Überblick bei J. Ebach, Art. *goj, am, mischpacha* (hebr.), *ethnos, laos* (griech.) – Volk, Nation, Leute, in: Bibel in gerechter Sprache, 3. Aufl. Gütersloh 2007, Glossar, 2355 f.

der männlichen Linie. *'Am* ist sodann der Heerbann, zu dem alle erwachsenen Männer versammelt werden. Der vorneuzeitliche Begriff entspricht dem, was in der wissenschaftlichen Sprache der Ethnologie »ethnisch« bzw. eine »Ethnie« heißt. Es geht um eine sich als Verwandtschaft verstehende Einheit, die durch Sprache, Kultur und gemeinsame Geschichte geprägt ist, mehrere Stämme umfasst und als politische Einheit agieren kann. Vor allem das Denken in Verwandtschaften ist der entscheidende Differenzpunkt zum neuzeitlichen Nationalismus: Denn verwandtschaftlich strukturiert sind auch größere Gruppen als die Völker bis hin zur gesamten Menschheit, und das Gleiche gilt für die Völker nach innen, also für das Verhältnis Volk, Stämme, Sippen etc. Keine dieser Ebenen hat grundsätzlichen Vorrang, das relativiert jede Absolutsetzung.[18]

b. Gott und die anderen Völker

Und die vielen anderen Völker? Ich habe den Eindruck, dass hier bis in die wissenschaftliche Diskussion hinein vor allem die negativen Beispiele vor Augen stehen. Man denke an die früheren Landesbewohner, die Kanaanäer, und an den Bannbefehl im Zusammenhang der Landnahme. Man denke aber auch an die Amalekiter, die Todfeinde, an Edom und andere konfliktreiche Beziehungen. Das sind, aufs Ganze gesehen, aber die Ausnahmen, die dunklen Stellen auf einem großen und im ganzen viel helleren Bild.

Israel versteht sich als Volk unter Völkern. Vor allem die Urgeschichte, bes. die so genannte Völkertafel in Gen 10 zeichnet zunächst die Fülle der Völkerwelt nach. Es geht um weltweit 70 Völker, die aus dem Schöpfungssegen – »*füllt die Erde*« (Gen 1,28) – entstehen. Nicht nur kommen aus ihnen später Menschen wie Hiob, Bileam, Jethro, die als Vorbilder auch für Israel gelten. Es gibt vor allem auch grundsätzliche und positive Aussagen über Gottes Verhältnis zu ihnen, mit der Spitzenformulierung in Am 9,7: »*Habe ich nicht Israel heraufgeführt aus dem Land Ägypten – und die Philisterinnen und Philister aus Kaphtor und die Aram aus Kir?*« Gibt es nur einen Gott, muss er/sie eine Geschichte mit allen Menschen, also auch mit allen Völkern haben, bis hin zu den Deutschen und den Koreanern.

Aber was in der Schöpfung angelegt ist, kommt erst in der Perspektive einer Heilszukunft zu seinem Ziel. Denn allen diesen Völkern gilt die Verheißung des Abrahamsegens von Gen 12, dass sie in die Wirkung seines Segens einbezogen werden sollen. Und diese Perspektive bauen dann die umfassenden und viel-

18. Dazu F. Crüsemann, Menschheit und Volk. Israels Selbstdefinition im genealogischen System der Genesis, EvTh 59, 1998, 57-76 = ders., Kanon und Sozialgeschichte. Beiträge zum Alten Testament, Gütersloh 2003, 13-27.

fältigen Verheißungen der Prophetie aus, wonach sich alle Völker, alle Menschen dem Gott Israels zuwenden werden. Prägend ist nicht zuletzt Jes 2/Mi 4:[19]

> Mi 4,1 *Und es wird geschehen am Ende der Tage:*
> *Da wird der Berg des Hauses Adonajs*
> *fest gegründet als der Höchste der Berge, erhabener als die Hügel sein.*
> *Und strömen werden zu ihm Nationen,*
> *2 und viele Völker werden gehen und sagen:*
> *»Auf! Wir wollen hinaufziehen zum Berg Adonajs und zum Haus von Jakobs Gott,*
> *dass wir in Gottes Wegen unterwiesen werden und auf Gottes Pfade wandeln!«*
> *Denn vom Zion geht Weisung aus und das Wort Adonajs von Jerusalem.*
> *3 Und Gott wird schlichten zwischen vielen Nationen*
> *und starken Völkern Recht sprechen bis in ferne Länder.*
> *Und sie werden ihre Schwerter umschmieden zu Pflugscharen*
> *und ihre Speere zu Winzermessern.*
> *Kein Volk wird mehr gegen das andere das Schwert erheben,*
> *und sie werden den Krieg nicht mehr erlernen.*
> *4 Und alle werden unter ihrem Weinstock wohnen*
> *Und unter ihrem Feigenbaum –, und niemand wird sie aufschrecken.*
> *Denn der Mund Adonajs der Himmelsmächte hat geredet.*

Diese Erwartung einer »Völkerwallfahrt« zum Zion ist eines der Grundmodelle einer neuen, künftigen Zuordnung von Gott und den Völkern der Erde. Für die weiteren Überlegungen ist wichtig: Die Völker kommen zum Zion – aber sie gehen auch wieder nach Hause, denn der Zion ist kein menschenleerer Ort. Die Verheißung schließt also eine Beziehung zwischen den Völkern und dem Volk ein, das am Zion zu Hause ist, das die Tora schon vorher gekannt hat und das hier in Mi 4 am Ende sagt:

> *5 Ja, alle Nationen wandeln jeweils im Namen ihrer Gottheiten,*
> *und wir wandeln im Namen Adonajs, unserer Gottheit,*
> *für immer und ewig.*

Von den vielen Texten, die als Parallelen zu Mi 4/Jes 2 zu nennen wären, sind die Aussagen beim zweiten Jesaja von besonderem Gewicht. Ich verweise hier beispielhaft auf Jes 45,18 ff.:

> *»Wendet euch zu mir und lasst euch retten alle Enden der Erde, denn ich bin Gott und keiner sonst … Mir wird sich beugen jedes Knie und Treue schwören jede Zunge.«* (V. 22 f.)

---

19. Hierzu R. Kessler, Micha, HThKAT, Freiburg 1999, 176 ff.: F. Crüsemann, Frieden lernen. Eine Auslegung von Mi 4,1-7, in: J. Denker u. a. Hg., Hören und Lernen in der Schule des Namens. Mit der Tradition zum Aufbruch, FS B. Klappert, Neukirchen-Vluyn 1999, 13-22.

In dieser Fülle biblischer Aussagen gibt es eine ganze Reihe von Texten, die sowohl den Bund Gottes mit Israel als auch die verwandte Vorstellung der Erwählung Israels nicht allein auf eine Sonderstellung Israels zielen lassen, sondern in denen diese Sonderstellung eine Funktion für das Heil der anderen Völker hat. Das erwählte Volk ist dann das Instrument Gottes zur Gewinnung der Nichterwählten, um deren Heil es letztlich auch geht. So will sich Gott zum Gott aller Menschen machen. Zu nennen ist für den Bundesbegriff[20] besonders Jes 55,3 ff. In dieser »Klimax« des Deuterojesajabuches[21] wird der Davidbund auf das Volk übertragen. Das einzige, was darüber explizit wird, ist die Beziehung zu den Völkern. In ihr liegt auch die Analogie zu David. Der Völkerherrscher wird als Zeuge für die Völker gesehen. Entsprechend wird das Verhältnis der Angeredeten zur Völkerwelt sein: Sie sind Zeuge und Gebieter. Durch den von Zion ausgehenden Ruf des Gottesvolkes kommen die Völker zu ihm und zu seinem Gott, dessen Heiligkeit sich in der Verherrlichung Israels erweist. Darin besteht der Bund, dass die Völker zu dem sich an Israel verherrlichenden Gott kommen. Ähnlich sind die Aussagen über den Gottesknecht als »Licht der Völker« (Jes 42,6; 49,6). Mit den Begriff *bachár/erwählen* finden sich vergleichbare Aussagen: »*Ihr seid meine Zeugen ... und mein Knecht, den ich erwählt habe, damit sie zu Einsicht kommen und an mich glauben*« (Jes 43,10; vgl. 49,7). Mit anderen Begriffen wie dem des »Eigentumsvolks« findet sich Entsprechendes bes. in Ex 19,6: Israel als Priestervolk für die Menschheit. Das alles steht – gelesen im kanonischen Zusammenhang – in der Perspektive von Berufung und Segen Abrahams (Gen 12,1-3).

In dieser Fülle von Heilszusagen gibt es nun durchaus Texte, die ausdrücklich sagen, dass die Völker bei ihrer Zuwendung zum Gott Israels genau das werden, was Israel immer schon ist: Volk Gottes, je ein Volk Gottes. Und das wirft natürlich sofort die Frage auf: Und wo bleibt dann Israel, was wird aus *dem* Volk Gottes? Die Texte sprechen auch hier eindeutig.

So heißt es in Sach 2,15:

> »*An jenem Tag schließen sich viele Nationen Adonaj an. Sie werden mein Volk sein: Ich werde wohnen in deiner Mitte ...*«

Die Fortsetzung in V. 16 sagt, was das für Israel bedeutet:

20. Zu diesen Texten und ihrer Rolle für die Diskussion um die Frage einer Ausweitung des Bundes Israels: F. Crüsemann, »Ihnen gehören ... die Bundesschlüsse« (Röm 9,4). Die alttestamentliche Bundestheologie und der christlich-jüdische Dialog, KuI 9, 1994, 21-38 = ders., Kanon und Sozialgeschichte. Beiträge zum Alten Testament, Gütersloh 2003, 279-294.

21. Vgl. H. C. Spykerboer, Isaiah 55:1-5: The Climax of Deutero-Isaiah. An Invitation to Come to the New Jerusalem, in: J. Vermeylen, The Book of Isaiah, BThL 81, Leuven 1989, 357-359; s.a. W. C. Kaiser, The Unfailing Kindness Promised to David: Isaiah 55:3, JSOT 45, 1989, 91-98.

»Und als Erbe wird Adonaj Juda erwerben, sein Eigentum, auf dem heiligen Lande, und noch einmal erwählen Jerusalem.«[22]

»Was jetzt sein Volk ist, dessen Wesen mit dem bestimmt wird, was das Eigentum Israels war, der Bundesaussage ›sie werden mein Volk sein‹, ... ist jetzt die Gesamtheit der zu Jahwe heimgekehrten Völker, ... deren eines Glied Israel, die Tochter Zion, sein Augapfel« (2,12) ist.[23] Wo aber derart viele Völker Gottes Volk werden, wird Juda mit den Begriffen »erben« *(nachál)* und »Eigentum« *(chélek)* herausgehoben und Jerusalem ausdrücklich noch einmal »erwählt« *(bachár).*

Vergleichbar liegen die Dinge in dem Text, der in mancher Hinsicht in der Anerkennung der anderen Völker am weitesten geht, in Jes 19,24 f.:[24]

> *»An jenem Tag wird Israel als Dritter neben Ägypten und Assur stehen, ein Segen mitten im Land ... Gesegnet sei mein Volk Ägypten und das Werk meiner Hände, Assur, – und mein Erbteil, Israel.«*

Auch und gerade dann also, wenn auch andere Völker »Gottes Volk« werden, bleibt die besondere, die einmalige Beziehung bestehen. Auch wo der Begriff »Volk Gottes« nicht mehr exklusiv ist, behält die Beziehung Gottes zu Israel eine besondere Rolle. Sie wird vor allem mit dem Begriff des Erbbesitzes *(nachál; nachalá)* ausgedrückt, womit das Land bezeichnet wird, das angestammterweise – und nicht durch nachträglichen Erwerb irgendwelcher Art – im Familienbesitz ist. Gerade die (wenigen) Texte also, die als Zukunftsperspektive formulieren können, dass auch andere Völker zum Volk Gottes werden, betonen die bleibende, die erneuerte Sonderstellung Israels und Judas als erste Liebe, als Augapfel Gottes.

3. Die Kirche in der Perspektive des Neuen Testaments

a. Die Kirche als Ekklesia

Wenn wir uns jetzt dem Neuen Testament zuwenden, so ist die Hauptperspektive, dass sich alle Aussagen des Neuen Testaments im Zusammenhang der gro-

---

22. Übers. in Anlehnung an R. Hanhart, Sacharja 1,1–8,23, BK XIV/7.1, Neukirchen-Vluyn 1998, 115.
23. Hanhart, ebd. 153; ebd. 119 f. zum textkritischen Befund, sowie ebd. 132 f.152 ff. zum Verständnis des komplexen Befundes.
24. Zum Text und der theologischen Diskussion um seine Bedeutung: U. Berges, Das Buch Jesaja. Komposition und Endgestalt, HBS 16, Freiburg u. a. 1998, 164 ff.

ßen Verheißungen und Erwartungen der Schrift sehen. Mit Christus hat sich, so Erfahrung und Glaube der neutestamentlichen Gemeinden, all das Erhoffte und Erwartete zu realisieren begonnen. Teilweise wird dafür der Begriff »Erfüllung« verwendet, der einer genauen Prüfung bedarf.[25] In einer ersten Annäherung ist offenkundig gemeint: Die Erfüllung hat begonnen. Aber dieser Zusammenhang kann auch ganz ohne diesen Begriff beschrieben werden.[26] So etwa in 2 Kor 1,20: »*So viele Verheißungen Gottes es gibt, in ihm ist das Ja, daher durch ihn auch das Amen*«; oder in Röm 15,8: »*Christus ist gekommen, um die Verheißungen an die Erzeltern zu bestätigen.*« Durchgängig ist die Erfahrung, dass man die neutestamentlichen Texte präzise versteht, wenn man sie derart auf dem Hintergrund der – meist ausdrücklich zitierten! – alttestamentlichen Verheißungen liest.

Die folgenden Sätze aus der Johannesapokalypse beschreiben das Selbstbewusstsein der frühen Kirche ganz im Licht der alttestamentlichen Verheißungen vom Herzukommen der Völker:

> »*Du hast in deinem Blut aus allen Stämmen, Sprachgemeinschaften, Völkern und Nationen Menschen für Gott erworben.*« (5,9)

> »*Da! eine große Menge, unzählbar, aus allen Völkern, Stämmen, Völkerschaften und Sprachgemeinschaften, stand vor dem Thron und vor dem Lamm ...*« (7,9 ff.)

In der Johannesapokalypse sind das Visionen, die noch Verborgenes aufdecken. Es bestimmt die Gegenwart als Hoffnung gegen die Realität. Das erwartete Neue ist da, aber es bestimmt doch noch nicht einfach die Wirklichkeit, vieles, fast alles ist beim Alten geblieben. Und an dieser Bruchstelle zwischen den Hoffnungen und den Erfahrungen beginnen die Fragen und die Konflikte.

So ist, wie vor allem in den paulinischen Gemeinden zu Tage tritt, eine völlig neue Gemeinschaft entstanden, Juden und Menschen aus den Völkern leben und glauben zusammen. »*Da ist nicht jüdisch noch griechisch*« heißt es in Gal 3,28. Dieser Unterschied fällt genauso weg wie der zwischen Männern und Frauen und der zwischen Freien und Sklaven, alle gelten nicht mehr, wiewohl sie alle nach wie vor höchst wirksam sind. Paulus nennt dieses Neue die neue Schöpfung. Doch in den alten biblischen Verheißungsbildern ist ja ein solches Nebeneinander von Altem und Neuem gar nicht vorgesehen. Da kommen die Völker als ganze zu ihrem Schöpfer und beten den Gott Israels an. Aber nun kommen keineswegs die ganzen Völker, sondern nur einzelne Menschen aus ihnen. Damit entstehen unausweichlich ganz neue Fragen: Wie kann und soll diese neue Zusammengehörigkeit aussehen? Die Menschen aus den Völkern sollen nicht in das Volk Israel integriert, also keine Juden bzw. Jüdinnen wer-

25. Dazu u. S. 229 ff.
26. Dazu o. S. 102 ff. und u. S. 239.

den, aber dürfen oder sollen umgekehrt die jüdischen Menschen ihr Jude-Sein aufgeben und etwa die Gebote, die ihre Identität als Volk Gottes bestimmen, aufgeben? Wer gibt was auf, wer gleicht sich dem anderen an, damit ein Zusammenleben auf Dauer möglich wird? Die Bruchstellen, an denen sich später die Wege trennen werden, sind ansatzweise vorgezeichnet.

Zum Verständnis der neuen Gemeinschaft bietet sich als eine Spur die Frage der Namen, der Bezeichnungen und Selbstbezeichnungen an. Was ist denn dies Neue, das hier entstanden ist? Wie ist es zu bezeichnen? Der wichtigste Begriff nicht nur bei Paulus ist zweifellos: *ekklesía*.[27] Das Wort bezeichnet im profanen Griechisch die Versammlung etwa der Bürger einer Stadt und findet sich in diesem Sinn auch noch im Neuen Testament für die Volksversammlung in Ephesus (Apg 19,32.39). Luther gibt das Wort mit »Gemeinde« wieder – und da haben wir ja im Deutschen nach wie vor den doppelten Begriff, als politische wie als kirchliche Gemeinde! Obwohl *ekklesía* auch schon in der Septuaginta, der griechischen Übersetzung des Alten Testaments, als Bezeichnung für die Versammlung der israelitischen Gemeinde vorkommt, ist es wie seine hebräische Grundlage *(qahál)*[28] im Kern ein »technischer«[29], funktionaler, im Grunde ein politischer Begriff. Dieser und nicht ein Begriff, der wie »Volk Gottes« das theologische Selbstverständnis Israels bezeichnet, wird im Neuen Testament zentral. *Versammlung oder Gemeinschaft (koinonía) derer, die an den Messias Jesus glauben, und die, soweit sie aus den Völkern kommen, damit auch an den Gott Israels glauben* – das ist der entscheidende, ist der vor allem eindeutige, präzise und klare Begriff, der der Sache, um die es geht, entspricht.

Und dieser Begriff ist bis heute prägend, und das nicht nur in der Sprache der Theologie. So findet er sich ja dann auch im christlichen Credo. Und in den romanischen Sprachen ist das Wort *ekklesía* nach wie vor die entscheidende Bezeichnung für die Kirche: Eglise, iglesia, chiesa. Übrigens in den germanischen Sprachen, also auch bei uns im Deutschen, hat sich ein anderes Wort durchgesetzt: *kyriaké (oikon)*, das kommt von *kyrios* Herr, also »Haus des Herrn«. Das Wort ist von arianischen Missionaren aus dem Gotenreich Theoderichs d. Gr. († 526) im 6./7. Jahrhundert donauaufwärts und rheinabwärts

---

27. Vgl. J. Roloff, Art. ekklesia, EWNT I, 1980, 998-1011.
28. Das hebr. Wort *qahal* wird in der Septuaginta teilweise aber auch mit *synagoge* wiedergegeben, was aber auch Wiedergabe des Wortes *'eda* ist. Die alte, seit L. Rost, Die Vorstufen von Kirche und Synagoge im Alten Testament (1938), 2. Aufl. Darmstadt 1967, vieldiskutierte Frage nach der alttestamentlichen Grundlage des neutestamentlichen Ekklesia-Begriffs braucht und soll hier nicht verfolgt werden. Sprachlich wie in der Sache ist auch für das nachexilische Israel der Volksbegriff entscheidend; vgl. etwa E. Blum, Volk oder Kultgemeinde? Zum Bild des nachexilischen Judentums in der alttestamentlichen Wissenschaft, KuI 10, 1995, 24-42.
29. So F.-L. Hossfeld u. a., Art. *qahal*, ThWAT VI, 1989, 1204-1222 (1210 u. ö.).

getragen worden und in Ortsnamen des 8. Jh.s nachweisbar. Von daher kommen Worte wie Kirche, church, kyrka.[30]

Daneben gibt es im Neuen Testament eine Reihe weiterer Bezeichnungen, die aber meist eher bildhaften Charakter haben: *Heilige, Kinder Gottes, Söhne und Töchter Gottes, Brüder (und Schwestern) …*[31] Die theologisch wichtigste bis heute ist wohl die Bezeichnung der Kirche als *Leib Christi* – also als *Körper des Messias.* Auch das Bild gibt es im politisch-profanen Bereich lange vor dem Neuen Testament, aber es bekommt hier einen neuen, aufregenden Sinn:[32] engste Gemeinschaft mit Gott (besonders im Abendmahl; 1 Kor 10,16 f.) und organisches Zusammenwirken an einer Aufgabe (bes. 1 Kor 12; Röm 12,5). Die Menschen, die an den Messias Jesus glauben, sind sein Körper in der Welt, sie stellen seine Anwesenheit dar, sie sind damit zugleich die Glieder, die Werkzeuge des Messias, durch die er handelt. Realisiert sich in Christus das Projekt Gottes, die Welt für sich zu gewinnen, wie es so viele Verheißungen des Alten Testaments formuliert haben, so sind die neuen Gemeinden einzeln wie in ihrer Summe die Anwesenheit und Wirkungsmöglichkeit dieses Messias. Mit diesem Körper kann und will er sein Werk tun. Für die Frage nach Kirche heute und in Zukunft scheint mir dieser Begriff des Körpers des Messias Möglichkeiten zu bieten, die bisher kaum ausgeschöpft worden sind.

b. Kirche als Volk Gottes?

Woher kam und kommt die Sicherheit, mit der die christliche Kirche so lange und so unangefochten als das Volk Gottes angesehen wurde, als das neue Gottesvolk, das an die Stelle des alten getreten sei? Es gibt dafür im Neuen Testament, wie bereits gesagt, nur einige wenige, aber durchaus gewichtige Stellen. Die vier wichtigsten sollen im Folgenden kurz angesprochen werden.[33]

Da ist einmal Apg 15,14 f.:

> »*Simon hat dargelegt, wie Gott zuerst darauf gesehen hat, sich aus den Menschen der Völkerwelt ein Volk für seinen Namen zu gewinnen. Damit stimmen die Worte derer überein, die prophetisch geredet haben.*«

---

30. So A. Adam, Art. Kirche III. Dogmengschichtlich, RGG³ Bd. III, 1959, S. 1304 f.
31. Ein knapper Überblick über die »Selbstbezeichnungen« bei J. Roloff, Die Kirche im Neuen Testament, GNT, NTD Ergänzungsreihe 10, Göttingen 1993, 82 ff.
32. Vgl. Roloff, Kirche, 100 ff. Zum Leib-Begriff bei Paulus bes. C. Janssen, Anders ist die Schönheit der Körper. Paulus und die Auferstehung in 1 Kor 15, Gütersloh 2005, Kap. 1.
33. Daneben kann auf Tit 2,14 sowie Offb 18,4; 21,3 verwiesen werden.

Und dann werden als Beleg Passagen aus Jer 12,15; Am 9,11 f. und Jes 45,21 zitiert. Das Gemeinte liegt ganz in der Linie der oben beispielhaft angeführten Formulierungen aus Sach 2,15. Die neue Gemeinschaft kann derart als das erwartete Volk aus den Völkern bezeichnet werden. Der Begriff fällt eher nebenbei. Er wird bei Lukas nicht zur programmatischen Bezeichnung für die Kirche, und er wird schon gar nicht gegen Israel gewendet. Zur Einschätzung ist wichtig: Der Satz steht in Zusammenhang mit den Festlegungen des so genannten Apostelkonzils, bei denen es um *die* Gebote geht, die die jüdische Tradition als die noachidischen bezeichnet und die, anders als die gesamte Tora, von allen Menschen gehalten werden sollen.[34] Ihr Hauptpunkt in der Geschichte des Urchristentums ist die Ermöglichung der Gemeinschaft von Menschen aus Israel und aus den Völkern – und damit die Einheit der Gemeinden.

Die zweite Passage steht in Röm 9, also am Beginn der Auseinandersetzung des Paulus mit der Tatsache, dass entgegen allen Erwartungen das Volk Israel in seiner überwiegenden Mehrheit nicht dem neuen Glauben an den messianischen Herrscher anhängt.[35] Paulus zählt die bleibenden Vorteile Israels auf (9,4 f.) und er sagt dann über die neu entstandenen Gemeinden: Nun hat Gott aber »*uns herausgerufen nicht nur aus dem jüdischen Volk, sondern auch aus den anderen Völkern*« (9,24). Dafür zitiert er dann Hos 2,25: »*Ich werde ein Volk, das nicht mein Volk ist, mein Volk nennen …*« (9,25). Paulus wendet also diesen Satz Hoseas auf das Hinzukommen von Menschen aus den Völkern an: Menschen, die nicht zum Gottesvolk gehörten, werden jetzt Volk Gottes. Man versteht aber Paulus wohl erst richtig, wenn man voraussetzt, dass er seine Bibel kennt. Die Sätze gelten im Originalzusammenhang in Kritik und Heilszusage Israel. Israel, das Volk Gottes, wird bedroht, nicht mehr Volk Gottes zu sein (Hos 1,9), und es wird dann begnadigt und aufs Neue Volk Gottes genannt (Hos 2,1.3.25), und daran erinnert Paulus in Röm 9,26. Wenn das von Gott zunächst verurteilte Israel neu als Volk Gottes angenommen wird, dann kann das auch für nichtjüdische Menschen gelten: Aus »*Nicht mein Volk*« wird »*mein Volk*«. Wie wenig das aber für Paulus bedeutet und bedeuten kann, dass, weil andere Volk Gottes geworden sind, Israel nicht mehr Volk Gottes ist, sondern enterbt und verstoßen sei, das macht er im gleichen Zusammenhang unübersehbar klar. Zu Beginn von Röm 11 fragt er ganz grundsätzlich: »*Hat Gott das eigene Volk etwa verstoßen? Gewiss nicht!*« (11,1). Und am Ende des Kapitels teilt er als Geheimnis Gottes aber völlig eindeutig mit: »*Ganz Israel wird gerettet werden*« (11,26).

---

34. Dazu u. S. 218.
35. Zum Zusammenhang von Röm 9-11 vgl. etwa K. Wengst, »Freut euch, ihr Völker, mit Gottes Volk!« Israel und die Völker als Thema des Paulus – ein Gang durch den Römerbrief, Stuttgart 2008, 287 ff.

Von besonderem Gewicht sind die Aussagen in 2 Kor 6,14-7,1.[36] Hier schreibt Paulus an die korinthische Gemeinde:

> 14 Geht aber nicht in ein anderes Gespann mit Menschen, die Gott nicht vertrauen! Welche Übereinstimmung gibt es denn zwischen einem gerechten Zusammenleben und dem Leben ohne Tora? Welche Gemeinschaft zwischen Licht und Finsternis? 15 Herrscht ein Gleichklang zwischen Christus, dem Gesalbten, und Beliar, dem Teufel? Was teilen die, die auf Gott vertrauen, mit denen, die es nicht tun? 16 Worin besteht die Verträglichkeit zwischen dem Tempel Gottes und den Götterbildern? Denn wir sind der Tempel Gottes, der Lebendigen! Gott hat ja gesagt: <u>Ich werde unter ihnen wohnen und mit ihnen gehen</u> (Lev 26,11-12). <u>Ich werde Gott sein für sie, und sie werden mein Volk sein</u> (Jer 31,33; 32,38; Ez 37,27). 17 Deshalb: <u>Geht aus ihrer Mitte und trennt euch, spricht »der Ewige«,</u> (Jes 52,11) <u>und berührt nichts, was die Heiligkeit verletzt. Dann werde ich euch annehmen</u> (Ez 20,34.41) 18 <u>und werde für euch wie ein Vater oder eine Mutter sein</u> (2 Sam 7,8). <u>Und ihr werdet meine Töchter und Söhne sein</u> (Jes 43,6), spricht »der Ewige«, mächtig über allem. 1 Das sind die Verheißungen, die wir haben, Geliebte. Wir wollen also alle Flecken von Körper und Gemüt abwaschen und in Heiligkeit leben, in Ehrfurcht vor Gott.

Im Dialog mit der Gemeinde in Korinth zitiert Paulus wieder aus seiner Bibel, vor allem aus Lev 26; Ez 37; Jes 52 und 2 Sam 7, und bezeichnet dann diese Worte als »die Verheißungen, die wir haben« (7,1). Das Ganze zielt darauf ab, dass die korinthische Gemeinde sich entsprechend diesen großen Zusagen verhalten soll. Die zitierten Worte, unter ihnen der Satz »Ich werde Gott sein für sie, und sie werden mein Volk sein«, gelten im Zusammenhang der alttestamentlichen Grundlage eindeutig Israel. Aus ihnen werden jetzt aber Folgerungen für die gemischten Gemeinden, also auch für die Menschen aus den Völkern gezogen, die im Sinne einer Adoption hinzugekommen und so auch zu Kindern Gottes geworden sind.[37] Inhaltlich geht es im Kern darum, dass man nicht Volk Gottes sein kann, ohne sich von den anderen Völkern zu trennen, ohne das Unreine zu vermeiden, und ohne die Verehrung anderer Gottheiten aufzugeben. Die neue Gemeinde wird als der Tempel Gottes bezeichnet (V. 16) mit all den Folgerungen und Verpflichtungen, wie sie in der Tora für Israel formuliert sind.

Die neue Gemeinde wird hier also mit Kategorien und Begriffen beschrieben und herausgefordert, die im Alten Testament dem Volk Israel gelten. Was für Israel gilt, gilt auch für sie. Weil es um die Wohnung Gottes, um die Gegenwart

---

36. Das Folgende im Anschluss an M. Crüsemann, Das weite Herz und die Gemeinschaft der Heiligen. 2 Kor 6,11–7,4 im sozialgeschichtlichen Kontext, in: F. Crüsemann/M. Crüsemann/C. Janssen/R. Kessler/B. Wehn Hg., Dem Tod nicht glauben. Sozialgeschichte der Bibel, FS L. Schottroff, Gütersloh 2004, 351-375.

37. M. Crüsemann, ebd. 370.

Gottes mitten in diesen neuen gemischten Gemeinden geht, kann hier nichts anderes gelten, als es für Israel als Ort der Gegenwart Gottes gilt. Von Ablösung oder Ersatz ist auch nicht andeutungsweise die Rede. Und was das Alte Testament angeht, so sind durch diese Art des Bezuges Wahrheit und Geltung der Zusagen an Israel uneingeschränkt vorausgesetzt und bekräftigt. Nur weil es für Israel galt und weiter gilt, kann es auch für die *Ekklesia* Gottes gelten.

Erst in der Spätzeit des Neuen Testamentes werden zentrale Attribute Israels uneingeschränkt und ungebremst auf die Kirche übertragen. Das geschieht mit Zitaten aus Ex 19,6; Jes 43,20 f. und Hos 1,9; 2,1.25 programmatisch in 1 Petr 2,9 f.:

> »*9 Ihr aber seid auserwähltes Geschlecht, königliche Priesterschaft, heiliges Volk, Volk des Eigentums, damit ihr die herrlichen Taten dessen verkündigt, der euch aus der Finsternis berufen hat in das wunderbare Licht Gottes, 10 euch, die ihr früher kein Volk wart, jetzt aber Gottes Volk seid, die ihr kein Erbarmen kanntet, jetzt Erbarmen erfahren habt.*«

Es sind lauter »aus dem Alten Testament entnommene Ehrentitel Israels, die auf die Kirche übertragen werden«[38]. Die Schrift und ihre Geltung sind dabei nach wie vor die entscheidende Größen, in deren Licht alles gesehen wird. Allerdings werden ihre Aussagen, so das übliche Verständnis, allein auf die Kirche hin ausgelegt. »Weder wird dabei ein heilsgeschichtlicher Zusammenhang der Kirche mit Israel vorausgesetzt, noch wird das Recht dieser Übertragung reflektiert.«[39] Bedeutet dieser Befund wirklich: »Jedes Vorrecht des alten Heilsvolkes erlischt«[40]?

Sicher wird der Bezug auf Israel nicht positiv entfaltet, er wird aber auch nicht durch Verwerfungs- und Enterbungsaussagen ersetzt,[41] wie es dann in der nachbiblischen kirchlichen Theologie geschieht. Es ist ganz unwahrscheinlich, dass ein derart positiver Bezug auf Kernaussagen der biblischen Israel-Theologie nicht von der uneingeschränkten Geltung der Schrift getragen sind. Zwar ist Israel an den Rand gerückt, aber es kann nicht gemeint sein, was jetzt für Kirche gilt, gelte für das Judentum nicht mehr.[42] Denn was wäre das für eine

---

38. Roloff, Kirche, 275.
39. Ebd.
40. So M. Karrer, Petrus im paulinischen Gemeindekreis, ZNW 80, 1989, 210-231, Zitat 225, von Roloff, Kirche, 275, Anm. 29 zustimmend zitiert.
41. So bes. a. Chr. W. Stenschke, »… das auserwählte Geschlecht, die königliche Priesterschaft, das heilige Volk« (1 Petr 2,9): Funktion und Bedeutung der Ehrenbezeichnungen Israels im 1. Petrusbrief, Neotestamentica 42, 2008, 119-146, der nur von »Verwendung« und »Gebrauch« der »Ehrenbezeichnungen Israels« sprechen will, nicht aber von »Übertragung« auf die neue Gemeinschaft (141). Es handle sich um »eine eschatologische Erweiterung des Gottesvolkes« (120).
42. Ähnliche Thesen bei I. Hirš, Ein Volk aus Juden und Heiden. Der ekklesiologische

Gnade, die plötzlich aufhört? Was wäre das für eine Beziehung, in der sich ein Partner plötzlich abwenden kann, was für eine Erwählung, die plötzlich in Frage steht? Was wäre das für ein Gott, der sich so unvermittelt verhält? Das heißt aber: Die Dignität und gerade auch die Geltung dessen, was die Kirche ausmacht und was der Kirche hier gesagt werden soll, stehen seinerseits in Frage, wenn es für die Größe nicht mehr gelten sollte, der dasselbe in der Schrift zuerst und mit Nachdruck, auf Dauer und ganz unmissverständlich zugesagt worden ist. Der Antijudaismus entzieht der Kirche selbst ihr Fundament.

c. Zusammenfassende Folgerungen

1. Israel ist das Volk Gottes. Das ist die biblische Grundlage, die auch da noch vorausgesetzt ist und in Geltung bleibt, wo der Begriff auf andere Größen übertragen wird. Vor allem aber ist der Begriff »Volk« nur in Bezug auf Israel eindeutig und uneingeschränkt gültig. Israel ist ein Volk und gehört als Volk zu Gott. Die einzigartige Verbindung, ja Einheit von nationaler und religiös-theologischer Größe gibt es nur hier. Und das ist ganz real: Man wird Jude oder Jüdin durch Geburt, wie man Deutscher/Deutsche in der Regel durch Geburt wird. Juden, Jüdinnen sind alle, die von einer jüdischen Mutter geboren werden. Man ist Jude ganz unabhängig vom Glauben und vom eigenen Verhalten (von extremen Ausnahmen abgesehen). Volk Gottes ist die einzigartige Bezeichnung für eine einzigartige Größe.

2. Wird der Begriff »Volk Gottes« dagegen auf die christliche Kirche bzw. Gemeinde angewendet, wird er unvermeidlich zu etwas anderem. Er wird zu einer Metapher, zu einem Bild. Mit ihm kann dann, wie in 2 Kor 6, die Gemeinde aus jüdischen Menschen und Menschen aus den Völkern bildhaft bezeichnet werden, um Rang und Folgerungen aufzudecken. Man muss aber wie bei jedem Bild sorgfältig die Grenzen beachten. Christ/Christin wird man nicht durch Geburt, sondern durch den Glauben und die Taufe. Die Kirche ist die Gemeinschaft der Glaubenden. Die Taufe kann den Glauben nicht ersetzen. Und theologisch gilt das selbst für eindeutig volkskirchliche Situationen, wo Kinder faktisch durch Geburt Christen und Christinnen werden.

3. Es gehört zur Differenz zwischen der Kirche und Israel, dass in der Kirche die Menschen nicht als Völker, sondern als Einzelne, bestenfalls als Gruppen zum

Beitrag des Ersten Petrusbriefes zum christlich-jüdischen Gespräch, Münsteraner Judaistische Studien 15, Münster u.a. 2003, 168 ff.; J. Schlosser, Israël et l'Eglise dans la Première lettre de Pierre, in: Nuovo Testamento. Teologie in dialogo culturale, FS R. Penna, Bologna 2008, 369-382.

Gott Israels kommen. Deswegen sind alle anderen Völker durch die Existenz der Kirche in ihnen gespalten, in den Teil, der zur Kirche gehört, und den, der das nicht tut. Die biblischen Verheißungen, wonach alle Völker und alle Menschen zum Gott Israel kommen werden, stehen nach wie vor aus und bestimmen nicht die Realität. Diese Spannung muss das Handeln der Kirche mitbestimmen. Wenn das der Kirche heute in Europa mit dem Zusammenbruch der volkskirchlichen Illusionen neu bewusst wird, wird der Begriff »Volk Gottes« immer weniger geeignet, kirchliches Handeln zu bestimmen.

4. Dass sich die Kirche neu in einem Gegenüber zum Volk Gottes (als Wurzelgrund wie als potentielle Partnerin) und nicht selbst als dieses Volk Gottes sieht, nimmt ihr nichts von ihrer Würde. Die entscheidenden Begriffe, die im Neuen Testament ihr Wesen bezeichnen, müssen nicht auf eine problematische Enterbungstheorie zurückgreifen, mit ihren bekannten inhumanen Folgen und Wirkungen.

5. Als Versammlung der Glaubenden und als Körper des Messias kann sich Kirche neu als das messianische Projekt Gottes begreifen, das mit allen Hoffnungen der gesamten Menschheit verbunden ist. Dabei gilt für das Verhältnis zum Judentum im Kern das, was Röm 11 entfaltet hat: Es gehört zum Weg Gottes, dass Israel seinen eigenen Weg weitergeht. Dass Israel *nicht* den Glauben der Kirche annimmt, ist so gesehen, wie Paulus hier entdeckt, die Bedingung unseres Heils.[43] So und nur so kommt das Heil zu den Völkern. So und nur so will Gott die ganze Welt für sich und seine Gerechtigkeit gewinnen, soll die alte Verheißung eingelöst werden: »*Mir werden sich beugen alle Knie*« (Jes 45,23).

4. Israels Tora und das Zusammenleben von jüdischen und nichtjüdischen Menschen – neutestamentliche Modelle

a. Das Problem

Alles, was im Vorangehenden über die Bedeutung der Schrift für das Neue Testament gesagt wurde, betraf immer auch die Tora. Das ist schon von der verwendeten Begrifflichkeit her ganz eindeutig. Denn mit Tora/Nomos wird – neben den Worten für »Schrift/Schriften« – in vielen der angesprochenen

---

43. Dazu z. B. F.-W. Marquardt, »Feinde um unsretwillen«. Das jüdische Nein und die christliche Theologie, in: P. v. Osten-Sacken, Treue zu Thora. FS Günther Harder, VIKJ 3, Berlin 1977, 174-193.

Zusammenhänge der erste und grundlegende Teil der christlichen Bibel bezeichnet. Dabei steht Tora/Gesetz häufig neben den Propheten, gelegentlich auch neben Benennungen des 3. Kanonteils.[44] Aber Nomos/Tora kann auch allein für das Ganze der Schrift stehen. So wird z.B. in Joh 10,34 eine Formulierung aus Ps 82,6 als »*geschrieben in eurem/r Gesetz/Tora*« angesprochen. Der Begriff *tora* meint auf allen Ebenen und in allen Stadien seiner Verwendung immer die Einheit von Information und Anweisung, von normativen Geboten und erzählerischen Begründungen, so auch die Einheit von Erzählung und Gesetz im Pentateuch, theologisch von Evangelium und Gesetz etc.[45] Die herausgearbeitete durchgehend positive Bewertung der Schrift betrifft deshalb immer und eingeschränkt auch die Gesetze vom Sinai mit. Der Befund lässt sich in zwei Punkten zusammenfassen:

– Die Tora wird im Neuen Testament als Gottes Gabe an Israel uneingeschränkt vorausgesetzt, logisch in der Argumentation und theo-logisch als das vorangehende und bleibende Wort Gottes, das gilt;

– die Tora wird durch das Wirken Jesu, durch die Gottesnähe, die er verkörpert, durch den Geist, den er sendet, ganz neu und effektiv in Kraft gesetzt. Endlich kann, nach den Aussagen der Evangelien bzw. des Paulus, die Gerechtigkeit getan werden, die vorher nicht wirklich zum Zuge kam. Der Schutz der Armen z.B., die Überwindung der Gewalt und der falschen Götter wie Mammon und Habgier wird Wirklichkeit. Kurz: Die Tora wird endlich »erfüllt«.

Dennoch liegen die Dinge im Blick auf die Sinaigebote anders als bei den meisten anderen Teilen und Themen der Schrift. Die oben genannten späteren Bruchstellen zwischen Judentum und Christentum zeichnen sich hier eher ab als sonst. Konflikte gibt es früh. Blickt man zunächst auf die Langzeitfolgen, ist nicht zu bezweifeln, dass die christliche Kirche besonders bestimmte, als jüdisch geltende Gebote nicht fortgeführt, sondern mit ihnen gebrochen und sie heftig bekämpft hat. Der Kern nachbiblischer christlicher Abwertung der Schrift betrifft deshalb – neben einer angeblichen Grausamkeit Gottes – besonders das »Gesetz« und damit das Zentrum der Tora und der Schrift. Besonders deutlich und früh betrifft das Themen wie Beschneidung der Männer, Speisegebote und den gesamten kultischen Bereich mit Festkalender, Opfer, Reinheitsbestimmungen etc.

Dass es hier Probleme gab und geben musste, liegt gewissermaßen in der

---

44. Belege o. S. 93.
45. F. Crüsemann, Die Tora. Theologie und Sozialgeschichte des alttestamentlichen Gesetzes (1992), 3. Aufl. Gütersloh 2005, 7 ff. Zur Detailbegründung sei für die folgende knappe Darstellung auf dieses Werk verwiesen. Für die neutestamentliche wie die aktuelle ethische Rezeption auf: ders., Maßstab: Tora. Israels Weisung für christliche Ethik, 2. Aufl. Gütersloh 2004.

Sache selbst. Denn die theologische Grundspannung der Schrift, dass der Gott Israels die einzige Gottheit überhaupt und damit Schöpfer und Erlöser aller Menschen und aller Völker ist, verschärft sich bei der Frage der Weisungen Gottes und ihrer Geltung noch einmal. Nach der biblischen Erzählung empfängt Israel am Sinai die Tora. Nicht nur am Beginn im Auftakt des Dekalogs wird an die vorangehende Geschichte, besonders den Exodus erinnert, das geschieht durchgehend und an vielen Stellen. Israel nimmt die Tora an und schließt den Bund. Nun soll es hier wie auch sonst in diesem Buch nicht um das historische Problem der »Trennung der Wege« von Christentum und Judentum gehen. Hier ist nicht zuletzt durch die Arbeiten von D. Boyarin[46] u. a. ein neues Paradigma entstanden, das einen jahrhundertelangen Prozess annimmt, in dem sich die beiden späteren Identitäten von Judentum und Christentum herausgebildet haben. Hier geht es darum, dass das christliche Bild von Israel und vom Judentum auf einem bestimmten Bild der jüdischen Bibel beruht, das aber mit dem Bild, das die neutestamentlichen Schriften selbst haben, nicht identisch ist und das die Wahrnehmung eben dieser Schriften massiv mitprägt.

Fragt man nach dem biblischen hermeneutischen Ansatzpunkt, so sind die Gebote Gottes derart auf Gerechtigkeit angelegt, dass die Völker auf Israel neidisch werden (bes. Dtn 4,6-8), was bis heute den hermeneutischen Ort von uns Nichtjuden angibt, von dem aus die Tora in Sicht kommt.[47] Die einzige Gottheit, die sich als Gott aller Menschen erweisen wird, ist von ihrer Tora nicht zu trennen. Zur eschatologischen Hoffnung, dass sich der Gott Israels als Gott aller Menschen erweisen wird, gehört immer auch die weltweite Durchsetzung der Tora: Nach Jes 2/Mi 4 erhalten die Völker in Jerusalem Weisung, ein weltweites Völkerrecht, das allein Frieden schaffen wird. Nach Jes 42,4 warten die Inseln der Welt auf die Tora, die der Gottesknecht ihnen bringen wird. Glaube an den Gott Israels bedeutet immer auch Leben nach der Tora, als Ausdruck der mit Gott gegebenen Freiheit. Doch die Völker sollen, das lassen alle diese Verheißungen ebenso eindeutig erkennen, nicht Israel werden. Das Hinzukommen der Völker wird die Identität Israels nicht in Frage stellen. Was in den alttestamentlichen Modellen Ausdruck der Hoffnung für die Zukunft ist, wird im Neuen Testament als beginnende Gegenwart erfahren und geglaubt. Aber diese Modelle haben naturgemäß viele Details offengelassen – die Fragen stellten sich im Urchristentum sehr konkret: Wie soll das aussehen? Was heißt das für den Umgang der Völker mit der Tora Israels?

Im Neuen Testament gibt es dazu unterschiedliche Ansätze, alle auf der ge-

---

46. Bes.: ders., Abgrenzungen. Die Aufspaltung des Judäo-Christentums, ANTZ 10, dt. Übers. Berlin u. a. 2009.
47. Dazu F. Crüsemann, »So gerecht wie die ganze Tora« (Dtn 4,8). Die biblische Grundlage christlicher Ethik, in: Maßstab: Tora, ebd. 20-37, bes. 26 ff.

meinsamen Grundlage einer positiven Bewertung der Tora. Im Folgenden sollen drei besonders wichtige und wirkungsvolle neutestamentliche Modelle vorgestellt werden.

b. Matthäus

Als erstes Evangelium ist Matthäus sicher von besonderem Gewicht, stellt es doch so etwas wie das Portal zum Neuen Testament dar. Und hier am Beginn der ersten programmatischen Rede Jesu, die man die Bergpredigt nennt, finden sich die oben bereits einmal zitierten Formulierungen von Mt 5,17-20. Sie sind das Erste und damit das Grundlegende, was das Neue Testament zur Tora sagt:

> *17 »Denkt nicht, ich sei gekommen, die Tora und die prophetischen Schriften außer Kraft zu setzen! Ich bin nicht gekommen, sie außer Kraft zu setzen, sondern sie zu erfüllen. 18 Wahrhaftig, ich sage euch: Bevor Himmel und Erde vergehen, wird von der Tora nicht der kleinste Buchstabe und kein einziges Häkchen vergehen, bis alles getan wird. 19 Wer nun ein einziges dieser Gebote außer Kraft setzt, und sei es das kleinste, und die Menschen entsprechend lehrt, wird in Gottes Welt als klein gelten. Aber wer sie befolgt und lehrt, wird in Gottes Welt groß genannt werden. 20 Denn ich sage euch: Wenn eure Gerechtigkeit nicht über die schriftgelehrte und pharisäische Gerechtigkeit hinausgeht, dann werdet ihr nicht in Gottes Welt der Himmel kommen.«*

Die Aussage ist in sich völlig klar und eindeutig und von weitreichender Bedeutung. Dass man sie als eine der dunkelsten und schwierigsten Passagen des Evangeliums bezeichnen konnte,[48] zeigt, wie stark außertextliche, dogmatisch-ideologische Wertungen am Werk sind. Was hier formuliert wird, durfte – darf!? – in einer bestimmten Ausprägung protestantischer Theologie nicht wahr sein. Doch erst in letzter Zeit hat die neutestamentliche Wissenschaft anerkannt, dass das gesamte Evangelium diese Haltung durchhält und ihr entspricht.[49] Von besonderem Gewicht dabei ist Mt 23,2 f.: *»Auf dem Stuhl Moses' sitzen toragelehrte und pharisäische Leute. Alles, was sie euch lehren, das tut und daran haltet euch.«* Eine erstaunliche Aussage, die vielfach für »unmöglich« ge-

---

48. So U. Luz, Das Evangelium nach Matthäus. 1. Teilband Mt 1-7, EKK I/1, Zürich u. a. 1985, 230.

49. Hier ist auf neuere Einzelarbeiten zu verweisen: M. Vahrenhorst, »Ihr sollte überhaupt nicht schwören«. Matthäus im halachischen Diskurs, WMANT 95, Neukirchen-Vluyn, 2002; R. Deines, Die Gerechtigkeit der Tora im Reich des Messias, WUNT 177, Tübingen 2004; R. Feneberg, Die Erwählung Israels und die Gemeinde Jesu Christi. Biographie und Theologie Jesu im Matthäusevangelium, HBS 58, Freiburg u. a. 2009. Dazu mit Nachdruck auf den Kommentar von P. Fiedler, Das Matthäusevangelium, ThKNT 1, Stuttgart u. a. 2006.

halten[50] und selten wirklich gewürdigt worden ist.[51] Danach sollen die AnhängerInnen Jesu nicht nur die schriftliche Tora, wie sie im Tenach steht, halten,
sondern auch die mündliche Tora, wie sie im Judentum der Zeit weitergegeben
und weiterentwickelt wird. Was die Schriftgelehrten und Pharisäer lehren, ist
ohne Ausnahme von den Jüngern und Jüngerinnen Jesu zu tun! Der matthäische Jesus kritisiert zwar deren Tun bzw. Nichttun: »*Aber haltet euch nicht an
das, was sie tun, wenn ihre Worte nicht mit ihren Taten übereinstimmen*« (V. 3),
aber ihre Lehre ist uneingeschränkt richtig, und sie ist es, die nicht viel später in
der Mischna schriftlich niedergelegt wird. Und was die Völker betrifft, so ist vor
allem der Schluss des Evangeliums in 28,19 f. entscheidend. Da belehrt der Auferstandene seine Jünger und Jüngerinnen; er, dem alle Gewalt gegeben ist, sagt:
»*Macht euch auf den Weg und lasst alle Völker mitlernen. Taucht sie ein in den
Namen Gottes ... und lehrt sie, alles, was ich euch aufgetragen habe, zu tun.*« Und
zu diesen Befehlen gehört der immer wiederholte Rückverweis auf die Tora und
auf ihre jüdische Auslegung. Das Matthäus-Evangelium will ohne die Tora
nicht gelesen werden, und nach ihm gilt die ganze Tora uneingeschränkt auch
für die Völker.

Am Beispiel der so genannten Antithesen soll wenigstens angedeutet werden,
dass diese Geltung der Tora Wesentliches im Verständnis des Evangeliums verändert.[52] Wenn wir wirklich nicht meinen, dass Jesus gekommen sei, das Gesetz
außer Kraft zu setzen, die Tora in irgendeiner Weise zu überwinden, wenn wirklich jedes ihrer Gebote, auch das kleinste, von ihm und von uns weiter gelehrt
wird, wenn also Mt 5,17 ff. wirklich die Grundlage alles Folgenden ist, dann
bekommen die Aussagen in Mt 5,21-48 einen sehr anderen Sinn, als ihnen üblicherweise unterlegt wird. Jesus redet dann nicht antithetisch, sondern verfährt
nach dem rabbinischen Grundsatz, nach dem es gilt, einen Zaun um die Tora zu
machen (Abot I.1), einen Zaun, der schon im Vorfeld verhindert, was Gott nicht
will. Damit nicht getötet wird, wie es grundlegend zu den Alten gesagt ist, soll
weit im Vorfeld, bereits beim Zorn und bei den destruktiven Worten, angesetzt
werden, die ihm folgen (Mt 5,21 f.). Es ist die Frage an Kain (Gen 4,7), die hier
wieder aufgenommen wird: Warum zürnst du? Der Steigerung von Zorn zum
wüsten verbalen Konflikt werden Möglichkeit und Notwendigkeit der Versöhnung entgegengestellt (Mt 5,24). Ähnlich wird im Blick auf das Ehebruchsverbot
weit im Vorfeld beim begehrlichen männlichen Blick angesetzt (5,27 f.).

Nimmt man schließlich auch die von Jesus zitierte Talionsformel »*Auge um*

---

50. So Luz, Matthäus, EKK I/3, 301 f.
51. Bes. F.-W. Marquardt, Warum mich als Christen der Talmud interessiert, in: ders.,
    Auf einem Schul-Weg. Kleinere christlich-jüdische Lerneinheiten, Berlin 1999, 257-
    276.
52. Dazu bes. M. Vahrenhorst, »Ihr sollt überhaupt nicht schwören« passim; Feneberg,
    Erwählung Israels, 173 ff.

Auge, Zahn gegen Zahn« (Mt 5,38) in dem Sinn, wie es ihr eigener Kontext in Ex 21,18 ff. lehrt und wie es die zeitgenössische jüdische Interpretation längst wie selbstverständlich tat,[53] nämlich als Erinnerung an den gerechten, den angemessenen Ausgleich im Recht, der selbstverständlich mit der ganzen Tora weiter in Kraft bleibt, dann bedeutet das Hinhalten der anderen Backe (Mt 5,39) den Verzicht darauf, sein Recht in jedem Falle mit den Mitteln des Rechts durchzusetzen. Ist die Geltung der Tora vorausgesetzt, geht es um einen Verzicht, der so nur für kleinere alltägliche Verletzungen sinnvoll sein kann, nicht aber bei Mord und Vergewaltigung, ein Verzicht, der als Möglichkeit, flexibel mit Alltagskonflikten umzugehen, einen Beitrag zum alltäglichen Umgang miteinander darstellt. Auf der Basis der Tora und damit der biblischen Grundregeln zur Überwindung der Gewalt liegt dann ein Versuch vor, dem Bösen nicht zu widerstehen, ihm nicht mit den gleichen Mitteln zu begegnen, also zu einem gelasseneren Umgang mit kleineren Rechtsverletzungen im Alltag, der ein gewichtiger Beitrag zu einem zivilen Umgang miteinander sein kann.

c. Lukas

Außer Matthäus macht kein anderes Evangelium so eindeutig und unmissverständlich klar, dass die Tora die Grundlage von Jesu Auftritt ist und dass sie von ihm auf neue Weise in Kraft und Geltung gesetzt wird, wie das des Lukas. »Sowohl für das Wirken Jesu als auch für die spätere christliche Gemeinde steht nach Lukas die uneingeschränkte normative Bedeutung des νόμος … außer Frage.«[54] Das betrifft nicht zuletzt den Umgang mit Verarmten und Überschuldeten. Das beginnt beim ersten öffentlichen Auftreten Jesu in der Synagoge von Nazareth 4,18 f.[55] In seiner Schriftauslegung wird mit einem Mischzitat aus Jes 61 und 58 indirekt der Schuldenerlass der Tora im Erlassjahr (Dtn 15,1 ff.) sowie das Jobeljahr von Lev 25 angesprochen. All das beginnt sich jetzt zu »erfüllen«, und so wird das hier angeschnittene Thema des Streichens aller Schulden, der Befreiung der Armen und Überschuldeten dann durch das ganze Evangelium hindurch verfolgt (z.B. Lk 11,4; 6,30.34; 12,33; 19,8; 6,24).

Von ähnlich grundlegender Bedeutung sind die Formulierungen, die Jesus

---

53. Zu beidem etwa: F. Crüsemann, »Auge um Auge …« (Ex 21,24 f.). Zum sozialgeschichtlichen Sinn des Talionsgesetzes im Bundesbuch, EvTh 47, 1987, 411-426. Zum Folgenden Fiedler, Matthäus, 142 ff.
54. D. Rusam, Das Alte Testament bei Lukas, BZNW 112, Berlin u. a. 2003, 127.
55. Zum Folgenden vgl. M. Crüsemann/F. Crüsemann, Das Jahr das Gott gefällt; Schiffner, Lukas liest Exodus, 297 ff. Zu Lukas insgesamt: G. Wasserberg, Aus Israels Mitte – Heil für die Welt. Eine narrativ-exegetische Studie zur Theologie des Lukas, BZNW 92, Berlin u. a. 1998.

nach Lk 16 im Gleichnis vom reichen Mann und armen Lazarus dem Abraham in den Mund legt:

> *29 Abraham sagte:* »*Sie haben Mose und die prophetischen Schriften! Darauf sollen sie hören.*« *30 Er aber erwiderte:* »*Nein, Vater Abraham, vielmehr wenn einer von den Toten zu ihnen geht, werden sie umkehren.*« *31 Abraham sagte zu ihm:* »*Wenn sie nicht auf Mose und die prophetischen Schriften hören, werden sie sich auch nicht überzeugen lassen, wenn einer von den Toten sich erhebt!*«

Danach ändert selbst eine Totenauferstehung nichts an der immer schon vorausgesetzten Geltung von Tora und Propheten. Um dem zu entgehen, muss man schon behaupten, das hier Gesagte gelte nur für die »erzählten Hörer«, d. h. die Pharisäer, nicht aber für die Hörer und Leserinnen des Evangeliums.[56] Dann aber stellt sich die Frage, warum und wem es überhaupt erzählt wird.[57]

Nun hat Lukas bekanntlich eine Fortsetzung des Evangeliums geschrieben, die Apostelgeschichte, die vom Weg des Evangeliums zu den Völkern bis nach Rom erzählt. Hier taucht im Zusammenhang der Völkermission ganz notwendig die Frage auf: Sollen die Menschen aus den Völkern, die zum Glauben an den Gott Israels kommen, die ganze Tora uneingeschränkt halten? Die Frage stellt sich ganz praktisch bei den Speisegeboten, und vor allem Apg 10 berichtet von einer exemplarischen Durchbrechung dieser Regeln. Dabei geht es nicht zuletzt um die Gemeinsamkeit in den neu entstandenen gemischten Gemeinden. Doch wo liegen die Grenzen? Die Grundsatzfragen werden auf dem so genannten Apostelkonzil verhandelt (Apg 15, bes. V. 5 f.7-11). Man einigt sich auf die in V. 19 f.28 f. genannten Regeln. Für alle gilt: kein Götzenopferfleisch, kein Blutgenuss, kein Fleisch verendeter Tiere, keine torawidrigen sexuellen Beziehungen. Das wird als das *Notwendige* bezeichnet. Diese Regeln entsprechen nun weithin den so genannten sieben noachidischen Geboten, die nach jüdischer Lehre anders als die Tora für alle Menschen gelten.[58]

Man muss diese Lösung ernst nehmen, sie hat offenbar große Teile der frühen Christenheit für lange Zeit bestimmt.[59] Aber man darf dabei die Lehre Jesu aus dem Evangelium nicht vergessen. Lukas kann nicht meinen, nur diese und keine anderen Gebote der Tora seien in Geltung. Weder das Tötungsverbot, das in Apg 15 nicht genannt ist, noch der Umgang mit Armen, wie ihn Jesus mit Bezug auf die Tora in Lk 4 und 16 gelehrt hat, sind aufgehoben. Die gesamte Lehre Jesu

---

56. So M. Wolter, Das Lukasevangelium, HNT 5, Tübingen 2008, 561.
57. Selten liegt heute so offen zu Tage, dass den neutestamentlichen Texten eine vorher feststehende Wahrheit übergeordnet wird.
58. Dazu bes. K. Müller, Tora für die Völker. Die noachidischen Gebote und Ansätze zu ihrer Rezeption im Christentum, SKI 15, Berlin 1994.
59. Dazu J. Wehnert, Die Reinheit des »christlichen Gottesvolkes« aus Juden und Heiden, FRLANT 173, Göttingen 1997, mit Belegen für die altkirchliche Praxis (bes. 187 ff.).

stände sonst in Frage. Was in Apg 15 geregelt wird, betrifft die speziellen Identitätsmerkmale Israels, und es geht um die Ermöglichung eines fruchtbaren Zusammenlebens von jüdischen und nichtjüdischen Menschen in den Gemeinden, wobei die Frage der Tischgemeinschaft eine zentrale Rolle spielt. Als diese Regeln von der Kirche aufgegeben wurden, gab es auch keine solche Gemeinschaft mehr, also keine Gemeinden mehr aus Menschen aus Israel und aus den Völkern.

d. Paulus

Paulus gilt traditionellerweise als Kronzeuge der Ablösung des jungen Christentums von der Tora. Doch das ist ein Missverständnis, wie manche neuere Arbeiten gegenüber älteren Sichtweisen gründlich gezeigt haben.[60] Die paulinischen Aussagen zur Tora stellen eine komplexe Antwort auf eine komplexe Frage dar. Ich halte mich hier an die endgültige, die durchdachteste und umfassendste Antwort, wie sie sich im Römerbrief[61] findet. Paulus geht hier bekanntlich aus von der Schuld aller Menschen (Röm 1,18 ff.): Die Welt ist der Herrschaft von Sünde und Gewalt ausgesetzt.[62] Das zeigt die abschließende Kette alttestamentlicher Zitate in 3,14 ff. Dem wird dann in Römer 3,21 ff. die Offenbarung der Gerechtigkeit Gottes gegenübergesetzt:[63]

60. Grundlegend nach wie vor die Arbeiten von P. v. d. Osten-Sacken, Evangelium und Tora. Aufsätze zu Paulus, ThB 77, München 1987. Vgl. weiter P. J. Tomson, Paul and the Jewish Law: Halakha in the Letters of the Apostle to the Gentiles, CRI III/1 Assen u. a. 1990; K. Finsterbusch, Die Thora als Lebensweisung für Heidenchristen. Studien zur Bedeutung der Thora für die paulinische Ethik, StUNT 20, Göttingen 1996; u. v. a. Mit besonderem Nachdruck weise ich hin auf: L. Schottroff, »Wir richten die Tora auf« (Röm 3,31 und 1 Kor 5,1-13). Freiheit und Recht bei Paulus, in: Chr. Hardmeier u. a. Hg., Freiheit und Recht, FS F. Crüsemann, Gütersloh 2003, 429-450; dies., Die Theologie der Tora im ersten Brief des Paulus an die Gemeinde in Korinth, in: W. Stegemann/R. DeMaris Hg., Alte Texte in neuen Kontexten. Wo steht die sozialwissenschaftliche Exegese?, Kongressband Tutzing 2009, Stuttgart 2011.

61. Hier ist die neue Sicht deutlich dargestellt bei: K. Haacker, Der Brief des Paulus an die Römer, ThHNT 6, Leipzig 1999; K. Wengst, »Freut euch, ihr Völker, mit Gottes Volk!« Israel und die Völker als Thema des Paulus – ein Gang durch den Römerbrief, Stuttgart 2008. Zur Auseinandersetzung über die »Werke des Gesetzes« (Röm 3,28) s. M. Crüsemann, »Heißt das, dass wir die Tora durch das Vertrauen außer Kraft setzen?« Röm 3,28-31 und die »Bibel in gerechter Sprache«, in: K. Schiffner u. a. Hg., Fragen wider die Antworten, FS J. Ebach, Gütersloh 2010, 486-500.

62. Dazu bes. L. Schottroff, Die Schreckensherrschaft der Sünde und die Befreiung durch Christus nach dem Römerbrief des Paulus, in: dies., Befreiungserfahrungen. Studien zur Sozialgeschichte des Neuen Testaments, ThB 82, München 1990, 57-72.

63. Zum folgenden Verständnis von Röm 3 vgl. F. Crüsemann, Gott glaubt an uns – Glaube und Tora in Röm 3, in: ders., Maßstab: Tora, 2. Aufl. Gütersloh 2004, 67 ff.

21 »Jetzt! Unabhängig von der Tora ist Gottes Gerechtigkeit sichtbar geworden, bezeugt von der Tora, den Prophetinnen und Propheten, 22 Gottes Gerechtigkeit durch Vertrauen auf Jesus, den Messias, für alle, die vertrauen. Denn es besteht kein Unterschied. 23 Alle haben ja Unrecht begangen, allen fehlt ihnen die Klarheit Gottes. 24 Gerechtigkeit wird ihnen als Geschenk zugesprochen kraft der Zuwendung Gottes als Freikauf, der im Messias Jesus vollzogen wird.«

Es geht dabei um die weltweite Durchsetzung von Gottes Recht und Gottes Gerechtigkeit – im Herzen der Einzelnen wie in der Welt politischer Gewalt. Die Kraft zu dieser Änderung, dazu, dass endlich Gerechtigkeit herrscht, kommt nicht aus der Tora – aber genau das sagt die Tora selbst (V. 21). Die Veränderung kommt durch den mit Christus gegebenen Neuanfang, sie kommt aus der Kraft des Geistes. Heißt das, dass sie ohne Tora kommt, dass diese überwunden oder gar abgeschafft wird? Die abschließende Aussage 3,31 ist hier völlig eindeutig:[64]

»Heißt das, dass wir die Tora durch das Vertrauen außer Kraft setzen? Ganz gewiss nicht! Vielmehr bestätigen wir die Geltung der Tora.«

Für die Art und Weise dieser Aufrichtung der Tora ist die Formulierung in Röm 8,3 f. von besonderem Gewicht: Gott sandte seinen Sohn, »*damit das Recht der Tora durch uns erfüllt werden kann*«. Durch »*uns*«, die messianischen Gemeinden, soll also die *dikaíoma tou nómou* – die Gerechtigkeitsforderung der Tora endlich erfüllt werden. Alles was in der Tora mit Recht und Gerechtigkeit zu tun hat, kann und soll nun endlich praktiziert werden – das ist Ziel und Absicht der Sendung des Gottessohnes, das ist die Wirkung des Geistes, darum geht es bei Gottes messianischem Projekt. In diesem Sinne ist, wie die neuere Diskussion zeigt, auch die Formulierung in Röm 10,4 zu verstehen von Christus als dem »Ziel« (und nicht etwa dem »Ende«) der Tora,[65] eventuell als der »Hauptsache, um die es im Gesetz geht«[66]. Diese Grundsatzhaltung wird von Paulus in seinen

---

64. Dieser Satz gehört zu denjenigen im Neuen Testament, für die nach Teilen der Wissenschaft immer noch gilt, dass nicht sein kann, was nicht sein darf, vgl. etwa J. Schröter: »Nur unter dieser Voraussetzung – dass das Gesetz für diejenigen, die in Christus sind, nicht mehr gilt – kann darüber diskutiert werden, wie die Formulierung vom ›Aufrichten des Gesetzes‹ in Röm 3,31 zu verstehen ist« (Übersetzung und Interpretation. Bemerkungen zur »Bibel in gerechter Sprache«, in: I. U. Dalferth/J. Schröter Hg., Bibel in gerechter Sprache? Kritik eines misslungenen Versuchs, Tübingen 2007, 99-111 [104]. Dazu M. Crüsemann, »Heißt das, dass wir die Tora durch das Vertrauen außer Kraft setzen?«

65. So bes. L. Kundert, Christus als Inkorporation der Tora. Röm 10,4 vor dem Hintergrund einer erstaunlichen rabbinischen Argumentation, ThZ 55, 1999, 76-89; s. a. Wengst, Römerbrief, 331 f.

66. So Haacker, Römer, 201.206 ff.

konkreten ethischen Entscheidungen durchgehalten; sie werden im Sinne der Tora entschieden.[67]

Die Formulierung von Röm 8,3 f. hält zugleich fest, wofür Paulus im Galaterbrief gestritten hat: Der Glaube an den Messias Jesus bedeutet für Menschen aus den Völkern keine Einbeziehung in das jüdische Volk, d. h. keine Beschneidung für die Männer. Besonders deutlich wird das Gemeinte auch in der Formulierung von 1 Kor 7,19: »*Beschnittensein oder Unbeschnittensein ist nicht das Entscheidende, sondern die Gebote Gottes zu halten.*« Die Beschneidung als Bundeszeichen nach Gen 17 *(berit mila)* gehört danach nicht zu diesen *dikaíoma.* Das ist der Weg Gottes, seine Gerechtigkeit durchzusetzen, und also nicht etwa Anlass, eben diese aufzugeben.

Und die Speisegesetze?[68] Hier ergibt sich eine interessante Zwischenstellung, wie die ausführliche Behandlung der Fragen in Röm 14 zeigt. Paulus beurteilt auch diese Fragen nach dem Maßstab der Gerechtigkeit: »*Nicht Essen und Trinken machen Gottes Welt aus, sondern Gerechtigkeit, Frieden und Freude – bewirkt durch die heilige Geistkraft*« (V. 17). Das bedeutet zunächst, dass es in den Gemeinden in diesen Fragen Unterschiede gibt (V. 2), die aber nicht zu Verurteilungen führen dürfen (V. 3). »Das Problem wäre leicht zu lösen gewesen, indem man die halachischen Gebote generell innerhalb der Ekklesia für erledigt erklärt hätte, so wie dann später nicht nur diese Gebote, sondern die Thora, das ›Gesetz‹ insgesamt für erledigt erklärt wurden. Genau diesen Weg geht Paulus nicht.«[69] Die gegenseitige Anerkennung, die Gemeinschaft, die Rücksichtnahme aufeinander stehen über allem.[70] Deshalb gilt es, einander keinen Anstoß zu geben (V. 13). An dieser Frage hängt nun allerdings nicht nur viel, sondern buchstäblich alles: »*Zerstöre nicht um einer Speise willen das Werk Gottes*« (V. 20). Das Werk Gottes sind nicht zuletzt die neu entstandenen Gemeinden aus Juden/Jüdinnen und Menschen aus den Völkern – und dieses Werk wird zerstört, wenn sich eine Seite auf Kosten der anderen durchsetzen will. Der

---

67. Dazu neben Tomson, Paul and the Jewish Law; Finsterbusch, Thora, jetzt bes.: L. Schottroff, Die Theologie der Tora.
68. Dass das Wort Jesu über Reinheit und Unreinheit in Mk 7,15, gerade auch wenn es radikal gemeint ist, gut aus dem Judentum des 1. Jh.s verstanden werden kann, zeigt G. Theißen, Das Reinheitslogion Mk 7,15 und die Trennung von Juden und Christen, in: K. Wengst Hg., Ja und Nein: Christliche Theologie im Angesicht Israels, FS W. Schrage, Neukirchen-Vluyn 1998, 235-251.
69. G. Jankowski, Die große Hoffnung. Paulus an die Römer. Eine Auslegung, Berlin 1998, 293 f.
70. P. Spitaler, Household Disputes in Rome (Romans 14:1-15:13), RB 116, 2009, 44-69, macht darauf aufmerksam, dass das übliche Bild des Konflikts weitgehend an dem Verständnis des Verbs *diakrínomai* in V. 1 und bes. V. 23 im Sinne von »zweifeln« hängt, was nur im NT belegt sei und nicht dem üblichen griechischen Sinn »dispute« entspreche. Damit kehre sich die Bewertung um: »whereas doubt highlights the sinning of ›the weak‹, dispute reveals the sinning of ›the strong‹« (44).

Geist und die von ihm bewirkten Haltungen sollen alles regeln, und der Geist ist für Paulus offenbar in diesen Fragen nicht parteiisch, nicht einmal so parteiisch wie Paulus selbst, der sich zu den »Starken« rechnet. Neben den großen Worten Frieden und Gerechtigkeit steht in V. 17 als Werk des Geists auch das Wort »Freude«: Sie als erste wird bei entsprechenden Konflikten in den Gemeinden bedroht sein.

Auch dieser von Paulus nachdrücklich empfohlene Weg hat auf Dauer nicht funktioniert. Die Bruchstelle zwischen Juden/Jüdinnen und ehemaligen Heiden/Heidinnen ist hier, wie in Röm 9-11, deutlich erkennbar. Dabei steht aber das ganze Werk Gottes auf dem Spiel.

e. Die Tora und der christliche Glaube

Keines der drei wichtigsten neutestamentlichen Modelle für den Umgang der Menschen aus den Völkern mit dem Gesetz des Mose und Israels hat sich in der Christenheit auf Dauer durchgesetzt. Das Konzept eines so genannten gesetzesfreien Heidenchristentums[71] glaubte zwar Paulus zu folgen, tut das aber in einer problematischen Verkürzung und Verdrehung seiner Theologie, vor allem unter Abstreifung der so hochgehängten gegenseitigen Rücksichtnahme – was nach Paulus das Werk Gottes in Frage stellt – und oft genug auch unter Absehung von der *dikaíoma tou nómou*.

An dieser Stelle ist mit Nachdruck daran zu erinnern, dass die vorgestellten Modelle im Blick auf die Tora eine gemeinsame Grundlage haben und nur in einer Nebenfrage divergieren: Sie setzen die uneingeschränkte Gültigkeit der Tora voraus, differieren aber darin, wie die zu Israel gesagte Tora von nichtjüdischen Glaubenden gelebt werden soll. Mit jüdischer Terminologie gesprochen:[72] Alle diese Positionen sind Wort Gottes, die Halacha geht faktisch nach Paulus, genauer nach einem in bestimmter Weise interpretierten Paulus. Und aus dieser Entscheidung können wir sicher so ohne weiteres nicht heraus. Aber auch ihr ist das Christentum auf Dauer nicht wirklich gefolgt.

Die Grundlage des christlichen Umgangs mit der Tora kann nach allem Gesagten nur die unbedingte Geltung der Tora sein, aber als einer Israel zuerst gesagten Größe, so wie sie allen drei Modellen theologisch zugrunde liegt. Für ein zentrales Stück der Tora, den Dekalog, bringt diese biblische Spannung – das zu Israel Gesagte und nur dies kann die Grundlage einer christlichen Ethik

---

71. Zu Problematik dieses Begriffs s. L. Schottroff, Lydias ungeduldige Schwestern. Feministische Sozialgeschichte des frühen Christentums, Gütersloh 1994, 27 ff.
72. Nach bErub 13b u. a., wonach sowohl die Auffassung von Hillel wie die abweichende von Schammai Wort Gottes sind, die zu befolgende Praxis aber der Lehre Hillels folgt.

sein – ein Bild des israelisch-jüdischen Malers Samuel Bak zum Ausdruck (Abb. 4).[73] Von den Zehn Worten auf den beiden Tafeln sind die ersten fünf auf der rechten, ersten Tafel mit den ersten hebräischen Buchstaben des hebräischen Alphabets als Zahlzeichen symbolisiert, wie es in Synagogen bis heue üblich ist. Die zweiten fünf auf der linken Tafel sind mit römischen Ziffern symbolisiert, damit auf die übliche christliche Zählung deutend. Der zerbrochene Davidstern, die Reste einer Stadt, ein qualmender Schornstein – all das deutet die Schoa an und damit auch das Versagen an der Tora durch die christlichen Kirchen und die neue Verpflichtung auf die Tora.

Innerbiblisch zeigt sich die Bedeutung der Tora nicht zuletzt darin, dass sie die Grundlage des Kanons ist. Zunächst des alttestamentlichen, wo Beginn und Ende des Prophetenkanons in Jos 1,8 und Mal 3,22 ff. auf die Tora verweisen, genau wie der Beginn des 2. Kanonteils in Ps 1. Aber das setzt sich im Aufriss des neutestamentlichen Kanons fort. Am Beginn steht hier Matthäus mit seiner eindeutigen Anbindung von Leben und Werk Jesu an die Tora, und am Beginn des Briefteils steht der Römerbrief mit seinen ebenso eindeutigen Sätzen (z. B. Röm 1,2; 3,21.31; 8,4 usw.). Jeder theologische Weg, der an der Tora vorbeiführt, verlässt damit auch das Neue Testament.

---

73. Von Alef bis X, in: Jüdisches Museum Frankfurt Hg., Landschaften jüdischer Erfahrung. Ausstellungskatalog, Frankfurt/M. 1993, 11.

IV. Teil:
Der Gott der jüdischen Bibel und die
Messianität Jesu

»Ich glaube an Jesus Christus« – der zweite Artikel des christlichen Glaubens-bekenntnisses steht in seinem Zentrum. Der Bezug zu Jesus Christus macht das Spezifische des christlichen Glaubens gerade im Unterschied zum jüdischen aus. Und das, was über Jesus Christus gesagt und geglaubt wird, prägt auch die traditionelle Überholung des Alten Testaments durch das Neue. Wenn Joseph Ratzinger formuliert: »Gerade an dieser Stelle kann man sehr gut sehen, dass Jesus ein ›wahrer Israelit‹ (vgl. Joh 1,47) gewesen ist und zugleich das Judentum – im Sinne der inneren Dynamik seiner Verheißungen – überschritten hat«[1] –, so findet man ein vergleichbares Denkmuster heute in sehr vielen Zusammenhängen. Und was für das Verhältnis zum Judentum gilt, gilt fast immer ebenso für das – eng verwandte – zur Schrift. Einerseits wird die durchgängige und positive Bezogenheit der neutestamentlichen Texte und Aussagen auf die Schrift immer intensiver entdeckt und beschrieben, andererseits kehrt doch auf immer neuen Ebenen dieses Moment der Überlegenheit, des Überschreitens und Übertreffens, des Mehr und des Endgültigen gegenüber etwas Vorläufigem wieder. Dazu kommt wohl als Zentrum die meist gar nicht diskutierte Voraussetzung, das Alte Testament werde im Neuen von Christus aus gelesen und eben das sei die wahre, die theologisch einzig mögliche und deshalb notwendige Lektüre der Schrift, also ihre *interpretatio christiana*.

Es muss jetzt um dieses Zentrum gehen. Ist vom Zentrum des christlichen Glaubens aus, vom Glauben an Jesus Christus, so wie ihn das Neue Testament formuliert, die übliche Sicht der Überholtheit und Nachrangigkeit des Alten Testaments sachlich notwendig oder überhaupt zu rechtfertigen? Ist das mit Jesus gegebene Heil, die Gottesnähe, das Evangelium, die Rechtfertigung, was immer man nimmt, so geartet, dass dagegen das, was in der Schrift zu finden ist, verblasst? Es sei daran erinnert, dass es um eine Überprüfung der Möglichkeit geht, die Bibel Israels, das Alte Testament, wieder in den Rang einzusetzen, den es im Neuen hat. Was bedeutet das, wohin führt das – angesichts der zentralen christologischen Aussagen? Ergibt sich hier die so vielgestaltige, aber nahezu durchgängige behauptete Zweitrangigkeit? Oder muss es auch und gerade von hier aus bei dem bleiben, was die bisherigen Schritte ergeben haben: das eindeutige »*nicht über die Schrift hinaus*« des Paulus (1 Kor 4,6), der Eindruck von einer Grundlage, die vorgegeben und bleibend notwendig ist, um Geschichte und Bedeutung Jesu von Nazareth darin aussagen zu können, die aber dadurch in keiner Weise aufgehoben, gesprengt oder überwunden wird?

Ausgangspunkt kann und muss wiederum sein, dass alle, wirklich alle Aussagen über Christus und über das Heil in Christus der Sprache und der Sache nach mit Wort und Traditionen der Schrift formuliert sind. *Neutestamentliche*

---

1.   J. Ratzinger Benedikt XVI., Jesus von Nazareth. I. Teil: Von der Taufe im Jordan bis zur Verklärung, Freiburg u. a. 2007, 87.

Christologie ist Zitat. Vor allem aber muss es um die Überprüfung der Vorstellung gehen, dass genau bei diesem Rückgriff auf die Schrift ein so spezifischer und vorher festliegender hermeneutischer Zugriff walte, durch den die Schrift selbst und ihre Wahrheit überwunden und gesprengt werden.

7. Kapitel:
»Erfüllung« oder »Bestätigung« der Schrift?

Einzusetzen ist mit dem Begriff, der wie kein anderer für die genannten Fragen eine Schlüsselstellung hat, dem der »Erfüllung«. Dabei geht es meist um das Wortpaar »Verheißung und Erfüllung«. Jesus Christus als die Erfüllung der Schrift – in vielen theologischen Zusammenhängen wird dieser Begriff nach wie vor wie selbstverständlich gebraucht. Im obigen Ratzingerzitat ist die Formulierung vom Überschreiten des Judentums »im Sinne der inneren Dynamik seiner Verheißungen«[1] eine Umschreibung des traditionellen Begriffs der Erfüllung. Dieser ist im Vorangehenden in verschiedenen Zusammenhängen aufgetaucht, benutzt und – jedenfalls ein Stück weit – geklärt worden. Es handelt sich um eines der elementarsten und umfassendsten theologischen Denkmuster überhaupt. Wobei der Begriff dann im Detail in den verschiedenen theologischen Entwürfen und Richtungen sehr unterschiedlich verstanden wird. Neben und gemeinsam mit den grundlegenden Bezeichnungen Altes/Neues Testament bzw. alter/neuer Bund enthält die Rede von Verheißung und Erfüllung eine das Denken tief prägende Vorstellung vom Verhältnis der Testamente. Da er kaum verzichtbar scheint für eine schriftgemäße Christologie, wird er nach wie vor von manchen der neueren Versuche, die Rolle des Alten Testaments in Verbindung mit der veränderten Beziehung zum Judentum neu zu bestimmen, aufgegriffen und benutzt.[2] Man meint, damit arbeiten zu müssen, wenn auch mit erheblichen inhaltlichen Verschiebungen gegenüber traditionellen Ansätzen.[3]

---

1. Jesus I, 87.
2. Zentral ist er etwa für die Erklärung der päpstlichen Bibelkommission »Das jüdische Volk und seine Heilige Schrift in der christlichen Bibel« vom 24. Mai 2001, Verlautbarungen des Apostolischen Stuhls 152, dt. Übers. Bonn 2001, 19 ff. u. passim, zusf. 161 f.
3. Eine der frühesten kritischen Auseinandersetzung mit den traditionellen Denkmustern stammt von L. Schottroff (Verheißung und Erfüllung aus der Sicht einer Theologie nach Auschwitz [1987], in: dies., Befreiungserfahrungen. Studien zur Sozialgeschichte des Neuen Testamentes, ThB 82, München 1990, 274-283), die am Beispiel von Mk 4,10-12 das traditionelle Muster von Verheißung und Erfüllung mit Hilfe eines veränderten Bezugs der Aussagen – also durch eine eschatologische statt einer institutionenbezogenen resp. ekklesiologischen Interpretation – durchbrechen will. Hermeneutische Voraussetzungen und theologische Folgerungen stehen trotz anderer methodischer Annäherung dem hier Vorgelegten nahe. Ähnliches gilt für J. Hanson, The Endangered and Reaffirmed Promises of God: A Fruitful Framework for Biblical Theology, BTB 30, 2000, 90-101.

1. Neutestamentlicher oder nachneutestamentlicher Begriff?

Das traditionelle Begriffspaar »Verheißung und Erfüllung« und das dabei – weit über jede Einzelstelle und -formulierung hinaus – wirksame Muster findet man innerhalb wie außerhalb der neutestamentlichen Wissenschaft, von wenigen Ausnahmen abgesehen, nach wie vor bereits im Neuen Testament selbst verankert. Als neutestamentlich werden dann meist auch die erheblichen Folgen betrachtet, die es fast unausweichlich nach sich zieht. Das soll exemplarisch zu Beginn am Beispiel einiger Formulierungen von Ulrich Luz vorgestellt werden. Im Zusammenhang der so genannten Erfüllungszitate im Matthäusevangelium, einer vor allem in den ersten Kapiteln des Evangeliums dichten Kette von Zitaten aus dem Alten Testament, die stets eingeleitet oder begleitet werden von Formulierungen wie: »*Das alles aber ist geschehen, damit sich erfüllt, was Adonaj durch den Propheten so gesagt hat*« (Mt 1,22), finden sich bei Luz folgende Thesen.[4] Der Befund bei Matthäus habe eine überragende Bedeutung, weil er als typisch und prägend für das gesamte Neue Testament angesehen werden müsse. Er sei »nur der verstärkte und vergrundsätzlichte Ausdruck einer Überzeugung, die das gesamte Urchristentum teilt«[5]. Ausgangspunkt der Argumentation von Luz ist das für diese Zitate verwendete Verb: »Das Zentrum der Erfüllungsformel, mit der Matthäus sie heraushebt, ist das Wort *pleróo*/erfüllen. Es sei ein ›christologisches‹ Wort. Abgesehen von der Geschichte Jesu gebe es im NT keine ›Erfüllung‹ der Schrift.«[6] Neben der Kette der eigentlichen Erfüllungszitate sei dem Evangelisten vor allem die Erfüllung der göttlichen Forderungen von Gesetz und Propheten durch Jesus wichtig (bes. Mt 5,17 ff.). Historisch verortet Luz das große Gewicht, das derart auf der »Erfüllung« der Schrift liegt, im Zusammenhang der Trennung der christlichen Gemeinden von Israel. In dieser Lage hebe Matthäus »den Anspruch der Gemeinde auf die Bibel besonders heraus«[7]. Anders als bei Paulus gehe es ihm nicht mehr einfach um die richtige, die christologische Interpretation der Schrift. Matthäus und andere Autoren seiner Epoche »mussten auf das ganze Alte Testament programmatisch Anspruch erheben«[8]. Für Matthäus gelte: »Das Christusgeschehen ist die Erfüllung

---

4. Vgl. den »Exkurs: Die Erfüllungszitate« in: Das Evangelium nach Matthäus (Mt 1-7), EKK I/1, Zürich u.a. 1984, 134-141; der Text ist in der »5., völlig neu bearbeitete(n) Auflage 2002« nahezu und in den zentralen theologischen Formulierungen völlig unverändert geblieben (189-199).
5. AaO 141/199.
6. AaO 140/vgl. 197.
7. AaO 140/vgl. 198: »... den grundsätzlichen Anspruch der Jesusgemeinde auf die Bibel Israels.«
8. AaO 141/198.

der Schrift.« Seine Christologie sei noch betonter als bei seinen Vorgängern »eine alttestamentlich bestimmte Reflexion der Person und Geschichte Jesu«[9]. Nur mit Hilfe des Alten Testaments könne etwa der auferstandene Jesus verkündigt werden. Gerade deshalb müsse gegen Israel auf die Bibel Israels programmatisch Anspruch erhoben werden.

Das theologische Ziel der Erfüllungszitate wie überhaupt der so vielfältigen und gewichtigen alttestamentlichen Bezüge im christologischen Kontext sei also, so Luz, der »programmatische und exklusive Anspruch auf das Alte Testament«[10]. Luz sieht sehr deutlich die mit diesem Verständnis verbundenen unvermeidlichen Folgen, nämlich den traditionellen Antijudaismus und seine schrecklichen Auswirkungen. Der Judenhass eines Johannes Chrysostomos oder Luthers Judenschriften seien nur besonders herausragende Beispiele. Luz selbst will sich von dieser Wirkungsgeschichte distanzieren, glaubt aber als Exeget, dass der Befund nicht nur bei Matthäus eindeutig sei. Er hält auch die damit verbundene Grundentscheidung für den Umgang mit dem Alten Testament, nämlich es als Hinweis auf Christus zu verstehen und so dem Judentum zu entwinden, in der Situation der Trennung vom Judentum für unvermeidlich, jedenfalls damals und dann wohl auch theologisch für unvermeidlich. Könnte eine heutige Theologie, die damit brechen will, das also nur gegen das Neue Testament tun?

Im Folgenden soll gefragt und dann im Ergebnis bestritten werden, dass ein solcher Erfüllungsbegriff dem Befund im Neuen Testament angemessen ist. Dabei soll zunächst dem expliziten Vorkommen des Wortes »pleróo/erfüllen« sowie seinem Wortfeld nachgegangen werden. Was genau ist eigentlich gemeint, wenn in den biblischen Texten gesagt wird, dass Worte oder Traditionen »voll gemacht werden«, wie es die wörtliche Bedeutung des Verbs besagt? Der zugrunde liegende theologische Begriff der »Erfüllung« greift allerdings weit über diese begrenzten neutestamentlichen Vorkommen des Wortes hinaus, deswegen müssen danach einige christologische Schlüsselaussagen des Neuen Testamentes in ihrem Bezug zum Alten Testament untersucht werden.

Zunächst muss aber gesagt werden, dass ein Erfüllungsbegriff, wie er nach Luz bei Matthäus und darüber hinaus im gesamten Neuen Testament zu finden sei, soweit es sich bereits deutlich vom Judentum getrennt habe, zweifellos und unstrittig in nachneutestamentlicher Zeit belegt ist. Von seinem Auftauchen im 2. Jahrhundert an bestimmt er bis zur Neuzeit das in der Kirche vorherrschende Modell, wonach das Alte Testament als Christuszeugnis zu verstehen sei.[11] Sicher nicht als Erster, aber doch auf eine besonders wirkkräftige Weise hat hier der zu den Apologeten des 2. Jh.s gehörende Justin der Märtyrer das Alte Tes-

---

9. AaO 141/199.
10. AaO 141/198.
11. Dazu o. S. 45 ff.

tament als prophetische Vorhersage des Lebens und der Bedeutung Jesu Christi gelesen.[12] In seiner »Apologie« und noch umfassender in seiner Widerlegung des Juden Tryphon breitet er dazu ein vielfältiges und seitdem immer wieder benutztes Material aus. Sein Programm lautet: »In den Büchern der Propheten finden wir vorherverkündigt, (1.) dass er gekommen ist, (2.) dass er durch eine Jungfrau geboren worden ist (3.) und ein Mann geworden, (4.) und dass er jede Krankheit und jede Erkrankung heilt und Tote auferweckt hat, (5.) und dass er gehasst und verkannt und gekreuzigt worden ist, Jesus, unser Christus, (6.) und dass er gestorben und auferweckt worden ist und in die Himmel aufgestiegen, indem er Sohn Gottes ist und genannt wird, (7.) und dass er einige von sich ausgesandt hat zu jederart Menschen, um dies zu verkündigen, (8.) und dass Menschen von den Heiden mehr glauben« würden (Apol I 31,7).[13] Zu jeder dieser Aussagen wird eine Fülle von alttestamentlichen Belegen angeführt. Später kommen dann noch Verweise auf die Praeexistenz dazu.[14] Diese prophetischen Voraussagen auf Christus werden als der entscheidende Sinn und die Funktion des Alten Testaments für den christlichen Glauben angesehen, und das hat sich durchgesetzt. Seine Darlegungen sind »so etwas wie eine frühchristliche Hermeneutik, eine Lehre zum Verstehen der Bibel«[15]. Und sie sind zugleich durchgängig gegen die Juden gerichtet. Die Christen sind das neue Gottesvolk (Dial. 24,2), sie allein verdienen, Israel genannt zu werden (Dial. 119,4 ff.).[16] »So bahnte sich eine jahrtausendelange Entfremdung an.«[17]

Das »geschichtliche Schema von Weissagung und Erfüllung« wird hier zum gegen die Juden gewendeten grundlegenden Verständnis der Schrift.[18] Formal

---

12. Vgl. bes. O. Skarsaune, The Proof from Prophecy. A Study in Justin Martyr's Proof-Text Tradition. Text-Type, Provenance, Theological Profile, NT.S 56, Leiden 1987; ders., The Development of Scriptural Interpretation in the Second and Third Centuries – except Clement and Origen, in: M. Sæbø Hg., Hebrew Bible/Old Testament, Bd. I/1, Göttingen 1996, 373-442, darin: Justin Martyr, 389-410.

13. Apologie I 31,7; Übers. nach H. Graf Reventlow, Epochen der Bibelauslegung Bd. 1: Vom Alten Testament bis Origines, München 1990, 134 f., Text (und französ. Übers.) bei Saint Justin, Apologies, ed. A. Wartelle, Paris 1987, 138.

14. Eine vollständige Übersicht über das Material bei ihm (wie dann bei Irenäus, Tertullian etc. bis Euseb von Caesarea) bei A. Freiherr v. Ungern-Sternberg, Der traditionelle Schriftbeweis »de Christo« und »de Evangelio« in der alten Kirche bis zur Zeit Eusebs von Caesarea, Halle 1913. Jetzt auch: Skarsaune, Development (Lit.).

15. Reventlow, Epochen I, 137.

16. Dt. Übers.: Justinus, Dialog mit dem Juden Tryphon, übers. v. O. Haeuser, BKV 33, Kempten/München 1917, 36. 194 f.

17. Reventlow, Epochen I, 144.

18. Insgesamt sind Justin und sein judenkritischer Dialog ein gewichtiger Schritt in dem langen Prozess der Trennung von Kirche und Synagoge; dazu o. S. 90 Anm. 46. Vgl. bes. D. Boyarin, Justin Martyr Invents Judaism, ChH 70, 2001, 427-461; sowie ders., Border Lines/Abgrenzungen, 46 ff.

geht es dabei um Zukunftsaussagen und um ein Geschehen, das diese prophetischen Worte einlöst. Inhaltlich um das Alte Testament und seine Verweise auf Christus. »Der Schriftbeweis ... ist in dieser Form ein nahezu unveränderliches und in der Fülle der Belege auch später kaum übertroffenes Hauptstück der apologetisch-didaktischen Literatur geblieben.«[19] Insbesondere hat Justin damit die an ihn anknüpfenden bedeutenden Theologen Irenäus und Tertullian geprägt.[20] Hier also findet sich in nachneutestamentlicher Zeit genau das Muster, das Luz bereits bei Matthäus und sonst im Neuen Testament finden will. Und es hat von Justin an durch die gesamte Kirchengeschichte gewirkt, bis hin zu den großen Theologen des 20. Jh.s Rudolf Bultmann[21] und Karl Barth[22] und bis zu den heutigen Versuchen, das Muster von Verheißung und Erfüllung aufrechtzuerhalten oder neu zu beleben.[23] Wenn an der unkritischen Wiedergabe der zugrunde liegenden hebräischen und griechischen Verben mit »erfüllen« festgehalten wird, ist von der Kraft der Tradition her auch das alte Denkmuster fast unausweichlich.[24] Über die Verwendung des expliziten Begriffs hinaus finden sich analoge Muster praktisch überall dort, wo von einer in traditionellem Sinn verstandenen Christologie ausgegangen wird, um von da die theologische Bedeutung des Alten Testaments zu bestimmen.[25]

Es ist nun zu fragen, wie weit dieses Muster bereits auf das Neue Testament selbst zurückgeht oder welche anderen Grundmuster des Verhältnisses von Christusgeschehen und Schrift sich hier finden lassen. Ist der übliche theologische Erfüllungsbegriff erst nachbiblischer Prägung und liegt er seit dem 2. Jh. der *Interpretation* einschlägiger neutestamentlicher Texte zugrunde, dann wäre hier zunächst genau das geschehen, was etwa die oben vorgestellten Forderun-

19. H. Freiherr v. Campenhausen, Die Entstehung der christlichen Bibel, Tübingen 1968, 109.
20. Skarsaune, Development, 410.
21. Weissagung und Erfüllung (1948), in: ders., Glauben und Verstehen II, 3. Aufl. Tübingen 1961, 162-186.
22. Man vgl. etwa: Die Lehre vom Wort Gottes. KD I/2, Zürich 1948, § 14.2: »Die Zeit der Erwartung« mit dem Kernsatz: »Die Offenbarung selbst geschieht jenseits des eigenen Bestandes und Gehaltes des Alten Testament« (78).
23. So zuletzt etwa: J. Kegler, Verheißung und Erfüllung. Beobachtungen zu neutestamentlichen Erfüllungsaussagen, in: Berührungspunkte. Studien zur Sozial- und Religionsgeschichte Israels und seiner Umwelt, FS. R. Albertz, AOAT 350, Münster 2008, 345-366. Dazu u. S. 255 f. Das geschieht auch, wo von einzelnen neutestamentlichen Formulierungen aus deren theologischer Sinn erfragt wird, ohne das Gesamtproblem aufzuwerfen. So etwa Fiedler, Matthäus, 50 f.; Haacker, Römerbrief, 331 f.; zur Kritik Wengst, Römerbrief, 422, Anm. 818.
24. Zur Übersetzungsfrage s. im Folgenden S. 255 f. u. passim.
25. Vgl. dazu z. B. die meisten neutestamentlichen Beiträge in dem Band C. Dohmen/ Th. Söding Hg., Eine Bibel – zwei Testamente, utb 1893, Paderborn u. a. 1995.

gen von James Barr für eine biblische Theologie normativ fordern,[26] dass nämlich der Befund im Neuen Testament sowie sein Bezug zum Alten von späteren kirchlichen Theologien und damit von eingeschliffenen dogmatischen Mustern her wahrgenommen werden. Eine davon unabhängige Annäherung an die Texte selbst fordert eine besondere Anstrengung.

2. Der außerneutestamentliche Befund

Was also ist gemeint, wenn es heißt, dass ein vorgegebener Text welcher Art auch immer, bzw. eine Tradition, »voll« gemacht wird? Denn das ist der Sinn des zugrunde liegenden Verbs sowohl im Griechischen wie im Hebräischen.[27] Die Fülle der Verwendungen geht in beiden Sprachen auf reale Vorgänge wie das Füllen eines Kruges (Gen 24,16) oder eines Sackes (Gen 45,25), eines Netzes (Mt 13,48) oder eines Hauses (Apg 2,2), entsprechend kann ein Mensch voll sein mit Weisheit (Dtn 34,9) oder Zorn (Jer 15,17), mit Freude oder Geist (Apg 13,52). Was also geschieht, wenn daraus das Sprachbild vom Vollmachen von Texten wird? Bevor der entscheidende Befund im Neuen Testament zur Sprache kommt, soll ein Blick unter dieser Fragestellung auf die Wortgruppe außerhalb des Neuen Testaments geworfen werden.

Im Profangriechischen wird das Verb *pleróo*/›voll machen, füllen‹ auf worthafte Vorgänge selten angewandt. Nur in wenigen, späten Fällen bezieht es sich auf die Einlösung von Versprechen.[28] Hier könnte eventuell ein Zusammenhang mit dem biblischen Konzept Verheißung/Erfüllung bestehen.

Auch das hebräische Verb *male'* pi./›voll machen‹ ist im Alten Testament nur selten mit verbalen Vorgängen verbunden. Es kann dann in einigen wenigen Fällen das Eintreffen einer prophetischen Weissagung bezeichnen. So wird in 1 Kön 2,27 die Verstoßung Abjatars durch Salomo als »Erfüllung« des Gotteswortes aus 1 Sam 2,30 ff. bezeichnet. Ähnlich liegen die Dinge in 1 Kön 8,15

---

26. Vgl. o. 69 ff.
27. Zum Befund beim Verbum wie bei der gesamten Wortgruppe s. M. Delcor, Art. *male'* voll sein, erfüllen, ThHAT I, 1971, 897-900; H.-J. Fabry, Art. *male'*, ThWAT IV, 1984, 876-887; G. Delling, Art. *plêroô*, ThWNT VI, 1959, 283-309; H. Hübner, Art. *plêroô* erfüllen, zur Geltung bringen, verwirklichen, EWNT III, 1983, 256-262. Einen Überblick über den Befund gibt C. F. D. Moule, Fulfilment-Words in the New Testament: Use and Abuse, NTS 14, 1967, 293-320.
28. Einige Belege aus Herodianus, Epictet und Polyaenus, also deutlich nachneutestamentlichen Schriften bei Delling, ThWNT VI, 286. Eine entsprechende Bedeutung fehlt dagegen bei Liddell/Scott, 1420, sieht man von den biblischen Belegen für die »Erfüllung« von Prophetien ab.

und 2 Chron 36,21. In diesen Fällen scheint zunächst ein recht genaues Vorbild für das übliche Verständnis der neutestamentlichen Formulierungen vorzuliegen, in dem Sinne, dass eine Voraussage eintrifft, eine Verheißung im Sinne eines Versprechens eingelöst wird. Dazu kommt, dass die griechische Übersetzung in der Septuaginta jeweils mit *pleróo* erfolgt. Es lohnt sich aber ein genauerer Blick.

Im so genannten deuteronomistischen Geschichtswerk, das heißt in der zusammenhängenden Großerzählung von Josua bis 2 Könige gibt es eine Fülle von prophetischen Worten, von denen später ihr Eintreffen erzählt wird. G. v. Rad hat diese »Geschichtstheologie« zuerst eindrücklich beschrieben und dafür elf solche Fälle aufgeführt und sie mit »Weissagung und Erfüllung« benannt.[29] Insbesondere Helga Weippert hat diese Beobachtungen später ausgebaut.[30] Sie zählt mehr als 60 solcher Fälle[31] und stellt sie als eines der wichtigsten Mittel der hier vorliegenden Geschichtsdarstellung heraus. Auch sie spricht mit der traditionellen Sprache von »Verheißung und Erfüllung«. Allerdings wird nur in ganzen zwei Fällen aus dieser großen Fülle der Vorgang mit dem Wort *male'* pi./›voll machen, erfüllen‹ beschrieben, eben die oben schon genannten Passagen in 1 Kön 2,27; 8,15. In allen anderen Fällen werden andere Worte bzw. lediglich Umschreibungen des Vorgangs benutzt. Das zeigt, dass für das hier so wichtige Schema von prophetischer Weissagung und ihrer Verwirklichung noch kein fester Sprachgebrauch vorliegt. Insbesondere ein Begriff wie »Erfüllung« ist noch nicht ausgebildet. Dazu kommt einmal, dass es sich inhaltlich bei diesen Voraussagen um ganz verschiedene Worte handelt, sodass auch der Vorgang der Bestätigung bzw. Einlösung der Sache nach sehr Verschiedenes bezeichnet. Es ist eben nicht dasselbe, ob eine konkrete Einzelweissagung wie in Jos 6,26, wonach der Wiederaufbau von Jericho den Erstgeborenen kosten wird, eingelöst wird (1 Kön 16,34), oder ob es um eine so grundsätzliche und ausdrücklich auf ewige Zeiten ausgerichtete Verheißung wie die Zusage einer dauerhaften Dynastie des Davidhauses in 2 Sam 7 geht. Ihre explizit konstatierte Wirksamkeit wird in 1 Kön 8,20 als »Aufrichtung« (*qum* hif.) bezeichnet werden, was dann gelegentlich mit »erfüllen« übersetzt wird.[32] Aber die Verheißung ist damit gerade nicht erledigt und vergangen, sondern gerade und erst recht diese »Aufrichtung« bestätigt die Gültigkeit und den weit über diesen Einzelfall hinausgehenden Charakter der Verheißung. Solche beginnende »Erfüllung« hin-

---

29. Die deuteronomistische Geschichtstheologie in den Königsbüchern, in: ders., Ges. Studien zum AT, ThB 8, München 1958 (u. ö.), 189-204 (= Deuteronomiumstudien Teil B, FRLANT 40, Göttingen 1947, 52-64).
30. Geschichten und Geschichte: Verheißung und Erfüllung im deuteronomistischen Geschichtswerk, VT.S 43, 1991, 116-131.
31. So ebd. 118.
32. Etwa die Zürcher Bibel von 1931.

dert nicht, sondern bewirkt geradezu, dass sie als offene Zukunftszusage über der ganzen Geschichtsdarstellung bis 2 Kön 25 steht und auch über dieses Ende der Erzählung hinaus die jeweilige Gegenwart, von der und für die erzählt wird, bestimmt.

Wie problematisch es aber ist, selbst in den wenigen Fällen, in denen sich die Rede vom »voll machen« (*male'* pi.) auf das Eintreffen einer prophetischen Zukunftsansage bezieht, diesen Vorgang automatisch nach dem traditionellen Muster von Verheißung/Erfüllung zu verstehen, zeigt das Auftreten des Begriffs in 1 Kön 1,14, also im gleichen literarischen Zusammenhang wie die genannten Beispiele. Hier rät Nathan der Bathseba, dass sie, um ihren Sohn Salomo auf den Thron zu bringen, den alten König David an ein (angeblich) beschworenes Versprechen erinnern soll. Sie soll vorausgehen und mit dem König sprechen, Nathan selbst will dann wie zufällig dazu kommen und ihre Worte »voll machen«. Der Sinn ist eindeutig: Es geht darum, ihre Worte *zu bestätigen, zu bekräftigen, als wahr zu unterstreichen*. Diese »Erfüllung« bezieht sich gerade *nicht* auf die Verwirklichung der Zusage, denn die muss ja und kann nur durch David selbst erfolgen. Dies zeigt die Notwendigkeit, jeweils genau nachzufragen, in welchem Sinne denn jeweils Worte oder Traditionen »voll« gemacht werden.

Um das Bild zu vervollständigen, lohnt ein Blick auf die rabbinische exegetische Sprache. Sie greift interessanterweise insbesondere in ihren älteren Schichten nicht wie das Neue Testament auf die gelegentliche biblische Verwendung von *male'* pi. zurück, sondern auf das Verb *qum*. Biblisch wird es im hif. (wörtlich: ›aufrichten, zum Stehen bringen‹) gebraucht mit der Bedeutung, einen Schwur (Gen 26,3), ein Gelübde (Jer 44,24) oder ein Versprechen zu halten (Neh 5,13), aber auch Gottes Wort bzw. Verheißung zu realisieren (Num 23,19; Dtn 9,5; 1 Kön 2,4 u.ö.). Selten wird es auch im pi. gebraucht. Etwa in Rt 4,7 für die rechtliche Bestätigung, also das in Rechtskraft Setzen einer Vereinbarung. Oder in Ez 13,6 für das Eintreffenlassen einer Verheißung. Beide Verwendungen werden in der Septuaginta nicht mit *pleróo* übersetzt, was wiederum unterstreicht, wie wenig hier schon ein fester Begriff vorliegt. Dieses *qum* pi. wird dann im Rabbinischen der gängige Ausdruck für die Aufrichtung biblischer Worte im Sinne von Bestätigung bzw. Erfüllung.[33] Obwohl der Ausdruck wörtlich genommen nichts mit ›voll machen‹ zu tun hat, wird er in rabbinischen Vorkommen – offenbar in Anlehnung an die eingebürgerte christliche Sprache – gelegentlich mit »erfüllen« resp. »fulfill« übersetzt.[34] Nicht zuletzt wird der Ausdruck – genau wie das neutestamentliche *pleróo* /»erfüllen«[35]

---

33. Vgl. W. Bacher, Die exegetische Terminologie der jüdischen Traditionsliteratur, Leipzig 1899/1905, Nachdruck Darmstadt 1965, Bd. I, 170; Bd. II, 187.
34. Bacher, ebd.; ebenso etwa bei M. Jastrow, Dictionary, 1330 f.
35. Dazu u. S. 238 ff.

– für das Halten der Gebote der Tora verwendet. So hat Abraham alle Gebote ›erfüllt‹, wörtlich »aufgerichtet« das heißt anerkannt und eingehalten (bJoma 28b, bes. mAb IV,11). Dieser biblischen Wendung, ihrer griechischen Fassung in der Septuaginta und ihrer rabbinischen Weiterführung entspricht in Sprachgebrauch und Sache das Wort des Paulus vom Aufrichten der Tora (Röm 3,31) oder das vom Festmachen der Verheißung (Röm 15,8).[36]

Die intensive Rede von einer »Erfüllung« der Schrift durch die Geschehnisse um Jesus, wie wir sie – in sich stark differenziert – in den Evangelien finden, baut also *nicht auf einer festen eingebürgerten Sprache auf.* Es gibt zwar in der Schrift Ansätze, aber keinen ausgebauten und mit den Worten *male'* pi./*pleróo* formulierten biblischen Begriff, der hinter den dortigen Verwendungen steht. Der neutestamentliche Befund kann so zwar an biblische Vorstellungen anknüpfen und stellt in gewisser Weise eine Parallele zur rabbinischen Begriffsbildung dar, ihr genauer Sinn muss aber auf dem Hintergrund dieser Modelle zunächst für jeden einzelnen Fall aus ihr selbst bestimmt werden. Zwischen einer offenen und bunten Vielfalt im Blick auf sprachliche Realisierung und sachliche Befunde, wie sie im Tenak vorliegt, auf der einen Seite, einer festen, theologisch und gedanklich ausgebildeten Struktur, wie sie sich auf der anderen Seite seit dem 2. Jh. n. Chr. in der christlichen Theologie herausgebildet hat, wo für erfüllen/Erfüllung eine Art biblischer Sondersprache ausgeprägt wurde,[37] die bis heute nachwirkt, steht der neutestamentliche Befund, nach dem jetzt zu fragen ist.

3. »Erfüllung der Schrift« im Neuen Testament

Es muss jetzt darum gehen, ob im Neuen Testament im Ganzen oder jedenfalls in einzelnen Schriften so etwas wie ein einheitlicher, inhaltlich gefüllter theologischer Erfüllungsbegriff vorliegt. Als Schlüssel dafür könnte sich die Frage erweisen, ob und wie die beiden inhaltlichen Hauptgruppen zusammengehören, nämlich die »Erfüllung« der Tora, also göttlicher Gebote und Weisungen

36. Dazu o. S. 220.157.
37. Dass die biblischen Belege – v. a. in der Übersetzung Luthers – eine Sondergruppe mit Sonderbedeutung bilden, die sich von der sonstigen deutschen Sprache abhebt, zeigt sich deutlich etwa in Grimms Deutschem Wörterbuch, wo im Art. Erfüllen (Bd. 3, Leipzig 1862, 811-815) die biblischen Begriffe als eigene Gruppe unter Nr. 7 zusammengefasst sind. Dieser Begriff entsteht nicht zuletzt dadurch, dass Luther ganz verschiedene hebräische und griechische Worte mit »erfüllen« übersetzt und so dem vorgegebenen traditionellen theologischen Begriff subsumiert hat (etwa a. Dtn 27,26; Jer 28,9).

einerseits, und die »Erfüllung« von Verheißungen bzw. von eventuell als Verheißungen verstandener Texten andererseits. Hängt beides zusammen und wie?
Nur für das Zweite gilt ja eigentlich die traditionell übliche Spannung von Verheißung und Erfüllung. Und sie dominiert in den Evangelien bei Matthäus,
Lukas und Johannes.[38]

a. Fülle und Erfüllung der Tora bei Paulus

Einzusetzen ist zunächst bei dem relativ klaren Befund bei Paulus. Hier ist das
Verbum *pleróo* /›voll sein; voll machen‹ immer wieder auf Begriffe wie Bosheit
(Röm 1,29), Freude (Röm 15,13; Phil 1,11), Erkenntnis (Röm 15,14), Trost
(2 Kor 7,4) bezogen. Doch wie fremd für uns der zunächst so klar scheinende
Begriff in paulinischer Sprache ist, zeigt die Verwendung des gleichen Verbs
pleróo in Röm 15,19: Paulus habe, sagt er, das Evangelium von Jerusalem bis
Illyrien »erfüllt«. Die Wiedergabe mit »erfüllen« macht hier offenkundig keinen
Sinn. Es geht inhaltlich um verkündigen, mit dem besonderen Sinn, die Botschaft kräftig, vollmächtig, stark, wirksam zu machen. Klaus Wengst etwa[39] gibt
es entsprechend dem rabbinischen Parallelausdruck[40] mit »aufrichten« wieder.[41]
Wo das Verb bei Paulus mit biblischen Traditionen verbunden ist, ist es ausschließlich auf die Tora bezogen. Mehrfach geht es dabei um die Liebe. Nach
Röm 13,8 und Gal 5,14 »erfüllt« die Liebe die Tora: »*Wer andere liebt, hat die
Tora erfüllt*« (Röm 13,8). Für die Frage, wie das konkret gedacht ist, ist vielleicht
die parallel dazu stehende Formulierung mit dem Nomen *pléroma*/›Fülle‹ in
Röm 13,10 ein Schlüssel, gerade weil diese Aussage offenkundig der von 13,8
sachlich entspricht: »*Die Fülle der Tora ist die Liebe.*« Das Wort *pléroma* bedeutet sonst nie den Vorgang des Vollmachens oder Ausfüllens, sondern stets die
Fülle. Das gilt gerade auch für den Kontext im Römerbrief. In Röm 11,12.25 ist
von der »*Fülle der Völker*« die Rede, deutlich im Sinne der Vollzahl, der über-

---

38. Bei Markus kommt eine entsprechende Aussage nur in 14,49 im Zusammenhang
    der Gefangennahme Jesu und ohne Bezug auf eine konkrete Schriftstelle vor: Dies
    geschah, »*damit die Schriften erfüllt werden*«. Der Sinn ist offenkundig: »alles ge-
    schieht nach Gottes Plan und Willen« (R. Pesch, Das Markusevangelium, Bd. II,
    HThK 2, Freiburg 2001, 401). Im Hintergrund könnte Jes 53,7 oder 53,12 stehen.
    Dagegen ist der Hinweis auf Jes 53,12 in Mk 15,28, der in den besten Textzeugen
    fehlt, deutlich ein späterer, nachmarkinischer und nach Lk 22,37 gestalteter Zusatz.
39. Römerbrief, 425.
40. Dazu o. S. 236 ff.
41. Vgl. »völlig verkündigt« (Elberfelder); »verkündigt« (Zürcher 2007); »zur Voll-
    endung bringen« (Käsemann, Römerbrief, z. St.); »die Verkündigung ... durch-
    geführt« (Haacker, Römerbrief, z. St.).

wiegenden Mehrheit der Völker. Bezogen auf die Liebe heißt das, dass sie der Fülle, der überwiegenden Mehrheit der Gebote, der Summe der Tora entspricht. Diese Fülle wird von den Liebenden, also dem menschlichen Tun, wahrgenommen. Will man an der traditionellen Übersetzung mit »Erfüllung der Tora« festhalten, so wird diese Erfüllung von den liebenden Menschen selbst geleistet. Dem entspricht die Formulierung in Röm 8,4. Hier geht es darum, dass das *dikaíoma*, das Recht, die Rechtsforderungen der Tora, durch »uns«, durch die an Christus Glaubenden, »erfüllt« werden können. Das ist Sinn und Ziel der Sendung des Sohnes. Das Verb »voll machen«, »erfüllen« heißt hier, das Recht der Tora zu praktizieren, zu realisieren, zu leben, auszuführen.[42]

Prinzipiell denselben Sachverhalt kann Paulus in Röm 3,31 so ausdrücken: *»Wir richten die Tora auf.«* Hier wird ein anderes griechisches Verb benutzt *(histáno)*, hinter dem deutlich der rabbinische Fachausdruck *qum* im pi. *(leqajjem)* steht, der ebenfalls eine biblische Vorgeschichte hat.[43]

In all diesen Fällen, also in der theologischen Sicht des Paulus, erfüllen die Glaubenden die Tora durch den Geist in der Liebe. Diese Erfüllung erfolgt nicht, jedenfalls nicht unmittelbar, durch Christus. Sondern es ist die Folge, die Wirkung seines Tuns durch die an ihn Glaubenden. Erfüllung der Tora heißt: Sie wird als gültig vorausgesetzt, inhaltlich bestätigt und vor allem endlich befolgt und praktiziert. Ich denke, dass der traditionelle Begriff der »Erfüllung« den gemeinten Sachverhalt eher verdeckt und verdunkelt.

Vor allem aber entspricht dieser Begriff nicht dem Verheißungs/Erfüllungs-Schema. Denn das üblicherweise mit »erfüllen« übersetzte Verb *pleróo* bezieht sich bei Paulus niemals auf Verheißungen. Für das, was durch Christus mit den Verheißungen der Schrift geschieht, verwendet er andere Begriffe. In 2 Kor 1,20 spricht er von dem Ja auf jede Verheißung.[44] Das ist weniger missverständlich als »voll machen«. Es hält deutlicher und ausdrücklicher fest, dass die Verheißungen als Verheißungen bestätigt werden. In Röm 15,8 redet er von einem »festmachen« der Zusagen an die Vorfahren, ebenfalls im Sinne einer bekräftigenden Bestätigung.[45] Das hier verwendete Verb *bebaióo* ist schon in der Septuaginta eine der möglichen Übersetzungen des hebräischen *qum* hif.[46]

Im Ganzen also widersprechen Paulus und sein theologischer Umgang mit der Schrift dem üblichen Schema von Verheißung und Erfüllung deutlich.

---

42. So die Übers. durch Wengst, Römerbrief, 264.
43. Dazu o. S. 235 f.
44. Dazu o. S. 102 f.
45. Dazu o. S. 104 f.
46. So in Bezug auf das göttliche Wort in Ps 119,28.

b. Erfüllung der Schrift bei Matthäus

In Mt 5,17 heißt es in Bezug auf Tora und Prophetie: »*Ich bin nicht gekommen, sie außer Kraft zu setzen, sondern sie zu erfüllen.*«[47] Hier bezieht sich das Verb *pleróol*›erfüllen, voll machen‹ auf die Tora mit ihren Geboten, aber eben auch auf die prophetischen Schriften. Im näheren Kontext dieser Grundsatzaussage steht zunächst eindeutig die Tora im Zentrum. Der nächste Vers spricht ausschließlich von ihr: »*Bevor Himmel und Erde vergehen, wird von der Tora nicht der kleinste Buchstabe ... vergehen*« (V. 18). Dann ist von den Geboten die Rede (V. 19) und damit verbunden von der Gerechtigkeit (V. 20). Diese Gültigkeit der Tora wird von den folgenden so genannten Antithesen, besser »Kommentarworten«[48], im Detail entfaltet. Was Erfüllung der Tora bei Matthäus heißt, ist nicht zuletzt an diesen Aussagen zu erkennen. Sachlich geht es in ihnen darum, einen Zaun um die Tora zu machen, wie es im Rabbinischen heißt. Die Lehre Jesu ist Interpretation und Anwendung der Tora. Jesu eigenes Leben und Tun wie seine Lehre sind das, was hier mit dem »voll machen«, der Erfüllung der Tora, gemeint ist. Diese wird dabei vorausgesetzt, bestätigt und voll in Kraft gesetzt, interpretiert und praktiziert. Zunächst durch Jesus selbst, aber doch nicht nur durch ihn, sondern die Tora soll ja gerade auch durch die getan werden, die der Lehre Jesu folgen. Zu dieser Lehre der Tora gehört für Matthäus und seine Gemeinde nicht nur der biblische Text selbst, sondern auch die zeitgenössische jüdische Auslegung durch die Pharisäer. Das wird in 23,2 ausdrücklich gesagt.[49] Dieser Bezug auf die Auslegung durch andere jüdische Gruppen, mit denen in bestimmten Fragen ja auch heftige Kontroversen bestehen, zeigt eindeutig, dass *nicht* eine Reduktion der Tora auf die eigene, jesuanische Auslegung gemeint ist. Zumindest alle, die »*auf dem Stuhl des Mose sitzen*« (23,2), haben an ihrer Auslegung Anteil. Die Erfüllung der Tora setzt die uneingeschränkte Geltung der Tora voraus, und zwar vor und unabhängig von

47. Zum Folgenden vgl. M. Vahrenhorst, »Ihr sollt überhaupt nicht schwören«; M. Konradt, Die vollkommene Erfüllung der Tora und der Konflikt mit den Pharisäern im Matthäusevangelium, in: D. Sänger/M. Konradt Hg., Das Gesetz im frühen Judentum und im Neuen Testament, FS Chr. Burchard, Göttingen u.a. 2006, 129-152.

48. So im Anschluss an K. Haacker (zuerst in: Feindesliebe kontra Nächstenliebe? Bemerkungen zu einer verbreiteten Gegenüberstellung von Christentum und Judentum, in: F. Matheus Hg., Dieses Volk erschuf ich mir, dass es meinen Ruhm verkünde, FS D. Vetter, Duisburg 1992, 49) M. Vahrenhorst, »Ihr sollte überhaupt nicht schwören«, 219. Auf dessen Interpretation der Kommentarworte (ebd. 217 ff.) sei nachdrücklich verwiesen. Für das »Erfüllen« der Tora führt er S. 236 ff. gewichtige rabbinische Parallelen zu Mt 5,17 an, bei denen die mögliche »Leere« *(req)* des göttlichen Wortes nach Dtn 32,47; Jes 55,11 durch verbindliche Auslegung »gefüllt« wird.

49. Vgl. dazu bes. Fiedler, Matthäus, 345.

jeder Auslegung, und bestätigt sie. Sie vollzieht sich im Tun Jesu und setzt sich in dem seiner AnhängerInnen fort.

Wohl nicht von der Erfüllung der Tora zu trennen ist die *Erfüllung aller Gerechtigkeit* durch Jesus und Johannes, wovon in Mt 3,15 die Rede ist. Jesus sagt – und das ist der erste Satz, den er im Evangelium und damit im Neuen Testament überhaupt spricht[50] – zu Johannes in Bezug auf seine anstehende Taufe: *»Lass es zu, jetzt! Denn auf diese Weise erfüllen wir die ganze Gerechtigkeit Gottes.«* Auffallend ist neben dem *»wir«* der Ausdruck *»die ganze/alle Gerechtigkeit«*. Gerechtigkeit ist ein Grundthema des Evangeliums.[51] Das Tun und Lehren aller Gebote ermöglicht die *»bessere Gerechtigkeit«* (5,20). So wie nach Dtn 6,25 die Gerechtigkeit *(zedaqá)* der Angeredeten im Tun der Gebote besteht, so ist es auch hier vorausgesetzt. Gemeint ist *»alles, was gerecht ist«*[52]. Die Erfüllung *aller* Gerechtigkeit gehört zu den Aussagen über die mit Jesus verbundene Erfüllung, die nicht auf Einzeltexte der Schrift oder auf Einzelgebote der Tora, sondern auf deren Ganzheit bezogen sind. Alles, was in der Schrift und also von Gott her als Gerechtigkeit gilt, ist zu verwirklichen.

Zwar liegen die Akzente im Detail anders als bei Paulus, aber Erfüllung der Tora bedeutet auch bei Matthäus ihre Bestätigung, Auslegung und Praktizierung durch Jesus wie durch die Jüngerinnen und Jünger Jesu. Zwar wird dieses Tun der Anhängerschaft nicht direkt mit »erfüllen« bezeichnet,[53] und das ist ein Akzentunterschied zum paulinischen Sprachgebrauch, aber die Lehre und damit die Intention, dass auch die AnhängerInnen die Tora tun, ist selbstverständlich Teil der »Erfüllung« der Tora durch Jesus.

Aber nun steht im Programmsatz Mt 5,17 neben der Tora auch die Prophetie. Auch sie wird danach durch Jesus und sein Wirken nicht abgeschafft, sondern »voll gemacht«. Bereits dieses programmatische Miteinander lässt es als ganz unwahrscheinlich erscheinen, dass Erfüllung in Bezug auf die Prophetie völlig anders zu verstehen sei als bei der Tora. Der traditionelle Begriff im Sinne von Weissagungen und ihrem Eintreten würde aber in eine ganz andere Richtung gehen. Tora und Propheten – das steht hier wie oft für die ganze jüdische Bibel. Die beiden Hauptteile wie die Nennung der jeweiligen Hauptgestalten Mose und Elia (Mal 3; Mt 17,3 f.) repräsentieren die Schrift im Ganzen. In dieser Sicht sind es die ProphetInnen, die die Tora auslegen und aktualisieren. Und die Erfüllung durch Jesus im Sinne von Bestätigung und Praktizierung zielt ja immer auch auf die Lehre und damit auf die Praxis der von ihm belehrten Jüngerinnen und Jünger.

---

50. Fiedler, Matthäus, 84.
51. Einen Überblick dazu gibt Fiedler, Matthäus, 83 f.
52. Luz, Matthäus I, 154 mit Bezug auf Blass/Debrunner/Rehkopf, Grammatik des neutestamentlichen Griechisch, 17. Aufl. Göttingen 1990, § 275, Anm. 2.
53. Darauf macht Luz, Matthäus I, 155 aufmerksam.

Blickt man nun auf die für Matthäus so typischen so genannten »Erfüllungszitate« (Mt 1,22; 2,15.17.23; 4,14; 8,17; 12,17; 13,35; 21,4; 26,54.56; 27,9.
35), die
das Evangelium durchziehen und vor allem dessen Anfang prägen, so stellen sie,
das ist unstrittig, das im Evangelium erzählte Geschehen in jedem Detail in das
Licht der Bibel.[54] Jeder Schritt der Erzählung entspricht ausdrücklich dem, was
dort steht. Mit Recht wird heute betont, dass diese herausgehobenen Zitate nur
einen kleinen Ausschnitt aus einer sehr viel größeren Zahl von anders gestalte-
ten und anders benannten Bezügen auf die Schrift darstellen. Etwa in der Passionsgeschichte sind die meisten der vielen Zitate und Anklänge nicht mit
einem expliziten Erfüllungsverweis verbunden. Sicher sind die Erfüllungszitate
von dieser Fülle nicht zu trennen, und die Auslegung darf diese verschiedenen
Bezüge auf das Alte Testament nicht voneinander isolieren.[55] Dennoch bilden
vor allem diese explizit von »Erfüllung« sprechenden Stellen gemeinsam mit ein
paar weiteren bei Lukas und Johannes[56] sozusagen das biblische Fundament
der nachbiblischen »Verheißungs-Erfüllungs«-Theorie.

Nun geht es in den meisten dieser Erfüllungszitate in der Tat um Propheten-
texte, die, wie es heißt, »voll gemacht« werden. Allerdings handelt es sich kei-
neswegs durchgängig um Verheißungen oder überhaupt um Zukunftsansagen.
Man trifft vielmehr, was die zitierten Worte betrifft, auf sehr unterschiedliche
Texttypen. Was ist aber dann genau mit dem *pléróo*, dem »voll machen« der
Schrift gemeint?

Übergeht man zunächst das erste der Zitate in 1,23, das wegen der verheißenen Jungfrauengeburt dem klassischen Muster für das Verheißungs-Erfüllungs-
Schema zumindest nahesteht,[57] so findet sich das nächste im Zusammenhang
des drohenden Kindermords in Bethlehem und der Flucht nach Ägypten. Hier
wird in Mt 2,15 Hos 11,1 zitiert: »*Aus Ägypten habe ich meinen Sohn gerufen.*«
Das ist sprachlich und der Sache nach eine Vergangenheitsaussage. Hier ist
nichts, was erwartet wird oder auch nur erwartet werden könnte. Hos 11,1 ist
– das gilt unabhängig von allen Details von Textgestalt und Zitationsweise – ein
Rückblick auf den Exodus. Der »Sohn« ist dabei, das ist unübersehbar und un-

54. Außer den Komm. vgl. bes. W. Rothfuchs, Die Erfüllungszitate des Matthäus-Evan-
    geliums, BWANT 88, Stuttgart 1969. Der durchgängige dichte Bezug vor allem der
    ersten Kapitel des Evangeliums ist zuletzt durch M. Mayordomo-Marín (Den An-
    fang hören. Leserorientierte Evangelienexegese am Beispiel von Matthäus 1-2,
    FRLANT 180, Göttingen 1998) und J. Ebach (Josef und Josef. Literarische und her-
    meneutische Reflexionen zu Verbindungen zwischen Genesis 37-50 und Matthäus
    1-2, BWANT 187, Stuttgart 2009) eindrucksvoll herausgearbeitet worden.
55. Das betonen die neueren Kommentare (Luz, Matthäus I, 140 u.ö.; Fiedler, Mat-
    thäus, 51) und das praktizieren die Exegesen von Mayordomo-Marín, Anfang,
    und Ebach, Josef und Josef.
56. Zu Markus s.o. Anm. 38.
57. Dazu u. S. 245f.

bestreitbar, das Volk Israel. Schutz in Ägypten und Rettung durch und dann aus Ägypten werden damit angesprochen, und das für den geliebten Sohn. Hier »erfüllt« sich nichts, weil nichts verheißen ist, es geht um kein Versprechen, das eingelöst wird, sondern vielmehr um so etwas wie einen Sinn-Raum, der durch Verweis und Zitat eröffnet wird. Ein Raum öffnet sich durch diese Worte und die vielen damit verbundenen biblischen Assoziationen. In diesem Falle geht es um den Exodus. Das Prophetenzitat verweist damit aber zugleich auf die Tora und eines ihrer Zentralthemen. Wie das mit Zitaten so ist: Was geschieht, lässt das Zitierte neu aufleuchten, es ist ein Stück weit Wiederholung,[58] aber zugleich unterschieden. Es wird jedenfalls nur und erst durch das Zitierte identifizierbar und erkennbar. Und zu dem, was anklingt, gehört neben Stichworten wie Rettung, Nähe, Sohn vor allem auch die Liebe Gottes zu diesem Kind. Was über die Liebe zum Sohn Jesus dann etwa in der Taufgeschichte gesagt wird (Mt 3,17), geschieht im Raum der Liebe Gottes zum Sohn Israel. »Der Gottessohntitel spannt sich somit wie ein Schirm über Israel und Jesus.«[59] Und nur bei diesem Bezug macht auch das mögliche Mithören von Hos 11,2 Sinn. Die unmittelbare Fortsetzung des zitierten Satzes spricht ja von der unerklärlichen Abwendung des Sohnes vom Vater und von dessen Liebe. Damit ist die Gerichtsperspektive in Hos 11 verbunden. Wenn man »Erfüllung« im engeren Sinne verstehen will, also allein das wörtlich Zitierte auf das Leben Jesu beziehen wollte, muss man den zitierten Satz von seinem Kontext isolieren, damit aber auch jedes vernünftigen Sinnes entkleiden.[60] Sicher ist weder heute noch damals eindeutig und von vornherein klar, wer welche Assoziationen hat und wie viele und welche Aspekte des Kontextes mitschwingen. Aber etwas von dieser Fülle klingt immer mit, und damit wird das Geschehen um Jesus in Beziehung gesetzt und so der Sinn umfassender, eben voll gemacht.

Klingt in Mt 2,15 Befreiung, Rettung, Sohn, Liebe an, so gleich danach in 2,17 f. mit einem Zitat aus Jer 31,15 Verzweiflung, Weinen und Klage:

16 Herodes ... schickte Leute und ließ in Betlehem und Umgebung alle Kinder töten, die zwei Jahre alt oder jünger waren, der Zeit entsprechend, die er von den Magiern erfragt hatte. 17 Da wurde erfüllt, was vom Propheten Jeremia gesagt worden war: 18 Eine Stimme ist in Rama gehört worden, Weinen und großes Klagen. Rahel weinte um ihre Kinder und wollte sich nicht trösten lassen, weil sie nicht mehr lebten.

---

58. J. Kennedy, The Recapitulation of Israel, WUNT II 257, Tübingen 2008, sieht hier wie in den gesamten ersten Kapiteln des Matthäus eine Wiederholung der Geschichte Israels.

59. So Mayordomo-Marín, Anfang, 309; dazu a. Ebach, Josef und Josef, 86.

60. Wie sehr über das jeweils Zitierte hinaus der gesamte Kontext und sein Sinn präsent sind, betont Ebach, Josef und Josef, passim.

Der herodianische Kindermord wird in das Licht einer biblischen Klagetradition gestellt, das Weinen der Rahel um ihre Kinder.[61] Wieder ist der Prophetentext nicht ohne die Tora. Nur auf dem Hintergrund der besonderen Beziehung Rahels zu ihren beiden Kindern, wie sie in der Genesis erzählt wird (Gen 28 f.; 35), wird die jeremianische Klage in ihrer vollen Wucht hörbar. Im Kontext der zitierten Worte von Jer 31,15 geht es aber – und das zeigt, wie präzis sie gewählt sind – exakt um das, was gleich danach in Mt 2,19 ff. zur Sprache kommt: Die Kinder werden zurückkehren in ihre Heimat, hier zunächst das eine Kind aus Ägypten. Hier wäre es noch unerfindlicher und noch deutlicher gegen den Text, in diesem Zitat eine gegen das Judentum gewendete Reklamation der Bibel allein für die Jesusanhänger zu sehen.[62] Die Tötung der jüdischen Kinder durch Herodes wird vielmehr in den Zusammenhang einer bis zu den Anfängen Israels bei Jakob und seiner Liebe zu Rahel zurückgehenden Geschichte und einer darin wurzelnden Klage, aber auch Hoffnung gestellt.

Neben Geschichtserinnerung und Klage tritt dann in Mt 4,14–16 eine der großen messianischen Verheißungen aus Jes 9. Zitiert wird aber interessanterweise zunächst deren unscheinbarer Anfang. Deutlich wegen des galiläischen Lokalbezugs wird ausdrücklich das »Land Sebulon und Naftali« genannt. Dazu wird dann das große Wort vom aufstrahlenden Licht zitiert. Allerdings ist auch dieses Wort nicht als Verheißung, nicht als Zukunftsaussage formuliert, es steht in der Vergangenheit: »Das Volk, das in der Finsternis litt, sah ein großes Licht« (Jes 9,1). Eindeutig wird so an einen früheren Vorgang erinnert. Um was letztlich geht, wird erst verständlich, wenn man über den zitierten Anfang von Jes 8,23-9,1 hinaus weiterliest:

> *Das Joch, das auf ihnen lastete, den Stab auf ihren Schultern,*
> *den Knüppel des Antreibers über ihnen*
> *hast du zerbrochen …*
> *Denn jeder Soldatenstiefel, trampelnd mit Gedröhn,*
> *und der Mantel, gewälzt in Blut,*
> *soll verbrannt werden … (Jes 9,3 f.).*

Das eigentliche Ziel messianischen Handelns, der »Friede ohne Ende« (Jes 9,6), ist mit Jesus keineswegs schon gekommen, die Erwartung in diesem einfachen Sinne also nicht »erfüllt«. Was Matthäus zitiert, ist der Anfang des jesajanischen Textes, der von einem bereits vergangenen Beginn erzählt, was wiederum bei allen, die die Fortsetzung kennen, die große messianische Erwartung in Erinne-

---

61. Hierzu vgl. Chr. Ritter, Rachels Klage im antiken Judentum und frühen Christentum. Eine auslegungsgeschichtliche Studie, AGAJU LII, Leiden u. a. 2003.
62. Beispiele für eine solche bis in die Gegenwart reichende Auslegungstradition bei Ritter, Rachel, 1 ff.; dazu a. Ebach, Josef und Josef, 100 ff.

rung ruft und so neu aufkeimen lässt: die Hoffnung auf das Ende aller ausbeuterischen und aller militärischen Gewalt.

In Mt 12,17-21 wird im Anschluss an Heilungen Jesu (V. 15) eine längere Passage aus dem so genannten ersten Gottesknechtslied in Jes 42,1-4 zitiert und damit diese geheimnisvolle Gestalt mit Jesus in Verbindung gebracht:

Ich will meine Geistkraft auf diesen Mann legen, und er wird den Völkern das Recht verkünden. 19 Er wird nicht streiten noch schreien. Niemand wird seine Stimme auf den Straßen hören. 20 Ein geknicktes Rohr wird er nicht zerbrechen und einen glimmenden Docht nicht auslöschen, bis er der Gerechtigkeit zum Sieg verholfen hat. 21 Seinetwegen werden die Völker von Hoffnung erfüllt werden.

Inhaltlich geht es darum, dass die Tora, das von Gott Israel offenbarte und Israel anvertraute Recht, auf eine gewaltlose Weise zu den Völkern gebracht und weltweit in Geltung gesetzt werden wird. Nicht nur zur Zeit Jesu, auch zur Zeit der Abfassung des Evangeliums war ein weltweites Völkerrecht, in dem z. B., wie es dann bei Jesaja weiter heißt, »*die Gefangenen aus dem Gefängnis geführt werden und heraus aus dem Kerker jene, die in Finsternis sitzen*« (Jes 42,7), nicht realisiert, und das gilt bis heute. Entsprechend ist von Warten resp. Hoffnung die Rede (Jes 42,4; Mt 12,21). Das Matthäusevangelium will mit dem Zitat offenbar diese alte Hoffnung der Schrift durch das, was durch Jesus geschieht, aktualisieren und neu ins Recht setzen.

Es geht also in den so genannten Erfüllungszitaten deutlich um mehr und um anderes als die schlichte Entsprechung einer prophetischen Zukunftsansage und ihrer »Erfüllung« im Sinne der Einlösung durch Vorgänge im Leben Jesu.[63] Genau das scheint aber das so gewichtige erste dieser Zitate in Mt 1,22 zu bestimmen. Es ist kein Zweifel, dass hier das traditionelle Muster Verheißung/Erfüllung in der Tat naheliegt. Es ist die Ankündigung der Geburt eines Sohnes aus Jes 7,14, speziell die Nennung einer Jungfrau nach der berühmten Übersetzung der Septuaginta,[64] auf die das Evangelium hier zurückgreift. Sie tut das, obwohl in den matthäischen Erfüllungszitaten sonst nicht einfach die Fassung der Septuaginta, sondern meist eine näher beim hebräischen Text stehende griechische Version herangezogen wird.[65] Aber hier ist im ganzen Zusammenhang von Mt 1,16 an zweifellos die Ankündigung einer Jungfrauengeburt im Blick. Auch das Gewicht des alttestamentlichen Kontextes, das in den bisherigen Beispielen so groß war, scheint hier nicht zu greifen. Es gibt in Jes 7, das

---

63. Dazu etwa a. Ebach, Josef und Josef, 86 ff.
64. Zu Sinn und Hintergrund dieser Übersetzung vgl. M. Rösel, Die Jungfrauengeburt des endzeitlichen Immanuel. Jesaja 7 in der Übersetzung der Septuaginta, JBTh 6, Neukirchen-Vluyn 1991, 135-151.
65. Vgl. Luz, Matthäus I, 137 f. Genaue Übersichten bei K. Stendahl, The School of St. Matthew, 2. Aufl. Philadelphia 1968, 39-142.

keine eigentlich messianischen Ausblicke enthält, auch sonst zunächst nur wenig, was im Zitat mitanklingen könnte. Mit einer Ausnahme. Das ist der in Mt 1,22 mit Jes 7,14 verheißene Name Immanuel, »Gott ist mit uns«. Doch ist der Name des Kindes ja schon unmittelbar vorher in Mt 1,21 durch das Wort des Engels an Josef bestimmt worden, aber er lautet nicht Immanuel, sondern Jesus. Warum also ein zweiter Name? Und dazu einer, der zunächst erzählerisch gar nicht eingelöst wird. Diese Zusage »Gott mit uns« wird ausdrücklich erst ganz am Ende des Evangeliums wieder aufgenommen. Das Wort Jesu »Ich bin bei euch alle Tage« (Mt 28,20) lässt das zitierte »Immanuel« des Prophetenwortes deutlich anklingen.[66] Dass die Nähe Jesu Gottesnähe ist, durchzieht das gesamte Evangelium.

Und dann ist da noch das rätselhafte »alles« in Mt 1,22: »Dies alles aber ist geschehen, damit sich erfüllt ...« Das »alles« muss mehr meinen als nur die Jungfrauengeburt.[67] Offenkundig ist alles mit einbezogen, was von Mt 1,1 an erzählt worden ist. Die Spannung zwischen davidischer Herkunft, auf die der Stammbaum Jesu zuläuft (1,16 f.), und besonderer, gottgewirkter Geburt, von der dann 1,18 ff. erzählt wird, eine Spannung, die besonders 1,16 prägt (»Jakob war Vater von Josef, dem Mann von Maria. Sie wurde die Mutter von Jesus, der Messias genannt wird«), die aber auch von den vier auffälligen Frauen im Stammbaum nicht zu trennen ist, dürfte in diesem »alles« zusammengefasst sein. Gerade diese Frauen[68] – Tamar, Rahab, Rut und die Frau des Urija (1,3.5 f.) – bestätigen, was sich bei den alttestamentlichen Zitaten durchgängig ergibt: Der Sinn beschränkt sich nicht auf das im Wortlaut Angeführte, der ganze jeweilige Zusammenhang der alttestamentlichen Texte, der Geschichten, Klagen, Verheißungen, ist mit im Spiel und bildet einen umfassenden Sinn-Raum, in dem das lebt und sich zeigen kann, was über Jesus gesagt wird.

Vielleicht ist eine mögliche deutsche Wiedergabe von pleróo zunächst mit Worten wie »entsprechen«, »als wahr unterstreichen«, »ins Recht setzen«, »zur Geltung bringen« möglich: Jesus ist gekommen, Tora und Propheten zur Geltung zu bringen, sie so als wahr und gültig zu unterstreichen. Das Evangelium zeichnet ihn von Anfang bis zu Ende mit Worten der Schrift in die Schrift ein. Das, was hier geschieht, entspricht in jeder Hinsicht der Schrift. Die Schrift wird vorausgesetzt, bestätigt, neu in Kraft gesetzt,[69] die Gegenwart gestaltend und die Zukunft bestimmend. So wird sie vollgemacht, indem an ihrer Fülle partizipiert wird. Dabei kann das traditionelle Verhältnis Verheißung – Erfüllung im Sinne einer Voraussage und einer Einlösung gelegentlich ein Moment

---

66. So überzeugend Fiedler, Matthäus, 53.
67. Vgl. zuletzt Ebach, Josef und Josef, 79 ff.
68. Dazu bes. Ebach, Josef und Josef, 38 ff.
69. Vgl. die Formulierung von Ebach, dass die neutestamentliche Darstellung in das AT hinein-, nicht aber aus ihm hinausführt (Josef und Josef, 8 u. ö.).

sein, so wie es viele andere auch sind. Es ist nicht das beherrschende, und vor allem ist es nicht der Zielpunkt. Die so genannten Erfüllungszitate bestätigen so das, was in Mt 13,52 ausdrücklich gesagt wird:[70] Das Alte wie das Neue kommt aus der Schatzkiste der Schrift. Die Schrift hat ihren Sinn zunächst in und aus sich. Ihre Geltung ist vorausgesetzt, und ihr Sinn wird nicht erst durch das Geschehen um Jesus bestimmt. Sicher wird sie durch diese Entsprechung auch selbst neu beleuchtet. Aber ihren Sinn allein durch diesen Bezug bestimmt zu sehen, würde die gesamte Argumentation auf den Kopf stellen, ja ungültig machen.

c. Erfüllung der Schrift bei Lukas

Auch für das Lukasevangelium wird bis heute vertreten, dass die beiden Passagen in Lk 4,21; 24,44, die ausdrücklich von »Erfüllung« der Schrift *(pleróo)*[71] sprechen, im Sinne zukünftiger Voraussagen des mit Jesus Geschehenden zu verstehen seien, also ganz im Sinne der traditionellen Verheißungs-Erfüllungs-Vorstellungen.[72] Doch liegen inzwischen überzeugende Beobachtungen zu einem anderen Verständnis des Verhältnisses zum Judentum[73] wie insbesondere zur Schrift[74] vor, an die im Folgenden angeknüpft werden kann. Denn wie bei Matthäus ist auch bei Lukas die Erfüllung der Tora und die der prophetischen Verheißungen nicht zu trennen.[75]

Da ist zunächst einmal das Vorkommen des Begriffs beim ersten öffentlichen Auftreten Jesu.[76] Dieses erfolgt an einem Sabbat in der Synagoge von Nazaret und besteht in einer Schriftlesung mit anschließendem Predigtwort.

70. Dazu o. S. 156.
71. Das Verb *pleróo* kommt sonst vor in Lk 1,20 (Engelsworte); 2,40 (Weisheit); 3,5 (Täler); 7,1 (Worte im Sinne von vervollständigen, beenden); 9,31 (Leben zu Ende bringen); 21,24 (Zeiten); 22,16 (Passamahl im Gottesreich).
72. So bes. D. Rusam, Das Alte Testament bei Lukas, BZNW 112, Berlin u. a. 2003; s. etwa die Zusammenfassung ebd. 494-496. Vgl. a. H. Klein, Das Lukasevangelium, KEH I/3, 10. Aufl. Göttingen 2006, bes. den »Exkurs: Erfüllung der Schrift bei Lk« (193 f.).
73. So etwa bei G. Wasserberg, Aus Israels Mitte – Heil für die Welt. Eine narrativ-exegetische Studie zur Theologie des Lukas, BZNW 92, Berlin u. a. 1998.
74. Insbes. K. Schiffner, Lukas liest Exodus. Eine Untersuchung zur Aufnahme ersttestamentlicher Befreiungsgeschichte im lukanischen Werk als Schrift-Lektüre, BWANT 172, Stuttgart 2008.
75. Zum Begriff selbst bei Lukas liegen auch in den genannten neueren Arbeiten keine Untersuchungen vor. Das gilt trotz des Titels auch für Chr. Kurth, »Die Stimme der Propheten erfüllt«. Jesu Geschick und »die« Juden nach der Darstellung des Lukas, BWANT 148, Stuttgart 2000.
76. Zum Folgenden M. Crüsemann u. F. Crüsemann, Das Jahr, das Gott gefällt; s. a. Schiffner, Lukas, 297 ff.

Hier zeigt sich zuerst und exemplarisch der Inhalt des Evangeliums vom Reich Gottes, das er dann in allen Städten und Synagogen verkündet (Lk 4,43 f.). Jesus nimmt, wie er es gewohnt ist, am Gottesdienst teil, steht zur Prophetenlesung auf und liest aus dem Propheten Jesaja Folgendes (Lk 4,18 f.):

> »*Die Geistkraft Adonajs ist auf mir, denn sie hat mich gesalbt, den Armen frohe Botschaft zu bringen. Sie hat mich gesandt, auszurufen: Freilassung den Gefangenen und den Blinden Augenlicht! Gesandt, um die Unterdrückten zu befreien, auszurufen ein Jahr, das Adonaj gefällt!*«

Dieses Schriftwort, sagt Jesus in seiner Predigt, werde heute »*in euren Ohren erfüllt*« (4,20 f.).

Das Zitat besteht zunächst aus Worten aus Jes 61,1 f., mit denen eine umfassende Befreiung der Armen und Gefangenen angekündigt wird. Jesaja sieht das Licht einer neuen Weltzeit jetzt, in diesem Jahr aufstrahlen. In der Folge ist davon die Rede, dass die Liebe Gottes zu Recht und Gerechtigkeit (Jes 61,8) sich weltweit durchsetzt und so ein Augenblick entsteht, der zu Jubel Anlass gibt (V. 10 f.). Doch sieht man genau hin, handelt es sich bei dem Wort, das das Lukasevangelium Jesus in den Mund legt, um ein Mischzitat. Mit der Nennung der Blinden folgt der Text der Septuaginta, die hier vom hebräischen Text abweicht. Und der Satz über die Befreiung der Unterdrückten/Zerschlagenen stammt aus Jes 58,6. Diese so aus zwei Prophetenworten kombinierte Zeitbestimmung nimmt ihrerseits zentrale Aussagen der Tora auf. Mit *áphesis/* «Freilassung» übersetzt die Septuaginta die verschiedenen hebräischen termini technici des Erlass- und Jobeljahrs aus Dtn 15 und Lev 25 *(dror; schmitta; jobel)*, wo es um Schuldenerlass für Arme und Überschuldete geht. Damit wird in der Synagogenpredigt der alte und grundlegende Zusammenhang von Gottes Vergebung und der menschlichen Bereitschaft, Schulden zu erlassen, zur Sprache gebracht; so dann auch in der Vaterunser-Bitte (Lk 11,4). Gegenüber den »Gefangenen« und den »Unterdrückten« setzt diese Kombination aus verschiedenen Schriftworten programmatische Akzente im Blick auf einen Schuldenerlass, die dann im weiteren Evangelium fortgeführt werden (vgl. 6,24.30.34; 11,4; 16,6 ff.; 12,33; 18,22; 19,8). Die Ausrufung der Freilassung als Tat Gottes, wie sie Jes 61 ankündigt, und das Tun Israels, das die Fastenpredigt in Jes 58 fordert, werden so verbunden, damit der Schaden des Volkes geheilt und der Glanz Gottes sichtbar werden kann.

Was hier erzählt wird, ist nicht in ein Weissagungs-Erfüllungs-Schema zu pressen, denn im Sinne eines simplen Eintreffens der prophetischen Worte ist das, was mit und durch Jesus geschieht, gerade nicht zu fassen. Es geht um eine neue und effektive Inkraftsetzung der Tora und der prophetischen Aufnahmen ihrer Worte, so dass wie bei Jesaja die Zeit der aktiven Hoffnung, die Gott gefällt, für Arme und Elende neu beginnen kann. Alles, was geschieht, ereignet sich im Raum der Schrift, setzt sie voraus, bestätigt, bekräftigt und aktualisiert sie und ihre Kräfte. Für Lukas und seine Gemeinde, lange nach dem Tod Jesu und angesichts der in der Apostelgeschichte erzählten Geschichte des Evangeliums samt ihrer Probleme, wird durch diese Erzählung unübersehbar: Nur in diesem Raum der Schrift konnte Jesus reden, nur in diesem Raum kann über Jesus geredet werden.

Dieser Zusammenklang von Tora und Prophetie und ihrer »Erfüllung« bei einem Einzelthema, wenn auch einem gewichtigen und das ganze Evangelium durchziehenden, wird in Lk 24 im Zusammenhang der Auferstehung Jesu zu einem umfassenden Konzept ausgebaut. Es geht bei »Erfüllung« um den gesamte Kanon der Schrift: »*Und er begann bei Mose und allen prophetischen Schriften und legte ihnen in allen Schriften das aus, was ihn betrifft*« (24,27). Erst und nur im Zusammenhang der gesamten Schrift wird das, worum es hier geht, verständlich. In 24,44 wiederholt er das ausdrücklich: »*Das Gesetz des Mose, die Propheten und die Psalmen*« – das alles muss »erfüllt« werden. Was damit im Zusammenhang der Auferstehung Jesu von den Toten inhaltlich gesagt sein soll, ist an anderer Stelle zu betrachten.[77] Hier geht es zunächst um das Formale. Was hier von Jesus erzählt wird, also das Evangelium, entspricht der Schrift im Ganzen und bringt sie neu zur Geltung. Diese Entsprechung wird »voll machen« genannt. Es macht die Schrift voll, das heißt, es setzt sie voraus, bestätigt sie und setzt sie neu und weiterhin wirksam in Kraft.

Die Formulierung in Apg 3,18 entspricht dem. Danach ist das Leiden des Christus durch den Mund *aller* ProphetInnen verkündet worden. Es geht eindeutig nicht um bestimmte einzelne Traditionen oder Texte, nicht um Voraussagen und deren Eintreffen, sondern das Geschehen steht im Ganzen und durchgängig in Übereinstimmung mit der Gesamtverkündigung der prophetischen Schriften und entspricht ihnen. So ist es auch in Apg 13,27, wonach die Jerusalemer Autoritäten Jesus töten ließen, gemäß den Prophetenlesungen »*an jedem Sabbat*«. Es ist also wieder das Gesamtzeugnis der Prophetie gemeint, wie es in den Haftarotlesungen in den wöchentlichen Gottesdiensten erklingt – dazu gehören z.B. auch die von Jesus in Lk 4 gelesenen Passagen aus Jes 61 und 58.

Das Verhältnis von Schrift und den damit in Verbindung gebrachten Geschehnissen um Jesus wird damit gegenüber dem traditionellen Verständnis von Weissagung und Erfüllung geradezu umgedreht. Werden in dem einen Fall Aussagen der Schrift als eine Art Verweissystem, als Hinweisschilder auf das Spätere verstanden, Hinweise, deren Sinn und Zusammenhang sich im Grunde erst und allein aus der »Erfüllung« ergeben, sonst aber weitgehend unverständlich bleiben und angesichts der Erfüllung auch letztlich überflüssig sind, so ist es im hier entwickelten Verständnis so, dass das Neue sich stets und ausschließlich im Horizont der Schrift bewegt. Es kann diese schon deshalb nicht überflüssig machen, weil dieser Horizont weit über das hinausgeht, was das Evangelium

---

77. Dazu u. S. 269 ff.

ausmacht, nämlich auch die ausstehende und erhoffte, die durch Jesus bestenfalls zeichenhaft vorausgenommene Zukunft mit umfasst.

Das wird besonders deutlich durch die Darstellung in Apg 13 bestätigt.[78] Da spricht Paulus in V. 32 davon: »*Wir verkünden als Evangelium (euangelizómetha) die an die Väter ergangene Verheißung.*« Das heißt, dass die alten Verheißungen neu als Evangelium zur Sprache kommen, Dabei muss das Verb *pléroo* gar nicht verwendet werden (aber vgl. V. 27.33). Der Satz formuliert explizit das, was die Analyse der entsprechenden Passagen im Evangelium ergeben. Entsprechend heißt es dann im folgenden V. 33: »*Das hat Gott für ihre Kinder – für uns – ausgeführt*«[79], nämlich durch die Auferstehung Jesu. Dafür wird zunächst Ps 2,7 zitiert, wo es um die Sohnschaft des Messias geht, was aber keineswegs ein Einzelbeleg für die Auferstehung ist. Dafür kommen erst im Folgenden einige Hinweise auf Psalmtexte. Das von Paulus verkündete Evangelium besteht also nicht etwa nur oder in erster Linie in der mit Jesus geschehenen »Erfüllung«. Sondern es sind die alten Verheißungen der Schrift, die durch das mit und an Jesus Geschehene neu bestätigt und wiederum in Kraft gesetzt werden. Etwa die Zielaussage des zitierten Psalm 2, wonach durch die Einsetzung des messianischen Königs auf dem Zion der Sieg Gottes über die Schreckensherrschaft der Völker und ihrer Herrscher angekündigt wird, wird als neu bestätigte alte Hoffnung Teil des Evangeliums.

Die expliziten Erfüllungsaussagen im Evangelium wie der Apostelgeschichte des Lukas bestätigen das, was sich aus Beobachtungen zum Umgang mit der grundlegenden Exodusgeschichte bei Lukas ergibt: »dass Lukas keine Ersetzungs- oder gar Überbietungsgeschichte schreiben will, sondern Leben und Lehre Jesu wie auch seiner Schülerinnen und Schüler als Zeugnis für die Wahrheit und Gültigkeit der Schrift mit den in ihr enthaltenen Verheißungen und Treueaussagen JHWHs verstanden wissen will«[80].

d. Erfüllung der Schrift bei Johannes

Die acht expliziten Erfüllungsaussagen im Johannesevangelium (Joh 12,38; 13,18; 15,25; 17,12; 18,9.32; 19,24.36)[81] sind wie in den anderen Evangelien ein winziger Ausschnitt aus einer großen Fülle der das gesamte Evangelium

---

78. Der Sprachgebrauch im Blick auf *pléroo* entspricht dem im Evangelium (o. Anm. 71). Einer breiten und bunten Verwendung stehen wenige Fälle entgegen, wo damit die Beziehung zur Schrift benannt ist (Apg 1,16; 3,18; 13,27.33).
79. So die Übersetzung von *pléroo* in der »Bibel in gerechter Sprache« durch Klaus Wengst anstelle des so missverständlichen »erfüllen«.
80. Schiffner, Lukas liest Exodus, 413.
81. Überblick bei Thyen, Johannesevangelium, 741.

durchziehenden und prägenden Bezüge auf die Schrift.[82] Einen ausdrücklichen Bezug auf die Tora, der sich – bei Paulus allein vorherrschend – bei Matthäus und Lukas als für das Verständnis entscheidend erwiesen hat, gibt es hier nicht. Immerhin sei daran erinnert, dass die in Joh 15,25 zitierte Psalmstelle aus Ps 35,19 und 69,5 als aus der Tora *(nómos)* stammend bezeichnet wird, genau wie in Joh 10,34 f. »Tora« *(nómos)* auf eine Psalmstelle bezogen (Ps 82,6) wird und parallel zu »Schrift« und »Wort Gottes« (Joh 10,35), also für das Ganze steht.

Zwei auffallende Züge der johanneischen ›Erfüllungszitate‹ lassen einen ganz eigenen Zuschnitt erkennen.

α. Zunächst ist festzustellen, dass es in der Mehrzahl der Fälle um ausgesprochen negative Erfahrungen Jesu und deren Deutung von der Schrift her geht: Der Unglaube an ihn in Joh 12,38; der Hass auf ihn in 15,25; der Verrat des Judas in 13,18 und 17,12. Dazu kommen bei der Kreuzigung Schrifthinweise: in Joh 19,24 auf das Verteilen der Kleider aus Ps 22,19 und in Joh 19,36 auf das Nicht-Zerbrechen der Knochen nach Ps 34,21; Ex 12,46. Das heißt: Nicht die grundlegenden positiven Aussagen über Jesus und sein Wirken, sondern damit eher in Widerspruch stehende, negative werden auf diese Weise auf die Schrift bezogen und von ihr her als im Willen Gottes liegend erklärt. Dabei werden für Hass (15,25: Ps 35,19; 69,5) und Verrat (13,18: Ps 41,10; vgl. Joh 17,12[83]) Worte aus den Feindklagen der davidischen Psalmen aufgegriffen. Es geht also um die Frage des Leidens des Messias – zugleich ist im weiteren Zusammenhang der zitierten Texte auch die Gottesnähe und der Sieg des Messias über die Feinde mit angesprochen (z. B. Ps 35,18.22 ff.; 69,2.8.14 ff.; 41,11 ff.).

Dass in der Nennung des Negativen das Positive mit enthalten ist, ist in einer besonders eindrucksvollen Weise in Joh 12,37-41 zu beobachten, wo sich in V. 38 der erste der expliziten Erfüllungsvermerke des Evangeliums findet. Der Unglaube an Jesus durch die jüdische Mehrheit wird zunächst als Erfüllung von Jes 53,1 bezeichnet, wo es heißt: »*Adonaj, wer hat unserer Verkündigung geglaubt? Und wem wurde der Arm Adonajs offenbart?*« Von besonderem Interesse ist bei diesem Zitat das im Kontext des Johannesevangeliums so gar nicht passende »wir«. Wer spricht eigentlich in diesem »wir«? Wem wird es bei Johannes in den Mund gelegt? Im Zusammenhang des Gottesknechtliedes von Jes 53 ist es jedenfalls das gleiche »wir«, das dann seine Krankheit und seine Schuld vom Knecht getragen sieht (53,4 ff.). Klingt in diesem Unglauben gegen die Verkündigung durch das »wir« die Situation der AnhängerInnen Jesu zur Zeit der Entstehung des Evangeliums an? Doch wie immer, vom Gesamtzusammenhang von Jes 53 ist auch klar, dass diejenigen, die der Botschaft nicht glauben und

---

82. Dazu o. S. 119 ff.
83. Wo kein Schriftwort direkt zitiert wird. Man wird das am ehesten als Rückverweis auf 13,18 und den dort zitierten Psalmvers zu verstehen haben (so etwa Wengst, Johannesevangelium II, 184).

die die hier in Jesus wirksame Kraft Gottes nicht sehen, ebenfalls durch das Geschick des Knechtes Leben gewinnen (52,15; 53,12). Das wiederholt sich erheblich deutlicher, wenngleich weiterhin eher andeutend und doppeldeutig, in der Fortsetzung von Joh 12,38. Da ist zunächst in V. 39f. vom Unglauben die Rede – »*Deswegen konnten sie nicht glauben*« –, und dieser wird dann mit einem Zitat auf die Verstockungsaussage von Jes 6,10 zurückgeführt: »*Gott hat ihre Augen geblendet …*«. Die Verstockung und damit der Unglaube gehen also direkt auf das Wirken Gottes selbst zurück. Allerdings folgt der in Joh 12,40 zitierte Text dann zunächst nicht genau der Septuaginta-Fassung.[84] Anders als dort ist Gott in der hier zitierten Version direkt Subjekt der Aussage: Es ist Gott, der »*ihre Augen geblendet und ihr Herz hart gemacht*« hat. Dagegen folgt der Schlusssatz in 12,40 – mit einem auffallenden Wechsel zur 1. Person Singular und in das Futur – genau dem Wortlaut der Septuaginta-Fassung: »*Und ich werde sie heilen.*« Anders als im hebräischen Text, wo hier die Gerichtsaussage der Berufungsgeschichte ihre schärfste Zuspitzung erfährt (*»damit es nicht umkehrt und heil wird«*),[85] ist die Septuaginta-Fassung zumindest doppeldeutig. Man kann übersetzen: »damit sie nicht … umkehren, auf dass ich sie heilen werde«, aber auch: »und umkehren, und dann werde ich sie heilen«[86], wie es der Gesamttendenz ihrer Fassung von Jes 6 entspricht.[87] Die Fassung in Joh 12,40 legt[88] ein Verständnis als Heilsaussage – für die ›ungläubigen Juden‹! – näher und entspricht damit dem vielfach belegten rabbinischen Verständnis der Schlusses von Jes 6,10 (*»wenn es umkehrt, heilt er es«*). Das zeige, dass Umkehr sogar das »bereits besiegelte Urteil über einen Menschen zerreißt«[89]. Das auf diese Weise zumindest angedeutete Heil für Juden, das nach der Schrift trotz

---

84. Zu einem genauen Vergleich s. Wengst, Johannesevangelium II, 76f. Wengst hat auch, wohl als Erster, nachdrücklich auf die exegetische und vor allem theologische Bedeutung des Befundes hingewiesen. Zum textlichen Befund s. auch: C. H. Williams, The Testimony of Isaiah and Johannine Christology, in: C. M. McGinnis u.a. Hg., »As those who are taught«. The Interpretation of Isaiah from LXX to SBL, SBL.SS 27, Leiden u.a. 2006, 107-124, bes. 112ff.

85. Doch hat J. Barthel die letzten Worte als korrigierende Glosse und also als Heilswort verstehen wollen (Prophetenwort und Geschichte. Die Jesajaüberlieferung in Jes 6-8 und 28-31, FAT 19, Tübingen 1997, 69), zur Kritik s. W. A. M. Beuken, Jesaja 1-12, HThK, Freiburg u.a. 2003, 161f.

86. Diese beiden Möglichkeiten stellt die Übersetzung von: Septuaginta deutsch. Das griechische Alte Testament in deutscher Übersetzung, Stuttgart 2009, 1236, als Alternativen in Haupttext und Anmerkung vor.

87. Vgl. C. A. Evans, To See and Not Perceive. Isaiah 6.9-10 in Early Jewish and Christian Interpretation, JSOT.S 64, Sheffield 1989, 63: »the LXX translator(s) of Isaiah wished to tone down the judgmental aspect of their Hebrew text« (vgl. a. 145).

88. Im Anschluss an Wengst, Johannesevangelium II, 76.

89. bRH 17b (Übersetzung in Anlehnung an Goldschmidt, Talmud III, 571); s.a. bMeg 17b u.a. s. bes. Evans, To See, 138ff.; Wengst, Johannesevangelium II, 76.

des Unglaubens an Jesus gilt, entspricht sachlich dem Zusammenhang des Zitates aus Jes 53 in Joh 12,38 und dem damit aus der Schrift belegten Heil für die Ungläubigen. So wird durch die Schriftzitate aus Jes 6 und 53 ein Akzent gesetzt, der ein Stück weit gegen den Duktus der sonstigen Darstellung des Evangeliums geht. Dabei zeigt sich, wie stark das Wort der Schrift über das im Evangelium geschilderte Wirken Jesu hinausgeht – die »Erfüllung« bedeutet gerade nicht, dass die Schrift nur auf Jesus und sein Tun zielt und in dieser Beziehung aufgeht.

β. Die zweite johanneische Besonderheit ist es, dass die gleiche Formel, die sich sonst auf die Schrift bezieht, in zwei Fällen (Joh 18,9.32)[90] ausdrücklich auf Worte Jesu bezogen wird. Auch sie sollen also »voll gemacht« werden«. Sie werden damit »wie Zitate aus dem AT … behandelt«[91]. In 18,9 heißt es: »*Dies sagte er, damit das Wort erfüllt werde, das er gesagt hatte: ›Ich habe keine und keinen verloren von denen, die du mir gegeben hast.‹*« Damit werden Aussagen wie die von 6,39; 10,28 f. und 17,12 aufgegriffen. 17,12 spricht von Erfüllung der Schrift und weist dabei seinerseits auf 13,18 zurück und dieses dann auf Ps 41,10. Joh 18,32 (»*Dies geschah, damit das Wort Jesu erfüllt werde, mit dem er angekündigt hatte, auf welche Weise er sterben sollte.*«) erinnert an 12,32-34 sowie an andere Aussagen über das Erhöhtwerden Jesu (3,14; 8,28). Indem von der »Erfüllung« von Jesu Worten gesprochen wird, liegt eine formale Gleichbehandlung von Jesusworten und Schriftworten vor, was dem entspricht, dass für das Johannesevangelium die Schrift und Jesus zwei Formen des gleichen göttlichen Logos sind.[92]

Besonders offenkundig und sichtbar wird dieses Verhältnis von Jesus und der Schrift in der Schilderung des Todes Jesu in Joh 19,28-30: »*28 Als danach Jesus wusste, dass schon alles vollbracht ist, sagte er, damit die Schrift vollendet werde: Ich habe Durst … 30 Als nun Jesus den Säuerling genommen hatte, sprach er: Es ist vollbracht. Und neigte das Haupt und gab seinen Geist auf.*«[93] Hier wird mit den beiden nahezu, aber eben nicht völlig identischen Verben *teléo* und *teleióo* die Vollendung Jesu und seines Werkes (*teléo*/»vollbracht« in V. 28a.30) einerseits und die Vollendung der Schrift (*teleióo*/»vollendet« in V. 28b) andererseits bezeichnet. Zwischen beiden Worten besteht »kaum Sinndifferenz«[94]. In der üblichen Übersetzungstradition wird diese Parallele meist nicht sichtbar, weil das eine Verb mit »vollbracht«, bzw. »Es ist vollbracht« (V. 28a.30), das

---

90. Dazu eine Aussage wie in 7,8, die vom »erfüllen« der Zeit, des *kairós* Jesu spricht.
91. R. Schnackenburg, Das Johannesevangelium, Bd. 3, HThK 4/3, Sonderausgabe, Freiburg u. a. 2001, 255.
92. Zur Verbindung von Joh 1,1.14 mit 10,35 s. o. S. 122 f.
93. Übersetzung Wengst, Johannes II, 248, die eine der ganz wenigen ist, die die gleichen Verben auch gleich übersetzen.
94. H. Hübner, Art. *teleioô* vollenden*, EWNT III, 1983, 825., vgl. ders., Art. *teleô*, ebd. 830.

andere aber wegen des Bezugs auf die Schrift mit »erfüllt«[95] bzw. »vollständig erfüllt«[96] wiedergegeben wird. Dem liegt eine angebliche Gleichsetzung mit *pleróo* zugrunde. Doch das in diesem Falle auf die Schrift angewandte Verb *teleióo* bezieht sich etwa in Joh 4,34 auf das »Ausführen«[97] des Willens des Vaters. Also nachdem Jesus weiß, dass alles »*ausgeführt/vollbracht*« war (19,28), und bevor er in V. 30 sagt »*es ist vollbracht/ausgeführt*« *(tetélestai)*, sagt er, damit die Schrift »*ausgeführt/vollbracht*« wird: »*Ich habe Durst*«, worin vielleicht Ps 62,2 anklingt. Er bekommt dann, wie unter Anklang von Ps 69,22 gesagt wird, Weinessig zu trinken. Was für Jesus und sein Werk gilt, gilt also ebenso und genau parallel und nahezu gleich formuliert für die Schrift. Weder sind damit die Verweise auf die »Erfüllung« der Schrift zu Ende, denn in V. 30 kommt ja ein weiteres ausdrückliches »Erfüllungszitat« hinzu, noch sind gar die indirekten Bezüge auf die Schrift beendet, die sich bis zum Ende des Evangeliums durchgehend finden. Und das gilt erst recht in der Sache: Wie dieses Ende Jesu gerade nicht sein Ende ist, sondern der Durchgang zu seiner Herrlichkeit, so ist diese Vollendung der Schrift der endgültige Schritt zu ihrer vollen und uneingeschränkten Gültigkeit.

Will man den Sinn der Formulierung vom Vollenden der Schrift nicht nur aus dem johanneischen Zusammenhang bestimmen, wird man wohl nicht an der berühmten Wendung vom *télos* der Tora in Röm 10,4 vorbeigehen können. Das dort verwendete Nomen ist mit den Verben aus Joh 19 eng verwandt. So umstritten das dort Gemeinte auch war und ist (Ende? Ziel? der Tora), so hat doch K. Haacker gute Argumente dafür gebracht, *télos nómou* als »die Sache, um die es im Gesetz geht«, zu verstehen.[98] Entsprechend dürfte es dann bei Johannes darum gehen, die Sache, um die es in der Schrift geht, zur Geltung zu bringen.

Gerade auch bei Johannes ist also mit dem traditionellen Verständnis von Weissagung und Erfüllung der Befund bei den expliziten Erfüllungsaussagen auch nicht annähernd sachgemäß beschrieben. Wiederum legt sich das Bild eines Raumes nahe, in dem sich alles bewegt, was im Evangelium beschrieben wird und auf den ab und zu direkt in Form expliziter ›Erfüllungszitate‹ verwiesen wird und zwar bei Johannes vor allem da, wo es um die härtesten Negativerfahrungen des inkarnierten Logos geht: Unglauben, Hass, Verrat und Tod.

---

95. So etwa Luther, Einheitsübersetzung, Bibel in gerechter Sprache.
96. So Zürcher Bibel 1931.
97. So mit Nachdruck Bultmann, Johannes, 143, Anm. 3; u. a. a. Hübner, Art. teleioô, 826.
98. »Ende des Gesetzes« und kein Ende? Zur Diskussion über *télos nómou* in Röm 10,4; in: K. Wengst u. a. Hg., Ja und Nein. Christliche Theologie im Angesicht Israels, FS W. Schrage, Neukirchen-Vluyn 1998, 127-138; ders., Der Brief des Paulus an die Römer, ThHNT 6, Leipzig 1999, 206-209; vgl. a. K. Wengst, Römerbrief, 331 f.

4. Ergebnis: Erfüllung heißt vollmächtige Inkraftsetzung der Schrift

Der Versuch, die expliziten ›Erfüllungsaussagen‹ zu verstehen, also die Texte des Neuen Testaments, die den durchgängigen Bezug auf die Schrift mit dem griechischen Verb *pleróo* o. ä. formulieren, gilt naturgemäß nur einem kleinen Ausschnitt sowohl der Bezüge auf die Schrift überhaupt wie auch der vielen Texte, die traditionell im Verheißungs-Erfüllungs-Schema verstanden werden.[99] Dennoch kommt dabei wohl etwas Typisches ans Licht, was für das Verhältnis der Testamente ausschlaggebend ist.

a. Versucht man, das Ergebnis zusammenzufassen, so lässt sich ein erster Punkt in der Übersetzungsfrage bündeln. Die traditionelle Wiedergabe von *pleróo* mit »erfüllen« suggeriert fast unausweichlich, dass die im Zitat genannten Texte im Sinne prophetischer Ansagen verstanden werden und das Verhältnis der Testamente in das traditionelle Verheißungs-Erfüllungs-Muster rutscht, mit zumindest naheliegenden antijüdischen Nebentönen. Das zeigt zuletzt der Beitrag von Jürgen Kegler.[100] Von den Voraussage-Entsprechungstexten im deuteronomistischen Geschichtswerk herkommend,[101] versteht er unter Erfüllung »einen hermeneutischen Prozess, der die Verlässlichkeit der Ankündigungen Gottes in der Vergangenheit« bezeugt.[102] »Die Schriften sind dann ihrem Wesen nach Ankündigungen Gottes, die sich im Lauf der Geschichte erfüllten.«[103] Zwar will er an der »bleibende(n) Bedeutung [der Verheißungen] für die Gegenwart« festhalten, sodass der Sinn der Verheißungen nicht mit der Konstatierung ihrer »Erfüllung« erledigt ist,[104] dennoch geschieht mit diesem Ansatz eine Verengung auf das traditionelle Muster hin. Doch weder sind die in den Erfüllungszitaten des Neuen Testaments angeführten Texte alle prophetische Zu-

---

99. Das gilt vor allem für die Formulierungen von 1 Petr 1,10-12, die (ohne explizite Nennung des Begriffs *pleróo* o. ä.) meist als geradezu klassischer Ausdruck der Erfüllungsvorstellung angesehen werden, so z. B. L. Goppelt, Der erste Petrusbrief, KEK XII/1, Göttingen 1978, 104 ff. Es mag hier genügen, auf J. Herzer hinzuwiesen (Alttestamentliche Prophetie und die Verkündigung des Evangeliums. Beobachtungen zur Stellung und hermeneutischen Funktion von IPetr 1,10-12, BThZ 14, 1997, 14-22): Die Verkündigung des Evangeliums ist »eher im Sinne der *Wirkung* alttestramentlicher Prophetie denn als ›Erfüllung‹ zu verstehen, denn das endgültige Heil steht nach wie vor noch aus« (21).
100. Verheißung und Erfüllung.
101. Kegler, Verheißung und Erfüllung, 344 ff. Dazu o. S. 233.
102. Ebd. 349.
103. Ebd. 348.
104. Ebd. 349.

kunftsansagen – die wenigsten sind es –, und dass die neutestamentlichen Verweise sie dazu machen, hängt allein an einem problematischen Verständnis des zugrunde liegenden Verbums. Noch kann mit dieser Engführung die Erfüllung der Tora überhaupt in den Blick kommen. Nicht zufällig fehlt sie bei Kegler ganz. Sie erweist sich bei Matthäus und Lukas als entscheidender Schlüssel.

Sucht man also nach einer einheitlichen Übersetzung von *pleróo*, die sowohl für den Bezug auf die Tora wie auf prophetische Ankündigungen, die aber auch für die vielfältigen anderen Textformen, also die so gewichtigen Klageworte, die ›Bestätigung‹ von 1 Kön 1,14 und die ›volle Verkündigung‹ von Röm 15,19 zutrifft, so könnte neben »bestätigen, bekräftigen, als wahr unterstreichen« vielleicht am ehesten eine Wiedergabe mit »voll entsprechen« in Frage kommen.

b. Wird also in den expliziten ›Erfüllungs‹-aussagen die Gestalt Jesu mit Hilfe der Schriftzitate so in die Schrift eingezeichnet, dass das Berichtete die Schrift in allen ihren Teilen, als Gesetz, Prophetie, Psalmen bestätigt, bekräftigt und ihr voll entspricht, dann wird damit für das Verhältnis von Schrift und Christologie ein Doppeltes geleistet.

Auf der einen Seite – und das ist das Recht der traditionellen Exegese – werden Jesus und seine Bedeutung durch diese Bezüge gekennzeichnet. Was es mit Jesus auf sich hat, entspricht dem, was in der Schrift zu finden ist. Auf der anderen Seite, und das ist meist übersehen oder heruntergespielt worden, wird zugleich die Schrift als eine vorausgesetzte und vorangehende Größe bestätigt und bekräftigt. *Sie geht in keinem Fall in diesem Bezug auf, ihre Bedeutung wird nicht auf das christologisch Relevante reduziert.* Das zeigt sich bereits daran, dass mit Hilfe solcher Bezüge ganz verschiedene Christologien entworfen werden konnten und können, dass also mit diesen Bezügen der Raum auch für neue und weitere geöffnet wird. Vor allem aber zeigt sich die Selbstverständlichkeit, mit der die Schrift vorausgesetzt wird, daran, dass sie eben nicht nur und ausschließlich für die jeweiligen Christusbezüge Wahrheit beansprucht. Sondern sie gilt unabhängig von solchen Bezügen. Zu folgen ist nach Matthäus eben auch der (völlig unchristologischen) Auslegung der Tora durch die Pharisäer und Schriftgelehrten (Mt 23,2). Bei Paulus ist Jesus das Ja zu *allen* Verheißungen (2 Kor 1,20) und bestätigt gerade auch die speziell an die Väter und Mütter Israels gerichteten (Röm 15,8). Bei Johannes findet sich die ausdrückliche Feststellung, dass die Schrift der Logos Gottes für die Juden ist (10,34) und als solche niemals aufgelöst werden kann, weshalb das Heil ein für alle Mal, immer noch und immer neu von den Juden kommt (4,22).

Dass damit auf einen vorgegebenen Raum verwiesen wird, in den das, was über Jesus als Christus zu sagen ist, jeweils eingezeichnet werden kann, ist eine Metapher, die vielleicht etwas von dem Beobachteten einfangen kann. Wie der Himmel mit seinen Sternen Raum und Orientierung ermöglicht, aber in diesen Bezügen niemals aufgeht, so lassen die expliziten Erfüllungsaussagen des Neuen

Testaments die Schrift als den von Gott vorgegebenen Raum erscheinen, in dem die jeweils notwendige Orientierung, also die Einordnung des Christus und seiner Rolle vollzogen wird. Etwas von dieser Metapher kommt in der Darstellung »Das mystische Rad« von Fra Angelico zum Ausdruck (Abb. 5),[105] wo die alttestamentlichen Gestalten den Raum für die neutestamentlichen bilden.

Das hier gefundene Grundmuster soll in den folgenden Kapiteln zunächst exemplarisch am Thema Auferstehung durchprobiert und vorgestellt werden. Dieses ist zwar für den christlichen Glauben und das Neue Testament grundlegend. Doch es könnten dafür auch andere, ja der Behauptung nach *alle* Kernaussagen neutestamentlicher Christologie herangezogen werden wie Messianität, Gottessohnschaft, Menschensohn, »gestorben für« etc. Wegen des besonderen Gewichts und der (angeblichen) Spannung zum traditionellen Bild der Schrift und dem jüdischen Denken sollen dann die Erhöhungs- und Prädestinationsaussagen des Neuen Testaments auf ihren Bezug zur Schrift hin untersucht werden sowie abschließend die Aussagen über die Gegenwart des Heils.

105. Auf dem »Armadio degli argenti« (um 1450), Museo di San Marco, Florenz. S. etwa G. Bartz, Guido di Piero, genannt Fra Angelico (um 1395-1455), Köln 1998, 104 (Abb. 118).

8. Kapitel
»Gibt es keine Auferstehung der Toten, dann ist auch Christus nicht auferstanden« (1 Kor 15,13). Auferstehung als Schriftauslegung

Für den christlichen Glauben ist die Auferstehung Jesu so etwas wie der Dreh- und Angelpunkt; darüber besteht heute ein breiter Konsens. Was gegenüber der alttestamentlich-jüdischen Tradition »tatsächlich neu ist«, lautet eine der vielen Formulierungen dieser Übereinstimmung, »ist der ›Grundsatz‹ des Neuen Testaments, dass ›Gott Jesus von den Toten auferweckt hat‹, dass also von einem Menschen, der gestorben« ist, gesagt wird, Gott »habe ihn schon so auferweckt, dass er den Tod ein für allemal hinter sich hat«.[1] Der Konsens besagt nicht zuletzt, dass es der Glaube an den auferstandenen Christus ist, von dem aus die gesamten Überlieferungen über das irdische Wirken Jesu, wie wir sie im Neuen Testament finden, geprägt sind, also die Erzählungen über sein Leben genau wie die Begriffe, mit denen Person und Wirkung erfasst werden. Erst recht gilt das für alle Aussagen über die Erhöhung und die Präexistenz Jesu. Gerade auch diese Vorformen der späteren kirchlichen Trinitätstheologie sind als Konsequenz, als deutlichere Ausgestaltung der Bedeutung der Auferstehung anzusehen. Liegt also hier das spezifisch und unterscheidend Christliche, so muss sich auch das Verhältnis der Testamente am Verständnis der Auferstehung Jesu mit entscheiden. Zwar wird in neueren Arbeiten die Bedeutung des alttestamentlichen wie zeitgenössisch-jüdischen Hintergrundes zunehmend gewürdigt,[2] aber die Frage

1. K. Wengst, Was ist das Neue am Neuen Testament?, in: F. Crüsemann/U. Theiss- mann Hg., Ich glaube an den Gott Israels, KT 168, 2. Aufl. Gütersloh 2001, 25-28, Zitat 26.
2. Aus der Fülle der Literatur sei wenigstens auf einige neuere Sammelbände und The- menhefte hingewiesen: F. Avemarie/H. Lichtenberger Hg., Auferstehung – Resur- rection, WUNT 135, Tübingen 2001; R. Bieringer u.a. Hg., Resurrection in the New Testament, BEThL164, Leuven 2002; H.-J. Eckstein/M. Welker Hg., Die Wirk- lichkeit der Auferstehung, Neukirchen-Vluyn 2002; S. Alkier u.a. Hg., Auferstehung, ZNT 10, 2007 (Heft 19), 1-80. Von gleichem Gewicht – und sich damit teilweise überschneidend – sind Sammelbände, deren Schwerpunkt eher auf gegenwärtigen, systematischen und/oder sonst aktuellen Fragen liegen: S. T. Davis u.a. Hg., The Ressurection. An Interdisciplinary Symposium on the Ressurrection of Jesus, Ox- ford 1997; T. Peters u.a. Hg., Resurrection. Theological and Scientific Assessments, Grand Rapids/Cambridge 2002; L. Sutter Rehmann u.a. Hg., Sich dem Leben in die Arme werfen. Auferstehungserfahrungen, Gütersloh 2002; M. Ebner u.a. Hg., Le- ben trotz Tod, JBTh 19, Neukirchen-Vluyn 2004; J. Sobrino u.a. Hg., Auferstehung,

der Kontinuität zur vorangehenden biblischen Überlieferung wird bis heute unterschiedlich beurteilt. So gibt es nach wie vor nicht wenige Stimmen in neutestamentlicher wie in systematischer Wissenschaft, die mit der Auferstehung Jesu »etwas total Neues« beginnen sehen: »Das Alte kam zu einem Ende; das Neue begann.« Und diese »Diskontinuität« werde »in der Formierung von zwei einzelnen und getrennten Testamenten richtig reflektiert.«[3]

Dem widerspricht zunächst der biblische Sprachgebrauch selbst. So wird das Ereignis im Neuen Testament niemals unmittelbar mit dem Begriff des »Neuen« bezeichnet.[4] Vor allem aber wird durchgängig und an allen entscheidenden Stellen betont, dass dieses Ereignis der Auferstehung – um es zunächst sehr vorsichtig zu sagen – kein Bruch mit der Schrift ist, sondern in ihr gründet. Für Paulus gilt mit der von ihm übernommenen gewichtigen und alten urchristlichen Tradition in 1 Kor 15,3 f.: »*Der Messias ist für unsere Sünden gestorben, wie es die Schriften sagen. Er wurde begraben und am dritten Tag auferweckt, wie es die Schriften sagen.*« Lukas lässt in der Emmausbegegnung den auferstandenen Jesus die Schrift auslegen, damit die beiden Jünger zu verstehen beginnen (Lk 24,27). Und dann öffnet er der größeren Runde »*den Sinn, damit sie die Schriften verstanden, und erklärte ihnen, was geschrieben stand, dass nämlich der Christus auf diese Weise leiden und am dritten Tag von den Toten auferstehen werde*« (24,45 f.). So einhellig wie das neutestamentliche Zeugnis von der Auferstehung Jesu, so einhellig ist auch die Bezeugung, dass dies auf Grund der Schrift geschah. Zwar ist dieser Bezug in letzter Zeit zunehmend wahrgenommen und positiv bewertet worden, aber was sind die theologischen Konsequenzen? Insbesondere wird bei den intensiven Bemühungen, sich unter den Bedingungen heutigen Denkens dem Phänomen Auferstehung zu nähern, dieser im Neuen Testament zentrale Aspekt in der Regel völlig vernachlässigt. Doch die Auferstehungserfahrungen, von denen das Neue Testament berichtet, sind (immer auch) Schriftauslegung. Allerdings handelt es sich oft um knappe und eher formelhafte Formulierungen, die zwar die fundamentale Bedeutung der Schrift für jedes Verständnis von (Kreuz und) Auferstehung betonen, aber nicht immer auch sofort erkennen lassen, wie das Verhältnis von Schrift und Auferstehung denn genau gedacht ist. In Lk 24,44 ist dies Verhältnis mit dem expliziten Erfüllungsbegriff verbunden: »*Alles muss erfüllt werden, was in der Tora des Mose und in den prophetischen Schriften und in den Psalmen über mich geschrieben steht.*« Dabei ist zugleich deutlich, dass die Alternative zum traditionellen Erfüllungsbegriff, wie sie oben herausgearbeitet wurde, sich an diesem zentralen Moment bewähren und vor allem konkretisieren muss. Nicht zuletzt hier muss

Concilium 42 (Heft 5), 2006, 501-620; Ph. David/H. Rosenau Hg., Auferstehung. Ringvorlesung der Theologischen Fakultät Kiel, Münster 2009.

3. B. S. Childs, Die Theologie der einen Bibel, Bd. I, dt. Übers., Freiburg 1994, S. 266.
4. Dazu s. o. 152 ff.

sich entscheiden, ob ein neues konzises Verhältnis der Testamente aus der Schrift selbst heraus gewonnen werden kann. Dies kann nur in einer detaillierten Exegese von Texten versucht werden, die das dabei theologisch zugrunde liegende Verhältnis ein Stück weit zu explizieren versuchen.

Auf zwei Aspekte sei vorab ausdrücklich hingewiesen:

- Es ist natürlich alles andere als ein Zufall, dass der Dreh- und Angelpunkt des neutestamentlichen Glaubens mit dem Thema Tod und Leben verknüpft ist. Hier liegt ja für das Verständnis jeder Religion und ihrer Wandlungen ein Schlüssel.[5] Es geht um das grundlegende Verständnis von Gott und Leben. Die Frage nach der Bedeutung des Alten Testamentes für den christlichen Glauben in den Fragen von Tod und Auferstehung kann keinesfalls formal beantwortet werden. Es geht unausweichlich auch um die Frage nach dem, was das Alte Testament selbst zu diesem Thema zu sagen hat.

- Das heißt aber auch: Es geht letztlich nicht um eine historische Frage, sondern um eine theologische. Das Folgende zielt im Kern nicht auf die Frage, was die neutestamentlichen Texte historisch voraussetzen. Diese Grundlage ist in der neutestamentlichen Wissenschaft zunehmend intensiv bearbeitet worden. Die theologischen Folgerungen allerdings stehen in der gleichen neutestamentlichen Wissenschaft fast immer seltsam außerhalb des Blickfeldes. Das hat zur Voraussetzung und zur Folge, dass trotz aller so intensiven historischen Abhängigkeit für die *theologische* Geltung des Neuen immer noch ein Bruch mit dem Alten behauptet werden kann. Da der historische Zusammenhang immer breiter aufgewiesen wird, ist das Bestehen auf diesem Bruch immer fragwürdiger geworden. Im Folgenden soll also auf die *theologische* Argumentation im Neuen Testament und auf ihre Struktur geachtet werden, um diese dann auch theologisch ernst zu nehmen.[6]

---

5. Dazu vgl. etwa J. Assmann/R. Trauzettel Hg., Tod, Jenseits und Identität. Perspektiven einer kulturwissenschaftlichen Thanatologie, Freiburg/München 2002.

6. Zum Folgenden vgl. F. Crüsemann, Schrift und Auferstehung. Beobachtungen zur Wahrnehmung des auferstandenen Jesus bei Lukas und Paulus und zum Verhältnis der Testamente, KuI 17, 2002, 150-162 = Kanon und Sozialgeschichte. Beiträge zum Alten Testament, 2. Aufl. Gütersloh 2004, 306-318; Rhetorische Fragen!? Eine Aufkündigung des Konsenses über Psalm 88,11-13 und seine Bedeutung für das alttestamentliche Reden von Gott und Tod, BibInt XI, 2003, 345-360. S.a. F. Crüsemann/ M. Crüsemann, Art. Tod, in: F. Crüsemann u.a. Hg., Sozialgeschichtliches Wörterbuch zur Bibel, Gütersloh 2009, 586-589.

1. Schrift und Auferstehung im Neuen Testament

a. Paulus

α. »Auferweckt nach den Schriften« –
das Evangelium und die Schrift
In 1 Kor 15,3b-5(6)[7] erinnert Paulus die korinthische Gemeinde an das Evangelium, das er ihnen gebracht hat (V. 1), also an die gemeindegründende Tradition. Er sagt ausdrücklich, dass er damit weitergegeben habe, was er selbst empfangen hat (V. 3). Es besteht somit kein Zweifel, dass es sich um ein älteres und zentrales Stück urchristlicher Tradition handelt, das vorpaulinischer Herkunft und unpaulinischer Sprache ist, so etwas wie eine frühe Zusammenfassung des Evangeliums. Zweimal beziehen sich die knappen Formulierungen ausdrücklich auf »die Schriften«, »gestorben für unsere Sünden« und »auferweckt«, die beiden theologischen Kernstücke sind geschehen »kata tas graphás«, »entsprechend den Schriften«. Nun sind die Formulierungen hier äußerst knapp und wohl auch formelhaft. Wie der Bezug auf die Schrift genau gedacht ist, ist eher vorausgesetzt als ausdrücklich gesagt. Immer wieder hat man etwa gefragt, an welche einzelnen Formulierungen oder Weissagungen der Schrift denn gedacht sei. So ist als Hintergrund des Ausdrucks »nach drei Tagen« natürlich besonders auf Hos 6,2 verwiesen worden: Jhwh »wird uns nach zwei Tagen aufleben lassen, lässt uns am dritten Tag aufstehen«. Allerdings geht es im Hoseatext um ein »wir«. Der Sache nach ist das Volk Israel gemeint[8] und keineswegs eine einzelne messianische Gestalt. Zudem redet Hos 6,2, im Zusammenhang gelesen, eindeutig von trügerischer Hoffnung, die mit falscher Umkehr verbunden ist. Kritisiert wird eine Haltung, die »wie eine Wolke am Morgen (ist), wie der Tau, der früh verfliegt« (6,4). In einer urchristlichen Aufnahme müsste also ein relativ mechanistischer Textbezug vorliegen, der Formeln ohne Inhalte transportiert, was sonstiger Schriftverwendung widerspricht. So hat man für die paulinische Wendung an andere Traditionen gedacht, wo von drei Tagen die Rede ist, wie Gen 22,4; Ex 19,11.16; 2 Kön 20,5; Jon 2,1; Esth 5,1.[9] Doch so grundlegend solche denkbaren Traditionen auch sind, sie haben kaum spezifischen Bezug zu so

---

7. Zur Abgrenzung des Traditionsstückes s. W. Schrage, Der erste Brief an die Korinther. 4. Teilband: 1 Kor 15,1–16,24, EKK VII/4, Neukirchen-Vluyn/Düsseldorf 2001, 19 ff.
8. Zur Interpretation vgl. etwa J. Jeremias, Der Prophet Hosea, ATD 24/1, Göttingen 1983, 84 f.
9. Vgl. bes. K. Lehmann, Auferweckt am dritten Tag nach der Schrift. Früheste Christologie, Bekenntnisbildung und Schriftauslegung im Lichte von 1 Kor. 15,3-5, QD 38, Freiburg 1968; zuletzt etwa M. Russel, On the Third Day, According to the Scriptures, RTR 67, 2008, 1-17.

etwas wie Auferstehung. Deshalb bleibt hier trotz vieler Anstrengungen der Wissenschaft manches letztlich offen. Dazu gehört die Frage, ob denn der angesprochene Schriftbezug überhaupt speziell auf die »drei Tage« geht.[10] Ähnlich ist es mit der Schriftgrundlage der Formulierung »*gestorben für unsere Sünden*« in 1 Kor 15,3. Auch hier ist keine Einzelformulierung eindeutig und sicher bestimmbar. Am nächsten liegen einige Passagen aus Jes 53,[11] doch ist auch vieles anders formuliert und deshalb nach wie vor umstritten. So ist die neuere Forschung denn heute überwiegend der Meinung, mit »*kata tas graphás*« sei eher ein grundsätzlicher Bezug auf die Schrift im Ganzen gemeint, nicht unbedingt auf konkrete einzelne Verse und Formulierungen.[12] Auch die Rede von »*den Schriften*« im Plural könne in diese Richtung deuten. Mit einer solchen Sicht vollzieht sich zugleich eine Lösung von dem Voraussage-Erfüllungs-Schema, wie es sich seit Justin eingebürgert hat.[13] Ein solcher enger Erfüllungsbegriff wird offenkundig auch hier dem Befund nicht gerecht.

Was ist unter dieser Voraussetzung dann aber als der exakte Sinn eines solchen Bezugs auf die Schrift anzusehen? Dazu finden sich in der neueren neutestamentlichen Forschung nur relativ vage Formulierungen, kaum präziser als der biblische Text selbst. So formuliert etwa Wolfgang Schrage: Es gehe »um die Gewissheit, dass das eschatologische Heilsereignis in Christus dem in den ›Schriften‹ erkennbaren Heilswillen Gottes entspricht, also nicht auf eine arbiträre Willensäußerung Gottes zurückzuführen ist«[14]. Wenn aber der »Heilswille Gottes«, wie er in Christus aktuell in Erscheinung tritt, in der Schrift zu finden ist, müsste das Folgen haben, die in der Auslegung der neutestamentlichen Texte in der Regel keine Rolle spielen.

Das gilt nicht zuletzt für die konkreten Bedingungen der Möglichkeit solchen Redens. Gehört der Bezug zur Schrift zum Kern des Evangeliums, so ist eine unmittelbare und kaum abweisbare Folge, dass die Schrift bekannt sein muss. Gerade wenn es nicht um einzelne Formulierungen oder Verse geht, sondern – wofür eben vieles spricht – es die Schrift im Ganzen ist, die sowohl die Heilswirkung des Todes Jesu als auch die Durchbrechung der Todesmacht in der Auferstehung bezeugt –, dann muss das bekannt sein. Das Evangelium, wie es in solchen Formulierungen bezeugt wird, ist auf die vorgängige Kenntnis der Schrift sachlich bleibend angewiesen, es ist ja eine Bestärkung und Bestätigung dessen, was in der Schrift steht. Ohne diese Voraussetzungen, ohne die Schrift ist das Evangelium unverständlich, ja es ist im Grunde – nichts. Wenn

10. Das bestreitet etwa die These von B. Metzger, A Suggestion Concerning the Meaning of 1 Cor XV.4b, JThS 8, 1957, 118-123.
11. Dazu A. Lindemann, Der Erste Korintherbrief, HNT 9/1, Tübingen 2000, 330f.
12. So die neueren Kommentare von A. Lindemann und W. Schrage.
13. Dazu o. S. 231ff.
14. Schrage, Korinther Bd. 4, 34

Paulus und die anderen MissionarInnen das Evangelium in Korinth und sonst den nichtjüdischen Menschen, den »Heiden« im römischen Reich, verkünden, müssen sie die Schrift entweder voraussetzen oder aber mitbringen und bekannt machen. Sicher verstärken solche grundlegenden und breiten Bezüge, wie sie ja auch in den paulinischen Briefen so vielfältig belegt sind, die These, dass die urchristliche Mission nahezu ausschließlich Menschen gilt und vor allem Menschen überzeugt, die bereits im Umkreis der Synagogen leben, also Gottesfürchtige und Proselyten, die die Schriften Israels kennen. Die Schilderung des Lukas in der Apostelgeschichte lässt das eindeutig erkennen. Eine unmittelbare Ansprache an die heidnischen Griechen, wie sie in Apg 17 beim Auftreten des Paulus in Athen geschildert wird, ist die Ausnahme und stellt ein Desaster dar. Es endet in Spott und Hohn und lediglich »einige Personen« lassen sich gewinnen (17,32-34). Paulus war vorher in den jeweiligen Synagogen aufgetreten (13,5.14; 14,1 u.a.) und damit erfolgreich gewesen. Und als Folgerung aus dem Athener Debakel lebt er schon auf seiner nächsten Station in Korinth bei einem Juden und predigt wieder am Sabbat in der Synagoge (18,4). Als es dort zum Konflikt kommt, beschließt er, nun dezidiert zu den Menschen aus den Völkern zu gehen (V. 6). Doch das heißt gerade nicht, auf dem Markt aufzutreten, sondern er zieht zu einem Gottesfürchtigen namens Titius Justus, dessen Haus neben der Synagoge liegt, und bekehrt unter anderem den Synagogenvorsteher (V. 7 f.). Ähnlich verhält er sich dann in Ephesus. Der sachliche theologische Ausgangspunkt der paulinischen Predigt entspricht also seinem äußerlichen Vorgehen. Und wie auch immer der Prozess der Vermittlung des Evangeliums historisch gelaufen sein mag: Der Sache nach ist das Evangelium nur in und mit seinem Bezug auf die Schrift auszusagen und zu vermitteln, die christliche Mission und die dabei entstehenden Gemeinden sind auf die vorgängige Kenntnis und Geltung der Schrift bleibend angewiesen. Was »*gestorben für*« und was »*auferweckt*« heißt, ist nach der ältesten neutestamentlichen Tradition aus sich heraus nicht zu verstehen und trägt seinen Sinn nicht in sich selbst. Wo aber entfaltet Paulus für uns nachvollziehbar diesen Zusammenhang?

β. Die theologische Logik von 1 Kor 15,13 ff.

Das auf die Schrift gegründete Auferstehungszeugnis von 1 Kor 15,3 ff. dient als Einleitung in eine Auseinandersetzung mit Meinungen in der korinthischen Gemeinde, die grundsätzlich die jüdische Tradition einer allgemeinen Totenauferstehung leugnen. In V. 12 ff. entfaltet Paulus den inneren, den theo-logischen Zusammenhang von Totenauferstehung und Auferstehung Jesu so:

> »*Gibt es keine Auferstehung der Toten, dann ist auch Christus nicht aufgestanden. Ist aber Christus nicht aufgestanden, dann ist unsere Verkündigung sinnlos und euer Vertrauen grundlos. Wir würden falsches Zeugnis über Gott ablegen, weil wir gegen Gott bezeugen würden, er habe den Messias aufgeweckt, den er*

doch nicht erweckt hat – wenn denn die Toten nicht aufstehen. Wenn die Toten nicht aufstehen, so ist auch Christus nicht aufgestanden. Ist aber der Messias nicht aufgestanden, ist euer Vertrauen sinnlos und ihr seid noch in euren Sünden ... sind wir die armseligsten unter allen Menschen« (15,13-19*).

Die übliche Auslegung geht vom christlichen Glauben an die Auferstehung Jesu aus, wie er hier in V. 3 ff. und dann wieder in V. 20 sowie in V. 12 bezeugt ist. Wenn jedoch christlicher Auferstehungsglaube allein im kontingenten und einzelnen Ereignis der Auferstehung Jesu wurzelt, dann ist die in V. 13 ff. vollzogene Argumentation höchst problematisch, eigentlich unverständlich, und es könnte sich dabei höchstens um eine Art Gedankenexperiment handeln. Es ginge dann vielleicht darum, dass eine allgemeine Auferstehung nicht »(denk-)unmöglich« sein darf, also darum »dass ein Auferweckungsgeschehen überhaupt als denkbar und nicht als undenkbar bzw. unmöglich zu gelten hätte«.[15] Doch wird eine solche Lesart dem Gewicht dieser mehrfach vorgetragenen Argumentation kaum gerecht. In den parallelen Kettenschlüssen von V. 13-15 und 16-19 geht Paulus betontermaßen *nicht* vom Einzelfall der Auferstehung Jesu, sondern von der Verheißung einer allgemeinen Totenauferstehung aus. Es ist in der Tat der »Vorstellungszusammenhang und Deutungsrahmen der Apokalyptik«, den Paulus hier voraussetzt.[16] Für Paulus ist das aber nicht nur Hintergrund und Denkvoraussetzung, sondern es handelt sich um das gerade auch theologisch tragende Fundament. Man kann nur *gegen* den paulinischen Text sagen, dass es um »die mit der Auferweckung Jesu eröffnete Zukunftshoffnung auf die Auferstehung der Toten« gehe,[17] dass es die Auferstehung Jesu sei, die »das konstitutive Implikat« einer allgemeinen Totenauferstehung enthält.[18] Paulus sagt das Gegenteil: Mit dem Glauben an die allgemeine Totenauferweckung steht und fällt alles andere. Und darin bezieht er nicht nur *alles* ein, was christlichen Glauben ausmacht: Verkündigung, Glaube, Sündenvergebung, Hoffnung, sondern eben gerade auch die Auferstehung Jesu selbst. Wenn Paulus wirklich meint, was er hier sagt, – und wer wollte das eigentlich bezweifeln? – dann hängt der christliche Glaube insgesamt an dem, was Schrift und jüdische Tradition immer schon, Paulus würde sagen seit Abraham (Röm 4,17),[19] als mit dem Gott Israels grundsätzlich gegeben ansehen.

Erstaunlicherweise gilt das nun auch für die Zeugen, die den Auferstandenen gesehen haben, einschließlich seiner selbst: Das Zeugnis, das er und die anderen Zeugen gegeben haben – übrigens von Gott! – wäre ein falsches Zeug-

---

15. Lindemann, Korinther, 339; ähnlich etwa D. Zeller, Religionsgeschichtliche Erwägungen zur Auferstehung, ZNT 10, 2007, 15-23 (bes. 15).
16. So Schrage, Korinther Bd. 4, 126.
17. Schrage, ebd. 132.
18. Schrage, Korinther Bd. 4, 129; vgl. 127 u. passim.
19. Dazu u. S. 266 f.

nis, sagt er (V. 15). Will man nicht annehmen, dass er und die anderen gar nichts »gesehen« haben, dann kann nur gemeint sein, dass das, was sie gesehen haben, ohne den *vorgängigen* Glauben an die todüberwindende Kraft Gottes und seine Verheißung, Tote zu erwecken, nichts wäre. Diese Erfahrung ist nicht unabhängig von der Schrift und kann deshalb nicht nachträglich durch sie »bestätigt« werden oder sie »öffnen« und völlig neu erschließen, sondern diese Erfahrung ist nur deshalb eine Erfahrung von der Auferstehung Jesu, weil sie genau umgekehrt das vorgängig bekannte Zeugnis der Schrift bestätigt. Es ist nicht zuletzt diese Einbeziehung des eigenen Zeugnisses und damit der eigenen Erfahrung des Paulus in die Argumentation, die bei der langen und intensiven Bemühung um die logische Argumentationsstruktur dieser Passage[20] nicht wirklich berücksichtigt worden ist. Nimmt man sie ernst, kann es nicht nur um den (mit Varianten allen Versuchen zugrunde liegenden) logischen Dreischritt des so genannten *modus tollens* gehen: 1. Wenn es keine Auferstehung der Toten gibt, ist auch Christus nicht auferweckt worden. 2. Nun aber ist Christus auferweckt worden (V. 20). 3. Also gibt es auch eine Auferstehung der Toten. Genauso argumentiert Paulus eben nicht. Dass Tote auferstehen, wird gerade nicht auf die Erfahrung der Auferstehung Jesu gegründet, sondern er argumentiert ausschließlich umgekehrt. Es ist erstaunlich, dass gerade die Konzentration auf angeblich formallogische Schritte von einer dem Text widersprechenden dogmatischen Vorgabe ausgeht.

Die Schrift und ihre Verheißungen werden in diesem Gedankengang zur theo-logischen Grundlage nicht nur für die Auferweckung Jesu und den christlichen Glauben, sondern gerade auch für das Zeugnis der Augenzeugen.[21]

---

20. Vgl. M. Bachmann, Zur Gedankenführung in 1. Kor. 15,12 ff., ThZ 34, 1978, 265-276; ders., Rezeption von 1. Kor. 15 (V. 12 ff.) unter logischem und unter philologischem Aspekt, LingBibl 51, 1982, 79-103; ders., Noch einmal: 1 Kor 15,12 ff. und Logik, LingBibl 59, 1987, 100-104; ders., Zum »argumentum resurrectionis« nach Christoph Zimmer, Augustin und Luther, LingBibl 67, 1992, 29-39; Th. G. Bucher, Die logische Argumentation in 1. Korinther 15,12-20., Bib. 55, 1974, 465-486; ders., Auferstehung Christi und Auferstehung der Toten, MThZ 27, 1976, 1-32; ders., Nochmals zur Beweisführung in 1. Korinther 15,12-20, ThZ 36, 1980, 129-152; ders., Allgemeine Überlegungen zur Logik im Zusammenhang mit 1 Kor 15,12-20, LingBibl 53, 1983, 70-98; J. S. Vos, Die Logik des Paulus in 1 Kor 15,12-20, ZNW 90, 1999, 78-97; Ch. Zimmer, Das argumentum resurrectionis 1 Kor 15,12-20, LingBib 65, 1991, 25-36.

21. Das entspricht dem, was G. Guttenberger an den neutestamentlichen Aussagen, wonach der Auferstandene »gesehen« wurde, beobachtet hat. Ihr Ergebnis lautet: »dass die Erscheinungen des Auferstandenen nicht geeignet sind, den Glauben an den Auferstandenen anzustoßen« (Ophte. Der visuelle Gehalt der frühchristlichen Erscheinungstradition und mögliche Folgerungen für die Entstehung und Entwicklung des frühchristlichen Glaubens an die Auferstehung Jesu, BZ 52, 2008, 40-63.161-173, Zitat 172).

γ. Röm 4,17 – Abrahams Glaube

Inwiefern der vorgängige Glaube Israels Glaube an die Totenauferweckung ist, sagt Paulus ausdrücklich und mit Nachdruck in Röm 4, wo er Abraham zum Vater aller Glaubenden, gerade auch der neu zum Glauben an den Gott Israels gekommenen HeidenchristInnen macht. Abraham war der Erste, der glaubte; die Glaubenden aus den Völkern glauben wie er. Und dieser Glaube Abrahams ist Glaube an die Auferstehung der Toten. Abraham wurde nach Röm 4,17 zum Vater vieler Völker, »*er vertraute im Angesichts Gottes darauf, dass Gott die Toten lebendig macht und das Nichtseiende ins Dasein ruft*«. Der Glaube, um den es dem Paulus geht, der zur Gerechtigkeit angerechnet wird und den bekanntlich bereits Abraham hatte, wie alle, die an den Messias Christus glauben, dieser Glaube ist sozusagen per definitionem immer schon Glaube an den Gott, der die Toten ins Leben ruft. Dass Abraham gegen alle menschlichen Möglichkeiten der Verheißung glaubte, ist nichts anderes als Glaube an den Gott, der den Tod überwindet. Solches Tun, solche Hoffnung gehört danach grundsätzlich zu diesem Gott, das gehört seit Abraham zum Glauben an ihn. Damit aber ist das, was christlichen Glauben ausmacht, seit Abraham möglich, er geht der Auferstehung Jesu voraus, ist die Bedingung ihrer Wahrnehmung. In ihr zeigt sich ein Handeln Gottes, das der Glaube ihm immer schon geglaubt hat.

Und seine eigene Beauftragung durch die Begegnung mit dem Auferstandenen? In Gal 1,11 ff. begründet er damit bekanntlich Herkunft und Autorität seines Evangeliums. Es stammt nicht von Menschen, sondern aus einer Offenbarung – *apokálypsis* – Jesu Christi (V. 12). Paulus verfolgte die Gemeinde aus Eifer für die väterlichen Überlieferungen (V. 13 f.). Die Wende beschreibt er so:

> »*Aber Gott hatte mich schon von Mutterleib an auserwählt; durch Gottes geschenkte Zuwendung wurde ich berufen. Und als göttlicher Beschluss es befand, das Kind Gottes in mir zu offenbaren, damit ich es als gute Botschaft unter den Völkern verkünden sollte: Da habe ich nicht erst bei irdischen Instanzen Genehmigung eingeholt ...*« (1,15 f.).

Betont ist die völlige Unabhängigkeit seiner Beauftragung von allen irdischen Instanzen, eindeutig ist die einzige Zielbestimmung der Offenbarung, nämlich der Auftrag zur Verkündigung unter den Völkern, die Einsetzung zum Völkerapostel. Nicht eindeutig ist dagegen, ob die Verkündigung – »*damit ich ihn verkündige*« – Christus oder Gott zum unmittelbaren Inhalt hat; aber daran hängt angesichts der Verbindung von beiden nichts Entscheidendes. Wohl aber hängt Entscheidendes an der Bestimmung des Verhältnisses von Erwählung/Aussonderung einerseits und der Offenbarung des Sohnes mit dem Ziel der Einsetzung als Völkerapostel andererseits. Die übliche Exegese verweist auf Stellen wie Jer 1, spricht aber die darin liegenden theologischen Fragen kaum an.

Dem entscheidenden Satz über die Offenbarung des Sohnes gehen zwei partizipiale Wendungen voraus. Dabei lässt ihre Formulierung im Aorist nur den

Bezug auf ein gegenüber der Offenbarung vorgängiges Ereignis zu, was mit Mutterleib und Geburt ohnehin sachlich gegeben ist. Längst, seit Beginn seiner Existenz, ist Paulus wie der Prophet Jeremia, auf dessen Berufung (Jer 1,4) deutlich zitierend Bezug genommen wird, von Gott ausgesondert worden. Meint nun die parallele Formulierung »durch seine Zuwendung/Gnade berufen« den gleichen Vorgang? Besteht diese Berufung ebenfalls seit den Anfängen seiner Existenz, ist aber erst rückwirkend von der Offenbarung des Sohnes her entdeckt worden? Der Begriff der Berufung macht das unwahrscheinlich, das »rufen« kann kaum erst nachträglich »gehört« worden sein. Dann aber weiß sich Paulus nicht erst durch die Offenbarung des Sohnes an ihn von Gott berufen. Der längst von Gott Ausgesonderte und aus Gnade Berufene bekommt vielmehr durch die Offenbarung des Sohnes einen neuen, den entscheidenden Auftrag. Eine längst bestehende Berufung wird inhaltlich neu gefüllt. Was immer diese vorgängige Berufung durch die Gnade Gottes genau gewesen ist, sie muss mit seinem Vorleben als Pharisäer, seiner theologischen Ausbildung etc. zusammenhängen. Dass er diese Berufung an der Stelle erwähnt, wo er von der entscheidenden Wende in seinem Leben spricht, kann nur bedeuten, dass trotz des Gegensatzes das gemeinsame Fundament, das, was bleibt und durch die neue Offenbarung nur bestätigt wird, eine gewichtige Rolle spielt.[22]

b. Lukas

α. Voraussetzung und Grundlage

Ebenso eindrücklich und eindeutig, wie es Paulus in Röm 4 formuliert, machen die drei synoptischen Evangelien deutlich, dass der Gott, von dem sie reden, die Gottheit ist, die Tote erweckt. Dass dies eine der tragenden Grundlagen des Wirkens und der Verkündigung Jesu ist, sagt Lukas gemeinsam mit Matthäus und Markus in der Auseinandersetzung mit den Sadduzäern (Mt 22,23-33; Mk 12,18-27; Lk 20,27-40). Gegen deren Lehre legt sich Jesus auf die Erwartung einer allgemeinen Totenauferstehung fest und verbindet sie mit dem Gottesbegriff selbst. Diejenigen, die die Auferstehung leugnen, kennen weder »die Schriften« noch die »Kraft Gottes« (Mt 22,29; Mk 12,24). Beides hängt nach dieser Lehre Jesu zusammen und ist letztlich identisch. Als Begründung wird auf die Berufung des Mose in Ex 3 verwiesen, wonach Gott sich dem Mose bei

---

22. Insgesamt hat es den Anschein, dass das Verhältnis von Auferstehung und Schrift für Paulus eher zu den Selbstverständlichkeiten gehört, die deshalb die Grundlage und der Ausgangspunkt seiner Argumentation sind, nicht aber selbst in deren Zentrum stehen. Wo Paulus inhaltlich überzeugen will, kann er gerade nicht mit seinen eigenen Erfahrungen argumentieren, sondern muss davon unabhängige Argumente bringen.

seiner Berufung als »*der Gott Abrahams und der Gott Isaaks und der Gott Jakobs*« vorgestellt hat (Lk 20,37 f.). Die Gewissheit, dass die Verbindung Gottes mit Abraham, Isaak und Jakob sowie mit Mose, eine Verbindung mit Lebenden ist, denn Gott »*ist nicht Gott von Toten*«, dass also der Kern der alttestamentlich-jüdischen Gotteslehre Glaube an die Auferstehung der Toten bedeutet, haben die Synoptiker mit Paulus gemein.

Anders als bei der Argumentation des Paulus in 1 Kor 15 (aber auch in Röm 4) liegt der Fall in der Sadduzäerpassage so eindeutig, dass die übliche antijüdische Polemik, die die Lehre Jesu stets gegen das Judentum gerichtet oder es überwinden sieht, hier praktisch keinen Anhalt findet. Lediglich die Schlussbemerkung, dass niemand mehr Jesus zu fragen wage (Lk 20,40), gibt Anlass zur Polemik: Diese Formulierung solle »anzeigen, dass er in der Schriftauslegung allen überlegen ist«[23]. Doch »Jesus gibt den Sadduzäern eine Antwort, die jeder Pharisäer hätte geben können«[24]. Die Erwartung einer allgemeinen Totenauferstehung ist im zeitgenössischen Judentum der Sache nach breit belegt und gehört zu den Glaubensfundamenten,[25] die mit dem Christentum gemeinsam sind.

Breit belegt ist auch die schriftbasierte Vorstellung vom ewigem Leben. Sie liegt als deutlich gemeinsame Tradition zahlreichen Gleichnissen und Gesprächen Jesu zugrunde, etwa der Frage eines Reichen (Mt 19,16 ff. par) oder dem Gleichnis vom barmherzigen Samariter (Lk 10,25 ff.). Bei Lukas wird diese Gemeinsamkeit noch einmal zugespitzt mit der fundamentalen Lehre Jesu im Gleichnis vom reichen Mann und armen Lazarus (Lk 16,19-31), dass die Auferstehung eines einzelnen Menschen die Geltung von Tora und Propheten in keinem Falle tangieren kann. Abraham selbst, der im Himmel bei Gott ist, antwortet auf die Bitte des reichen Mannes, seinen Verwandten sichere Kunde vom Jenseits zu senden: »*Wenn sie auf Mose und die Propheten nicht hören, werden sie auch nicht überzeugt werden, wenn jemand von den Toten aufersteht*« (16,31).

---

23. H. Klein, Das Lukasevangelium, KEK I/3, 10. Aufl. Göttingen 2006, 635.
24. J. Klausner, Jesus von Nazareth: seine Zeit, sein Leben und seine Lehre, 3. Aufl. Jerusalem 1952, 438; zustimmend zitiert von Luz, Matthäus Bd. 3, 265, Anm. 23.
25. Es mag hier genügen an die einschlägigen Formulierungen der Amida, des 18-Bitten-Gebets zu erinnern: »*Du bist mächtig in Ewigkeit, Herr, belebst die Toten, du bist stark zum Helfen. Du ernährst die Lebenden mit Gnade, belebst die Toten in großem Erbarmen, stützest die Fallenden, heilst die Kranken, befreist die Gefesselten und hältst die Treue denen, die im Staube schlafen. Wer ist wie du, Herr der Allmacht, und wer gleichet dir, König, der du tötest und belebst und Heil aufsprießen läßt. Und treu bist du, die Toten wieder zu beleben. Gelobt seist du, Ewiger, der du die Toten wieder belebst.*« (Übersetzung: Sidur Sefat Emet, mit dt. Übers. Von Rabbiner S. Bamberger, Basel 1999, 41). Wichtig ist auch mSan 11,1: Keinen Anteil an der künftigen Welt hat, »wer sagt, die Auferstehung der Toten befinde sich nicht in der Tora«. Die im Anschluss ab bSan 90a entwickelten Begründungen aus der Tora ähneln in Ansatz und Struktur denen des synoptischen Jesus.

Das ist als Lehre des Jesus, den Lukas und die Gemeinden, für die er schreibt, als den Auferstandenen kennen und bekennen, – zumal in der Kombination mit einem Abrahamwort – kaum übertreffbar. Die Geltung von Tora und Propheten wird danach durch keine Auferstehung tangiert. Gerade auch die individuelle Auferstehung bzw. das ewige Leben bei Gott hängen nicht von der Auferstehung Jesu oder dem Glauben an sie ab. Damit ist ein Akzent gesetzt, der auf die Frage gespannt macht, wovon eine solche Auferstehung denn dann überzeugen soll und kann.

β. Erfahrung und Schrift in der Begegnung mit dem Auferstandenen (Lk 24)

Nach Tod und Begräbnis Jesu erzählt Lukas in 24,1-11 zunächst eine massiv negative Geschichte. Der Anblick des leeren Grabes, die Gegenwart der Engel und ihre Botschaft von der Auferweckung Jesu samt ihrem Verweis auf die Lehren des irdischen Jesus sowie die eigene Erinnerung daran – das alles wird von den Frauen zwar zu den anderen Jüngern weitergetragen, aber von ihnen als »leeres Gerede«, dem nicht zu glauben ist, empfunden (V. 11). Und auch von den Frauen selbst, die diese Botschaft übermitteln, wird nicht gesagt, dass sie sie glauben oder dass sie bei ihnen etwas bewirkt.

Der unglaubhaften kontrastiert die Geschichte, die wie keine andere exemplarisch glaubhaft macht, was es heißt, dem Auferstandenen zu begegnen: die Emmausgeschichte.[26] Sie erzählt von einem Weg, der vom Gehaltensein der Augen, vom Nichterkennen und Nichtverstehen (V. 16) zum Öffnen der Augen und zur Erkenntnis führt (V. 31). Was diese Wende bewirkt, ist – geradezu überdeutlich wird es dargestellt – die Schrift. Die beiden Jünger erzählen zunächst dem mitwandernden Unbekannten die ganze Geschichte. Trotz der Engelbotschaft, dass er lebt, ist es eine Geschichte enttäuschter Hoffnungen: »*Wir aber hatten die Hoffnung, er sei es, der Israel befreien würde*« (V. 21).[27] Sie, die all das erlebt, gehört und sogar weitergegeben haben, müssen sich als »*unverständig und herzensträg*« bezeichnen lassen (V. 25): »*Ihr begreift nicht und euer Herz ist zu schwer.*« Warum aber ist das so? Nicht etwa, weil sie der Botschaft der Engel und der Frauen nicht glauben, sondern allein, »*weil sie nicht vertrauen*

---

26. Aus der Fülle der Lit. (s. F. Bovon, Das Evangelium nach Lukas [Lk 19,28–24,53], EKK III/4, Neukirchen-Vluyn u. a. 2009, 542-548) sei hingewiesen auf: C. Janssen, »Dann haben wir einen getroffen …« Lukas 24,13-35, in: Mensch, wo bist du? Einführung in die Texte der Bibelarbeiten und Gottesdienste des 32. Deutschen Evangelischen Kirchentags, Bremen 2009, JK 69, 2008, extra-Heft, 38-45; dies., Alltagserfahrungen. Essen und Auferstehung (Lk 24,13-35), in: M. Geiger u. a. Hg., Essen und Trinken in der Bibel. FS R. Kessler, Gütersloh 2009, 147-159; vgl. a. Chr. Kurth, »Die Stimmen der Propheten sind erfüllt«. Jesu Geschick und »die« Juden nach der Darstellung des Lukas, Stuttgart u. a. 2000, 95 ff.
27. Übersetzung für den Dt. Evangelischen Kirchentag in Bremen.

auf alles, was die Prophetinnen und Propheten gesagt haben« (V. 25). Es ist der Glaube an das Zeugnis der Propheten, und zwar an *alles*, was dort zu lesen ist, woran es mangelt. Nimmt man den Wortlaut der Aussage ernst, ist der Glaube an die Propheten/Prophetinnen der alles entscheidende Schlüssel, nicht nur zum Verständnis des mit Jesus Geschehenen, sondern der Glaube, das Vertrauen auf die Botschaft der Propheten *ist* der Glaube, um den es geht. *Was hier zu glauben ist, steht bei den Propheten.*

Und entsprechend sieht dann auch die Belehrung aus: *»Und er begann bei Mose und allen prophetischen Schriften und legte ihnen in allen Schriften das aus, was ihn betrifft«* (V. 27). Es ist der Tenak, der dreiteilige hebräische Kanon, der hier ins Spiel kommt, Tora, Propheten und Schriften. Und das doppelte *»alle«*, welches das *»alle Propheten«* aus V. 25 weiterführt und radikalisiert, zeigt, dass es nicht um einzelne Worte und Belegstellen, nicht um dicta probantia geht, sondern um das Ganze der Schrift, um etwas, was von Anfang bis zum Ende dort zu finden ist, Glauben fordert und Glauben ermöglicht. Die Differenz zum Weissagungsbeweis der kirchlichen Theologie ab dem 2. Jh. n. Chr.[28] ist eindeutig. Hier geht es nicht um Weissagungsstellen. Letztlich muss es um den lebendigen Gott gehen, der der Gott der Lebenden ist, wie es mit der Sadduzäerpassage (20,38) das gesamte Evangelium prägt. Das ist die Hermeneutik – und das Wort steht in V. 27 –, die dieser Hermeneut aufzeigt. Es ist schon erstaunlich: Der Auferstandene macht sich selbst kenntlich, indem er mit den beiden Jüngern die Schrift liest und deutet, er kann offensichtlich nur so und er will nur so erkannt werden. Kein Glanz, kein Wunder, keine überwältigende Erfahrung lösen Glauben und Erkennen aus, sondern allein der Horizont der durch die Auslegung der Schrift eröffnet wird, macht Erkenntnis möglich.[29]

Diesen immer noch unerkannten und anonymen Ausleger laden die beiden ein, die Nacht mit ihnen zu verbringen. Da *»nahm er das Brot, segnete Gott, dankte und brach es und gab es ihnen«* (V. 30) – daran erkennen sie ihn endlich. Das ist »eine alltägliche Geste, eine gewöhnliche Mahlzeit … Die Besonderheit des Augenblicks, in dem die Emmaus-Jünger den Auferstandenen erkennen, liegt also gerade in seiner Alltäglichkeit und Wiederholbarkeit.«[30] Dazu gehört, dass er in dem Moment, wo sie ihn identifizieren, verschwindet: *»Er aber wurde*

---

28. Dazu o. S. 231 f.
29. Der entscheidende Punkt ist also keineswegs der, dass der Auferstandene die Schrift neu »deutet« oder sie »öffnet«, so mit vielen Auslegern etwa A. M. Schwemer, Der Auferstandene und die Emmausjünger, in: Auferstehung – Resurrection, hg. v. F. Avemarie u. H. Lichtenberger, WUNT 135, Tübingen 2001, 95-118, sondern für den Vorgang der Erkenntnis des Auferstandenen selbst ist die Schrift ein notwendiges Element. Es ist ja gerade nicht der bereits als der Auferstande identifizierte, der die Schrift neu auslegt, sondern erst die Schriftauslegung ermöglicht seine Identifizierung.
30. Janssen, Alltagserfahrungen, 157.

unsichtbar, ihnen entzogen.« Da erinnern sie sich an das Geschehene. Aber woran sie sich erinnern, ist nicht etwa die Präsenz des Auferstandenen als solche, sie denken nicht an den Moment der Identifikation des Lebenden mit dem Irdischen, sondern an den Vorgang der Schriftauslegung: »*Brannte nicht das Herz in uns? ... Wie er die Schriften offen legte?*« (V. 32). Wo die Schrift so ausgelegt wird, dass sie vom Gott der Lebenden redet, brennt das Herz und ist die Wirklichkeit, die mit Auferstehung bezeichnet wird, gegenwärtig; der Identifizierte dagegen verschwindet und entzieht sich.

Lernen braucht Wiederholung, und so erzählt Lukas in einem weiteren Schritt den gleichen Lernvorgang noch einmal. Trotz der Botschaft dieser beiden Jünger und der eigenen Erfahrung des Petrus (V. 33 f.) löst die Erscheinung des Auferstandenen mitten unter seinen Jüngern auch beim nächsten Mal wiederum nur Angst und Schrecken aus (V. 36 f.). Der wiederkehrende Tote erscheint als Gespenst. Und selbst die körperliche Identifizierung (V. 39), ja sogar die Freude über den Auferstandenen führt noch nicht zum Glauben. Statt dessen steht ein seltsamer, oft überlesener Satz da: »*Vor Freude konnten sie nicht glauben*« (V. 41).[31] Die Freude erregende Begegnung mit dem Lebendigen führt keineswegs zu dem Glauben, um den es geht. Wiederum ereignen sich Erkennen, Verstehen und Glauben allein dadurch, dass die Schrift ausgelegt wird. Der Auferstandene erinnert zunächst an die Schriftauslegung des Irdischen (V. 44), wobei wiederum programmatisch die ganze Schrift, Tora, Propheten und Psalmen genannt werden. Nur im Ganzen, in allen ihren Teilen gemeinsam spricht die Schrift von dem, worum es hier geht. Doch sogar die Erinnerung an die Schriftauslegung des Irdischen reicht nicht: »*Da öffnete er ihnen den Verstand, damit sie die Schriften verstanden*« (V. 45), lehrt sie, was geschrieben steht, dass und wie die Schrift von Leiden und Auferstehung des Christus redet, und er belehrt sie so, damit allen Völkern in seinem Namen Buße zur Vergebung der Sünden gepredigt werde (V. 46 f.). Erst hier kommen ein Ziel und zugleich ein Auftrag, eine Sendung in den Blick, sie ergeht an die Völker. Das ist der einzige Auftrag, der genannt wird. Diese Auslegung der Schrift, deren Inhalt zumindest angedeutet wird, entspricht offenkundig dem Vorgang der »Erfüllung«, von dem beim Verweis auf die Verkündigung des Irdischen die Rede war (V. 44).

Im Lukasevangelium jedenfalls gibt es keine Auferstehungserfahrung, die einen Glauben auslöst, der nachträglich mit der Schrift in Verbindung gebracht werden kann. Die Schrift im Ganzen ist notwendig, um überhaupt zu erkennen, was geschieht und wer da ist. Die Emmausgeschichte sagt theologisch präzis, worum es geht: Der auferstandene Christus ist auf die Auslegung der Schrift angewiesen, um sich seinen Jüngern bekannt zu machen. Die übliche Behaup-

---

31. Auch eine Übersetzung mit »in ihrer Freude« (BigS) ist noch zu schwach. Es steht ausdrücklich *apo tes charas* da: »wegen der Freude«, »vor lauter Freude« (Zürcher 2007).

tung, die neue Erfahrung der Auferstehung führe zu einem neuen Verständnis der Schrift, geht an dem hier Dargestellten vorbei, genau wie bei Paulus. Allein die Auslegung der Schrift, die vom lebendigen und lebendig machenden Gott redet, ermöglicht die Wahrnehmung des Auferstandenen, macht diese »Erfahrung« möglich.

γ. Die Predigt von der Auferstehung Jesu in der Apostelgeschichte

In den beiden jeweils ersten und grundlegenden Predigten des Petrus (Apg 2, 14-36) wie des Paulus (13,16-41), durch die Lukas in der Apostelgeschichte das Zeugnis der Jüngerschaft vom Auferstandenen entfaltet, steht jeweils das Verhältnis zur Schrift im Zentrum. Es sind Schriftpredigten. Wie ist hier das Verhältnis von Schrift und Auferstehung? *Holtz*[32] so: »Ganz offensichtlich setzt der Schriftbeweis die Erfahrung von Tod und Auferstehung voraus und deutet diesen Weg von dem in der Schrift bekundeten Zeugnis des Propheten David her.«[33] Ziel der Predigten sei die Bekundung der Auferstehung durch die »Augenzeugen«; durchgängig werde »die Auferstehung durch einen Schriftbeweis bestätigt«.[34] Mit diesen Formulierungen sind m. E. die Akzente gegenüber Lukas entscheidend verändert. Genau wie in Lk 24 ist auch in der Apostelgeschichte die Erfahrung der Jünger niemals unabhängig von der Schrift; sie wird nicht als unabhängige Erfahrung eingeführt oder »vorausgesetzt« und kann deshalb nicht nachträglich durch einen Schriftbeweis »bestätigt« werden oder ihrerseits die Schrift neu interpretieren.

Petrus erzählt in Apg 2, ausgehend von der Gabe des Geistes nach Joel 3[35], die Geschichte Jesu bis zu Tod und Auferweckung. Diese wird in V. 24 von vornherein mit Schriftworten beschrieben (Ps 18[17],5; 2 Sam 22,5 jeweils Septuaginta-Fassung) und dann mit einem langen Zitat aus Ps 16 in Apg 2,25-28 begründet (*gar/denn* in V. 25). Erst nach einer ausführlichen Exegese der zitierten Schriftpassage in V. 29-31 wird in V. 32 kurz und thetisch auf die eigene Erfahrung verwiesen: »*das bezeugen wir alle*«, um danach sofort wieder die Be-

---

32. T. Holtz, Geschichte und Verheißung. »Auferstanden nach der Schrift«, EvTh 57, 1997, S. 179-196. Holtz will hier das Zusammenspiel von »Geschichte und Verheißung«, »Kontingenz und Identität« anhand von Apg 2 und 13 (sowie Röm 4) untersuchen. Für *Holtz* ist es »völlig klar, dass die Erfahrung der Auferstehung Jesu der Identifizierung des dadurch gegründeten Glaubens mit der Struktur des Glaubens Abrahams vorausliegt« (195 f.). Das bedeute, dass die Begegnung mit dem Auferstandenen einen Glauben hervorrufe, der *nachträglich* mit dem Glauben Israels, wie er in den Schriften bezeugt ist, identifiziert werden kann und dann allerdings auch muss, und dabei auch diese Schriften neu interpretiert. Die theologische Logik der neutestamentlichen Texte funktioniert anders.
33. Ebd. 185.
34. Ebd. 189.
35. Dazu u. S. 333 f.

deutung des Geschehens mit Schriftworten darzulegen. Es ist eindeutig *nicht* so, dass die eigene Begegnung mit dem Auferstandenen Ausgangspunkt oder Ziel der Argumentation wäre. Das Zeugnis der Augenzeugen spielt eine ausgesprochene Nebenrolle. Und die Auferstehung wird immer schon mit Schriftzitaten beschrieben, sie kann deshalb gar nicht durch die Schrift »bestätigt« werden.

Noch weniger stützt nach der Darstellung des Lukas Paulus, dem der Auferstandene ja ebenfalls begegnet ist,[36] seine erste, grundlegende Predigt auf diese Begegnung und damit auf seine persönliche Erfahrung. Sie kommt überhaupt nicht vor. In Gestalt einer Schriftauslegung im synagogalen Gottesdienst (Apg 13,14 f.)[37] erzählt er vielmehr die Geschichte Israels von Abraham an, kommt dann zu Johannes und Jesus und endet mit Tod und Auferweckung sowie einer knappen Nennung der anderen Auferstehungszeugen (13,16-31). Der zentrale Punkt, das Ziel, das, was als Verkündigung, Botschaft und Auftrag aus dieser Geschichte folgt, setzt so ein: »*So verkündigen wir euch die Verheißung an die Vorfahren als gute Botschaft*« (13,32).[38] Der Wortlaut sagt ausdrücklich, dass das Evangelium in der Verheißung besteht. Die »Erfüllung«, von der dann in V. 33 die Rede ist, kann deshalb nicht einfach das Eintreffen einer Voraussage sein. Was mit Jesus geschehen ist, ist vielmehr die tatkräftige Bekräftigung der alten Verheißung an die Väter und Mütter, die so neu als Evangelium verkündet werden kann. Und das wird dann mit Zitaten aus Ps 2; Jes 55; Ps 16 und Hab 1 entfaltet, was ebenfalls nicht im Sinne von eingelösten Voraussagen, sondern nur von neu und weitergeltenden Zusagen Gottes Sinn macht.

Schließlich soll noch ein kurzer Blick auf die dreimal berichtete Begegnung des Paulus mit dem Auferstandenen geworfen werden. Wenn die theologisch relevante Ereignisfolge wirklich, wie *Holtz* mit vielen anderen behauptet, die von zunächst Schrift-unabhängiger und dennoch Glauben weckender Erfahrung und ihrer nachträglichen Deutung von der Schrift aus wäre, müsste das hier klar zum Tragen kommen. Nachdem Lukas sie in Apg 9 erzählt hat, lässt er sie in Kap. 22 und 26 den Paulus noch zweimal selbst berichten, beide Male allerdings allein zur Apologie seines Wirkens und gerade *nicht* als Teil von auf Glauben zielender missionarischer Predigt. In Kap. 9 und 22 ereignet sich in der Begegnung selbst nur ein kurzes Zwiegespräch, das auf die Selbstvorstellung des von Saulus Verfolgten hinausläuft, ohne jede Deutung und ohne jeden Auftrag. Das muss alles Ananias bzw. die Gemeinde übernehmen, an die Paulus verwiesen wird. Erst in der dritten Variante in Kap. 26 erfolgt der Auftrag zur Verkündigung in dieser Begegnung selbst (V. 16-18). Aber gerade in dieser Fassung behauptet Paulus danach ausdrücklich, dass er bei seinem Zeugnis vor Klein und Groß nichts sage, »*außer dem, was in den prophetischen Büchern und bei*

---

36. Dazu u. S. 273 f.
37. In vieler Hinsicht parallel zur so genannten Antrittspredigt Jesu in Lk 4.
38. Übersetzung im Anschluss an die Zürcher Bibel 2007.

Mose geredet worden ist, dass es geschehen werde« (26,22). Das klingt so, wie es auch Paulus selbst in 1 Kor 4,6 formulieren kann, und ist ein theologischer Grundsatz von höchstem Gewicht: Gerade auch die einmalige Sondererfahrung des Paulus ist nichts, was unabhängig von der Schrift wäre und in irgendeiner Weise über sie hinausführt. Von der Auferstehung gibt es theologisch gesehen selbst für den Augenzeugen nichts zu sagen, was nicht schon bei Mose und den Propheten steht, nichts führt *»über die Schrift hinaus«*.

c. Zusammenfassung

Die neutestamentlichen Aussagen sind eindeutig: Nicht nur gibt es eine klare Übereinstimmung mit der pharisäischen und der später gesamtjüdischen Deutung der Schrift in der Frage der Totenauferstehung, vor allem ist die Auferstehung Jesu stets auf die Schrift bezogen und nur im Rahmen der Schrift aussagbar und verständlich. Der Befund ist nachdrücklich, breit und vor allem: immer wieder explizit. Er ist bei diesem zentralen Punkt so eindeutig und im Grunde unbestreitbar wie bei kaum einem anderen Thema. Eindeutig ist dabei stets das Prae der Schrift. Paulus formuliert sehr klar: *»Gibt es keine Auferstehung der Toten, dann ist auch Christus nicht auferstanden«* (1 Kor 15,13). Nur im Rahmen der von der Schrift bestimmten Erwartung einer Totenauferstehung ist die Erfahrung der Auferstehung Jesu als Erfahrung möglich und formulierbar.[39]

Der Befund lässt sich gut, ja fast notwendig mit den bildhaften Begriffen beschreiben, die anhand der expliziten Erfüllungsverweise entwickelt wurden: Es geht um einen Raum, der die Aussagen über Jesus ermöglicht, der durch das Ereignis nicht überschritten wird, aber auch keinesfalls in diesem Ereignis aufgeht. Die Schriften haben nicht lediglich Verweischarakter, sind im Kern keine Hinweise auf Jesus und das neutestamentliche Geschehen, sondern haben ihren bleibenden Sinn in sich. Dieser Sinn eröffnet einen Raum, in dem die neutestamentlichen Ereignisse ihren Ort finden können.

Im Grunde ist nicht dieser Befund strittig, wohl aber seine theologische Bedeutung, nämlich was dieser neutestamentliche Befund für den christlichen Glauben besagt. Die verbreitete Umdeutung der an sich so klaren Aussagen des Paulus zeigt, wie viel daran hängt. Immer wieder wird betont, es gehe um Bilder und Sprache, nicht um die Sache; immer wieder wird der von den paulinischen Formulierungen her gerade ausgeschlossene Umkehrschluss behauptet, wonach von einer neuen Erfahrung her die Schrift erschlossen werde, diese

---

39. U. B. Müller will die historische Genese des Auferstehungslaubens der Jünger als eine Deutung von Leben und Tod Jesu aufgrund von Dan 12,1-3 verstehen (Auferweckt und erhöht: Zur Genese des Osterglaubens, NTS 54, 2008, 201-220, bes. 213 ff.).

also nur nachträgliche, bestätigende Funktion habe und dabei auch noch in ihrem Sinn völlig verändert werde.[40] Doch geht es wirklich nur um eine historische, letztlich eine sprachliche Abhängigkeit? Oder geht es um eine Grundlage, die gerade *theologisch* die Ereignisse und ihre Bedeutung trägt und deshalb *theologisch* bleibend notwendig ist?

2. Auferstehung der Toten nach der Schrift

Kann aber der Raum, der nach dem Neuen Testament durch alle Teile der Schrift, durch Tora, Propheten und Schriften ausgespannt wird und in dessen Rahmen allein das Zeugnis von der Auferstehung Jesu Sinn macht und Glauben ermöglicht, auch heute der Raum sein, in dem sich christliche Theologie bewegt? Neutestamentlich geht es letztlich um die Identität des alten wie des neuen Glaubens an diesem Kernpunkt – man denke nur daran, dass für Paulus der Glaube Abrahams, dass Gott »*die Toten lebendig macht und das Nichtseiende ins Dasein ruft*« (Röm 4,17), das Muster für den Glauben der Menschen aus den Völkern ist, die zum Glauben an den Gott Israels kommen. Ist diese Identität aber auch heute durchzuhalten?

Für gegenwärtige Theologie gilt das schon deshalb als nicht nachvollziehbar, weil eine verbreitete historisch-kritische Sicht bei diesem Thema die traditionelle Überholtheit des Alten Testaments zu bestätigen scheint. Es existiert hier seit Jahrzehnten ein breiter Konsens in der alttestamentlichen Wissenschaft, nach dem keineswegs die Macht Gottes über den Tod im Zentrum des Alten Testaments steht, davon sei vielmehr lediglich am Rand und in der Spätzeit die Rede. Dieser Konsens hat bis heute verhindert, dass die große Fülle der einschlägigen alttestamentlichen Aussagen überhaupt wirklich wahrgenommen und theologisch angemessen gewertet werden konnte. Das, was bei diesem Buch sonst die Ausnahme bleiben muss, oft nur angedeutet werden kann oder durch Verweise ersetzt werden muss, nämlich die Annäherung an die theologische Substanz des Alten Testamentes selbst, muss deshalb bei diesem Thema, das für eine biblische Verhältnisbestimmung der Testamente eine Schlüsselstellung hat, jedenfalls ein Stück weit vollzogen werden.

---

40. Dazu führt etwa Schrage, 1. Korinther Bd. 4, 93 f. zustimmend eine ganze Reihe von – nur im Akzent differenten – Stimmen an.

a. Die übliche Sicht und ihre Problematik

Es muss jetzt um den seit mehreren Jahrzehnten bestehenden weitgehenden Konsens in der alttestamentlichen Wissenschaft gehen, wonach die Macht Gottes über den Tod keineswegs zentral zum Gottesbild des Alten Testaments gehört, davon sei vielmehr lediglich am Rand und in der Spätzeit die Rede. Der Konsens entstand vor allem dadurch, dass die Arbeit von Christoph Barth[41] über das Todesverständnis in den Psalmen in der »Theologie des Alten Testaments« von G. v. Rad[42] rezipiert und ausgebaut wurde. Durch eine Fülle weiterer Arbeiten entstand so ein recht geschlossenes Bild des alttestamentlichen Redens von Gott und seinem Verhältnis zum Tod,[43] mit großer Wirkung in der neutestamentlichen und systematischen Theologie. Man kann es in der Tat so formulieren: »Ohne dass v. Rad dies betont, liegt es in der Fluchtlinie seiner Theologie, dass erst das neutestamentliche Auferstehungsgeschehen an die Stelle des alttestamentlichen Schweigens tritt.«[44]

---

41. Die Errettung vom Tode in den individuellen Klage- und Dankliedern des Alten Testaments, Zürich 1947, 2. Aufl. hg. v. B. Janowski, Zürich 1987.
42. Theologie I, 300 ff.
43. Hier können aus der Fülle nur beispielhaft einige Spezialuntersuchungen seit 1990 genannt werden: K. Bieberstein, Der lange Weg zur Auferstehung der Toten. Eine Skizze zur Entstehung der Eschatologie im Alten Testament, in: Auferstehung hat einen Namen, FS H.-J. Venetz, Luzern 1998, 3-16; J. Blenkinsopp, Deuteronomy and the Politics of Post-Mortem-Existence, VT 45, 1995, 1-16; E. Bloch-Smith, Judahite Burial Practices and Beliefs about the Dead, JSOT.S 123, Sheffield 2002; J. F. Healy, Das Land ohne Wiederkehr. Die Unterwelt im antiken Ugarit und im Alten Testament, ThQ 177, 1997, 94-104; B. Janowski, Die Toten loben JHWH nicht. Psalm 88 und das alttestamentliche Todesverständnis, in: F. Avemarie/H. Lichtenberger Hg., Auferstehung – Resurrection, Tübingen 2001, 3-45; Ph. S. Johnston, Shades of Sheol. Death and Afterlife in the Old Testament, Downers Grove Il. 2002; H. Niehr, Aspekte des Totengedenkens im Juda der Königszeit, ThQ 178, 1998, 1-13; R. Podella, Totenrituale und Jenseitsbeschreibungen. Zur anamnetischen Struktur der Religionsgeschichte Israels, in: J. Assmann/R. Trauzettel Hg., Tod, Jenseits und Identität. Perspektiven einer kulturwissenschaftlichen Thanatologie, Freiburg/München 2002, 530-561; E. Zenger, Das alttestamentliche Israel und seine Toten, in: K. Richter Hg., Der Umgang mit den Toten. Tod und Bestattung in der christlichen Gemeinde, QD 123, Freiburg u. a. 1990, 132-153. Zur Verbreitung trugen Darstellungen in Theologien und Anthropologien des Alten Testaments ebenso bei (etwa: H. W. Wolff, Anthropologie des Alten Testamentes, München 1973 [u. ö.], 150 ff.) wie lexikalische Zusammenfassungen (z. B. G. Ahn/E. J. Waschke/G. Stemberger/G. Sellin, Art. Auferstehung I/1-4, RGG⁴ 1998, 913-919) und die neueren Psalmenkommentare zu Texten wie Ps 6; 30; 88 (etwa: K. Seybold, Die Psalmen, HAT I/15, Tübingen 1996; F.-L. Hossfeld/E. Zenger, Die Psalmen. Psalm 1-50, NEB, Würzburg 1993; dies., Psalmen 51-100, HThKAT, Freiburg 2000).
44. A. Schüle, Gottes Handeln als Gedächtnis. Auferstehung in kulturtheoretischer und

Im Zentrum dieses Bildes steht so etwas wie ein »theologisches Vakuum«.[45]
Der Konsens ist geprägt

- durch die Vorstellung, dass die Toten von Gott und jeder Beziehung zu ihm abgeschnitten sind, ihn nicht loben, wie es in einigen Psalmen formuliert wird;
- durch die massive Unreinheit, die alles erfasst, was mit Tod und Toten in Berührung kommt, sowie durch die Verbote der Tora, die Toten zu speisen, zu verehren und zu befragen, und das in deutlichem Dissens zu dem, was in der Umwelt, aber wohl auch im Volksglauben bzw. in familiärer Religion in Israel üblich war;
- durch die These, dass dieses Vakuum in Israel über längere Zeiten hin wirksam war und erst in der Spätzeit im Zusammenhang der aufkommenden Apokalyptik, also eher am Rande des Alten Testamentes, durch die Erwartung einer Totenauferstehung abgelöst wird (Dan 12; Jes 25; 26).

Betonte man früher deutlich den Gegensatz zu Neuem Testament und Christentum, so spricht man heute eher von der »Vorgeschichte des neutestamentlichen Auferstehungsglaubens«[46] im Sinne einer schrittweisen göttlichen »Kompetenzausweitung«[47]. Es gibt wenige andere Themen, bei denen die Überlegenheit des Neuen Testaments durch historisch-kritische Hypothesen so deutlich bestätigt zu werden scheint.

Nun basiert dieser Konsens auf Voraussetzungen, die keineswegs überzeugen. Zwei der tragenden Momente sollen im Folgenden kurz angesprochen werden.

α. Die religionsgeschichtliche Entwicklung

Die Vorstellung eines theologischen Vakuums, das erst in der apokalyptischen Spätzeit geschlossen wird, ist mit einer bestimmten Sicht der religionsgeschichtlichen Entwicklung verbunden, die heute nicht mehr überzeugen kann.

Als Anlass und Hintergrund wird angenommen, dass mit der Entstehung des radikalen Alleinverehrungsanspruchs Jhwhs, also auf Israels Weg zum Monotheismus, auch in Fragen des Umgangs mit Tod und Toten keine anderen Gottheiten zu verehren waren, weder Mot noch andere Todesgottheiten, erst recht nicht die Toten selbst als deifizierte Mächte, als Elohimwesen (1 Sam 28,13) oder als »Heiler«.[48] Das alles sind Momente, die in den Nachbarreligio-

---

biblisch-theologischer Perspektive, in: H.-J. Eckstein/M. Welker Hg., Die Wirklichkeit der Auferstehung, Neukirchen-Vluyn 2002, 237-275, Zitat 251.
45. V. Rad, Theologie II, 372; Wolff, Anthropologie, 162.
46. Janowski, Psalm 88, 4.
47. Janowski, Psalm 88, 31.
48. Zu Bedeutung von Rephaim vgl. R. Liwak, Art. רְפָאִים, ThWAT VII, 1993, 625-636.

nen eine bedeutende Rolle spielen. Aus dieser Abwehr falscher religiöser Haltungen sei dann sozusagen eine Art Tabu entstanden, das den eigenen Gott und die Sphäre des Todes völlig getrennt habe.

Eine solche Sichtweise ist fraglich geworden und hat zu bröckeln begonnen. Dazu haben nicht zuletzt archäologische Funde von Grabinschriften beigetragen. Sie bezeugen, dass man mit einer Kraft Gottes, die auch im und durch den Tod wirksam wird, mindestens teilweise schon ab dem 8. Jh. v. Chr. gerechnet hat. Es handelt sich einmal um eine Grabinschrift aus Chirbet el-Kom, die auf das Ende des 8. Jh. v. Chr. datiert wird: »*2 Gesegnet war Uriyahu vor Jhwh. 3 Und von seinen Feinden hat er ihn durch seine Aschera errettet.*«[49] Die Inschrift ist um die Abbildung einer Hand angeordnet, die wohl die (rechte) Hand Gottes darstellt und damit den göttlichen Schutz repräsentiert.[50] Es handelt sich sodann um die Grabinschriften von Chirbet Bet Layy wohl aus der 1. Hälfte des 7. Jh.s, von denen eine lautet: »*Errette, [J]hwh.*«[51] Es handelt sich weiter um zwei Silberamulette aus Ketef Hinnom, die Varianten des aaronitischen Segens aus Num 6,24-26 enthalten und wahrscheinlich aus dem 6. Jh. v. Chr. stammen.[52] Das eine von ihnen enthält einige zusätzliche Zeilen, die nicht eindeutig zu lesen sind, aber vielleicht »mit der Wirkmächtigkeit JHWHs in der Unterwelt rechnen«[53]: »*denn bei ihm ist Erlösung, denn Jhwh bringt uns zurück ins Licht*« (Zeile 11-14).

Eindeutig in diesen Inschriften ist, dass den Toten hier keinerlei eigene Mächtigkeit zugeschrieben wird. Es gibt keine Spur von Totenverehrung. Auf der anderen Seite spricht doch viel dafür, dass die Toten mit derartigen Formulierungen auch im Grab Jhwh als einer »Schutzgottheit« anvertraut werden,

---

Zur Frage der Totenehrung vgl. bes. B. B. Schmidt, Israel's Beneficent Dead. Ancestor Cult and Necromancy in Ancient Israelite Religion and Tradition, FAT 11, Tübingen 1994.

49. J. Renz/W. Röllig, Handbuch der althebräischen Epigraphik I, Darmstadt 1995, 208 ff.; zur Diskussion insbes. über die Funktion der Aschera in diesem Zusammenhang s. J. Jeremias/F. Hartenstein, »JHWH und seine Aschera«. »Offizielle Religion« und »Volksreligion« zur Zeit der klassischen Propheten, in: B. Janowski/M. Köckert, Religionsgeschichte Israels. Formale und materiale Aspekte, Gütersloh 1999, 79-138, bes. 115 ff.; Janowski, Psalm 88, 15 f.31.

50. So im Anschluss an S. Mittmann (Das Symbol der Hand in der altorientalischen Ikonographie, in: R. Kieffer/J. Bergman Hg., La Main de Dieu. Die Hand Gottes, Tübingen 1997, 19-47) Jeremias/Hartenstein, Aschera, 116.

51. Inschrift 3, Renz/Röllig, Handbuch I, 249; vgl. ebd. 245 ff. die Inschrift 2, die ebenfalls eine Bitte um Rettung enthält.

52. Renz/Röllig, Handbuch I, 447 ff.

53. So Janowski, Psalm 88, 31 im Anschluss an die Lesart von C. Uehlinger in: O. Keel/C. Uehlinger, Göttinnen, Götter und Gottessymbole. Neue Erkenntnisse zur Religionsgeschichte Kanaans und Israels aufgrund bislang unerschlossener ikonographischer Quellen, QD 134, Freiburg 1992, 4. Aufl. 1998, 418. Anders Renz/Röllig, Handbuch I, 453.

und sich auch im Tod in seiner »Obhut« empfinden[54] und von ihm Rettung erwarten. Wenn in Chirbet el-Kom von Segen und Rettung im vergangenen Leben Urijas die Rede ist,[55] dann muss es ja einen Sinn machen, daran im Grab zu erinnern. Und das bereits ab dem 8. Jh. v. Chr.!

So ist eine andere Sichtweise der religionsgeschichtlichen Entwicklung sehr viel wahrscheinlicher. Für sie dürfte wie bei vielen anderen Themen die Entstehung einer radikalen Alleinverehrung des israelitischen Gottes der entscheidende Einschnitt und Wendepunkt gewesen sein. In der Zeit Elias und der einschlägigen Konflikte des 9. Jh.s dürfte dafür der entscheidende Durchbruch liegen;[56] doch ist die Datierung für die Sachfrage, um die es allein hier geht, zweitrangig. Wie die Funktionen Baals, aber auch die weiblicher Gottheiten, sich von diesem Moment an allein mit Jhwh verbinden, so auch alles, worum es beim Todesgott Mot und seiner Macht geht.[57] Ist die Todesgottheit in allen polytheistischen Religionen immer eine der mächtigsten überhaupt, ist doch alles Leben dem Tod ausgeliefert, so waren bereits erste Schritte in Richtung einer Alleinverehrung des Gottes Israels notwendigerweise mit der Frage nach der Macht im und über den Tod verbunden. Das bezeugen eindrucksvoll die Erzählungen über Totenerweckungen in der Elia-Elisazeit (1 Kön 17,17 ff.; 2 Kön 4,18 ff.) bis hin zu der paradoxen Vorstellung, dass auch noch die mit diesem Gott verbundenen Toten Tote erwecken können (2 Kön 13,20 f.). Wie bei allen anderen negativen Erfahrungen war die entscheidende Frage des Bezuges zu Jhwh auch hier nicht, *ob* es eine solche Verbindung gibt, sondern allein, *wie* sie aussah. Dabei ging es stets zentral um das Durchhalten der Grunderfahrungen, die mit diesem Gott immer schon verbunden waren, auch in ganz neuen Erfahrungsfeldern. Das aber waren Erfahrungen der Rettung aus Not, wie sie in der Exodustradition und in anderen Beispielen (Ri 5) aus dem politisch-geschichtlichen Feld überliefert wurden. Ging es darum, sich in aller Not mit diesem Gott und seiner Kraft zu verbinden, so musste das Rettung auch aus der Not des Todes bedeuten. Man war auch im Tod keiner anderen Macht ausgeliefert als diesem Gott. Sein Eigenstes aber zeigt sich erst und nur, wo es um Rettung ging. Deshalb konnte der Gott Israels nicht der überlegene Todesgott werden (wie er natürlich der bessere, der überlegene Baal werden musste und konnte), sondern der Gott des Lebens. Natürlich bleiben die Toten tot, in der Regel, natürlich loben die Toten Gott nicht, wie es immer wieder in den Psalmen heißt (Ps 6,6; 88,11 ff.), und das gilt bis heute. Dennoch gab es auch in diesem Bereich

---

54. So Jeremias/Hartenstein, Aschera, 116 zu der Inschrift aus Chirbet el-Kom.
55. Noch stärker gilt das natürlich, wenn die Formulierungen von Segen und Rettung präsentisch oder futurisch gemeint sind.
56. Dazu F. Crüsemann, Elia – die Entdeckung der Einheit Gottes. Eine Lektüre der Erzählungen über Elia und seine Zeit, KT 154, Gütersloh 1997.
57. Vgl. dazu bes. W. Herrmann, Jahwes Triumph über Mot, UF 11, 1979, 371-377.

die Erfahrung, dass Gott rettet, eben aus dem Tod rettet. Davon wird in vielfältigen, nicht zu vereinheitlichenden Bildern gesprochen, wobei auch ältere und fremde Traditionen aufgenommen und verwandelt werden konnten.[58] Von dem Moment an also, wo das erste Gebot der Sache nach für den Gottesglauben zentral wird, gehört die Macht über den Tod unaufhebbar zum Gottesbild. Es widerspricht der theologischen wie religiösen Logik, dass das erste Gebot aus Furcht vor der Verehrung anderer Gottheiten jenes Vakuum erzeugt haben soll, das man hier so lange sah. Mit seinem Aufkommen ist vielmehr der Gott Israels der Gott, der Tote auferweckt, wie es die zweite Bitte der Amida so eindrücklich formuliert: Gott hält *»die Treue denen, die im Staube schlafen«* und *»belebt die Toten«*[59].

Für die *theologische* Perspektive ist ein weiterer Punkt entscheidend. Ist unabhängig von Datierungsfragen richtig, dass die Macht über den Tod zum israelitischen Gottesbild vom Zeitpunkt einer strengen Alleinverehrung an gehört, dann geht es unausweichlich um einen Aspekt der kanonbildenden Perspektive und nicht um ein paar späte Stellen am Rande des Alten Testamentes. Dann aber spräche im Sinne des kanonischen Textes Gott als Gottheit, die aus dem Tod erretten kann, aus jedem Vers das Kanons[60] – und genau das ist es, was die angeführten Verweise des Neuen Testamentes wie die jüdische Tradition besagen.

β. Gott und Tod in biblischer Sprache

»Aus dem Totenreich hast du mein Leben heraufgeholt«, dankt der Beter/die Beterin Gott in Ps 30,4. Die Klage- und Dankpsalmen sind voll von verwandten Ausdrücken. Die Vorstellung, dass das Totenreich ein der Macht Gottes entzogener und von Gott völlig getrennter Raum sei, konnte sich in der wissenschaft-

---

58. Dazu u. S. 283 f.
59. Zum Wortlaut s. o. Anm. 25.
60. Zu den entsprechenden Vorstellungen der Tora s. gleich u. S. 283 ff. Dass die Sadduzäer die Auferstehung leugnen (Mt 22,23-33; Mk 12,18-27; Lk 20,27-40; Apg 23,7 f.), wird üblicherweise mit einer sehr traditionellen Haltung erklärt und stände damit in Übstimmung mit dem genannten Konsens der Wissenschaft. Aber da es keine von ihnen selbst stammenden Quellen gibt (Überblick bei: G. Stemberger, Pharisäer, Sadduzäer, Essener, SBS 144, Stuttgart 1991; H.-F. Weiß, Art. Sadduzäer, TRE XXIX, 1998, 589-594), bleiben Sinn und Zusammenhang ihrer Lehre umstritten. So nehmen neuere Untersuchungen, dass sie »rejected Customs that may have been universally accepted over centuries« (M. Goodman, The Place of the Sadducees in First-Century Judaism, in: F. E. Udoh Hg., Redefining first-century Jewish and Christian Identities, FS E. P. Sanders, Notre Dame, Ind. 2008, 139-152, Zitat 147). Sie seien so etwas wie »radical biblical fundamentalists« gewesen (ebd.), die auf dem Wortlaut der biblischen Texte beharren. Dann würden sie die Tora gegen die apokalyptische Auferstehungserwartung lesen.

lichen Sicht nur deshalb entwickeln und durchsetzen, weil diese breite biblische Bildsprache sozusagen kaltgestellt wurde.

Das liegt an einem grundlegenden Widerspruch, der die so einflussreiche Arbeit von Christoph Barth[61] prägt. Haben ältere Exegeten hinter den Beschreibungen der Not mit Bildern des bereits wirksamen Todes, aber auch der Rettung daraus, nur ein Produkt »krankhaft überreizter Phantasie« gesehen,[62] so war es Barth, der überzeugend nachgewiesen hat, dass diese Formulierungen keineswegs nur bildhaft gemeint sind. Es geht um eine reale, sachliche Verschränkung. Beide, der dem Tod nahe und der real Gestorbene, »befinden sich in einer unheilvollen Sphäre und sind außerstande sich aus ihr zu entfernen … beiden könnte nur ein außerordentliches Eingreifen Gottes helfen«[63]. Die begrenzte Begegnung mit der Wirklichkeit des Todes »genügt, um ihn die ganze Wirklichkeit des Todes erfahren zu lassen«[64]. Und was für die Totenwelt gilt, gilt auch für das Gegenteil, die Errettung vom Tode, die Auferstehung. Barth hat hier ein wichtiges biblisches Sprachfeld überzeugend geklärt. Aber es gibt auch eine andere Seite. Obwohl Barth sieht, dass die Psalmen die Not als Hereinbrechen der Todesmächte und die Rettung als Weg aus dem Tod beschreiben, will er den wirklichen, den realen, den physischen Tod dann doch deutlich davon unterscheiden. Dass die »Unterscheidung zwischen ›bildlich‹ und ›real‹ oder ›uneigentlich‹ und ›eigentlich‹« hier nicht am Platze ist, wie er ausdrücklich sagt, führt nicht dazu, dass der Unterschied wegfällt oder keine große Bedeutung hat. Sein gesamtes Buch ist von dieser merkwürdigen inneren Spannung geprägt. Barth entdeckt ein wichtiges Stück der Eigenbegrifflichkeit und der eigenen Weltwahrnehmung der Bibel, wonach zwischen Leben und Tod eine viel offenere Grenze besteht, ein Phänomen, das nachweislich in vielen anderen Kulturen ebenfalls wirksam ist;[65] er kann zeigen, dass dieses Denken anders ist als das uns geläufige, sich unterscheidet von Sprache und Denken der Moderne. Zugleich aber ist Barth derjenige, der in seinem Buch am entschiedensten verneint, dass in den Klage- und Dankliedern irgendwo von einem Handeln Gottes an den »wirklich« Toten die Rede ist. Selbst für Texte wie Ps 16; 49 und 73 will er das ausschließen. Es gelte vielmehr uneingeschränkt: »Irgendwann wird der Mensch doch sterben müssen. Ein Tag wird sein letzter sein.« »Das Totenreich ist für alle seine Bewohner ein Land ohne Heimkehr.«[66]

Man kommt nicht umhin anzunehmen, dass hier letztlich doch ein textfer-

61. Die Errettung vom Tode.
62. Z. B. R. Kittel, Die Psalmen, KAT XIII, 5./6. Aufl. Leipzig 1929, 291.
63. Barth, Errettung, 114.
64. Ebd. 116.
65. Vgl. etwa H.-P. Hasenfratz, Zum sozialen Tod in archaischen Gesellschaften, Saec 34, 1983, 126-137.
66. Errettung, 164 f.

ner und kulturell fremder Maßstab angelegt wird. Es ist zunächst die Sprache und damit das Denken des Alten und Neuen Testaments, nach der in den beklagten Notlagen der Tod bereits wirksam ist, und in ihr wird gesagt, dass Gott aus dem Tod rettet. Nun braucht man gar nicht zu bezweifeln, dass die Differenz zwischen überwindbarer Not und endgültigem Tod den Menschen auch damals bewusst war und in den Psalmen vorausgesetzt wird. Aber entscheidend ist doch, dass diese Verschiedenheit gerade in den Klage- und Dankliedern nicht betont wird, dass die Unterschiede damit in der biblischen Sprache nicht realisiert werden. Beides ist Todesmacht, beides wird gleich benannt und gleich beschrieben. Wie will man bestreiten, dass beides auch gleich erlebt und vor allem *theologisch* gleich bewertet wird? Die Unterscheidung, um die es Barth geht, ist den Texten nur mühsam abzuringen; es liegt ihnen offenbar eher am Umgekehrten, nämlich genau daran, diese Unterscheidung zu negieren, aufzuheben, zu verwischen. Wenn die Sprache und damit auch das theologische Denken der Psalmen die Grenze zwischen Leben und Tod anders setzt als wir, wenn beides immer wieder ineinandergreift, dann besteht kein Anlass zu der Annahme, den Psalmen liege letztlich eben doch unsere Todesdefinition zugrunde. Genau das muss aber Barth und die ihm folgende Exegese unterstellen.

Um zu verstehen, was die Texte sagen, muss man umgekehrt versuchen, ihrem eigenen Duktus zu folgen, und also das genau Umgekehrte annehmen: So wie die Erfahrung des Todes beide Bereiche verbindet, gilt das auch für die Möglichkeiten Gottes. Wenn Gott die Betenden aus dem Rachen des Todes, in dem sie in ihrer Not bereits stecken, entreißen kann, kann er das auch mit den Toten tun, die nach unserer – aber eben nur nach unserer – Definition kategorial anders tot sind. Nur wenn Gott dem Tod überlegen ist, dieser keine Grenze seiner Macht darstellt, nur dann kann Gott auch die aktuelle Todesnot beseitigen.

Um ein ähnliches und damit eng verwandtes Problem geht es bei der verbreiteten kategorialen Trennung der Auferstehung Jesu und der zukünftigen allgemeinen Totenauferstehung als eschatologische Ereignisse von anderen biblischen Berichten über Gottes todüberwindende Macht. Man kann als Beispiel die Erzählungen über Totenerweckungen nehmen, die im Alten wie im Neuen Testament so erstaunlich gleich sind. Sie demonstrieren die Macht Gottes über den Tod. Es ist sicher nicht im Sinn der Texte, wenn man die »richtige«, d. h. die eschatologische Auferstehung der Toten davon ein für alle Mal kategorial unterscheidet.[67] Zwar ist beides auch nach antiken Vorstellungen nicht einfach zu identifizieren, aber es kommt gerade auf die Beziehungen und Entsprechungen

---

67. So etwa B. Kollmann, Totenerweckungen in der Bibel – Ausdruck von Protest und Zeichen der Hoffnung, JBTh 19, Neukirchen-Vluyn 2004,121-141. Eine Verbindung mit der Auferstehung Jesu sieht er – auch bei den von Jesus selbst berichteten Geschehnissen! – nur nachträglich und gegen den ursprünglichen Sinn der Texte (bes. 141).

an. Beides entspringt derselben Kraft Gottes und zeigt dieselbe Macht. Nun ist das Argument richtig, dass die derart vom Tod Erweckten bzw. in der Psalmensprache aus dem Tod Erretteten dann irgendwann dennoch sterben müssen. Aber genauso wird eben nicht, wird an keiner einzigen Stelle argumentiert. Diese Unterscheidung droht vielmehr das Wichtigste, von dem die Texte sprechen wollen, zu bestreiten und zu verbieten. Dass die gleiche Sprache vorliegt, die gleichen Begriffe und Wendungen vorkommen, heißt doch, dass es auf das Vergleichbare gerade ankommt. Theologisch liegt den Texten offenbar Entscheidendes an einem untrennbaren Mit- und Ineinander der Sphären.[68] Und was beides verbindet, was beides füreinander durchsichtig und damit mehr als Bild werden lässt, ist doch nicht nur ein Sprachspiel, sondern nichts anderes als das, was wir Gott nennen.

Theologisch muss es ja immer gerade auch darum gehen, die Erfahrungs- und Denkinhalte der Texte für heutige Sprache und Erfahrung aufzuschließen und zu erproben. Nur wenn man die Auferstehung Jesu kategorial von den breit belegten Auferstehungserfahrungen des Alten wie des Neuen Testamentes trennt, kann man damit auch die gegen den biblischen Text vollzogene Trennung der Testamente bei diesem Thema belegen. Diese Trennung nimmt den Texten die Möglichkeit, das zu sagen, wovon sie reden: wie sehr die Erfahrungen der Nähe und Macht Gottes immer auch Erfahrungen des Lebens gegen den und aus dem Tod sind.

b. Gott gegen den Tod

Im Grunde war im Blick auf das Alte Testament immer unübersehbar: »Der Machtbereich Jahwes [endete] keineswegs an der Grenze der Todeswelt.«[69] Gott kann vielmehr bei Bedarf jederzeit in das Totenreich hineinwirken und hineingreifen. Derartige Aussagen standen immer in einer deutlichen Spannung zu dem so breit vertretenen Konsens. Es lässt sich sogar eine ausgesprochene Fülle und Vielfalt solcher Vorstellungen, von Erfahrungswerten und Hoffnungsbildern anführen. Sie sollen im Folgenden in aller Knappheit angeführt werden, bevor dann nach der bleibenden theologischen Rolle solcher Vielfalt zu fragen ist.

Das beginnt mit der Schöpfung. Am Anfang im Paradies ist den Menschen

---

68. Vgl. dazu L. Schottroff, Es gibt etwas, das uns nicht schlafen lässt. Die Kraft der Auferstehung verändert das Leben, in: L Sutter Rehmann u. a. Hg., Sich dem Leben in die Arme werfen. Auferstehungserfahrungen, Gütersloh 2002, 16-29, sowie die anderen Beiträge dieses Bandes. Zur entsprechenden paulinischen Sprache und Theologie: C. Janssen, Anders ist die Schönheit der Körper, bes. 266 ff. 307 ff.

69. G. v. Rad, Theologie I, 401.

der Baum des Lebens zugänglich. Der Griff zu den Früchten, die ewiges Leben versprechen (Gen 3,22), ist nicht verboten.[70] Das wird erst durch die Vertreibung aus dem Garten anders. Dadurch wird menschliches Leben begrenzt und dem Tode ausgesetzt. Doch diese ursprüngliche Möglichkeit gehört zum Ursprungstraum der Menschheit, der Wunsch nach dauerhaftem Leben, und die Trauer um den Verlust prägen menschliches Leben unverlierbar mit. Und der biblische Anfang bezeugt auch, dass Gott als Schöpfer die Macht hat, Leben zu schaffen und Leben als ewiges zu gewähren. Die extrem langen Lebenszeiten der Erzväter und -mütter (bes. Gen 5) sind vielleicht so etwas wie ein Nachklang paradiesischen Lebens.

Das menschliche Leben, das nach Gen 2,7 durch den dem Lehm eingehauchten Atem Gottes entsteht, kehrt im Tod zu Gott zurück. Dahinter steht keine Seelenvorstellung, gewiss nicht, auch gerade nicht die Vorstellung ewigen Lebens, die immer nur außerhalb der menschlichen Möglichkeiten liegt. Aber es ist doch mehr als eine Metapher. Diese anthropologische Konzeption als durch Gottes Atem atmende Materie, bringt geradezu auf den Begriff, dass das Leben Gott gehört und dass das, was das Leben ausmacht, immer Gottes ist und immer bei Gott ist. Eine solche Lebensvorstellung findet sich bekanntlich in den Proverbien, bei Kohelet und in Ps 139.

Gibt es also nachparadiesisch in der Regel keine Perspektive persönlichen Lebens jenseits des Todes, so gibt es – gelesen in der kanonischen Folge – davon beachtliche Ausnahmen. Henoch, der »*mit Gott*« lebte, wird in den Himmel entrückt (Gen 5,24), ebenso später der Prophet Elia (2 Kön 2,11). Aus diesem Leben mit und bei Gott in der himmlischen Sphäre können sie mit Aufträgen auf die Erde zurückkommen (Mal 3) oder – dann im apokalyptischen Kontext – Auskunft über Geschichte und Zukunft geben.

Die übliche Vorstellung vom Totenreich ist die des Landes ohne Wiederkehr. Die konkreten Schrecken der Scheol leben von der Erfahrungswelt des Grabes, die Unterwelt wird als einziges großes Grab vorgestellt. Das ist die – wie man nachdrücklich sagen muss, bis heute völlig unveränderte – Realität. Der biblische Glaube glaubt dagegen an, vor und nach Christus. So gottfern dieses Totenreich auch erscheint, es ist Teil von Gottes Schöpfung und Machtbereich. Sogar von so etwas wie Wiederkehr aus dem Land ohne Wiederkehr ist betont in prophetischen (Am 9,2) wie hymnischen (1 Sam 2,6; Ps 139,8) Formulierungen die Rede. Betont wird dabei, dass Gott ohne Einschränkung Zugriffsmöglichkeiten auch auf die Unterwelt und ihre Bewohner und Bewohnerinnen hat. Gott führt hinein und hinaus, tötet und macht lebendig. Es ist diese Macht, die manche Psalmbetende zu Fragen führt wie in Ps 88,11: »*Wirst Du an den Toten Wunder tun?*« Es geht hier nicht, wie meist angenommen wird, um rhetorische

70. Dazu J. Barr, The Garden of Eden and the Hope of Immortality, London 1992.

Fragen.[71] Hat Gott die Macht, solches zu tun, und das steht nicht in Frage, handelt es sich um reale Fragen. Sie fragen nach so etwas wie Auferstehung, und die Fragen stellen sich auch heute noch.

Von der Realisation solcher Macht erzählen die Geschichten über Totenerweckungen, die im Alten wie im Neuen Testament so erstaunlich ähnlich sind (bes. 1 Kön 17; 2 Kön 4,18 ff.; Mk 5,22 ff.; Lk 7,11 ff.; Joh 11; Apg 9,36 ff.). Dazu gehört als eindrucksvolles Paradoxon die lebenschaffende Macht von den Toten, die zu Gott gehören (2 Kön 13,20 f.; Mt 27,52 f.).

Als Hoffnung, die ganze Gruppen betrifft, das Gottesvolk als Ganzes, alle Gerechten oder gar alle Menschen – als Hoffnung auf kollektive Auferstehung entstehen in der heranwachsenden Apokalyptik die Bilder von Jes 25 und 26 sowie dann als Zusage in Dan 12. Hier verwandelt sich Gottes Macht in konkrete Verheißungen und damit in lebensbestimmende Hoffnung. An dieser Perspektive, zu der auch das Bild von Gottes Zukunft mit den Toten und den noch Ungeborenen gehört, wie es Ps 22 am Ende (V. 26-30) dem übergroßen Leid des von Gott Verlassenen (V. 2 ff.) entgegenstellt, hat sich durch die Auferstehung des Einen nichts prinzipiell geändert.

Aber neben diesen Zusagen und ihren offenen Perspektiven erwachsen im Psalter noch ganz andere Konzepte, davon weitgehend unberührt. Von nicht zu unterschätzendem theologischen Gewicht sind dabei Vorstellungen einer Unzerstörbarkeit der Gottesgemeinschaft, wie sie in Ps 16 und insbesondere in Ps 73 entwickelt werden: »*Trotz allem bleibe ich immer bei dir, Du hast meine rechte Hand ergriffen ... und nimmst mich danach in Würde an*« (Ps 73,23 f.). Überhaupt sind die Psalmen ein bunter Garten für unterschiedliche Vorstellungen von Gottes Wirken an den Toten und der Rettung aus dem Tod. Die hier Sprache und Lied gewordenen Erfahrungen, dass Gott Macht hat über die Mächte des Todes, wie sie in allen Formen des Leides, der Gewalt, der Krankheit, des Unrechts, der Traumatisierungen mitten im Leben das Leben bedrohen, Erfahrungen, dass das Leben erneuert wird, neues Leben aus diesem vielfachen Tod entsteht: »*Du überlässt mein Leben nicht dem Totenreich*« (Ps 16,10). »*Ich werde ... mich sättigen, wenn ich erwache, an deinem Bild*« (17,15). Diese Sprache der individuellen Klage- und Danklieder gehört zu Israels Reden von Gott, die auch das Neue Testament mitprägen. Es prägt noch die Sprache moderner Dichtung: »*Manchmal stehen wir auf mitten am Tage*« (M. L. Kaschnitz).

All dies ist der Hintergrund, auf dem dann große Texte wie Ez 37, wo der Geist das Feld der Totengebeine zum Leben bringt, und Jes 53, wo der Gottesknecht, der jenseits seines Grabes bei den Übeltätern siegt, ihre weithin reichende Strahlkraft entfalten.

Hat man diese Fülle vor Augen, ergibt sich fast zwangsläufig die Frage, ob

---

71. Dazu Crüsemann, Rhetorische Fragen.

nicht auf eine ganze Reihe von eher dunklen oder rätselvollen Passagen noch einmal neues Licht fällt. Im Banne des genannten Konsenses, wonach Gott und die Toten im Alten Testament absolut getrennt sind, sind nicht wenige Stellen, die vor dem Entstehen dieser Meinung als Belege für ein Wirken Gottes jenseits der Todesgrenze gedeutet wurden, umgedeutet worden, aber ohne dass ein wirklich überzeugendes neues Verständnis entstanden wäre.

Da ist etwa

> Ps 90,3 *Zurückkehren lässt du die Menschen zum Staub*
> *Und sprichst: Kehrt zurück, Menschenkinder.*

Da ist zunächst von Rückkehr zum Staub die Rede, also vom Tod, und dann kommt der Rückruf Gottes. Ist der Weg in den Tod doppelt ausgesagt? Oder ist eine doppelte Rückkehr gemeint? Also die Rückkehr von der Rückkehr, der Weg aus dem Tod?

Ähnlich rätselhaft bleibt

> Ps 139,15 *Meine Knochen waren nicht vor dir verborgen …*
> *als ich gebildet wurde in den Tiefen der Erde.*

Das Entstehen in der Erde steht neben dem Gebildetwerden im Mutterleib (V. 13). Was also ist gemeint? Wann werden Menschen, wie das sprechende Ich des Psalms, nicht im Leib der Mutter, sondern in den Tiefen der Erde gebildet? Wirklich keine Auferstehung?

Ein weitgehend vernachlässigtes, theologisch aber sehr grundlegendes und weitreichendes Motiv der Todesüberwindung ist schließlich das Gedächtnis Gottes. Gegen die sichtbare Macht des Todes – »*Menschen liegen und stehen nicht wieder auf, bis der Himmel nicht mehr existiert, erwachen die nicht*« (Hi 14,12) – setzt Hiob die Hoffnung, dass Gott ihn selbst in der Unterwelt, im Totenreich versteckt und sich dann seiner erinnert (V. 13), »*du riefst und ich würde dir antworten* (aus dem Totenreich heraus!), *nach dem Werk deiner Hände trügst du Verlangen*« (V. 15). Etwas Grundlegenderes gibt es theologisch nicht,[72] als dass wir im Gedächtnis Gottes weiterleben, deshalb auch im Tod Gott nicht entzogen sind, und dass Gott, unser Schöpfer, Verlangen nach uns hat. Von diesem Gott aber erzählt die Bibel von Anfang an.

Anders als verbreitete Theorien besagen, fehlt es also im Alten Testament nicht an Vorstellungen von Gottes Macht über den Tod oder sein Handeln an Toten, es gibt sie vielmehr in einer kaum überschaubaren Fülle. Religions-

---

72. Das betont mit Recht Schüle, Gottes Handeln als Gedächtnis, der aber den hier genannten Hiob-Text (m. E. den deutlichsten in der hebräischen Bibel) nicht erwähnt.

geschichtlich spiegelt sich darin eine lange Geschichte, in der auch ältere altorientalische oder dem Volksglauben entstammende Konzepte weitertradiert und in neue Zusammenhänge gerückt werden. Diese Fülle spiegelt sich zudem auch im Neuen Testament. Neben dem dominanten Auferstehungs-/Auferweckungs-Glauben kommen dort weitere Konzepte damit verbunden zur Sprache. Sie sind auch innerhalb einer einzelnen Schrift nicht in einen klaren zeitlichen Ablauf integrierbar. Es sei hier nur an den Satz des sterbenden – und in drei Tagen auferstehenden! – Jesus am Kreuz erinnert: »*Heute wirst du mit mir im Paradies sein*« (Lk 24,43).[73]

Was bedeutet diese Fülle nun theologisch? Gottes Macht über den Tod ist, wenn auch in sehr unterschiedlicher Weise, immer mit dabei. Denn sie gehört zum Gottesbild selbst, ist untrennbar mit der Einheit Gottes verknüpft. Die Einheit und Nicht-Abbildbarkeit Gottes kann und muss sich in einer Fülle von Gottesbildern ausdrücken. Der Gott Israels ist als Gott der Freiheit und der Gerechtigkeit vom Moment einer bestehenden Alleinverehrung an durchgängig unter anderem auch Herr über den Tod. Es gibt hier weder eine göttliche Gegenmacht noch ein theologisches Vakuum.

Damit ist der Raum angedeutet, in dem die Erfahrungen mit und die Rede von der Auferstehung Jesu als dem Erstling ihren Ort haben. Diese Erfahrungen und dieses Reden sind auf die vorgängige und theologisch unabhängige und unabhängig bleibende Fülle der Schrift angewiesen. Das beginnt bei der Sprache und dem Vorstellungshintergrund, geht über den theologischen Verheißungscharakter, endet aber nicht dort, sondern betrifft auch und vor allem die Wahrheit dieser Frage. Nur wenn das, was das Alte Testament über Gott und Gottes Macht über den Tod sagt, wahr ist, nur dann und nur in dem dadurch eröffneten Raum kann auch das wahr sein, was über die Auferstehung Jesu erfahren und gesagt wurde. Dieses Geschehen kann die Fülle, von der die Schrift spricht, weder ersetzen noch auch nur in der Substanz verändern.

---

73. Dazu M. Crüsemann in: F. Crüsemann/M. Crüsemann, Die Gegenwart des Verlorenen. Zur Interpretation der biblischen Vorstellung vom »Paradies«, in: J. Ebach u. a. Hg., »Schau an der schönen Garten Zier ...« Über irdische und himmliche Paradiese. Zu Theologie und Kulturgeschichte des Gartens, Jabboq 7, Gütersloh 2007, 25-68, hier: 62 ff.

9. Kapitel:
»Zur Rechten Gottes« –
Die Erhöhung und Präexistenz des Christus
und die Identität des Gottes Israels

1. Ps 110,1 – die Erhöhung Jesu und die Schrift

»Setze dich zu meiner rechten Hand« – das Gotteswort zum messianischen Herrscher aus Ps 110,1 ist der am meisten zitierte Vers der Schrift im Neuen Testament. 16- bzw. sogar 21-mal kommt er dort vor[1] und in fast allen neutestamentlichen Schriftengruppen.[2] Die Aussage hat es bekanntlich – in Form der Formulierung »Sitzend zur Rechten Gottes« – bis ins apostolische Glaubensbekenntnis und damit in nahezu jeden christlichen Gottesdienst gebracht. Neben dem Titel »Sohn Gottes« ist das wohl die wichtigste Aussage über das Verhältnis des Messias Jesus zu Gott. Was bedeutet es für das Verhältnis zur Schrift, dass es sich dabei um ein Schriftwort, ein Zitat handelt?

Es liegt auf der Hand, dass die Formulierung als klassisches Beispiel für das Verständnis der Schrift als Christuszeugnis verstanden wurde, als vorausdeutender Hinweis auf das, was mit Christus geschieht. Dementsprechend besitzt es einen prominenten Platz in den Listen der Weissagungen, die ab dem 2. Jh. kursieren.[3] Aber ist damit die Bedeutung des Bezugs auf die Schrift in diesem Zusammenhang sachgemäß erfasst?

Von David. Ein Psalm
Spruch Adonajs an meinen Herrscher:

---

1. Zahl und Belege bei M. Hengel, »Setze dich zu meiner Rechten!« Die Inthronisation Christi zur Rechten Gottes und Psalm 110,1; in: M. Philonenko Hg., Le Trône de Dieu, WUNT 69, Tübingen 1993, 108-194 (119) = ders., Kleine Schriften, Studien zur Christologie, WUNT 201, Tübingen 2006, 281-367 (292). Er nennt: Mt 22,44; 26,64; Mk 12,36; 14,26; 16,19; Lk 20,42 f.; 22,69; Apg 2,34 f.; Röm 8,34; 1 Kor 15,25; Eph 1,20; Kol 3,1; Hebr 1.3.13; 8,1; 10,12 f. Zusätzlich reden, ohne genaues Zitat zu sein, von der Erhöhung zur Rechten Gottes: Apg 2,33; 5,31; 7,55 f.; Hebr 12,2; 1 Petr 3,22; Ohne »zur Rechten« auch noch Apk 3,21.
2. Ausnahmen: Pastoralbriefe und Corpus Johanneum.
3. Dazu o. S. 231 f. Belege bei A. Freiherr v. Ungern-Sternberg, Der traditionelle Schriftbeweis »de Christo« und »de Evangelio« in der alten Kirche bis zur Zeit Eusebs von Caesarea, Halle 1913, passim. Vgl. a. Chr. Markschies, »Sessio ad Dexteram.« Studien zu einem altchristlichen Bekenntnismotiv in der christologischen Diskussion der altkirchlichen Theologen, in: M. Philonenko Hg., Le Trône de Dieu, WUNT 69, Tübingen 1993, 252-317.

»Setze dich zu meiner rechten Hand,
bis ich deine Feinde als Schemel unter deine Füße lege.«

Der Beginn dieses Psalms 110 überliefert einen Gottesspruch, wonach sich der davidisch-messianische König zur Rechten Gottes setzen soll, also in unmittelbarer Nähe des göttlichen Thrones und Gottes selbst, und zwar für die Zeit, bis Gott selbst die Feinde des Königs für diesen besiegt hat. Man kann dieses *»bis«* auch weniger als distanzierende Zeitangabe verstehen, sondern eher mit *»während«* wiedergeben.[4]

Im Neuen Testament,[5] um hier zunächst einen kleinen Überblick zu geben, sind es zwei Passagen aus den Synoptikern, die diesen Vers aufnehmen. So wird in Mk 12,36, par. Mt 22,44; Lk 20,42 f. (vgl. Barn 12,10-11) von Jesus darauf verwiesen, dass in diesem Psalm David, mit der Überschrift als Autor verstanden, den Messias seinen *»Herrn« (kyrios)* nennt:

David selbst sagt doch, erfüllt von heiliger Geistkraft: »Adonaj sprach zu meinem Herrscher: Setze dich zu meiner Rechten, bis ich deine Feinde als Schemel unter deine Füße lege«.

Zumindest im Zusammenhang der vorliegenden Evangelien ist damit offenkundig keine grundsätzliche Bestreitung der David-Sohnschaft Jesu gemeint, sondern ihre Relativierung und Ergänzung, vielleicht ein Bezug »auf verschiedene Stadien«[6]. Entscheidend ist der Verweis auf die Hohe Christologie durch

---

4. So E. Zenger, in: F.-L. Hossfeld/E. Zenger, Psalmen 101-150, HThKAT, Freiburg u. a. 2008, 197 f., im Anschluss an M. Görg, Thronen zur Rechten Gottes. Zur altägyptischen Wurzel einer Bekenntnisformel, BN 81, 1996, 72-81.
5. Zur neutestamentlichen Verwendung s. D. M. Hay, Glory at the Right Hand. Psalm 110 in Early Christianity, Nashville u. a. 1973; G. Dautzenberg, Psalm 110 im Neuen Testament (1983), in: ders., Studien zur Theologie der Jesustradition, SBANT 19, Stuttgart 1995, 63-97; Hengel, Setze Dich; ders., Psalm 110 und die Erhöhung des Auferstandenen zur Rechten Gottes, in: C. Breytenbach/H. Paulsen Hg., Anfänge der Christologie, FS F. Hahn, Göttingen 1991, 43-73; M. Tilly, Psalm 110 zwischen hebräischer Bibel und Neuem Testament, in: D. Sänger Hg., Heiligkeit und Herrschaft. Intertextuelle Studien zu Heiligkeitsvorstellungen und zu Psalm 110, BThSt 55, Neukirchen-Vluyn 2003, 146-170; L. Bormann, Ps 110 im Dialog mit dem Neuen Testament, in: Sänger Hg., Heiligkeit, 171-205. Einen Überblick über die jüdische Auslegung von der LXX bis ins Mittelalter gibt M. v. Nordheim, Geboren von der Morgenröte? Psalm 110 in Tradition, Redaktion und Rezeption, WMANT 117, Neukirchen-Vluyn 2008. Zu den Vorstellungen über Gottes Thron und seine Bedeutung s. B. Ego, Gottes Thron in Talmud und Midrasch. Kosmologische und eschatologische Aspekte eines aggadischen Motivs, in: M. Philonenko Hg., Le Trône de Dieu, WUNT 69, Tübingen 1993, 318-333; T. Eskola, Messiah and the Throne. Jewish Merkabah Mysticism and Early Christian Exaltation Discourse, WUNT II/142, Tübingen 2001.
6. So Dschulnigg, Markusevangelium, 328; vgl. Fiedler, Matthäusevangelium, 340 f.

die Schrift bzw. durch David selbst. Der Königstitel des erwarteten messianischen Herrschers, »mit dem außergewöhnliche Herrscherqualitäten verbunden sind«[7], wird durch die größere Gottesnähe relativiert.

In Mk 14,62, par. Mt 26,64; Lk 22,69 antwortet Jesus auf die Frage des Hohenpriesters, ob er der Messias und Gottessohn sei:

> *Ich bin es, und ihr werdet die himmlische Menschengestalt zur Rechten der Macht sitzen und inmitten der Wolken des Himmels kommen sehen.*

Dabei wird die Aussage von Ps 110 mit der von Dan 7,13 über das Kommen des Gottesreiches und seine Verkörperung und Symbolisierung durch die Gestalt eines »Menschlichen« verbunden.[8] Der jetzt Schwache und Ohnmächtige wird sich durch diese Erscheinung als Messias und Gottessohn erweisen. Und es ist offenkundig nur und erst diese Verbindung, die es möglich macht, ihn – dann auch schon jetzt – als Messias anzusehen.[9]

Aus der Apostelgeschichte ist insbesondere 2,33-35 zu nennen (vgl. a. 5,31; 7,55 f.):

> *Nachdem er nun zur Rechten Gottes erhöht worden war und vom Vater die verheißene heilige Geistkraft empfangen hat, hat er diese ausgegossen, wie ihr das ja auch seht und hört. Nicht David nämlich stieg zum Himmel auf; sagt er doch selbst: Adonaj sprach zu meinem Herrn: Setze dich zu meiner Rechten, bis ich zum Schemel deiner Füße gemacht habe, die dir feind sind.*

Daran soll Israel erkennen, dass Gott diesen als Kyrios und zum Messias/Gesalbten eingesetzt hat. Nicht schon die Auferstehung aus dem Tod, wovon vorher in V. 32 die Rede war, sondern diese Erhöhung und die Wirkung des Erhöhten durch den Geist machen ihn erkennbar zum Messias.

Bei Paulus ist vor allem die Aussage in Röm 8,34 von besonderem Gewicht. Eine Anklage der Auserwählten Gottes ist nicht möglich.

> *Wer wollte uns verurteilen? Der Messias Jesus, der getötet, vielmehr aufgeweckt wurde, der ist nun zur Rechten Gottes und tritt dort bittend für uns ein.*

Wichtig ist der Zusammenhang mit der Rechtfertigungslehre: Es ist die Fürbitte des Erhöhten, die eine Anklage und Verurteilung (selbst durch Gott) verhindert.

Im Auferstehungskapitel 1 Kor 15 kommt Ps 110,1 ebenfalls eine entscheidende Funktion zu: Der Messias wird am Ende seine gesamte Macht an Gott

---

7. W. Stegemann, Jesus und seine Zeit, BibEnz 10, Stuttgart 2010, 48.
8. Zur Bedeutung des so genannten »Menschensohns« sei verwiesen auf: C. Jochum-Bortfeld, »Denn der Mensch ist nicht gekommen, um sich bedienen zu lassen, sondern, um zu dienen« (Mk 10,45) – zur theologischen Bedeutung des *hyios tou anthrópou*, in: M. Crüsemann/C. Jochum-Bortfeld Hg., Christus und seine Geschwister. Christologie im Umfeld der Bibel in gerechter Sprache, Gütersloh 2009, 159-172.
9. Dazu kommt aus dem unechten Mk-Schluss: 16,19.

zurückgeben (1 Kor 15,24) und damit überhaupt alle Macht beenden. Seine Macht soll er ausüben:

bis Gott dem Messias alle diese feindlichen Mächte unter seine Füße wirft.

Dazu gehört der Sieg über den letzten Feind, den Tod.

In Eph 1,19 ff. geht es um die *»intensive Wirksamkeit göttlicher Kraft«* (1,19):

20 Sie zeigte sich wirksam in dem Gesalbten, den sie von den Toten auferweckte und in den Himmelsräumen zu ihrer Rechten setzte, 21 über jede Herrschaft und alle Gewalt und alle Macht und jedes Herrentum und alles, was sonst noch mit einem Namen angerufen wird, nicht nur in diesem Zeitalter, sondern auch in der Zukunft.

Mit dem Zurücktreten des Angewiesenseins auf Gottes Macht zugunsten der herrschaftlichen Stellung des Erhöhten tritt zugleich wie in Kol 3,1 das Transitorische, das in der Formulierung *»setze dich bis/während ...«* liegt, weitgehend in den Hintergrund. Offenkundig wird eine Art bereits erreichter Dauerzustand beschrieben:

So sucht das, was oben ist, wo Christus zur Rechten Gottes sitzt (Kol 3,1).

Das gilt ähnlich für die intensiven Zitate im Hebräerbrief (1,3.13; 8,1: 10,12 f.; 12,2) und in 1 Petr 3,22. Nach Letzterem besteht die Bedeutung der Taufe darin,

Gott um Hoffnung zu bitten. Das wird euch durch die Auferstehung Jesu möglich. Er hat Platz auf der rechten Seite Gottes, nachdem er in den Himmel aufgestiegen ist und ihm nun die Engel und Mächte und Kräfte untergeordnet sind.

Vor allem die Belege in den synoptischen Evangelien, der Apostelgeschichte und bei Paulus machen deutlich: Die Aussage über die Erhöhung zur Rechten Gottes – es ist nicht die einzige Erhöhungsaussage im Neuen Testament, aber die quantitativ wie qualitativ wichtigste – hat eine Schlüsselstellung für die Christologie des Neuen Testamentes. Sie hat »die Anfänge der nachösterlichen Christologie in entscheidender Weise geformt«[10]. Dafür ist offenkundig entscheidend, dass sie den Abgrund zwischen den verschiedenen großen Aussagen des urchristlichen Glaubens überbrückt und sie zusammenhält:

Das gilt vor allem für die Bezeichnung Jesu als der Christus, der Gesalbte, der Messias, die vom ersten Vers (Mt 1,1) an und durchgängig alle Bücher des Neuen Testamentes prägt.[11] Worum es mit Jesus geht, ist bleibend mit diesem Titel verbunden.[12] Zwar ist »die in unserem Vorverständnis tief verankerte

---

10. Hengel, Psalm 110 und die Erhöhung, 45.
11. Vgl. etwa den Überblick bei M. Karrer, Jesus Christus im Neuen Testament, GAT 11, Göttingen 1998, 350 f. (wonach der Titel lediglich im 3. Joh-Brief fehlt).
12. Dass er schon bei Paulus zu einem bloßen Teil des Namens geworden sei, wie manche meinen, etwa D. Zeller, Zur Transformation des Χριστός bei Paulus, JBTh 8,

Priorität des königlichen Messianismus«[13] angesichts eines »fast verwirrenden Reichtum(s) des Prädikats« im zeitgenössischen Judentum etwas zurückgetreten.[14] Dennoch bleibt diese Thematik zentral.[15] Die Herstellung von Freiheit und Gerechtigkeit für Arme und Unterdrückte – das ist der Kern der messianischen Hoffnung[16] und der Sinn der grundlegenden und fundamentalen Kennzeichnung Jesu im Neuen Testament als »Christus«. In der Schrift sind vom ersten Vorkommen des Begriffs Messias/*maschiach* an die Dimensionen von politischer Herrschaft und sozialer Gerechtigkeit zentral. So ist die Bitte für den König//Messias in 1 Sam 2,10 vom Handeln Gottes für die Hungrigen, Armen und unfruchtbaren Frauen und gegen die Reichen und Helden nicht zu trennen (V. 4-8). Zwar fehlt in den klassischen messianischen Weissagungen der Begriff »Gesalbter« und der Vorgang der Salbung,[17] doch werden sie umso deutlicher im Neuen Testament aufgenommen und mit Jesus verknüpft. Das gilt für Jes 9 mit der Verheißung eines ewigen Friedensreiches (V. 5.7), dessen Anfang in Mt 4,15 f. zitiert wird.[18] Das gilt für Jes 11 mit der Ankündigung von Recht und Gerechtigkeit für die Armen und Elenden (V. 4 f.) und seiner Aufnahme in Röm 15,12 und 1 Petr 4,14. Das gilt für die Herrschergestalt von Mi 5,1-3, die Israel als Hirte sicher wohnen lässt und in Mt 2,6 aufgenommen wird. Das gilt für Sach 9,9 mit seinem »niedrigen« König, der die Kriegswaffen abschafft, und seine Bedeutung für Mt 21,5 und den Einzug in Jerusalem, aber auch für Joh 12,15. Nicht zuletzt ist hier Ps 2 zu nennen, der von einem Aufstand gegen Gott und gegen den in Zion eingesetzten Messias sowie von dessen

Neukirchen-Vluyn 1993, 155-167 (158 f.), ist doch zu bezweifeln. Zu Problematik und Befund M. Karrer, Der Gesalbte. Die Grundlagen des Christustitels, FRLANT 151, Göttingen 1990, 48 ff.

13. Karrer, Jesus Christus, 135. Zur Forschungsgeschichte und ihren notwendigen Korrekturen Karrer, Der Gesalbte, 12 ff.

14. Karrer, Jesus Christus, 156.

15. So bes. S. Schreiber, Gesalbter und König. Titel und Konzeptionen der königlichen Gesalbtenerwartung in frühjüdischen und urchristlichen Schriften, BZNW 105, Berlin u. a. 2000, zusf. 538 ff.

16. Im Alten Testament wird der Vorgang der Salbung und damit auch der Titel Gesalbter/Messias neben dem König vor allem für Priester und bes. den Hohenpriester verwendet (Lev 4,2.4.ff; Ex 29.7 u. v. a.). Dazu etwa Karrer, Der Gesalbte, 147 ff. Das wird, soweit ich sehe, im Neuen Testament nicht auf Jesus bezogen. Und zwar gerade auch nicht im Hebräerbrief, wo der Messias Jesus als Hoherpriester symbolisiert wird, aber gerade nicht als (Hoher-)Priester gesalbt ist; vgl. Karrer, Der Gesalbte, 344 ff.

17. Eine Erklärungsmöglichkeit ist, dass der Begriff zunächst für die ersten Könige der Frühzeit verwendet wurde, dann aber, wie die Königsbücher zeigen, nur gelegentlich und nur bei wenigen prophetisch gesalbten Putschkönigen und entsprechend erst spät und vor allem nachbiblisch für den kommenden Heilskönig aufgegriffen wurde.

18. Dazu o. S. 244 f.

Weltherrschaft spricht, was besonders deutlich in Apg 4,25 f. und Offb 2,26 f. zitiert und auf Jesus bezogen wird. Ausdrücklich um Salbung geht es sodann in Jes 61,1 ff., deren Einsetzung durch Gott ebenfalls auf befreiendes Handeln an Armen und Gefangenen (V. 1 f.) zielt und in Lk 4,16-21[19] aufgenommen wird.

Aber ebenso eindeutig und offenkundig ist, dass dieser Jesus im Ganzen alles andere als messianisch gelebt, gehandelt und gewirkt hat, sondern gekreuzigt wurde und damit gescheitert ist. Er lebt, das sagen unter Bezug auf die Schrift die Aussagen über die Auferstehung. Gott hat diesen Gerechten nicht im Tode gelassen. Aber diese Erscheinungen des Auferstandenen sind zeitlich begrenzt. »Als Letztem erschien er [Christus] auch mir als einer Nachgeburt«, schreibt Paulus über seine Berufung durch den auferstandenen Christus (1 Kor 15,8). »Als Letztem«, das weiß er selbst und das wissen die urchristlichen Gemeinden. Die Berufung des Paulus wird heute nur wenige Jahre nach Jesu Tod angesetzt, vielleicht im Jahr 32/33. Und er ist bereits »der Letzte«. Spätestens damit bzw. danach haben die Erscheinungen des Auferstandenen aufgehört. Sie waren somit auf eine kurze Zeit begrenzt. Dazu kommt: Die Auferstehung allein sagt zunächst nichts darüber, was aus den großen weltverändernden messianischen Erwartungen wird. Es gibt deutliche Anzeichen für negative Erfahrungen. Von Jüngerflucht und massiver Enttäuschung berichten die Evangelien. Das Markusevangelium charakterisiert »die nachösterliche Zeit seiner Abwesenheit ... konsequent als Zeit des fehlenden Heils und sogar als Unheilszeit«[20].

Diesen Abgrund zwischen der messianischen Identifikation und der bedrückenden Realität überbrückt die Erhöhungschristologie und vor allem ihre Aussage: »bis dass/während«. Es ist die Kombination von Ohnmacht und Gottesnähe, die mit diesem »bis dass/während« überbrückt wird. Jesus ist an der Seite Gottes, in seiner Nähe, bei dem Gott, der dabei ist, die Feinde, die Mächte der Sünde und der Ungerechtigkeit einschließlich des Todes zu besiegen. Ist er so bei Gott, kann er Messias genannt werden. Die Rede vom kommenden Gottesreich und seiner Verkörperung in einem Menschlichen im Anschluss an Dan 7,13 gesellt sich dazu und passt dazu.

Wie immer man sich die Situation nach dem Tod Jesu vorstellt, was immer schon an messianischen Erwartungen und Hoffnungen sich mit dem Irdischen, seinem Leben und seiner Lehre verbunden hat, die Hoheit, die Erhöhung an die Seite Gottes war keine Selbstverständlichkeit. Das machen die Berichte in den Evangelien über alle Zweifel klar. Es geht hier nicht um historische Wahrscheinlichkeiten, nicht um mögliche – und von der Quellenlage aus kaum oder nur

---

19. Dazu o. S. 97 f. und 247 f.
20. D. S. du Toit, Der abwesende Herr. Strategien im Markusevangelium zur Bewältigung der Abwesenheit des Auferstandenen, WMANT 111, Neukirchen-Vluyn 2006, 438.

sehr spekulativ aufzuhellende – historische Abläufe, sondern es geht um die innere, die theologische Logik.

Während die Begegnungen mit dem Auferstandenen zwar allein von der Schrift her verständlich und überhaupt fassbar werden, sind sie doch jedenfalls partiell als Erfahrungen geschildert. Mit der Erhöhung zu Rechten Gottes ist das deutlich anders. Dahinter steht keine Erfahrung, dieser neue Status konnte und kann nicht erlebt werden. Die einzige erzählte Begebenheit, bei der man so etwas überhaupt diskutieren könnte, ist die so genannte Himmelfahrt, wie sie Lukas erzählt (Lk 24,51; Apg 1,4 ff.). Doch weder ist das ein in irgendeiner Nähe zum Historischen anzunehmender Vorgang, noch gingen selbst daraus das Sitzen zur Rechten Gottes und die Funktion »bis zur Unterwerfung der Feinde« hervor.

Nein, der entscheidende Punkt und der Sinn dieser Aussage sind nur, sind allein als Schriftdeutung zu verstehen. Jesu Leben und Ehre, sein Tod, selbst die Begegnung mit dem Auferstandenen – alles das wird zu einer messianischen Erwartung nur dadurch, dass es von der Schrift aus gedeutet wird. Und der Schlüssel, der alles zusammenhält, ist das in diesem messianischen Psalm ausgesagte Sitzen zur Rechten Gottes, bis die messianisch entscheidende Niederwerfung der gottfeindlichen Mächte von Gott vollzogen wird. Die Schrift, allein die Schrift gibt den Schlüssel.

2. Grundsätzliches zur hermeneutischen Situation

»Der Erkenntnisgrund für die eine Wahrheit der beiden Testamente liegt im Neuen Testament. Somit steht das Alte Testament in einer Verbindlichkeit gegenüber dem Neuen Testament, weil es die Erkenntnis seiner Wahrheit nicht aus sich selbst heraus realisieren kann.« Das ist eine Formulierung des Alttestamentlers Hermann Spieckermann.[21] Er spricht dann konsequenterweise in Bezug auf eine Theologie des Alten Testaments von der »Externität ihres Erkenntnisgrundes«[22]. Das heißt: Christus ist die Wahrheit; sie braucht zwar, um zur Sprache zu kommen, das Alte Testament, die vorgegebene jüdische Bibel, aber deren Wahrheit ist nicht vorgegeben, sondern bekommt sie erst und nur im Bezug auf Jesus Christus.

Varianten dieser Auffassung gibt es in Fülle.[23] Sie stellen heute eine verbrei-

---

21. H. Spieckermann, Die Verbindlichkeit des Alten Testaments. Unzeitgemäße Betrachtungen zu einem ungeliebten Thema, JBTh 12, Neukirchen-Vluyn 1997, 24-51 (47).
22. Ebd. 50.
23. So ist etwa die Mehrheit der einschlägigen Beiträge im »Jahrbuch für biblische Theologie« nach diesem Grundmuster gebaut.

tete Mehrheitsmeinung insbesondere in der neutestamentlichen und systematischen Wissenschaft dar.[24] Zwar finden sich dabei durchaus starke Akzentunterschiede im Einzelnen. Doch liegt stets das gleiche Grundmuster vor. Es sei Christus, von dem Licht auf das Alte Testament falle, der es öffne und neu zu lesen lehre. »Das Alte Testament wurde nun konsequent im Horizont des Offenbarungshandelns Gottes in Christus gelesen und ausgelegt.«[25] Die Schrift werde von Christus aus angeeignet, in einer gegenüber dem Sinn des alttestamentlichen Textes wie der Interpretation durch das Judentum stark veränderten Weise, und das sei der entscheidende Vorgang.

Entscheidend dabei ist stets, so der Kernpunkt der Kritik,[26] dass man nur so vorgehen kann, wenn das, was über Jesus Christus zu sagen ist und was von ihm theologisch gelten soll, zunächst unabhängig von der Schrift und damit logisch wie theologisch *vor* ihr feststeht. Erst dann und nur so kann das christologisch als richtig bereits Feststehende die Auslegung der Schrift bestimmen. Am Beispiel des 110. Psalms zeigen das Formulierungen wie die von Hay, wonach die frühen Christen den Psalm benutzten, »to affirm the glory of Christ«[27], um die »Ehre Christi zu bestätigen«[28]. Grundsätzlich gewendet, muss dabei »das Christentum als ein ... allein aus sich selbst heraus zu definierendes Phänomen« angesehen werden.[29] Für wie wichtig man den Schriftbezug dann auch hält, er ist immer etwas Sekundäres.

Zugrunde liegt der Vorgang, auf dem der Schriftbeweis seit dem 2. Jahrhundert in der Tat beruht. Da werden die neutestamentlich belegten Einzelzüge des Lebens Jesu und seiner Bedeutung als Christus und Gottessohn mit entsprechenden alttestamentlichen Stellen verglichen und diese dann im Sinne der Vordeutung darauf bezogen. Die neutestamenlichen Texte selbst aber tun genau das nicht, und sie können es auch nicht tun. Denn diese Bedeutung und die Züge dieses Lebens stehen eben nicht bereits fest, sind nicht etwas, das vor dem Blick auf die Schrift längst vorhanden war. Für das Beispiel der Erhöhung zur Rechten Gottes, diese Schlüsselformulierung neutestamentlicher Christologie, liegt das in besonders deutlicher Weise auf der Hand. Bei diesem Vorgang gibt es ja in keiner Hinsicht eine »biographische« Vorgabe. Es gibt keine »Wirklichkeit«, von der her die Schrift neu gedeutet werden kann. Der Vorgang ist ausschließlich umgekehrt vorzustellen. Der Tod und das Ende der Erscheinun-

24. Zwar gibt es längst Gegenbeispiele, wie sie oben exemplarisch genannt worden sind (S. 88 ff.), aber vielleicht noch keine durchschlagende theologische Theorie dafür.
25. F. Hahn, Theologie des Neuen Testaments Bd. II. Die Einheit des Neuen Testaments, Tübingen 2002, 113. Hier wird im I. Teil (S. 38-110) eine umfassende Darstellung dieser Sicht geboten.
26. Dazu bereits o. S. 274 f. in Bezug auf die Auferstehung.
27. Glory at the Right Hand, 51.
28. So die deutsche Wiedergabe durch v. Nordheim, Geboren von der Morgenröte, 299.
29. J. Becker, Paulus. Der Apostel der Völker, Tübingen 1989, 448.

gen des Auferstandenen werden von der Schrift her und eigentlich gegen das naheliegende Verständnis dieser Realität von der Schrift her gedeutet: als Sitzen zur Rechten Gottes und Warten, bis/während Gott handelt. *Für die neutestamentlichen Texte selbst ist die Schrift die Wahrheit.* Man stößt auf sie als vorgegebene, nicht nur in Bezug auf Formulierung, Sprache und Bildlichkeit, sondern gerade und vor allem in Bezug auf die Frage der Wahrheit. Nur weil und wenn die Schrift Wahrheit redet, macht es Sinn, das, was mit Christus geschieht, von ihr her allererst zu entdecken.

Die Kernfrage ist, was theologisch geschieht, wenn Christus derart von der Schrift her gedeutet und verstanden wird.

Sicher ist es richtig, dass neue Erfahrungen auch eine neue Auslegung der Schrift mitprägen. Wie sollte es anders sein? Das tun als Veränderung der hermeneutischen Perspektive alle neuen Erfahrungen. Jeweils neue und veränderte hermeneutische Perspektiven wie die von Frauen anstelle von Männern, von Christen nach dem Holocaust, von Armen aus der 3. Welt anstelle von reichen Europäern, das sind etwa in den letzten Jahrzehnten immer wieder bewusst wahrgenommene und vertretene, neue hermeneutische Perspektiven geworden. In anderen Beispielen sind sie eher automatisch und unbewusst erfolgt und lediglich an einer faktisch veränderten Wahrnehmung der Bibel abzulesen. Der hermeneutische Effekt keiner dieser veränderten Perspektiven soll unterschätzt werden, gerade auch nicht in seiner theologischen Bedeutung. Jede aber war als Teil christlicher Theologie auf den vorgegebenen biblischen Text bezogen und wollte ihm dienen, indem sie ihn neu entdeckt und sachgerechter erschloss. Unsachgerecht wird es – als Textauslegung –, wenn sich eine solche Perspektive an die Stelle des vorgegeben Text setzen, diesen also völlig aufsaugen und ihm keine eigene, andere und vorgegebene Wahrheit mehr zugestehen will. Das ist den genannten neuen hermeneutischen Perspektiven allerdings regelmäßig von Gegnern vorgeworfen worden. Sie hätten ihre neue Fragestellung an die Stelle des vorgegebenen Textes gesetzt. Doch ihrem Selbstverständnis nach haben sie nur eine gegebene, traditionelle, manchmal längst selbstverständlich gewordene Auslegung durch eine andere ersetzt. Im Vorwurf, den Text zu verändern – und im Falle des Neuen Testamentes in der positiven Bewertung einer solchen neuen Interpretation als Eintragung einer vorher feststehenden Wahrheit in den Text – werden Selbstverständlichkeiten wie die, dass jede Lektüre hermeneutisch unausweichlich von der jeweiligen Gegenwart und ihren Erfahrungen aus erfolgt, mit einer Eintragung in oder Gleichsetzung dieser Anliegen mit dem vorgegebenem Text verwechselt und damit theologisch überhöht, wie man das in keiner anderen Situation positiv bewerten würde.

Natürlich also werden die Texte der Schrift im Urchristentum neu und anders gelesen, das ist eine pure Selbstverständlichkeit. Es gibt aber keinen Anlass, diesen Vorgang bei den neutestamentlichen Autoren anders zu beurteilen, und zwar grundsätzlich theologisch anders, als bei irgendwelchen anderen solchen

Vorgängen im Judentum wie im Christentum, wo das im Grunde mit jeder Generation und in manchen historischen Brüchen sehr tiefgreifend geschehen ist, geschieht und geschehen muss. Aus dem hermeneutischen Vorgang einer neuen Lektüre eine *theologische* Vorordnung des hermeneutischen Ausgangpunktes über den Text zu machen, wird dem Vorgang und vor allem dem Selbstverständnis der neutestamentlichen Texte nicht gerecht. Christologisch wird dabei das Entscheidende immer schon vorausgesetzt und angeblich in die alten Texte hineingelesen. Es kann aber nicht vorausgesetzt werden, da es außerhalb des Schriftbezuges weder sagbar noch auch nur fassbar, im Grunde nicht existent ist. Ekklesiologisch wird dabei das aktuelle Verstehen in einer Glaubensgemeinschaft über den Text und letztlich damit die Kirche über die Schrift gesetzt.

Man kann sich die implizierten Folgen an anderen Beispielen rasch klar machen. Was hier den neutestamentlichen Autoren unterstellt wird, nämlich, sie würden die vorgegebenen biblischen Texte lediglich von ihrem neuen Verständnis her lesen und daraufhin interpretieren, nimmt, auf andere Fälle angewendet, jeder ernsthaften theologischen Schriftauslegung die von ihr beanspruchte Würde. Martin Luthers Theologie ist Schriftauslegung und will Schriftauslegung sein. Und dennoch ist ebenso richtig, dass er die Bibel von neuen Voraussetzungen und neuen Fragestellungen neu und anders gelesen hat, anders, als sie jemals vorher gelesen wurde. Heißt das etwa – im krassen Gegensatz zu dem, was er gewollt und auch gesagt hat –, dass er durch seine neue Wahrheit die Geltung der von ihm ausgelegten Schrift ablösen, sie also auf das von ihm Erkannte reduzieren wollte? Luthers Auslegung setzt die Wahrheit der Schrift voraus und stellt sich unter diese Wahrheit, auch wenn sie sie faktisch nur in einer bestimmten Weise versteht, verstehen kann und verstehen muss. Nicht anders ist der Vorgang bei der Auslegung der Schrift durch die neutestamentlichen Texte zu beurteilen. Das, was sie sagen, kann nur Wahrheit beanspruchen, wenn die Texte, die sie dabei auslegen, unabhängig von dieser Auslegung und Anwendung Wahrheit beanspruchen und dies ihnen zugestanden wird.

Im Falle des Neuen Testamentes und besonders deutlich am Beispiel von Ps 110,1 lässt sich die Gegenprobe machen. So ist von späteren kirchlichen Lehren aus nur noch ein festliegendes Verständnis des Psalms denkbar.[30] Das wird klar, wenn in späteren dogmatischen Konflikten etwa die Arianer darauf verweisen, dass Gott hier ja dem angeredeten Messias mehrfach überlegen sei: Gott befiehlt »*Setz dich ...*«, Gott allein garantiert den Sieg, der Messias muss darauf warten. Also genau das, was der Text in klarer Weise sagt und was also sachgemäßer Bezug auf den Text ist, wird zur Häresie. Der unübersehbare Sinn des biblischen Textes findet keinen Raum mehr, darf seinen Teil zur Wahrheit nicht mehr beitragen. Denn die im biblischen Text, im Alten wie im Neuen Testament, voraus-

---

30. Zum Folgenden Chr. Markschies, »Sessio ad Dexteram«, 285 ff.

gesetzte Situation widerspricht dem inzwischen gewonnenen kirchlichen Dogma, wonach eine Überlegenheit Gottes im Rahmen einer bestimmten Trinitätslehre nicht gegeben sein dürfe. Das Dogma steht über der Schrift. Ein solches Beispiel macht sichtbar, was geschieht, wenn das Alte Testament als Christuszeugnis im traditionellen Sinne, nämlich als Hinweis auf den bereits gedeuteten und festliegend erkannten Christus verstanden wird.

Wenn eine vorher feststehende Christologie und eine dogmatische Lehre der Schrift übergeordnet und damit im konkreten Fall auch gegen sie durchgesetzt werden, sie nur noch als feststehendes Hinweissystem auf einen in bestimmter Weise interpretierten Christus verstanden werden können, ergibt sich das traditionelle Verständnis des Alten Testaments als Christuszeugnis. Wenn wie im Neuen Testament die Schrift ein Reden von einem neuen Handeln Gottes in Christus ermöglicht und eröffnet, dann ist das dagegen ein offener Vorgang. Überprüfbar ist diese Offenheit nicht zuletzt daran, ob und wieweit die Schrift als geltende Wahrheit offenbleibt, offen für weitere Interpretationen auch neben der neuen und im Zweifel gegen die neue Interpretation, also so, wie sie es selbst versteht, ihr vor- und übergeordnet.

Dabei zeigt sich dieser Ps 110 wie andere Texte als offener Raum, als ein Teil des großen Raums der Schrift. Zunächst ist er in seinem biblischen Zusammenhang »Ausdruck der königstheologisch imprägnierten (›messianischen‹) Hoffnungen des nachexilischen Israel«, der dabei allerdings »konsequent theozentrisch« denkt.[31] Offenbar ist der Text dann vor dem Neuen Testament aber nicht direkt messianisch gedeutet und ausgelegt worden.[32]

Die genannte Offenheit muss sich an anderen möglichen Auslegungen bewähren. So ist in der späteren rabbinischen Interpretation die Aussage von Ps 110,1 insbesondere auf Abraham bezogen worden: Abraham zur Rechten Gottes.[33] Ist die Schrift nur wahr, wenn, und nur so weit, wie sie auf Christus bezogen ist? So viel anders als Abrahams Rolle und Ort in Lk 16, wo die gerechten Toten im Himmel in seinem Schoß sitzen, ist das nicht. Für die Formulierung von Ps 110,1 zeigt sich das Problem[34] deutlich an einer gesprächsweisen Bemerkung von Peter Sloterdijk, wonach derzeit die USA die »Stelle zur Rechten Gottes« besetze, »die nur einmal zu besetzen ist«[35]. Gibt es nur eine Möglichkeit, muss aus dem offenen Bild in der Formulierung des Psalms ein Machtspiel

---

31. Zenger, Psalmen 101-150, 215.
32. So das Ergebnis von v. Nordheim, Geboren von der Morgenröte, Kap 8 (217-274).
33. Dazu G. Bodendorfer, Abraham zur Rechten Gottes. Der Ps 110 in der rabbinischen Theologie, EvTh 59, 1999, 252-266.
34. Das Folgende im Anschluss an U. Bail, Psalm 110. Eine intertextuelle Lektüre aus alttestamentlicher Perspektive, in: D. Sänger Hg., Heiligkeit und Herrschaft. Intertextuelle Studien zu Heiligkeitsvorstellungen und zu Psalm 110, BThSt 55, Neukirchen-Vluyn 2003, 94-121 (114).
35. Interview in taz 19./20. Januar 2002, 3-4 (4).

werden. Dabei werden wiederum gegenwärtige Erfahrungen über den Text und seine Offenheit gesetzt. Solche Offenheit zeigt sich aber im Psalm selbst. Denn dort ist ja nicht nur der erhöhte König zur Rechten Gottes, sondern auch umgekehrt Gott zu dessen Rechten (Ps 110,5). Im rabbinischen Denken sind solche widersprüchlichen Aussagen bearbeitet worden:

> *In der zukünftigen Zeit wird der Heilige, gepriesen sei Er, den König Messias zu Seiner Rechten sitzen lassen, wie es heißt: Setz dich Mir zur Rechten (Ps 110,1); und Abraham zu seiner Linken. Da wird Abrahams Gesicht bleich werden und er zu Ihm sagen: Mein Enkel sitzt zur Rechten und ich zur Linken?! Der Heilige, gepriesen sei Er, wird ihn trösten und zu ihm sagen: Dein Enkel sitzt zu Meiner Rechten, Ich aber zu deiner Rechten: Der Herr zu Deiner Rechten (Ps 110,5).*[36]

Und man wird als Exeget(in) in ein solches Spiel dann auch den Vers unmittelbar vor Ps 110,1 mit einbringen müssen:[37]

> *Gott steht zur Rechten der Armen (Ps 109,31).*

Das eröffnet noch weitere Dimensionen. Wo dagegen nur noch eine Deutung möglich und diese machtmäßig gesichert wird, gehen nicht nur die Offenheit und Vielfalt der Schrift verloren, von denen auch und gerade das Neue Testament und seine Wahrheit leben, sondern letztlich die Schrift selbst und alles, wofür sie steht.

3. Rücknahme des Messianischen auf das Handeln Gottes

Doch nicht nur die Tatsache, dass die Erhöhung Jesu als Schriftzitat und damit als Schriftauslegung auftritt, ist für unser Thema von Gewicht. Von fundamentaler Bedeutung für die Rolle des Alten Testaments für den christlichen Glauben ist die inhaltliche Aussage, die mit dieser Erhöhungsvorstellung über das Verhältnis des Messias Jesus zu Gott gemacht wird.

Hier wie auch sonst besteht die latente Gefahr, die neutestamentlichen Aussagen von den späteren altkirchlichen christologischen und trinitarischen Vorstellungen und Dogmen aus zu lesen. Der große Druck, solche kirchlichen Lehren zumindest ansatzweise bereits im Neuen Testament bestätigt zu finden,[38] ist

---

36. Midrasch Tehillim zu Ps 18,36; Übers. Bodendorfer, ebd. 263 im Anschluss an A. Wünsche, Midrasch Tehillim I/II (1892), Nachdruck Hildesheim 1967, 163 f.
37. Im Anschluss an Bail, ebd. 106.
38. Eine solche, stark von der Kontinuität geprägte Zusammenstellung findet sich bei: H.-J. Eckstein, Die Anfänge trinitarischer Rede von Gott im Neuen Testament, in: R. Weth Hg., Der lebendige Gott. Auf den Spuren neuerer trinitarischer Denkens,

ein Teil dieser Versuchung. Dabei ist gerade hier der zitierte Psalmvers in sich eindeutig. Es ist Gott, der die Initiative hat, Gott allein, an dessen Tun alles hängt. Vor allem aber ist es die Verbindung der großen Nähe zu Gott mit der deutlichen Distanz zwischen Gott und dem erhöhten Messias, die hier im Zentrum steht. Der Messias ist auf Gott und Gottes Macht angewiesen. Gott wird die Feinde unterwerfen und das Messianische verwirklichen. Der Messias muss warten, »bis dass/während« Gott so handelt. Das ist im Psalm eine Hoffnung und es bleibt eine Hoffnung. Doch angesichts eines bereits identifizierten Messias und messianischer Zeichen ist es auch und vielleicht in erster Linie eine Rücknahme, eine Sistierung des Messianischen. Sie gehört zum Kern der Messiasvorstellung, die sich in der Erhöhungschristologie nach dem Muster von Ps 110,1 zeigt. Alles wird auf das Handeln Gottes zurückgenommen. Was in der Welt zur Durchsetzung des messianischen Projektes geschieht und was bis zu seiner vollen Durchsetzung geschieht, ist das Handeln des Gottes Israels und nichts anderes und nichts Zusätzliches.

Jesus von Nazareth trägt im Neuen Testament durchgängig den Titel »Christus, Messias«, das ist einer der wenigen durchgängigen Befunde bei der sonstigen großen Vielfalt der christologischen Titel und Vorstellungen.[39] Und mit den im Neuen Testament rezipierten messianischen Traditionen königlicher, aber auch prophetischer Prägung sind stets unübersehbar politische und soziale Dimensionen mit im Spiel.[40] Aber ebenso durchgängig ist, dass nicht der Irdische einfach als Messias wirkt. Zwar scheint manches Messianische in den Erzählungen der Evangelien auf, aber durchgängig steht daneben der Hinweis auf Leiden und Tod, wobei die davidischen, also messianischen Leidenspsalmen als zentraler Schriftbeweis dienen. Ungebrochen Messianisches gibt es in den Evangelien nahezu nur in der Versuchungsgeschichte (Mt 4; Lk 4), und da wird es vom Teufel vorgetragen und von Jesus abgelehnt. Dass der Messias sterben und auferstehen muss – darauf liegt durchgängig der Akzent. Und hier, in Kreuz und Auferstehung, wird denn auch weithin das unterscheidend Christliche gesehen. Doch Kreuz und Auferstehung sind nicht das letzte Wort und schon gar nicht allein. Ich denke, die theologische Bedeutung dieser Vorgänge kann sachgemäß nicht ohne die Fortsetzung erfasst werden. Es ist der Satz des 110. Psalms, der das Bild bestimmt: »sitzend zur Rechten Gottes«. Weder der Irdische noch der Auferstandene stellen den entscheidenden Modus dar, in dem Christus wirkt und gegenwärtig ist, sondern der Erhöhte – und das bis ins Credo hinein. Die Worte am Ende des Matthäus-Evangeliums seien stellvertretend für eine Fülle von einschlägigen Aussagen zitiert: Gott »hat mir alle Macht im Himmel und auf

Neukirchen-Vluyn 2005, 30–59 = M. Welker/M. Volf Hg., Der lebendige Gott als Trinität, FS J. Moltmann, Gütersloh 2006, 85–113.

39. Überblicke bei Karrer, Jesus Christus, zusf. 352 f.
40. Dazu o. S. 291 f.

Erden gegeben ... Und seht: Ich bin alle Tage bei euch, bis Zeit und Welt vollendet sind« (Mt 28,18.20). Aber diese Anwesenheit ist zugleich eine Form der Abwesenheit. Als messianischer König an der Seite Gottes – das ist der Zielpunkt der Evangelien, auf diese Situation hin werden sie erzählt, nur von dieser Gestalt her wird dann auch die Frage zu stellen sein, was denn von den anderen Aussagen über diesen Messias gegenwartsrelevant ist. Die Aussagen über Entrückung und Erhöhungen haben in nicht wenigen Zusammenhängen auch Momente des Abschieds, der Trauer, des Verlustes gegenüber der Gegenwart des Irdischen wie des Auferstandenen. Nicht nur die Abschiedsreden des Johannesevangeliums können hier genannt werden. In heutigen theologischen Argumentationen liegt nicht selten der Ton so sehr auf (Kreuz und) Auferstehung, dass damit das Entscheidende, ja alles gesagt zu sein scheint. Doch erst mit der Erhöhung an die Seite Gottes ist der Punkt in der Gegenwart erreicht, von dem her und auf den hin die neutestamentlichen Texte sprechen. Dieser Moment ist für den Umgang mit und für die Wertung der Schrift mitentscheidend, erst hier wird eine entscheidende Dimension des *»nicht über die Schrift hinaus«* sichtbar.

Die neutestamentlichen Erhöhungsaussagen sind sicher Ausgangspunkt und Grundlage für die spätere Trinitätslehre geworden. Aber diese Aussagen haben eine andere Seite, die dabei leicht und oft übergangen worden ist und wird: *Christus ist durch diese Entrückung an die Seite Gottes in der Welt und bei seiner Gemeinde auf keine andere Weise gegenwärtig und wirksam, als es Gott ist und schon immer war* – bis alle Feinde endgültig besiegt sind. Dass Gott, wie verborgen auch immer, über die Welt herrscht und alle Tage bei den Seinen ist, all das ist ja nichts Neues, das ganze Alte Testament erzählt davon, und also prinzipiell auch nichts Trennendes. Der Modus der messianischen Herrschaft dieses erhöhten, himmlischen Messias ist prinzipiell nicht von der Herrschaft Gottes zu unterscheiden.

So gesehen ist es also gerade die hohe Christologie, die, weil sie Christus ganz an die Seite Gottes rückt, seine Anwesenheit und Präsenz in der Welt und damit auch die Erfüllung der messianischen Erwartung auf das zurücknimmt, was Israel immer schon über Gott ausgesagt, geglaubt und gewusst und in der Schrift formuliert hat. Die Aussagen über die Erhöhung an die Seite Gottes beschreiben damit zugleich den Modus, in dem Messianisches in der Welt gegenwärtig ist, so verborgen und so widerständig, wie es immer schon in der Gotteserfahrung Israels gegeben war. Der Gott Israels, der sich durch die Befreiungstat des Exodus selbst definiert (bes. Ex 20,2), ist immer als Macht von Befreiung und Gerechtigkeit erfahren worden. Und damit auch als messianische Kraft. Diese Sicht kann und muss im Blick auf die realitätsverändernde Kraft des Messias im Kern als eine Zurücknahme der Behauptung eines bereits gegenwärtig messianisch wirkenden Messias bezeichnet werden.

Gottes befreiendes Wirken, Gottes vergebendes und erneuerndes Wirken,

Gottes schöpferisches und neuschöpferisches Wirken, Gottes erwählendes, lehrendes und richtendes Wirken – alles, wovon die Schrift erzählt, lässt erkennen, wer Gott ist und wie Gott wirkt, wie Gottes Macht im Gegensätzlichen der Welt erfahren wird. An diesem Gott und allein an Gott und seinem Wirken hängt das messianische Projekt, für das dieser Jesus steht.

Diese Ununterscheidbarkeit hat noch die klassische Trinitätslehre festgehalten. Auch und gerade danach ist das Wirken nach außen eines, die *opera trinitatis ad extra sunt indivisa*[41] und das heißt: nicht unterscheidbar. Die nachbiblische christliche Trinitätslehre ist traditionellerweise von Christus aus und damit oft genug gegen das Judentum gelesen worden, mit fatalen Folgen etwa bei Luther, wonach die Juden, weil sie nicht an Jesus glauben, auch nicht mehr bei Gott sind.[42] Aber es gilt zumindest gleichgewichtig das Umgekehrte. In der Welt ist Christus nicht anders anwesend, als Gott es schon immer war, das heißt so, wie Israel es wusste, erfahren hat und erwartet[43] – bis der Sieg über die Feinde, die Mächte von Sünde, Gewalt und Tod, vollendet ist.

4. Und die Präexistenzaussagen?

Da bereits mit den Erhöhungsaussagen die Frage nach Ausgangspunkt und Grundlage der späteren kirchlichen Trinitätsdogmen im Neuen Testament angesprochen ist, legt es sich nahe, hier noch einen Blick auf die so genannten Präexistenzaussagen zu werfen.[44] Nach einigen wenigen, aber gewichtigen neu-

41. Ein Grundsatz der Trinitätslehre Augustins, der nach G. Ebeling »die spätere dogmatische Zusammenfassung entsprechender Äußerungen Augustins« ist (z. B. de trin I, 4,7); ders., Dogmatik des christlichen Glaubens III, Tübingen 1979, 538 Anm. 6.

42. Vgl. die Darstellung bei K. Wengst, Perspektiven für eine nicht-antijüdische Christologie. Beobachtungen und Überlegungen zu neutestamentlichen Texten, EvTh 59, 1999, 240 ff.

43. Für das Verhältnis zum Judentum hat das G. Theißen in einer Rezension der Thesen von D. Flusser im deutlichen Anklang an die Trinitätslehre so formuliert: Die Trinitätslehre behauptet, »dass die eine Gottheit in drei Personen existiert, in Vater, Sohn und Heiligem Geist. Sie behauptet, dass in jeder Person die ganze Gottheit anwesend ist. Wenn nun Juden einen authentischen Zugang zum Vater haben – und davon zeugt jede Seite der gemeinsamen Bibel –, dann bedarf ihre Erfahrung von Gott keiner weiteren Ergänzung« (Zur Entstehung des Christentums aus dem Judentum. Bemerkungen zu David Flussers Thesen, KuI 3, 1988, 188).

44. Eine Gesamtdarstellung der damit verbundenen theologischen Fragen gibt K.-J. Kuschel, Geboren vor aller Zeit? Der Streit um Christi Ursprung, München/Zürich 1990. Die einschlägigen neutestamentlichen Texte und Fragen behandelt J. Haber-

testamentlichen Texten ist der Christus nicht erst nach Tod und Auferstehung in die Dimension Gottes entrückt und erhöht worden, sondern war dort schon vor seiner irdischen Geburt, ja vor der Erschaffung der Welt. Angesichts der vielen umstrittenen Themen, die bei diesen hochkomplexen Texten diskutiert werden, kann und braucht es hier allein um die Frage zu gehen, ob auch bei diesem Thema die Aussagen im vorgegebenen Raum der Schrift bleiben oder ob hier ein theologisch begründeter Ansatz für eine theologische Priorität gegenüber der Schrift liegt.

a. Die präexistente Weisheit

In den Texten der jüdischen Bibel gibt es Präexistenzaussagen im strengen Sinne nur an einer einzigen Stelle. Nach Spr 8 ist die Weisheit vor der übrigen Schöpfung entstanden:

22 Die Ewige schuf mich zu Beginn ihrer Wege,
Als Erstes all ihrer Werke von jeher.
23 Gewoben wurde ich in der Vorzeit;
Zu Urbeginn, vor dem Anfang der Welt.
24 Bevor es das Urmeer gab, wurde ich geboren …
27 Als sie den Himmel ausspannte, war ich dabei,
als sie den Erdkreis auf dem Urmeer absteckte …
29 … als sie die Fundamente der Erde einsenkte:
30 Da war ich der Liebling an ihrer Seite.
Die Freude war ich Tag für Tag
und spielte die ganze Zeit vor ihr …

Halbwegs zwischen einer bildhaften Ausgestaltung des Satzes, dass Gott die Welt mit Weisheit schuf, so wie er sie durch sein Wort schuf (Gen 1; Ps 33,6), also einem fast adjektivischem Gebrauch und hoher Mythologie, steht dieser Text, ist doch die Weisheit deutlich mit Zügen der weiblichen ägyptischen Göttin Maat ausgestattet.[45] Die entscheidenden Aussagen, die das Präexistenzverständnis der Schrift prägen, sind diese: Hier ist ein Wesen, die Weisheit, das zwar eindeutig von Gott geschaffen wurde (V. 22; *qnh*), das aber vor der gesamten übrigen Schöpfung, ja zu Beginn aller Wege Gottes entstand. Bei allem, was die Bibel sonst über Schöpfung zu sagen weiß, war sie dabei. Zwar ist von einer

---

mann, Präexistenzaussagen im Neuen Testament, EHS XXIII/362, Frankfurt/M. u. a. 1990. Die alttestamentlichen und jüdischen Texte stehen im Zentrum bei: G. Schimanowski, Weisheit und Messias. Die jüdischen Voraussetzungen der urchristlichen Präexistenzchristologie, WUNT 2/17, Tübingen 1985.

45. Vgl. bes. O. Keel, Die Weisheit spielt vor Gott. Ein ikonographischer Beitrag zur Deutung des m^{e}ṣaḥäqät in Spr 8,30 f., Fribourg/Göttingen 1974.

aktiven Mitwirkung an der Schöpfung nicht direkt die Rede, aber es geht ja inhaltlich um die Weisheit, in der und durch die Gott die Welt schuf und die deshalb dieser Welt zugrunde liegt (vgl. Ps 33,6). Der strenge biblische Monotheismus ist damit in keiner Weise in Frage gestellt.[46] Dennoch geht es offenkundig um eine Art Mittlergestalt zwischen Gott und Gottes Schöpfung.

Dieser Text und seine Vorstellungen haben dann nachbiblisch eine große Karriere gemacht, und die nächsten Schritte seiner gedanklichen Entfaltung stehen sicher auch bereits hinter den neutestamentlichen Aussagen. Da ist vor allem das Buch Jesus Sirach zu nennen, wo in Kap. 24 die Weisheit samt ihrer Präexistenz und Mitwirkung bei der Schöpfung mit der Tora gleichgesetzt wird. Es geht um eine Identifizierung des universalen Konzepts der Vernunft mit Israels spezieller Geschichts- und Rechtstradition. Die so entwickelte biblische Vorstellung von Präexistenz gewinnt dann in der weiteren Geschichte, die hier nur angedeutet werden kann, etwa in Übersetzungen in andere Sprachen und Kulturen und in weitergehenden Interpretationen des Alten Testaments neue Züge. Sie wird etwa mit einer Reihe von weiteren Texten wie Mi 5,1 verbunden, wo es von einer zukünftigen Herrschergestalt heißt: »*Ihr Ursprung liegt in der Vorzeit, in den Tagen der Frühzeit.*« Sie wird in verschiedenen, weisheitlichen und apokalyptischen Schriften sowie in Qumran weiterentwickelt und mit messianischen Gestalten wie Menschensohn und Gottessohn verbunden. Nicht zuletzt spielt sie eine große Rolle bei dem jüdischen Philosophen Philo. All das wird dann im rabbinischen Judentum fortgeführt. Dazu gehört beispielsweise die Vorstellung von den sieben oder zehn Dingen, die von Gott vor der Welt geschaffen wurden, wozu auch der Name des Messias gehört.[47]

b. An der Grenze

Von der neutestamentlichen Rezeption dieser Tradition[48] sollen zunächst die wenigen eindeutigen Fälle ins Auge gefasst werden. Das sind neben Hebr 1,2 f.[49] vor allem Joh 1 und Kol 1. Bei den einschlägigen Aussagen wie bei den gesamten Schriften, zu denen sie gehören, handelt es sich um Grenzaussagen. Sie stehen

---

46. Vgl. etwa die Diskussion bei S. Schroer, Die göttliche Weisheit und der nachexilische Monotheismus, in: dies., Die Weisheit hat ihr Haus gebaut. Studien zur Gestalt der Sophia in den biblischen Schriften, Mainz 1996, 27-62.

47. Beispiele bei Billerbeck II, 335. S. bes. A. Goldberg, Der Name des Messias in der rabbinischen Tradition, FJB 7, 1979, 1-93 (76 ff.).

48. Ein Gesamtüberblick bei S. Vollenweider, Christus als Weisheit. Gedanken zu einer bedeutsamen Weichenstellung in der frühchristlichen Theologiegeschichte, in: ders., Horizonte neutestamentlicher Christologie. Studien zu Paulus und zur frühchristlichen Theologie, WUNT 144, Tübingen 2002, 29-51.

49. Dazu o. S. 107 ff.

an einer Scheidelinie. Das zeigt sich schon daran, dass es nicht wie sonst bei den neutestamentlichen Aussagen über Jesus als den Christus um direkte oder indirekte Schriftzitate geht. Denn Spr 8 wird bestenfalls in einzelnen Stichworten zitiert. Es fehlt vor allem die explizite Bezugnahme auf die Weisheit und manches andere.

So lautet der Beginn des Johannesevangeliums:

> *1 Im Anfang war der Logos*
> *und der Logos war bei Gott*
> *und Gott war der Logos.*
> *2 Derselbe war im Anfang bei Gott.*
> *3 Alles ist durch ihn geworden,*
> *und ohne ihn wurde nicht ein einziges der Dinge,*
> *die geworden sind.*[50]

Dass Gott die Welt *durch sein Wort* geschaffen hat, steht der Sache nach in Gen 1 und wird ausdrücklich in Ps 33,6 formuliert. Hier in Joh 1 klingt Gen 1,1 deutlich an, wie dieser Text überhaupt ein dichtes Gewebe von Schriftbezügen enthält.[51] Dazu kommt aber der Akzent auf dem Logos. Hinter dieser Vorstellung des Logos steht letztlich das Bild der Weisheit von Spr 8, aber eben auch die lange Geschichte dieses Konzepts. Die Präsenz des Logos vor der Schöpfung bei Gott und die Beteiligung an der Schöpfung stammen daher, in Joh 1 verstärkt dadurch, dass »alles durch« den Logos geworden ist. Zu dem eindeutigen Satz, dass die Weisheit von Gott geschaffen wurde (Spr 8,22), gibt es keine Entsprechung. Stattdessen heißt es in V. 1c: *»und gott(gleich) war das Wort«.* Diese Übersetzung von Klaus Wengst[52] versucht auszudrücken, dass hier weder das Adjektiv »göttlich« noch auch der Begriff »Gott« mit Artikel steht, sondern »Gott« in prädikativer Verwendung. Das macht deutlich, »dass der Logos mit Gott weder identifiziert noch von ihm je getrennt werden darf. Gott und sein Logos gehören anfänglich und auf immer zusammen.«[53] »Das anfängliche Wort ... wird so nah wie irgend möglich an Gott herangerückt, aber nicht mit ihm identifiziert. Es bleibt eine Differenz.«[54] Ohne dass Details hier entfaltet werden können, ist deutlich: Diese Aussage aus Joh 1,1 steht, so wie sie in neueren Auslegungen verstanden wird, auf der Grenze. Sie bleibt mit dem Gemeinten innerhalb des Raums der Schrift. Die Einheit Gottes bleibt gewahrt und damit der Vorrang der Schrift unangetastet. Aber indem für das Johannesevangelium der Logos in den zwei Formen der Schrift und Jesus als des Fleisch Ge-

---

50. Übers. Thyen, Johannesevangelium, 63.
51. Vgl. dazu o. S. 120 f.
52. Wengst, Johannesevangelium, 35; zur Begründung ebd. 46 f.
53. Thyen, Johannesevangelium, 66.
54. Wengst, Johannesevangelium, 46.

wordenen existiert,[55] ist auch hier eine Grenze erreicht. Die Auslegungen haben
sie oft genug überschritten, von Origenes und anderen Kirchenvätern bis in die
Gegenwart. Aus dem Verharren an der Grenze und dem Gleichgewicht wurde
eine Vergöttlichung des Logos. Und sie ist vielfach verbunden mit einer deutlichen Unterordnung der Schrift unter den Logos und daraus sich oft genug
ergebenden antijüdischen Tendenzen.

Näher an der durch Spr 8 gegebenen schriftgemäßen Präexistenzvorstellung
bleibt zunächst das »christologische Lehrgedicht«[56] in Kol 1,15-20. Christus ist
wie die Weisheit Kind Gottes und damit

15 Abbild der unsichtbaren Gottheit,
erstgeboren in der Schöpfung.
16 Denn in ihm ist alles im Himmel und auf Erden geschaffen worden,
das Sichtbare und auch das Unsichtbare,
Throne und Herrschaften,
Mächte und Gewalten.
Alles ist durch es und auf es hin geschaffen.
17 und es ist vor allem dagewesen,
und das All hat in ihm Bestand.

Diesen kosmischen Aussagen entspricht in der zweiten Strophe in V. 18-20 die
Herrschaft über den Leib, also die Kirche. Dem Erstgeborenen der Schöpfung
steht dort die Erstgeburt von den Toten gegenüber (V. 15//V. 18). Besonders in
den Aussagen über die Macht über alle Gewalten wird eine theologisch-politi-
sche Dimension der Aussagen erkennbar.[57] Dabei nehmen die grundlegenden
Aussagen über den Christus als »Bild Gottes« wie als »Erstgeborener« deutlich
biblische Traditionen auf: Die Gottebenbildlichkeit ›Adams‹ und damit aller
Menschen aus Gen 1 und die Vorstellung vom messianischen König (Ps 89,28)
wie von Israel (Ex 4,22) als erstgeborenem Kind Gottes. Bei Paulus[58] ist Christus ebenfalls der Erstgeborene, aber es folgen viele weitere Geschwister (Röm
8,29),[59] und der Sohnestitel für Christus hindert Paulus nicht, unmittelbar danach von der Sohnschaft des Gottesvolkes zu reden (Röm 9,4). Doch dass die

55. Dazu o. S. 122 f.
56. So der Versuch einer gegen die traditionelle Bezeichnung als »Hymnus« sachgemä-
ßeren Gattungskennzeichnung durch I. Maisch, Der Brief an die Gemeinde in Kolossä, ThKNT 12, Stuttgart 2003, 78.
57. Dazu Kuschel, Geboren, bes. 434 ff.; und bes. L. Schottroff, Ist allein in Christus
Heil? Das Bekenntnis zu Christus und die Erlösung, in: D. Henze u. a. Hg., Antijudaismus im Neuen Testament? Grundlagen für die Arbeit mit biblischen Texten,
KT 149, Gütersloh 1997, 79-89.
58. Zum Verhältnis des Kol zu Paulus und zur paulinischen Tradition vgl. bes.
A. Standhartinger, Studien zur Entstehungsgeschichte und Intention des Kolosserbriefes, NT.S XCIV, Leiden u. a. 1999.
59. C. Janssen, Christus und seine Geschwister (Röm 8,12-17.29 f.), in: M. Crüsemann/

Aussagen in Kol 1 noch derart von der biblischen Grundlage und dem Sprachgebrauch der Schrift her zu verstehen sind, wird in der Wissenschaft meistens
bestritten und der Text im Sinne der späteren Dogmen gelesen.[60] Führt aber
wirklich »die christologische Aussage des Gesamttextes … zur Ausblendung
der biblischen Aussage, wonach alle Menschen Bild Gottes sind«[61]? Und steht
Christus als Erstgeborener der Schöpfung deshalb »auf der Seite Gottes über
den Geschöpfen«[62]? Kann man den Brief nicht auch stärker biblisch lesen?
Wie immer man das für den Kolosserbrief selbst beurteilt, unbestritten ist, dass
er nicht nur in späteren Rezeptionen so unbiblisch verstanden wird, sondern
dass diese Aussagen auch von nichtbiblischen, zeitgenössischen Parallelen aus
entsprechend verstanden werden können. So bleiben diese Aussagen zwar noch
im Raum der Schrift, stehen aber offenkundig auf der Grenze. In Kol 1 wird
Christus »weder als *Gott* bezeichnet noch ist er – im Sinne der späteren Konzils-
aussagen – *wesenhaft göttlich*«; denn der Begriff »Bild« benennt grundsätzlich,
wie immer man ihn genau versteht, »Nähe und Distanz zu Gott, aber gerade
nicht eine Form von Identität«[63]. Aber unübersehbar wird damit der Weg für
eine spätere Dogmatik vorbereitet, in der die biblischen Aussagen keinen Platz
mehr haben.

Was für das »christologische Lehrgedicht« in Kol 1 gilt, gilt ebenso für den
Brief im Ganzen. Der Bezug auf die Schrift tritt – insbesondere im Vergleich mit
Paulus – deutlich zurück.[64] »Die im Brief zutage tretenden Ansprüche auf Ex-
klusivität und Universalität leisten einem christlichen Triumphalismus Vor-

---

C. Jochum-Bortfeld Hg., Christus und seine Geschwister. Christologie im Umfeld
der Bibel in gerechter Sprache, Gütersloh 2009, 64-80.

60. So etwa O. Hofius, »Erstgeborener vor aller Schöpfung« – »Erstgeborener aus den
Toten«. Erwägungen zu Struktur und Aussage des Christushymnus Kol 1,15-20, in:
ders., Paulusstudien II, WUNT 143, Tübingen 2002, 215-233, der ausgerechnet aus
dem Bildbegriff schließen will: Er ist »also selbst Gott« (23). Vgl. a. Chr. Stettler, Der
Kolosserhymnus, WUNT II/131, Tübingen 2000; aber auch Maisch, Kolosserbrief,
106 ff.
61. Maisch, Kolosserbrief, 108. Ein Versuch, die Bildaussage in Kol 1 nicht von Gen 1
(bes. LXX) zu trennen, findet sich bei H. Merklein, Christus als Bild Gottes im
Neuen Testament, JBTh 13, Neukirchen-Vluyn 1998, 53-75 (bes. 59 ff.)
62. Maisch, ebd. 109.
63. Maisch, Kolosserbrief, 280 f.
64. Der Schriftbezug des Kol ist wenig untersucht worden. Zuletzt bes. G. D. Fee, Old
Testament Intertextuality in Colossians; Reflections on Pauline Christology and
Gentile Inclusion in God's Story, in: Sang-Won Son Hg., History and Exegesis. FS
E. Earle Ellis, New York u. a. 2006, 201-222; Chr. A. Beetham, Echoes of Scripture in
the Letter of Paul to the Colossians, BIS 96, Leiden u. a. 2008. Das Ergebnis ist einerseits, »that there are no formal quotations or citations from the OT in the letter«, so
a. G. K. Beale, Colossians, in: ders./D. A. Carson Hg., Commentary on the New
Testament Use of the Old Testament, Grand Rapids 2007, 841-870 (842). Andererseits gibt es durchaus viele indirekte Bezüge. Ob sie, wie Beale meint, dem Autor

schub und blenden – erstmals im Neuen Testament! – das Judentum aus dem theologischen Bewusstsein aus.«[65] »Nicht der Brief selbst, wohl aber einzelne Aussagen und ihre dogmatische Weiterentwicklung reißen einen fast unüberbrückbaren Graben zwischen den biblischen Religionen auf.«[66] Ein gewichtiges Beispiel für diese Ambivalenz ist die Aussage in Kol 2,9: »*Denn in ihm wohnt die ganze göttliche Fülle leibhaftig.*« Ist gemeint, dass die ganze Fülle Gottes, *wie sie aus der Schrift bekannt ist*, in ihm zu finden ist, bleibt sie, wenn auch als Grenzaussage, im Raum der Schrift. Wenn dagegen aus ihm allererst zu ersehen sei, wer Gott ist und was seine Fülle ausmacht, nötigt das zu einem Blick von außen, der über die Schrift hinausführt.

c. Die Präexistenz des Messias als hermeneutische Perspektive bei Paulus

Bei den Aussagen des Paulus zur Präexistenz des Messias ist zweierlei deutlich erkennbar: Zum einen spielt die Vorstellung einer Schöpfungsmittlerschaft Christi, wenn sie sich denn überhaupt bei ihm findet, für seine eigene Theologie keine zentrale Rolle. Zum anderen gibt es bei ihm offenbar eine andere Vorstellung von der Präexistenz Christi bzw. des Messias vor seinem irdischen Leben, die für seinen Umgang mit der Schrift und der in ihr erzählten Geschichte Gottes mit dem Volk Israel wichtig ist.

Zwei der wichtigsten Aussagen des Paulus zu diesem Thema bleiben in ihrem Sinn umstritten. Da ist einmal 1 Kor 8,6. Hier geht es im Zusammenhang um den Umgang mit dem so genannten Götzenopferfleisch, was die Frage nach Existenz und Macht der vielen anderen Gottheiten der hellenistischen Welt aufwirft. Paulus spricht ín 8,4 ff. mit Formulierungen des *Schmaʿ Jisrael* aus Dtn 6,4 ff., dem jüdischen Zentralbekenntnis zur Einheit Gottes, davon, dass es nur eine einzige Gottheit gibt, was angesichts der vielen unübersehbaren »Gottheiten und Herrschaften« in der Welt bedeutet:

> *So ist für uns doch Gott die Eine, unser Ursprung, von ihr kommt alles und wir sind unterwegs zu ihr.*

Wenn er dann fortfährt:

> *Und so ist für uns nur ein Befreier/Kyrios Jesus Christus, durch den alles entstand, und auch wir leben durch ihn,*

entweder unbewusst geblieben oder aber von ihm bewusst nicht offengelegt worden sind, kann hier offenbleiben.

65. Maisch, Kolosserbrief, 280.
66. Ebd. 281

so ist es vom gesamten Zusammenhang wie vom Ziel der Argumentation her völlig eindeutig, dass es um keine zweite Gottheit oder Ähnliches gehen kann. Auch der sprachlich wie sachlich in Analogie zu »trinitarisch« gebildete Begriff »binitarisch«[67] dürfte das von Paulus Gemeinte kaum angemessen erfassen und eher spätere Theologumena eintragen. Deutlich ist, dass das »Bekenntnis zu Jesus Christus als Lob des Gottes Israels« verstanden wird.[68]

Fraglich ist aber, was gemeint ist, wenn es parallel zur Schöpfung durch Gott in 1 Kor 8,6 heißt: »*durch den alles entstand und auch wir durch ihn*«. Was für eine Schöpfung ist gemeint? Es ist üblich geworden, hier von »Schöpfungsmittlerschaft« zu reden. Das Problem ist, dass der Begriff allzu leicht das, was es zu erfassen gilt, verdeckt. Was mit Schöpfung hier gemeint ist, ist keineswegs eindeutig. Das Ziel jedenfalls – »*wir (leben) durch ihn*« – spricht von der Existenz der Gemeinde und der Menschen in ihr, also vielleicht von so etwas, was er anderswo Neuschöpfung nennt.[69] Das entspricht biblischer Sprache, in der die Berufung Israels mit Schöpfungsbegriffen benannt werden kann (z. B. Mal 2,10). Hierauf liegt doch wohl im Zusammenhang der Akzent, und deshalb kann auch die Wendung »*durch den alles entstand*« »auf die göttliche Neuschöpfung des *soma Christou*, der Gemeinde« bezogen werden.[70] Und selbst wenn gälte: »Er steht am Anfang der Schöpfung wie am Anfang der Neuschöpfung«[71], gibt es keinen Anlass anzunehmen, dass er nicht in irgendeiner Weise ebenfalls Geschöpf des einen und einzigen Gottes ist.

Im so genannten Christushymnus des Philipperbriefes Phil 2,6-11 geht es um die freiwillige Erniedrigung des Messias Jesus, der vorher in »*göttlicher Gestalt*« war und sich dann »*entäußerte*« in die Gestalt eines »*versklavten Menschen*« und sich bis zum Tod am Kreuz erniedrigt. Darum wurde er dann von Gott erhöht. Klar ist, dass es hier in keiner Form um so etwas wie Schöpfungsmittlerschaft geht. Klar ist der Vorbildcharakter für die Angeredeten. Der zitierte Text, wohl ein bekanntes, vorgegebenes Christuslied, soll sie bewegen, sich entsprechend zu verhalten (V. 5). Und klar ist, wie abschließend V. 11 sagt, dass das Ganze »*zur Ehre Gottes*« geschieht, also dem Lobpreis des Gottes Israels dient. Unklar und

---

67. So etwa O. Hofius, »Einer ist Gott – Einer ist Herr«. Erwägungen zu Struktur und Aussage des Bekenntnisses 1 Kor 8,6, in: ders., Paulusstudien II, WUNT 143, Tübingen 2002, 167-180 (z. B. 179). Zum Umgang des Paulus mit Dtn 6,4ff. vgl. E. Waaler, The *Shema* and The First Commandment in First Corinthians, WUNT II/253, Tübingen 2008.

68. So Wengst, Perspektiven für eine nicht antijüdische Christologie, 242f.

69. Dazu o. S. 161f.

70. So L. Schottroff, »... damit im Namen Jesu sich jedes Knie beuge«. Christologie in 1 Kor und in Phil 2,9-11, in: M. Crüsemann/C. Jochum-Bortfeld Hg., Christus und seine Geschwister. Christologie im Umfeld der Bibel in gerechter Sprache, Gütersloh 2009, 81-94 (84f.); vgl. a. Kuschel, Geboren vor aller Zeit, 365ff.

71. Schrage, 1. Korinther II, 244.

umstritten sind dagegen die Aussagen über den Zustand vor der Erniedrigung in V. 6, was also hier mit »göttlicher Gestalt« und mit Gottgleichheit gemeint ist. Neben der traditionellen Auffassung, dass es hier um den präexistenten Gottessohn geht,[72] gibt es die These, dass hier die Gottähnlichkeit ›Adams‹ gemeint sei.[73] Näher legt sich vor allem von biblischen Traditionen her die These von einem engelähnlichen Wesen, das sich nicht überhebt, um durch »Raub« gottgleich zu werden.[74] Das kann hier offenbleiben.

Es ist sicher kein Zufall, dass eine Reihe von möglichen Präexistenzaussagen bei Paulus in dieser Weise offen und umstritten sind.[75] Paulus ist offenkundig an den Fragen, die für die spätere christliche Dogmatik so brennend von Interesse sind, nicht interessiert. Und je mehr man ihn von seiner sonstigen Ausrichtung an der Schrift her liest, desto fraglicher werden sie. Selbst wenn man hier anders urteilen will, ist kaum zu bestreiten, dass das Thema für Paulus ein Nebenmotiv bleibt. Zwei Punkte in seiner Theologie machen das völlig klar:

Der eine ist die Tatsache, dass sich im Römerbrief, der ja so etwas wie eine Zusammenfassung seiner Theologie ist, keinerlei Formulierungen in Richtung einer Präexistenz Christi finden lassen. Selbst zum Gottessohn wird er, ganz entsprechend den biblischen Traditionen,[76] *eingesetzt* (Röm 1,4).

Der andere ist die Tatsache, dass er für die Beziehung des Messias zu Gott – im Gegensatz zum undeutlichen Anfang – einen eindeutigen Zielpunkt angibt:[77] Am Ende wird nach 1 Kor 15,28

72. So etwa R. Bultmann, Theologie des NT, 3. Aufl. Tübingen 1958, 133; bes. O. Hofius, Der Christushymnus Philipper 2,6-11, WUNT 17, Tübingen 1976, bes, 56 f.

73. Vertreten bes. in der angelsächsischen Theologie, Beispiele bei Kuschel, Geboren vor aller Zeit, 320 ff., bes. Anm. 29 (S. 769).

74. So bes. S. Vollenweider, Die Metamorphose des Gottessohnes. Zum epiphanialen Motivfeld in Phil 2,6-9, in: ders., Horizonte neutestamentlicher Christologie. Studien zu Paulus und zur frühchristlichen Theologie, WUNT 144, Tübingen 2002, 285-306; vgl. a. ders., Der »Raub« der Gottgleichheit. Ein religionsgeschichtlicher Vorschlag zu Phil 2,6(-11), in: ders., Horizonte 2002, 263-284. Grundsätzlich zur »Engelchristologie«, die wahrscheinlich in den Texten des Neuen Testamentes eine erheblich größere und wichtigere Rolle spielt, als es die übliche Sicht von den Entwicklungen des 2.-4. Jahrhunderts her wahrhaben will, s. ders., Zwischen Monotheismus und Engelchristologie. Überlegungen zur Frühgeschichte des Christusglaubens, in: ders., Horizonte 2002, 3-27. S. außerdem: L. T. Stuckenbruck, Angel Veneration and Christology, WUNT II/70, Tübingen 1995.

75. Für Kuschel etwa bleibt allein die Aussage des – nichtpaulinischen! – Philipperhymnus, die auf so etwas wie Präexistenz schließen lässt (zusf. Geboren vor aller Zeit, 390 f.).

76. Vgl. etwa das »heute« aus Ps 2,7, das den Beginn der Gottessohnschaft des messianischen Königs anzeigt. oder das zum »Erstgeborenen machen« in Ps 89,28.

77. Vgl. bes. Schottroff, »… damit im Namen«, 85 ff.

auch der Sohn selbst alle Macht Gott übergeben, da Gott dem Messias alle
Mächte unterwarf. So wird Gott alles in allem sein.

Wieder wird auf den Kern des biblischen Gottesglaubens mit dem *Schmaʿ Jisrael*
angespielt. Gott ist es, der dem Messias alles unterwerfen muss, der dann seinerseits alles Gott übergeben wird. Gott wird sein alles in allem, Gott wird damit
endlich *»einzig«* sein, wie es in Sach 14,9 verheißen ist. Welche Form und Bedeutung daneben eine Präexistenz des Messias auch haben könnte, sie wird
durch dieses Ziel deutlich relativiert.

Doch gibt es offenbar bei Paulus eine andere und an anderen Fragen interes-
sierte Form der Präexistenz des Messias. So wie der nach der Auferweckung an
die Seite Gottes erhöhte Messias bis zum endgültigen Sieg in seinem Wirken
von Gottes Handeln nicht zu unterscheiden ist, so gilt Ähnliches offenbar auch
für die Zeit vor seinem irdischen Erscheinen. Paulus kann daraus geradezu gewisse Aspekte seiner Hermeneutik der Schrift entwickeln, und er tut das in
besonderer Deutlichkeit in 1 Kor 10,1 ff.

Dieser Text gehört in den Schlussteil der großen Auseinandersetzung des
Paulus über den Umgang mit dem so genannten Götzenopferfleisch in 1 Kor
8-10, also der Frage, wie die neuen Gemeinden, die zum Glauben an den Gott
Israels gekommen waren, mit der Tatsache umgehen sollen, dass in den Städten
des römischen Reiches alles, insbesondere das Essen, mit heidnischen Gottheiten verbunden war. Grundlegend ist das Bekenntnis zur Einheit Gottes angesichts der göttlichen Vielfalt in 1 Kor 8, von dem oben die Rede war.[78] In
Kap. 10 geht es dann darum, dass es neben der Gemeinschaft mit Gott, wie sie
besonders das Abendmahl kennzeichnet, keine mit den Dämonen geben darf.
Wie in 2 Kor 6,16 liegt alles daran, die Distanz zu den Fremdgottheiten zu erhalten. Entscheidend ist: *»dass diese Fremdopfer den (dämonischen) Zerstörungs-*
mächten dargebracht werden und nicht Gott! Ich will nicht, dass ihr Gemeinschaft
mit dämonischen Mächten habt« (1 Kor 10,20).

Um die Gefährdungen, die dabei auftreten können, klarzumachen, hält er
der Gemeinde besonders in 10,1-13 eine Fülle von Beispielen aus der Schrift
vor. Es handelt sich geradezu um so etwas wie eine Predigt über Texte des Alten
Testaments. Und man kann dabei den Umgang des Paulus mit der Schrift intensiv beobachten:

1 Ich möchte nämlich, Geschwister, dass ihr Folgendes bedenkt: Unsere Väter
und Mütter waren alle unter der Wolke, und alle sind durch das Meer gezogen.
2 Alle sind in der Wolke und im Meer in Mose hineingetaucht worden. 3 Alle
haben dieselbe geistliche Speise gegessen, 4 und alle haben denselben geistlichen
Trank getrunken, denn sie haben alle von dem geistlichen Felsen getrunken, der
ihnen folgte. Der Fels aber war der Messias. 5 Doch an den meisten von ihnen

---

78. S. 308 f.

hatte Gott keinen Gefallen, denn sie wurden in der Wüste getötet. 6 So sind sie für uns zum Beispiel geworden, damit wir nicht nach den bösen Dingen gieren, wie sie es taten. 7 Betet nicht wie einige von ihnen fremde Götter an – wie die Schrift sagt: <u>Das Volk setzte sich, um zu essen und zu trinken, und die Leute standen auf, um zu tanzen</u> (Ex 32,6). 8 Lasst uns auch nicht illegitime sexuelle Beziehungen eingehen, wie einige von ihnen taten, und dann starben dreiundzwanzigtausend an einem Tag. 9 Lasst uns auch nicht die Ewige auf die Probe stellen, wie einige von ihnen taten und durch die Schlangen zugrunde gingen. 10 Murrt auch nicht, wie einige von ihnen taten. Sie gingen durch einen Verderber zugrunde. 11 Das alles ist ihnen geschehen, damit wir uns daran erinnern und davon lernen. Es wurde aufgeschrieben, damit wir aufwachen, denn das Ende der weltlichen Macht ist bei uns angebrochen.

Das Ziel der Predigt ist klar. Die angeführten Ereignisse, von denen die Schrift erzählt, sind Mahnung und Warnung für die Gemeinde in Korinth. Damals haben Alle, wie an immer neuen Beispielen betont und wiederholend dargestellt wird, an den Heilstaten Gottes teilgenommen: Alle wurden »getauft«, alle aßen »geistliche Speise« – so benennt er die Heils-Teilhabe Israels mit Begriffen seiner Gegenwart, des gegenwärtigen Heils. Aber diese Partizipation hat den Abfall nicht verhindert und sie kann das Heil nicht verbürgen. Das zeigt sich am falschen Verhalten, wenn es einen Bruch mit der Tora einschließt. Diese Geschehnisse sind zur Mahnung aufgeschrieben und deshalb Teil der Schrift geworden. Es geht hier um so etwas wie eine Tora-Predigt für die mehrheitlich heidenchristliche korinthische Gemeinde. An diesem Beispiel zeigt sich, was Aufrichtung der Tora (Röm 3,31) heißt. Es geht dabei nicht um umstrittene Fragen wie die Beschneidung der Männer o. ä., sondern um das Halten der Gebote Gottes (1 Kor 7,19). In diesem Fall geht es um die mögliche Verletzung des 1. Gebotes.

Spannend wird es, wenn man genauer versucht, die Argumentationsweise zu verstehen, die dieser Schriftpredigt zugrunde liegt. Das beginnt mit der Frage nach der Gattung des Textes. Ist es wirklich so etwas wie ein Musterbeispiel für typologische Auslegung, wie F. Hahn meint?[79] Oder liegt Allegorese vor, wie D.-A. Koch es sieht?[80] Eher ist wohl mit P. v. d. Osten-Sacken von einem Midrasch zu reden.[81] Insbesondere von der bei Hahn angenommenen Zweitran-

79. F. Hahn, Teilhabe am Heil und Gefahr des Abfalls. Eine Auslegung von 1 Kor 10,1-22, in: ders. Studien zum Neuen Testament II, WUNT 192, Tübingen 2006, 335-357.

80. Schrift als Zeuge, 211 ff.

81. »Geschrieben zu unser Ermahnung …«. Die Tora in 1 Korinther 10,1-13, in: ders., Die Heiligkeit der Tora. Studien zum Gesetz bei Paulus, München 1989, 60-86. Schrage, 1 Korintherbrief, Bd. 2, 382 u. ö. spricht von »midraschartiger Auslegung«. Keinen Gegensatz zwischen Midrasch und Typologie sieht Chr.-B. Julius, Die ausgeführten Schrifttypologien bei Paulus, EHS 23/668, Frankfurt/M. u. a. 1999, 191-232.

gigkeit der Schrift in Bezug auf das Heil, also das typologische Abgeschattetsein des alttestamentlichen Beispiels, das bei v. Rad eine so große Rolle spielt[82], ist überhaupt nichts zu bemerken.[83] So wie damals das Heil von vielen verspielt wurde, und es war wie in der Gegenwart des Paulus ein sakramental erlebtes und verbürgtes Heil, so kann es heute wieder geschehen.

Wie also geht Paulus mit der Schrift Israels um? Das führt sofort auf die Frage nach dem »wir« in diesem Text. »Unsere Vorfahren« (V. 1) – auf wen ist das bezogen?[84] Bezieht es von vornherein und ohne jede Differenzierung die nichtjüdischen Menschen der Gemeinde mit ein, meint »wir« also die aus »Juden« und »Griechen« gemischte Gemeinde? Jedenfalls ist es genau das, was im Effekt geschieht. Auch wenn das »wir«, auf das er die Toraerzählungen bezieht, zunächst das des Juden Paulus ist, denn es geht um seine Vorfahren, um das Volk Israel, so wendet er doch in der Predigt das Geschehen und das, was daran zu lernen ist, auf alle an, also auch auf die Menschen aus den Völkern an, die jetzt dazugekommen sind. Das, was nach dieser Predigt von Gottes Handeln an Israel, wie es in der Tora erzählt wird, zu lernen ist, gilt für sie ebenso wie – ganz selbstverständlich – die Gebote der Tora. Also nicht nur die Tora mit ihren Geboten und die großen eschatologischen Verheißungen der Schrift werden auf die neue Gemeinde bezogen, sondern auch die Erzählungen von der Geschichte Gottes mit Israel und ihre Lehren werden für die Lebenshaltung auch der nichtjüdischen Gemeindeglieder aufgeschlossen.

Und in diesem Zusammenhang heißt es nun in V. 4 mitten in der Aufzählung der Taten Gottes für Israel:

Der Fels aber war der Messias.

Formal gesehen ist das sicher eine Allegorie, die für uns so nicht ohne Weiteres nachvollziehbar ist. Aber viel wichtiger als die exegetische Methode des Paulus ist doch, was damit theologisch geschieht. Es geht um den Fels, aus dem das Wasser kommt, welches das Leben ermöglicht. Der Christus war auch damals dabei. Das setzt so etwas wie Präexistenz voraus. Der Artikel macht eindeutig: Entscheidend ist die messianische Funktion, nicht so sehr die Person. »Das Wort Christos/Messias allein hat bei Paulus noch nicht diese Bedeutung des Namens einer einzelnen Person. ›Messias‹ wird die Konkretion des Heilshan-

---

82. Theologie II 387 ff., dazu o. S. 62 f.; vgl. 128.
83. Etwa die Behauptung, »die Heilswirklichkeit des endzeitlichen Gotteshandelns [werde] in die urzeitliche Geschichte hineinprojiziert« (345), stellt Argumentation und Intention des Paulus auf den Kopf, der die Gegenwart nicht in die Schrift projiziert, sondern umgekehrt die Gegenwart an der Schrift, und zwar allein an der Schrift misst.
84. Vgl. hierzu L. Schottroff, Die Theologie der Tora im ersten Brief des Paulus an die Gemeinde in Korinth, in: W. Stegemann/R. DeMaris Hg., Alte Texte in neuen Kontexten. Wo steht die sozialwissenschaftliche Exegese, Stuttgart 2011.

delns Gottes auch im Exodus Israels genannt (10,4). Das Trinkwasser in der Wüste ist eine Messiaserfahrung neben anderen möglichen Messiaserfahrungen«.[85] Dabei zeigt sich, was diese Präexistenz des Messianischen theologisch bedeutet. So wie der Auferstandene entrückt wurde und bei Gott ist und sein messianisches Handeln so auf das messianische Handeln Gottes zurückgenommen wird, weshalb das Handeln Gottes und das des Messias ununterscheidbar sind, so ist das für Paulus im Blick auf das Heil schon immer gewesen. Weil der Gott Israels immer schon Rettung und Heil, also messianische Präsenz gewährte, kann Paulus so reden.

Was folgt daraus? Im Sog der Abwertung der Schrift gegenüber dem Christusgeschehen und der damit verbundenen antijüdischen Ausrichtung schloss die christliche Theologie zumeist aus Texten wie diesem: Nur bei Christus ist das Heil, und die nicht an Christus glauben, glauben auch nicht an den wahren Gott, und das galt sogar schon in der Vergangenheit für Israel. Aber offenkundig ist bei Paulus das Gegenteil gemeint und viel näherliegend: Obwohl die korinthische Gemeinde in den letzten Tagen lebt und das eschatologische Heil schon begonnen hat, hat sie dem Volk Israel und seinem Weg mit Gott, von dem die Schrift erzählt, nichts voraus. Sie müssen davon lernen, und sie können auch davon lernen. Wo Gott ist, geht es immer, ging es schon immer uneingeschränkt um dasselbe Heil, das in Christus gegeben ist, nicht um eine Vorabschattung oder derartiges. Weil Israel bei Gott war, war es auch bei Christus, und durch den Bruch mit der Tora kann das Heil damals wie heute wieder verloren gehen.

Paulus argumentiert sonst nicht mit dem präexistenten Christus. Entscheidend ist, dass es bei Gott immer um dasselbe Heil ging, das mit Christus gegeben ist. Die Völker, die für Gott zu gewinnen der Auferstandene ihm aufgetragen hat (Gal 1,16), kommen zu einem Gott, der in der Begegnung mit Israel, wie sie die Schrift erzählt, immer schon derselbe war. Eine der Möglichkeiten, diese Bedeutung der Schrift für die neuen Gemeinden wahrzunehmen, ist für ihn das Spielen mit der Präexistenz des Messianischen oder des Messias in der Geschichte, von der die Schrift erzählt.

85. Schottroff, Theologie der Tora.

10. Kapitel
Der Wahrheitsraum der Schrift und das neutestamentliche »Jetzt« des Heils

Die wichtigste Möglichkeit, all die umfassenden Heilsaussagen der Schrift mit einem »gescheiterten« Messias in Verbindung zu bringen, besteht, das hat das letzte Kapitel gezeigt, in dem Konzept einer Entrückung an die Seite Gottes und damit in der Rücknahme der messianischen Gegenwart auf die Gegenwart Gottes. Der messianische Glaube an Christus hat damit im Kern die Gestalt von messianischer Hoffnung angenommen, der gleichen Hoffnung, die Israel hatte und hat. »*Weil wir hoffen, sind wir gerettet*« (Röm 8,24), heißt das bei Paulus. Dennoch ist diese tragende Hoffnungsdimension im Neuen Testament in vielen Zusammenhängen eher versteckt und im Hintergrund. Offen und im Vordergrund ist die Rede von der Gegenwart des Heils.

Gerade auch in den Aussagen über das in Jesus Christus gegenwärtige Heil, um die es jetzt im letzten Kapitel gehen soll, muss sich zeigen, dass das Neue Testament durchgängig positiv auf die Schrift bezogen ist, wie sie als bleibender Wahrheitsraum wirkt und welche Rolle sie deshalb für den christlichen Glauben bleibend spielt. Das soll im Folgenden exemplarisch an zwei der strategisch entscheidenden Fragen ins Auge gefasst werden. Das sind zum einen die direkten Aussagen des Neuen Testaments über das »Jetzt« bzw. »Heute«, also über die Gegenwart des Heils. Und das ist zum anderen das Verständnis des Geistes als das »Angeld«, als die effektiv wirksame Vorausnahme des kommenden Heils.

1. Das neutestamentliche »Jetzt« und sein Schriftbezug

a. Der neutestamentliche Befund

Die bekannten neutestamentliche Aussagen über das mit Jesus gegebene »Jetzt« bzw. »Heute« des Heils leisten vor allem eins: einen Brückenschlag vom Damals der Zeit Jesu zu der der jeweiligen Hörer bzw. Leserinnen. Und das gilt – nicht zuletzt im liturgischen Zusammenhang – bis heute. Man denke an Aussagen wie: »*Heute ist euch der Retter geboren ...*« aus der Weihnachtsgeschichte (Lk 2,11), »*Jetzt nun ist ... Gottes Gerechtigkeit sichtbar geworden*« als den entscheidenden Wendepunkt in der Argumentation des Römerbriefs (Röm 3,21). Mit diesem hermeneutischen Brückenschlag stehen derartige Aussagen ganz in biblischer Tradition. Allerdings wird trotz des jeweils unübersehbaren Bezugs auf

Vorgängiges in der Schrift das »Heute« und damit die Verbindung des neutestamentlichen Kerngeschehens mit der jeweiligen Gegenwart so stark ins Licht gerückt, dass alles andere dabei weitgehend verblasst. Das gilt in der wissenschaftlichen Debatte, wo angeblich durch das aktuelle »Jetzt« das sich mit Christus Ereignende dem Früheren gegenübergestellt, das heißt doch wohl: in Opposition zu ihm gebracht werden soll.[1] Das gilt besonders deutlich für gottesdienstliche Zusammenhänge wie die Weihnachtsgottesdienste. Wenn hier das Frühere der Schrift überhaupt in den Blick kommt und wahrgenommen wird, dann in Form prophetischer Voraussagen und damit in einer so verdünnten Form, dass sie mit der Einlösung im Grunde überflüssig geworden sind. Das gilt trotz der üblichen Verlesung alttestamentlicher messianischer Weissagungen wie Jes 9 oder 11. Gerade hier wird das Heil allein in dem mit »Jetzt« hervorgehobenen Geschehen gesehen und erlebt. Entspricht das aber dem Neuen Testament?

α. Das »Jetzt« im Römerbrief

Besonders eindringlich wird das »Jetzt«/*nyn* des mit Jesus Christus gegebenen Heils im Römerbrief herausgearbeitet. Eine Kette von »Jetzt« bzw. »von Jetzt an«/*apo to nyn*-Aussagen durchzieht das gesamte Schreiben. Beginnend mit der grundlegenden Aussage in 3,21 »*Jetzt nun ist ... Gottes Gerechtigkeit in Erscheinung getreten*« über 3,26; 5,9.11; 6,21; 7,6.17; 8,1.18.22; 11,5.30.31; 13,11; 15,23.25 bis zu den letzten Versen in 16,26. Kein Zweifel, das eigentliche inhaltliche Thema des Schreibens hat eine eindringliche zeitliche Seite. Jetzt!,[2] in der Gegenwart gibt es nicht mehr nur Leiden und Schmerzen (8,18.22), Jetzt! ist Gottes Gerechtigkeit sichtbar geworden (3,21); jetzt! sind wir durch sein Blut gerecht gesprochen (5,9); jetzt! empfangen wir Versöhnung (5,11); jetzt! sind wir wie bereits Gestorbene tot für das Gesetz (7,6); jetzt! gibt es keine Aburteilung mehr (8,1); jetzt! habt ihr Barmherzigkeit erfahren (11,30); jetzt! ist die Rettung näher als zu Beginn (13,11). Dieses »Jetzt« bezeichnet das mit Christus Geschehene und den Zeitpunkt dieses Geschehens, es umfasst aber auch das, was derzeit durch die apostolische Verkündigung und damit in der Gemeinde geschieht. Somit umfasst das »Jetzt« den in sich differenzierten Zeitraum, vom Beginn des Glaubens bis zur Gegenwart des Briefes (13,11), sowie das, was Paulus in der Gegenwart und für die Zukunft plant (15,23.25). All das ist »jetzt!« dran, in einer Weise, in der es offenbar vorher nicht dran war. Und dieses »Jetzt« bringt seine Notwendigkeit mit sich und kann nicht auf eine unbestimmte Zukunft verschoben werden.

Unstrittig ist, dass dieses »Jetzt« den Zeitpunkt des eschatologischen Heils meint. Es geht um das, was Paulus in Gal 4,4 so formuliert: »*Als aber die Fülle*

---

1.   So W. Radl, Art. *nyn* nun, jetzt, EWNT II, 1981, 1178-1180 (1179).
2.   So die Schreibweise in der Bibel in gerechter Sprache.

der Zeit kam, sandte Gott das Gotteskind aus.« Der Ausdruck die »Fülle«, das *pléroma,* der Zeit ist insbesondere in Tob 14,5 belegt. Nachdem der Tempel, das Haus Gottes, eine bestimmte Zeit in Schutt und Asche gelegen hat, wird Gott sich erbarmen: »*Und sie werden das Haus Gottes wieder aufbauen – aber nicht wie das erste – bis zu der Zeit, wenn sich die Zeit der Weltzeiten erfüllen wird.*« Dann nämlich kommt ganz Israel aus dem Exil zurück ins Land und nach Jerusalem, der Tempel wird im alten Glanz erbaut, und alle Völker der Erde werden umkehren zum Gott Israels. Die nachexilische Zeit mit dem zweiten Tempel wird, das ist eindeutig zu erkennen, eine bestimmte Zeitlang bestehen bis zu dem Moment des endgültigen Heils und zur Einlösung aller prophetischen Verheißungen. Dieser Punkt ist für Paulus nach Gal 4,4 mit dem Kommen des Gottesohnes gegeben – und ist es eben doch nicht. Denn die alte Zeit mit Leid, Tod und Gewalt geht ja noch weiter. »Die Gegenwart der Christusherrschaft verleiht dem ›Jetzt‹ Endgültigkeit, und doch stellt die Anfechtung durch das Bestehende den Glauben in die Vorläufigkeit eines nicht abgeschlossenen Weges, auf welchem Bewährung verlangt wird«, formuliert Käsemann zu Röm 3,21.[3]

Die Frage, die sich hier stellt, lautet: Wie verhält sich dieses »Jetzt« des eschatologischen Heils, das den ganzen Raum zwischen Jesus und der Zeit des Briefes und der angesprochenen Gemeinde, ja darüber hinaus bis zum endgültigen, vollen Kommen der Gegenwart Gottes ausfüllt, zur Schrift? Reduzieren sich ihre Rolle und Bedeutung durch das Gewicht der qualifizierten Gegenwart auf so etwas wie einen Zukunftshinweis, eine prophetische Voraussage? Oder ist dieses »Jetzt« durch die Schrift mit konstituiert? Und wie?

Eine der Aussagen des Römerbriefs über das »Jetzt« scheint zu bestätigen, dass es alles Vorangehende bei weitem übertrifft, so dass vor dem Neuen des »Jetzt« das Alte der Schrift verblassen kann und muss. Und diese Aussage steht zudem an exponierter Stelle, sie bildet den gewichtigen Abschluss des Briefes in Röm 16,25-27. Danach gilt von »*meinem Evangelium und der Verkündigung Jesu Christi*«:

> »*Es ist die Offenbarung des Geheimnisses, das ewige Zeiten hindurch verschwiegen worden war, jetzt aber ans Licht gebracht durch prophetische Schriften und im Auftrag des ewigen Gottes kundgetan für alle Völker, um die Antwort des Glaubens zu bewirken.*«[4]

Demnach kommt im »Jetzt« etwas ans Licht, eben das Evangelium für die Völker, das vorher durch ewige Zeiten hindurch als Geheimnis verschwiegen worden war. Es war wohl bei Gott beschlossen und geplant, ist aber unbekannt geblieben. Das gilt selbst für die Stimme prophetischer Schriften. Sie stehen hier

---

3.   Käsemann, An die Römer, 85 f.
4.   Eigene Übersetzung im Anschluss an Käsemann, An die Römer, 401.

ohne Artikel, gemeint sind also wohl nicht *die* prophetischen Aussagen der Schrift. Und sie gehen dem »Jetzt« ja auch nicht voran, sondern sind in das »Jetzt« mit einbezogen, sind offenkundig Teil dessen, was in diesem »Jetzt« geschieht. Sollen damit prophetische Schriften des Urchristentums und dann wohl besonders die des Paulus selbst gemeint sein?[5]

Nun ist aber »Ausdrucksweise und Anschauung« von einem solchen Verschweigen des Mysteriums durch die Zeiten »völlig singulär im Neuen Testament«.[6] Es widerspricht zumal eindeutig dem, was bei Paulus sonst durchgängig zu konstatieren ist. Kann das letzte Wort des Römerbriefs es so völlig anders sehen als das erste, wonach das Evangelium »*bereits früher durch die Propheten und Prophetinnen in den heiligen Schriften verkündet wurde*« (Röm 1,2)? Zwar redet auch Paulus etwa in 1 Kor 2,7 davon, dass die göttliche Weisheit »*im Geheimnis verborgen*« ist, aber auch dieses Geheimnis entspricht der Schrift (V. 9), ist also gerade nicht verschwiegen worden. Auch das so genannte »Revelationsschema«[7] in nachpaulinischen Texten wie Eph 3,5.9; Kol 1,26; 2 Tim 1,9 f. spricht nicht von einem Verschweigen und steht in apokalyptischer Tradition.[8]

Dieser sachliche Differenzpunkt entspricht völlig einer Reihe von anderen Beobachtungen, die heute diesen Schluss des Römerbriefes nahezu unbestritten als nachpaulinische literarische Ergänzung ansehen.[9] Dafür spricht der Bruch mit dem Briefformular, die deutliche Wiederaufnahme des Anfangs des Briefes, die zugleich eine Korrektur ist, vor allem aber die späte und unklare handschriftliche Bezeugung, die die Formulierungen teilweise woanders, nämlich hinter Röm 14,23 anordnet.[10] So besteht in der Forschung kein ernsthafter Zweifel daran, dass es sich um eine sekundäre Hinzufügung handelt. Ob sie und ihr korrigierender Inhalt mit dem Kanonisierungsprozess zusammenhängen,[11] kann und muss hier offenbleiben.[12]

5. So D. Lührmann, Das Offenbarungsverständnis bei Paulus und in paulinischen Gemeinden, WMANT 16, Neukirchen-Vluyn 1965, 123 f.
6. Käsemann, An die Römer, 405.
7. Dazu Lührmann, Offenbarungsverständnis, 124 ff.; vgl. a. Käsemann, An die Römer, 405; Haacker, Römerbrief, 332.
8. So z.B. Käsemann, Römerbrief, 405 f.
9. Vgl. die Komm. von Michel, Käsemann, Wilckens, Lohse, Haacker jeweils z. St.; vgl. a. Wengst, Freut euch, 443, Anm. 891. Anders Stuhlmacher, Römer, 225.
10. Zum handschriftlichen Befund s. bes. K. Aland, Der Schluss und die ursprüngliche Gestalt des Römerbriefes, in: ders., Neutestamentliche Entwürfe, ThB 63, München 1979, 284-301; s. a. L. W. Hurtado, The Doxology at the End of Romans, in: New Testament Textual Criticism. Its Significance for Exegesis, FS B. M. Metzger, Oxford 1981, 185-199.
11. Dazu etwa D. Trobisch, Die Entstehung der Paulusbriefsammlung, NTOA 10, Fribourg/Göttingen 1989, 70 f.75 ff.
12. Zur theologiegeschichtlichen Einordnung vgl. bes. Lührmann, Offenbarungsverständnis, der (122) auf Analogien bei Ignatius (Magn 9,2; Eph 19) verweist und an

Wie sehr die Vorstellung, das, was »*jetzt*« mit dem Evangelium passiert, sei durch Äonen hindurch verschwiegen worden und deswegen als letztlich unbekannte Größe erst in der Gegenwart hervorgetreten, vom Konzept des Römerbriefes entfernt ist, zeigt exemplarisch und in aller Deutlichkeit die erste Passage, in der im Römerbrief vom »*Jetzt*« die Rede ist. 3,21 steht an der Spitze aller Jetzt-Aussagen des Briefes, und diese sind sozusagen die Fortführung, Konkretisierung und Verdeutlichung der ersten und grundlegenden Aussage:

> *Jetzt! Unabhängig von der Tora ist Gottes Gerechtigkeit sichtbar geworden, bezeugt von der Tora und den prophetischen Schriften.*

Das in Erscheinung-Treten der Gerechtigkeit Gottes, also das, was dann Thema des gesamten Briefes ist, ist »*bezeugt von der Tora und den prophetischen Schriften*«. Dieses Zeugnis bezieht sich sicher auf das, was Gerechtigkeit Gottes heißt, vor allem natürlich darauf, dass sie sich außerhalb des Geltungsbereichs der Tora ereignet, sodass also die Tora selbst bezeugt, dass die Gerechtigkeit nicht durch die Tora und das Tun der Tora kommt. Aber dieses Zeugnis bezieht sich zugleich auch auf die Zeitstruktur der Offenbarung, also auf das »Jetzt«. Aber wie?

Schon dass bei diesem Zeugnis die Tora neben der Prophetie steht, lässt erkennen, dass es nicht nur im klassisch-christlichen Sinne um Voraussagen, um Erfüllungshinweise gehen kann. Denn dass hier nicht nur Zukunftsworte oder eschatologische Verweise des Pentateuchs gemeint sein können, zeigt der gesamte weitere Argumentationszusammenhang. In diesem geht es um das Verhältnis von Tora und Glaube. Und eben dabei geht es letztlich um nichts Geringeres als das Ziel, die Tora aufzurichten, also ihre Geltung zu bestätigen und sie neu und nun endlich wirksam in Kraft zu setzen (Röm 3,31).

Die Schrift tritt als Zeugin für das Evangelium in Erscheinung. Das zielt auf die Gegenwart. So sieht es etwa auch D.-A. Koch.[13] Der Begriff »Zeugnis, bezeugen« im Zusammenhang von Schriftzitaten oder -hinweisen findet sich bei Paulus nur an dieser Stelle. Er hat aber Entsprechungen bei Philo, wo er ebenfalls auf die Funktion in der Gegenwart zielt.[14] Ein derartiges Zeugnis ist mehr und anderes als eine Vorhersage künftiger Geschehnisse. Es bezeugt, was geschieht. Das heißt nicht zuletzt: Das Evangelium ist ohne das Zeugnis der Schrift nicht wirksam, ja im Grunde nicht existent. Es ist deshalb gegen die eigene theologische Aussage und Intention des Paulus, wenn Koch gerade an dieser entscheidenden Stelle, bei der Zeugnisfunktion der Schrift für das Evan-

---

marcionitische Kreise denkt (123, Anm. 4), während bei Marcion selbst ja Röm 15 f. fehlen (vgl. Schmid, Marcion, 289 ff.).

13. Die Schrift als Zeuge des Evangeliums, BHT 69, Tübingen 1986, 343.350.
14. Koch, Schrift, 343 Anm. 6 mit Hinweis auf Philo, Somn II 172; 222; Congr 62; Barn 15,4.

gelium, dem Paulus unterstellt, nur durch angebliche Tricks eine solche Bezeugung des Evangeliums durch die Schrift konstatieren zu können. So habe er den Verstehensrahmen verändert, massiv in den Wortlaut der Schrift eingegriffen, die Schrift selektiv und dazu distanzlos verwendet.[15] Während Paulus sich und seine Theologie grundsätzlich auf die Schrift gründet, hat eine solche Exegese vorgängig ein so anderes Verständnis des Evangeliums, dass es mit der Schrift nicht übereinstimmen kann, und sie muss deshalb Paulus die Schrift ebenso korrigieren lassen, wie sie ihrerseits Paulus zensieren muss und ihn nicht aussprechen lassen kann.

Für Paulus bezeugt die Schrift, und zwar in Gestalt von Tora wie Prophetie, die Gerechtigkeit Gottes, um die es im Evangelium und insbesondere im Römerbrief geht. Die Wahrheit des Evangeliums hängt damit von der vorgängigen Wahrheit der Schrift ab – und nicht umgekehrt. Und dieses Evangelium, d. h. die Wirksamkeit der Gerechtigkeit Gottes, zielt ihrerseits auf die Geltung der Tora ab (Röm 3,31), und zwar auf die angesichts der massiven Sündenmacht in der Welt endlich wirksame Geltung der Tora.[16] Das »Jetzt«, die Gegenwart ist damit abhängig von der Zeugenfunktion der Schrift. Das »Jetzt« ist nur durch die Schrift und in der Kraft der Schrift. Was das für das Verständnis des »Jetzt« heißt, entscheidet sich also – nach dem Verständnis des Paulus selbst – genau wie beim Verständnis der Gerechtigkeit wie der Geltung der Tora – an der Schrift und in der Schrift.

β. Das »Heute« bei Lukas

Im Lukasevangelium setzt – deutlicher als eine Reihe von »Jetzt«/*nyn*-Aussagen – ein mehrfaches »Heute«/*sémeron* an entscheidenden Schlüsselstellen gewichtige Akzente.[17] »Es steht über der Geburt des Messias« (2,11),[18] es ist das Ziel von Jesu erster Predigt in der Synagoge von Nazareth (4,21), es kennzeichnet die Begegnung mit Zachäus (19,5.9), es erklingt schließlich am Kreuz (23,43). An allen diesen Stellen geht es jeweils um »fundamentale Neuanfänge«[19], die das gesamte Leben Jesu umfassen und kennzeichnen.

Wie wenig das Gemeinte mit dem üblichen modernen Zeitbegriff zu fassen ist, zeigt in besonderer Deutlichkeit das Wort Jesu am Kreuz zu einem der beiden mit ihm gekreuzigten Verbrecher: »*Heute wirst du mit mir im Paradies sein*« (23,43). Dass dieses »Heute« mit dem übrigen Zeitablauf, wie Lukas ihn dar-

---

15. Ebd. 344 ff.
16. Dazu o. S. 219 f.
17. Hierzu M. Crüsemann in: F. Crüsemann/M. Crüsemann, Die Gegenwart des Verlorenen. Zur Interpretation der biblischen Vorstellung vom »Paradies«, in: »Schau an der schönen Gärten Zier …«. Über irdische und himmlische Paradiese, hg. v. J. Ebach u. a., Jabboq 7, Gütersloh 2007, 25-68, bes. 64 ff.
18. Ebd. 65.
19. Ebd.

stellt, also dem Tod, der Auferstehung nach drei Tagen und der »Himmelfahrt« nach 40 Tagen (Apg 1,3) nicht in Übereinstimmung zu bringen ist, liegt auf der Hand.[20]

Für die Frage nach dem Verhältnis des »Heute« und damit des mit Jesus gegebenen Heils zur Schrift sind die beiden ersten Vorkommen des Begriffs entscheidend. Diese Beziehung ist geradezu ihr Thema. Die Ankündigung der Engel an die HirtInnen in der Weihnachtsgeschichte, »heute« sei der Retter (sotér), der Messias geboren, verweist in der Aussage selbst wie im engeren und im weiteren Kontext mit großer Eindringlichkeit auf die Schrift. Die Ankündigung selbst in Lk 2,11 ist aus alttestamentlichen Motiven zusammengesetzt. Der Retter in der Stadt Davids, in Bethlehem, erinnert an die alttestamentlichen Messiastraditionen und überhaupt an die Davidtradition. Das gilt darüber hinaus für die gesamte so genannte Weihnachtsgeschichte in Lk 2,1-20, die »in allen ihren wesentlichen Elementen aus alttestamentlichem Denken erwachsen ist«[21], ja geradezu aus Zitaten und Anspielungen besteht. Das »Heute« ist mit den Worten der Schrift formuliert, und sein Sinn erschließt sich nur aus diesem Zusammenhang.

Das verschärft sich im Kontext des Evangeliums. Insbesondere hat Lukas in den Liedern, die vor dem Geburtsereignis von der Mutter Maria und von Zacharias angestimmt werden, wesentliche Momente der Heilserwartung der Schrift noch einmal ausdrücklich formuliert. Maria, die weiß, das sie »von nun an«/apo to nyn seliggepriesen werden wird (Lk 1,48 f.), macht die politischen Dimensionen stark und eindeutig, wenn sie von der Gottheit Israels sagt:

Sie stürzt Machthaber vom Thron und erhöht Erniedrigte,
Hungernde füllt sie mit Gütern und Reiche schickt sie leer davon.[22]

Und Zacharias erinnert ausdrücklich sowohl an die Prophetie (1,70) wie an Abraham und den Bund (1,72 f.) und sieht in dem Geschehen die Rettung vor den Feinden (V. 71). Es ist also der gesamte alttestamentliche Kanon von den Vätern und Müttern bis zu den eschatologisch-prophetischen Hoffnungen, der das mitkonstituiert, was als »heute« das Geschehen der Geburt des Messias mit dem Heil für die Gemeinde des Evangeliums wie für jede kommende Generation als Hoffnung zusammenschließt.

Das »Heute« der Geburtsgeschichte wird von Jesus bei seinem ersten öffentlichen Auftreten aufgenommen. Das Schriftwort, das er im Synagogengottesdienst in seinem Heimatort verlesen hat, »wird heute bestätigt«. So seine Predigt

---

20. Dazu M. Crüsemann, ebd. 64 f.
21. C. Westermann, Alttestamentliche Elemente in Lukas 2,1-20, in: Tradition und Glaube, FS K. G. Kuhn, Göttingen 1971, 317-327 = ders., Forschung am AT, Ges. Stud. II, ThB 55, München 1974, 269-279.
22. Übersetzung für den DEKT Hamburg 1995.

(Lk 4,21). Der dieser Predigt zugrunde liegende Text ist das Wort aus Jes 61: *»Die Geistkraft der Lebendigen ist auf mir.«* Und Jes 61 wird durch Elemente aus Jes 58 zu einem Mischzitat ergänzt, sodass göttliches und menschliches Handeln unlöslich ineinanderliegen.[23] Der zitierte Prophetentext bezieht sich seinerseits auf zentrale Stellen der Tora, auf das Jobeljahr von Lev 25 und vor allem auf das Erlassjahr mit seinem Schuldenerlass in Dtn 15, also Rettung und Befreiung für die Armen. Die Kette der Schriftworte, machtvolle Stimmen, die Gebot und Hoffnung für die Armen und Unterdrückten enthalten, wird in der Schriftlesung aufgenommen und in der Predigt bestätigt. Dieser Zusammenklang macht das »Heute« aus. Und das wird im weiteren Evangelium aufgenommen und fortgeführt.[24]

In beiden Fällen – dem des gerade geborenen Messiaskindes und dem des ersten öffentlichen Auftretens – werden Inhalte und Hoffnungen der Schrift aktualisiert. Was aus dieser Hoffnung wird und damit aus dem »Heute« dieser Stunde(n), muss sich im Lauf des Lebens, das so begonnen hat, zeigen. Das gesamte Evangelium mit seinen durchgängigen und dichten Bezügen auf die Schrift, muss diese Anfänge fortführen. Damit aber geht der Brückenschlag des »Heute« von der Schrift, der in ihr berichteten Vergangenheit sowie den in ihr mehrfach erzählten Anfängen, über die Zeit Jesu und die erzählte Welt des Evangeliums mit ihren Anfängen bis zum »Heute« des Lukas und seiner Gemeinde und darüber hinaus zu jedem Moment des Hörens der Texte bis – »heute«.

b. Die Grundlage in der Schrift

Die Konstituierung des *»Jetzt«* bzw. *»Heute«* an theologisch zentralen Stellen des Neuen Testamentes geschieht dadurch, dass Stimmen der Schrift neu aktuell werden, und ist damit geprägt durch einen spezifischen Umgang mit der Vergangenheit. Das, was hier zu beobachten ist, entspricht einem in der Schrift selbst breit belegtem Muster, welches durch direkte und indirekte Aufnahmen und Aktualisierungen fortgeführt wird.

α. Psalm 95,7 ff.

Eine direkte Aufnahme solcher alttestamentlicher Zeittheologie stellt die Zitierung von Ps 95,7 ff. in Hebr 3,7 ff. dar:

> *Heute, wenn ihr Gottes Stimme hört, verhärtet eure Herzen nicht wie in Meriba.*

---

23. Im Anschluss an M. Crüsemann in: F. Crüsemann/M. Crüsemann, Das Jahr, das Gott gefällt, BiKi 55, 2000, 19 f. S. a. S. 97 f.217.
24. Dazu ebd. 22–24.

Das »Heute«/*hajjóm* auf der Ebene des Psalmtextes, also in den Gottesdiensten des vor- und vor allem nachexilischen Jerusalems, dem diese Liturgie angehören dürfte,[25] gründet seine Mahnung auf lang zurückliegende Ereignisse, die längst in der entstehenden »Schrift« Wort geworden sind. Die Aufstände in der Wüste, die Ereignisse in Massa und Meriba (Ex 17,1-7; Num 20,2-14; Dtn 33,8), die Erinnerung an sie und ihr Gewicht sind es, die das »Heute« zu »Heute« machen.

Und im Hebräerbrief wird nun wiederum dieser Psalm mit seinen verschiedenen ineinander verschränkten Zeitebenen als Schriftzitat aufgenommen und damit die Kette fortgesetzt. Es ist diese Kette, die das »Heute« konstituiert. Dieser Vorgang wird im Hebräerbrief ausdrücklich reflektiert: Die Mahnung wird zugespitzt in dem Satz: »*Solange es heute heißt*« (Hebr 3,13). Das »Heute« ist der Moment, in dem die Stimme der Schrift mit ihrem mehrfachen »Heute« erklingt, und das angesichts der Möglichkeit, dass sie nicht mehr zu hören ist. Hebr 3,15 macht das deutlich: »*Wenn gesagt wird: ›Heute …‹*« Also, solange und wenn die Schrift mit ihrem »*Heute*« erklingt, existiert dieses »*Heute*« mit allem, was dazugehört, und bestimmt die Gegenwart. Natürlich gilt die Vorstellung eines möglicherweise endenden und verpassten Zeitpunktes grundsätzlich und immer, solange im jeweiligen Zusammenhang bestimmte Chancen bestehen oder Konstellationen vorliegen, die vergehen können. Das Besondere der Bibel ist aber, dass es dabei um die Stimme und das Zu-Gehör-Bringen der Schrift geht. Nur wenn und nur solange die biblischen Traditionen vorausgesetzt sind und aktuell neu zur Sprache kommen, kommt dieses »Heute« zustande.

β. Das deuteronomische »Heute«

Das wichtigste biblische Modell für das Konzept des »Heute«, das dann auch das Neue Testament bestimmt, findet sich im Deuteronomium. Es ist nicht nur das ausführlichste, weil im Grunde das gesamte Buch seiner Darstellung und Realisierung dient, es ist mit einer gewissen Wahrscheinlichkeit auch das erste und damit historisch die Grundlage für das biblische Zeitverständnis, um das es hier geht. Das Deuteronomium bildet damit so etwas wie den Kern des Kanons, der sich aus ihm und um ihn herum entwickelt hat.[26] Es stellt als erstes die Gottesbeziehung mit der Verbindung von Befreiung und Verpflichtung auf die Grundlage der verschrifteten Tora und bindet damit auch die kanonische

---

25. So bes. K. Seybold, Die Psalmen, HAT I/15, Tübingen 1996, 376 f.; vgl. a. F.-L. Hossfeld/E. Zenger, Psalmen 51-100, HThKAT, Freiburg 2000, 661 f.
26. Dazu F. Crüsemann, Das »portative Vaterland«. Struktur und Genese des alttestamentlichen Kanons, in: A. u. J. Assmann Hg., Kanon und Zensur, Beiträge zur Archäologie der literarischen Kommunikation II, München 1987, 63-79 = ders. Kanon und Sozialgeschichte. Beiträge zum Alten Testament, Gütersloh 2003, 227-242.

Vergangenheit an den entstehenden Kanon. Das deuteronomische Zeitmodell ist, soweit ich sehe, im Neuen Testament nicht explizit aufgenommen worden,[27] aber seine Wirkung ist biblisch universal.

Das gesamte Deuteronomium ist konzipiert als Rede des Mose an das Volk Israel.[28] Gehalten am Tag seines Todes und damit am Ende der gesamten Wanderung, die mit dem Exodus beginnt und am Tag vor dem Einzug in das Land endet, das schon den Vätern und Müttern der Genesis versprochen wurde. In dieser Situation wiederholt Mose die gesamte biblische Erzählung, d. h. er erinnert Israel an die selbst erlebte und die tradierte Geschichte und bezieht sie so in die Vergangenheit und diese in die Gegenwart ein. Deren Kernpunkt ist die Verpflichtung am Sinai/Horeb auf die Tora, wobei hier vor allem der Dekalog erinnernd wiederholt wird. Der wiederholende Bezug auf Gottes Bund/*berit*, auf Zusage und Verpflichtung lautet in Dtn 5,2 f. so:

> *2 Adonaj, unsere Gottheit, machte uns gegenüber am Horeb eine Zusage.*
> *3 Nicht unseren Eltern gegenüber machte Adonaj diese Zusage, sondern uns gegenüber, die wir alle hier und heute leben.*

»Heute«/*hajjoóm* ist der entscheidende Begriff in V. 3. Auf der Erzählebene ist es zunächst die angesprochene Generation der bei der Moserede anwesenden Menschen, die so in das Jahrzehnte zurückliegende Geschehen am Horeb und damit in das Erleben der älteren Generation eingebunden wird. Dem dient die Wiederholung des Geschehens in der Moserede. Diese Moserede wiederum wird dann aber schriftlich niedergelegt (31,9), in dieser Form regelmäßig verlesen und gelehrt (31,10-13) und so zur Grundlage für alle weiteren Generationen. Sie alle bis zur jeweiligen Gegenwart werden so durch die Schrift mit ihrer erzählenden Wiederholung in das Erlebte und dann auch in die Verpflichtung einbezogen, also in dieses »Heute«.

Dieser Vorgang von Wiederholung, Verschriftung und damit möglich gewordener Dauerstellung, der einer jeweils neuen Generationen und ihrer Einbeziehung in das »Heute« gilt, findet sich auch etwa in Dtn 27,8-10:

> *8 »Schreibe alle diese Worte unmissverständlich und deutlich auf die Steine.«*
> *9 Da sprachen Mose und die mit dem levitischen Priesteramt Betrauten zu ganz Israel: »Sei still und höre, Israel! Heute bist du das Volk Adonajs, Gott für dich, geworden. 10 Höre auf die Stimme Adonajs, deiner Gottheit, und richte dich nach den Geboten und Bestimmungen, die ich dir heute gebiete.«*

---

27. Sowohl das Verzeichnis der benutzten Schriftstellen in Nestle-Aland wie ähnliche Überblicke kennen keine Bezüge auf die entscheidenden Passagen. So auch der negative Befund bei: S. Moyise/M. J. J. Menken, Deuteronomy in the New Testament, Library of New Testament Studies 358, London u. a. 2007.

28. Das Folgende nimmt in großer Knappheit Gedanken auf, die J. Taschner, Die Mosereden im Deuteronomium, FAT 59, Tübingen 2008, entwickelt hat.

»Nirgends kommt das leidenschaftliche Bemühen, die Sinaigebote für diese seine Zeit zu aktualisieren so deutlich zum Ausdruck wie in jenem unendlich variierten ›Heute‹, das der dt Prediger seinen Hörern einhämmert. Dieses ›Heute‹ aber meint die Zeit des Mose und die des Dt in einem. Damit ist aber auch dies gegeben, dass dieses Israel noch zwischen der Erwählung und seinem eigentlichen Heilszustand steht, dass es noch unterwegs ist und des Empfangs der großen Heilsgüter noch wartet.«[29]

Aber der Bezug allein auf die Vorgänge am Gottesberg, die um Tora und Bund kreisen, und ihre Wiederholung in dem Bund im Land Moab[30] greift zu kurz. Er schlägt zwar die dreifache Brücke innerhalb der Erzählung vom Gottesberg zur Situation vor der Landnahme, und indem er diese neue Generation wiederholend umgreift, baut er die Brücke zugleich zur Gegenwart der Entstehung des Deuteronomiums und darüber hinaus zur Gegenwart des Hörens auf die Schrift und der Einbeziehung jeder neuen Generation in den Bund. Aber in diesen Vorgang der aktualisierenden Wiederholung, die das »Heute« konstituiert, ist nicht nur alles einbezogen, was zwischen Horeb und Moab geschehen ist, sondern er greift viel tiefer in die Vergangenheit zurück. In seinen Reden wiederholt Mose alles, was davor geschehen war. Es gehört zur Grundlage dessen, woran erinnert wird und erinnert werden muss und was das »Heute« mit konstituiert. Da ist die Geschichte, die mit Abraham und den anderen Vätern und Müttern und deren Bund begann, da sind dann die Geschehnisse um den Exodus, und es geht grundsätzlich und weiter ausgreifend, wenn auch oft nur in Andeutungen, zurück bis zur Schöpfung und vorwärts in die Zukunft des Volkes bis ins Exil und darüber hinaus in die Zeit danach (Dtn 4,27 ff.; 30,1-10).[31] Prinzipiell also der gesamte Inhalt der Tora, der Grundlage und des ersten Teils der Schrift, aber auch der vorderen Propheten, der ersten Hälfte des Prophetenkanons, ist in dieses »Jetzt« mit einbezogen, mehr: Das alles macht dieses »Jetzt« überhaupt möglich. Das biblische »Jetzt« ist mit dem Deuteromium zum zentralen Begriff für Geltung und Wirkung der Schrift geworden. Und das ist im Neuen Testament und seinem »Jetzt/Heute« nicht anders.

2. Der heilige Geist als Geist der Schrift

Das Wirken Gottes zugunsten des erhöhten Messias, so wie es das Bild von Ps 110,1 sagt, wird als Wirken des Geistes erfahren und benannt. Der Geist ist

---

29. G. v. Rad, Theologie des AT I, 244.
30. Dazu Taschner, Mosereden, Kap. 3.
31. Dazu Taschner, Mosereden, 138 ff.

nach dem Neuen Testament die Gegenwart des messianischen Projektes. Er ist die Kraft, mit der Gott und Christus in der Gegenwart wirken. Die Frage nach veränderndem Wirken im »Jetzt« führt auf den Geist. Er heißt das Angeld, die Anzahlung auf das Kommende (*arrabón*; 2 Kor 1,22; 5,5) oder auch der Erstling, der erste Anteil, der Beginn des verheißenen und erhofften Neuen (*aparché*; Röm 8,23). Und so führt auch die Frage nach der Bedeutung der Schrift für den christlichen Glauben last but not least auf das Verhältnis von Geist und Schrift. Man kann auch sagen, alles, wovon bisher die Rede war, steht noch einmal auf dem Spiel und wäre in anderer Perspektive noch einmal zur Sprache zu bringen. Aus der Fülle konzentriere ich mich im Folgenden abschließend auf zwei Kernfragen.

– Da ist einmal die Frage, ob hier nun nicht doch das Geltung beanspruchen kann, ja muss, was mit dem Doppelbegriff Verheißung/Erfüllung gemeint ist. Geht es bei dem Geist, von dem das Neue Testament berichtet, nicht um eine Gotteskraft, die es so vorher nicht gab, die das Vorangehende übertrifft und in den Schatten stellt?

– Da ist zum Zweiten die Frage, wie weit und ob überhaupt die wirksame Geistkraft auf die Schrift bezogen ist und bleibend mit der Schrift zusammengehört. Als lebendige Kraft könne er ja auch in einem Gegensatz zum vorgegebenen schriftlich Fixierten stehen, man denke an die Differenz, die Paulus unter dem Gegensatz von Geist und Buchstabe verhandelt. Geht es also bei dem Verhältnis von Geist und Schrift zugleich um *das* Modell des Verhältnisses von christlichem Glauben und alttestamentlicher Schrift?

a. Die Gabe des Geistes als »Erfüllung« der Schrift?

Das traditionelle Deutungsmuster Verheißung/Erfüllung drängt sich bei vielen Themen, aber beim Thema Geist besonders nachdrücklich auf. Die Art, wie das Neue Testament vom Kommen und Wirken des Geistes spricht, scheint – gelesen mit der ganzen Macht einer fast zweitausendjährigen kirchlich-dogmatischen Tradition – von einer realitätsverändernden Kraft zu reden, die es so vorher nicht gab, die deswegen das Vorangehende übertrifft und in den Schatten stellt. Womit die Schrift in genau die Rolle verwiesen würde, die dem traditionellen Muster in der christlichen Theologie entspricht.

Eine derartige These vertritt vor allem das wohl bedeutendste und wirksamste Buch über den heiligen Geist aus den letzten Jahrzehnten, das von Michael Welker.[32] Bereits der Aufriss zeigt die vertretene These überaus deutlich

---

32. Gottes Geist. Theologie des Heiligen Geistes, Neukirchen-Vluyn 1992. Noch stärker finden sich diese Muster bei M. Preß, Jesus und der Geist. Grundlagen einer Geist-Christologie, Neukirchen-Vluyn 2001.

und unübersehbar: Dem Alten Testament werden in Teil 1 zunächst »Frühe und undeutliche Erfahrungen der Macht des Geistes« zugeschrieben, danach handelt Teil 2 von: »Der verheißene Geist der Gerechtigkeit und des Friedens«. Dagegen ist Teil 3 überschrieben »Jesus Christus und die konkrete Gegenwart des Geistes«. Und Teil 4 heißt: »Die Ausgießung des Geistes: Sein befreiendes und weltüberwindendes Wirken«. Das zeigt unübersehbar: Im Alten Testament liegen, soweit es um Erfahrungen und reale Wirkungen geht, nur undeutliche Erscheinungen vor, sie bleiben widersprüchlich, ambivalent und letztlich unklar. Und dann gibt es hier Verheißungen, große und gewichtige. Da ist beispielsweise die Rede vom Geist des messianischen Königs (Jes 11) und des Gottesknechtes (Jes 42), von weltweiter Erwartung des Geistes, der alle sozialen Schranken überwinden wird (Joel 3), von Neuschöpfung und von Leben aus dem Tod (Ez 37). Doch das sind im Alten Testament Zukunftsansagen, nichts davon sei in der jeweiligen Gegenwart gegenwärtig, nichts davon wirke oder sei in Kraft oder gültig, nichts präge die Realität, sondern alles sei lediglich Erwartung und Verheißung. Ganz anders liegen angeblich die Dinge im Neuen Testament. Hier ist dann von Gegenwart und Wirkung die Rede. Glaube und Hoffnung werden »öffentliche Kraftfelder«.[33] Liebe und Frieden »kann erfüllt werden«.[34] Der gesamte Aufriss des Buches und damit seine zentrale Botschaft sind eine einzige eindrucksvolle Variante des alten Schemas von Verheißung und Erfüllung: Das Unklare kommt zur Klarheit, das lang Erwartete prägt endlich die Realität.

Das Buch gehört ohne Zweifel in eine theologische Bewegung, die das Alte Testament wieder und verstärkt für die systematische Theologie und damit für das entscheidende theologische Denken der Gegenwart gewinnen will. Und die Darstellung alttestamentlicher Texte und Verhältnisse sind einfühlsam und oft auch erhellend geschrieben. Hier gibt es Wichtiges und für unsere Gegenwart durchaus Relevantes. Aber ebenso eindeutig ist, dass diese positive Aufnahme immer und sofort getoppt wird von einer größeren, sie überwindenden oder endlich zur Klarheit bringenden Größe, vom Neuen Testament. Die vorgestellten Strukturen erscheinen als nahezu evident und werden zudem gedanklich und sprachlich zu neuem Leben erweckt und wirken attraktiv. Es muss hier (noch einmal) gesagt werden, dass es genau dieses Denken ist, gegen das das vorliegende Buch versucht anzuschreiben. Da es um ein Denken geht, das die eigene Generation und befreundete Theologen prägt und welches mich selbst lange und tief geprägt hat, ist es eine Art Sisyphusarbeit, dagegen ein anderes Modell aus den Texten des Neuen Testamentes selbst jedenfalls im Ansatz zu rekonstruieren. Denn sieht man genauer hin, ist eindeutig, dass diese Sicht des Themas den biblischen Texten nicht wirklich entspricht.

33. Ebd. 224.
34. Ebd. 231.

Das Grundproblem ist, dass die alttestamentlichen Texte um Entscheidendes verkürzt, die neutestamentlichen Texte jedoch noch stärker reduziert wahrgenommen werden. Bei ihnen wird von dogmatischen Mustern aus vieles nicht oder nur sehr vereinfacht wahr- und dann vor allem theologisch nicht ernstgenommen. Diese Schieflage bestätigt ein Schwarz-Weiß-Bild, wie es dem herabstufenden Schema von Verheißung und Erfüllung immer zugrunde gelegen hat seit seiner Erfindung im 2. Jh. n. Chr. Und das geschieht wahrscheinlich zumindest teilweise gegen die Intention des Verfassers.

Warum etwa soll es im Alten Testament nur »undeutliche Erfahrungen« des Geistes geben?[35] Blickt man darauf, wie vom Geist in den Richtergeschichten, besonders bei Simson oder auch bei Saul und in der Saulszeit erzählt wird, wird man dem Befund und den zugrunde liegenden Analysen zustimmen können. Der Geist des Mose allerdings, von dem besonders in Num 11 die Rede ist, wird mit einem solchen Raster kaum sachgemäß wahrgenommen. Aus dieser Erzählung werden von Welker die Probleme bei der Geistweitergabe an die Ältesten erörtert,[36] doch der dabei vorausgesetzten Grundgegebenheit, eben dem Geistbesitz des Mose, wird kein Wort gewidmet. Doch der Geist ist *auf* Mose (Num 11,17), das wird ganz uneingeschränkt gesagt. Es mag Probleme bei der Frage der Nachfolge geben, aber zunächst ist doch entscheidend, dass Mose und damit die konstitutiven Vorgänge von Exodus und Toragabe (samt deren Anwendung und Weiterentwicklung) von Gottes Geist gewirkt sind. Was ist hier undeutlich oder auch nur ambivalent? Auch nach Neh 9,20.30 war Gottes Geist bei Exodus und Wüstenwanderung leitend. Ähnlich liegen die Dinge bei Elia. Dass auf diesem großen Propheten, der wie kein anderer für die Einheit Gottes eintrat, Gottes Geist ruht, ist doch zunächst einmal zu sagen und festzuhalten (und wird in Lk 1,17 vorausgesetzt und bestätigt). Und nach Mi 3,8 ist auch der Prophet Micha nicht nur mit »*Stärke, Recht und Mut*«, sondern auch mit der »*Geistkraft Adonajs*« erfüllt. Genau wie die Aussagen der Schrift über die Gabe des Geistes werden – und das wiegt noch schwerer – die einschlägigen Aussagen des Neuen Testaments über die Schrift nicht wahrgenommen. Nach Paulus ist die Tora *pneumatikos*, also »*geistgewirkt/von der Geistkraft bestimmt!*« (Röm 7,14). Eine Formulierung wie die in Apg 7,51 (»*Ständig widersetzt ihr euch der heiligen Geistkraft, wie eure Vorfahren so auch ihr*«) spricht wie selbstverständlich von der Leitung des Volkes Israel durch den Gottesgeist. Eine Differenz zwischen den Testamenten könnte es vielleicht in der Frage geben, wer alles Träger des Geistes ist. Sind es im Alten stärker die Führungspersonen, Mose

---

35. Zu wichtigen Geisttexten im Alten Testament vgl. etwa H. Schüngel-Straumann, Rûaḥ bewegt die Welt. Gottes schöpferische Lebenskraft in der Krisenzeit des Exils, SBS 151, Stuttgart 1992.
36. Welker, ebd. 84 f.

und die Ältesten und die Propheten, im Neuen aber alle Menschen der Gemeinde? Doch gerade die neutestamentlichen Perspektiven auf das Alte sehen das teilweise deutlich anders. Und vor allem kann man dann schlecht mit der Heraushebung der einzigartig engen Verbindung von Christus und Geist wieder das gleiche alte Muster betonen.

Während von Welker im Alten Testament wichtige Aussagen übersehen oder verkürzt werden, gilt dasselbe auch für das Neue, nur in umgekehrter Richtung. So spielt naturgemäß die Gabe des Geistes in Apg 2 eine große Rolle,[37] es fehlt aber jeder Hinweis darauf, wie schon kurz danach der Geist Gottes (von einem Geistträger!?) belogen (Apg 5,3) und versucht (5,9) wird – durch Ananias und Saphira. Analog folgen auf die großen positiven Worte über den Geist und seine Kraft in 1 Kor 2,10 ff. die Schilderungen der Konflikte und Parteiungen in der Gemeinde in 1 Kor 3. Das beschreibt Paulus u. a. so: »*Ich konnte zu euch nicht als Geistmenschen reden*« (3,1). Und bei Paulus steht ja nicht nur hier, sondern immer und grundsätzlich beides unmittelbar neben-, ja ineinander: die Wirkung und die Nichtwirkung des Geistes. Die Akzente werden von Welker hier im Neuen anders als im Alten Testament gesetzt, vergleichbare Ambivalenzen und »Undeutlichkeiten« werden theologisch anders gewichtet und anders bewertet. Anders als in den neutestamentlichen Texten selbst wird das Alte kleiner und das Neue größer gemacht, als es biblisch ist. Und was die großen Verheißungen der Schrift betrifft, so sind sie bekanntlich keineswegs einfach realisiert worden, und die neutestamentlichen Texte sagen das auch so gar nicht.[38] Die erwarteten Wirkungen der Geistkraft für die Armen und Leidenden, wie sie beim messianischen König (Jes 11 u. a.), beim Gottesknecht (Jes 42) und beim gesalbten Propheten (Jes 61) verheißen sind, fehlen ebenso wie die geistgewirkte allgemeine Auferstehung der Toten (Ez 37). All das ist auch im Neuen Testament und für das Neue Testament nach wie vor offen und wieder das, was es immer war und nach wie vor ist: Hoffnung.

Was das Buch von Michael Welker so positiv als Wirken des Geistes im Neuen Testament beschreibt, lässt sich genau so im Alten finden. Und was den Geist im Alten als undeutlich und ambivalent erscheinen lässt, gibt es auch noch im Neuen und bis heute. Die problematischen Akzentsetzungen des Schemas von Verheißung und Erfüllung werden der biblischen Komplexität nicht gerecht. Wie aber ist das Verhältnis von Geist und Schrift sachgemäß zu erfassen?

---

37. Ebd. 215 ff.
38. Zu Joel 3 s. u. 333 f.

b. Geist und Schrift

Geist und Schrift liegen zunächst auf zwei Ebenen. Das eine ist eine aktive Wirkkraft, eine Dynamik des Geschehens, eine Kraft des Handelns.[39] Etwas anderes ist das Buch, sind die Bücher, die gelesen und ausgelegt werden müssen. Wenn im Folgenden nach der Beziehung der neutestamentlichen Aussagen über das Wirken des Geistes zur Schrift als der Grundlage des neutestamenlichen Glaubens gefragt werden soll, so geht es nur um die Frage, ob dieser Bezug das hier entwickelte Modell vom Alten Testament als dem vorgegebenen Wahrheitsraum stützt oder aber auf Wertungen führt, die die Schrift überholt erscheinen lassen oder in den Schatten stellen. Für dieses Verhältnis sind weder quantitative Verschiebungen noch Veränderungen im Sprachgebrauch entscheidend, etwa dass der Begriff »heiliger Geist« im Neuen Testament breit belegt ist, aber im Alten Testament nur in Jes 63,10.11 sowie in Ps 51,13 vorkommt, wo er aber wohl die kreative Lebenskraft bezeichnet.[40] Ein Gesamtbild der Rede von Gottes Geist und seinen Wirkungen ist hier weder möglich noch nötig, sondern es kann und braucht nur um die wenigen neutestamentlichen Stellen gehen, in denen der Bezug von Gottesgeist und Schrift expliziert wird. Dabei stößt man stets auf so etwas wie einen Kreislauf von der Schrift zum Geist und vom Geist zur Schrift. Und stets geht es um einen Kreislauf, der Leben bewirkt.

α. Die Ausschüttung des Geistes nach Apg 2
Die Ausschüttung des Geistes, wie sie in der Pfingstgeschichte Apg 2 erzählt wird, ist im Lukasevangelium mehrfach angekündigt worden (Lk 3,16; 24,49), zuletzt in Verbindung mit der Himmelfahrt Jesu (Apg 1,5.8). Dabei ist in unserem Zusammenhang von besonderem Gewicht, dass dieser Vorgang in Lk 24,49 einerseits als »*Kraft aus der Höhe*« bezeichnet wird, aber andererseits schon vorher als »*Verheißung (epangelía) meines Vaters*«. Entsprechend ist dann auch in Apg 1,4 vom Warten auf »*die Verheißung des Vaters*« die Rede. Offenkundig wird hier die Sendung des Geistes nicht als »Erfüllung«, sondern ihrerseits wiederum als »Verheißung« bezeichnet. Doch in welchem Sinne?

---

39. Es sei hier daran erinnert, dass in beiden Sprachen mit dem Wort *ruach/pneuma* zunächst »bewegte Luft« im Sinne von *Wind, Sturm,* dann aber vor allem im Sinne von *Atem, Lebenskraft* bezeichnet wird, den bzw. die man etwa im Tode aufgibt. Wo es im theologischen Sinne um *Gottes Geist(kraft)* geht, ist stets eine gesteigerte Lebenskraft gemeint. Um diese geht es hier.

40. Dazu F. Crüsemann, »Nimm deine heilige Geistkraft nicht von mir«. Ps 51,13 und die theologische Aufgabe von Exegese im Spannungsfeld von Religionswissenschaft und theologischer Tradition, in: S. Lubs u. a. Hg., Behutsames Lesen. Alttestamentliche Exegese im interdisziplinären Methodendiskurs, FS Chr. Hardmeier, Leipzig 2007, 367-381.

Das Kommen der Gabe des Geistes wird dann so geschildert:

1 Als der 50. Tag, der Tag des Wochenfestes, gekommen war, waren sie beisammen. 2 Da kam plötzlich vom Himmel her ein Tosen wie von einem Wind, der heftig daherfährt, und erfüllte das ganze Haus, in dem sie sich aufhielten. 3 Es erschienen ihnen Zungen wie von Feuer, die sich zerteilten, und auf jede und jeden von ihnen ließ sich eine nieder. 4 Da wurden sie alle von heiliger Geistkraft erfüllt und begannen, in anderen Sprachen zu reden; wie die Geistkraft es ihnen eingab, redeten sie frei heraus. 5 Unter den Jüdinnen und Juden, die in Jerusalem wohnten, gab es fromme Menschen aus jedem Volk unter dem Himmel. 6 Als nun dieses Geräusch aufkam, lief die Bevölkerung zusammen und geriet in Verwirrung, denn sie alle hörten sie in der je eigenen Landessprache reden. 7 Sie konnten es nicht fassen und wunderten sich: »Seht euch das an! Sind nicht alle, die da reden, aus Galiläa? 8 Wieso hören wir sie dann in unserer je eigenen Landessprache, die wir von Kindheit an sprechen? 9 Die aus Persien, Medien und Elam kommen, die in Mesopotamien wohnen, in Judäa und Kappadozien, in Pontus und in der Provinz Asien, 10 in Phrygien und Pamphylien, in Ägypten und in den zyrenischen Gebieten Libyens, auch die aus Rom Zurückgekehrten, 11 von Haus aus jüdisch oder konvertiert, die aus Kreta und Arabien kommen: Wir hören sie in unseren Sprachen von den großen Taten Gottes reden.«

Das Ereignis geschieht am jüdischen Wochenfest (Lev 23,15-21; Num 28,26-31; Dtn 16,9-12); dessen Feier »bedeutet Aktualisierung des Wirkens Gottes in der Gegenwart zugunsten seines Volkes, sei es in den Gaben der Natur oder in der Geschichte«[41], später speziell der Tora. Schon das verbindet die »Geisterfahrung« nachdrücklich mit der »Heilsgeschichte«.[42]

Vor allem die Frage der Sprachen hat die Forschung beschäftigt und die Wirkung bestimmt. Prägend bis in die Gegenwart ist dabei der Gedanke geworden, dass hier eine Gegengeschichte zur Turmbaugeschichte von Gen 11 vorliegt. Dieser Bezug ist seit dem 4. Jh. n. Chr. und als Teil der entstehenden christlichen Reichsideologie üblich geworden.[43] Doch das »Sprachenwunder als Anti-Typos zur Sprachverwirrung«[44] muss Gen 11 geradezu auf den Kopf stellen und dazu auch Apg 2 gründlich missverstehen. Nach Apg 2 hört und versteht jede/jeder der in Jerusalem anwesenden jüdischen Menschen das vom Geist Gesagte in der eigenen Sprache. Dabei reden hier zunächst nur die Jünger und Jüngerinnen. Und das Geschehen bleibt völlig im innerjüdischen Bereich.

41. S. Schreiber, Aktualisierung göttlichen Handelns am Pfingsttag. Das frühjüdische Fest in Apg 2,1, ZNW 93, 2002, 58-77 (76 f.)
42. So Schreiber, ebd. 77.
43. Dazu bes. Chr. Uehlinger, Weltreich und »eine Rede«. Eine neue Deutung der sogenannten Turmbauerzählung (Gen 11,1-9), OBO 101, Fribourg u. a. 1990, bes. 254 ff.
44. Ebd. 265.

Erst spätere Parallelgeschichten erzählen vom Übergreifen des Geistes auf Samaritaner (8,4 ff.) und dann auf Menschen aus den Völkern (10).

Die Fragen des Sprachwunders haben sehr viel Aufmerksamkeit auf sich gezogen, dagegen blieb das, was der Geist nun eigentlich bewirkt, also der Inhalt dessen, was der Geist sie reden lässt, zumeist unbeachtet. »*Wie die Geistkraft es ihnen eingab, redeten sie frei heraus*«, heißt es zunächst in V. 4. Fragt man, was denn nun der Geist ihnen zu reden eingibt, ist der Satz in V. 11 entscheidend: »*Wir hören sie in unseren Sprachen von den großen Taten Gottes reden.*« Die Formulierung ist zwar sehr knapp, aber doch eindeutig. Das benutzte Wort *megaleía* gibt es im Neuen Testament nur an dieser einen Stelle, ein sehr ähnliches *(megála)* aber findet sich z. B. im Magnificat der Maria in Lk 1,49. Was sind die großen Taten Gottes, von denen der Geist zu reden eingibt? Der Begriff ist aus mehrfacher Verwendung in der Schrift bekannt. Es sind die großen Heilstaten, wie die Bibel Israels sie erzählt und die im Griechischen der Septuaginta mit diesem Begriff benannt werden (Dtn 11,2; Ps 70,19; ähnlich Ps 106,21; öfter in 2 u. 3 Makk sowie JesSir). Der Geist bewirkt also, dass die Jünger und Jüngerinnen Jesu die in der Schrift bezeugten Taten Gottes aufs Neue erzählen. Der Geist repliziert die Schrift! Sicher kann und muss man fragen, ob sie dabei auch davon erzählen, was mit Jesus geschah und es so in die Reihe der Gottestaten einbeziehen. Das ist möglich, denn so tun es ja dann die in der Apostelgeschichte berichteten Predigten.[45] Aber wie auch immer, der Akzent hier liegt ganz sicher nicht auf einer solchen Fortführung. Wenn es darum ginge, könnte es leicht anders und eindeutiger ausgedrückt werden. Bevor sie also von Jesus und bevor sie damit von Selbserlebtem und Selbsterfahrenem reden, treibt der Geist sie dazu, zu sagen, zu verlebendigen und zu aktualisieren, was in der Schrift steht. Genau das geschieht ja auch in den Predigten, wie sie die Apg berichtet. Sie fangen stets an, die Geschichte Gottes mit seinem Volk zu erzählen, die großen Taten Gottes, wie sie in der Schrift stehen. Das ist das Erste und das Entscheidende, was der Geist ihnen eingibt. Blickt man einen Augenblick in der Erzählung der Apg voraus, so wollen spätere Berichte über das Kommen und Wirken des Geistes offenbar Ähnliches sagen, ebenso knapp oder noch knapper. So heißt es in Apg 10,46 von den Menschen aus den nichtjüdischen Völkern, auf die überraschend der Geist gekommen war: »*Sie hörten, wie sie ... Gott priesen*«. Wörtlich heißt es: Gott groß machen, erheben *(megalýno)*, also mit einem dem Nomen aus 2,11 eng verwandtem Verb. Und auch dieses Verbum gehört in die biblische Sprache, besonders in die der Psalmen. Das wird dadurch verstärkt, dass nach Apg 11,15 der Vorgang ausdrücklich mit dem in Kap 2 Erzählten gleichgesetzt wird: Da »*kam die heilige Geistkraft über sie wie am Anfang auch über uns*«. In beiden Fällen wird also knapp, aber eindeutig festgehalten, dass die erste Wirkung der überwältigenden Erfahrung der göttlichen Geistkraft da-

---

45. Vgl. o. S. 272 f.

rin besteht, die in der Schrift bezeugten großen Taten Gottes zu erzählen und dadurch Gott groß zu machen und zu preisen.

In Apg 2 führt das zu erstaunten Rückfragen: *12 Sie alle konnten es nicht fassen und waren unsicher; sie sprachen zueinander:* »*Was mag das sein?*« *13 Andere aber spotteten:* »*Sie sind mit Federweißem abgefüllt.*« Das führt zur erläuternden Predigt des Petrus, der mit dem Verweis auf die Verheißung von Joel 3 einsetzt:

> *14 Als dann Petrus aus der Gruppe der elf Apostel heraus auftrat, erhob er seine Stimme und redete zu ihnen frei heraus:* »*Meine jüdischen Landsleute und alle, die ihr in Jerusalem wohnt, das sollt ihr wissen! Schenkt meinen Worten Gehör! 15 Diese hier sind doch nicht betrunken, wie ihr annehmt. Es ist ja erst die dritte Stunde am Tag. 16 Es handelt sich vielmehr darum, was durch den Propheten Joel gesagt ist: 17 Sein wird's in den letzten Tagen, spricht Gott, da will ich von meiner Geistkraft ausgießen auf alle Welt, dass eure Söhne und eure Töchter prophetisch reden, eure jungen Leute Visionen schauen und eure Alten Träume träumen. 18 Auch auf meine Sklaven und auf meine Sklavinnen will ich in jenen Tagen von meiner Geistkraft ausgießen, dass sie prophetisch reden. 19 Und ich will Wunder wirken am Himmel oben und Zeichen auf der Erde unten: Blut und Feuer und qualmenden Rauch. 20 Die Sonne wird sich in Finsternis verkehren und der Mond in Blut, bevor der Tag Adonajs kommt, groß und glanzvoll. 21 Sein wird's, dass alle gerettet werden, wer immer den Namen Adonajs anruft.*

Petrus deutet also das Geschehen durch Verweis und ausführliches Zitat von Joel 3.[46] Dazu lautet die Einleitung in V. 16: »*Das ist das durch den Propheten Joel Gesagte.*« Es ist in der Exegese üblich geworden, dies als Gleichsetzung zu verstehen und zum nahezu unhinterfragten Ausgangspunkt des Verstehens zu machen. So heißt es in einem neueren Kommentar: »Es ist überflüssig, das jetzt folgende Schriftwort auszulegen, weil die Situation als solche in der Schrift geschildert ist, d. h. eine Erfüllung der Verheißung geschieht jetzt, die Stunde der Schrift ist da.«[47] Auch wenn der Sog des Verheißungs-/Erfüllungs-Schemas außerordentlich stark ist, sollte er doch nicht dazu führen, das dermaßen dem Text Unterstellte gleich selbst zu tun und darauf zu verzichten, das auszulegen, was da steht. Denn hätte der Erzähler die Einlösung, die Verwirklichung von Joel 3 erzählen wollen, wäre doch ganz anderes zu erwarten gewesen. Nichts von dem, was in dieser Verheißung angesagt und ausführlich im Wortlaut zitiert wird, überhaupt nichts davon ist nach der Erzählung des Lukas bisher in Jerusalem geschehen. Weder ist »*alles Fleisch/alle Welt*« vom Geist erfasst wor-

---

46. Und Lukas lässt in der Petrusrede eine ganze Reihe von Motiven des Joelbuches im Wortlaut anklingen (bes. etwa Joel 1,2.3. u. a.), vgl. C. A. Evans, The Prophetic Setting of the Pentecost Sermon, ZNW 74, 1983, 148-150.
47. J. Jervell, Die Apostelgeschichte, KEK Bd. III, Göttingen 1998, 142.

den, noch hat sich etwas von der Sprengung der sozialen Kategorien ereignet, Männer und Frauen, Junge und Alte, und gar Sklavinnen und nicht nur die Freien. Zu den bisher vom Geist Erfassten, nämlich zu der Gruppe, die da als AnhängerInnen des gekreuzigten und auferstandenen Jesus am Festtag beisammen waren (V. 1), mögen vielleicht von all den von Joel Aufgeführten bereits welche dazugehören. Doch das wird nicht expliziert, und überhaupt ist das so pauschale *»eure Söhne und Töchter«* etc. in jedem Falle etwas anderes. Und von Träumen und Prophetie war ebenfalls noch überhaupt nicht die Rede. Und das gilt erst recht für die apokalyptischen Zeichen am Himmel und auf der Erde. Der Tag Adonajs ist noch nicht da, er kommt, genau wie Joel gesagt hat. Und genau dieses Kommen ist ja nun der Inhalt der Predigt Johannes des Täufers wie Jesu selbst gewesen, und daran hat sich nicht viel geändert. Und um die Sache eindeutig zu machen, gibt es da eben mehrfach die ausdrückliche Formulierung, dass sie auf die *Verheißung Gottes* warten sollen (Lk 24,49; Apg 1,4). Und in der Fortführung der grundlegenden ersten Predigt des Petrus in V. 22-36 wird das noch einmal unterstrichen: *»Euch gilt ja doch die Verheißung und euren Kindern, auch allen in der Ferne, wen immer Adonaj, Gott für uns, herbeiruft wird«* (V. 39). Von Erfüllung im Sinne der Einlösung dieser Verheißung ist also nicht die Rede. Indem einige den erwarteten Geist empfangen haben, den Geist, der schon bei Mose, Elia und manchen anderen gewirkt hat, ist ein neuer kräftiger Anstoß in Richtung auf das Verheißene erfolgt. Und die Apostelgeschichte selbst wird dann von einigen der Schritte erzählen können, wie der Geist zu *»allem Fleisch/aller Welt«* gelangt.[48] Das beginnt noch am gleichen Tag: *An jenem Tag kamen etwa 3000 Personen dazu* (V. 41) und geht weiter bis nach Rom und zu vielen Menschen.[49] Aber das meiste von dem, was Joel 3 verheißt, bleibt, was es immer war und bis heute ist: Hoffnung.

β. Schrift, Hoffnung und Geist im Römerbrief
Über das Verhältnis von Geist und Schrift bei Paulus ist Wichtiges zu erkennen, wenn man ein ganzes Geflecht von Aussagen über das Verhältnis von Geistkraft und Hoffnung im Römerbrief ins Auge fasst. Als Einstieg legt sich eine »der wenigen hermeneutischen Selbstaussagen des Apostels über sein Schriftverständnis«[50] nahe, die mit diesem Thema verbunden ist. In Röm 15,4 wird im Zusammenhang der Thematik von »Starken« und »Schwachen« mit einem

---

48. Leider wird in dem Buch von A. Cornils, Vom Geist Gottes erzählen. Analysen zur Apostelgeschichte, TANZ 44, Tübingen 2006, weder für den grundlegenden ersten noch die weiteren Schritte nach der Funktion des Bezugs auf die Schrift gefragt.
49. Vgl. dazu W. Reinhardt, Das Wachstum des Gottesvolkes. Untersuchungen zum Gemeindewachstum im lukanischen Doppelwerk auf dem Hintergrund des Alten Testaments, Göttingen 1995, 201-307.
50. Haacker, Römerbrief, 294.

Schriftzitat aus Ps 69,10 auf die Rolle Christi dabei verwiesen. Dann heißt es in V. 4 ganz grundsätzlich:

> *Alles, was einst aufgeschrieben wurde, wurde verfasst, damit wir daraus lernen und durch die heiligen Schriften in unserer Widerstandskaft bestärkt und ermutigt Hoffnung haben.*

Die Schrift dient dazu, Hoffnung entstehen zu lassen. Hoffnung kommt aus der Schrift. Alles andere, was hier gesagt wird, lässt etwas davon erkennen, wie das geschieht und geschehen kann. Da ist zunächst die Rede von *didaskalía*/Belehrung. Das heißt, es kann und muss gelernt werden, es geht um den Vorgang des Lernens mit und aus der Schrift. Dieses Lernen bewirkt einerseits *hypomoné*/Geduld, Beharrlichkeit, Widerstandskraft, andererseits (zweimal steht parallel *dia*/durch) *paráklesis*/Ermutigung. Beides ist hier direkt mit der Schrift verbunden: Beharrlichkeit und Ermutigung kommt aus der Schrift/durch die Schrift. Beide Worte werden im nächsten V. 5 direkt mit Gott verbunden und auf Gottes eigenes Wirken zurückgeführt: Gott als Quelle der Kraft von Beharrlichkeit und Ermutigung. Schrift und Gott stehen also genau parallel und gehören zusammen, sind geradezu austauschbar. Das ermöglicht und bewirkt ein Leben »*nach den Maßstäben des Messias*« (V. 5), nämlich ein Leben nach der Tora und ihrer aktuellen Anwendung. Das alles, das heißt das ganze Leben der angesprochenen Menschen in der Gemeinde, der »Kern des Evangeliums«[51], kommt aus Gott, weil und indem es aus der Schrift kommt. Es wird an und aus der Schrift gelernt. Was Paulus in seinen Briefen und deren Argumenten durchgängig vollzieht, wird hier als ausdrücklicher Grundsatz formuliert. Erinnert sei noch einmal[52] daran, dass das »wir«, für das die Schrift nach V. 4 aufgeschrieben wurde, nicht nur die nichtjüdischen Menschen der Gemeinde sind, die freilich auch, sondern eben auch Israel, und deswegen werden so »*die Versprechen, die den Erzeltern gegeben wurden*« (V. 8), ausdrücklich bestätigt.[53]

Entscheidend zu einem sachgemäßen Verständnis der Aussage von V. 4 ist aber nun das Stichwort »Hoffnung«. Widerstand und Mut als durch die Schrift vermittelte lebensbestimmende Haltungen sind Ausdruck, ja geradezu Gestalten der Hoffnung. Die Schrift und die von ihr ausgehenden Kräfte zielen auf Hoffnung.

Und die Hoffnung, die hier aus der Schrift kommt, ist in anderen Zusammenhängen eng mit der Wirkung des Geistes verbunden. Paulus hat immer wieder die Hoffnung als entscheidende Wirkung, ja geradezu als die Existenzweise des Geistes bezeichnet. So heißt es etwa einige Verse später in Röm 15,13:

---

51. Haacker, Römerbrief, 292 (Überschrift zu Röm 15,1-3).
52. S. o. 313.
53. Dazu o. S. 239.

Gott, die Quelle aller Hoffnung, erfülle euch in euerem Vertrauen mit aller Freu-
de und Frieden, dass ihr von Hoffnung überfließt durch das Wirken der heiligen
Geistkraft.

Standen in V. 4 f. Schrift und Gott parallel als Quelle von Kraft und Mut der
Hoffnung, so sind es hier Gott und Geistkraft: Gott als Quelle der Hoffnung
und der heilige Geist als *dýnamis*/Kraft, der die Hoffnung überfließen lässt.
Die Geistkraft bewirkt also Hoffnung, zu deren Ausdrucksformen bzw. Wirkungen – wie oben Widerstand und Mut – jetzt Freude und Frieden gehören.

Über das Verhältnis von Geist und Hoffnung wird auch in Röm 5,4 f. reflektiert:

> *Die Widerstandskraft stärkt die Erfahrung, dass wir standhalten können; die*
> *Erfahrung standzuhalten stärkt die Hoffnung. 5 Die Hoffnung führt nicht ins*
> *Leere, denn die Liebe Gottes ist in unsere Herzen gegossen durch die heilige*
> *Geistkraft, die uns geschenkt ist.*

Alle Wirkungen des messianischen Projektes, alles, was das »Jetzt« des Heils
ausmacht, geschieht durch die Kraft des Geistes und immer im Modus der
Hoffnung. Gerade auch das, was als *dokimé*/Erfahrung von göttlicher Kraft gemacht wird, führt nicht über die Hoffnung hinaus, sondern tiefer in sie hinein.
Und sie kommt ja aus der Schrift, ist also die bereits in der Schrift zu findende
Hoffnung. Und Gottes Liebe, die hier geradezu die »Gestalt des uns gegebenen
heiligen Geistes« darstellt,[54] ist davon nicht zu trennen. Man sieht: Der Geist
manifestiert »sich in vielen unterschiedlichen Aspekten«[55]: Liebe, Hoffnung,
Kraft, Mut, Freude, Friede ...

Besonders eindrucksvoll und vielfältig werden die Wirkungen des Geistes in
Röm 8 ausformuliert. Nur an wenige der dortigen Aussagen kann und braucht
hier erinnert zu werden. Die Geistkraft ermöglicht es, die Rechtsforderungen
der Tora endlich zu erfüllen, worauf die Sendung des Sohnes abgezielt hat
(V. 4 f.). Die Geistkraft ist die Verbindung mit dem Messias, und sie schenkt
Leben und Gerechtigkeit (V. 9 f.). Sie bewirkt und bezeugt, dass wir Gottes Söh-
ne und Töchter sind (V. 14.16). Entscheidend ist aber der Zusammenhang von
Kraft und Gabe des Geistes mit der Hoffnung. Dafür wird auf die gesamte
Schöpfung und ihr »Warten« auf die Offenbarung der Kinder Gottes (V. 19)
verwiesen. Noch gilt:

> *22 Wir wissen, dass die ganze Schöpfung mit uns gemeinsam stöhnt und mit uns*
> *zusammen unter den Schmerzen der Geburtswehen leidet – bis jetzt! 23 Denn*
> *nicht nur sie allein stöhnt, sondern auch wir, die wir schon die Geistkraft als*
> *ersten Anteil der Gottesgaben bekommen haben, wir stöhnen aus tiefstem In-*
> *nern, weil wir sehnlich darauf warten, dass unsere versklavten Körper freige-*

54. Wengst, Römerbrief, 220.223.
55. Ebd. 223.

kauft und wir als Gotteskinder angenommen werden. 24 Weil wir hoffen, sind wir gerettet. Aber eine sichtbare Hoffnung ist keine Hoffnung. Denn welche Hoffnung hat Bestand im Blick auf das Sichtbare? 25 Wenn wir auf etwas hoffen, das wir nicht sehen können, so gibt uns unser Widerstand die Kraft, darauf zu warten.

Nichtigkeit (V. 20), Stöhnen und Schmerzen bestimmen die Gegenwart. Der Geist lässt erkennen, dass diese Schmerzen Geburtswehen sind, schmerzliche Begleitung der Entstehung von Neuem. Trotz der Kraft des Geistes liegt aber bis jetzt alles im Zustand der Hoffnung, genauer: Der Geist lässt gerade das erkennen. Paulus formuliert sehr präzis: »*Weil wir hoffen, sind wir gerettet*« (V. 24). Gegenläufiges wird hier zusammengehalten: Etwas steht schon fest: »*wir sind/wir wurden gerettet*« (Aorist). Aber was heute gilt, gilt nur, weil etwas kommt, was noch nicht da, sondern nur – Hoffnung ist. Die Übersetzungsversuche zeigen die Schwierigkeit bis ins Sprachliche: »im Horizont der Hoffnung«[56], »im Hinblick auf die Hoffnung«[57], »auf Hoffnung hin«[58]. Wörtlich: »durch die Hoffnung«. Dem wollen manche ausweichen, weil das Christusgeschehen doch schon geschehen sei.[59] Aber Christus ist zur Rechten Gottes, und die Feinde sind noch nicht unterworfen, das Stöhnen der Schöpfung bezeugt es. Was gegenwärtig ist, ist der Geist, und der hat die Gestalt der Hoffnung, ist nichts anderes als die Kraft der Hoffnung.

In Röm 1,2 hat Paulus sein gesamtes Evangelium als in der Schrift angesagt und sich damit im Rahmen der Schrift bewegend gekennzeichnet. Dazu gehört auch das im nächsten Vers genannte Wirken der »*Geistkraft der Heiligkeit*«. Was es damit auf sich hat, zeigt insbesondere die enge Verbindung, ja geradezu wechselseitige Austauschbarkeit von Geist und Hoffnung. Hoffnung ist die Kraft des Geistes, und der Geist hat die Gestalt der Hoffnung. Von der Hoffnung sagt Paulus einmal ausdrücklich, dass sie aus der Schrift kommt. Es ist dieses Kommen von und mit der Schrift, dem ihre Wirkungen wie Mut und Widerstandskraft zu verdanken sind (Röm 15,4). Paulus entfaltet seine Theologie bekanntlich durchgängig als eine Mischung von Schriftzitaten und Schriftauslegung. Die ausdrückliche Herkunft der Hoffnung aus der Schrift macht über alle Zweifel klar, dass letztlich für den Geist und seine Kraft nichts anderes gelten kann. Es ist der Geist der Schrift, und er führt deshalb ganz sicher nicht »*über die Schrift hinaus*« (1 Kor 4,6).

---

56. Käsemann, Römerbrief, 219.
57. Haacker, Römerbrief, 160.
58. Wengst, Römerbrief, 277.
59. Bes. Käsemann, Römerbrief, 227.

γ. Die inspirierte und inspirierende Schrift

Im 2. Petrusbrief, der spätesten Schrift des Neuen Testamentes,[60] in der man sogar so etwas wie einen bewussten Abschluss des Kanons sehen wollte,[61] heißt es von der »*Prophetie in der Schrift*« und damit vom Alten Testament:

> *1,21 Das prophetische Reden hatte seinen Ursprung nicht im menschlichen Willen, sondern Menschen sprachen von Gott und waren dabei getragen von der heiligen Geistkraft.*

»*Jede Prophetie der Schrift*«, von der in V. 21 die Rede ist, wird damit ausdrücklich auf das Wirken des Heiligen Geistes zurückgeführt, also als »inspiriert« bezeichnet. Sie hat die Kraft, den Weg der Menschen zu beleuchten »*wie ein Licht, das an einen finsteren Ort scheint*« (V. 19). Ob mit dieser Prophetie nur die prophetischen Schriften gemeint sind, und welche, oder aber ob das ganze Alte Testament als Prophetie verstanden wird, etwa im Sinne des Hinweises auf Christus, ist umstritten und kann hier offenbleiben.[62] Ebensowenig braucht es hier nicht um die Details der offenkundig umkämpften Auslegung (V. 20) zu gehen. Entscheidend ist etwas anderes: Noch hier im Ausgang des Neuen Testaments ist es allein die jüdische Bibel, die als geistgewirkte Schrift und damit als Grundlage des eigenen Glaubens angesehen wird. Der Hinweis auf die – mindestens ebenso umkämpften – Paulusbriefe in 3,15 f. (»*Einiges in diesen Briefen ist schwer zu verstehen*«) zeigt, dass, so wichtig sie sind, für sie nicht einfach das Gleiche wie für die Schrift gilt.

Ähnliche Formulierungen finden sich im – nahezu ebenso späten[63] – 2. Timotheusbrief, Kap. 3:

> *14 Du aber bleibe bei dem, was du gelernt hast und zu dem du Vertrauen gefasst hast, da du die kennst, von denen du es gelernt hast. 15 Und du kennst ja auch von Kind an die heiligen Schriften; sie haben die Kraft, dir die Weisheit zu vermitteln, die zur Rettung führt. Diese Rettung geschieht durch den Glauben in der Zugehörigkeit zum Christos Jesus. 16 Jede dieser Schriften ist von Gott inspiriert und nützlich zur Belehrung, zur Überführung von Schuldigen und ihrer Besserung, zur Erziehung zu rechtmäßigem Handeln, 17 damit der Mensch, der*

60. So mit einem breiten Konsens z. B. M. Gielen, Der zweite Petrusbrief, in: M. Ebner/ S. Schreiber Hg., Einleitung in das Neue Testament, Stuttgart 2008, 522-529 (527).

61. D. Trobisch, Die Endredaktion des NT, NTOA 31, Göttingen u. a. 1996, 136-147; vgl. etwa M. Ebner, Der christliche Kanon, in: ders./S. Schreiber Hg., Einleitung in das Neue Testament, Stuttgart 2008, 9-52 (44).

62. Zur Diskussion vgl. H. Paulsen, Der zweite Petrusbrief und der Judasbrief, KEK XII/2, Göttingen 1992, 120 ff.; A. Vögtle, Der Judasbrief. Der zweite Petrusbrief, EKK XXII, Neukirchen-Vluyn/Düsseldorf 1994, 169 ff.

63. Zur Diskussion um die Ansetzung (zwischen 100 und 140 n. Chr.) s. G. Häfner, Die Pastoralbriefe (1 Tim/2 Tim/Tit), in: M. Ebner/S. Schreiber Hg., Einleitung in das Neue Testament, Stuttgart 2008, 450-473 (462 f.).

in Gottes Auftrag steht, allen Anforderungen gewachsen sei und zum Tun des Guten umfassend ausgerüstet.

»Jede Schrift« und damit die Gesamtheit des Alten Testamentes ist *»inspiriert«*.[64] *Theopneustos* steht da (V. 16), von Gott eingehaucht, von Gott durch den Geist bewirkt.[65] Dieser locus classicus der kirchlichen Inspirationslehre wird schon in der Alten Kirche durchaus gegen den deutlichen Textsinn »fast von Beginn der Rezeption … an … gleichermaßen auf das Alte und das Neue Testament bezogen«[66]. Auch heutige theologische Reflexionen zur Inspirationslehre übergehen fast immer die biblische Differenzierung zwischen der grundlegenden Schrift und dem entstehenden Neuen Testament.[67]

Erstaunlich ist, was über die Funktion der Schrift für die christliche Kirche gesagt wird. In diesen Schriften wird von Kind an gelernt (V. 15). Das gesamte Leben mit all seinen Konflikten kann mit ihrer Hilfe bestanden werden (V. 16f.). Deutlich ist damit »die Verankerung in der Schrift und seine bleibende Gebundenheit an das Erste Testament«[68]. Von besonderem Interesse ist, wie der Zusammenhang mit dem Glauben an Christus in V. 15 formuliert ist: Die Schriften haben die Kraft *(dýnamis)*, Menschen weise zu machen *(sofízo)* zur Rettung durch den Glauben an Jesus Christus.[69] Der Zusammenhang ist offenkundig enger, als es die Auflösung in zwei Sätze in der obigen Übersetzung der »Bibel in gerechter Sprache« erkennen lässt: Die Schrift bewirkt Weisheit, und diese führt zur Rettung durch den Glauben. Ein erstaunliches, aber erstaunlich realistisches Zusammenspiel. Entscheidend ist wieder: Die durch Gottes Geist bewirkte Schrift ist die Grundlage von Glauben und Heil.

---

64. Dass damit auch bereits paulinische Briefe gemeint und als inspiriert bezeichnet werden, ist ganz unwahrscheinlich. Zur Begründung s. bes. G. Häfner, »Nützlich zur Belehrung« (2 Tim 3,16). Die Rolle der Schrift in den Pastoralbriefen im Rahmen der Paulusrezeption, HBS 25, Freiburg u. a. 2000, 243 f.; anders etwa A. Merz, Die fiktive Selbstauslegung des Paulus. Intertextuelle Studien zur Intention und Rezeption der Pastoralbriefe, NTOA 52, Göttingen u. a. 2004, 235.

65. Wer sagt, dass auch hier – wie angeblich sonst im Neuen Testament! – die Aussage vermieden werde, dass das Alte Testament auf den Geist zurückgehe und inspiriert sei (E. Schweizer, Art. *theopneustos*, ThWNT VI, 1959, 453), kämpft offenbar verzweifelt darum, die übliche Abwertung des Alten Testaments im Neuen bestätigt zu finden.

66. So R. Reck, 2 Tim 3,16 in der altkirchlichen Literatur. Eine wirkungsgeschichtliche Untersuchung zum Locus classicus der Insprationslehre, WiWei 53, 1990, 81-105 (105).

67. So z. B. Welker, Gottes Geist, 253 ff.

68. Merz, Selbstauslegung, 69. Zum Umgang mit der Schrift vgl. bes. Häfner, »Nützlich zur Belehrung«.

69. Zum Verständnis vgl. etwa A. Weiser, Der zweite Brief an Timotheus, EKK XVI/1, Düsseldorf u. a. 2003, 278 f.

Hier in der Spätzeit des Neuen Testamentes wird damit etwas expliziert, was vorher eher selbstverständliche Grundlage war und nur gelegentlich und wie nebenbei ausdrücklich gesagt wird, dass nämlich die in der Gegenwart so wirksame Kraft des Geistes nicht nur bereits in der Schrift wirksam und bezeugt ist,[70] sondern ohne den Kontakt mit der Schrift nicht zu denken ist und sich wie selbstverständlich im Raum der Schrift bewegt.

In den synoptischen Evangelien ist da vor allem der Verweis auf den so wichtigen Ps 110, wo das entscheidende Zitat so eingeleitet wird: »*David selbst sagt doch, erfüllt von heiliger Geistkraft ...*« (Mk 12,36; vgl. Mt 22,43). Lukas nennt hier nur das Buch der Psalmen als Autorität, spricht aber dafür ganz ähnlich in der Apostelgeschichte. In Apg 4,25 wird ein Zitat von Ps 2 so eingeleitet: »*Du hast durch den Mund unseres Vaters David, deines Knechtes, durch die heilige Geistkraft gesprochen.*« In Apg 28,25 heißt es in einer Paulusrede: »*Treffend hat die heilige Geistkraft durch den Propheten Jesaja zu euren Vorfahren geredet.*« In Hebr 3,7 wird ein Zitat aus Ps 95 eingeleitet: »*Daher hört, was die heilige Geistkraft sagt*«. Und Paulus sagt von der Tora ausdrücklich, dass sie *pneumatikós/*»*von der Geistkraft bestimmt*« ist (Röm 7,14). Das entspricht ganz offenkundig dem, was vorher in V. 12 so ausgedrückt wird: »*Die Tora ist heilig und das Gebot heilig, gerecht und gut.*« Offenkundig liegt kein fester und schon gar kein formelhafter Sprachgebrauch vor. Statt auf die Geistkraft kann in anderen Fällen auf Gott als Urheber biblischer Texte verwiesen werden (z. B. Apg 3,21; 7,6; vgl. Mt 22,31; 2 Kor 6,16), und daneben stehen viele andere Verweis- und Zitationsformeln.[71] Man bewegt sich wie selbstverständlich im Raum der Schrift, und dazu gehört auch das, was parallel im Judentum, etwa bei Josephus und Philo ebenso selbstverständlich ist wie hier,[72] dass nämlich die Schriften geistgewirkt sind. Das bedeutet in dieser Zeit vor allem, dass sie ihrerseits inspirierend wirken, während in späteren Zeiten mit dieser Vorstellung stärker formale oder gar formalistische Qualitäten verbunden werden, eben das was man als »Verbalinspiration« bezeichnet.

Bis in die Spätzeit des Neuen Testamentes also tritt neben die Schrift keine gleichrangige Entsprechung. Die neutestamentlichen Schriften reden vom Geist und seiner Kraft und bezeugen ihn, sie beanspruchen aber ihrerseits nicht,

---

70. Dazu o. S. 328 ff.
71. Überblick bei E. Plümacher, Art. Bibel II. Die Heiligen Schriften des Judentums im Urchristentum, TRE VI, 1980, 8-22 (10 f.).
72. Belege etwa bei P. Billerbeck/(L. Strack), Kommentar zum Neuen Testament aus Talmud und Midrasch, Bd. II, München 1924 (³1961) 134 ff.; IV/1, München 1928 (³1961) 435 ff.; ein knapper Überblick bei P. Stuhlmacher, Vom Verstehen des Neuen Testaments. Eine Hermeneutik, GNT 6, Göttingen 1979, 48 f. Außerdem s. P. Schäfer, Die Vorstellung vom Heiligen Geist in der rabbinischen Literatur, StANT XXVIII, München 1972.

selbst Produkte des Geistes zu sein.[73] Die Lebendigkeit des Geistes und die in-spirierende Schrift gehören im Neuen Testament selbst zusammen. Der Kanon der neutestamentlichen Schriften und damit ein Gegenüber und eine Ergän-zung zur Schrift Israels entsteht bekanntlich erst im Laufe des 2. Jahrhunderts. Erst damit kommt es zur zweigeteilten christlichen Bibel. Und erst bei Origenes im 3. Jh. ist die Vorstellung belegt, dass auch die neutestamentlichen Schriften inspiriert seien.[74] Sie gehört schon hier und wohl von vornherein zusammen mit dem Konzept, dass das Alte Testament im Sinne des Christuszeugnisses und nur so zu lesen sei.[75] Das Neue Testament ist hier formal mit der »Schrift« gleichberechtigt geworden, inhaltlich-theologisch aber bestimmend und über-legen. Das alles ist bekannt und oft beschrieben worden.[76] Natürlich kann nie-mand hinter die Entstehung der christlichen Bibel mit ihren zwei Teilen zurück, und eine christliche Theologie kann das nicht einmal ernstlich wollen.

Aber für die Wertung des ersten Teils der christlichen Bibel und damit für die Bestimmung des Verhältnisses der Testamente braucht nicht die nachbib-lische Entwicklung entscheidend zu sein, und theologisch darf sie es letztlich nicht. Theologisch ist dieses Verhältnis nur biblisch und das heißt aus den in-nerbiblischen Beziehungen neu zu gewinnen. Das muss dazu führen, das Alte Testament wieder in die Rolle einzusetzen, die es im Neuen Testament hat, also als die Schrift, genauer jetzt: als die Schrift der Schrift. Für den Geist dürfte das viele Chancen eröffnen.

---

73. Diese Differenzierung fehlt vielfach da, wo über die Inspiration der Schrift und ihre Problematik gehandelt wird, vgl. etwa Welker, Gottes Geist, 253 ff. Nicht untypisch ist, wie etwa von P. J. Achtemeier, The Inspiration of Scripture. Problems and Pro-posals, Philadelphia 1980, zunächst der Bezug von 2 Tim 3,16; 2 Petr 1,20 f. auf das Alte Testament sorgfältig herausgearbeitet wird und damit die Inspiration des ers-ten Kanonteils (106-110), dann aber ohne jede ernsthafte Reflexion diese inspirierte Schrift einer (offenbar fertig gedachten) Christologie unterstellt und von ihr völlig begrenzt, ja in der Geltung geradezu beschnitten werden soll (113).

74. Vgl. etwa v. Campenhausen, Entstehung, 383; J. N. B. Carleton Paget, The Christian Exegesis of the Old Testament in the Alexandrian Tradition, in: M. Sæbø Hg., He-brew Bible/Old Testamnt. The History of its Interpretation, Vol. I/1, Göttingen 1996, 478-542 (509[ff.]).

75. Dazu außer Carleton Paget, Christian Exegesis, bes. 515 ff. (mit dem Ergebnis:»Ori-gen did have some sense of the superiority of the NT over the OT« [519]): L. Schwienhorst-Schönberger, Was heißt heute, die Bibel sei inspiriertes Wort Got-tes?, in: Th. Söding Hg., Geist im Buchstaben? Neue Ansätze in der Exegese, QD 225, Freiburg u. a. 2007, 35-50 (41 ff.).

76. V. Campenhausen, Entstehung der christlichen Bibel; W. Schneemelcher, Art. Bibel III. Die Entstehung des Kanons des Neuen Testaments und der christlichen Bibel, TRE VI, 1980, 22-48.

Literaturverzeichnis

Abkürzungen nach S. Schwertner, TRE Abkürzungsverzeichnis, 2. Aufl. Berlin u. a. 1994.
Zusätzlich werden folgende Abkürzungen verwendet:
BibInt   Biblical Interpretation. A Journal of Contemporary Approaches, Leiden u. a.
BIS   Biblical Interpretation Series, Leiden u. a.
SWB   Sozialgeschichtliches Wörterbuch zur Bibel, hg. v. F. Crüsemann / K. Hungar /
         C. Janssen / R. Kessler / L. Schottroff, Gütersloh 2009
ThKNT   Theologischer Kommentar zum Neuen Testament, Stuttgart
ZNT   Zeitschrift für Neues Testament, Tübingen u. a.

A

Achtemeier, P. J., The Inspiration of Scripture. Problems and Proposals, Philadelphia 1980
Adam, A., Art. Kirche III. dogmengeschichtlich, RGG³ Bd. III, 1959, 1304-1312
Ahn, G./Waschke, E. J./Stemberger, G./Sellin, G., Art. Auferstehung I/1-4, RGG⁴ 1998, 913-919
Aland, B., Art. Marcion/Marcioniten, TRE 22, 1991, 89-101
Aland, K., Der Schluß und die ursprüngliche Gestalt des Römerbriefes, in: ders., Neutestamentliche Entwürfe, ThB 63, München 1979, 284-301
Alkier, S., Zeichen der Erinnerung – die Genealogie in Mt 1 als intertextuelle Disposition, in: K.-M. Bull Hg., Bekenntnis und Erinnerung, FS H.-F. Weiß, Münster 2004, 108-128
Alkier, S., u. a. Hg., Auferstehung, ZNT 10, 2007 (Heft 19), 1-80
Assmann, J./Trauzettel, R. Hg., Tod, Jenseits und Identität. Perspektiven einer kulturwissenschaftlichen Thanatologie, Freiburg/München 2002
Avemarie, F./Lichtenberger, H. Hg., Auferstehung – Resurrection, WUNT 135, Tübingen 2001

B

Bacher, W., Die exegetische Terminologie der jüdischen Traditionsliteratur, Leipzig 1899/1905, Nachdruck Darmstadt 1965
Bachmann, M., Zur Gedankenführung in 1. Kor. 15,12 ff., ThZ 34, 1978, 265-276
–, Rezeption von 1. Kor. 15 (V. 12 ff.) unter logischem und unter philologischem Aspekt, LingBibl 51, 1982, 79-103
–, Noch einmal: 1 Kor 15,12 ff. und Logik, LingBibl 59, 1987, 100-104
–, Zum »argumentum resurrectionis« nach Christoph Zimmer, Augustin und Luther, LingBibl 67, 1992, 29-39
Backhaus, K., Der neue Bund und das Werden der Kirche. Die Diatheke-Deutung des Hebräerbriefs im Rahmen der frühchristlichen Theologiegeschichte. NTA NF 29, Münster 1996
–, Der Hebräerbrief, RNT, Regensburg 2009
Bail, U., Psalm 110. Eine intertextelle Lektüre aus alttestamentlicher Perspektive, in: D. Sänger Hg., Heiligkeit und Herrschaft. Intertextuelle Studien zu Heiligkeitsvorstellungen und zu Psalm 110, BThSt 55, Neukirchen-Vluyn 2003, 94-121

Barth, Chr., Die Errettung vom Tode in den individuellen Klage- und Dankliedern des Alten Testaments, Zürich 1947, 2. Aufl. hg. v. B. Janowski, Zürich 1987

Barth, K., Verheißung, Zeit – Erfüllung (1930), jetzt in: ders., Predigten 1921-1935, hg. v. H. Finze, Zürich 1998, 591-598

–, Die Lehre vom Wort Gottes. KD I/2, Zürich 1948

Barr, J., The Garden of Eden and the Hope of Immortality, London 1992

–, The Concept of Biblical Theology. An Old Testament Perspective, Minneapolis 1999

–, Some Problems in the Search for a Pan-Biblical Theology, in: P. Hanson u.a. Hg., Biblische Theologie. Beiträge des Symposiums »Das Alte Testament und die Kultur der Moderne« anlässlich des 100. Geburtstags G. v. Rads, Heidelberg Oktober 2001, Altes Testament und Moderne 14, Münster 2005, 31-42

Barrett, C. K., The OT in the Fourth Gospel, JThS 48, 1947, 155-169

Barthel, J., Prophetenwort und Geschichte. Die Jesajaüberlieferung in Jes 6-8 und 28-31, FAT 19, Tübingen 1997

Bartz, G., Guido di Piero, genannt Fra Angelico (um 1395-1455), Köln 1998

Baumgarten, J., Art. καινός neu* κτλ, EWNT II, 1981, 563-571

Beale, G. K., John's Use of the Old Testament in Revelation, JSNT.S 166, Sheffield 1998

–, Colossians, in: ders./D. A. Carson Hg., Commentary on the New Testament Use of the Old Testament, Grand Rapids 2007, 841-870

Beale, G. K./Carson, D. A., Hg., Commentary of the New Testament Use of the Old Testament, Grand Rapids 2007

Bayer, O., Martin Luthers Theologie, Tübingen 2003

Becker, A. H./Reed, A. Y., Hg., The ways that never parted. Jews and Christians in late Antiquity and the middle Ages, Tübingen 2003

Becker, J., Paulus. Der Apostel der Völker, Tübingen 1989

–, Jesus von Nazaret, Berlin/New York 1996

Becker, U., Jesus und die Ehebrecherin. Untersuchungen zu Text- und Überlieferungsgeschichte von Joh 7,53–8,11, BZNW 28, Berlin 1963

Beckmann, K., Die fremde Wurzel. Altes Testament und Judentum in der evangelischen Theologie des 19. Jahrhunderts, FKDG 85, Göttingen 2002

Beetham, Chr. A., Echoes of Scripture in the Letter of Paul to the Colossians, BIS 96, Leiden 2008

Berger, K., Art. Kirche II. Neues Testament, TRE XVIII, 1989, 201-218

Berges, U., Das Buch Jesaja. Komposition und Endgestalt, HBS 16, Freiburg u.a. 1998

Bethge, E., Dietrich Bonhoeffer. Eine Biographie, 3. Aufl. München 1967

Beuken, W. A. M., Jesaja 1-12, HThK, Freiburg u.a. 2003

Beutler, J., »Ich habe gesagt, Ihr seid Götter«. Zur Argumentation mit Ps 82,6 in Joh 10,34-36, in: G. Gäde Hg., Hören – Glauben – Denken, FS Peter Knauer, Münster 2005, 101-114

Bibel in gerechter Sprache, hg. v. U. Bail/F. Crüsemann/M. Crüsemann/E. Domay/J. Ebach/C. Janssen/H. Köhler/H. Kuhlmann/M. Leutzsch/L. Schottroff, 3. Aufl. Gütersloh 2007

Bieberstein, K., Der lange Weg zur Auferstehung der Toten. Eine Skizze zur Entstehung der Eschatologie im Alten Testament, in: Auferstehung hat einen Namen, FS H.-J. Venetz, Luzern 1998, 3-16

Bienert, H., Dogmengeschichte, Stuttgart 1997

–, Markion – Christentum als Antithese zum Judentum, in: H. Frohnhofen Hg., Christlicher Antijudaismus und jüdischer Antipaganismus, HThS 3, 1990, 139-144

Bienert, W. A., Marcion und der Antijudaismus, in: G. May/ K. Greschat Hg., Marcion und seine kirchengeschichtliche Wirkung, TU 150, Berlin 2002, 191-206

Bieringer, R. u. a. Hg., Anti-Judaism and the Fourth Gospel. Papers of the Leuven Colloquium 2000, Jewish and Christian Heritage Series 1, Assen 2001

Bieringer, R. u. a. Hg., Resurrection in the New Testament, BEThL 164, Leuven 2002

Blanton, Th. R., IV, Constructing a New Covenant. Discursive Strategies in the Damascus Document and Second Corinthians, WUNT II/233, Tübingen 2007

Billerbeck, P./(Strack, L.), Kommentar zum Neuen Testament aus Talmud und Midrasch, Bd. I-VI, München 1922-1961

Blijdstein, G. J., Capital Punishment – The Classical Jewish Discussion, Jdm 14, 1965, 159-171

Blinzler, J., Die Strafe für Ehebruch in Bibel und Halacha. Zur Auslegung von Joh. VIII,5, NTS 4, 1957/8, 32-47

Bloch-Smith, E., Judahite Burial Practices and Beliefs about the Dead, JSOT.S 123, Sheffield 2002

Blum, E., Volk oder Kultgemeinde? Zum Bild des nachexilischen Judentums in der alttestamentlichen Wissenschaft, KuI 10, 1995, 24-42

Bodendorfer, G., Abraham zur Rechten Gottes. Der Ps 110 in der rabbinischen Theologie, EvTh 59, 1999, 252-266

Böhler, D., Abraham und seine Kinder im Johannesprolog. Zur Vielgestaltigkeit des alttestamentlichen Textes bei Johannes, in: L'Écrit et l'Esprit, FS A. Schenker, OBO 214, Fribourg u. a. 2005, 15-29

Boendermaker, J. P., Martin Luther – ein ›semi-judaeus‹? Der Einfluß des Alten Testaments und des jüdischen Glaubens auf Luther und seine Theologie, in: H. Kremers Hg., Die Juden und Martin Luther – Martin Luther und die Juden. Geschichte – Wirkungsgeschichte – Herausforderung, Neukirchen-Vluyn 1985, 45-57

–, Der rechte Glaube ist allda gewesen. Luthers Zeitbegriff in seinen alttestamentlichen Predigten, in: Wendung nach Jerusalem, FS F.-W. Marquardt, Gütersloh 1999, 110-117

Bonhoeffer, D., Bibelarbeit über David (1935), DBW 14, Gütersloh 1996, 878-904

–, Esra und Nehemia (1936), DBW 14, Gütersloh 1996, 930-945

–, Nachfolge (1937), DBW 4, München 1989

–, Ethik (1949), DBW 6, München 1992

–, Widerstand und Ergebung. Briefe und Aufzeichnungen aus der Haft (1951), Neuausgabe München 1977, kommentierte Ausgabe, hg. v. Chr. Gremmels u. a., DBW 8, Gütersloh 1998

Bormann, L., Ps 110 im Dialog mit dem Neuen Testament, in: D. Sänger Hg., Heiligkeit und Herrschaft. Intertextuelle Studien zu Heiligkeitsvorstellungen und zu Psalm 110, BThSt 55, Neukirchen-Vluyn 2003, 171-205

Bornkamm, H., Luther und das Alte Testament, Tübingen 1948;

–, Luthers Vorreden zur Bibel, KVR 1550, 3. Aufl. Göttingen1989

–, Zur Frage der Iustitia Dei beim jungen Luther, ARG 52, 1961, 16-29; 53, 1962, 1-60

Boskamp, K., Studien zum Frühwerk Max Liebermanns, Hildesheim 1994

Bovon, F., Das Evangelium nach Lukas, 1. Teilband (Lk 1,1–9,50), EKK III/1, Zürich u. a. 1989

–, Das Evangelium nach Lukas, 2. Teilband (Lk 9,51–14,35), EKK III/2, Zürich u. a. 1996

–, Das Evangelium nach Lukas, 3. Teilband (Lk 15,1–19,27), EKK III/3, Zürich u. a. 2001

–, Das Evangelium nach Lukas, 4. Teilband (Lk 19,28–24,53), EKK III/4, Zürich u. a. 2009

Boyarin, D., Justin Martyr Invents Judaism, ChH 70, 2001, 427-461

–, The Ioudaioi in John and the Prehistory of ›Judaism‹, in: J. C. Anderson Hg., Pauline conversations in Context. FS. C. J. Roetzel, London u. a. 2002, 216-239

–, Border lines: The partition of Judeo-Christianity, Philadelphia 2004; dt. Übers.: Abgrenzungen. Die Aufspaltung des Judäo-Christentums, ANTZ 10, Berlin u. a. 2009

Brandau, R., Innerbiblischer Dialog und dialogische Mission. Die Judenmission als theologisches Problem, Neukirchen-Vluyn 2006

Braun, H., An die Hebräer, HNT 14, Tübingen 1984

Braun, R., »Deus Christianorum«. Recherches sur la Vocabulaire doctrinal de Tertullian, PFLA XLI, Paris 1962

Brodersen, K., Hg., Aristeas. Der König und die Bibel, Reclam 18576, Stuttgart 2008

Brown, D., Tradition and Imagination. Revelation and Change, Oxford 2000

Brumlik, M., Deutscher Geist und Judenhaß. Das Verhältnis des philosophischen Idealismus zum Judentum, München 2000, 132-195

Bucher, Th. G., Die logische Argumentation in 1. Korinther 15,12-20, Bib. 55, 1974, 465-486

–, Auferstehung Christi und Auferstehung der Toten, MThZ 27, 1976, 1-32

–, Nochmals zur Beweisführung in 1. Korinther 15,12-20, ThZ 36, 1980, 129-152

–, Allgemeine Überlegungen zur Logik im Zusammenhang mit 1 Kor 15,12-20, LingBibl 53, 1983, 70-98

Büttner, M., Das Alte Testament als erster Teil der christlichen Bibel. Zur Frage nach theologischer Auslegung und »Mitte« im Kontext der Theologie Karl Barths, BEvTh 120, Gütersloh 2002

Bultmann, R., Die Bedeutung des Alten Testaments für den christlichen Glauben (1933), Glauben und Verstehen I, Tübingen 1933, 6. Aufl. 1966 u. ö., 313-336

–, Weissagung und Erfüllung (1948), Glauben und Verstehen II, Tübingen 1952, 3. Aufl. 1961 u. ö., 162-186

–, Christus des Gesetzes Ende (1940), Glauben und Verstehen II, Tübingen 1952, 3. Aufl. 1961 u. ö., 32-58

–, Das Evangelium des Johannes (1941), KEK 2, Göttingen 15. Aufl. 1957

–, Theologie des NT, 3. Aufl. Tübingen 1958

–, Der zweite Brief an die Korinther, KEK.S, Göttingen 1976

Busse, U., Die Tempelmetaphorik als Beispiel von implizitem Rekurs auf die biblische Tradition im Johannesevangelium, in: C. M. Tuckett Hg., The Scripture in the Gospels, BEThL 131, Leuven 1997, 395-428

C

Campenhausen, H. v., Die Entstehung der christlichen Bibel, BHTh 39, Tübingen 1968

–, Zur Perikope von der Ehebrecherin (Joh 7,53 – 8,11), ZNW 68, 1977, 164-175

Carleton Paget, J. N. B., The Christian Exegesis of the Old Testament in the Alexandrian Tradition, in: M. Sæbø Hg., Hebrew Bible/Old Testament. The History of its Interpretation, Vol. I/1, Göttingen 1996, 478-542

Childs, B. S., Die Theologie der einen Bibel, 2 Bde., engl. 1992, dt. Übersetzung Freiburg u. a. 1994/1996

Christiansen, E. J., The Covenant in Judaism and Paul. A Study of Ritual Boundaries as Identity Markers, AGJU 27, Leiden 1995

Cohen, S. J. D., The Beginnings of Jewishness, Berkeley 1999

Cohn, H.-H., The penology of the Talmud, ILR 5, 1970, 53-74

Cornils, A., Vom Geist Gottes erzählen. Analysen zur Apostelgeschichte, TANZ 44, Tübingen 2006

Cowey, J. M. S., Das ägyptische Judentum in hellenistischer Zeit – neue Erkenntnisse aus jüngst veröffentlichten Papyri, in: S. Kreuzer u. a. Hg., Im Brennpunkt: Die Septuaginta, Bd. 2, BWANT 161, Stuttgart 2004, 24-43

Cremer, F. G., Die Fastenansage Jesu. Mk 2,20 und Parallelen in der Sicht der patristischen und scholastischen Exegese, BBB 23, Bonn 1965

Crüsemann, F., »... er aber soll dein Herr sein« (Gen 3,16). Die Frau in der patriarchalen Welt des Alten Testamentes, in: ders./H. Thyen, Als Mann und Frau geschaffen. Exegetische Studien zur Rolle der Frau, Kennzeichen 2, Gelnhausen u. a. 1978

–, »Auge um Auge ...« (Ex 21,24 f.). Zum sozialgeschichtlichen Sinn des Talionsgesetzes im Bundesbuch, EvTh 47, 1987, 411-426

–, Das »portative Vaterland«. Struktur und Genese des alttestamentlichen Kanons, in: A. u. J. Assmann Hg., Kanon und Zensur, Beiträge zur Archäologie der literarischen Kommunikation II, München 1987, 63-79 = ders., Kanon und Sozialgeschichte. Beiträge zum Alten Testament, Gütersloh 2003, 227-242

–, Tendenzen der alttestamentlichen Wissenschaft zwischen 1933 und 1945, WuD 20, 1989, 79-104

–, Die Tora. Theologie und Sozialgeschichte des alttestamentlichen Gesetzes (1992), 3. Aufl. Gütersloh 2005

–, »Ihnen gehören ... die Bundesschlüsse« (Röm 9,4). Die alttestamentliche Bundestheologie und der christlich-jüdische Dialog, KuI 9, 1994, 21-38 = ders., Kanon und Sozialgeschichte. Beiträge zum Alten Testament, Gütersloh 2003, 279-294

–, Gott glaubt an uns – Glaube und Tora in Röm 3 (1997), in: ders., Maßstab: Tora, 2. Aufl. Gütersloh, 2004, 67-85

–, Elia – die Entdeckung der Einheit Gottes. Eine Lektüre der Erzählungen über Elia und seine Zeit, KT 154, 1997

–, Menschheit und Volk. Israels Selbstdefinition im genealogischen System der Genesis, EvTh 59, 1998, 57-76 = ders., Kanon und Sozialgeschichte. Beiträge zum Alten Testament, Gütersloh 2003, 13-27

–, Frieden lernen. Eine Auslegung von Mi 4,1-7, in: J. Denker u. a. Hg., Hören und Lernen in der Schule des Namens. Mit der Tradition zum Aufbruch, FS B. Klappert, Neukirchen-Vluyn 1999, 13-22

–, Schrift und Auferstehung. Beobachtungen zur Wahrnehmung des auferstandenen Jesus bei Lukas und Paulus und zum Verhältnis der Testamente, KuI 17, 2002, 150-162 = Kanon und Sozialgeschichte. Beiträge zum Alten Testament, 2. Aufl. Gütersloh 2004, 306-318

–, Rhetorische Fragen!? Eine Aufkündigung des Konsenses über Psalm 88,11-13 und seine Bedeutung für das alttestamentliche Reden von Gott und Tod, BibInt XI, 2003, 345-360

–, Der neue Bund im Neuen Testament. Erwägungen zum Verständnis des Christusbundes in der Abendmahlstradition und im Hebräerbrief, in: ders., Kanon und Sozialgeschichte. Beiträge zum Alten Testament, Gütersloh 2003, 295-305

–, »So gerecht wie diese ganze Tora« (Dtn 4,8). Die biblische Grundlage christlicher Ethik (2003), in: Maßstab: Tora. Israels Weisung für christliche Ethik, 2. Aufl. Gütersloh 2004, 20-37

–, Mit zwei Zungen. Die evangelische Kirche und das Judentum. Zu einem Beitrag der »Kammer für Theologie der EKD«, JK 65/3, 2004, 57-59

–, Maßstab: Tora. Israels Weisung für christliche Ethik, 2. Aufl. Gütersloh 2004

–, Über die Schrift hinaus? Response auf James Barr, in: P. Hanson u. a. Hg., Biblische Theologie. Beiträge des Symposiums »Das Alte Testament und die Kultur der Moderne« anlässlich des 100. Geburtstags G. v. Rads, Heidelberg Oktober 2001, Altes Testament und Moderne 14, Münster 2005, 43-51

–, Der Gott Israels und die Religionen der Umwelt, in: Chr. Danz/F. Hermanni Hg., Wahrheitsansprüche der Weltreligionen. Konturen gegenwärtiger Religionstheologie, Neukirchen-Vluyn 2006, 213-232

–, »Nimm deine heilige Geistkraft nicht von mir«. Ps 51,13 und die theologische Aufgabe von Exegese im Spannungsfeld von Religionswissenschaft und theologischer Tradition, in: S. Lubs u. a. Hg., Behutsames Lesen. Alttestamentliche Exegese im interdisziplinären Methodendiskurs, FS. Chr. Hardmeier, Leipzig 2007, 367-381

Crüsemann, F./Crüsemann, M., Die Gegenwart des Verlorenen. Zur Interpretation der biblischen Vorstellung vom »Paradies«, in: J. Ebach u. a. Hg., »Schau an der schönen Garten Zier …«. Über irdische und himmlische Paradiese. Zu Theologie und Kulturgeschichte des Gartens, Jabboq 7, Gütersloh 2007, 25-68

Crüsemann, F./Crüsemann, M., Art. Bund, SWB, Gütersloh 2009, 76-79

Crüsemann, F./Crüsemann, M., Art. Tod, SWB, Gütersloh 2009, 586-589

Crüsemann, M., Unrettbar frauenfeindlich: Der Kampf um das Wort von Frauen in 1 Kor 14,(33b)34-35 im Spiegel antijudaistischer Elemente der Auslegung, in: L. Schottroff/M.-Th. Wacker Hg., Von der Wurzel getragen. Christlich-feministische Exegese in Auseinandersetzung mit Antijudaismus, BIS 17, Leiden u. a. 1996, 199-223

–, Das weite Herz und die Gemeinschaft der Heiligen. 2 Kor 6,11–7,4 im sozialgeschichtlichen Kontext, in: F. Crüsemann/M. Crüsemann/C. Janssen/R. Kessler/B. Wehn Hg., Dem Tod nicht glauben. Sozialgeschichte der Bibel, FS L. Schottroff, Gütersloh 2004, 351-375

–, Der Gottesname im Neuen Testament, JK 68, 2007, 16-18

–, »Heißt das, dass wir die Tora durch das Vertrauen außer Kraft setzen?« Röm 3,28-31 und die »Bibel in gerechter Sprache«, in: K. Schiffner u. a. Hg., Fragen wider die Antworten, FS J. Ebach, Gütersloh 2010, 486-500

–, Die pseudepigraphen Briefe an die Gemeinde in Thessaloniki. Studien zu ihrer Abfassung und zur jüdisch-christlichen Sozialgeschichte, BWANT 191, Stuttgart 2010

Crüsemann, M./Crüsemann, F., Das Jahr das Gott gefällt. Die Traditionen von Erlass- und Jobeljahr in Tora und Propheten, Altem und Neuem Testament (Dtn 15; Lev 25; Jes 61; Lk 4), in: Deutsche Bibelgesellschaft und Katholisches Bibelwerk Hg., Bibelsonntag 1999: Das Jahr das Gott gefällt. Materialheft, Stuttgart 1998, 3-10 = BiKi 55, 2000, 19-25

Crüsemann, M./Jochum-Bortfeld, C. Hg., Christus und seine Geschwister. Christologie im Umfeld der Bibel in gerechter Sprache, Gütersloh 2009

Crüsemann, M./Schottroff, W. Hg., Schuld und Schulden. Biblische Traditionen in gegenwärtigen Konflikten, KT 121, München 1992

D

Dabru Emet. Eine jüdische Stellungnahme zu Christen und Christentum vom 11. September 2000, dt. Übers. in: H. H. Henrix/W. Kraus Hg., Die Kirchen und das Judentum (II). Dokumente von 1986-2000, Paderborn/Gütersloh 2001, 974-976. Engl. Wortlaut: www.jcrelations.com

Dalman, G., Jesus – Jeschua, Leipzig 1929

Daly-Denton, M., David in the Fourth Gospel. The Johannine Reception of the Psalms, AGAJU 47, Leiden 2000

Daube, D., Origen and the Punishment of Adultery in Jewish Law, StPatr II, 1957, 109-113

Dautzenberg, G., Psalm 110 im Neuen Testament (1983), in: ders., Studien zur Theologie der Jesustradition, SBANT 19, Stuttgart 1995, 63-97

–, Paulus und das Alte Testament, in: D. Sänger/ders. Hg., Studien zur paulinischen Theologie und zur frühchristlichen Rezeption des AT, Gießen 1999, 58-68

–, Alter und neuer Bund nach 2 Kor 3, in: R. Kampling Hg., »Nun steht aber diese Sache im Evangelium …«. Zur Frage nach den Anfängen des christlichen Antijudaismus, Paderborn 1999, 229-249

David, Ph./Rosenau, H. Hg., Auferstehung. Ringvorlesung der Theologischen Fakultät Kiel, Münster 2009

Davis, S. T. u. a. Hg., The Resurrection. An Interdisciplinary Symposium on the Resurrection of Jesus, Oxford 1997

Deines, R., Die Gerechtigkeit der Tora im Reich des Messias, WUNT 177, Tübingen 2004

Deines, R. u. a. Hg., Walter Grundmann. Ein Neutestamentler im Dritten Reich, Leipzig 2007

Delcor, M., Art. *male’* voll sein, erfüllen, ThHAT I, 1971, 897-900

Delling, G., Art. *plêroô*, ThWNT VI, 1959, 283-309

Derrett, J. D. M., Law in the New Testament, London 1970

Dettmers, A., Die Interpretation der Israel-Lehre Marcions im ersten Drittel des 20. Jahrhunderts. Theologische Voraussetzungen und zeitgeschichtlicher Kontext, in: G. May/K. Greschat Hg., Marcion und seine kirchengeschichtliche Wirkung, TU 150, Berlin 2002, 274-292

Dietzfelbinger, Chr., Aspekte des Alten Testaments im Johannesevangeliums, in: H. Lichtenberger Hg., Geschichte – Tradition – Reflexion. FS M. Hengel Bd. 3: Frühes Christentum, Tübingen 1996, 203-218

Docherty, S. E., The Use of the Old Testament in Hebrews, WUNT II/260, Tübingen 2009

Dohmen, Chr., Exodus 19-40, HThK, Freiburg u. a. 2004

Dohmen, Chr./Stemberger, G., Hermeneutik der jüdischen Bibel und des Alten Testaments, Kohlhammer Studienbücher Theologie Bd. 1,2, Stuttgart 1996

Dohmen, Chr./Söding. Th. Hg., Eine Bibel – zwei Testamente. Positionen biblischer Theologie, utb 1893, Paderborn u. a. 1995

Dominik, M., Spielen Joh 1,1; 20,30f.; 21,24f. auf den Rahmen des Pentateuch an?, in: Führe mein Volk heraus. Zur innerbiblischen Rezeption der Exodusthematik, FS G. Fischer, Frankfurt/M. 2004, 107-119

Dschulnigg, P., Das Markusevangelium, ThKNT 2, Stuttgart 2007

Dugandzic, I., Das »Ja« Gottes in Christus. Eine Studie zur Bedeutung des Alten Testaments für das Christusverständnis des Paulus, fzb 26, Würzburg 1977

Dumbrell, W. J., The Newness of the New Covenant: The Logic of the Argument in 2 Corinthians 3, RTR 61, 2002, 61-84

Duncker, Chr., Der andere Salomo. Eine synchrone Untersuchung zur Ironie in der Salomo-Komposition 1 Könige 1-11, Frankfurt/M. u. a. 2010

E

Ebach, J., Apokalypse. Zum Ursprung einer Stimmung, in: Einwürfe 2, München 1985, 5-61

–, Hören auf das, was Israel gesagt ist – hören auf das, was in Israel gesagt ist. Perspektiven einer »Theologie des Alten Testaments« im Angesicht Israels, EvTh 62, 2002, 37-53

–, Art. *goj, am, mischpacha* (hebr.), *ethnos, laos* (griech.) – Volk, Nation, Leute, in: Bibel in gerechter Sprache, 3. Aufl. Gütersloh 2007, Glossar, 2355f

–, Josef und Josef. Literarische und hermeneutische Reflexionen zu Verbindungen zwischen Genesis 37-50 und Matthäus 1-2, BWANT 187, Stuttgart 2009

Ebeling, G., Was heißt »Biblische Theologie«? (engl. 1955), in: ders., Wort und Glaube, 3. Aufl. Tübingen 1967, 69-89

–, Dogmatik des christlichen Glaubens III, Tübingen 1979

Ebner, M., Der christliche Kanon, in: M. Ebner/S. Schreiber Hg., Einleitung in das Neue Testament, Stuttgart 2008, 9-52

Ebner, M. u. a. Hg., Leben trotz Tod, JBTh 19, Neukirchen-Vluyn 2004

Eckstein, H.-J., Die Anfänge trinitarischer Rede von Gott im Neuen Testament, in: R. Weth Hg., Der lebendige Gott. Auf den Spuren neuerer trinitarischen Denkens, Neukirchen-Vluyn 2005, 30-59 = M. Welker/M. Volf Hg., Der lebendige Gott als Trinität, FS J. Moltmann, Gütersloh 2006, 85-113

–, Die implizite Kanonhermeneutik des Neuen Testaments, in: B. Janowski Hg., Kanonhermeneutik. Vom Lesen und Verstehen der christlichen Bibel, Neukirchen-Vluyn 2007, 47- 68

Eckstein, H.-J./Welker, M., Hg., Die Wirklichkeit der Auferstehung, Neukirchen-Vluyn 2002

Edwards, R. B., XARIN ANTI XARITOΣ (John 1,16). Grace and the Law in the Johannine Prologue, JSNT 32, 1988, 3-15

Ego, B., Gottes Thron in Talmud und Midrasch. Kosmologische und eschatologische Aspekte eines aggadischen Motivs, in: M. Philonenko Hg., Le Trône de Dieu, WUNT 69, Tübingen 1993, 318-333

–, »In meinem Herzen berge ich deine Worte«. Zur Rezeption von Jer 31,33 in der Torafrömmigkeit der Psalmen, JBTh 12, Neukirchen-Vluyn 1997, 277-289

Eichholz, G., Der Begriff »Volk« im Neuen Testament, in: ders., Tradition und Interpretation. Studien zum Neuen Testament und zur Hermeneutik, ThB 29, München 1965, 78-84

Ellis, E. E., The Old Testament in Early Christianity. Canon and Interpretation in the Light of Modern Research, Tübingen 1991

Ericksen, P., Theologen unter Hitler. Das Bündnis zwischen evangelischer Dogmatik und Nationalsozialismus (1985), dt. Übers. München/Wien 1986

Eskola, T., Messiah and the Throne. Jewish Merkabah Mysticism and Early Christian Exaltation Discourse, WUNT II/142, Tübingen 2001

Europas Juden im Mittelalter, Ausstellungs-Katalog, Speyer 2004

Evans, C. A., The Prophetic Setting of the Pentecost Sermon, ZNW 74, 1983, 148-150

–, To See and Not Perceive. Isaiah 6.9-10 in Early Jewish and Christian Interpretation, JSOT.S 64, Sheffield 1989

Evans C. A./Sanders, J. A. Hg., Early Christian Interpretation of the Scriptures of Israel, JSNT.S 148, Sheffield 1997

F

Faass, M. Hg. Der Jesus-Skandal. Ein Liebermann-Bild im Kreuzfeuer der Kritik, Ausstellungs-Katalog Liebermann Villa Berlin, Berlin 2009

Fabry, H.-J., Art. *male'*, ThWAT IV, 1984, 876-887

Fabry, H.-J./Offerhaus, U. Hg., Im Brennpunkt: Die Septuaginta. Studien zur Entstehung und Bedeutung der Griechischen Bibel, BWANT 153, Stuttgart 2001

Fabry, H.-J./Böhler, D. Hg., Im Brennpunkt: Die Septuaginta. Bd. 3: Studien zur Theologie, Anthropologie, Ekklesiologie, Eschatologie und Liturgie der Griechischen Bibel, BWANT 174, Stuttgart 2007

Fee, G. D., Old Testament Intertextuality in Colossians. Reflections on Pauline Christology and Gentile Inclusion in God's Story, in: Sang-Won Son Hg., History and Exegesis, FS E. Earle Ellis, New York u. a. 2006, 201-222

Feil, E., Die Theologie Dietrich Bonhoeffers. Hermeneutik – Christologie – Weltverständnis, 4. Aufl. München 1991

Felber, S., Wilhelm Vischer als Ausleger der Heiligen Schrift. Eine Untersuchung zum Christuszeugnis des Alten Testaments, Göttingen 1999

Feneberg, R., Die Erwählung Israels und die Gemeinde Jesu Christi. Biographie und Theologie Jesu im Matthäusevangelium, HBS 58, Freiburg u. a. 2009

Fiedler, P., Das Matthäusevangelium, ThKNT 1, Stuttgart 2006

Finsterbusch, K., Die Thora als Lebensweisung für Heidenchristen. Studien zur Bedeutung der Thora für die paulinische Ethik, StUNT 20, Göttingen 1996

Fischer, G., Jeremia 26-52, HThK, Freiburg u.a. 2005

Flessemann-van Leer, S. E., Die Interpretation der Passionsgeschichte vom Alten Testament her, in: F. Viering Hg., Zur Bedeutung des Todes Jesu. Exegetische Beiträge, Gütersloh 1967, 79-96

Flusser, D., Thesen zur Entstehung des Christentums aus dem Judentum, Freiburger Rundbrief 1975, 181-184 = ders., Bemerkungen eines Juden zur christlichen Theologie, München 1984, 94-102 = KuI 1, 1986, 62-70

–, Mögen Sie etwa lieber neuen Wein? (1979), in: ders., Entdeckungen im Neuen Testament. Bd. 1: Jesusworte und ihre Überlieferung, Neukirchen-Vluyn 1987, 108-114

–, Entdeckungen im Neuen Testament. Bd. 1: Jesusworte und ihre Überlieferung, Neukirchen-Vluyn 1987

–, Entdeckungen im Neuen Testament. Bd. 2: Jesus – Qumran – Urchristentum, Neukirchen-Vluyn 1999

Frankemölle, H., Frühjudentum und Urchristentum. Vorgeschichte – Verlauf – Auswirkungen (4. Jahrhundert v. Chr. bis 4. Jahrhundert n. Chr.), Stuttgart 2006

Frankemölle, H., Hg., Juden und Christen im Gespräch über »Dabru emet – Redet Wahrheit«, Paderborn/Frankfurt/M. 2005

Freed, E. D., Old Testament Quotations in the Gospel of John, NT.S 11, Leiden 1965

Frettlöh, M.-L., Theologie des Segens. Biblische und dogmatische Wahrnehmungen (1998), 5. Aufl. Gütersloh 2005

Fürst, A., Augustins Briefwechsel mit Hieronymus, JAC.E 29, Münster 1999

Fuhrmann, S., Vergeben und Vergessen. Christologie und Neuer Bund im Hebräerbrief, WMANT 113, Neukirchen-Vluyn 2007

Furnish, V. P., II Corinthians, AncB 32A, New York 1984

G

Gabler, J. P., Von der richtigen Unterscheidung der biblischen und der dogmatischen Theologie und der rechten Bestimmung ihrer beiden Ziele (1787), dt. in: G. Strecker Hg., Das Problem der Theologie des Neuen Testaments, WdF 367, Darmstadt 1975, 32-44

Gauger, J., Chronik der Kirchenwirren, 1. Teil, Elberfeld 1934

Gehrke, H.-J., Das sozial- und religionsgeschichtliche Umfeld der Septuaginta, in: S. Kreuzer u. a. Hg., Im Brennpunkt: Die Septuaginta, Bd. 2, BWANT 161, Stuttgart 2004, 44-60

Gese, H., Erwägungen zur Einheit der biblischen Theologie, ZThK 67, 1970, 417-436 = ders., Vom Sinai zum Zion. Alttestamentliche Beiträge zur biblischen Theologie, BEvTh 64, München 1974, 11-30

–, Der Johannesprolog, in: ders., Zur biblischen Theologie. Alttestamentliche Vorträge (1977), 3. Aufl. Tübingen 1989, 152-201

–, Alttestamentliche Hermeneutik und christliche Theologie, in: Theologie als gegenwärtige Schriftauslegung, ZThK Beih. 9, 1995, 65-81

Gielen, M., Der zweite Petrusbrief, in: M. Ebner/S. Schreiber Hg., Einleitung in das Neue Testament, Stuttgart 2008, 522-529

Görg, M., Thronen zur Rechten Gottes. Zur altägyptischen Wurzel einer Bekenntnisformel, BN 81, 1996, 72-81

Goldberg, A., Der Name des Messias in der rabbinischen Tradition, FJB 7, 1979, 1-93

Goldschmidt, D./Kraus, H.-J. Hg., Der ungekündigte Bund. Neue Begegnung von Juden und Christlicher Gemeinde, Stuttgart/Berlin 1962

Good, R. S., Jesus, Protagonist of the Old, NT 25, 1983, 19-36

Goodman, M., The Place of the Sadducees in First-Century Judaism, in: F. E. Udoh Hg., Redifining first-century Jewish and Christian Identities, FS E. P. Sanders, Notre Dame/Ind. 2008, 139-152

Goppelt, L., Typos. Die typologische Deutung des Alten Testaments im Neuen, Gütersloh 1939, Nachdruck Darmstadt 1966 u. ö.

–, Der erste Petrusbrief, KEK XII/1, Göttingen 1978

Gräßer, E., An die Hebräer, EKK XVII/1, Zürich u. a. 1990

–, Der zweite Brief an die Korinther, ÖTK 8/1, Gütersloh 2002

Grappe, Chr., Art. Kirche III. Urchristentum, RGG⁴ Bd. 4, 2001, 1000-1004

Greenspoon, L., ›Reclaiming‹ the Septuagint for Jews and Judaism, in: A. Voitila u. a. Hg., Scripture in Transition. Essays on Septuagint, Hebrew Bible and Dead Sea Scrolls, FS Raija Sollamo, Leiden u. a. 2008, 661-670

Grohmann, M., Aneignung der Schrift. Wege einer christlichen Rezeption jüdischer Hermeneutik, Neukirchen-Vluyn 2000

Groß, H., Der Mensch als neues Geschöpf (Jer 31; Ez 36; Ps 51), in: Der Weg zum Menschen, FS A. Deissler, Freiburg u. a. 1989, 98-109

Grünwaldt, K., Gott und sein Volk. Die Theologie der Bibel, Darmstadt 2006

Gruber, M. M., Herrlichkeit in Schwachheit. Eine Auslegung der Apologie des Zweiten Korintherbriefs 2 Kor 2,14–6,13, fzb 89, Würzburg 1998

Grundmann, W., Das Evangelium nach Matthäus, ThHK 1, Leipzig 1968, 7. Aufl. 1992

–, Das Evangelium nach Markus, ThHK 2, Leipzig 1959, 9. Aufl. 1984

–, Das Evangelium nach Lukas, ThHK 3, Leipzig 1961, 9. Aufl. 1984

Gühne, J., »Kreuz und quer verlaufende Linien der Geschichte«. Ein kritischer Blick auf Daniel Boyarins Thesen zur Entstehung von Judentum und Christentum, Pontes 31, Berlin 2006

Gunneweg, A. H. J., Vom Verstehen des Alten Testaments. Eine Hermeneutik, GAT 5, Göttingen 1977

–, Altes Testament und existentiale Interpretation, in: B. Jaspert Hg., Rudolf Bultmanns Werk und Wirkung, Darmstadt 1984, 332-347

–, Biblische Theologie des Alten Testaments. Eine Religionsgeschichte Israels in biblisch-theologischer Sicht, Stuttgart 1993

Gutmann, J., Buchmalerei in hebräischen Handschriften, dt. Übers. München 1979

Gutmann, J., u. a. Hg., Die Darmstädter Pessach-Haggadah (Codex Orientalis 8 der Hessischen Landes- und Hochschulbibliothek Darmstadt), 2 Bde., Berlin 1971/72

Guttenberger, G., Ophte. Der visuelle Gehalt der frühchristlichen Erscheinungstradition und mögliche Folgerungen für die Entstehung und Entwicklung des frühchristlichen Glaubens an die Auferstehung Jesu, BZ 52, 2008, 40-63. 161-173

H

Haacker, H., Feindesliebe kontra Nächstenliebe? Bemerkungen zu einer verbreiteten Gegenüberstellung von Christentum und Judentum, in: F. Matheus Hg., Dieses Volk erschuf ich mir, dass es meinen Ruhm verkünde, FS D. Vetter, Duisburg 1992, 47-51

–, »Ende des Gesetzes« und kein Ende? Zur Diskussion über *telos nomou* in Röm 10,4; in: K. Wengst u. a. Hg., Ja und Nein. Christliche Theologie im Angesicht Israels, FS W. Schrage, Neukirchen-Vluyn 1998, 127-138

–, Der Brief des Paulus an die Römer, ThHNT 6, Leipzig 1999

Habermann, J., Präexistenzaussagen im Neuen Testament, EHS XXIII/362, Frankfurt/M. u. a. 1990

Häfner, G., »Nützlich zur Belehrung« (2 Tim 3,16). Die Rolle der Schrift in den Pastoralbriefen im Rahmen der Paulusrezeption, HBS 25, Freiburg u. a. 2000

–, Die Pastoralbriefe (2 Tim/2 Tim/Tit), in: M. Ebner/S. Schreiber Hg., Einleitung in das Neue Testament, Stuttgart 2008, 450-473

Härle, W., Art. Kirche VII. Dogmatisch, TRE XVIII, 1989, 277-317

Hafemann, S., Paul, Mose and the History of Israel. The Letter/Spirit Contrast and the Argument from Scripture in 2 Corinthians 3, WUNT 81, Tübingen 1995

–, Paul's Use of he Old Testament in 2 Corinthians, Interp. 52, 1998, 246-257

Hahn, F., Die Bildworte vom neuen Flicken und vom jungen Wein (Mk 2,21 f.), EvTh 31, 1971, 357-375

–, Die Interpretatio Christiana des AT bei Paulus, in: Ja und Nein: Christliche Theologie im Angesicht Israels, FS W. Schrage, Neukirchen-Vluyn 1998, 65-75

–, Teilhabe am Heil und Gefahr des Abfalls. Eine Auslegung von 1 Kor 10,1-22, in: ders. Studien zum Neuen Testament II, WUNT 192, Tübingen 2006, 335-357

–, Theologie des Neuen Testaments Bd. II. Die Einheit des Neuen Testaments, Tübingen 2002

Hammann, K., Rudolf Bultmanns Begegnung mit dem Judentum, ZThK 102, 2005, 35-72

–, Rudolf Bultmann. Eine Biographie, Tübingen 2009

Hanhart, R., Textgeschichtliche Probleme der LXX, in: M. Hengel/A. M. Schwemer Hg., Die Septuaginta zwischen Judentum und Christentum, WUNT 72, Tübingen 1994, 1-19

–, Sacharja 1,1 – 8,23, BK XIV/7.1, Neukirchen-Vluyn 1998

–, Die Bedeutung der Septuaginta in neutestamentlicher Zeit, in: ders., Studien zur Septuaginta und zum hellenistischen Judentum, FAT 24, Tübingen 1999, 194-213

Hanson, J., The Endangered and Reaffirmed Promises of God: A Fruitful Framework for Biblical Theology, BTB 30, 2000, 90-101

Hanson, A. T., The living utterances of God: The New Testament Exegesis of the Old, London 1983

–, The Prophetic Gospel. A Study of John and the OT, Edinburgh 1991

Harnack, A. v., Probabilia über die Adresse und den Verfasser des Hebräerbriefes, ZNW 1, 1900, 16-41

–, Marcion. Das Evangelium vom fremden Gott, [1920] 2. Aufl. 1924, Nachdruck Darmstadt 1960 u. ö.

Harrisville, R. A., The Concept of Newness in the NT, JBL 74, 1955, 19-79

Harstine, S., Moses as a Character in the Fourth Gospel. A Study of Ancient Reading Techniques, JSNT.SS 229, Sheffield 2003

Hasenfratz, H.-P., Zum sozialen Tod in archaischen Gesellschaften, Saec 34, 1983, 126-137

Hay, D. M., Glory at the Right Hand. Psalm 110 in Early Christianity, Nashville u. a. 1973

Hays, R. B., Schriftverständnis und Intertextualität bei Paulus, ZNT 7, 2004, 55-64

Healy, J. F., Das Land ohne Wiederkehr. Die Unterwelt im antiken Ugarit und im Alten Testament, ThQ 177, 1997, 94-104

Heil, J. P. The Story of Jesus and the Adulteress (John 7,53 – 8,11) Reconsidered, Bibl. 72, 1991, 182-191

Helmer, Chr., Luther's trinitarian hermeneutic and the Old Testament, MoTh 18, 2002, 49-73

Hengel, M., Die Schriftauslegung des 4. Evangeliums auf dem Hintergrund der urchristlichen Exegese, JBTh 4, Neukirchen-Vluyn 1989, 249-288

–, Psalm 110 und die Erhöhung des Auferstandenen zur Rechten Gottes, in: C. Breytenbach/H. Paulsen Hg., Anfänge der Christologie, FS F. Hahn, Göttingen 1991, 43-73

–, »Setze dich zu meiner Rechten!« Die Inthronisation Christi zur Rechten Gottes und Psalm 110,1, in: M. Philonenko Hg., Le Trône de Dieu, WUNT 69, Tübingen 1993, 108-194 (119) = ders., Kleine Schriften, Studien zur Christologie, WUNT 201, Tübingen 2006, 281-367

–, Die Septuaginta als »christliche Schriftensammlung«, ihre Vorgeschichte und das Problem ihres Kanons, in: ders./A. M. Schwemer, Die Septuaginta zwischen Judentum und Christentum, WUNT 72, Tübingen 1994, 182-284

Hennings, R., Der Briefwechsel zwischen Augustinus und Hieronymus und ihr Streit um den Kanon des Alten Testaments und die Auslegung von Gal. 2,11-14, SVigChr XXI, Leiden u. a. 1994

Henrix, H. H./Kraus, W. Hg., Die Kirchen und das Judentum (II). Dokumente von 1986-2000, Paderborn/Gütersloh 2001

Herrmann, W., Jahwes Triumph über Mot, UF 11, 1979, 371-377

Herzer, J., Alttestamentliche Prophetie und die Verkündigung des Evangeliums. Beobachtungen zur Stellung und hermeneutischen Funktion von I Petr 1,10-12, BThZ 14, 1997, 14-22

Heschel, S., Die Faszination der Theologie für die Rassentheorie. Wie Jesus im deutschen Protestantismus zum Nazi wurde, KuI 22, 2007, 120-131

Hirsch, E., Das Alte Testament und die Predigt des Evangeliums, Tübingen 1936, 2. Aufl. hg. v. H. M. Müller, Tübingen 1986

–, Hilfsbuch zum Studium der Dogmatik, 3. Aufl. Berlin 1958

Hiršs, I., Ein Volk aus Juden und Heiden. Der ekklesiologische Beitrag des Ersten Petrusbriefes zum christlich-jüdischen Gespräch, Münsteraner Judaistische Studien 15, Münster u. a. 2003

Hofius, O., Der Christushymnus Philipper 2,6-11, WUNT 17, Tübingen 1976

–, Gesetz und Evangelium nach 2 Kor 3, JbTh 4, Neukirchen-Vluyn 1989, 195-149

–, »Erstgeborener vor aller Schöpfung« – »Erstgeborener aus den Toten«. Erwägungen zu

Struktur und Aussage des Christushymnus Kol 1,15-20, in: ders., Paulusstudien II, WUNT 143, Tübingen 2002, 215-233

–, »Einer ist Gott – Einer ist Herr«. Erwägungen zu Struktur und Aussage des Bekenntnisses 1 Kor 8,6, in: ders., Paulusstudien II, WUNT 143, Tübingen 2002, 167-180

Holtz, T., Geschichte und Verheißung. »Auferstanden nach der Schrift«, EvTh 57, 1997, S. 179-196

Homolka, W./Zenger, E., Hg., »… damit sie Jesus Christus erkennen«. Die neue Karfreitagsbitte für die Juden, Freiburg u. a. 2008

Horn, F. W., Die Verheißung des neuen Bundes (Jer 31,31-34), in: B. Kollmann Hg., Die Verheißung des Neuen Bundes. Wie alttestamentliche Texte im Neuen Testament fortwirken, Göttingen 2010, 187-199

Hornig, G., Art. Lessing, Gotthold Ephraim (1729-1781), TRE XXI, 1991, 20-33

Hossfeld, F.-L. u. a., Art. qahal, ThWAT VI, 1989, 1204-1222

Hossfeld, F.-L./Zenger, E., Die Psalmen. Psalm 1-50, NEB, Würzburg 1993

Hossfeld, F.-L./Zenger, E., Psalmen 51-100, HThKAT, Freiburg u. a. 2000

Hossfeld, F.-L./Zenger, E., Psalmen 101-150, HThKAT, Freiburg u. a. 2008

Hossfeld, F.-L. Hg., Wieviel Systematik erlaubt die Schrift? Auf der Suche nach einer gesamtbiblischen Theologie, QD 185, Freiburg u. a. 2001

Howard, G., The Tetragram and the New Testament, JBL 96, 1977, 63-83

Huber, K., »Zeichen des Jona« und »Mehr als Jona«. Die Gestalt des Jona im Neuen Testament und ihr Beitrag zur bibeltheologischen Fragestellung, Protokolle zu Bibel 7, 1998, 77-94

Hübner, H., Art. plêroô erfüllen, zur Geltung bringen, verwirklichen, EWNT III, 1983, 256-262

–, Art. teleioô vollenden*, EWNT III, 1983, 825-828

–, Art. teleô vollenden, erfüllen; entrichten, bezahlen*, EWNT III, 1983, 830-832

–, Rudolf Bultmann und das Alte Testament, KuD 30, 1984, 250-272

–, Vetus Testamentum und Vetus Testamentum in Novo receptum. Die Frage nach dem Kanon des Alten Testaments aus neutestamentlicher Sicht, JBTh 3, Neukirchen-Vluyn 1988, 147-162

–, Biblische Theologie des Neuen Testaments, 3 Bde., Göttingen 1990/1993/1999

–, Was ist biblische Theologie?, in: Chr. Dohmen/Th. Söding Hg., Eine Bibel – zwei Testamente. Positionen biblischer Theologie, utb 1893, Paderborn u. a. 1995, 209-223

–, New Testament Interpretation of the Old Testament, in: M. Sæbø Hg., Hebrew Bible/Old Testament. The History of its Interpretation, Vol I/1, Göttingen 1996, 332-372

–, Ein neuer textus receptus und sein Problem. Synchronie als Abwertung der Geschichte?, in: Jesus Christus als die Mitte der Schrift. Studien zur Hermeneutik des Evangeliums, FS O. Hofius, BZNW 86, Berlin u. a. 1997, 235-247

–, Vetus Testamentum in Novo, Vol. 1,2: Evangelium secundum Iohannem, Göttingen 2003; Vol. 2: Corpus Paulinum, Göttingen 1997

Hurtado, L. W., The Doxology at the End of Romans, in: New Testament Textual Criticism. Its Significance for Exegesis, FS B. M. Metzger, Oxford 1981, 185-199

J

Jackson, T. R., New Creation in Paul's Letters. A Study of the Historical and Social Setting of a Pauline Concept, WUNT II/272, Tübingen 2010

Jankowski, G., Die große Hoffnung. Paulus an die Römer. Eine Auslegung, Berlin 1998

Janowski, B., Die Toten loben JHWH nicht. Psalm 88 und das alttestamentliche Todesverständnis, in: F. Avemarie/H. Lichtenberger Hg., Auferstehung – Resurrection, Tübingen 2001, 3-45

–, Die jüdischen Psalmen in der christlichen Passionsgeschichte. Eine rezeptionsgeschichtliche Skizze, in: Chr. Hardmeier/R. Kessler/A. Ruwe Hg., Freiheit und Recht, FS F. Crüsemann, Gütersloh 2003, 397-413

–, Die kontrastive Einheit der Schrift. Zur Hermeneutik des biblischen Kanons, in: B. Janowski Hg., Kanonhermeneutik. Vom Lesen und Verstehen der christlichen Bibel, Neukirchen-Vluyn 2007, 27-46

Janssen, C., Anders ist die Schönheit der Körper. Paulus und die Auferstehung in 1 Kor 15, Gütersloh 2005

–, »Dann haben wir einen getroffen ...«. Lukas 24,13-35, in: Mensch, wo bist du? Einführung in die Texte der Bibelarbeiten und Gottesdienste des 32. Deutschen Evangelischen Kirchentags, Bremen 2009, JK 69, 2008, extra-Heft, 38-45

–, Christus und seine Geschwister (Röm 8,12-17.29f.), in: M. Crüsemann/C. Jochum-Bortfeld Hg., Christus und seine Geschwister. Christologie im Umfeld der Bibel in gerechter Sprache, Gütersloh 2009, 64-80

–, Alltagserfahrungen. Essen und Auferstehung (Lk 24,13-35), in: M. Geiger u. a. Hg., Essen und Trinken in der Bibel. FS R. Kessler, Gütersloh 2009, 147-159

Jeremias, J., Der Prophet Hosea, ATD 24/1, Göttingen 1983

Jeremias, J./Hartenstein, F. »JHWH und seine Aschera«. »Offizielle Religion« und »Volksreligion« zur Zeit der klassischen Propheten, in: B. Janowski/M. Köckert, Religionsgeschichte Israels. Formale und materiale Aspekte, Gütersloh 1999, 79-138

Jervell, J., Die Apostelgeschichte, KEK Bd. III, Göttingen 1998

Jochum-Bortfeld, C., »Denn der Mensch ist nicht gekommen, um sich bedienen zu lassen, sondern, um zu dienen« (Mk 10,45) – zur theologischen Bedeutung des *hyios tou anthropou*, in: M. Crüsemann/C. Jochum-Bortfeld Hg., Christus und seine Geschwister. Christologie im Umfeld der Bibel in gerechter Sprache, Gütersloh 2009, 159-172

Johnston, Ph. S., Shades of Sheol. Death and Afterlife in the Old Testament, Downers Grove Il. 2002

Jonge, H. de, Sonship, Wisdom, Infancy: Luke II.41-51a*, NTS 24, 1978, 317-354

Jüdisches Museum Frankfurt Hg., Landschaften jüdischer Erfahrung. Ausstellungskatalog, Frankfurt/M. 1993

Julius, Chr.-B., Die ausgeführten Schrifttypologien bei Paulus, EHS 23/668, Frankfurt/M. u. a. 1999

Justinus, Dialog mit dem Juden Tryphon, übers. v. O. Haeuser, BKV 33, Kempten/München 1917

Justinus, Apologies, ed. A. Wartelle, Paris 1987

K

Käsemann, E., Das wandernde Gottesvolk. Eine Untersuchung zum Hebräerbrief, FRLANT NF 37 (55), Göttingen 1939

Kahl, B., Der Brief an die Gemeinden in Galatien, in: L. Schottroff/M.-Th. Wacker Hg., Kompendium Feministische Bibelauslegung, 3. Aufl. Gütersloh 2007, 603-611

Kaiser, W. C., The Unfailing Kindness Promised to David: Isaiah 55:3, JSOT 45, 1989, 91-98

Kammerer, G., In die Haare, in die Arme. 40 Jahre Arbeitsgemeinschaft »Juden und Christen« beim Deutschen Evangelischen Kirchentag, Gütersloh 2001

Kampling, R., »... Buch der Geschichte Jesu Christi, des Sohnes Davids ...«. Reflexionen zu einer nicht stattgefundenen Rezeption, in: ders. Hg., »Dies ist das Buch …«: Das Matthäusevangelium. Interpretation – Rezeption – Rezeptionsgeschichte, FS H. Frankemölle, Paderborn u. a. 2004, 157-176

Kampling, R./Weinrich, M. Hg., Dabru emet – redet Wahrheit. Eine jüdische Herausforderung zum Dialog mit den Christen, Gütersloh 2003

Karrer, M., Petrus im paulinischen Gemeindekreis, ZNW 80, 1989, 210-231

–, Der Gesalbte. Die Grundlagen des Christustitels, FRLANT 151, Göttingen 1990

–, Jesus Christus im Neuen Testament, GAT 11, Göttingen 1998

–, Der Brief an die Hebräer. Kapitel 1,1–5,10, ÖTK 20/1, Gütersloh u. a. 2002

–, Der Brief an die Hebräer. Kapitel 5,11–13,25, ÖTK 20/2, Gütersloh u. a. 2008

–, Der Hebräerbrief, in: M. Ebner/S. Schreiber Hg., Einleitung in das Neue Testament, Studienbücher Theologie Bd. 6, Stuttgart 2008, 474-495

Karrer, M./Kraus, W. Hg., Die Septuaginta – Texte, Kontexte, Lebenswelten, WUNT 219, Tübingen 2008

Kasher, A., The Jews in Hellenistic and Roman Egypt. The Struggle for Equal Rights, TSAJ 7, Tübingen 1985

Kaufmann, Th., Luthers Judenschriften in ihren historischen Kontexten, Göttingen 2005

Keel, O., Die Weisheit spielt vor Gott. Ein ikonographischer Beitrag zur Deutung des mᵉṣaḥäqät in Spr 8,30 f., Freiburg/Göttingen 1974

Keel, O./Uehlinger, C., Göttinnen, Götter und Gottessymbole. Neue Erkenntnisse zur Religionsgeschichte Kanaans und Israels aufgrund bislang unerschlossener ikonographischer Quellen, QD 134, Freiburg u. a. 1992, 4. Aufl. 1998

Kegler, J., Verheißung und Erfüllung. Beobachtungen zu neutestamentlichen Erfüllungsaussagen, in: I. Kottsieper u. a. Hg., Berührungspunkte. Studien zur Sozial- und Religionsgeschichte Israels und seiner Umwelt, FS. R. Albertz, AOAT 350, Münster 2008, 345-366

Kennedy, J., The Recapitulation of Israel, WUNT II/257, Tübingen 2008

Kenyon, F. G., The Chester Beatty Biblical Papyri Bd. III/1. Text, London 1936; Bd. III/2. Plates, London 1937

Kern, G., Fasten oder feiern? – Eine Frage der Zeit (Vom Bräutigam / Die Fastenfrage). Mk 2,18-20 (Mt 9,14 f./Lk 5,33-35/EvThom 104), in: R. Zimmermann Hg., Kompendium der Gleichnisse Jesu, Gütersloh 2007, 273-277

Kertelge, K., Buchstabe und Geist nach 2 Kor 3*, in: J. D. G. Dunn Hg., Paul and the Mosaic Law, WUNT 89, Tübingen 1996, 117-130

Kessler, R., Micha, HThKAT, Freiburg 1999

Kessler, R./Loos, E., Hg., Eigentum: Freiheit und Fluch. Ökonomische und biblische Einwürfe, KT 175, Gütersloh 2000

Kieffer, R., »Mer-än«-kristologin hos synoptikerna, SEÅ 44, 1979, 134-177

–, Jerome: His Exegesis and Hermeneutics, in: M. Sæbø Hg., Hebrew Bible/Old Testament. The History of Its Interpretation, Vol. I/1, Göttingen 1996, 663-681

Kinzig, W., Harnack, Marcion und das Judentum, Leipzig 2004

Kirchenamt der EKD Hg., Christen und Juden III. Schritte der Erneuerung im Verhältnis zum Judentum, Gütersloh 2000

–, Christlicher Glaube und nichtchristliche Religionen. Theologische Leitlinien. Ein Beitrag der Kammer für Theologie der Evangelischen Kirche in Deutschland, EKD-Texte 77, Hannover 2003

Kittel, G., Der Name über alle Namen. Biblische Theologie, 2 Bde., Göttingen 1989/1990

Kittel, R., Die Psalmen, KAT XIII, 5./6. Aufl. Leipzig 1929

Klappert, B., Weg und Wende Dietrich Bonhoeffers in der Israelfrage – Bonhoeffer und die theologischen Grundentscheidungen des Rheinischen Synodalbeschlusses, in: W. Huber/I. Tödt Hg., Ethik im Ernstfall. Dietrich Bonhoeffers Stellung zu den Juden und ihre Aktualität, München 1982, 77-135

–, Hoffender Glaube, Kommender Christus und die neue Welt Gottes (Hebräer 11,1–12,3), in V. A. Lehnert u. a. Hg., Logos – Logik – Lyrik. FS K. Haacker, Leipzig 2007, 219-266

–, D. Bonhoeffer, Israel und die Juden, erscheint in: Chr. Tietz Hg., Bonhoeffer-Handbuch, Tübingen 2011

Klauck, H. J., Geschrieben, erfüllt, vollendet. Die Schriftzitate in der Johannespassion, in: M. Labahn u. a. Hg., Israel und seine Heilstraditionen im Johannesevangelium, FS J. Beutler, Paderborn u. a. 2004, 140-157

Klausner, J., Jesus von Nazareth: seine Zeit, sein Leben und seine Lehre, 3. Aufl. Jerusalem 1952

Klein, H., Leben neu entdecken. Entwurf einer biblischen Theologie, Stuttgart 1991.

–, Das Lukasevangelium, KEK I/3, 10. Aufl., Göttingen 2006

Klinghardt, M., Gemeinschaftsmahl und Mahlgemeinschaft. Soziologie und Liturgie frühchristlicher Mahlfeiern, TANZ 14, Tübingen u. a. 1996

–, Markion vs. Lukas: Plädoyer für die Wiederaufnahme eines alten Falles, NTS 52, 2006, 484-513

Knust, J. W., Early Christian Rewriting and the History of the Pericope Adulterae, Journal of Early Christian Studies 14, 2006, 485-536

Koch, Ch., Vertrag, Treueid und Bund. Studien zur Rezeption des altorientalischen Vertragsrechts im Deuteronomium und zur Ausbildung der Bundestheologie im Alten Testament, BZAW 393, Berlin u. a. 2008

Koch, D.-A., Die Schrift als Zeuge des Evangeliums. Untersuchungen zur Verwendung und zum Verständnis der Schrift bei Paulus, BHTh 69, Tübingen 1986

Kollmann, B., Totenerweckungen in der Bibel – Ausdruck von Protest und Zeichen der Hoffnung, JBTh 19, Neukirchen-Vluyn 2004,121-141

Kollmann, B. Hg., Die Verheißung des Neuen Bundes. Wie alttestamentliche Texte im Neuen Testament fortwirken, Göttingen 2010

Konradt, M., Die vollkommene Erfüllung der Tora und der Konflikt mit den Pharisäern im Matthäusevangelium, in: D. Sänger/M. Konradt Hg., Das Gesetz im frühen Judentum und im Neuen Testament, FS Chr. Burchard, Göttingen u. a. 2006, 129-152

–, Israel, Kirche und die Völker im Matthäusevangelium, WUNT 215, Tübingen 2007

Kooij, A. van der, The Promulgation of the Pentateuch in Greek according to the Letter of Aristeas, in: A. Voitila u. a. Hg., Scripture in Transition. Essays on Septuagint, Hebrew Bible and Dead Sea Scrolls, FS Raija Sollamo, Leiden u. a. 2008, 179-192

Kraus, H.-J., Die Biblische Theologie. Ihre Geschichte und Problematik, Neukirchen-Vluyn 1970

Kraus, W., Das Volk Gottes. Zur Ekklesiologie des Paulus, WUNT 85, Tübingen 1996

–, Johannes und das Alte Testament. Überlegungen zum Umgang mit der Schrift im Johannesevangelium im Horizont biblischer Theologie, ZNW 88, 1997, 1-23

Kraus, W./Karrer, M. Hg., Septuaginta Deutsch. Das griechische Alte Testament in deutscher Übersetzung, Stuttgart 2009

Kraus, W./Wooden, R. G. Hg., Septuagint Research. Issues and Challenges in the Study of the Greek Jewish Scriptures, Atlanta 2006

Kremers, H. Hg., Die Juden und Martin Luther – Martin Luther und die Juden. Geschichte – Wirkungsgeschichte – Herausforderung, Neukirchen-Vluyn 1985

Kreutzer, M., Rembrandt und die Bibel. Radierungen, Zeichnungen, Kommentare, Stuttgart 2003

Kreuzer, S., Entstehung und Publikation der Septuaginta im Horizont frühptolemäischer Bildungs- und Kulturpolitik, in: ders. u.a. Hg., Im Brennpunkt: Die Septuaginta, Bd. 2, BWANT 161, Stuttgart 2004, 61-75

Kreuzer, S./Lesch, J. P., Hg., Im Brennpunkt: Die Septuaginta. Studien zur Entstehung und Bedeutung der Griechischen Bibel. Bd. 2, BWANT 161, Stuttgart 2004

Krückemeier, N., Der zwölfjährige Jesus im Tempel (Lk 2,40-52) und die biografische Literatur der hellenistischen Antike, NTS 50, 2004, 307-319

Kruijf, Theo C. de, Das Volk Gottes im Neuen Testament, in: Judentum und Kirche: Volk Gottes, Theologische Berichte 3, Zürich u.a. 1974, 119-133

Krusche, U., Die unterlegene Religion. Das Judentum im Urteil deutscher Alttestamentler. Zur Kritik theologischer Geschichtsschreibung, SKI 12, Berlin 1991

Kürzinger, J., Papias von Hierapolis und die Evangelien des Neuen Testaments, EichM 4, Regensburg 1983

Kundert, L., Christus als Inkorporation der Tora. Röm 10,4 vor dem Hintergrund einer erstaunlichen rabbinischen Argumentation, ThZ 55, 1999, 76-89

Kurth, Chr., »Die Stimme der Propheten erfüllt«. Jesu Geschick und »die« Juden nach der Darstellung des Lukas, BWANT 148, Stuttgart 2000

Kurz, W., Intertextual Permutations of the Genesis Word in the Johannine Prologues, in: C. A. Evans, Early Christian Interpretation of the Scriptures of Israel, JSNT.SS 148, Sheffield 1997, 179-190

Kuschel, K.-J., Geboren vor aller Zeit? Der Streit um Christi Ursprung, München/Zürich 1990

–, Streit um Abraham. Was Juden, Christen und Muslime trennt – und was sie eint, München 1994

Kuske, M., Das Alte Testament als Buch von Christus. Dietrich Bonhoeffers Wertung und Auslegung des Alten Testaments, Göttingen 1963

Kutsch, E., Art. berit Verpflichtung, THAT I, 1971, 339-352

–, Verheißung und Gesetz. Untersuchungen zum sogenannten »Bund« im Alten Testament, BZAW 131, Berlin u.a. 1973

L

Labahn, M., Jesus und die Autorität der Schrift im Johannesevangelium – Überlegungen zu einem spannungsreichen Verhältnis, in: M. Labahn u.a. Hg., Israel und seine Heilstraditionen im Johannesevangelium, FS J. Beutler, Paderborn u.a. 2004, 185-206

–, »Verlassen« oder »vollendet«. Ps 22 in der »Johannespassion« zwischen Intratextualität und Intertextualität, in: D. Sänger Hg., Psalm 22 und die Passionsgeschichte der Evangelien, BThSt 88, Neukirchen-Vluyn 2007, 111-153

Labahn, M. u.a. Hg., Israel und seine Heilstraditionen im Johannesevangelium, FS J. Beutler, Paderborn u.a. 2004

Lausberg, H., Der Johannes-Prolog. Rhetorische Befunde zu Form und Sinn des Textes, NAWG.PH 1984/85, Göttingen 1984, 189-279

Lehmann, K., Auferweckt am dritten Tag nach der Schrift. Früheste Christologie, Bekenntnisbildung und Schriftauslegung im Lichte von 1 Kor. 15,3-5, QD 38, Freiburg u.a. 1968

Leppien, H. R., Der zwölfjährige Jesus im Tempel von Max Liebermann, in: Kulturstiftung der Länder Hg., Hamburger Kunsthalle, Der zwölfjährige Jesus im Tempel von Max Liebermann, Hamburg o. J.

Leppin, V., Martin Luther, Darmstadt 2006

Lerch, D., Isaaks Opferung christlich gedeutet. Eine auslegungsgeschichtliche Untersuchung, BHTh 12, Tübingen 1950

Lessing, G. E., Die Erziehung des Menschengeschlechts (1780), Sämtliche Werke, hg. v. K. Lachmann/F. Muncker, Bd. 13 (1897), Nachdruck Berlin/New York 1979, 413-436

Leutzsch, M., Was passt und was nicht (Vom alten Mantel und vom neuen Wein). Mk 2,21 f. (Mt 9,16 f./Lk 5,36-39/EvThom 47,3-5), in: R. Zimmermann Hg., Kompendium der Gleichnisse Jesu, Gütersloh 2007, 273-277

Lewicki, T., »Weist nicht ab den Sprechenden!« Wort Gottes und Paraklese im Hebräerbrief, PaThSt 41, Paderborn u. a. 2004

Lichtenberger, H., »Bund« in der Abendmahlsüberlieferung, in: F. Avemarie/H. Lichtenberger Hg., Bund und Tora. Zur theologischen Begriffsgeschichte in alttestamentlicher, frühjüdischer und urchristlicher Tradition, WUNT 92, Tübingen 1996, 217-228

Lichtenberger, H./Schreiner, S., Der neue Bund in jüdischer Überlieferung, ThQ 176, 1996, 272-290

Lieu, J., Narrative Analysis and Scripture in John, in: S. Moyise Hg., The Old Testament in the New Testament, FS J. L. North, JSNT.SS 189, Sheffield 2000, 144-163

Lindemann, A., Neutestamentler in der Zeit des Nationalsozialismus. Hans von Soden und Rudolf Bultmann in Marburg, WuD 20, 1989, 25-52

–, Die biblische Hermeneutik des Paulus. Beobachtungen zu 2 Kor 3, WuD 23,1995, 125-151

–, Der Erste Korintherbrief, HNT 9/1, Tübingen 2000

Lindemann, A./Paulsen, H. Hg., Die apostolischen Väter, Tübingen 1992

Liwak, R., Art. רְפָאִים, ThWAT VII, 1993, 625-636

Löning, K., Die Memoria des Todes Jesu als Zugang zur Schrift im Urchristentum, in: K. Richter/B. Kranemann Hg., Christologie der Liturgie. Der Gottesdienst der Kirche – Christusbekenntnis und Sinaibund, QD 159, Freiburg u. a. 1995, 138-149

Lohse, B., Luthers Auslegung von Ps 71 (72), 1 und 2 in der ersten Psalmenvorlesung, in: ders. Hg., Der Durchbruch der reformatorischen Erkenntnis bei Luther. Neuere Untersuchungen, VIEG Beih. 25, 1988, 1-13

–, Luthers Theologie in ihrer historischen Entwicklung und in ihrem systematischen Zusammenhang, Göttingen 1995

Lohse, E., Der Brief an die Römer, KEK 4, Göttingen 2003

Lührmann, D., Das Offenbarungsverständnis bei Paulus und in paulinischen Gemeinden, WMANT 16, Neukirchen-Vluyn 1965

Luther, M., Psalmenvorlesung 1513/14, Neuedition: Glossen WA 55/1, Weimar 1993; Scholien WA 55/2, Weimar 2000

–, (Kleiner) Sermon vom Wucher (1519), WA 6, 3-8

–, (Großer) Sermon vom Wucher (1520), WA 6, 36-60

–, Daß Jesus Christus ein geborner Jude sei (1523), WA 11, 307-336

–, Vorrede auf das Alte Testament (1523), WA DB VIII, 11-23 = Ausgewählte Werke (Münchner Ausgabe) Bd. 6, 1934, 21ff

–, Von Kaufshandel und Wucher (1524), WA 15, 293-322

–, Eine Unterrichtung, wie sich die Christen in Mosen sollen schicken« (1526), WA 24, 2-

16 = Ausgewählte Werke (Münchner Ausgabe) Bd. 6, 1934 135-149 = Werke II, hg. v. K. Bornkamm u. G. Ebeling, 3. Aufl. Frankfurt/M. 1983, 207-224

–, Zweite Vorrede auf den Psalter 1528, WA DB 10/1, 98-105

–, Das schöne Confitemini, an der Zahl der 118. Psalm (1530), WA 31, 68-182 = Ausgewählte Werke (Münchner Ausgabe) Bd. 6, 1934, 150-223

–, An die Pfarrherren wider den Wucher zu predigen (1540), WA 51, 331-424

–, Genesis-Vorlesung von 1535-1545, WA 43

–, Von den Juden und ihren Lügen (1543), WA 53, 417-552 = Ausgewählte Werke (Münchner Ausgabe) Erg.-Reihe Bd. 3: Schriften wider Juden und Türken, München 1938, 61-228

–, Tischreden, WA TR 1

Luz, U., Das Evangelium nach Matthäus. 1. Teilband Mt 1-7, Zürich u. a. 1985, 5. Aufl. 2002

–, Das Evangelium nach Matthäus. 2. Teilband Mt 8-17, EKK I/2, Zürich u. a. 1990

–, Das Evangelium nach Matthäus. 3. Teilband Mt 18-25, EKK I/3, Zürich u. a. 1997

–, Das Evangelium nach Matthäus. 4. Teilband Mt 26-28, EKK I/4, Zürich u. a. 2002

–, Grenzziehungen. Daniel Boyarins neues Buch ›Border lines. The Partition of Judaeo-Christianity‹, EvTh 68, 2008, 71-77

M

McDermott, J. M., II Cor. 3: the Old and the New Covenants, Gregorianum 87, 2006, 25-63

McLay, R. T., The Use of the Septuagint in New Testament Research, Grand Rapids 2003

Maier, J., Sühne und Vergebung in der jüdischen Liturgie, JBTh 9, Neukirchen-Vluyn 1994, 145-171

Maisch, I., Der Brief an die Gemeinde in Kolossä, ThK NT 12, Stuttgart 2003

Majoros-Danowski, J., Elija im Markusevangelium. Ein Buch im Kontext des Judentums, BWANT 180, Stuttgart 2008

Mallen, P., The reading and transformation of Isaiah in Luke-Acts, London 2008

Markschies, Chr., »Sessio ad Dexteram.« Studien zu einem altchristlichen Bekenntnismotiv in der christologischen Diskussion der altkirchlichen Theologen, in: M. Philonenko Hg., Le Trône de Dieu, WUNT 69, Tübingen 1993, 252-317

–, Hieronymus und die »Hebraica Veritas« – ein Beitrag zur Archäologie des protestantischen Schriftprinzips?, in: M. Hengel/A. M. Schwemer, Die Septuaginta zwischen Judentum und Christentum, WUNT 72, Tübingen 1994, 131-181

Marquardt, F.-W., »Feinde um unsretwillen«. Das jüdische Nein und die christliche Theologie, in: P. v. d. Osten-Sacken, Treue zur Thora. FS Günther Harder, VIKJ 3, Berlin 1977, 174-193

–, Von Elend und Heimsuchung der Theologie. Prolegomena zur Dogmatik, München 1988

–, Das christliche Bekenntnis zu Jesus, dem Juden. Eine Christologie, 2 Bde., München 1990/91

–, Was dürfen wir hoffen, wenn wir hoffen dürften? Eine Eschatologie, 3 Bde., Gütersloh 1993-96

–, Eia, wären wir da – eine theologische Utopie, Gütersloh 1997

–, Warum mich als Christen der Talmud interessiert, in: ders., Auf einem Schul-Weg. Kleinere christlich-jüdische Lerneinheiten, Berlin 1999, 257-276

–, »Der Wille als Tatwille ist von vornherein böse«. Ideologiekritik und Ideologie in einem prägnanten Satz Rudolf Bultmanns, EvTh 62, 2002, 414-430

Maschmeier, J., Zur Bedeutung des »neuen Bundes« bei Paulus, in: K. Schiffner u. a. Hg., Fragmentarisches Wörterbuch. Beiträge zur biblischen Exegese und christlichen Theologie, FS H. Balz, Stuttgart 2007, 72-81

Mathias, D., Beobachtungen zur Auslegung von Ex 34,29-35 in 2 Kor 3,7-18, Leqach 2004, Heft 4, 109-143

May, G., Markion, Ges. Aufsätze, VIEG Beih. 68, Mainz 2005

May, G./Greschat, K. Hg., Marcion und seine kirchengeschichtliche Wirkung, Berlin u. a. 2002

Mayordomo-Marín, M., Den Anfang hören. Leserorientierte Evangelienexegese an Beispiel von Matthäus 1-2, FRLANT 180, Göttingen 1998

Meissner, N., Aristeasbrief, JSHRZ II/1, Gütersloh 1973, 35-85

Mélèze-Modrzejewski, J., How to be a Jew in Hellenistic Egypt?, in: S. J. D. Cohen u. a. Hg., Diaspora in Antiquity, Atlanta 1993, 65-92

Mell, U., »Neuer Wein (gehört) in neue Schläuche« (Mk 2,22c), ThZ 52, 1996, 1-31

Menken, M. J. J., Old Testament Quotations in the Fourth Gospel. Studies in Textual Form, Contributions to Biblical Exegesis and Theology 15, Kampen 1996

–, Observations on the significance of the OT in the Fourth Gospel, Neotest. 33, 1999, 125-143

–, Interpretation of the OT and the resurrection of Jesus in John's Gospel, in: Resurrection in the New Testament, FS J. Lambrecht, BEThL 165, Leuven 2002, 189-205

–, Matthew's Bible. The Old Testament Text of the Evangelist, BEThL 173, Leuven 2004

Merklein, H., Christus als Bild Gottes im Neuen Testament, JBTh 13, Neukirchen-Vluyn 1998, 53-75

Merz, A., Die fiktive Selbstauslegung des Paulus. Intertextuelle Studien zur Intention und Rezeption der Pastoralbriefe, NTOA 52, Göttingen u. a. 2004

Metzger, B., A Suggestion Concerning the Meaning of 1 Cor XV.4b, JThS 8, 1957, 118-123

Mildenberger, F., Biblische Dogmatik. Eine biblische Theologie in dogmatischer Perspektive, 3 Bde., Stuttgart 1991/1992/1993

Mittmann, S., Das Symbol der Hand in der altorientalischen Ikonographie, in: R. Kieffer/J. Bergman Hg., La Main de Dieu. Die Hand Gottes, Tübingen 1997, 19-47

Moll, S., The Arch-Heretic Marcion, WUNT 250, Tübingen 2010

Moses, A. D. A., Matthew's Transfiguration Story and Jewish-Christian Controversy, JSNT.S 122, Sheffield 1996

Moule, C. F. D., Fulfilment-Words in the New Testament: Use and Abuse, NTS 14, 1967, 293-320

Moyise, S., The Old Testament in the Book of Relevation, JSNT.S 115, Sheffield 1995

–, The Old Testament in the New. An Introduction, London/New York 2001

Moyise, S. Hg., The Old Testament in the New Testament, FS J. L. North, JSNT.S 189, Sheffield 2000

Moyise, S./Menken, M. J. J., Deuteronomy in the New Testament, Library of New Testament Studies 358, London u. a. 2007

Müller, D., Art. Katharer, TRE VIII, 1988, 21-30

Müller, J. J., Les citations de l'Écriture dans le Quatrième Évangile, FV 100, 2001, 41-57

Müller, K., Tora für die Völker. Die noachidischen Gebote und Ansätze zu ihrer Rezeption im Christentum, SKI 15, Berlin 1994

Müller, M., Schriftbeweis oder Vollendung? Das Johannesevangelium und das AT, in: K.-M. Bull u. a. Hg., Bekenntnis und Erinnerung, FS H.-F. Weiß, Münster 2004, 151-171

–, Die Septuaginta als Teil des christlichen Kanons, in: M. Karrer/W. Kraus Hg., Die Septuaginta – Texte, Kontexte, Lebenswelten, WUNT 219, Tübingen 2008, 708-727

–, Die Septuaginta als die Bibel der neutestamentlichen Kirche. Einige Überlegungen, KuD 42, 1996, 75-78

–, The First Bible of the Church, JSOT.S 206, Sheffield 1996

Müller, P.-G., Altes Testament, Israel und das Judentum in der Theologie Rudolf Bultmanns, in: ders. Hg., Kontinuität und Einheit, FS F. Mußner, Freiburg u. a. 1981, 439-472

Müller, U. B., Auferweckt und erhöht: Zur Genese des Osterglaubens, NTS 54, 2008, 201-220

N

Nicolaisen, C., Die Auseinandersetzung um das Alte Testament im Kirchenkampf 1933-1945, Diss. Hamburg 1966

Niehr, H., Aspekte des Totengedenkens im Juda der Königszeit, ThQ 178, 1998, 1-13

Nolde, E., Legende, Vision, Ekstase. Die religiösen Bilder, Ausstellungs-Katalog Hamburg, Köln 2000

Nordheim, M. v., Geboren von der Morgenröte? Psalm 110 in Tradition, Redaktion und Rezeption, WMANT 117, Neukirchen-Vluyn 2008

O

Obermann, A., Die christologische Erfüllung der Schrift im Johannesevangelium. Eine Untersuchung zur johanneischen Hermeneutik anhand der Schriftzitate, WUNT II/83, Tübingen 1996

Oberman, H. A., Wurzeln des Antisemitismus. Christenangst und Judenplage im Zeitalter von Humanismus und Reformation, Berlin 1981

Öhler, M., Elia im Neuen Testament, BZNW 88, Berlin u. a. 1997

Ohst, M., Emanuel Hirsch: Antithetische Vertiefung. Die Bedeutung des Alten Testaments für den christlichen Glauben, in: Th. Wagner u. a. Hg., Kontexte. Biografische und forschungsgeschichtliche Schnittpunkte der alttestamentlichen Wissenschaft, FS H. J. Boecker, Neukirchen-Vluyn 2008, 191-222

Osten-Sacken, P. v. d., Grundzüge einer Theologie im christlich-jüdischen Gespräch, München 1982

–, Befreiung durch das Gesetz, in: ders., Evangelium und Tora. Aufsätze zu Paulus, ThB 77, München 1987, 197-209

–, Evangelium und Tora. Aufsätze zu Paulus, ThB 77, München 1987

–, Die Decke des Mose. Zur Exegese und Hermeneutik von Geist und Buchstabe in 2 Korinther 3, in: ders., Die Heiligkeit der Tora. Studien zum Gesetz bei Paulus, München 1989, 87-115

–, »Geschrieben zu unser Ermahnung ...«. Die Tora in 1. Korinther 10,1-13, in: ders., Die Heiligkeit der Tora. Studien zum Gesetz bei Paulus, München 1989, 60-86

Osten-Sacken, P. v. d. Hg., Das missbrauchte Evangelium. Studien zu Theologie und Praxis der Thüringer Deutschen Christen, SKI 20, Berlin 2002

Otte, M., Der Begriff »berit« in der jüngeren alttestamentlichen Forschung, EHS 23/803, Frankfurt/M. 2005

Otto, E., Das Deuteronomium. Politische Theologie und Rechtsrefom in Juda und Assyrien, BZAW 284, Berlin u. a. 1999

P

Päpstliche Bibelkommission, Das jüdische Volk und seine Heilige Schrift in der christlichen Bibel« 24. Mai 2001, Verlautbarungen des Apostolischen Stuhls 152, dt. Übers. Bonn 2001

Pancaro, S., The Law in the Fourth Gospel: The Torah and the Gospel, Moses and Jesus, Judaism and Christianity according to John, NT.S 42, Leiden 1975

Paulsen, H., Der zweite Petrusbrief und der Judasbrief, KEK XII/2, Göttingen 1992

Perlitt, L., Vatke und Wellhausen. Geschichtsphilosophische Voraussetzungen und historiographische Motive für die Darstellung der Religion und Geschichte Israels durch Wilhelm Vatke und Julius Wellhausen, BZAW 94, Berlin u. a. 1965

–, Bundestheologie im Alten Testament, WMANT 36, Neukirchen-Vluyn 1969

Perrot, Ch, The Reading of the Bible in the Ancient Synagogue, in: M. J. Mulder Hg., Mikra. Text, Translation, Reading and Interpretation of the Hebrew Bible in Ancient Judaism and Early Christianism, Assen u. a. 1988, 137-160

Pesch, R., Das Abendmahl und Jesu Todesverständnis, QD 80, Freiburg u. a. 1978

–, Das Markusevangelium, HThKNT 2, Freiburg 2001

–, Antisemitismus in der Bibel? Das Johannesevangelium auf dem Prüfstand, Augsburg 2005

Peters T. u. a. Hg., Resurrection. Theological and Scientific Assessments, Grand Rapids/ Cambridge 2002

Plümacher, E., Art. Bibel II. Die Heiligen Schriften des Judentums im Urchristentum, TRE VI, 1980, 8-22

Podella, R., Totenrituale und Jenseitsbeschreibungen. Zur anamnetischen Struktur der Religionsgeschichte Israels, in: J. Assmann/R. Trauzettel Hg., Tod, Jenseits und Identität. Perspektiven einer kulturwissenschaftlichen Thanatologie, Freiburg/München 2002, 530-561

Pohlmann, H., Der Gottesgedanke Jesu als Gegensatz gegen den israelitisch-jüdischen Gottesgedanken, Weimar 1939

Porter, S. E., The Use of the Old Testament in the New Testament: A Brief Comment on Method and Terminology, in: C. A. Evans/J. A. Sanders Hg., Early Christian Interpretation of the Scriptures of Israel, JSNT.S 148, Sheffield 1997, 79-96

Porter, S. E./Stanley, Chr. D. Hg., As it is written. Studying Paul's Use of Scripture, SBL Symposium Series 50, Atlanta 2008

Prenter, R., Der barmherzige Richter. Iustitia dei passiva in Luthers Dictata super Psalterium 1513-1515, Kopenhagen 1961

–, Die Auslegung von Ps 70,2 in den Dictata, in: B. Lohse Hg., Der Durchbruch der reformatorischen Erkenntnis bei Luther. WdF CXXIII, Darmstadt 1968, 203-241

Preß, M., Jesus und der Geist. Grundlagen einer Geist-Christologie, Neukirchen-Vluyn 2001

Preuß, H. D., Vom Verlust des Alten Testaments und seinen Folgen (dargestellt anhand der Theologie und Predigt F. D. Schleiermachers), in: J. Track Hg., Lebendiger Umgang mit Schrift und Bekenntnis, Stuttgart 1980, 127-160

–, Theologie des Alten Testaments, 2 Bde., Stuttgart u. a. 1991/92

Prostmeier, R., Was bedeutet die Autorität der Schrift bei Paulus?; in: H. Busse Hg., Die Bedeutung der Exegese für Theologie und Kirche, QD 215, Freiburg u. a. 2005, 97-130

R

Rad, G. v., Das Christuszeugnis des Alten Testaments. Eine Auseinandersetzung mit Wilhelm Vischers gleichnamigen Buch, ThBl 14, 1935, 249-254

–, Das theologische Problem des alttestamentlichen Schöpfungsglaubens (1936), in: ders., Gesammelte Studien zum AT, ThB 8, München 1958 (u. ö.), 136-147

–, Das erste Buch Mose. Genesis 1–12,9, ATD II/1, Göttingen 1949, 12. Aufl. 1987

–, Ruth 1, EvTh 12, 1952/53, 1-6 = ders. Predigten, hg. v. U. v. Rad, München 1972, 45-51

–, Typologische Auslegung des Alten Testaments, EvTh 12, 1952/3, 17-33 = ders., Gesammelte Studien zum AT II, ThB 48, München 1973, 272-288

–, Theologie des Alten Testaments, Bd. I (1957), 6. Aufl. München 1969; Bd. II (1960), 4. Aufl. München 1965; unveränderte Nachdrucke

–, Die deuteronomistische Geschichtstheologie in den Königsbüchern, in: ders., Ges. Studien zum AT, ThB 8, München 1958 (u. ö.), 189-204 (= Deuteronomiumstudien Teil B, FRLANT 40, Göttingen 1947, 52-64)

–, Weisheit in Israel, Neukirchen-Vluyn 1970

Radl, W., Art. *nyn* nun, jetzt, EWNT II, 1981, 1178-1180

Raeder, S., The Exegetical and Hermeneutical Work of Martin Luther, in: M. Sæbø Hg., Hebrew Bible/Old Testament. The History of Its Interpretation, Vol. II, Göttingen 2008, 363-406

Ramelli, I. L. E., Luke 16:16: The Good News of God's Kingdom is Proclaimed and Everyone Is Forced into It, JBL 127, 2008, 737-758

Ratzinger, J./Benedikt XVI., Jesus von Nazareth. I. Teil: Von der Taufe im Jordan bis zur Verklärung, Freiburg u. a. 2007

Reck, R., 2 Tim 3,16 in der altkirchlichen Literatur. Eine wirkungsgeschichtliche Untersuchung zum Locus classicus der Inspirationslehre, WiWei 53, 1990, 81-105

Reichmann, R., Art. Todesstrafe III. Judentum, RGG⁴ Bd. 8, 2005, 450f

Reim, G., Studien zum alttestamentlichen Hintergrund des Johannesevangeliums, MSSNTS 22, Cambridge 1974

–, Jochanan. Erweiterte Studien zum alttestamentlichen Hintergrund des Johannesevangeliums, Erlangen 1995

Reinhardt, W., Das Wachstum des Gottesvolkes. Untersuchungen zum Gemeindewachstum im lukanischen Doppelwerk auf dem Hintergrund des Alten Testaments, Göttingen 1995

Reiter, M., Von der christlichen zur humanistischen Heilsgeschichte. Über G. E. Lessings *Erziehung des Menschengeschlechts*, in: Abendländische Eschatologie, FS J. Taubes, Würzburg u. a. 2001, 165-180

Rendtorff, R., Christologische Auslegung als »Rettung« des Alten Testaments. Wilhelm Vischer und Gerhard von Rad, in: ders., Kanon und Theologie. Vorarbeiten zu einer Theologie des Alten Testaments, Neukirchen-Vluyn 1991, 81-93

–, Wege zu einem gemeinsamen jüdisch-christlichen Umgang mit dem Alten Testament, [engl. 1989], in: ders., Kanon und Theologie. Vorarbeiten zu einer Theologie des Alten Testaments, Neukirchen-Vluyn 1991, 40-43

–, Christliche Identität in Israels Gegenwart, EvTh 55, 1995, 3-12 = ders., Der Text in seiner Endgestalt. Schritte auf dem Weg zu einer Theologie des Alten Testaments, Neukirchen-Vluyn 2001, 20-29

–, Die Bibel Israels als Buch der Christen, in: Chr. Dohmen/Th. Söding Hg., Eine Bibel – zwei Testamente. Positionen biblischer Theologie, utb 1893, Paderborn u. a. 1995, 97-

113 = ders., Der Text in seiner Endgestalt. Schritte auf dem Weg zu einer Theologie des Alten Testaments, Neukirchen-Vluyn 2001, 30-46

–, Die »Bundesformel«. Eine exegetisch-theologische Untersuchung, SBS 160, Stuttgart 1995

Rendtorff, R./Henrix, H. H. Hg., Die Kirchen und das Judentum (I). Dokumente von 1945 bis 1985, Paderborn/München 1988

Renz, J./Röllig, W., Handbuch der althebräischen Epigraphik I, Darmstadt 1995

Repschinski, B., SJ, »Denn hier ist Größeres als der Tempel« (Mt 12,6) – Neudeutung des Tempels als zentraler Ort der Gottesbegegnung im Matthäusevangelium, in: A. Vonach u. a. Hg., Volk Gottes als Tempel, Synagoge und Kirche Bd. 1, Wien/Berlin 2008, 163-180

Reventlow, H. Graf, Hauptprobleme der Biblischen Theologie im 20. Jahrhundert, EdF 203, Darmstadt 1983

–, Epochen der Bibelauslegung Bd. 1: Vom Alten Testament bis Origenes, München 1990

Ritschl, D., Zur Logik der Theologie, München 1984, 2. Aufl.1988

Ritter, Ch., Rachels Klage im antiken Judentum und frühen Christentum. Eine auslegungsgeschichtliche Studie, AGJU LII, Leiden 2003

Ritter, A. M., Zur Kanonbildung in der alten Kirche, in: ders., Charisma und Caritas. Aufsätze zur Geschichte der Alten Kirche, Göttingen 1993

Robinson, M. A., Preliminary Observations regarding the pericope adulterae upon fresh collations of nearly all continuous Manuscripts and all lectionary Manuscripts containing the Passage, Filologi a neotestamentaria 13, 2000, 35-59

Rösel, M., Die Jungfrauengeburt des endzeitlichen Immanuel. Jesaja 7 in der Übersetzung der Septuaginta, JBTh 6, Neukirchen-Vluyn 1991, 135-151

–, Die Übersetzbarkeit des Gottesnamens. Die Septuaginta und ihre Theologie, in: Chr. Gerber u. a. Hg., Gott heißt nicht nur Vater. Zur Rede über Gott in den Übersetzungen der »Bibel in gerechter Sprache«, Göttingen 2008, 87-103

Roloff, J., Art. ekklesia, EWNT I, 1980, 998-1011

–, Die Kirche im Neuen Testament, GNT, NTD Ergänzungsreihe 10, Göttingen 1993

Rost, L., Die Vorstufen von Kirche und Synagoge im Alten Testament (1938), 2. Aufl. Darmstadt 1967

Rothfuchs, W., Die Erfüllungszitate des Matthäus-Evangeliums, BWANT 88, Stuttgart 1969

Rusam, D., Das Alte Testament bei Lukas, BZNW 112, Berlin u. a. 2003

Russel, M., On the Third Day, According to the Scriptures, RTR 67, 2008, 1-17

S

Sänger, D., Das AT im NT. Eine Problemskizze aus westlicher Sicht, in: I. Z. Dimitrov Hg., Das Alte Testament als christliche Bibel in östlicher und westlicher Sicht, WUNT 174, Tübingen 2004, 155-204

Sänger, D. Hg., Psalm 22 und die Passionsgeschichte der Evangelien, BThSt 88, Neukirchen-Vluyn 2007

Safrai, S., Jewish Self-government, in: S. Safrai u. a. Hg., The Jewish People in the First Century Bd. I, Assen 1974, 377-419

–, Der Versöhnungstag in Tempel und Synagoge, in: Versöhnung in der jüdischen und christlichen Liturgie, hg. v. H. Heinz u. a. QD 124, Freiburg u. a. 1990, 32-55

Safranski, R., Romantik. Eine deutsche Affäre, München 2007

Sanders, E. P., Paul and Palestinian Judaism, Philadelphia 1977

Sass, G., Der alte und der neue Bund bei Paulus, in: K. Wengst Hg., Ja und Nein: Christliche Theologie im Angesicht Israels, FS W. Schrage, Neukirchen-Vluyn 1998, 223-234

Schäfer, P., Die Vorstellung vom Heiligen Geist in der rabbinischen Literatur, StANT XXVIII, München 1972

–, Die Geburt des Judentums aus dem Geist des Christentums. Fünf Vorlesungen zur Entstehung des rabbinischen Judentums, Tübingen 2010

Schellong, D., Was heißt: »Neuer Wein in neue Schläuche«?, Einwürfe 2, München 1985, 112-125

Schenk, W., Der Jenaer Jesus. Zu Werk und Wirken des völkischen Theologen Walter Grundmann und seiner Kollegen, in: P. v. d. Osten-Sacken Hg., Das missbrauchte Evangelium. Studien zu Theologie und Praxis der Thüringer Deutschen Christen, SKI 20, Berlin 2002, 167-279

Schenker, A., Septuaginta und christliche Bibel, ThRv 91, 1995, 459-464

–, Das Neue am neuen Bund und das Alte am alten. Jer 31 in der hebräischen und griechischen Bibel, FRLANT 212, Göttingen 2006

Schiffner, K., Lukas liest Exodus. Eine Untersuchung zur Aufnahme ersttestamentlicher Befreiungsgeschichte im lukanischen Werk als Schrift-Lektüre, BWANT 172, Stuttgart 2008

Schimanowski, G., Weisheit und Messias. Die jüdischen Voraussetzungen der urchristlichen Präexistenzchristologie, WUNT II/17, Tübingen 1985

Schleiermacher, F. D. E., Über die Religion. Reden an die Gebildeten unter ihren Verächtern (1799), Hamburg 1958

–, Der christliche Glaube nach den Grundsätzen der Evangelischen Kirche im Zusammenhang dargestellt (1821, 2. Aufl. 1830), 7. Aufl. Berlin 1960

Schlosser, J., Israël et l'Église dans la Première lettre de Pierre, in: Nuovo Testamento. Teologia in dialogo culturale, FS R. Penna, Bologna 2008, 369-382

Schmeller, Th., 2 Kor 3,1–4,6 bei Markion und Tertullian, in: ders. Hg., Grenzüberschreitungen. Neutestamentliche Exegese im 21. Jahrhundert, FS J. Gnilka, Freiburg u. a. 2008, 154-169

Schmid, J., Das Evangelium nach Lukas, RNT 3, 4. Aufl. Regensburg 1960

Schmid, U., Marcion und sein Apostolos, ANTT 25, Berlin u. a. 1995

Schmidt, B. B., Israel's Beneficent Dead. Ancestor Cult and Necromancy in Ancient Israelite Religion and Tradition, FAT 11, Tübingen 1994

Schmidt, J. M., Gemeinsame Schrift? Zur Bedeutung des Alten Testaments für ein Gespräch zwischen Christen und Juden, in: Th. Wagner u. a. Hg., Kontexte. Biografische und forschungsgeschichtliche Schnittpunkte der alttestamentlichen Wissenschaft, FS H. J. Boecker, Neukirchen-Vluyn 2008, 393-410

Schmidt, W. H., Individuelle Eschatologie im Gebet. Psalm 51, in: ders., Vielfalt und Einheit alttestamentlichen Glaubens, Bd. 2, Neukirchen-Vluyn 1995, 47-62

Schnackenburg, R., Das Johannesevangelium, Bd. 1-4, HThK 4/1-4, Sonderausgabe, Freiburg u. a. 2001

Schneemelcher, W., Art. Bibel III. Die Entstehung des Kanons des Neuen Testaments und der christlichen Bibel, TRE VI, 1980, 22-48

Schneider, G., Die Neuheit der christlichen Nächstenliebe, TTZ 82, 1973, 257-275

Scholder, K., Die Kirchen und das Dritte Reich, Bd. 1, München 1977

Scholtissek, K., »Die unauflösbare Schrift« (Joh 10,35). Zur Auslegung und Theologie der Schrift Israels im Johannesevangelium, in: Th. Söding Hg., Johannesevangelium – Mitte oder Rand des Kanons?, QD 203, Freiburg u. a. 2003, 146-177

–, »Geschrieben in diesem Buch« (Joh 20,30). Beobachtungen zum kanonischen Anspruch des Johannesevangeliums, in: M. Labahn u. a. Hg., Israel und seine Heilstraditionen im Johannesevangelium, FS J. Beutler, Paderborn u. a. 2004, 207-226

Schottroff, L., Die Schreckensherrschaft der Sünde und die Befreiung durch Christus nach dem Römerbrief des Paulus (1979), in: dies., Befreiungserfahrungen. Studien zur Sozialgeschichte des Neuen Testaments, ThB 82, München 1990, 57-72

–, Verheißung und Erfüllung aus der Sicht einer Theologie nach Auschwitz (1987), in: dies., Befreiungserfahrungen. Studien zur Sozialgeschichte des Neuen Testamentes, ThB 82, 1990, 274-283

–, Lydias ungeduldige Schwestern. Feministische Sozialgeschichte des frühen Christentums, Gütersloh 1994

–, Ist allein in Christus Heil? Das Bekenntnis zu Christus und die Erlösung, in: D. Henze u. a. Hg., Antijudaismus im Neuen Testament? Grundlagen für die Arbeit mit biblischen Texten, KT 149, Gütersloh 1997, 79-89

–, Es gibt etwas, das uns nicht schlafen lässt. Die Kraft der Auferstehung verändert das Leben, in: L. Sutter Rehmann u. a. Hg., Sich dem Leben in die Arme werfen. Auferstehungserfahrungen, Gütersloh 2002, 16-29

–, »Wir richten die Tora auf« (Röm 3,31 und 1 Kor 5,1-13). Freiheit und Recht bei Paulus, in: Chr. Hardmeier/R. Kessler/A. Ruwe Hg., Freiheit und Recht, FS F. Crüsemann, Gütersloh 2003, 429-450

–, »… damit im Namen Jesu sich jedes Knie beuge«. Christologie in 1 Kor und in Phil 2,9-11, in: M. Crüsemann/C. Jochum-Bortfeld Hg., Christus und seine Geschwister. Christologie im Umfeld der Bibel in gerechter Sprache, Gütersloh 2009, 81-94

–, Die Theologie der Tora im ersten Brief des Paulus an die Gemeinde in Korinth, in: W. Stegemann/R. DeMaris Hg., Alte Texte in neuen Kontexten. Wo steht die sozialwissenschaftliche Exegese, Kongressband Tutzing 2009, Stuttgart 2011

Schottroff, L./Schottroff, W. Hg., Mitarbeiter der Schöpfung. Bibel und Arbeitswelt, München 1983

Schottroff, W., Theologie und Politik bei Emanuel Hirsch. Zur Einordnung seines Verständnisses des Alten Testaments, in: ders., Das Reich Gottes und der Menschen. Studien über das Verhältnis der christlichen Theologie zum Judentum, München 1991, 137-194

Schottroff, W./Stegemann, W. Hg., Der Gott der kleinen Leute, 2 Bde., München 1979

Schottroff, W./Stegemann, W. Hg., Traditionen der Befreiung, Bd. 1: Methodische Zugänge; Bd. 2: Frauen in der Bibel, München 1980

Schrage, W., Der erste Brief an die Korinther (1 Kor 1,1–6,11), EKK VII/1, Zürich u. a. 1991

–, Der erste Brief an die Korinther (1 Kor 6,12–11,16), EKK VII/2, Zürich u. a. 1995

–, Der erste Brief an die Korinther (1 Kor 11,17–14,40), EKK VII/3, Zürich u. a. 1999

–, Der erste Brief an die Korinther (1 Kor 15,1–16,24), EKK VII/4, Zürich u. a. 2001

Schreckenberg, H., Die christlichen Adversus-Judaeos-Texte und ihr literarisches und historisches Umfeld (1.-11. Jh), EHS 23/172, Frankfurt/M. 1982

–, Die Juden in der Kunst Europas. Ein historischer Bildatlas, Göttingen 1996

Schreiber, S., Gesalbter und König. Titel und Konzeptionen der königlichen Gesalbtenerwartung in frühjüdischen und urchristlichen Schriften, BZNW 105, Berlin u. a. 2000

–, Aktualisierung göttlichen Handelns am Pfingsttag. Das frühjüdische Fest in Apg 2,1, ZNW 93, 2002, 58-77

Schroer, S., Die göttliche Weisheit und der nachexilische Monotheismus, in: dies., Die

Weisheit hat ihr Haus gebaut. Studien zur Gestalt der Sophia in den biblischen Schriften, Mainz 1996, 27-62

Schröter, J., Erwägungen zum Gesetzesverständnis in Q anhand von Q 16,16-18, in: C. M. Tuckett Hg., The Scripture in the Gospels, BEThL 131, Leuven 1997, 441-458

–, Übersetzung und Interpretation. Bemerkungen zur »Bibel in gerechter Sprache«, in: I. U. Dalferth/J. Schröter Hg., Bibel in gerechter Sprache? Kritik eines misslungenen Versuchs, Tübingen 2007, 99-111

–, Schriftauslegung und Hermeneutik in 2 Korinther 3. Ein Beitrag zur Frage der Schriftbenutzung des Paulus, NT 40, 1998, 231-275

Schroven, B., Theologie des Alten Testaments zwischen Anpassung und Widerstand. Christologische Auslegung zwischen den Weltkriegen, Neukirchen-Vluyn 1995, 169-234

Schuchard, B. G., Scripture within Scripture. The Interrelationship of Form and Function in the Explicit Old Testament Citations in the Gospel of John, SBL.DS 133, Atlanta/Ga. 1992

Schüle, A., Gottes Handeln als Gedächtnis. Auferstehung in kulturtheoretischer und biblisch-theologischer Perspektive, in: H.-J. Eckstein/M. Welker Hg., Die Wirklichkeit der Auferstehung, Neukirchen-Vluyn 2002, 237-275

Schüngel-Straumann, H., Rûaḥ bewegt die Welt. Gottes schöpferische Lebenskraft in der Krisenzeit des Exils, SBS 151, Stuttgart 1992

Schulken, Chr., Lex efficax. Studien zur Sprachwerdung des Gesetzes bei Luther, Tübingen 2005

Schulz-Flügel, E., The Latin Old Testament Tradition, in: M. Sæbø Hg., Hebrew Bible/ Old Testament. The History of Its Interpretation, Vol. I/1, Göttingen 1996, 642-662

Schwebel, H. Hg., Die Bibel in der Kunst. Das 20. Jahrhundert, Stuttgart 1994

Schweers, H. F., Gemälde in deutschen Museen. Katalog der ausgestellten und depotgelagerten Werke, 2. Aufl. München 1994, Bd. II/5

Schweizer, E., Art. theópneustos, ThWNT VI, 1959, 452-453

Schwemer, A. M., Der Auferstandene und die Emmausjünger, in: Auferstehung – Resurrection, hg. v. F. Avemarie u. H. Lichtenberger, WUNT 135, Tübingen 2001, 95-118

Schwienhorst-Schönberger, L., Was heißt heute, die Bibel sei inspiriertes Wort Gottes?, in: Th. Söding Hg., Geist im Buchstaben? Neue Ansätze in der Exegese, QD 225, Freiburg u. a. 2007, 35-50

Seebass, H., Der Gott der ganzen Bibel. Biblische Theologie zur Orientierung im Glauben, Freiburg u. a. 1982

–, Genesis II. Vätergeschichte I (11,27–22,24), Neukirchen-Vluyn 1997

Seybold, K., Die Psalmen, HAT I/15, Tübingen 1996

Sidur Sefat Emet, mit dt. Übers. von Rabbiner S. Bamberger, Basel 1999

Siegert, F., Die pericopa adulterae (Joh 8,1-11): Ende einer Irrfahrt, in: D. C. Bienert u. a. Hg., Paulus und die antike Welt, FS D.-A. Koch, Göttingen 2008, 175-186

Siker, J. S., Desinheriting the Jews. Abraham in early Christian Controversy, Louisville/ Ky, 1991

Skarsaune, O., The Proof from Prophecy. A Study in Justin Martyr's Proof-Text Tradition. Text-Type, Provenance, Theological Profile, NT.S 56, Leiden 1987

–, The Development of Scriptural Interpretation in the Second and Third Centuries – except Clement and Origen, in: M. Sæbø Hg., Hebrew Bible/Old Testament, Bd. I/1, Göttingen 1996, 373-442

–, The Question of Old Testament Canon and Text in the Early Church, in: M. Sæbø Hg.,

Hebrew Bible/Old Testament. The History of Its Interpretation, Vol. I/1, Göttingen 1996, 443-450

Skarsaune, O./Hvalvik, R. Hg., Jewish Believers in Jesus. The Early Centuries, Peabody 2007

Smend, R., Die Bundesformel, ThSt 68, Zürich 1963 = ders., Die Mitte des Alten Testaments, Ges. Stud. I, BEvTh 99, München 1986, 11-39

–, Lessing und die Bibelwissenschaft (1978), in: ders., Epochen der Bibelkritik, Ges. Studien Bd. 3, BEvTh 109, München 1991, 74-92

–, Schleiermachers Kritik am AT, in: ders., Epochen der Bibelkritik, Ges. Stud. Bd. 3, BEvTh 109, München 1991, 128-144

–, Julius Wellhausen (1844-1918), in: ders., Deutsche Alttestamentler in drei Jahrhunderten, Göttingen 1989, 99-113

–, Wellhausen und das Judentum, ZThK 79, 1982, 249-282 = ders., Epochen der Bibelkritik, Ges. Studien Bd. 3, BEvTh 109, München 1991, 186-215

–, Gerhard von Rad (1901-1971), in: ders., Deutsche Alttestamentler in drei Jahrhunderten, Göttingen 1989, 226-254

–, G. v. Rad, in: M. Oeming/M. Sæbø Hg., Das Alte Testament und die Kultur der Moderne, Münster 2004, 13-24

Sobrino, J. u. a. Hg., Auferstehung, Concilium 42 (Heft 5), 2006, 501-620

Sonne, H.-J., Die politische Theologie der Deutschen Christen, Göttingen 1982

Spieckermann, H., Die Verbindlichkeit des Alten Testaments. Unzeitgemäße Betrachtungen zu einem ungeliebten Thema, JBTh 12, Neukirchen-Vluyn 1997, 24-51

Spitaler, P., Household Disputes in Rome (Romans 14:1-15:13), RB 116, 2009, 44-69

Spykerboer, H. C., Isaiah 55:1-5: The Climax of Deutero-Isaiah. An Invitation to Come to the New Jerusalem, in: J. Vermeylen, The Book of Isaiah, BEThL 81, Leuven 1989, 357-359

Standhartinger, A., Studien zur Entstehungsgeschichte und Intention des Kolosserbriefes, NT.S XCIV, Leiden u. a. 1999.

–, »Zur Freiheit ... befreit«? Hagar im Galaterbrief, EvTh 62, 2002, 288-303

Stanley, Chr. D., Paul and the language of Scripture. Citations technique in the Pauline Epistles and contemporary literature, MSSNTS 74, Cambride 1992

Starnitzke, D., Der Dienst des Paulus. Zur Interpretation von Ex 34 in 2 Kor 3, WuD 25, 1999, 193-207

Stegemann, E. (W.), Alt und Neu bei Paulus und in den Deuteropaulinen (Kol – Eph), EvTh 37, 1977, 508-536

–, Der Neue Bund im Alten. Zum Schriftverständnis des Paulus in II Kor 3*, ThZ 42, 1986, 97-114

–, Vom Unverständnis eines Wohlmeinenden. Der reformierte Theologe Wilhelm Vischer und sein Verhältnis zum Judentum während der Zeit des Nationalsozialismus, in: A. Mattioli Hg., Antisemitismus in der Schweiz 1848-1960, Zürich 1998, 501-519

Stegemann, W., Das Verhältnis Rudolf Bultmanns zum Judentum. Ein Beitrag zur Pathologie des strukturellen theologischen Antijudaismus, KuI 5, 1990, 26-44

–, Jesus und seine Zeit, Biblische Enzyklopädie 10, Stuttgart 2010

Steiger, J. A., Friedrich Daniel Ernst Schleiermacher, das Alte Testament und das Alter. Zur Geschichte einer überraschenden Alterseinsicht, KuD 40, 1994, 305-327

Stemberger, G., Pharisäer, Sadduzäer, Essener, SBS 144, Stuttgart 1991

Stendahl, K., The School of St. Matthew, 2. Aufl. Philadelphia 1968

Stenschke, Chr. W., »… das auserwählte Geschlecht, die königliche Priesterschaft, das heilige Volk« (1 Petr 2,9): Funktion und Bedeutung der Ehrenbezeichnungen Israels im 1. Petrusbrief, Neotestamentica 42, 2008, 119-146

Stettler, Chr., Der Kolosserhymnus, WUNT II/131, Tübingen 2000

Steyn, G. J., Which »LXX« are we talking about in NT Scholarship?, in: M. Karrer/ W. Kraus Hg., Die Septuaginta – Texte Kontexte, Lebenswelten, WUNT 219, Tübingen 2008, 697-707

Stiewe, M., Das Alte Testament im theologischen Denken Schleiermachers, in: Altes Testament – Forschung und Wirkung, FS Henning Graf Reventlow, Frankfurt/M. 1994, 329-336

Stöhr, M., Ökumene, Christlich-Jüdische Gesellschaften, Akademien und Kirchentag. Zu den Anfängen des jüdisch-christlichen Dialogs, EvTh 61, 2001, 290-301

Stolle, V., Israel als Gegenüber Martin Luthers – im Horizont seiner biblischen Hermeneutik, in: F. Siegert Hg., Israel als Gegenüber. Vom Alten Orient bis in die Gegenwart. Studien zur Geschichte eines wechselvollen Zusammenlebens, Göttingen 2000, 322-359

Stuckenbruck, L. T., Angel Veneration and Christology, WUNT II/70, Tübingen 1995

Stuhlmacher, P., Vom Verstehen des Neuen Testaments. Eine Hermeneutik, GNT 6, Göttingen 1979

–, Der Brief an die Römer, NTD 6, Göttingen 1989

–, Biblische Theologie des Neuen Testaments, 2 Bde., Göttingen 1992/1999

–, Der Kanon und seine Auslegung, in: Jesus Christus als die Mitte der Schrift. Studien zur Hermeneutik des Evangeliums, FS O. Hofius, BZNW 86, Berlin u. a. 1997, 263-296

Suda, M. J., Die Ethik des Gesetzes bei Luther, in: Vielseitigkeit des AT, FS G. Sauer, Frankfurt/M. 1999, 345-354

Sutter Rehmann, L. u. a. Hg., Sich dem Leben in die Arme werfen. Auferstehungserfahrungen, Gütersloh 2002

T

Taschner, J., Die Mosereden im Deuteronomium, FAT 59, Tübingen 2008

Tcherikover, V. A., Corpus Papyrorum Judaicarum Vol. I, Cambridge/Mass. 1957

Theißen, G., Zur Entstehung des Christentums aus dem Judentum. Bemerkungen zu David Flussers Thesen, KuI 3, 1988, 179-189

–, Neutestamentliche Überlegungen zu einer jüdisch-christlichen Lektüre des Alten Testaments, KuI 10, 1995, 115-136

–, Jünger als Gewalttäter (Mt 11,12 f.; Lk 16,16). Der Stürmerspruch als Selbststigmatisierung einer Minorität, StTh 49, 1995, 183-200

–, Das Reinheitslogion Mk 7,15 und die Trennung von Juden und Christen, in: K. Wengst Hg., Ja und Nein: Christliche Theologie im Angesicht Israels, FS W. Schrage, Neukirchen-Vluyn 1998, 235-251

–, Die Jesusbewegung. Sozialgeschichte einer Revolution der Werte, Gütersloh 2004

–, Neutestamentliche Wissenschaft vor und nach 1945. Karl Georg Kuhn und Günther Bornkamm, Schriften der Philosophisch-historischen Klasse der Heidelberger Akademie der Wissenschaften Bd. 47, Heidelberg 2009

Theißen, G. / Merz, A., Der historische Jesus, Göttingen 1996

Theobald, M., Zwei Bünde und ein Gottesvolk. Die Bundestheologie des Hebräerbriefs im Horizont des christlich-jüdischen Gesprächs, ThQ 176, 1996, 309-325

–, Vom Text zum »lebendigen Wort« (Hebr 4,12). Beobachtungen zur Schrifthermeneutik des Hebräerbriefs, in: Chr. Landmesser u. a. Hg., Jesus Christus als die Mitte der

Schrift. Studien zur Hermeneutik des Evangeliums, FS O. Hofius, BZNW 86, Berlin u. a. 1997, 751-790

–, Abraham – (Isaak) – Jakob. Israels Väter im Johannesevangelium, in: M. Labahn u. a. Hg., Israel und seine Heilstraditionen im Johannesevangelium, FS J. Beutler, Paderborn u. a. 2004, 158-184

–, Das Evangelium nach Johannes. Kapitel 1-12, RNT, Regensburg 2009

Thyen, H., Jesus und die Ehebrecherin, in: Religionsgeschichte des NT, FS K. Berger, Tübingen 2000, 433-446 (433) = ders., Studien zum Corpus Johanneum, WUNT 214, Tübingen 2007, 306-322

–, Das Johannesevangelium, HNT 6, Tübingen 2005

Tilly, M., Psalm 110 zwischen hebräischer Bibel und Neuem Testament, in: D. Sänger Hg., Heiligkeit und Herrschaft. Intertextuelle Studien zu Heiligkeitsvorstellungen und zu Psalm 110, BThSt 55, Neukirchen-Vluyn 2003, 146-170

–, Einführung in die Septuaginta, Darmstadt 2005

Toit, D. S. du, Der abwesende Herr. Strategien im Markusevangelium zur Bewältigung der Abwesenheit des Auferstandenen, WMANT 111, Neukirchen-Vluyn 2006

Tomson, P. J., Paul and the Jewish Law: Halakha in the Letters of the Apostle to the Gentiles, CRI III/1, Assen u. a. 1990

Tov, E., Der Text der hebräischen Bibel, Handbuch der Textkritik, dt. Übers. Stuttgart 1997

Trobisch, E., Die Entstehung der Paulusbriefsammlung, NTOA 10, Fribourg u. a. 1989

–, Die Endredaktion des NT, NTOA 31, Göttingen u. a. 1996

Tsevat, M., Theologie des Alten Testaments – eine jüdische Sicht, in: M. Klopfenstein Hg., Mitte der Schrift? Ein jüdisch-christliches Gespräch, Bern 1987, 329-341

Tuckett, C. M. Hg., The Scripture in the Gospels, BEThL CXXXI, Leuven 1997

U

Uehlinger, Chr., Weltreich und »eine Rede«. Eine neue Deutung der sogenannten Turmbauerzählung (Gen 11,1-9), OBO 101, Fribourg u. a. 1990

Ungern-Sternberg, A. Freiherr v., Der traditionelle Schriftbeweis »de Christo« und »de Evangelio« in der alten Kirche bis zur Zeit Eusebs von Caesarea, Halle 1913

V

Vahrenhorst, M., »Ihr sollte überhaupt nicht schwören«. Matthäus im halachischen Diskurs, WMANT 95, Neukirchen-Vluyn, 2002

Valerio, K. De, Altes Testament und Judentum im Frühwerk Rudolf Bultmanns, BZAW 71, Berlin u. a. 1994

Veltri, G., Eine Tora für den König Talmai, TSAJ 41, Tübingen 1994

–, Libraries, Translations, and ›Canonic‹ Texts. The Septuagint, Aquila and Ben Sira in the Jewish and Christian Traditions, JSJ.S 109, Leiden u. a. 2006

Vischer, W., Das Christuszeugnis des Alten Testaments, 2 Bde., Bd. I. Das Gesetz, München 1934. 2. Aufl. 1935; Bd. II. Die früheren Propheten, Zürich 1942, 2. Aufl. 1946

–, Zur Judenfrage, Pastoral-Theologie 1933, 185-190 = ders., Das Christuszeugnis des Propheten Jeremia, Bethel 30, 1985, 62-69

Vögtle, A., Der Judasbrief. Der zweite Petrusbrief, EKK XXII, Solothurn u. a. 1994

Vogel, M., Das Heil des Bundes. Bundestheologie im Frühjudentum und im frühen Christentum, TANZ 18, Tübingen 1996

Vollenweider, S., Christus als Weisheit. Gedanken zu einer bedeutsamen Weichenstellung in der frühchristlichen Theologiegeschichte, in: ders., Horizonte neutestamentlicher Christologie. Studien zu Paulus und zur frühchristlichen Theologie, WUNT 144, Tübingen 2002, 29-51

–, Die Metamorphose des Gottessohnes. Zum epiphanialen Motivfeld in Phil 2,6-9, in: ders., Horizonte neutestamentlicher Christologie. Studien zu Paulus und zur frühchristlichen Theologie, WUNT 144, Tübingen 2002, 285-306

–, Der »Raub« der Gottgleichheit. Ein religionsgeschichtlicher Vorschlag zu Phil 2,6(-11), in: Horizonte neutestamentlicher Christologie. Studien zu Paulus und zur frühchristlichen Theologie, WUNT 144, Tübingen 2002, 263-284

–, Zwischen Monotheismus und Engelchristologie. Überlegungen zur Frühgeschichte des Christusglaubens, in: ders., Horizonte neutestamentlicher Christologie. Studien zu Paulus und zur frühchristlichen Theologie, WUNT 144, Tübingen 2002, 3-27

Vorgrimler, H., Der ungekündigte Bund. Systematische Aspekte, in: ders., Wegsuche. Kleine Schriften zur Theologie Bd. I, MThA 49/1, Altenberge 1997, 533-551

Vos, J. S., Die Logik des Paulus in 1 Kor 15,12-20, ZNW 90, 1999, 78-97

W

Waaler, E., The *Shema* and The First Commandment in First Corinthians, WUNT II/ 253, Tübingen 2008

Waibel, M., Die Auseinandersetzung mit der Fasten- und Sabbatpraxis Jesu in urchristlichen Gemeinden, in: G. Dautzenberg Hg., Zur Geschichte des Urchristentums, FS R. Schnackenburg, QD 87, Freiburg u. a. 1979, 63-96

Walter, N., Urchristliche Autoren als Leser der »Schrift« Israels, BThZ 14, 1997, 159-177

Wallace, D. B., Reconsidering »the Story of Jesus and the Adulteress reconsidered«, NTS 39, 1993, 290-296

Wander, B., Trennungsprozesse zwischen Frühem Christentum und Judentum im 1. Jahrhundert n. Chr., TANZ 16, Tübingen 1994

Wandrey, P., Der zwölfjährige Jesus im Tempel. Zur Ikonographie eines christlichen Bildmotivs, in: M. Faass Hg., Der Jesus-Skandal. Ein Liebermann-Bild im Kreuzfeuer der Kritik, Ausstellungs-Katalog Liebermann Villa Berlin, Berlin 2009, 133-143

Wasserberg, G., Aus Israels Mitte – Heil für die Welt. Eine narrativ-exegetische Studie zur Theologie des Lukas, BZNW 92, Berlin u. a. 1998

Wasserstein, A./Wasserstein, D., The Legend of the Septuagint, Cambridge 2006

Wiefel, W., Das Evangelium nach Lukas, ThHK III, Berlin 1988

Weber, A., Maler jüdischer Herkunft im 19. Jahrhundert – zur Programmatik ihrer Kunst, in: H. G. Golinski/S. Hiekisch-Picard Hg., Das Recht des Bildes. Jüdische Perspektiven in der modernen Kunst, Ausstellungskatalog, Bochum 2004

Wehnert, J., Die Reinheit des »christlichen Gottesvolkes« aus Juden und Heiden, FRLANT 173, Göttingen 1997

Weidner, D., ›Geschichte gegen den Strich bürsten‹. Julius Wellhausen und die jüdische ›Gegengeschichte‹, ZRGG 54, 2002, 32-61

Weippert, H., Geschichten und Geschichte: Verheißung und Erfüllung im deuteronomistischen Geschichtswerk, VT.S 43, 1991, 116-131

Weiser, A., Der zweite Brief an Timotheus, EKK XVI/1, Düsseldorf u. a. 2003

Weiß, H.-F., Der Brief an die Hebräer, KEK 13, Göttingen 1991

–, Art. Sadduzäer, TRE XXIX, 1998, 589-594

Welker, M., Gottes Geist. Theologie des Heiligen Geistes, Neukirchen-Vluyn 1992

Wellhausen, J., Die Composition des Hexateuchs und der historischen Bücher das Alten Testaments (1876/77), 3. Aufl. Berlin 1899, Nachdrucke

–, Geschichte Israels I, Berlin 1878

–, Prolegomena zur Geschichte Israels, Berlin 1883, 6. Aufl. 1927

–, Israelitische und jüdische Geschichte, Berlin 1894, 9. Aufl. 1958

–, Israelitisch-jüdische Religion, in: Die Kultur der Gegenwart I/4, Berlin/Leipzig 1905, 1-38, = ders., Grundrisse zum Alten Testament, ThB 27, München 1965, 65-109

Wengst, K., Didache (Apostellehre) u. a., Schriften des Urchristentums II, Darmstadt 1984

–, Perspektiven für eine nicht-antijüdische Christologie. Beobachtungen und Überlegungen zu neutestamentlichen Texten, EvTh 59, 1999, 240-251

–, Was ist das Neue am Neuen Testament?, in: F. Crüsemann/U. Theissmann Hg., Ich glaube an den Gott Israels, KT 168, 2. Aufl. Gütersloh 2001, 25-28

–, Das Johannesevangelium, Bd. 1; Kapitel 1-11, ThKNT 4/1, Stuttgart u. a. 2000

–, Das Johannesevangelium, Bd. II: Kapitel 11-21, ThKNT 4/2, Stuttgart u. a. 2001

–, »Freut euch, ihr Völker, mit Gottes Volk!« Israel und die Völker als Thema des Paulus – ein Gang durch den Römerbrief, Stuttgart 2008

–, »Wie lange noch?« Schreien nach Recht und Gerechtigkeit – eine Deutung der Apokalypse des Johannes, Stuttgart 2010

Wenz, G., Art. Kirche VIII. Systematisch-theologisch, RGG⁴ Bd. 4, 2001, 1015-1021.

Westermann, C., Art. חדשׁ neu, THAT I, 1971, 524-530

–, Alttestamentliche Elemente in Lukas 2,1-20, in: Tradition und Glaube, FS K. G. Kuhn, Göttingen 1971, 317-327 = ders., Forschung am AT, Ges. Stud. II, ThB 55, München 1974, 269-279

Wicks, J., Catholic Old Testament Interpretation in the Reformation and Early Confessional Eras, in: M. Sæbø Hg., Hebrew Bible/Old Testament. The History of Its Interpretation, Vol. II, Göttingen 2008, 617-648

Wilckens, U., Das Evangelium nach Johannes, NTD 4, Göttingen 1998

Williams, C. H., The Testimony of Isaiah and Johannine Christology, in: C. M. McGinnis u. a. Hg., »As those who are taught«. The Interpretation of Isaiah from LXX to SBL, SBL.SS 27, 2006, 107-124

Wilson, G., Marcion und die Jews, in: ders. Hg., Antijudaism in Early Christianity, Vol. 2, Waterloo 1986, 45-58

Windisch, H., Der zweite Korintherbrief, KEK 6, Göttingen 1924

Wohlmuth, J., Eucharistie als Feier des Bundes. Ein Versuch, das markinische Kelchwort zu verstehen, in: »Für alle Zeiten zur Erinnerung« (Jos 4,7). Beiträge zu einer biblischen Gedächtniskultur, FS F. Mußner, SBS 209, Stuttgart 2006, 115-131

Wolff, H. W., Zur Hermeneutik des Alten Testaments (1956), in: ders., Ges. Studien zu AT, ThB 22, 2. Aufl. München 1973, 251-288

–, Anthropologie des Alten Testamentes, München 1973

Wolter, M., Das Judentum in der Theologie Rudolf Bultmanns, in: B. Jaspert Hg., Erinnern – Verstehen – Versöhnen. Kirche und Judentum in Hessen 1933-1945, Didaskalia 40, Kassel 1992, 15-32

–, Das Lukasevangelium, HNT 5, Tübingen 2008

Wright III, B. G., Transcribing, Translating, and Interpreting in the Letter of Aristeas on the Nature of the Septuagint, in: A. Voitila u. a. Hg., Scripture in Transition. Essays on Septuagint, Hebrew Bible and Dead Sea Scrolls, FS Raija Sollamo, Leiden u. a. 2008, 147-162

Wucherpfennig, A., Tora und Evangelium. Beobachtungen zum Johannesprolog, StZ 221, 2003, 486-494

Wünsche, A., Midrasch Tehillim I/II (1892), Nachdruck Hildesheim 1967

Y

Yuval, I., Zwei Völker in deinem Leib. Gegenseitige Wahrnehmung von Juden und Christen (2006), dt. Übers. Göttingen 2007

Z

Zeller, D., Zur Transformation des Χριστός bei Paulus, JBTh 8, Neukirchen-Vluyn 1993, 155-167

–, Religionsgeschichtliche Erwägungen zur Auferstehung, ZNT 10, 2007, 15-23

Zenger, E., Das alttestamentliche Israel und seine Toten, in: K. Richter Hg., Der Umgang mit den Toten. Tod und Bestattung in der christlichen Gemeinde, QD 123, Freiburg u. a. 1990, 132-153

–, Das Erste Testament. Die jüdische Bibel und die Christen, Düsseldorf 1991, 2. Aufl. 1992

–, Juden und Christen doch nicht im gemeinsamen Gottesbund? Antwort auf Frank Crüsemann, KuI 9, 1994, 39-52

–, Thesen zu einer Hermeneutik des Ersten Testaments nach Auschwitz, in: Chr. Dohmen/ Th. Söding Hg., Eine Bibel – zwei Testamente. Positionen biblischer Theologie, utb 1893, Paderborn u. a. 1995, 143-158

–, Die Bibel Israels – Grundlage des christlich-jüdischen Dialogs. Vortrag im Zusammenhang der Verleihung der Buber-Rosenzweig-Medaille 2009, KuI 24, 2009, 25-38 = in: S. v. Kortzfleisch u. a. Hg., Wende-Zeit im Verhältnis von Juden und Christen, Berlin 2009, 15-35

–, »Eines hat Gott geredet, zweierlei habe ich gehört« (Ps 62,12). Von der Suche nach neuen Wegen christlicher Bibelauslegung, in: G. M. Hoff Hg., Welt-Ordnungen. Vorträge der Salzburger Hochschulwochen 2009, Innsbruck 2009, 51-68

–, Gottes ewiger Bund mit Israel. Christliche Würdigung des Judentums im Anschluss an Herbert Vorgrimler, in: R. Miggelbrink Hg., Gotteswege, FS H. Vorgrimler, Paderborn 2009, 37-61

Zimmer, Ch., Das argumentum resurrectionis 1 Kor 15,12-20, LingBib 65, 1991, 25-36

Zumstein, J., Die Schriftrezeption in der Brotrede (Joh 6), in: M. Labahn u. a. Hg., Israel und seine Heilstraditionen im Johannesevangelium, FS J. Beutler, Paderborn u. a. 2004, 123-139

Bildnachweis

Nr. 1: Albrecht Dürer, Der 12-jährige Jesus im Tempel. © akg-images, Berlin

Nr. 2: Max Liebermann, Der 12-jährige Jesus. © akg-images, Berlin

Nr. 3: Darmstädter Haggada / La Pague Juive. © Süddeutsche Zeitung Photo / Rue des Archives

Nr. 4: Von Alef bis X by Samuel Bak. Image Courtesy of Pucker Gallery. www.puckergallery.com

Nr. 5: Fra Angelico, Das mystische Rad. © akg-images/Orsi Battaglini

Bibelstellenregister

(Fettdruck verweist auf intensivere Behandlung)

Altes Testament